INTERPRETAÇÃO E APLICAÇÃO TRIBUTÁRIAS

CONTRIBUIÇÕES DA HERMENÊUTICA E DE TEORIAS DA ARGUMENTAÇÃO

Luís Cesar Souza de Queiroz

Procurador Regional da República. Professor Titular de Direito Financeiro e Tributário
da Faculdade de Direito da Universidade do Estado do Rio de Janeiro (UERJ).
Mestre e Doutor em Direito Tributário pela Pontifícia Universidade Católica de São Paulo (PUC/SP).
Pós-Doutor em Filosofia pela Universidade Federal do Rio de Janeiro (UFRJ).
Pós-Graduado em Direito Comercial pela Fundação Getúlio Vargas (FGV).
Ex-Procurador do Município do Rio de Janeiro (área tributária).

INTERPRETAÇÃO E APLICAÇÃO TRIBUTÁRIAS

CONTRIBUIÇÕES DA HERMENÊUTICA E DE TEORIAS DA ARGUMENTAÇÃO

GZ EDITORA
Rio de Janeiro
2021

1ª edição – 2021

Presidente do Conselho Editorial
Nelson Nery Costa

Diagramação
Olga Martins

CIP – Brasil. Catalogação-na-fonte.
Sindicato Nacional dos Editores de Livros, RJ.

Q45i

Queiroz, Luís Cesar Souza de
Interpretação e aplicação tributárias: contribuições da hermenêutica e de teorias da argumentação / Luís Cesar Souza de Queiroz. - 1. ed. - Rio de Janeiro: GZ, 2021.
470 p.; 24 cm.

Inclui bibliografia e índice
ISBN 978-65-5813-026-0

1. Hermenêutica (Direito). 2. Direito tributário - Brasil. I. Título.

21-70890
CDU: 340.132.6:351.713(81)

contato@editoragz.com.br
www.editoragz.com.br
Av. Erasmo Braga, 299 – sala 202 – 2º andar – Castelo – RJ
CEP: 20020-000 – Rio de Janeiro – RJ
Tels.: (0XX21) 2240-1406 / 2240-1416 – Fax: (0XX21) 2240-1511

Impresso no Brasil
Printed in Brazil

DEDICC

Ao meu irmão Paulo, eterno e verdadeiro amigo.

Aos meus pais Jadyr (na saudosa memória) e Zuleide, por todo amor, exemplo e dedicação.

À minha querida esposa Carla, meu amor, por toda a carinhosa ajuda, pela incansável compreensão, por fazer de mim um homem melhor a cada dia e, principalmente, pelos presentes preciosos, nosso eternamente amado Bruno (na saudosa memória) e nosso eternamente amado Rafael.

AGRADEÇO

Ao Professor Ricardo Pereira Lira, a quem sou eternamente grato por ter sido o responsável pelo meu ingresso no magistério, pelo afeto, confiança depositada, seriedade acadêmica e humanidade.

Ao Professor Paulo de Barros Carvalho, célebre cultor e propagador dos estudos da escola analítica do direito tributário, por todo o generoso apoio e pelas fraternas, valiosas e determinantes orientações.

Aos Professores Roque Antonio Carrazza, Ana Paula de Barcellos e Ricardo Perlingeiro Mendes da Silva, pela disponibilidade, gentileza, fidalguia, empatia e enriquecedoras observações.

Ao Professor Fernando Augusto da Rocha Rodrigues, pela atenção, solicitude, solidariedade, erudição e, em especial, pelos profícuos diálogos filosóficos.

São os preconceitos não percebidos os que, com seu domínio, nos tornam surdos para a coisa de que nos fala a tradição.

Hans-Georg Gadamer

Não se intenciona a maior felicidade possível do maior número de pessoas, mas sim a máxima supressão do sofrimento do maior número possível de pessoas, pois apenas este último princípio é universalizável, não a felicidade (esta é algo de diferente para cada um).

Arthur Kaufmann

APRESENTAÇÃO

Professor Luís Cesar é um jovem jurista. Dotado de excelentes qualidades, podendo ser apontado entre os melhores dos ótimos de sua geração.

Em agosto de 2020, apresentou perante a Universidade do Estado do Rio de Janeiro tese de titularidade intitulada *Interpretação e aplicação tributárias: da neutralidade objetiva à construção axiológica racional – contribuições da hermenêutica filosófica gadameriana e de teorias da argumentação*, a fim de alcançar o cargo de Professor Titular de Direito Financeiro e Tributário.

No dia 02 de dezembro de 2020, o Professor Luís Cesar defendeu a referida tese perante uma Banca Examinadora, presidida por mim, e integrada ainda pela Professora Ana Paula de Barcellos (UERJ) e pelos Professores Paulo de Barros Carvalho (Universidade de São Paulo – USP), Roque Antonio Carrazza (Pontifícia Universidade Católica de São Paulo – PUC-SP) e, ainda, Ricardo Perlingeiro Mendes da Silva (Universidade Federal Fluminense – UFF).

A tese foi aprovada com louvor e recomendação para publicação.

Daí nasceu o presente livro, fruto da referida tese, que é publicado sob o nome *Interpretação e Aplicação Tributárias.*

Em razão da aprovação da sua tese, o Professor Luís Cesar foi promovido ao cargo de Professor Titular de Direito Financeiro e Tributário da Faculdade de Direito da Universidade do Estado do Rio de Janeiro (UERJ).

O Professor Luís Cesar concluiu sua graduação em Direito em fevereiro de 1988, tendo concluído sua especialização em Direito Comercial na Fundação Getúlio Vargas no mesmo ano.

Em outubro de 1989, aos 23 anos de idade, ingressou, após aprovação em Concurso Público de provas e títulos, no cargo de Procurador do Município do Rio de Janeiro.

Foi contratado para lecionar, durante o ano de 1990, a disciplina Direito Civil na Faculdade de Direito da Universidade do Estado do Rio de Janeiro.

Em fevereiro de 1991, aos 24 anos de idade, após aprovação em Concurso Público de provas e títulos, ingressou no Ministério Público Federal no cargo de Procurador da República. Atualmente, exerce o cargo de Procurador Regional da República, após ter sido promovido por merecimento a contar de novembro de 1996.

Aprovado em Concurso Público de provas e títulos realizado em 1991 e após ser contratado para lecionar no ano de 1992, finalmente, tomou posse como Professor Auxiliar da Faculdade de Direito da Universidade do Estado do Rio de Janeiro em fevereiro de 1993.

Em 1997, conquistou o título de Mestre em Direito Tributário pela Pontifícia Universidade Católica de São Paulo. Neste mesmo ano, foi promovido ao cargo de Professor Assistente na Faculdade de Direito da Universidade do Estado do Rio de Janeiro.

Em 2002, conquistou o título de Doutor em Direito Tributário pela Pontifícia Universidade Católica de São Paulo. Neste mesmo ano, foi promovido ao cargo de Professor Adjunto na Faculdade de Direito da Universidade do Estado do Rio de Janeiro.

Desde 2012, é o Representante da Linha de Finanças Públicas, Tributação e Desenvolvimento no Colegiado do Programa de Pós-Graduação em Direito da UERJ (PPGD-UERJ).

Em 2015, foi promovido ao cargo de Professor Associado na Faculdade de Direito da Universidade do Estado do Rio de Janeiro.

Em 2020, conquistou o título de Pós-Doutor em Filosofia pela Universidade Federal do Rio de Janeiro (UFRJ).

É responsável pela organização de eventos científicos, participando de tantos outros.

Integrou várias bancas de mestrado, doutorado e de concursos públicos na área jurídica.

É autor de livros, artigos e responsável por projetos de pesquisa junto à UERJ-CNPq.

Como se vê de tudo isso, Luís Cesar Souza de Queiroz é um acadêmico e intelectual de muitos méritos, e a leitura desse livro é indispensável para aqueles que tenham qualquer interesse no mundo jurídico.

Rio de Janeiro, março de 2021.

Ricardo Pereira Lira
Professor Emérito da UERJ

PREFÁCIO

Eis aqui o texto e os paratextos da tese de Luís Cesar Sousa de Queiroz, apurados e acrescidos com anotações sugeridas pelos integrantes da Banca Examinadora, aliás de altíssimo nível, que a Faculdade de Direito da Universidade Estadual do Rio de Janeiro teve a virtude de compor, nos dias difíceis de pandemia que marcam, dolorosamente, a aurora deste século XXI.

Antes de tecer outros comentários, quero agradecer a gentileza do convite que me foi dirigido e aproveito, desde logo, para expressar efusivos cumprimentos ao ilustre Professor Titular, cuja carreira docente venho acompanhando, com vivo interesse, há muito tempo. A despeito de ser jovem, ostenta o Autor uma trajetória rica, feita, toda ela, de concursos de provas e títulos, brilhando pelo seu particularíssimo modo de ser e de existir e aprofundando, com entusiasmo e determinação, os conhecimentos que foi recolhendo e organizando em torneios de incansável pesquisa, algo presente em cada página do livro que faz agora os meus cuidados. A propósito, acode-me à lembrança observação do Professor Lourival Vilanova, de quem tive o privilégio de receber muitos conselhos acerca do modelo ideal de quantos se dedicam às atividades cognoscentes: insistia o eminente jusfilósofo na proposição segundo a qual o homem dedicado ao saber haveria de manifestar-se "pretencioso" e "audacioso" nos domínios do intelecto, porém, ao mesmo tempo, simples e afável no trato com seus semelhantes, exercitando aquela "humildade", por todos apreciada, no plano da conduta pessoal.

Creio que Luís Cesar realize essa figura humana de maneira significativa. Sua passagem pela Pontifícia Universidade Católica de São Paulo foi auspiciosa: deixou somente amigos e admiradores. Dos traços que marcaram sua presença, destacou-se, entre outros, a grande seriedade com que atravessou o Programa de Pós-graduação em Direito. Seriedade nos estudos, na pesquisa, na pontualidade ao cumprir os deveres que lhe eram atribuídos e, sobretudo, na boa relação mantida com os professores, colegas e funcionários.

Pois bem, esses mesmos indicadores presidem o modo como conduziu a elaboração do texto que tenho a satisfação de prefaciar, porquanto a só escolha do tema já demonstra, com sobras, sua "pretensão" e "audácia" intelectual.

De fato, nada mais grandioso, em termos de reflexão sobre a matéria jurídica, do que ocupar-se da "interpretação e da aplicação" de um setor tão importante como o tributário para a dinâmica da vida social. E o Professor Luís Cesar não se ateve aos padrões tradicionais da doutrina que nos foi ensinada nos bancos acadêmicos, circunscrita ao estudo do assunto segundo os "métodos" da análise literal, histórica ou histórico-evolutiva, lógica, teleológica e sistemática. Foi muito além: avançou para o que há de mais atual, de pós-moderno, nesse grande debate que, na verdade, diz diretamente com o próprio conhecimento do Direito, na sua integridade constitutiva. Evitando hiperbólicos exageros o Autor mantem-se comedido, sóbrio, discreto, mas na liturgia de seu escrito, sabe muito bem temperar os argumentos, escalonando-os estrategicamente para acomodar o sopro especulativo que a magnitude do assunto exige a cada passo. Não esconde em nenhum momento o fascínio pelo tema que moveu seu espírito a conceber a obra, contudo, esse ânimo não atinge paroxismos de exaltação. Tem sempre ativo o pensamento de que não se deve dimensionar o padrão da ciência com a medida do nosso gosto pessoal.

Não é o caso de considerar, na pressa e urgência de uma síntese, os interessantes pormenores com que o nosso mestre enriquece sua exposição. Prefiro declarar, repetindo de certo modo suas palavras, que desenvolve sua tese mediante quatro seções bem estruturadas, como se fossem quatro micro teses que se conectam e entretecem, de maneira congruente, para fortalecer a mensagem principal, estabelecida sobre as bases de uma *construção axiológica racional de sentido*. Na primeira, em discurso crítico-expositivo, pavimenta suas premissas aludindo à Teoria Hermenêutica Filosófica de Hans-Georg Gadamer (com sua Hermenêutica da finitude) e as Teorias da Argumentação Jurídica de Robert Alexy e Neil MacCormick. Colho o ensejo para lembrar que Gadamer, memorável discípulo de Martin Heidegger, foi aquele mesmo filósofo que lavrou a frase cujo sentido apontou para o conteúdo *"tudo aquilo que puder ser interpretado é texto* (não está ao pé-da-letra). Ora, o homem, posto no mundo como um ser carente (e não pleno), cumpre seu percurso existencial interpretando a natureza circunstante, o que equivale a reconhecer que a realidade interior e exterior se nos oferece na condição de textos e, como tais, hão de ser consideradas. Na segunda parte, há excelentes ponderações a respeito das ideias fundamentais para a composição do discurso e relevantes elementos para o aprofundamento das relações entre Direito e linguagem. Vem, a seguir, a terceira para polarizar o interesse na interpretação daquilo que se costuma chamar de "Constituição Tributária brasileira" apreciando, em especial, a interpretação constitucional dos "casos difíceis" e aproveitando a oportunidade para oferecer proposta alternativa atinente à distinção forte entre "regras e princípios". Na quarta seção, empreende análise do CTN, no que concerne à interpretação, integração e aplicação tributárias, à luz das noções propostas nas três primeiras. E conclui o texto com duas situações que provocam delicadas divergências interpretativas, para oferecer a demonstração eloquente da utilidade do emprego da diretriz sugerida para interpretação e aplicação dos preceitos tributários como sendo *uma tolerante e responsável construção axiológica racional de sentido.*

A tese de Luís Cesar, agora na forma de livro que se dirige à comunidade jurídica em geral, é, repito, um trabalho sério, de quem conhece Teoria Geral e se dispõe a fazer meditações profundas com suas leituras e seus conhecimentos nos domínios da Filosofia do Direito. Mesmo porque não creio em aprofundamento teórico sem o suporte nesses planos superiores do saber. E mais, é uma obra que cumpre, admiravelmente, os requisitos fundamentais de coesão e coerência, constituindo-se num material valioso para o estudo e para a pesquisa, em qualquer nível de investigação.

Desse modo, reitero meus cumprimentos ao ilustre Autor, à Universidade Estadual do Rio de Janeiro e aos leitores de textos jurídicos em geral, pois, com este volume, a doutrina do Direito avança de maneira eficaz, fortalecendo-se.

São Paulo, 19 de abril de 2021.

Paulo de Barros Carvalho
Professor Emérito e titular da PUC/SP e da USP
Membro Titular da Academia Brasileira de Filosofia

PALAVRAS DO AUTOR

Este livro, produto de minha Tese de Titularidade para o cargo de Professor Titular de Direito Financeiro e Tributário da Faculdade de Direito da UERJ, é fruto de das minhas experiências de vida, na academia e principalmente fora. A decisão de tratar de um tema tão árduo quanto o da interpretação e aplicação tributárias somente amadureceu graças a essas experiências, que trouxeram à consciência, de forma visceral, que ser *humano* é viver com limitações existenciais e de conhecimento, pelo que a tão almejada verdade interpretativa é, no máximo, um ideal. Interpretar é conhecer algo, é uma atividade de construção de sentido, que demanda razão e emoção e, que apesar de ser desenvolvida por cada pessoa, é histórica, social e culturalmente informada. Assim, longe de ser uma atividade isolada, egoísta e egocêntrica, é uma atividade intersubjetiva e solidária.

Ante o efetivo reconhecimento da imperfeição humana para conhecer-interpretar o mundo, bem como para construir a denominada realidade, torna-se natural a existência de divergências interpretativas, pelo que parece ser fundamental compreender a importância do diálogo franco e da utilidade, quiçá necessidade, de incorporação em nosso modo de vida de dois relevantes princípios: o da tolerância, que requer o reconhecimento do dever de ouvir e compreender respeitosamente as razões do próximo; e o da responsabilidade, que demanda ter a consciência de que nossas ações podem contribuir para reduzir sofrimentos e para melhorar a qualidade de vida das pessoas, principalmente das fisica, social e economicamente mais fragilizadas. Eis o porquê de a minha tese defender que a interpretação e a aplicação envolvem uma ***tolerante e responsável construção axiológica e racional de sentido***.

A vida tem se esforçado para me ensinar ser uma pessoa melhor. Reproduzo adiante uma parte (*Parte I – Histórico da vida*) do Memorial que apresentei em 2020 como um dos requisitos para alcançar a titularidade, a qual revela meu agradecimento à vida por ter me permitido aprender com as pessoas que conheci durante meu caminho.

Rio de Janeiro, abril de 2021.

PARTE I – HISTÓRICO DA VIDA

1. A VIDA ANTES DE INGRESSAR NA UERJ

Nasci no dia 05 de abril de 1966, na Cidade do Rio de Janeiro. Filho de um carioca, Jadyr, com uma amazonense, Zuleide, que veio para o Rio de Janeiro aos quinze anos de idade. Os dois se conheceram, houve amor à primeira vista e casaram-se. Tiveram dois filhos: meu irmão Paulo, que nasceu em 25 de fevereiro de 1957; e, nove anos depois, eu.

Sou muito grato ao ensino público no Brasil. Quando tinha 5 anos de idade, não pude ingressar na primeira série do então primeiro grau, pois só era possível o ingresso nessa série da Escola Pública se eu tivesse de 6 para 7 anos de idade. Por considerarem que eu tinha condições de cursar a primeira série primária, meus pais decidiram que eu estudaria com uma vizinha, cujo filho já cursava a primeira série. O que ele aprendia na escola, sua mãe transmitia para mim.

No início do ano de 1972, já no alto dos meus 6, quase 7, anos de idade, consegui prestar meu primeiro Concurso Público, para tentar o ingresso já na segunda série. Fui aprovado e ingressei na segunda série da escola pública. Curiosamente, durante o período em que estava sendo construído o novo *Campus* da então Universidade do Estado da Guanabara (UEG) no bairro do Maracanã, o que ocorreu entre os anos de 1969 e 1976, quando eu passava em frente à construção, dizia: quando crescer eu vou estudar aí. A mudança de nome para Universidade do Estado do Rio de Janeiro (UERJ) ocorreu somente em 1975.

Meu irmão, no ano de 1975, aos 17 anos de idade, foi aprovado no concorrido vestibular para cursar Economia na (ainda) UEG. Ele concluiu seu curso de Economia já na UERJ no final de 1978. Em 1979, foi dar aulas para graduandos em um Curso Superior de Processamento de Dados em um Grupo de Ensino que também tinha cursos para primeiro e segundo graus. Paralelamente, participei de um exame de seleção, que ocorrera, no Estádio de Futebol Mário Filho, o conhecido Maracanã, para tentar obter bolsa de estudos nessa Instituição. Obtive à época, a bolsa máxima, salvo engano, de 80% de desconto nas mensalidades. Como meu irmão lecionava no mesmo Grupo de Ensino, ele conseguiu que me concedessem bolsa integral. Desse modo, em 1979, deixei o ensino público e iniciei meus estudos na rede particular. Estava, à época no último ano do primeiro grau – a 8ª série. Meu irmão, em função de outros compromissos profissionais, parou de dar as referidas aulas, o que faria com que no ano seguinte (1980), eu não mais tivesse a bolsa integral.

Como tive um bom desempenho acadêmico na 8ª série, um Professor de História, com quem me dava muito bem, sugeriu que eu pleiteasse a preservação da bolsa integral. Assim fiz. A direção do Colégio concordou com meu pleito. Assumi com a Direção, e comigo mesmo, o compromisso de ter que manter a excelência acadêmica, a fim de preservar a integralidade da bolsa. Esforcei-me e consegui preservar a bolsa integral até o final do terceiro ano do segundo grau.

Em 1982, aos 16 anos, no complicado ano do pré-vestibular, as inscrições já estavam abertas e havia a necessidade de escolher um curso específico, mas eu ainda não sabia que curso escolher. Lembro que, num fim de semana, abri o Caderno do Vestibular, que relacionava todas as opções de curso, e conversei com meu irmão a respeito. Fiquei em dúvida entre prestar vestibular para Direito ou para Medicina. Depois de muita reflexão, optei pelo Direito.

Participei de mais um Concurso e consegui ser aprovado para a minha primeira opção – o renomado Curso de Direito da UERJ.

2. A VIDA APÓS INGRESSAR NA UERJ E ANTES DA DOCÊNCIA

Confesso que não sabia o que viria pela frente. À época, fui juridicamente emancipado, a fim de poder atuar nos negócios de minha família, razão pela qual minha primeira opção foi pelo turno da noite.

Em março de 1983, com 16 anos de idade, entrei pela primeira vez na Faculdade de Direito da UERJ!

A emoção era enorme. Eu sentia que uma nova e importante fase da minha vida estava tendo início. Ao mesmo tempo, a estranheza inicial foi grande. Professores davam aula de terno e gravata, em tom bastante formal, o que para mim era algo muito inusitado. Não tinha experiência com as peculiaridades do Direito, pois fui o primeiro da minha família a optar pela carreira jurídica. Minha rotina era, das 7 às 13 horas, trabalhar na empresa da minha família. A parte da tarde, eu reservava para os estudos em casa. À noite, até às 22 horas, cursava as matérias na Faculdade. Em função do cansaço, passei a adotar a estratégia de sentar sempre na primeira fileira, preferencialmente, numa cadeira em frente à mesa do Professor, o que ajudava a me manter mais alerta. Isso contribuiu muito para que me mantivesse concentrado nas aulas e para haver tido um bom desempenho durante o curso.

Desde o primeiro período, em março de 1983, tive a sorte, o privilégio, de ser aluno do já renomado Professor de Direito Civil Ricardo Pereira Lira. Seu conhecimento doutrinário era algo impressionante, somente comparável com a sua gentileza e paciência com todos os alunos. A grande admiração foi imediata. No ano de 1985, quando eu estava no 6º período, tive a oportunidade de participar do primeiro Concurso de Monitoria da Faculdade de Direito. Concorri para a vaga de Monitor de Direito Civil. O Concurso envolveu prova escrita e oral. Após o resultado da prova escrita, fiquei desanimado. Um aluno bem mais experiente (já usava terno e gravata) obteve nota 10,0, enquanto eu obtive nota 9,0. Quase desisti de participar da prova oral, pois não tinha qualquer experiência com esse tipo de prova. Meu irmão me incentivou a participar. Terminada a prova oral e divulgados os resultados, uma surpresa: houve um empate entre dois candidatos. Os papéis se inverteram. Eu obtive nota 10,0 e o outro candidato nota 9,0. O que fazer. À época, Júlio, o então secretário da Faculdade de Direito, que também, só andava de terno, deu a notícia: segundo as regras do concurso, o desempate se daria em função do coeficiente de rendimento. O outro candidato dissera o dele, salvo engano 9,0, eu não tinha certeza, nada disse, mas tinha a impressão de o meu ser maior. Após levantamentos junto à Secretaria da Faculdade, eis o resultado: eu fora o aprovado. Minha emoção foi enorme, principalmente, porque eu não queria decepcionar o meu querido Professor de Direito Civil. A atividade como monitor foi única e marcante. Talvez, essa tenha sido a primeira semente para a docência.

A importância do Professor Ricardo Lira em minha trajetória jurídica e acadêmica foi fundamental. Lembro de lhe ter consultado sobre o que seria mais conveniente: estagiar em algum escritório para desenvolver a prática ou dedicar o tempo que tinha (o que sobrava da atuação na empresa da minha família) para incrementar meus estudos. Sua resposta foi direta: dedique-se aos estudos. Assim procedi. No último ano da graduação, conheci um outro exemplo no magistério, o querido e saudoso Professor de Direito Financeiro, Ricardo Lobo Torres. Começou aí, o encantamento com o Direito Financeiro e Tributário. Concluí minha graduação no final de 1987, tendo colado grau em 1988, com um coeficiente final de rendimento de 9,31.

Eu pensava em fazer certo Concurso Público, mas fui informado que precisaria aguardar dois anos para tanto. Resolvi, nesse intervalo, fazer uma Especialização na Fundação Getulio Vargas no ano de 1988. Algo curioso ocorreu. Duas colegas, uma da Bahia e outra do Rio Grande do Sul, deram notícia de um Concurso para Procurador do Município do Rio de Janeiro. O concurso ocorreria no fim do ano e já estávamos no segundo semestre, pelo que considerei que não haveria tempo hábil para me preparar. As duas colegas me incentivaram a prestar o concurso e convidaram-me para estudarmos juntos. Relutei. Aceitei, contudo, participar de uns encontros para lermos juntos a então recém-saída Constituição de 1988. Acabei me animando e decidi, no final de outubro de 1988, que iria fazer a prova. Tinha como objetivo não ser eliminado na primeira fase, afim de ter mais tempo para me preparar para as próximas fases. Estudei o máximo que pude. Lembro que a primeira prova ocorreu no dia 18 de dezembro de 1988, uma semana antes do Natal, nas instalações da UERJ. A UERJ trouxe-me sorte. Houve uma grata surpresa com o resultado: fui o primeiro colocado nessa fase. Isso motivou-me bastante e continuei a intensa preparação. Ao final, consegui ser aprovado, em terceiro lugar geral.

Em outubro de 1989, aos 23 anos de idade, tomei posse na Procuradoria do Município do Rio de Janeiro. Minha experiência profissional na área jurídica era quase nenhuma. Contei com a solidariedade de colegas para superar as dificuldades iniciais. Apesar de minha colocação possibilitar, não fui lotado na área que desejava. Mas a sorte novamente sorriu para mim e uma colega quis permutar comigo, com o que acabei indo para a área inicialmente pleiteada, a área tributária.

3. A VIDA APÓS A DOCÊNCIA NA UERJ

No final do ano de 1989, recebi uma ligação que me causou surpresa e alegria: meu querido Professor Ricardo Lira convidou-me para lecionar a disciplina Direito Civil na UERJ no ano de 1990. Não podia recusar tal convite, que muito me envaideceu. Devo confessar, contudo, que estava muito inseguro com essa nova empreitada. Eu não podia decepcionar o querido Professor. Cada aula era antecedida de enorme preparação. Lia algo em torno de dez livros, para considerar-me, minimamente, preparado. Como um jovem de 23 anos, parecia que eu ainda era um aluno em sala de aula com as vestes de Professor.

No ano de 1990, dois ex-colegas da Procuradoria do Município do Rio de Janeiro, que já tinham ido para a Procuradoria da República, incentivaram-me para fazer o mesmo. Foi um período estafante. Estava com menos de seis meses como Procurador do Município, iniciando minha experiência na docência e tendo que me preparar para um concurso reconhecidamente muito difícil. Para que se tenha uma ideia, na primeira fase, com questões objetivas, a fim de evitar que respostas sem convicção (na linguagem popular, "chutes") fossem dadas, a regra do Edital do Concurso prescrevia que a cada resposta errada uma certa deveria ser cancelada. A última fase do Concurso – Prova Oral – foi em Brasília. Recordo-me que eram cinco examinadores: o então Procurador-Geral da República, Aristides Junqueira, o então Subprocurador-Geral da República, José Arnaldo da Fonseca, os Ministros do Supremo Tribunal Federal, Sepúlveda Pertence e Marco Aurélio, e um representante da OAB. A impressão que eu tinha era a de que nada saberia responder.

A sorte mais uma vez sorriu para mim. Fui aprovado e tomei posse em Brasília, no dia 22 de fevereiro de 1991, aos 24 anos de idade. Pelo divulgado em jornais da época, fui o mais jovem a tomar posse como Procurador da República. Em função da colocação alcançada, consegui ficar lotado na Cidade do Rio de Janeiro, onde sempre residi.

No início do ano de 1991, pouco depois de terminar um concurso extremamente desgastante, fui comunicado pela Faculdade de Direito sobre a abertura de Concurso para Professor de Direito Civil, que ocorreria em fevereiro de 1991, logo após o Carnaval. O concurso não tinha sido aberto em boa hora para mim. Eu estava completamente desgastado fisicamente. Pensei em não participar. Entretanto, pareceu-me que tal atitude poderia soar como covardia ou ingratidão de minha parte.

Participei do concurso com grande receio de ter uma eliminação vexatória. Fui aprovado, mas não classificado. Comparados a mim, que tinha 24 anos de idade, ingressaram dois candidatos, bem mais experientes: um desembargador do Tribunal de Justiça do Rio de Janeiro e uma Procuradora de Justiça do Rio de Janeiro.

No segundo semestre de 1991, fui convidado para dar aulas na Universidade Estácio de Sá. Não prossegui com o contrato, em função de ter sido novamente contratado pela UERJ, em 10 de março de 1992, para lecionar Direito Civil. Apesar de terem sido abertas novas vagas relativas ao concurso prestado, por razões burocráticas, minha posse como Professor Auxiliar somente ocorreu em 08 de fevereiro de 1993.

Nesse mesmo ano fui aprovado no Exame de Seleção e iniciei o Mestrado em Direito Tributário na Pontifícia Universidade Católica de São Paulo (PUC/SP). Onde tive a oportunidade de ter aulas, entre outros, com Paulo de Barros

Carvalho, que veio a ser meu orientador, Celso Antônio Bandeira de Mello e Geraldo Ataliba.

A UERJ mais uma vez foi marcante em minha vida e a sorte mais uma vez sorriu para mim. Veio da turma que comecei a lecionar em 1992 o maior presente que eu poderia imaginar. Conheci minha amada e brilhante estudante (a melhor da turma) Carla. Começamos nosso namoro em 12 de fevereiro de 1993 e nos casamos no dia 2 de setembro de 1995, meses após sua graduação em Direito.

Nossa lua de mel teve que ser adiada por alguns meses em função das aulas no Mestrado e da impossibilidade de ter mais que duas faltas. Durante todo o curso de Mestrado em São Paulo, continuei a trabalhar e residir no Rio de Janeiro, o que me impedia de ter um ritmo mais acelerado nos estudos. Consegui concluir o Mestrado em Direito Tributário em 1997, sendo laureado com todos os créditos para cursar o Doutorado, o que fiz a partir de 1998.

Fui promovido ao cargo de Professor Assistente, a partir de 29 de outubro de 1997, conforme Portaria nº 600/Reitoria/97, publicada no *DOERJ* em 24 de novembro de 1997.

Em função de ter concluído o Mestrado em Direito Tributário e de haver vaga disponível, com o apoio do Professor Ricardo Lobo Torres, requeri e foi aprovada a minha transferência para o Departamento de Direito do Estado, a fim de passar a lecionar, a partir de março de 1998, a disciplina Direito Financeiro (e Tributário), a qual leciono até os dias atuais.

No ano de 1998, três fatos tornaram esse ano especial.

O primeiro foi que lancei meu primeiro livro – *Sujeição passiva tributária* –, fruto de minha dissertação de mestrado.

O segundo, a minha brilhante e amada Carla foi aprovada em dificílimo concurso para o cargo de Procuradora da Fazenda Nacional. Apesar de terem sido abertas 600 vagas, pouco mais de 80 candidatos foram aprovados em todo o Brasil. Carla, grávida de quatro meses, tomou posse em maio de 1998.

Eis o terceiro fato especial, digo, divino, do ano de 1998. Em 23 de outubro de 1998, nasce nosso primeiro amado filho, Bruno. Realizei o grande sonho de minha vida: ser pai.

Bruno foi uma criança encantadora, boa e levadíssima. Foi o primeiro presente precioso que a minha amada Carla me deu.

A vida prosseguiu e, dois anos e meio depois, recebo mais uma notícia divina. Em 12 de abril de 2001, nasce nosso segundo amado filho, Rafael. Realizei, novamente, o sonho de minha vida: ser pai.

Rafael foi uma criança calma, amorosa e com enorme coração. Foi o segundo presente precioso que a minha amada Carla me deu.

No ano de 2002, mais uma vez orientado pelo querido Professor Paulo de Barros Carvalho, concluí meu Doutoramento em Direito Tributário na PUC/SP. Nesta feita, tive a oportunidade de contar com a participação na banca examinadora do igualmente querido e saudoso Professor Ricardo Lobo Torres.

Fui promovido ao cargo de Professor Adjunto, a partir de 29 de junho de 2002, conforme Portaria nº 297/Reitoria/2002, publicada no *DOERJ* em 28 de agosto de 2002.

A partir do segundo semestre de 2005, passei a também lecionar no Programa de Pós- Graduação em Direito da UERJ. Inicialmente, lecionava a disciplina Direito Constitucional Tributário na Linha de Direito Público.

Participei, desde os primeiros passos, juntamente com os Professores Ricardo Lobo Torres, José Marcos Domingues de Oliveira, Adilson Pires, e posteriormente, o Professor Ricardo Lodi da criação da Linha de Finanças Públicas, Tributação e Desenvolvimento, o que se ultimou no ano de 2010. Desde então, tenho lecionado as disciplinas Direito Constitucional Financeiro e Tributário, Tributação da Renda e do Patrimônio e Grupo de Pesquisa Institucional.

Desde o primeiro Exame de Seleção para o Mestrado e para o Doutorado na Linha de Finanças Públicas, Tributação e Desenvolvimento, tenho participado das respectivas Bancas Examinadoras, presidindo-as ou apenas integrando-as.

Em 2011, participei como membro da Banca Examinadora do Concurso Público para provimento do cargo de Procurador do Município do Rio de Janeiro. Também no ano de 2011, participei como membro da Banca Examinadora do Concurso Público para provimento do cargo de Procurador da Câmara de Vereadores do Rio de Janeiro.

Desde 30 de maio de 2012 sou o representante da Linha de Finanças Públicas, Tributação e Desenvolvimento no Colegiado do Programa de Pós-Graduação em Direito da UERJ (PPGD- UERJ).

Fui promovido ao cargo de Professor Associado, a partir de 20 de agosto de 2015, conforme Portaria nº 735/Reitoria/2016, publicada no *DOERJ* em 24 de outubro de 2016.

Fui o Presidente da Banca Examinadora do Concurso Público para Professor Adjunto de Direito Financeiro da Faculdade de Direito da UERJ, realizado em 2015, compondo a mesa com os Professores Doutores Humberto Ávila e Luís Eduardo Schoueri.

No ano de 2016, meu filho mais velho, Bruno, decidiu fazer vestibular para Direito. Devo confessar que, apesar de não ter influído na escolha, fiquei feliz com a ideia de ter mais uma geração na família a trilhar a carreira jurídica. Bruno realizou as Provas para o Vestibular da UERJ e da PUC-Rio. Obteve nota "A" (a mais elevada) na primeira fase do vestibular para a UERJ. Contudo, à época, a UERJ estava numa situação muito difícil, com paralisações e incertezas quanto ao futuro. Bruno optou pela PUC-Rio, pois já estava aprovado para a sua primeira opção. Em março de 2017, Bruno iniciou seus estudos no Curso de Direito da PUC-Rio. Lembro de nossas primeiras conversas sobre questões jurídicas relacionadas ao princípio da igualdade, o que me emocionou. Ele estava muito empolgado com o início do curso. Lamentavelmente, a vida não sorriu para mim no dia 24 de março de 2017. Neste dia, Bruno nos deixou e foi para o céu. Não sei, até hoje, qualificar o que senti e o que sinto ao realizar que meu amado filho não está mais conosco. Pensei em desistir de tudo. Pedi muita força a Deus para conseguir prosseguir. Prometi a meu amado Bruno tentar seguir um bom caminho e ser um homem de quem ele tivesse orgulho. Ser, nos limites de minhas forças, o melhor marido para minha amada Carla e o melhor pai para meu amado Rafael. É o que tenho, sincera e profundamente, tentado a cada dia.

Em 2017, eu e Carla fizemos uma visita à Academia Brasileira de Letras. Fomos afetuosamente conduzidos por uma querida amiga que lá trabalha, sendo da mesma forma recebidos pelos imortais acadêmicos. Lembro que em contato com o gentil e simpático Professor Evanildo Bechara, responsável pelo setor relativo à elaboração do Vocabulário Ortográfico da Língua Portuguesa (VOLP), comuniquei-o que indicava a consulta ao VOLP a todos os meus alunos. Na mesma tarde, destaco o encontro com a doce imortal Nélida Piñon, que foi a primeira mulher a presidir a Academia Brasileira de Letras. Sua simpatia e doçura foram contagiantes. Nélida Piñon foi informada de nossa perda e acarinhou-nos com enorme sensibilidade. Ela perguntou se tínhamos perdido nosso único filho, quando respondi que sim. Que tivemos a oportunidade de ser agraciados com dois filhos únicos: um único Bruno e um único Rafael.

Emocionamo-nos.

A UERJ, mais uma vez, afetou a minha vida. Continuar a lecionar colaborou, e ainda colabora, para continuar a minha jornada. Minha relação com os alunos sempre foi assemelhada a de um pai para com seus filhos. Inicialmente, aos meus 23 anos, eu pensava que quanto mais exigente eu fosse, mais os alunos seriam mais bem-sucedidos na vida. Creio que algumas vezes posso não ter sido bem compreendido. Sei que, em alguns momentos, nesses mais de 30 anos de magistério, posso ter sido mais rigoroso que devia, mesmo desejando e pensando que estava fazendo o melhor. A vida ensina. Hoje em dia, tento seguir, na vida em geral e, em particular, na vida de Professor, o que Arthur Kaufmann e Hans Jonas preconizam sobre os princípios da tolerância e da responsabilidade. Ser mais tolerante, no sentido de ouvir e compreender, de modo franco, as razões do próximo. Ser mais responsável, no sentido de ter consciência que minhas ações podem contribuir para reduzir sofrimentos e para melhorar a qualidade de vida das pessoas. Creio que ainda tenho muito a compartilhar e a aprender com os alunos, por isso tenho fé de que vale a pena continuar no nobre caminho da docência.

SUMÁRIO

2

TEXTO, INTERPRETAÇÃO, NORMA JURÍDICA E APLICAÇÃO

3

INTERPRETAÇÃO DA CONSTITUIÇÃO TRIBUTÁRIA

4
INTERPRETAÇÃO, INTEGRAÇÃO E APLICAÇÃO NO CTN

INTRODUÇÃO

O presente trabalho tem como objetivo identificar o sentido e aprofundar as discussões relativas ao tema da interpretação e aplicação em matéria tributária. Nas sociedades contemporâneas, os Estados, enquanto produto de um modo de organização institucionalizada da vida social, assumem um relevante papel na determinação da maneira pela qual se desenvolve a vida das pessoas, principalmente as pessoas economicamente mais carentes. Nesse sentido, a demanda por prestação de serviços por parte do Estado tem se multiplicado.

Essa assunção pelo Estado da incumbência de prestar inúmeros serviços, naturalmente, produz a necessidade de obtenção de recursos para viabilizar essa missão. Sem pretender debater quais incumbências o Estado idealmente deveria ter, o que extrapola o âmbito da presente reflexão, o fato é que, no Brasil, o Estado, direta ou indiretamente, além de desempenhar funções consideradas essenciais, desempenha funções relacionadas à atividade econômica, o que acaba por informar uma maior quantidade de recursos para adequadamente atuar. A par de possíveis excessos, é certo que, entre as funções primordiais do Estado, principalmente em países subdesenvolvidos ou em desenvolvimento, como é o caso do Brasil, estão as de promover a justiça, a segurança, a saúde, a educação, em suma, promover o bem-estar das pessoas, com foco nas necessidades daquelas economicamente mais carentes. O Estado deve promover o desenvolvimento, principalmente, como meio de reduzir o sofrimento e as dificuldades daqueles que enfrentam privações que comprometem uma vida com padrões mínimos de dignidade.

É incontestável a importância da tributação como modo, internacionalmente adotado, para promover o financiamento do Estado. No Brasil, no ano de 2020, somente com relação à União, de acordo com o disposto na Lei Orçamentaria Anual (Lei nº 13.978/2020), a estimativa do total de receitas de natureza tributária[1] é de R$ 1.689.491.500.198, 00 (um trilhão, seiscentos e oitenta e nove bilhões, quatrocentos e noventa e um milhões, quinhentos mil, cento e noventa e oito reais).[2]

---

1 As despesas são fixadas em igual valor.

2 Sem considerar o montante de mais de 25 bilhões de receitas de natureza tributária relativas a operações intraorçamentárias.

Segundo o Tesouro Nacional[3], a estimativa da Carga Tributária Bruta no Brasil no ano de 2019, considerando todos os entes da Federação, é de mais de 2,407 trilhões de reais, o que corresponde a um percentual de 33,17% do Produto Interno Bruto (PIB). Essa carga tributária representa quase 1/3 (um terço) de toda a riqueza produzida pela sociedade brasileira no ano de 2019.

Esses números elevadíssimos demonstram a importância econômica da tributação para o funcionamento do Estado brasileiro. Ora, para que ocorra a tributação, para que as pessoas físicas e jurídicas saibam *se*, *quanto* e *quando* terão que pagar tributos é imprescindível que sejam realizadas as atividades de interpretação e de aplicação em matéria tributária. Em outros termos, cada pessoa, cada cidadão-contribuinte, precisa saber o que está determinado pela legislação tributária brasileira, a fim de que seja possível cumprir com a sua obrigação tributária, com a sua obrigação de custear o Estado por meio de tributos, mediante a entrega de parcela de seu patrimônio.

Costuma-se dizer que compreender a legislação tributária é tarefa bastante difícil. Bem simboliza essa dificuldade a seguinte afirmação feita por Albert Einstein: "The hardest thing in the world to understand is the income tax".[4] Se mesmo para um ser humano como Albert Einstein é difícil entender o que determina a legislação relativa a *um* dos muitos tributos existentes, imagine como é para os seres humanos *comuns* interpretar e aplicar todo o sistema tributário.

O que se pretende com esse trabalho é, de alguma forma, contribuir para a realização das árduas atividades de interpretação e de aplicação da matéria tributária. Essas atividades, ao que parece, estão mais presentes no dia a dia de cada pessoa do que se possa imaginar. São atividades tão corriqueiras quanto imprescindíveis. Por serem atividades corriqueiras, que acompanham a todos permanentemente, passam de forma despercebida, silenciosa, tanto que, por vezes, se tem a impressão de elas não estarem presentes. Esta imperceptibilidade das atividades de interpretação e, por consequência, de aplicação, em muitos casos, acaba tornando a sua realização mais difícil ainda, pois delas não se

3 Disponível em: <https://www.tesourotransparente.gov.br/publicacoes/carga-tributaria-do-governo-geral/2019/114#:~:text=Em%202019%2C%20a%20carga%20tribut%C3% A1ria,02%20 pontos %20percentuais%20do%20PIB>. Acesso em: 19 ago. 2020.

4 O trecho correspondente na tradução é: "A coisa mais difícil para entender no mundo é o imposto de renda". Essa afirmação de Albert Einstein consta da página "Tax Quotes" do site oficial do Internal Revenue Service (IRS), que corresponde à Receita Federal dos Estados Unidos da América. Disponível em: <https://www.irs.gov/newsroom/tax-quotes>. Acesso em: 20 ago. 2020.

toma consciência. É sempre mais complexo enfrentar os problemas e as dificuldades que não se consegue ver ou perceber.

Nesse contexto, entende-se fundamental adotar um modo de abordar esse tema que possibilite, em primeiro lugar, trazer à consciência as características, as dificuldades e as limitações humanas para o desenvolvimento das atividades de interpretação e aplicação. Para tanto, foi realizada uma profunda pesquisa em estudos doutrinários sobre o tema, em especial, naqueles que funcionarão como referencial teórico para as bases do trabalho. Em complemento, procurou-se estabelecer um diálogo profícuo com o que vem sendo decidido pela jurisprudência, judicial e administrativa, o que colabora com a percepção da complexidade que envolve as questões que serão objeto de acurada investigação e análise nesse trabalho.

Assim, organiza-se a presente tese em quatro grandes partes, correspondentes a cada um dos capítulos. O primeiro capítulo tem início com a apresentação, de modo preliminar, da noção de interpretação, com a demonstração de que se trata de tema que acompanha as reflexões humanas desde longa data. Apresentam-se, ainda nesse momento inicial e de forma preliminar, algumas relevantes noções relacionadas à interpretação.

Em seguida, ingressa-se na parte principal do primeiro capítulo, que é destinada a apresentação das contribuições filosóficas escolhidas para fundamentar o processo de construção das noções de *compreensão, interpretação* e *aplicação.* Trata-se das contribuições concernentes à Teoria Hermenêutica Filosófica de Hans Gadamer e às Teorias da Argumentação de Robert Alexy e Neil MacCormick.

Essas escolhas não foram aleatórias. A teoria hermenêutica e as teorias da argumentação oferecem um instrumental teórico extremamente útil para lidar com o tema da interpretação e aplicação. As diferenças existentes entre essas perspectivas teóricas e eventuais divergências que se tem com relação a certos aspectos delas são menos importantes que as relevantes convergências. Arthur Kaufmann (2004, p. 70), professor, filósofo, ex-integrante do Poder Judiciário alemão, foi feliz ao destacar que essas duas correntes de pensamento estão além do direito natural e do positivismo jurídico, que parecem ter mais pontos em comum do que divergências e que "a hermenêutica não é teoria da argumentação, mas exige-a".

Como será demonstrado, a doutrina especializada aponta Hans-Georg Gadamer como um dos principais, senão o principal, nome da Teoria Hermenêutica. Gadamer foi um filósofo alemão, que teve a oportunidade de viver todo o século XX, tendo nascido em 11 de fevereiro de 1900 e falecido em 13 de março de 2002, aos 102 anos. A Teoria Hermenêutica Filosófica de Gadamer oferece reflexões essenciais e propõe noções específicas como as de *círculo hermenêutico, tradição, historicidade, história efeitual, situação hermenêutica, fusão de horizontes, preconceito, abertura, consciência hermenêutica, primazia hermenêutica da pergunta, experiência hermenêutica, linguagem e linguisticidade*, que trazem à consciência de todo o ser humano interpretante questões fundamentais para uma adequada realização das atividades de compreensão, interpretação e aplicação.

Na sequência, são apresentados os principais aspectos das teorias da argumentação desenvolvidas por Robert Alexy e Neil MacCormick, considerados dois grandes expoentes dessa corrente. Curiosamente, as obras de Alexy e MacCormick surgiram, originariamente, no mesmo ano de 1978 e são até hoje referências para estudo. Alexy, que tem como propósito construir um discurso jurídico racional, após longo escorço teórico, elabora diversas regras para o discurso prático racional geral e para a sua teoria da argumentação jurídica, que ele considera ser um caso especial do discurso prático geral. MacCormick também desenvolve alentado estudo em que confere destaque para aquelas situações em que o raciocínio meramente dedutivo se revela insuficiente, quando se faz necessário construir um discurso mais elaborado, que preze pela coerência e pela consistência.

Objetiva-se ao fim desse primeiro capítulo demonstrar as relevantes afinidades entre essas duas grandes escolas de pensamento e, principalmente, evidenciar em que medida elas contribuem para o aperfeiçoamento dos estudos acerca da interpretação e da aplicação, em especial, em matéria tributária.

No segundo capítulo, a partir das contribuições filosóficas ressaltadas no capítulo anterior, desenvolve-se diretamente o tema da interpretação e da aplicação jurídicas. Esse capítulo começa com a construção de algumas noções fundamentais para o discurso jurídico, tais como: *Direito* (noção ainda preliminar), *validade, texto jurídico, norma jurídica, norma de produção normativa, norma de conduta, fato jurídico, relação jurídica, vigência, eficácia jurídica* e *eficácia social*. Prossegue-se com a investigação das relações entre Direito e linguagem, com destaque para a construção da noção de *conceito* e com a análise dos fenômenos da indeterminação conceitual, da mutação conceitual e da diversidade espacial conceitual. Desenvolvem-se análises que são essenciais para a construção tanto da noção de *Direito* quanto das noções de *interpretação* e *aplicação jurídicas*, mediante um exame minucioso de teorias que se opõem acerca da natureza *neutra e objetiva* ou *valorativa e subjetiva* do conceito de Direito, do conteúdo do Direito e da interpretação e aplicação do Direito. Investiga-se também o embate entre as perspectivas de *estrita descrição* e de *livre criação* atinentes à interpretação. Encerra-se esse capítulo com a exposição da síntese de uma alternativa às perspectivas extremadas acerca da interpretação e aplicação, propondo-se a adoção do que se denomina uma tolerante e responsável *construção axiológica racional*.

No terceiro capítulo concentra-se a atenção no exame da interpretação do que se chamou de Constituição *Tributária* brasileira. Esse exame passa pela consideração da relevante especificidade que a Constituição brasileira apresenta em matéria tributária, em especial, quanto à sua fundamentalidade e extensividade. Para tanto, com o propósito de evidenciar essas relevantes especificidades, faz-se um breve escorço acerca do que dispõem a Constituição de seis países sobre a matéria tributária: Argentina, Uruguai, Chile, Portugal, Espanha e Alemanha.

Em seguida, perquire-se o tema da interpretação constitucional dos "casos difíceis", juntamente com a análise e apresentação de proposta alternativa referente à distinção forte entre *regras* e *princípios*. Aborda-se, ainda, as características e as consequências da presença de dois aspectos que singularizam a Constituição *Tributária* brasileira, quais sejam: o estabelecimento de um rígido e minucioso sistema de atribuição de competência tributária e sua relação com os conceitos constitucionais tributários; e a incorporação do princípio da legalidade tributária materialmente qualificada. O capítulo termina com reflexões sobre o efeito do tempo sobre a justiça e segurança na Constituição *Tributária* brasileira, com ênfase para a necessidade de se considerar os princípios constitucionais tributários da irretroatividade, da anterioridade de exercício e da anterioridade nonagesimal ante o inevitável fenômeno da mutação normativa e da mutação constitucional

No quarto e último capítulo, tem-se como propósito analisar o tema da interpretação, da integração e da aplicação no contexto do Código Tributário Nacional (CTN). A partir do que fora construído nos três primeiros capítulos, realiza-se, inicialmente, uma abordagem da gênese do CTN, com referências à realidade constitucional da época da sua elaboração. Logo a seguir, enfrenta-se a controvertida questão da situação hierárquica das normas do CTN na estrutura do sistema tributário brasileiro, momento em que se aborda a questão da existência de relação hierárquica entre as normas complementares em matéria tributária e as normas ordinárias tributárias. Faz-se, ainda, uma análise dos dispositivos do CTN sobre aplicação, interpretação e integração da legislação tributária, tendo como fundamento maior o disposto na Constituição brasileira.

O capítulo e o trabalho têm fim com uma demonstração de como todo o instrumental teórico construído ao longo da tese relativo aos conceitos de *interpretação* e *aplicação* pode ser, hermenêutica e argumentativamente, utilizado para, com coerência, consistência, tolerância e responsabilidade, contribuir com a superação de fortes divergências interpretativas relativas a dois assuntos bastante tormentosos tanto na doutrina quanto na jurisprudência: (i) a consideração, por vezes extremada e polarizada, de procedimentos voltados à economia tributária, em função, principalmente, do disposto no parágrafo único do art. 116 do CTN; e (ii) a caracterização da natureza da responsabilidade e a aplicação de multas agravadas no caso de infrações tributárias.

Espera-se que as ideias desenvolvidas e as propostas apresentadas ao longo do trabalho possam de alguma forma colaborar para as reflexões e estudos concernentes à interpretação e aplicação em matéria tributária e, quiçá, contribuir para reduzir as respectivas dificuldades. Mais do que isso, objetiva-se que, mediante uma adequada realização dessas atividades, seja possível, efetivamente e da forma mais abrangente, realizar os valores mais caros da sociedade brasileira, principalmente os que informam a redução do sofrimento humano e a melhoria da qualidade de vida das pessoas, em especial, a das que enfrentam privações que comprometem padrões mínimos de uma existência humana e digna.

1

COMPREENSÃO, INTERPRETAÇÃO E APLICAÇÃO – CONTRIBUIÇÕES FILOSÓFICAS

1.1. Uma noção preliminar de interpretação

A atividade de interpretação vem, de longa data, sendo objeto de atenção por parte dos filósofos. Aristóteles deu o nome de *Interpretação* ao livro em que realizou os estudos sobre a relação entre os signos linguísticos e os pensamentos, bem como entre os pensamentos e as coisas. Boécio, responsável pela passagem dessa doutrina para a Escolástica latina, considerou que interpretação é qualquer expressão que significa alguma coisa por si mesma, com a inclusão dos substantivos, dos verbos, e das proposições, e com a exclusão das conjunções, das preposições e em geral dos termos gramaticais, que, via de regra, nada significam de per si. Segundo essa linha, considera-se que interpretação representa a referência dos signos linguísticos às coisas e dos pensamentos (conceitos) às coisas (ABBAGNANO, 2007, p. 590).

Antes de avançar nesse ponto, com o propósito de evitar mal-entendidos, convém esclarecer o sentido em que são utilizados os termos *conceito, signo, palavra* e *definição*. Considera-se que *conceito* é uma ideia geral, noção ou sentido de algo. Signos são elementos da linguagem, que designam outros elementos. O signo é um fenômeno que nossa mente relaciona com outro fenômeno. A *palavra* ou *termo* é um signo simbólico que exprime um significado, um sentido. A palavra é a expressão verbal do conceito. Diferentes palavras (automóvel, carro, veículo automotor, etc.) podem exprimir um mesmo conceito. E diferentes conceitos podem ser expressos por uma mesma palavra (p.ex., a palavra *bala*, pode designar *um tipo de doce* ou *projétil de arma de fogo*). Conceito não se confunde com definição. O termo *definição* tem sido usado tanto para designar a operação mental em que se determina o âmbito de um conceito, como para designar o produto da enunciação ou exteriorização por meio de linguagem dessa operação mental.[1]

---

1 Nesse sentido, ver Abbagnano (1982, pp. 151-156, 220-222 e 710-711); e Japiassu e Marcondes (pp. 53, 66 e 127). Nicola Abbagnano (1982, p. 151) alude a um sentido amplo de conceito: "Em geral, todo processo que torne possível a descrição, a classificação e a previsão dos objetos cognoscíveis. Assim entendido, o termo tem significado generalíssimo e pode incluir toda espécie de sinal ou procedimento semântico, qualquer que seja o objeto a que se refere, abstrato ou concreto, pró-

Feito esse esclarecimento, observa-se que Norberto Bobbio (2001, p. 212) apresenta uma interessante perspectiva acerca do conceito ou da noção de interpretação, bem como da sua universalidade, que extrapola os fenômenos jurídicos:

> Mas o que significa interpretar? Este termo, com efeito, não é exclusivo da linguagem jurídica, sendo usado em muitos outros campos: assim se fala de interpretação das Escrituras Sagradas, de interpretação das inscrições arqueológicas, de interpretação literária, de interpretação musical [...]. Pois bem, interpretar significa remontar do signo (*signum*) à coisa significada (*designatum*), isto é, compreender o significado do signo, individualizando a coisa por este indicada. Ora, a linguagem humana (falada ou escrita) é um complexo de signos, é uma *species* do *genus signo (tanto é verdade que é substituível por outros signos, por exemplo os* gestos da mão, embora seja mais perfeito porque mais rico e maleável).

Releva observar que, numa perspectiva mais ampla, a atividade de interpretação está relacionada ao processo de conhecimento, de compreensão, de construção de sentido em geral, pelo que está presente em todos os momentos da vida humana. Essa observação é relevante e merece ser explicitada.

Ao menos nesse sentido amplo, interpretação representa construção de sentido, que pode ter como referência uma linguagem textual, gestual ou de natureza diversa. Interpreta-se a linguagem, mas não exclusivamente a linguagem. A atividade de interpretação em sentido amplo se desenvolve com relação a qualquer objeto, esteja ou não vertido em linguagem. Interpretam-se textos, bem como se interpretam fatos, acontecimentos, ainda que não vertidos em linguagem.

Qualquer acontecimento (fato linguístico ou não) demanda interpretação, construção de sentido, atribuição de significado. Eis um exemplo que pode bem ilustrar o quão interessante e relevante é o fenômeno da interpretação na vida humana. Um homem discute, ofende e agride fisicamente uma mulher, supostamente em final de gravidez, até que esta caia, aparentemente sem vida, no chão. Duas pessoas que viram isoladamente essa cena interpretam, atribuem o seguinte significado: a primeira afirma que houve uma briga de casal, em que o suposto marido bateu na mulher até que ela morresse; a segunda, com formação jurídica, assevera que houve um crime de feminicídio, com pena prevista de doze a trinta anos, conforme disposto no art. 121, § 2º, inciso VI, do Código Penal. O diretor de cinema, que filmou de longe essa cena, in-

ximo ou longínquo, universal ou individual etc.". Para Eros Roberto Grau (1988, pp. 70-71) os conceitos são signos de significações, o termo é o signo do conceito e a definição é a explicitação do termo do conceito.

terpreta (atribui o significado): atores acabaram de protagonizar uma cena de um filme por ele dirigido, que buscava retratar a ocorrência de uma briga de um homem com uma mulher, por razões de ela ser do sexo feminino, bem como surpreender a reação espontânea das pessoas que presenciaram a cena.

O Direito oferece vários exemplos que demandam interpretação não apenas de textos, mas de acontecimentos não vertidos em linguagem. Assim, quando ocorre um acontecimento que pode ser relevante para o Direito Penal, por exemplo, há que se realizar, ao menos, duas diferentes espécies de interpretação. Há que se interpretar tanto os textos das leis penais quanto a situação de fato concretamente ocorrida. Somente dessa maneira será possível concluir se a agressão de uma pessoa a outra caracteriza ou não uma lesão corporal (art. 129 do Código Penal), e, em caso afirmativo, se ela é de natureza grave (§§ 1º e 2º), se foi seguida de morte do agredido e se as circunstâncias evidenciam que o agente não quis o resultado, nem assumiu o risco de produzi-lo (§ 3º), se o agressor estava impelido por motivo de relevante valor social ou moral ou sob o domínio de violenta emoção, logo em seguida a injusta provocação da vítima (§ 4º), se as lesões não foram graves e se foram recíprocas (§ 5º), se a lesão foi culposa (§ 6º) e se foi uma violência doméstica (§§ 9º a 12). Em todos esses casos é insuficiente a interpretação isolada dos textos legais ou das situações de fato. É fundamental que a interpretação se perfaça quanto aos dois fenômenos, o linguístico (texto da legislação penal) e o não linguístico (fato, evento ou acontecimento da vida).

Ainda nesse contexto da construção de uma noção preliminar de interpretação, convém trazer à colação algumas contribuições desenvolvidas pelas Teorias da Linguagem. Como já tratado em outra oportunidade (QUEIROZ, 2018, pp. 12-13), a linguagem expressa um significado por meio de signos. O signo é um fenômeno que nossa mente relaciona com outro fenômeno. O gênero signo compreende as espécies ícone, índice e símbolo. O ícone é o signo que, de algum modo, retrata o objeto a que se refere. Uma fotografia é exemplo de signo icônico. O índice é o signo que apresenta uma ligação física com o objeto que designa. Diz-se que a febre é índice de algum problema de saúde, que fumaça é índice de fogo. E símbolo é a espécie de signo construída de forma convencional, sem que haja necessariamente qualquer tipo de ligação física com o objeto que representa. Os textos em geral são espécie de linguagem simbólica, construída convencionalmente, e tem por fim permitir a transmissão de significados entre as pessoas de uma dada comunidade. A liberdade de construção de uma linguagem simbólica explica a circunstância de idiomas diferentes referirem-se a um "mesmo objeto" com signos diferentes:

casa em português, *house* em inglês, *haus* em alemão, *huis* em holandês, *maison* em francês, etc. É preciso que se confira às palavras o exato papel que possuem. Elas integram uma linguagem simbólica, artificialmente construída, com a função de representar significados num processo de construção e de transmissão de conhecimento, de informação, de sentimento ou de um sentido qualquer.

É nessa linha que Tercio Sampaio Ferraz Junior (2003, p. 257) afirma:

> Significar é apontar para algo ou estar em lugar de algo. Signo é, pois, um ente que se caracteriza por sua mediatidade, aponta para algo distinto de si mesmo. [...] Costuma-se fazer uma diferença entre signos naturais e artificiais. Exemplo do primeiro: a umidade da terra é signo de que choveu. Os signos artificiais são elaborados por seres humanos: por exemplo, a própria palavra umidade. Os signos artificiais são chamados de símbolos. Os signos linguísticos, com base fonética, são símbolos.

Se a linguagem textual é composta por signos simbólicos, que apresentam uma ligação convencionalmente criada com os objetos a que se referem, a relação entre uma palavra e um objeto decorre de decisões individuais ou coletivas, as quais não se relacionam, necessariamente, com as características físicas ou ideais de um objeto, mas com circunstâncias diversas, afetas à própria construção de um idioma.

Costuma-se dizer que as pessoas aprendem os nomes dos objetos. Em rigor, o processo parece ser diverso: as pessoas aprendem os nomes que, em dada cultura, são atribuídos aos objetos. Aprender o nome que se atribui a certos objetos, por si só, nada informa acerca deles, apenas revela que se adquiriu um conhecimento sobre os costumes linguísticos de certo indivíduo ou grupo social.

Importa considerar que não é raro existir um desacordo entre o que se quer expressar e a palavra usada para tanto, pois os desejos, as emoções, os sentimentos são mais complexos e mais ricos que as palavras usadas para expressá-los. Se isso não bastasse, normalmente não se usa as palavras de maneira isolada, mas sim mediante uma combinação de palavras. Assim, conforme o contexto, textual ou factual, as palavras utilizadas podem apresentar significados, sentidos diversos, o que torna a atividade de interpretação ainda mais desafiadora. Há que se destacar que, não raramente, mesmo numa conversa entre pessoas que dominam certo idioma, podem surgir ruídos na interpretação, pois a pessoa que ouve pode construir um sentido completamente diverso daquele pretendido por quem emitiu a mensagem. Isso pode decorrer das diferentes experiências vividas pelas pessoas, o que informa uma natural diferença no significado atribuído a certas palavras, principalmente as que expressam sentimentos, afetos e valores.

Além disso, com o transcurso do tempo, os costumes linguísticos podem mudar. Nesses casos, costuma-se falar que as coisas mudam de nome, quando, em rigor, são as pessoas que passam a atribuir nomes diversos aos objetos ou passam a usar o mesmo nome para designar objetos diferentes. Assim, os objetos não possuem nomes verdadeiros; as pessoas normalmente aceitam ou não a atribuição de certos nomes a determinados objetos.

Nada impede que uma pessoa resolva criar nomes, exercendo aquilo que se costuma denominar liberdade de estipulação (GUIBOURG, GHIGLIANI E GUARINONI, 2004, p. 35). Quando isso ocorre, um cuidado é essencial para que a comunicação se torne possível: é mister que se advirtam os receptores da mensagem acerca do novo nome criado para designar um objeto e de seu significado. Esse procedimento é relativamente comum no universo técnico e científico (da biologia, física, medicina, filosofia, direito, etc.), onde, por intermédio da criação de novos termos, almeja-se aumentar a precisão do discurso.

Realizar que a relação entre palavras e objetos é convencional permite reconhecer algumas dificuldades encontradas no processo de interpretação, o qual, como será oportunamente demonstrado, há que levar em conta a complexidade relativa aos valores veiculados na linguagem, bem como aos valores e sentimentos dos intérpretes. Aqueles enquanto sentidos expressados pela linguagem, estes como algo que integra o ser daqueles que realizarão a interpretação.

1.2. A contribuição de Hans Gadamer – a hermenêutica filosófica

Hans-Georg Gadamer é considerado um dos maiores pensadores do século XX, sendo considerado o grande representante da teoria hermenêutica. Como destaca Arthur Kaufmann (2004, p. 56), Ronald Dworkin[2] mostrou sua reverência pela hermenêutica, em especial pela hermenêutica desenvolvida por Gadamer. Em âmbito nacional, inclusive em matéria tributária, as contribuições hermenêuticas de Gadamer são objeto de expressa adoção, como ocorre com Ricardo Lobo Torres (2000, pp. 30, 48, 54, 64, 282 e 292), Misabel de Abreu Machado Derzi (in BALEEIRO, 2008, p. 675), Paulo de Barros Carvalho (2011, p. 128), Humberto Ávila (2011, p. 598), etc. Gadamer teve a oportunidade de viver o século XX por inteiro, pois nasceu em 11 de fevereiro de 1900 e faleceu aos 102 anos, em 13 de março de 2002. Teve forte influência de Heidegger, de quem foi aluno, e de Dilthey, o que não o impediu de desenvolver suas ideias próprias.

---

2 Kaufmann refere-se à posição que Ronald Dworkin adotou no livro *Law's empire*, que foi publicado no ano de 1986.

A principal obra de Gadamer é *Verdade e Método: traços fundamentais de uma hermenêutica filosófica* (*Wahrheit und Methode: Grundzüge einer philosophischen Hermeneutik*), inicialmente publicada na Alemanha em 1960. Convém não se deixar impressionar pelo título da obra. Como será evidenciado, uma acurada leitura revela que a preocupação de Gadamer passa muito ao largo do desenvolvimento de algum método que conduza à verdade objetiva. Sua preocupação é a de identificar como se desenvolve o processo de conhecimento humano. Gadamer oferece uma valiosa contribuição no sentido de trazer à consciência as condições de possibilidade e as limitações que envolvem qualquer pessoa ao compreender, interpretar e aplicar. Adiante, será apresentada, em primeiro lugar, uma síntese do que se considera serem as principais contribuições de Gadamer para a compreensão, interpretação e aplicação (itens 1.2.1 a 1.2.1.4). Em seguida, será feita uma análise dos sentidos utilizados por Gadamer ao se referir, especialmente, aos fenômenos da interpretação e da aplicação relacionados ao Direito (item 1.2.2).

1.2.1. A hermenêutica e as condições de possibilidade do conhecimento humano

Gadamer revela, no prefácio à segunda edição de sua obra *Verdade e Método*, que não teve a intenção de elaborar uma "doutrina da arte" do compreender, tal qual pretendia a hermenêutica mais antiga, nem mesmo produzir um sistema de regras artificiais que pudesse descrever o procedimento metodológico das ciências do espírito, ou até orientá-lo. Tampouco pretendeu perquirir as bases teóricas do trabalho das ciências do espírito, com a finalidade de transformar em práticas os conhecimentos adquiridos. Gadamer insiste que sua real intenção foi e permaneceu sendo uma intenção filosófica e que procurou demonstrar o que é comum a todos os modos de compreender.

Gadamer assevera que não pretendeu reativar a antiga disputa metodológica entre as ciências da natureza e as ciências do espírito. Ele acredita que não se trata de uma contraposição de métodos, mas o que se tem é uma diferença dos objetivos do conhecimento. O que pretende é descobrir e tornar consciente o que foi ignorado pela disputa sobre os métodos. Trata-se de algo que não limita e restringe a ciência moderna, mas a precede e a torna, ainda que em parte, possível. Esse objetivo de Gadamer é reiterado em 1984, no trabalho intitulado "Texto e interpretação", publicado em sua obra *Verdade e Método II – complementos e índice* (2017, p. 382), quando afirma que seu ponto de partida foi a crítica ao idealismo e ao metodologismo da era da teoria do conhecimento.

Gadamer (2013, p. 18) assenta, com todas as letras, que não está falando dos métodos das ciências do espírito. O sentido das investigações gadamerianas não é o de construir uma teoria geral da interpretação, ou mesmo apresentar uma doutrina que distinga seus métodos. Seu efetivo objetivo é o de demonstrar o que é comum a todos os modos de compreender, bem como mostrar que "a compreensão nunca é um comportamento subjetivo frente a um 'objeto' dado, mas pertence à história efeitual, e isto significa, pertence ao ser daquilo que é compreendido".

É bastante reveladora de seus reais propósitos a afirmação de Gadamer de que o que está em questão não é o que se faz ou o que se deveria fazer, mas sim o que acontece além do que se quer e do que se faz. Como se disse, Gadamer pretende surpreender o modo pelo qual o ser humano realiza o processo de conhecimento, quais são as condições de possibilidade e as limitações que se apresentam no processo de construção do conhecimento humano.

É interessante sublinhar que o conteúdo da obra de Gadamer é bem mais importante e amplo, quiçá diverso, que o sugerido pelo título *Verdade e Método* (*Wahrheit und Methode*). Como destaca Ernildo Stein (2014, p. 223), Gadamer, inclusive, pretendia, o que não foi aceito pelos editores, que o título fosse *Geschehen und verstehen* (*Acontecer e compreender*), o que poderia revelar uma interessante aproximação entre o "acontecer" (*Geschehen*) de Hegel e o "compreender" (*Verstehen*) de Heidegger.

Gadamer (2013, p. 391) esclarece que a tarefa da hermenêutica é elucidar as condições sob as quais ocorre a compreensão, e não desenvolver um *procedimento* ou *método* da compreensão ou da interpretação.

O modo pelo qual Gadamer desenvolve sua concepção acerca do processo relativo ao conhecimento humano demanda o entendimento de alguns importantes conceitos por ele utilizados, tais como: *círculo hermenêutico, tradição, historicidade, história efeitual, situação hermenêutica, fusão de horizontes, preconceito, abertura, consciência hermenêutica, primazia hermenêutica da pergunta, experiência hermenêutica, linguagem e linguisticidade*. Convém observar que a técnica adotada por Gadamer na exposição de suas ideias não está atrelada a uma sistemática exposição e definição dos conceitos, os quais são utilizados com razoável liberdade expressiva, talvez, em função da crença de que o esclarecimento se dará pela força que o uso contextual proporciona.

1.2.1.1. A noção de círculo *hermenêutico e a importância de Heidegger*

Gadamer (2013, p. 355), para desenvolver seu raciocínio acerca dos pontos fundamentais de uma teoria hermenêutica, discorre sobre a noção de *círculo hermenêutico*. Para tanto, retoma o que fora elaborado por Heidegger, que destaca o caráter positivo de *círculo hermenêutico*:

> É por isso que retomamos a descrição heideggeriana do círculo hermenêutico a fim de que o novo e fundamental significado que adquire aqui a estrutura circular possa se tornar fecundo para nosso propósito. Heidegger escreve: «Embora possa ser tolerado o círculo não deve ser degradado a círculo vicioso. Ele esconde uma possibilidade positiva do conhecimento mais originário, que, evidentemente, só será compreendido de modo adequado quando ficar claro que a tarefa primordial, constante e definitiva da interpretação continua sendo não permitir que a posição prévia, nem a visão prévia, nem a concepção prévia (*Vorhabe, Vorsicht, Vorbegriff*), lhe sejam impostas por intuições ou noções populares. Sua tarefa é, antes, assegurar o tema científico, a partir da coisa, ela mesma".

É fundamental bem entender a noção de *círculo hermenêutico*, que longe de ser um modo conservador ou inútil de realizar a compreensão, revela a maneira contínua e produtiva de construir o conhecimento. O círculo hermenêutico não conduz ao retorno improdutivo ao ponto de partida. Em verdade, aponta para a circunstância de haver a possibilidade de aperfeiçoamento da compreensão à medida que se aprofunda o processo de conhecimento, o que se dá mediante o percurso que se perfaz do ponto inicial à conclusão, o que, em rigor, é sempre um acontecer. O ser um *acontecer* significa a circunstância de um conhecimento, produto de uma interpretação, representa algo que se realiza em certo tempo e espaço, considerando as condições objetivas e subjetivas nestes existentes. Isso informa a permanente possibilidade de evoluir-se no processo de conhecimento, por meio do constante repensar os conceitos antes construídos.

Heidegger, em *Los Conceptos Fundamentales de la Metafisica*, (2007, pp. 229-230), discorre sobre esse movimento circular ao examinar duas dificuldades fundamentais: uma relativa ao modo pelo qual há que se determinar em geral a essência da vida; e outra atinente ao modo pelo qual é originalmente acessível o vivo enquanto tal – o ser-animal do animal e o ser-planta da planta. Observa que nas considerações comparativas é preciso deixar as duas perguntas abertas, ou seja, apesar de todo o esforço na obtenção da resposta, há que se dar alguma resposta, ainda que de modo provisório e pouco vinculante, ao que nos guia nas considerações comparativas, as quais devem contribuir para o esclarecimento e possível resposta a tais perguntas. Heidegger alerta que, dessa maneira, move-se continuamente em um círculo, que não se confunde com um sentido vulgar, que sai de um ponto e sempre retorna a ele:

> Así se nos evidencian dos dificultades fundamentales: 1) ¿Como que hay que determinar en general la esencia de la vida? 2) ¿Cómo es originalmente accesible lo vivo en cuanto tal: el ser-animal del animal y el ser-planta de la planta? ¿O no hay aquí en absoluto ningún acceso original? ¿Qué sucede entonces con el carácter de la – como siempre dada – caracterización esencial de lo viviente? En nuestras consideraciones comparativas tenemos que dejar abiertas ambas preguntas, es decir, pese a todo tenemos que dar siempre de alguna manera, por muy provisional y por poco vinculante que sea, una respuesta a ello que nos guíe en las consideraciones comparativas. Por otra parte, estas consideraciones comparativas pueden y tienen que prestar al cabo justamente una contribución al esclarecimiento y posible respuesta de estas preguntas.
> De este modo, aquí nos estamos moviendo continuamente en un círculo. Eso es el indicio de que nos estamos moviendo en el ámbito de la filosofía. Por todas partes un girar. Este moverse en círculo de la filosofía es de nuevo algo que repugna al entendimiento vulgar. [...] En este movimiento circular, lo decisivo no es lo único que ve el entendimiento vulgar, recorrer la periferia y regresar al mismo lugar en la periferia, sino el mirar al centro en cuanto tal, un mirar que es posible en la marcha circular y sólo en ella. El centro en cuanto tal sólo se manifiesta en el dar vueltas en torno a él. Por eso todos los intentos de expulsar argumentando lo circular de la filosofía conducen lejos de la filosofía (grifo nosso)[3].

Em sua obra *Ser e tempo* (2005, p. 210), Heidegger ressalta que o *círculo da compreensão* não pode ser confundido com a ideia de círculo vicioso:

> Para se preencher as condições fundamentais de uma interpretação possível, não se deve desconhecer as suas condições essenciais de realização. O decisivo não é sair do círculo, mas entrar no círculo de modo adequado. Esse

3 O trecho correspondente na tradução é: "Assim, duas dificuldades fundamentais são evidentes para nós: 1) Como devemos determinar em geral a essência da vida? 2) Como os vivos como tais são originalmente acessíveis: o animal-animal e a planta-planta? Ou não há qualquer acesso aqui? O que acontece então com o caráter da – como sempre dada – caracterização essencial dos vivos? Em nossas considerações comparativas, devemos deixar ambas as questões em aberto, ou seja, apesar de tudo, devemos sempre dar, de alguma forma, por mais provisória e pouco vinculante que seja, uma resposta a isso que nos guiará em considerações comparativas. Por outro lado, essas considerações comparativas podem e devem fornecer uma contribuição para o esclarecimento e possível resposta a essas perguntas.
Assim, aqui estamos nos movendo continuamente em círculo. Esse é o indício de que estamos nos movendo no campo da filosofia. Em todos os lugares uma vez. Esse movimento em um círculo de filosofia é novamente algo que repugna o entendimento comum. [...] Nesse movimento circular, o que é decisivo não é a única coisa que o entendimento comum vê, percorrendo a periferia e retornando ao mesmo lugar na periferia, mas olhando para o centro como tal, um olhar que é possível na marcha circular e apenas nela. O centro, como tal, só se manifesta circulando em torno dele. Portanto, todas as tentativas de expulsar a argumentação da circularidade da filosofia afastam-se da filosofia".

> círculo da compreensão não é um cerco em que se movimentasse qualquer tipo de conhecimento. Ele exprime a *estrutura-prévia* existencial, própria da presença. O círculo não deve ser rebaixado a um vitiosum, mesmo que apenas tolerado. Nele se esconde a possibilidade positiva do conhecimento mais originário que, de certo, só pode ser apreendida de modo autêntico se a interpretação tiver compreendido que sua primeira, única e última tarefa é de não se deixar guiar, na posição prévia, visão prévia e concepção prévia, por conceitos ingênuos e "chutes".

Gadamer (2013, p. 355) observa que Heidegger realiza uma descrição da própria interpretação compreensiva, com destaque para o sentido de que o círculo hermenêutico (círculo da compreensão, na linguagem de Heidegger) apresenta um sentido ontológico positivo. Além disso, assevera que toda interpretação correta tem que se proteger da arbitrariedade de intuições repentinas e contra a limitação gerada pelos hábitos imperceptíveis do pensar, a fim de orientar-se para as coisas mesmas, o que, para os filólogos, representa os textos com sentido, os quais, por seu turno, tratam de coisas.

A utilização do círculo hermenêutico, como condição de possibilidade para a compreensão, demanda a pré-compreensão. Antecipa-se um sentido, por meio de um projetar tendo por base a sua pré-compreensão. Nas palavras de Heidegger (2005, p. 204):

> Na compreensão, a pre-sença[4] projeta seu ser para possibilidades. Esse ser para possibilidades, constitutivo da compreensão, é um poder-ser que repercute sobre a pre-sença as possibilidades enquanto aberturas. O projetar da compreensão possui a possibilidade própria de se elaborar em formas. Chamamos de interpretação essa elaboração. Nela, a compreensão se apropria do que compreende. Na interpretação, a compreensão se torna ela mesma e não outra coisa. A interpretação se funda existencialmente na compreensão e não vice-versa. Interpretar não é tomar conhecimento de que se compreendeu, mas elaborar as possibilidades projetadas na compreensão.

Gadamer (2013, p. 356), no contexto do desenvolvimento de sua ideia de *círculo hermenêutico*, endossa esse entendimento de Heidegger acerca do processo de construção do conhecimento:

> Quem quiser compreender um texto, realiza sempre um projetar. Tão logo apareça um primeiro sentido no texto, o intérprete prelineia um sentido do todo. Naturalmente que o sentido somente se manifesta porque quem lê o

4 Tradução do termo original alemão *Dasein*, por vezes, também traduzido como "ser-aí" ou "ser humano" (INWOOD, 2002, xxxiii e p. 29). Em *Ser e tempo* (2005, p. 33), Heidegger apresenta a seguinte concepção para *dasein* ou *pre-sença*: "Esse ente que cada um de nós somos e que, entre outras, possui em seu ser a possibilidade de questionar, nós o designamos com o termo presença".

> texto lê a partir de determinadas expectativas e na perspectiva de um sentido determinado. A compreensão do que está posto no texto consiste precisamente na elaboração desse projeto prévio, que, obviamente, tem que ir sendo constantemente revisado com base no que se dá conforme se avança na penetração do sentido.
> Essa descrição é, naturalmente, uma abreviação rudimentar. O fato de toda revisão do projeto prévio estar na possibilidade de antecipar um novo projeto de sentido; que projetos rivais possam colocar lado a lado na elaboração, até que se estabeleça univocamente a unidade do sentido; que a interpretação comece com conceitos prévios que serão substituídos por outros mais adequados; justamente todo esse constante reprojetar que perfaz o movimento de sentido do compreender e do interpretar é o processo descrito por Heidegger. Quem busca compreender está exposto a erros de opiniões prévias que não se confirmam nas próprias coisas.

Assim, ao que parece, a ideia de *círculo hermenêutico* indica o modo pelo qual se constrói o conhecimento, que parte de uma pré-compreensão para a projeção de possibilidades de sentido, e que se dá mediante o percurso que se perfaz do ponto inicial à conclusão, com a submissão a uma constante revisão, sem que se esteja limitado a uma mera recuperação ou descoberta de noções passadas.

1.2.1.2. A importância da história e da crítica no processo de conhecimento – historicidade, história efeitual e tradição

Gadamer confere destaque para esse processo de conhecimento humano, segundo o qual é preciso reconhecer que o ser humano está imerso em determinado contexto histórico, sendo informado por tudo que lhe é trazido culturalmente (*historicidade, história efeitual* e *tradição*), bem como pelo que pretende que ocorra no futuro, uma vez realizada a crítica, consciente ou inconscientemente, e a tomada da decisão acerca da tradição a ser transmitida. Contudo, é fundamental ter em conta que se está sempre no presente e que o compreender é sempre um acontecer que se dá no presente, no agora. Como esclarece Gadamer:

> Quando procuramos compreender um fenômeno histórico a partir da distância histórica – que determina nossa situação hermenêutica como um todo, encontramo-nos sempre sob os efeitos dessa história efeitual. Ela determina de antemão o que se nos mostra questionável e se constitui em objeto de investigação. E, cada vez que tomamos o fenômeno imediato como toda a verdade, esquecemos praticamente a metade do que realmente é, ou melhor, esquecemos toda a verdade deste fenômeno.

Gadamer (2013, p. 402) afirma que a existência humana se encontra numa mobilidade histórica, na qual não se tem uma vinculação absoluta a certa posição. O ser humano encontra-se num horizonte temporal e sociocultural – numa *situação hermenêutica* –, o qual se desloca à medida que ele vive. Nesse contexto, aponta que a *tradição* é o horizonte do passado, do qual vive toda vida humana:

> A mobilidade histórica da existência humana se constitui precisamente no fato de não possuir uma vinculação absoluta a uma determinada posição, e nesse sentido jamais possui um horizonte verdadeiramente fechado. O horizonte é, antes, algo no qual trilhamos nosso caminho e que conosco faz o caminho. Os horizontes se deslocam ao passo de quem se move. Também o horizonte do passado, do qual vive toda vida humana e que se apresenta sob a forma de tradição, que já está sempre em movimento. Não foi a consciência histórica que colocou inicialmente em movimento o horizonte que tudo engloba. Nela esse movimento não faz mais que tomar consciência de si mesmo.

Como sublinha Gadamer (2013, pp. 404-405), é um equívoco supor que o que determina o horizonte do presente é um conjunto fixo de opiniões e valores, bem como que a alteridade do passado se destaca do presente como de um fundamento sólido. O horizonte do presente está num processo de constante formação, que não se forma à margem do passado, pelo que não existe um horizonte do presente por si mesmo. Compreender é sempre um processo de *fusão de horizontes*. A fusão de horizontes (do passado e do presente) ocorre na vigência da tradição, e, nela, o velho e o novo crescem sempre juntos:

> O horizonte do presente não se forma pois à margem do passado. Não existe um horizonte do presente por si mesmo, assim como não existem horizontes históricos a serem conquistados. *Antes, compreender é sempre o processo de fusão desses horizontes presumivelmente dados por si mesmos.* Conhecemos a força dessa fusão sobretudo de tempos mais antigos e da ingenuidade da sua relação com sua época e com suas origens. A vigência da tradição é o lugar onde essa fusão se dá constantemente, pois nela o velho e o novo sempre crescem juntos para uma validez vital, sem que um e outro cheguem a se destacar explícita e mutuamente.

Para Gadamer (2013, p. 431), está sempre implícito que, em toda compreensão histórica, a tradição que nos chega dirige sua palavra ao presente e "deve ser compreendida nessa mediação – mais ainda: *como* essa mediação". A importância conferida por ele à noção de *tradição* se torna evidente à medida que considera que "a pertença à tradição é uma das condições para a compreensão das ciências do espírito" (p. 432).

Cumpre observar que essa concepção gadameriana de *tradição* – a cultura que nos chega e que nos afeta – suscitou críticas de marxistas, que suspeitam que a tradição tenha sido produzida no interesse da classe dominante e de feministas que identificaram tradição com patriarcado (LAWN; KEANE, 2011, p. 142). Essas críticas não soam merecidas. Não se vislumbra um caráter conservador nessa noção de tradição, nem sob a ótica da preservação do *status quo* da classe dominante, nem sob a perspectiva de uma defesa do patriarcado. Ao que parece, Gadamer chama a atenção para algo que é intrínseco à condição humana, que está vivo, em constante mudança, em cujo seio o ser humano está contido, e que é imprescindível para que ele se reconheça como tal e construa sentidos. Gadamer revela uma condição inexorável para o processo de compreensão humano, a qual viabiliza o acontecer do compreender, que sempre se dá no presente, bem como permite que o ser humano construa um futuro com alguma consciência da sua atual situação. Essa consciência da situação hermenêutica é condição de possibilidade para a intenção de promover qualquer transformação. A consciência da situação hermenêutica informada pela tradição revela-se como condição para a realização da crítica e para a promoção de transformações. Nas palavras de Gadamer (2013, p. 20):

> Se o princípio da história efeitual alcança validade como um momento estrutural comum da compreensão, essa tese não inclui nenhum condicionamento histórico, mas busca validade absoluta; e no entanto só há consciência hermenêutica sob determinadas condições históricas. Para que possa formar-se uma consciência expressa da tarefa hermenêutica de apropriar-se da tradição é preciso que esta tradição, cuja essência consiste em continuar transmitindo naturalmente aquilo que é transmitido, possa ter-se tornado questionável.

Isso demonstra que, para Gadamer, a consciência expressa da tarefa hermenêutica é precedida por um questionamento da própria tradição a ser transmitida, o que revela o momento da crítica (consciente ou inconsciente) na formação e transmissão da tradição, pois só se transmite conscientemente aquilo que sobreviveu à crítica.

1.2.1.3. A consciência e a importância da abertura ao outro, da opinião prévia e o sentido positivo da noção de preconceito

Com o propósito de demonstrar o modo pelo qual se processa o conhecimento humano, a teoria gadameriana, além de esclarecer a importância das noções de *opinião prévia* e de *abertura* ao outro, apresenta uma interessante perspectiva acerca da noção de *preconceito*.

Como destacado anteriormente, Gadamer salienta que quem pretende compreender um texto realiza sempre um projetar. Quem lê um texto o faz a partir de determinadas expectativas, a partir de certos hábitos linguísticos, de opiniões prévias (pré-compreensão) e na perspectiva de um determinado sentido. A interpretação se inicia com conceitos prévios que serão paulatinamente substituídos por outros mais bem elaborados. O projeto prévio de compreensão do texto necessita ser constantemente revisado conforme se evolui na construção do sentido. Eis o *círculo da compreensão* de Heidegger ou *círculo hermenêutico* de Gadamer que nada tem de vicioso. É um processo necessário, positivo e virtuoso.

Segundo Gadamer (2013, p. 358), é fundamental para que haja a compreensão que se tenha consciência das opiniões prévias e que se abra para o que o outro diz:

> Aquele que quer compreender não pode se entregar de antemão ao arbítrio ele suas próprias opiniões prévias, ignorando a opinião do texto da maneira mais obstinada e consequente possível – até que este acabe por não poder ser ignorado e derrube a suposta compreensão. Em princípio, quem quer compreender um texto deve estar disposto a deixar que este lhe diga alguma coisa. Por isso, uma consciência formada hermeneuticamente deve, desde o princípio, mostrar-se receptiva à alteridade do texto. Mas essa receptividade não pressupõe nem uma "neutralidade" com relação à coisa nem tampouco um anulamento de si mesma; implica antes uma destacada apropriação das opiniões prévias e preconceitos pessoais. O que importa é dar-se conta dos próprios pressupostos, a fim de que o próprio texto possa apresentar-se em sua alteridade, podendo assim confrontar sua verdade com as opiniões prévias pessoais.

Gadamer, com isso, chama a atenção para o fato de que, quando se conversa com alguém ou se lê um texto, é natural que haja um desencontro entre as opiniões e expectativas dos interlocutores ou entre as do autor de um texto e do intérprete. A situação é agravada quando sequer se consegue perceber a presença das opiniões prévias que determinam a compreensão do intérprete. No processo de compreensão, não se exige a eliminação de todas as opiniões prévias. O necessário é que se abra à opinião do outro ou do texto, o que requer que se estabeleça uma relação entre as opiniões.

Se é certo que as opiniões representam inúmeras possibilidades mutáveis, é fundamental ter em conta o alerta de Gadamer (2013, p. 358) acerca dos limites para a construção de sentido:

> [...] dentro dessa multiplicidade do "opinável", isto é, daquilo em que um leitor pode encontrar sentido ou pode esperar encontrar, nem tudo é possível, e quem não ouve direito o que o outro realmente está dizendo acabará por não conseguir integrar o mal-entendido em suas próprias e variadas expectativas de sentido. [...] Assim, o empreendimento hermenêutico ganha um solo firme sob seus pés, Aquele que quer compreender não pode se entregar de antemão ao arbítrio de suas próprias opiniões prévias, ignorando a opinião do texto da maneira mais obstinada e consequente possível – até que este acabe por não poder ser ignorado e derrube a suposta compreensão.

> Em princípio, quem quer compreender um texto deve estar disposto a deixar que este lhe diga alguma coisa.

Dessas passagens transcritas, três aspectos firmados por Gadamer merecem ser bem ressaltados. Em primeiro lugar, Gadamer deixa claro que admitir a possibilidade de que, a partir da interpretação de um texto, é possível chegar a vários sentidos não autoriza concluir que "tudo é possível", que qualquer sentido pode ser construído, pois isso tornaria inútil a interpretação e inviabilizaria qualquer possibilidade de comunicação e de entendimento entre as pessoas. Vale lembrar com Umberto Eco que um texto pode significar muitas coisas, mas não pode significar qualquer coisa, pois há sentidos despropositados; e que é possível considerar que certas interpretações são malsucedidas, à medida que são incapazes de produzir novas interpretações ou por não ser possível confrontá-las com a tradição de interpretações anteriores (ECO, 2005, pp. 50 e 177).

Em segundo lugar, é pressuposto para que haja entendimento entre as pessoas que se realize uma interpretação que seja tolerante e não arbitrária, pois a compreensão de um texto exige que o intérprete se abra ao texto, isto é, que esteja disposto a "deixar que este [o texto] lhe diga alguma coisa".

Em terceiro lugar, essa *abertura* tolerante ao texto não requer neutralidade com relação à coisa, nem uma anulação do intérprete. O fundamental é que o intérprete tenha consciência de suas opiniões prévias e de seus preconceitos, para que o texto possa se apresentar em sua alteridade e tornar-se viável uma adequada compreensão. Como adverte Gadamer (2013, p. 359), "são os preconceitos não percebidos os que, com seu domínio, nos tornam surdos para a coisa de que nos fala a tradição".

Gadamer (2013, p. 360) esclarece que somente no Iluminismo (*Aufklärung*) o conceito de *preconceito* recebeu o sentido negativo que atualmente possui. O termo *preconceito* (*Vorurteil*) significa juízo (*Urteil*) que é construído antes do exame de todos os aspectos determinantes segundo a coisa em questão, ou juízo não fundamentado.

Preconceito não representa um falso juízo, pois seu conceito pode ser valorizado de forma positiva ou negativa. Nesse contexto, Gadamer defende que, acaso se pretenda fazer justiça ao modo de ser finito e histórico do homem, é necessário realizar uma drástica recuperação do conceito de *preconceito* e conceber que existem preconceitos legítimos, os quais podem ser concebidos como *condição da compreensão*. Propõe, assim, uma reabilitação da autoridade e da tradição, mediante uma revisão das respectivas noções.

Observa que o Iluminismo destacou o lado negativo do preconceito, a partir da premissa fundamental de que o uso metódico e disciplinado da razão é suficiente para evitar qualquer erro, eis a ideia cartesiana do método. Assim, dividiu os preconceitos em preconceitos de autoridade e por precipitação. A precipitação seria a verdadeira fonte de problemas que implica o erro no uso da própria razão, em função de decisões decorrentes de juízos momentâneos, mal formulados, pelo que geraria o afastamento do adequado uso da razão. A autoridade seria a culpada por não se usar a razão, à medida que representaria uma obediência cega, portanto, o contrário da razão e da liberdade.

Gadamer (2013, pp. 370-371) vislumbra uma grave distorção da noção de autoridade por parte do Iluminismo. Defende que autoridade não se confunde com obediência cega, mas com *conhecimento*. Que, ao contrário do afirmado pelo Iluminismo, o real fundamento da autoridade é um ato de liberdade e de razão, que atribui a alguém um maior conhecimento:

> De fato, a difamação de toda autoridade não é o único preconceito consolidado pela *Aufklarung*. Ela levou também a uma grave deformação do próprio conceito de autoridade. Sobre a base de um esclarecedor conceito de razão e liberdade, o conceito de autoridade acabou sendo referido ao oposto de razão e liberdade, a saber, ao conceito da obediência cega. Conhecemos esse significado a partir da terminologia da crítica às ditaduras modernas.
>
> Todavia, a essência da autoridade não é isso. Na verdade, a autoridade é, em primeiro lugar, uma atribuição a pessoas. Mas a autoridade das pessoas não tem seu fundamento último num ato de submissão e de abdicação da razão, mas num ato de reconhecimento e de conhecimento: reconhece-se que o outro está acima de nós em juízo e visão e que, por consequência, seu juízo precede, ou seja, tem primazia em relação ao nosso próprio juízo. Isso implica que, se alguém tem pretensões à autoridade, esta não deve ser-lhe outorgada; antes, autoridade é e deve ser alcançada. Ela repousa sobre o reconhecimento e, portanto, sobre uma ação da própria razão que, tornando-se consciente de seus próprios limites, atribui ao outro uma visão mais acertada. A compreensão correta desse sentido de autoridade não tem nada a ver com a obediência cega a um comando. Na realidade, autoridade não tem a ver com obediência, mas com *conhecimento*.

Portanto, trata-se de uma autoridade que não é arbitrária ou irracional, mas racionalmente construída e reconhecida, a qual se encontra sob permanente apreciação.

Segundo Gadamer (2013, p. 374), entre tradição e razão não existe uma oposição incondicional, já que a tradição sempre é um momento da liberdade e da própria história. A compreensão nunca se apresenta como um comportamento subjetivo frente a um "objeto" dado, mas frente à *história efeitual*, o que denota que pertence ao ser do que é compreendido. Quem pretende compreender a história não pode ignorar que já foi afetado pela própria história que pretende compreender. A história afeta a compreensão da própria história (*historicidade da compreensão* e *processo de história efeitual*). Sustenta que a tradição mais autêntica não se dá naturalmente, pela capacidade de permanência daquilo que singularmente está aí, mas necessita ser afirmada, assumida e cultivada. A tradição está sempre atuante nas mudanças históricas. As inovações não são o único resultado da razão. Salienta que nas transformações mais tumultuadas da vida, como em tempos revolucionários, em meio a várias mudanças, conserva-se muito mais do que era antigo do que se poderia imaginar. Contudo, há uma integração com o novo, que produz uma nova forma de validade. A conservação representa um comportamento tão livre como a destruição e a inovação.

Desse modo, a compreensão não é possível sem a pré-compreensão. O juízo não é possível sem o pré-juízo. A compreensão, os juízos são possíveis não por força de uma razão abstrata e neutra, mas sim em função de um conjunto de envolvimentos pré-reflexivos com o mundo que está por trás dos juízos e julgamentos, o que, inclusive, os torna possíveis. A existência de preconceitos possibilita fazer julgamentos avaliativos sobre o mundo. Eis a razão pela qual Gadamer concebe que os preconceitos se apresentam como condição de possibilidade do conhecimento.

Gadamer coloca a questão de como tem início o esforço hermenêutico e que consequência tem para a compreensão a condição hermenêutica de pertença a uma tradição. Ele retoma a regra hermenêutica segundo a qual compreende-se o todo a partir do individual e o individual a partir do todo. Trata-se de regra que vem da antiga retórica e que a hermenêutica moderna trouxe da arte de falar para a arte de compreender. Retoma-se, assim, a noção heideggeriana de círculo da compreensão ou a gadameriana de círculo hermenêutico. A antecipação de sentido do todo chega a uma compreensão explícita através do fato de que as partes que se determinam a partir do todo determinam, a seu turno, esse todo. A partir do aprendizado de língua antigas, sabe-se que, em primeiro lugar, é preciso construir uma frase antes de tentar compreender o significado linguístico de cada parte da frase. Esse processo de conhecimento já está dirigido por uma expectativa de sentido procedente do contexto do que lhe antecedia. Essa expectativa de sentido é corrigida à medida que o texto requer. Trata-se de um movimento de compreensão permanente, que vai do todo à parte e desta ao todo. A concordância da parte com o todo é um critério de correção no processo de compreensão.

Como alerta Gadamer (2013, p. 391), os preconceitos e as opiniões prévias que ocupam a consciência do intérprete não estão à sua disposição:

> Enquanto tais, os preconceitos e opiniões prévias que ocupam a_ consciência do intérprete não se encontram à sua livre disposição. O interprete não está em condições de distinguir por si mesmo e de antemão os preconceitos produtivos, que tornam possível a compreensão, daqueles outros que a obstaculizam e que levam a mal-entendidos.
> Essa distinção deve acontecer, antes, na própria compreensão, e é por isso que a hermenêutica precisa perguntar pelo modo como isso se dá, o que implica elevar ao primeiro plano aquilo que na hermenêutica tradicional ficava à margem: a distância temporal e seu significado para a compreensão.

O intérprete não possui condições de distinguir por si mesmo e de antemão os preconceitos produtivos, que tornam possível a compreensão, daqueles outros que a prejudicam, os mal-entendidos. Daí ser necessário um constante re-pensar, uma permanente reflexão acerca desses preconceitos. A distinção entre os preconceitos produtivos e os improdutivos é especialmente afetada pelo tempo que decorre entre a produção do texto e a sua compreensão, fenômeno inevitável, que precisa ser cuidadosamente analisado. O exame desse tema será realizado a seguir e demandará a consideração de outras noções fundamentais para a hermenêutica filosófica de Gadamer, quais sejam: *consciência hermenêutica, primazia hermenêutica da pergunta, experiência hermenêutica, linguagem e linguisticidade.*

1.2.1.4. A interpretação, o transcurso do tempo – as questões da mens auctoris *e dos sentidos histórico e atual –, a primazia do perguntar e a linguisticidade da compreensão*

Quando se pensa nos efeitos da passagem do tempo sobre a interpretação de um texto, duas questões interligadas aparecem recorrentemente. A primeira é se para compreender adequadamente um texto é preciso ter em conta o entendimento do autor. A segunda é se a interpretação de um texto deve recuperar o sentido histórico ou deve obter o sentido atual, o do momento em que ocorre a interpretação.

Gadamer, no prefácio à segunda edição de *Verdade e Método* (2013, pp. 17-18), afirma que a experiência de uma obra de arte sempre ultrapassa todo o horizonte subjetivo de interpretação, tanto o do artista quanto o do intérprete da obra, pelo que a *mens auctoris* não representa qualquer padrão de medida para a determinação do significado da obra. Como destacado, o compreender jamais se apresenta como uma conduta subjetiva frente a um "objeto" dado, mas frente à história efeitual, o que representa que pertence ao ser do que é compreendido. Aquele que deseja compreender a história não pode ignorar que já foi afetado pela própria história que deseja compreender. A história afeta a compreensão da própria história. Nas ciências do espírito, o interesse investigador que se dirige à tradição é especialmente motivado pela situação presente e pelos seus interesses. Tanto o tema quanto o objeto da investigação são constituídos na motivação do questionamento. O movimento histórico em que se encontra a própria vida informa a investigação histórica. Eis a inevitável historicidade da compreensão.

A busca pela compreensão de um texto, como adverte Gadamer (2013, pp. 386-387), não demanda um deslocamento até a "constituição psíquica do autor", pois o que se faz necessário para que seja possível alcançar um sucesso hermenêutico é garantir o direito de o interlocutor dizer o que pretende, sem almejar se transportar para a subjetividade histórica do outro:

> Quando procuramos compreender, fazemos o possível inclusive para reforçar os seus próprios argumentos. É o que acontece já na conversação; mas se torna ainda mais claro na compreensão do escrito. Aqui nos movemos numa dimensão de sentido que é compreensível em si mesma e que, como tal, não motiva um retrocesso à subjetividade do outro. É tarefa da hermenêutica explicar esse milagre da compreensão, que não é uma comunhão misteriosa das almas mas uma participação num sentido comum.

Gadamer (2013, p. 392) destaca que a distância histórica estabelece uma insuperável diferença entre o autor e o intérprete, pelo que cada época deve compreender o texto transmitido à sua maneira, pois o texto pertence ao todo da tradição, na qual cada época tem um interesse objetivo e onde ela também procura compreender a si mesma. O real sentido de um texto independe da coincidência temporal entre o autor e seu público originário, mas é sempre determinado pela situação do intérprete e por todo o curso da história. O sentido de um texto sempre supera seu autor e é por essa razão que "a compreensão nunca é um comportamento meramente reprodutivo, mas também é sempre produtivo".

Essa perspectiva gadameriana revela que o tempo, por dividir e distanciar, não representa um abismo a ser superado. Significa, em rigor, o fundamento que sustenta o acontecer, no qual a atualidade estabelece suas raízes. Ele ressalta ser ingênua a pressuposição do historicismo de que, para compreender adequadamente, seria necessário um deslocamento até o espírito da época, a fim de pensar segundo seus conceitos e representações, em vez de pensar de acordo com os do historiador ou intérprete. A distância do tempo precisa ser vista como uma possibilidade positiva e produtiva do processo de compreensão, que se encontra preenchido pela continuidade da herança histórica e da tradição, a cuja luz é mostrado todo o transmitido.

Se por um lado, a distância do tempo confere um maior grau de objetividade na visão dos fatos, como observa Gadamer, não é aceitável a pressuposição tácita do método histórico segundo a qual o significado objetivo e permanente de algo somente se torna reconhecível quando pertence a um nexo mais ou menos concluído, afastando, assim, a subjetividade do observador.

O verdadeiro sentido de um texto ou de uma obra de arte, como observa Gadamer (2013, p. 395), não é alcançado em certo ponto final, pois o processo de conhecimento é contínuo, infinito. É certo que a distância do tempo pode contribuir para identificar certas fontes de erro, certas distorções, mediante a realização de novas filtragens, que não se cristalizam no tempo, pois são algo vivo, em constante mutação. Assim o que é certo segundo os padrões atuais, pode ser considerado um erro segundo os padrões de amanhã e vice-versa. A distância temporal contribui para enfrentar a questão crítica da hermenêutica que é a de diferençar os bons preconceitos, que proporcionam a compreensão, dos maus preconceitos que geram mal-entendidos:

> Muitas vezes essa distância temporal nos dá condições de resolver a verdadeira questão crítica da hermenêutica, ou seja, distinguir os *verdadeiros* preconceitos, sob os quais *compreendemos*, dos *falsos* preconceitos que produzem os *mal-entendidos*. Nesse sentido, urna consciência formada hermeneuticamente terá de incluir também a consciência histórica. Ela tornará consciência dos próprios preconceitos que guiam a compreensão para que a tradição se destaque e ganhe validade como uma opinião distinta. É claro que destacar um preconceito implica suspender sua validez. Pois, na medida em que um preconceito nos determina, não o conhecemos nem o pensamos como um juízo. Como poderia então ser colocado em evidência? Enquanto está em jogo, é impossível fazer com que um preconceito salte aos olhos; para isso é preciso de certo modo provocá-lo. Isso que pode provocá-lo é precisamente o encontro com a tradição, pois o que incita a compreender *deve* ter-se feito valer já, de algum modo, em sua própria alteridade. Já vimos que a compreensão começa onde algo nos interpela. Esta é a condição hermenêutica suprema.

Assim, a *consciência hermenêutica* demanda a consciência histórica, com a tomada de consciência dos próprios preconceitos que orientam a compreensão, a fim de que a tradição se destaque como opinião diversa. Ante a dificuldade de perceber o preconceito enquanto ele atua e nos informa, há necessidade de ele ser evidenciado por meio do encontro com a tradição. A consciência dos preconceitos de modo a evidenciá-los demanda a utilização da estrutura da pergunta, cuja essência é a abertura de possibilidades e a sua manutenção, sem que se tenha a pretensão de eliminá-los:

> A essência da *pergunta* é abrir e manter abertas possibilidades. Face ao que nos diz outra pessoa ou um texto, quando um preconceito se torna questionável, não quer dizer consequentemente que ele seja simplesmente

> deixado de lado e que o outro ou o diferente venha a substituí-lo imediatamente em sua validez. Essa é, antes, a ingenuidade do objetivismo histórico, a saber, a admissão de que nós podemos fazer caso omisso de nós mesmos. Na verdade, o preconceito próprio só entra realmente em jogo na medida em que já está metido nele. É só na medida em que ele próprio entra em jogo que pode apreender a pretensão de verdade do outro, possibilitando que também ele entre em jogo.
>
> A ingenuidade do chamado historicismo reside em renunciar a uma reflexão desse tipo, esquecendo sua própria historicidade na medida em que confia na metodologia de seu procedimento (GADAMER, 2013, p. 396).

Pretender eliminar o preconceito é uma ingenuidade. É preciso considerar a própria historicidade do pensamento. O que se é e o que se constrói pela interpretação já é afetado pela história. Dessa forma, "o verdadeiro objeto histórico não é um objeto, mas a unidade de um e de outro, uma relação formada tanto pela realidade da história quanto pela realidade do compreender histórico. [...] Compreender é, essencialmente, um processo de história efeitual" (GADAMER, 2013, p. 396).

A consciência da história efeitual é, primeiramente, consciência da situação hermenêutica, o que é uma tarefa árdua. O sujeito não se encontra diante de uma situação, ele já se encontra nela, o que inviabiliza um saber objetivo dessa situação. O esclarecimento da situação em que alguém se encontra frente à tradição que deseja compreender – reflexão da história efeitual – nunca se realiza por completo. Isso não é um defeito, mas decorre da essência do ser histórico que se é. Assim:

> *Ser histórico quer dizer não se esgotar nunca no saber-se.* Todo saber-se procede de um dado histórico prévio, que com Hegel chamamos "substância", porque suporta toda opinião e comportamento do sujeito e, com isso, prefigura e delimita toda possibilidade de compreender uma tradição em sua alteridade histórica. (GADAMER, 2013, p. 399).

Pertence ao conceito de *situação* o conceito de *horizonte*, que é o campo de visão que compreende tudo o que pode ser visto a partir de determinado ponto. Questão interessante é a de saber se há dois horizontes distintos, fechados: aquele no qual vive o que pretende compreender e o horizonte histórico que se pretende compreender. Segundo Gadamer, a mobilidade histórica da existência humana se caracteriza pelo fato de não ter uma vinculação absoluta a uma determinada posição, pelo que não cabe falar em horizonte fechado. Trilha-se o caminho no horizonte e com ele se faz o caminho, de modo que os horizontes se deslocam à medida que se move. Desse modo, o horizonte do passado, do qual vive toda vida humana e que se apresenta sob a forma de tradição, está sempre em movimento, o qual, na consciência histórica, torna-se consciente de si mesmo. O horizonte do presente, que está em constante formação, não se forma à margem do passado. Compreender é um processo de fusão de horizontes, do passado e do presente. Essa fusão se estabelece na vigência da tradição. Na tradição, o velho e o novo sempre crescem juntos, sem que um se destaque explicitamente do outro. Poder-se-ia cogitar de um horizonte único, em vez de falar em fusão de horizontes. Contudo, todo o encontro com a tradição que se dá com consciência histórica experimenta a relação de tensão entre texto (do passado) e presente. É dever da hermenêutica não esconder essa tensão em uma assimilação ingênua, mas ressaltar essa tensão de forma consciente. É por essa razão que:

> O comportamento hermenêutico está obrigado a projetar um horizonte que se distinga do presente. A consciência histórica tem consciência de sua própria alteridade e por isso destaca o horizonte da tradição de seu próprio horizonte. Mas, por outro lado, ela mesma não é, como já procuramos mostrar, senão uma espécie de superposição sobre uma tradição que continua atuante. É por isso que logo em seguida ela recolhe o que acaba de destacar a fim de intermediar-se consigo mesma na unidade do horizonte histórico assim conquistado (GADAMER, 2013, p. 405).

Na visão gadameriana, o fato de um texto transmitido converter-se em objeto da interpretação revela que uma pergunta é colocada ao intérprete, o que implica conceber que compreender um texto representa compreender essa pergunta. O horizonte hermenêutico assume uma feição de *horizonte do perguntar*, o que revela a primazia da pergunta no processo de conhecimento. O processo, que é contínuo, requer que a experiência do curso das coisas obrigue uma permanente alteração dos planos e expectativas. Quem não promove essa mudança nos planos acaba experimentando a impotência de sua razão. As tendências de sentido de um texto extrapolam o que o autor poderia ter em mente. O momento de história efeitual na experiência hermenêutica informa que toda atualização na compreensão pode ser concebida como uma possibilidade histórica do compreendido, pelo que ante a finitude da história da existência humana há que se ter consciência de que, depois da compreensão de alguém, outros compreenderão de modo diverso. A redução hermenêutica à opinião do autor é tão inadequada quanto a redução à intenção daqueles que atuam nos acontecimentos históricos.

A verdadeira compreensão suscita a recuperação dos conceitos de um passado histórico de tal maneira que, ao mesmo tempo, esses conceitos contenham nosso próprio conceber, eis o que Gadamer denomina fusão de horizontes. Quem pretende pensar tem que perguntar. Perguntar sempre permite vislumbrar as possibilidades que ficam em suspenso. Ao se fazer uma pergunta, são deixadas em aberto as possibilidades de sentido, de modo que o que faz sentido possa ser inserido na própria opinião. Assim, toda a compreensão é sempre algo mais que a simples reprodução de uma opinião alheia, o que não significa que se trata de uma ação arbitrária. A dialética da pergunta e resposta revela a compreensão como uma relação semelhante a uma conversação, mas:

> É verdade que um texto não nos fala como o faria um tu. Somos só nós, que compreendemos, que temos de trazê-lo à fala a partir de nós mesmos. Mas já vimos que esse trazer-à-fala, próprio da compreensão, não é uma intervenção arbitrária de uma iniciativa pessoal, mas se refere, por sua vez, como pergunta, à resposta latente no texto. A latência de uma resposta pressupõe, por sua vez, que aquele que pergunta foi atingido e se sente interpelado pela própria tradição. Esta é a verdade da consciência da história efeitual. Na medida em que nega o fantasma de um esclarecimento total, e justo por isso, a consciência dotada de experiência histórica está aberta para a experiência da história. Descrevemos sua maneira de realizar-se como a fusão de horizontes do compreender que faz a intermediação entre o texto e seu intérprete (GADAMER, 2013, p. 492)

A fusão de horizontes que se dá na compreensão é o autêntico desempenho e produção da linguagem. Esse caráter de linguagem, a qual, para Gadamer (2013, p. 492), é um dos temas mais complexos para a reflexão humana, encontra-se tão próximo do pensamento e na sua concretização é tão pouco objetivo, que esconde, a partir de si mesmo, seu verdadeiro ser. A compreensão ocorre em forma de linguagem, que se apresenta como meio em que se dá o acordo dos interlocutores e o entendimento sobre a coisa. Diversamente do que ocorre em uma conversação, o texto só consegue falar pelo intérprete. Na compreensão, não há um acordo histórico, pelo qual se refaz a gênese do texto. Na construção do sentido do texto, também entram em jogo os pensamentos, as ideias do intérprete, promovendo-se a fusão de horizontes:

> Por isso, o significado de um texto não se pode comparar com um ponto de vista fixo, inflexível e obstinado, que coloca sempre a mesma pergunta àquele que procura compreender: como o outro pode chegar a uma opinião tão absurda? Nesse sentido, na compreensão não se trata seguramente de um "entendimento histórico" que reconstruiria exatamente o que retrata o texto. Ao contrário, pensamos *compreender o próprio texto.* Mas isso significa que, no redespertar o sentido do texto já se encontram sempre implicados os pensamentos próprios do intérprete. Nesse sentido o próprio horizonte do intérprete é determinante, mas também ele não como um ponto de vista próprio que se mantém ou se impõe, mas como uma opinião e possibilidade que se aciona e coloca em jogo e que ajuda a apropriar-se verdadeiramente do que se diz no texto. Acima descrevemos isso como fusão de horizontes (GADAMER, 2003, pp. 502-503).

Gadamer (2013, p. 503) assevera que a linguagem é o *medium* universal em que ocorre a compreensão, cuja forma de realização é a interpretação e destaca (2013, p. 504) que o caráter de linguagem da compreensão "é a *concreção* da consciência da história efeitual" e que a fundamental relação que se dá entre "o caráter de linguagem e a compreensão se mostra de imediato no fato de que é essencial para a tradição existir no *medium* da linguagem, de tal modo que o *objeto* primordial da interpretação possui a natureza própria da linguagem".

A linguisticidade como essência da tradição conquista seu pleno significado hermenêutico onde a tradição se torna escrita. Na escrita, há uma liberação da linguagem do ato de sua realização e "todo o transmitido está simultaneamente presente para qualquer atualidade" (GADAMER, 2013, p. 505).

A escrita representa uma ruptura entre o autor e o intérprete, de modo que o que se estabelece por escrito encontra-se ao alcance de todos que possuem condições de ler. Na compreensão, não se dá uma transposição psíquica. O horizonte de sentido da compreensão não está atrelado ao que originalmente pretendia o autor, nem ao horizonte do destinatário original do texto. A alusão ao sentido do autor originário ou do destinatário originário significa um cânon histórico--hermenêutico muito tosco, pois o que se estabelece por escrito desvincula-se da contingência de sua origem e de seu autor, ficando livre para novas referências. Assim, conceitos normativos como a *opinião do autor* ou a *compreensão do leitor originário* significam, em rigor, um lugar vazio que se preenche de compreensão a cada tempo. Pensar historicamente exige sempre uma mediação entre os conceitos do passado e os próprios conceitos. É impossível afastar os próprios conceitos na interpretação, pois nesta já estão em jogo os próprios conceitos. Eis a razão pela qual:

> Por isso, não pode haver uma interpretação correta "em si", justamente porque em cada uma está em questão o próprio texto. A vida histórica da tradição consiste na sua dependência a apropriações e interpretações sempre novas. Uma interpretação correta "em si" seria um ideal desprovido de pensamento, que desconhece a essência da tradição. Toda interpretação deve acomodar-se à situação hermenêutica a que pertence (GADAMER, 2013, p. 514)

Na visão de Gadamer (2013, p. 515), conceber que a compreensão de um texto representa aplicar ao ser do intérprete e ter ciência de que o texto continua sendo o mesmo, ainda que seja compreendido de modo diverso em cada caso, por certo, não relativiza a pretensão de verdade de qualquer interpretação, pois é inerente a toda interpretação o seu caráter de linguagem:

> Vimos que compreender um texto significa sempre aplicá-lo a nós próprios. Sabemos que, embora deva ser compreendido cada vez diferente, um texto continua sendo o mesmo texto que se apresenta cada vez diferente. O fato de que, com **isso**, não se relativiza em nada a pretensão de verdade de qualquer interpretação torna-se claro pelo fato de que a toda interpretação essencialmente inerente seu caráter de linguagem. O caráter expressivo da linguagem, que a compreensão ganha na interpretação, não gera um segundo sentido além do que foi compreendido e interpretação. Na compreensão, os conceitos interpretativos não se tornam temáticos como tais. Ao contrário, determinam-se pelo fato de se ocultarem atrás do que eles trazem à fala na interpretação. Paradoxalmente, uma interpretação é correta quando é suscetível desse ocultamento. E, no entanto, também é certo que ela se apresenta enquanto destinada a desaparecer. A possibilidade de compreender depende da possibilidade dessa interpretação mediadora.

Pelo que se dessume do entendimento gadameriano, toda compreensão se desenvolve num círculo hermenêutico e se dá numa fusão de horizontes, na qual é impossível afastar todos os preconceitos, tanto os que contribuem para uma boa compreensão quanto os que geram mal-entendidos. Ter consciência das condições de possibilidade e dos limites humanos no processo de conhecimento demanda admitir que é impossível afastar nossos preconceitos, que é necessário reconhecer a força da tradição, da história efeitual e da primazia da pergunta, sem olvidar a inevitável linguisticidade da interpretação. Mais do que se preocupar com a elaboração de um método para alcançar a verdadeira compreensão, preocupou-se Gadamer em apresentar as condições de possibilidade e os limites humanos no processo de conhecimento, o que revela a necessidade de haver tolerância e abertura para os conceitos dos outros para que se alcance a possibilidade de um convívio social digno.

1.2.2. Análise das noções gadamerianas de compreensão, interpretação *e* aplicação

Gadamer, no desenvolvimento de sua hermenêutica filosófica, apresenta uma interessante perspectiva quanto às noções de *compreensão*, *interpretação* e *aplicação*, a qual suscita, neste momento, uma acurada análise, ante relevantes repercussões que podem ter para reflexões especificamente jurídicas.

Durante sua exposição, destaca a relação entre compreensão e interpretação, ainda que pareça que isso não ocorre de maneira unívoca.

Por vezes, Gadamer parece tratar a compreensão e a interpretação como se fossem a mesma coisa, o que se identifica, por exemplo, quando afirma que "a interpretação não é um ato posterior e ocasionalmente complementar à compreensão. Antes, compreender é sempre interpretar" (2013, p. 406), ou que "compreender e interpretar são uma e a mesma coisa" (2013, p. 503) ou mesmo quando assenta que "todo compreender é interpretar" (2013, p. 503).

Contudo, em outras passagens, também parece se referir a uma íntima proximidade, mas não igualdade, entre as noções de compreensão e interpretação, o que ocorre, por exemplo, quando ele assevera que "a interpretação é a forma explícita da compreensão" (2013, p. 406), ou que "compreender somente se concretiza e se completa na interpretação" (2013, p. 436), ou que "compreender e interpretar estão imbricados de modo indissolúvel" (2013, p. 516), ou que "compreender implica sempre interpretar" (2013, p. 517).

A afirmação de Gadamer de que "a interpretação é a forma explícita da compreensão" parece aproximar-se do modo pelo qual a relação entre compreensão e interpretação é apresentada por Heidegger (2005, p. 204) em sua obra *Ser e Tempo*:

> Na compreensão, a pre-sença projeta seu ser para possibilidades. Esse ser para possibilidades, constitutivo da compreensão, é um poder-ser que repercute sobre a pre-sença as possibilidades enquanto aberturas. O projetar da compreensão possui a possibilidade própria de se elaborar em formas. Chamamos de interpretação essa elaboração. Nela, a compreensão se apropria do que compreende. Na interpretação, a compreensão se torna ela mesma e não outra coisa. A interpretação se funda existencialmente na compreensão e não vice-versa. Interpretar não é tomar conhecimento de que se compreendeu, mas elaborar as possibilidades projetadas na compreensão.

Segundo Heidegger (2005, p. 205), a interpretação explicita a compreensão e possui a estrutura de *algo* como *algo*; o que é aberto na compreensão, o compreendido, é de tal modo acessível que pode explicitar-se em si mesmo "como isto ou aquilo"; esse "como" constitui a interpretação, a estrutura da explicitação do compreendido:

> O que se interpreta reciprocamente na circunvisão de seu ser-para como tal, ou seja, que *se explicita* na compreensão, possui a estrutura de *algo como algo*. À questão da circunvisão que pergunta: o que é esse manual determinado, a interpretação da circunvisão responde do seguinte modo: ele é para. A indicação do para-que não é simplesmente a denominação de algo, mas o denominado é compreendido *como* isto, que se deve tomar como estando em questão. O que se abre na compreensão, o compreendido, é sempre de tal modo acessível que pode explicitar-se em si mesmo "como isto ou aquilo". O "como" constitui a estrutura da explicitação do compreendido; ele constitui a interpretação.

E Heidegger (2005, pp. 207-209) complementa seu pensamento, aludindo ao projeto de compreensão que envolve as noções de posição prévia, visão prévia e concepção prévia, as quais também são referidas por Gadamer:

> A interpretação de algo como algo funda-se, essencialmente, numa posição prévia, visão prévia e concepção prévia. A interpretação nunca é apreensão de um dado preliminar, isenta de pressuposições. [...] No projeto da compreensão, o ente se abre em sua possibilidade. O caráter de possibilidade sempre corresponde ao modo de ser de um ente compreendido. O ente intramundano em geral é projetado para o mundo, ou seja, para um todo de significância em cujas remissões referenciais a ocupação se consolida antecipadamente como ser-no-mundo. [...] A compreensão enquanto abertura do pre sempre diz respeito a todo o ser-no-mundo. Em toda compreensão de mundo, a existência também está compreendida e vice-versa. Toda interpretação, ademais, se move na estrutura prévia já caracterizada. Toda interpretação que se coloca no movimento de compreender já deve ter compreendido o que se quer interpretar.

Convém aduzir que Gadamer (2017, p. 381), no trabalho *Interpretação e Texto,* de 1984, publicado no livro *Verdade e Método II*, esclarece que na língua alemã, "*Compreender (Verstehen)* também tem o significado de "entender algo" e que a capacidade de compreensão é a faculdade fundamental da pessoa, que caracteriza sua convivência com os demais, atuando sobretudo pela via da linguagem e do diálogo.

A visão de Gadamer sobre o processo hermenêutico se completa com a sua perspectiva acerca da noção de *aplicação*. Ele (2013, p. 19) afirma que "a aplicação é um momento do próprio compreender", bem como sustenta que a aplicação, a compreensão e a interpretação compõem um processo unitário no plano da hermenêutica (2013, p. 407) e ainda que "compreender é sempre também aplicar" (2013, p. 408).

Essa perspectiva de Gadamer acerca das noções de *compreensão*, *interpretação* e *aplicação* (as quais não foram por ele elaboradas para um uso peculiar no universo do Direito) suscita alguns questionamentos, que merecem ser devidamente apreciados, ante seus possíveis reflexos para o mundo jurídico, em especial, em função de Gadamer utilizar exemplos relativos ao Direito para elucidar o sentido de *aplicação*:

a) Compreender e interpretar são a mesma coisa?

b) Compreender e aplicar são a mesma coisa?

c) Interpretar e aplicar são a mesma coisa?

d) Aplica-se algo que já foi objeto de compreensão e interpretação?

e) A aplicação sempre demanda um caso concreto?

Antes de enfrentar essas questões suscitadas pela perspectiva de Gadamer, convém lembrar que interpretação em sentido amplo pode ser concebida como atividade voltada à construção de sentido, que pode ou não ter como objeto elementos textuais. Essa abrangência do fenômeno da interpretação, que ultrapassa os limites linguísticos, é compartilhada por Gadamer (2013, p. 515) quando discorre sobre a realização da interpretação de obras culturais não reduzidas a texto ou que não se apresentem sob a forma linguística: "Por isso, ela também ocorre onde a interpretação não é de natureza da linguagem, e não é portanto um texto, mas, por exemplo, num quadro ou numa obra musical".

Gadamer (2013, p. 406) esclarece que o problema hermenêutico adquire um sentido sistemático, quando o romantismo reconhece a unidade interna de *intelligere* e *explicare*. Assim, a interpretação não é concebida como um ato posterior e ocasionalmente complementar à compreensão, mas compreender é sempre interpretar, pelo que a interpretação é a forma explícita da compreensão. Compreender e interpretar significam conhecer e reconhecer um sentido vigente (2013, pp. 430-431). Compreensão e interpretação integram o processo de construção de sentido. Se há interpretação, há compreensão. A possibilidade de compreender está na dependência de uma interpretação mediadora, pelo que a interpretação não é um meio para gerar a compreensão, mas se adentra no conteúdo do que se compreende (2013, p. 515). Há uma imbricação indissolúvel entre compreensão e interpretação, inclusive ante a consideração de que o conceito de interpretação se aplica não apenas àquela de cunho científico, mas também à interpretação artística, tal como a musical ou cênica. Se há interpretação, há compreensão, o que ocorre tanto em relação a um texto, quanto em relação a uma escultura ou um quadro.

Para o universo do Direito, como será demonstrado adiante, essa aproximação entre compreensão e interpretação é bastante interessante. Tudo que está explicitamente compreendido decorre de interpretação, o que implica dizer que não há sentido compreendido sem interpretação. Reitera-se que tanto fatos linguísticos quanto não linguísticos, para que sejam como tais para nós, demandam interpretação, suscitam a construção de um sentido. Qualquer fato somente alcança esse *status* para cada um de nós, quando é compreendido, interpretado. Fatos, para que possam ser provados, precisam ser conhecidos, precisam chegar a nós, o que apenas se dá com a interpretação. Nesse contexto, toda compreensão é interpretação, ou, ao menos, toda interpretação é a explicitação da compreensão, independentemente de essa explicitação ser externalizada. Como afirma Gadamer (2013, p. 503), "todo compreender é interpretar, e todo interpretar se desenvolve no *medium* de uma linguagem que pretende deixar falar o objeto, sendo, ao mesmo tempo, a própria linguagem do intérprete".

Dessarte, contrariam essa perspectiva gadameriana, ao que parece indevidamente, as concepções que supõem que, quando há clareza ou evidência, a interpretação é desnecessária ou descabida, nos termos do antigo brocardo *in claris cessat interpretatio*. O que é claro ou evidente para um pode ser obscuro ou controverso para outro. Como demonstram Heidegger e Gadamer, conceber a aparente clareza ou evidência como causa do afastamento da interpretação sugere alguma dose de ingenuidade e de não entendimento do modo pelo qual o ser humano adquire o conhecimento. Um objeto não chega como um dado bruto e objetivo para alguém, mas sempre como um objeto compreendido e interpretado. Em rigor, um texto (interpretante) construído com o objetivo de interpretar outro texto (interpretado) representa, em rigor, um novo objeto, que igualmente demanda interpretação, pelo que, segundo a visão de um terceiro intérprete, o sentido do texto interpretante pode ser considerado dissonante do sentido do texto interpretado.

A partir da adoção do entendimento de Gadamer, que aproxima compreensão e interpretação ou ao menos concebe a interpretação como a forma explícita da compreensão, considerando-os como uma unidade no processo de construção de sentido, e ante a utilização mais frequente da expressão interpretação nos discursos jurídicos, a questão "b" antes proposta pode ser incorporada pela questão "c", nos seguintes termos: Interpretar e aplicar são a mesma coisa?

Gadamer, que desenvolve seu trabalho com propósitos muito mais amplos que os relativos ao Direito, parece ter discorrido sobre a noção de aplicação em dois sentidos diversos, ainda que isso não tenha sido por ele destacado, valorizado ou quiçá percebido. Esse possível uso distinto do termo *aplicação* produz relevantes consequências para o discurso jurídico, pelo que convém que isso seja analisado com o devido cuidado.

O processo de construção do(s) sentido(s) de aplicação requer que se leve em conta que, ao menos em certo momento histórico, a aproximação dos conceitos de interpretação e compreensão promoveu um distanciamento da noção de aplicação. Gadamer (2013, p. 406), ao discorrer sobre o problema da aplicação no contexto hermenêutico, afirma que, na velha tradição da hermenêutica, distinguia-se no problema hermenêutico a compreensão – *subtilitas intelligendi* – da interpretação – *subtilitas explicandi*, e, durante o Pietismo, acrescentou-se como terceiro componente a aplicação – *subtilitas applicandi*, e que a fusão interna entre a compreensão e a interpretação acabou por provocar a desconexão da *aplicação*, terceiro momento da problemática da hermenêutica.

Um primeiro sentido que Gadamer (2013, pp. 406-407) atribui para aplicação é o de compreensão-interpretação considerada a situação atual em que se encontra o intérprete. Ele revela esse sentido quando afirma que, na compreensão, sempre ocorre algo como uma aplicação do texto a ser compreendido à atual situação do intérprete, pelo que considera um processo unitário a compreensão, a interpretação e a aplicação, o que não representa volta à distinção tradicional das três *subtilitatae*, falada pelo Pietismo, mas, ao contrário, que a aplicação é um momento que integra o processo hermenêutico, tão essencial como a compreensão e a interpretação.

Gadamer (2013, p. 437), novamente, usa aplicação nesse sentido quando assenta que a compreensão de um texto filosófico ou a de uma poesia não pode ser feita com o intérprete mantendo-se numa distância histórica, há que realizar "um fazer próprio", já que "a compreensão implica sempre a aplicação do sentido compreendido".

Em outra passagem, Gadamer (2013, p. 445) esclarece que quando ocorre uma leitura sempre se dá uma aplicação e quem lê um texto também se encontra dentro do sentido que percebe, pois o intérprete pertence ao texto compreendido. Isso está em consonância com a ideia de que inexiste uma separação absoluta ente sujeito (interpretante) e objeto (interpretado), pois aquele está contido no processo hermenêutico por ele próprio desenvolvido.

Assim, Gadamer (2013, p. 515) assevera que compreender um texto significa sempre aplicá-lo a si próprio e que, apesar de o texto ser o mesmo, em cada caso, ele se apresenta de um modo diferente, é interpretado de uma maneira diferente, o que não afeta a pretensão de verdade da interpretação, pois é inerente a toda interpretação a sua linguisticidade, seu caráter de linguagem.

Nesse contexto de conceber que, na compreensão, sempre há a aplicação à situação em que se encontra o intérprete, Gadamer reitera a mútua implicação entre o sujeito e o objeto a ser interpretado, o que afasta a ingênua ideia e a ilusão de a atividade hermenêutica não ser afetada pela situação do intérprete. Assim, assenta ser inafastável que o intérprete tenha consciência de si próprio e da situação em que se encontra na hora de interpretar:

> O intérprete que se confronta com uma tradição procura aplicá-la a si mesmo. Mas isso tampouco significa que, para ele, o texto transmitido seja dado e compreendido como algo de universal e que só assim poderia ser empregado posteriormente numa aplicação particular. Ao contrário, o intérprete não quer apenas compreender esse universal, o texto, isto é, compreender o que diz a tradição e o que constitui o sentido e o significado do texto. Mas para compreender isso ele não pode ignorar a si mesmo e a situação hermenêutica concreta na qual se encontra. Se quiser compreender, deve relacionar o texto com essa situação (2013, p. 426).

Portanto, o que se pode depreender com esse primeiro uso do termo *aplicação* por parte de Gadamer é seu propósito de deixar evidente que em toda a atividade voltada à compreensão, em que se realiza a interpretação, há uma aplicação à atual situação hermenêutica do intérprete, o que informa, afeta o resultado da compreensão-interpretação (o objeto compreendido-interpretado). Isso evidencia que toda interpretação representa um acontecer, que é diverso do que existiu no passado e, provavelmente, diverso do que existirá no futuro, consideradas as constantes mudanças nas situações hermenêuticas. É nesse sentido que se pode concordar com a assertiva de Gadamer (2013, p. 408) de que "compreender é sempre também aplicar".

Esse primeiro sentido gadameriano de *aplicação* é inerente à compreensão de qualquer objeto, inclusive não linguístico (um quadro, uma escultura), pelo que, por consequência, não depende da ocorrência, no tempo e no espaço (caráter concreto), da situação de fato referida por um texto, ou seja, há aplicação, nesse primeiro sentido, mesmo quando a interpretação se realiza tendo por base exclusivamente o texto (um texto de lei, por exemplo). A isso costuma-se denominar *interpretação em abstrato* (GUASTINI, 1999, p. 204). Falar em interpretação em abstrato não implica assumir que o sentido de um texto em dado instante construído seja imutável, mas apenas representa conceber que não apenas é possível, mas é também necessário construir um sentido a partir da interpretação de textos jurídicos, independentemente da concreta ocorrência das situações de fato neles descritos.

Por outro lado, quando Gadamer parece usar o termo *aplicação* em outro sentido (segundo sentido), não há, propriamente, um choque de sentidos, mas sim o uso do termo *aplicação* quando se demanda a presença de uma situação concreta a ser interpretada, a qual corresponde ao descrito em um texto. Esse é o sentido mais corrente quando se fala em *aplicação de uma lei*: a lei é aplicada a um caso concreto, cujo sentido compreendido-interpretado guarda correspondência com o sentido compreendido-interpretado da situação descrita no texto legal. Eis a razão pela qual se costuma falar em *interpretação concreta*, que demanda um caso concreto (GUASTINI, 1999, p. 204). É certo que, também neste caso, está presente a aplicação no primeiro sentido usado por Gadamer, mas, como dito, surge agora a necessidade da ocorrência de uma situação concreta correspondente à situação descrita no texto.

Gadamer (2013, p. 408) afirma que há uma tensão entre o texto proposto – da lei ou da revelação – e o sentido que alcança sua *aplicação* ao instante concreto da interpretação, quando um juiz julga ou na prédica. Esclarece que uma lei não pretende ser interpretada historicamente e que a interpretação deve concretizar a lei em sua validade jurídica.

Considera que, caso se queira compreender adequadamente um texto – lei ou mensagem de salvação –, em consonância com as pretensões que o texto apresenta, deve compreender em cada instante, ou seja, em cada nova situação concreta de uma nova e distinta maneira. Gadamer (2013, p. 409), ao se referir à hermenêutica jurídica, reitera esse posicionamento, ao insistir que "o conhecimento do sentido de um texto jurídico e sua aplicação a um caso jurídico concreto não são atos separados, mas um processo unitário".

No contexto do esclarecimento desse *segundo sentido de aplicação*, Gadamer (2013, pp. 426-433) discorre sobre a distinção entre a hermenêutica histórica (tarefa do historiador) e a hermenêutica jurídica (tarefa do jurista), tendo como referência a situação em que ambas se ocupam do mesmo objeto – o texto jurídico, dado e vigente. Aponta para o que considera ser uma evidente diferença: o jurista compreende o sentido da lei a partir de um determinado caso dado, concreto; o historiador, ao contrário, não tem nenhum caso concreto que lhe sirva de base.

Gadamer (2013, pp. 432-433), ao tratar especificamente da hermenêutica jurídica, aproxima os fenômenos da interpretação e da aplicação no segundo sentido, cuja realização se perfaz tanto por um advogado quanto pelo juiz:

> A tarefa da interpretação consiste em concretizar a lei em cada caso, ou seja, é a tarefa da aplicação. A complementação produtiva do direito que se dá aí está obviamente reservada ao juiz, mas este encontra-se sujeito à lei como qualquer outro membro da comunidade jurídica. A ideia de uma ordem judicial implica que a sentença do juiz não surja de arbitrariedades imprevisíveis, mas de uma ponderação justa do conjunto. A pessoa que se tenha aprofundado na plena concreção da situação estará em condições de realizar essa ponderação justa. É por isso que existe segurança jurídica em um estado de direito, ou seja, podemos ter uma ideia daquilo com que estamos às voltas. A princípio, qualquer advogado ou conselheiro está capacitado para aconselhar corretamente, ou seja, para predizer corretamente a decisão do juiz com base nas leis vigentes.

Este entendimento de Gadamer que pode sugerir uma restrição do fenômeno da *interpretação* ao da *aplicação no segundo sentido gadameriano* demanda uma análise mais acurada, o que será feito posteriormente (item 2.3.2).

1.3. As contribuições de teorias da argumentação

Nos últimos anos, vários trabalhos relacionados à argumentação jurídica foram produzidos. Como não é possível tratar de todos, adotou-se como critério fazer uma síntese de duas importantes teorias, que, na visão de Manuel Atienza (2003, p. 118), foram as de maior interesse, as mais discutidas e as que foram mais difundidas. São elas: a Teoria da Argumentação Jurídica, de Robert Alexy; e a Teoria da Argumentação Jurídica, de Neil MacCormick.

1.3.1. A Teoria da Argumentação Jurídica de Alexy

Robert Alexy apresentou suas ideias no livro *Teoria da Argumentação Jurídica: teoria do discurso racional como teoria da fundamentação jurídica*. Essa obra foi inicialmente publicada em alemão no ano de 1978. Em 1990, foi publicada a segunda edição, na qual Alexy acrescentou um Posfácio, em que responde a algumas críticas. É interessante observar que essa segunda edição é posterior à publicação em língua alemã da primeira edição (1986) de outro importante livro de Alexy, o *Teoria dos Direitos Fundamentais*, cujas ideias já aparecem refletidas no referido Posfácio de 1990, doravante designado simplesmente como Posfácio. A análise das contribuições de Alexy será feita considerando a versão contida na edição alemã de 1990, correspondente à edição brasileira de 2005.

Preliminarmente, insta advertir que a Teoria da Argumentação de Alexy tem um caráter procedimental, à medida que concebe que uma norma apenas é correta se pode ser o resultado de um procedimento definido por meio das regras do discurso. Esse caráter procedimental da correção prática suscitou várias críticas, apesar de Alexy propor algumas regras para a argumentação cujos fundamentos apresentam natureza material, axiológica, como será demonstrado mais adiante.

Sobre a ausência de questões substanciais ou materiais ante o caráter procedimental da teoria da argumentação, convém, desde já, destacar que Alexy, no Posfácio, faz duas afirmações que merecem ser devidamente ressaltadas. Uma, a teoria do discurso – da argumentação – tem a pretensão de tornar possível a argumentação racional também no campo valorativo. Duas, a teoria do discurso parte de uma premissa essencial, qual seja, é condição de possibilidade da teoria do discurso que os participantes no discurso estejam, em princípio, em condições de ter ideias ou imaginação (capacidade de imaginação), bem como de diferençar as boas razões das más para a elaboração de enunciados substanciais (capacidade de juízo), o que à primeira vista, existe de uma maneira suficiente. Assenta que tais capacidades não representam uma exigência do procedimento do discurso. Quanto a este último aspecto, Alexy faz uma interessante comparação entre o procedimento do discurso e a capacidade suficiente de imaginação e de juízo dos participantes, de um lado, e a Constituição de um Estado Democrático e a capacidade de seus cidadãos para atividades políticas, econômicas e sociais, de outro lado. Esta capacidade dos cidadãos não é exigida por normas constitucionais, mas é condição de possibilidade da Constituição.

Alexy salienta, ainda, que se é certo dizer que se a premissa essencial da teoria do discurso (existência de capacidade de imaginação e de juízo) não implica necessariamente à correção dos resultados em termos absolutos, é igualmente certo dizer que nenhum procedimento é mais adequado que o discurso para, ao mesmo tempo, proporcionar tanto a capacidade de imaginação e de juízo quanto um controle racional, o que propicia a correção dos resultados do discurso.

Feitos esses esclarecimentos iniciais, pode-se passar à exposição dos mais relevantes aspectos da Teoria da Argumentação Jurídica de Alexy. O principal objetivo de Alexy parece ser o de demonstrar como é possível elaborar um discurso jurídico, em especial uma decisão judicial, com racionalidade, que, por conseguinte, pode ser submetido a um controle racional e de correção dos seus resultados. Alexy (2005, pp. 33-34) toma como ponto de partida o entendimento de que a aplicação de normas jurídicas não se limita a uma mera subsunção lógica de premissas menores às maiores, o que decorreria pelo menos de quatro causas: (a) imprecisão da linguagem; (b) possibilidade de existência de conflito entre normas; (c) existência de lacunas jurídicas; e (d) possibilidade de decisões que conflitem com a literalidade de textos jurídicos. Aponta a insuficiência dos cânones de interpretação, tradicionalmente referidos desde Savigny – gramatical, lógico, histórico e sistemático – e, principalmente destaca o problema da respectiva ordem hierárquica, pois cânones diferentes podem conduzir a resultados diversos. Alerta, ainda, para a imprecisão desses cânones. Exemplifica com a regra segundo a qual "cada norma deve ser interpretada de modo que cumpra seu objetivo", que pode conduzir a resultados diversos conforme a concepção do intérprete acerca dos objetivos da norma.

Considera que, nos casos em que as decisões precisam escolher entre várias soluções possíveis, que na base da escolha – da ação de preferir – há uma valoração ou juízo de valor, sendo insuficiente um simples ato de subsunção. Daí que o objetivo central da Teoria da Argumentação Jurídica de Alexy é o de demonstrar onde e em que medida são necessárias valorações, como essas valorações agem nos argumentos qualificados como "especificamente jurídicos" e se tais valorações são passíveis de uma fundamentação racional. Defende que as valorações não necessariamente precisam ser de natureza moral, mas que são moralmente relevantes.

Alexy considera que o entendimento de que, ante a necessidade de valorações, se teria uma ampla abertura para a adoção de convicções morais subjetivas nas decisões, em rigor, só seria aceitável se não fosse possível nenhuma chance de objetivar essas valorações. Destaca quatro caminhos que foram apontados para alcançar essa objetivação: (a) adotar os valores da coletividade ou de círculos determinados - convicções e consensos faticamente existentes; (b) extrair as valorações do material jurídico existente, o sistema interno de valorações do ordenamento jurídico ou o sentido do ordenamento jurídico considerado em sua totalidade; (c) considerar uma ordem objetiva de valores, expressa em uma Constituição ou baseada em enunciados do direito natural objetivamente reconhecíveis - princípios suprapositivos - (o que entende que demanda a aceitação de premissas filosóficas muito discutíveis, tais como as posições metaéticas do Naturalismo e do Intuicionismo Ético); e (d) utilizar conhecimentos empíricos.

Assenta que nenhuma das citadas quatro alternativas, isolada ou conjuntamente, consegue solucionar o problema da fundamentação das decisões jurídicas. Concebe que a opção mais adequada é a adoção de uma *teoria analítico-normativa do discurso jurídico*, que se apresenta como um caso especial do discurso prático geral. Esses dois discursos têm em comum a correção de enunciados normativos, há uma *pretensão de correção*. A pretensão de correção de um enunciado jurídico é a de que seja racionalmente fundamentável sob a consideração de condições limitadoras, em especial, da lei, dos precedentes, da dogmática produzida pela Ciência do Direito e das regras do ordenamento processual.

Para construir sua Teoria da Argumentação Jurídica, Alexy analisa relevantes concepções teóricas, que contribuíram para a elaboração da sua Teoria do Discurso Prático Racional Geral, são elas: no campo da Ética Analítica, as de Stevenson, Wittgenstein, Austin, Hare, Toulmin e Baier; no campo da Teoria Consensual da Verdade, a de Habermas; e no campo da Teoria da Argumentação, a de Perelman. Os resultados dessas investigações permitiram que Alexy apresentasse a sua Teoria da Argumentação Jurídica como uma Teoria do Discurso Jurídico Racional. Em seguida, será feito um resumo das observações de Alexy acerca de cada uma dessas teorias por ele analisadas.

1.3.1.1. O Emotivismo de Stevenson

As considerações feitas por Alexy (2005, pp. 61-70) acerca do pensamento de Charles Leslie Stevenson tomam como referência os trabalhos por este publicados entre os anos de 1938 e 1963. Daqui em diante, será feita uma síntese das ideias de Stevenson segundo o ponto de vista apresentado por Alexy.

O Emotivismo não se confunde com o Subjetivismo, que é um caso especial do Naturalismo. De acordo com o Subjetivismo, as proposições normativas não servem para expressar, mas sim para descrever sentimentos ou atitudes do falante. Stevenson refuta essa ideia e defende que a função essencial dos juízos morais não é a de aludir a fatos, mas a de influenciar pessoas.

O ponto central da teoria da argumentação moral de Stevenson é que, salvo nos poucos casos em que a discussão é relativa à não contradição no sentido lógico, não existe qualquer relação lógica (nem dedutiva nem indutiva), mas somente uma relação psíquica entre as razões apresentadas contra ou a favor de uma proposição normativa e essa proposição normativa. Contudo, Stevenson distingue os métodos de fundamentação racionais dos não racionais. As fundamentações são racionais quando os fatos podem ser apresentados como razões. São não racionais ou persuasivas quando se usa outros meios para influenciar. Observa que, na maior parte das argumentações práticas, são usados argumentos racionais e persuasivos.

Alexy considera que o grande erro de Stevenson foi desconhecer a natureza do discurso moral como sendo uma atividade guiada por regras. Além disso, Alexy critica a tese de Stevenson segundo a qual não se pode dizer que há argumentos morais válidos e não válidos, pois os juízos morais não são suscetíveis de verdade, não podem ser tidos como verdadeiros ou falsos.

Segundo Alexy, as contribuições de Stevenson para a sua teoria são: deixar claro que a função da linguagem moral é muito mais do que simplesmente descrever, como defendem os partidários do Naturalismo e do Intuicionismo, já que, pelo menos, também serve para dirigir e informar a conduta; chamar a atenção para a questão da validade ou não das proposições normativas; distinguir os métodos racionais dos não racionais ou persuasivos; e elaborar uma classificação das diferentes formas de argumentos e de argumentação.

1.3.1.2. A Teoria da Linguagem de Wittgenstein

As considerações feitas por Alexy (2005, pp. 71-75) acerca do pensamento de Ludwig Joseph Johann Wittgenstein tomam como referência os trabalhos por este publicados entre os anos de 1938 e 1963. Daqui em diante, será feita uma síntese das ideias de Wittgenstein segundo o ponto de vista apresentado por Alexy.

A concepção de Wittgenstein que produz reflexos na teoria de Alexy é a que corresponde às ideias apresentadas na obra *Investigações Filosóficas* (*Philosophischen Untersuchungen*), publicada postumamente

(1953), sem que estivesse por ele (o *segundo* Wittgenstein) concluída. Muitos, inclusive Alexy, consideram que essa obra revela uma forte mudança de posicionamento do filósofo nascido na Áustria, se for comparada com as ideias defendidas por ele no *Tractatus logico-philosophicus*, título da primeira edição inglesa, de 1922[5]. Eis a razão pela qual Alexy (e vários outros) fala em *primeiro* Wittgenstein (o jovem, da época do *Tractatus logico-philosophicus*) e em *segundo* Wittgenstein (o maduro, das *Investigações Filosóficas*).

Alexy concentra sua análise nos conceitos de *jogo de linguagem*, de *regra* e de *forma de vida* apresentados por Wittgenstein. Ele considera que o conceito de jogo de linguagem não é discutido de forma sistemática nem é precisamente definido. Todavia, parece útil observar que Wittgenstein apresenta senão definições, indicações do que entende por jogo de linguagem. Nas palavras de Wittgenstein (1999, p. 30) no *Investigações Filosóficas*:

> Podemos também imaginar que todo o processo do uso das palavras em (2) é um daqueles jogos por meio dos quais as crianças aprendem sua língua materna. Chamarei esses jogos de *"jogos de linguagem", e* falarei muitas vezes de uma linguagem primitiva como de um jogo de linguagem.
> E poder-se-iam chamar também de jogos de linguagem os processos de denominação das pedras e da repetição da palavra pronunciada. Pense os vários usos das palavras ao se brincar de roda.
> Chamarei também de "jogos de linguagem" o conjunto da linguagem e das atividades com as quais está interligada.

Alexy faz alusão apenas ao último sentido de jogo de linguagem – como conjunto da linguagem e das atividades com as quais está interligada, o qual revela uma íntima relação entre falar e agir. Ele salienta que há uma grande diversidade de jogos de linguagem, sendo a função descritiva somente uma entre outras, e que os jogos de linguagem, como ocorre com os demais jogos, são atividades guiadas por regras. Neste contexto, o conceito de jogo de linguagem remete ao de *regra*. Observa que o conceito de regra se relaciona com o conceito de erro, pois este somente pode se dar quando existir uma regra, que distinga a conduta certa da errada. Destaca ainda que relacionado ao conceito de jogo de linguagem está o de *forma de vida*, que para Wittgenstein significa as práticas comuns do dia a dia que estão na base de vários jogos de linguagem e que foram moldadas por determinadas convicções e regras fundamentais. Ambas constituem um sistema e formam uma representação de mundo, que está além do justificado. Fazer com que alguém

5 A obra foi publicada originalmente em 1921 com o título *Logisch-Philosophische Abhandlung*.

aceite uma forma de vida ou uma representação de mundo é questão de persuasão, não de fundamentação.

Alexy destaca quatro pontos da teoria de Wittgenstein que são relevantes para a construção de sua teoria do discurso prático racional: a demonstração de que existem vários outros usos da linguagem além do descritivo; a lógica dos jogos de linguagem pode ser compreendida por meio de comportamento não verbal e por outras situações de fato; os jogos de linguagem são regidos por regras, o que se aplicaria aos discursos moral e jurídico; as formas de vida e as representações do mundo que estão na base dos jogos de linguagem não são objeto de fundamentação, pelo que não se submetem a crítica (Alexy faz ressalvas com relação a este último ponto).

1.3.1.3. A Teoria dos Atos de Fala de Austin

As considerações feitas por Alexy (2005, pp. 76-80) acerca do pensamento de John Langshaw Austin tomam como referência os trabalhos por este publicados entre os anos de 1968 e 1972. Daqui em diante, será feita uma síntese das ideias de Austin segundo o ponto de vista apresentado por Alexy.

Austin, tal como Wittgenstein, rejeita a tese de que a função descritiva da linguagem é a única ou a essencial. Denomina essa tese *falácia descritiva*. O conceito nuclear desenvolvido por Austin é o de *atos de fala*, que significam ações que se realizam dizendo alguma coisa. Apresenta os conceitos de ato locucionário (expressão de um enunciado com um sentido determinado), ato ilocucionário (o que se faz dizendo alguma coisa) e ato perlocucionário (é o que produz efeitos por meio de expressões). Alexy chama a atenção para o fato de Austin firmar que o ato de fala é uma ação convencional, que demanda a existência de regras, não apenas as de natureza sintática e semântica, mas também as denominadas regras pragmáticas. Cita o exemplo de Austin de um ato de fala malsucedido sob a perspectiva pragmática: "O gato está deitado no tapete, mas eu não acredito nisso" (ALEXY, 2005, p. 78). Austin distingue duas dimensões pelas quais um ato de fala pode ser avaliado: um ato ilocucionário pode fracassar ou ter êxito; e um ato locucionário pode ser verdadeiro ou falso.

Alexy considera que a Teoria dos Atos de Fala de Austin contribui para o desenvolvimento de sua teoria do discurso prático racional, especialmente em função de precisar o significado de dizer que uma língua é uma atividade guiada por regras; expor que, em relevantes aspectos, o uso da linguagem normativa não se distingue do uso da linguagem descritiva; apresentar um sistema de conceitos básicos que serão úteis para a construção de sua teoria.

1.3.1.4. A Teoria de Hare

As considerações feitas por Alexy (2005, pp. 80-99) acerca do pensamento de Richard Mervyn Hare tomam como referência os trabalhos por este publicados entre os anos de 1950 e 1973. Daqui em diante, será feita uma síntese das ideias de Hare segundo o ponto de vista apresentado por Alexy.

Alexy considera que a Teoria Metaética de Hare, filósofo inglês, foi a que provavelmente mais influenciou a Filosofia Analítica da Linguagem, com destaque para seu primeiro livro – *The Language of Morals* –, publicado em 1952, e para seu segundo livro – *Freedom and Reason*, publicado em 1963.

Na visão de Hare, cabe à ética o estudo lógico da linguagem da moral e a compreensão dos conceitos morais e do raciocínio moral. A teoria da Hare interliga uma análise dos imperativos e uma análise dos termos valorativos, mediante a tese de que os juízos morais implicam imperativos, o que conduz a uma das teses centrais de Hare – a tese do prescritivismo. Segundo esta tese a partir de afirmação de proposições descritivas, de afirmações sobre fatos não é possível deduzir logicamente juízos morais.

A partir da distinção entre o significado descritivo e o prescritivo (valorativo), Hare constrói as duas regras centrais da argumentação moral: o princípio da universalidade e o princípio da prescritividade.

Tendo em conta a universalidade das proposições descritivas, Hare elabora a fundamentação do princípio da universalidade. O princípio da universalidade exige que se uma pessoa usa um termo X para designar certo objeto em função de tal objeto apresentar certas características, essa pessoa deve usar o mesmo termo para designar qualquer outro objeto que apresente as mesmas características. Essas caraterísticas são a razão para se afirmar que um objeto é X, o que revela uma conexão entre a noção de razão e de regra. Hare concebe que a análise dos juízos de dever é parecida com a dos juízos de valor, pelo que se uma pessoa diz a outra que ela deve fazer algo, aquela pessoa se obriga a fazer o mesmo se uma terceira pessoa estiver na mesma situação da outra.

O princípio da universalidade requer coerência por parte do falante, a qual é uma condição necessária, mas não suficiente para a racionalidade do discurso moral, o que suscita outras condições mais fortes, entre as quais se destaca a conexão com o princípio da prescritividade. Segundo o princípio da prescritividade, uma pessoa que estabeleça regras morais deve submeter qualquer um a essa regra e às suas consequências, inclusive a si próprio, caso se esteja na mesma situação.

Assim para Hare, a partir desses princípios e do reconhecimento dos fatos e das inclinações e interesses dos afetados e da representação da situação dos outros, é possível alcançar juízos morais sem o uso de premissas normativas. Hare, ainda, adiciona outra regra, que é a de ter que considerar as inclinações e interesses de todos aqueles que, de algum modo, podem ser afetados pela decisão.

Alexy considera que é insuficiente a tese de Hare para se chegar à conclusão acerca da correção de um juízo moral, pois entende que se faz necessária a utilização de critérios normativos para conciliar diferentes interesses. O argumento de Hare permite que se avalie o argumento de alguém ao utilizar certa norma, mas nada informa acerca da moralidade da norma utilizada.

A teoria de Hare, segundo Alexy, contribui para o desenvolvimento de sua Teoria do Discurso Prático Racional pelos seguintes aspectos: modificação dos conceitos de Austin sobre atos de fala valorativos e prescritivos; desenvolvimento de dois importantes princípios – o princípio da universalidade e o princípio da prescritividade; e defesa do discurso moral como atividade racional, de mesmo *status* das ciências empíricas.

1.3.1.5. A Teoria de Toulmin

As considerações feitas por Alexy (2005, pp. 99-110) acerca do pensamento de Stephen Edelston Toulmin tomam como referência os trabalhos por este publicados entre os anos de 1950 e 1958. Daqui em diante, será feita uma síntese das ideias de Toulmin segundo o ponto de vista apresentado por Alexy.

Toulmin, filósofo inglês tal como Hare, posicionou-se de modo contrário à tese de que o conceito de argumentação moral, na melhor das hipóteses, pode ser explicado como um fenômeno num sentido psicológico. Segundo a teoria de Toulmin, além de regras de inferência lógica e científica, existem regras de inferência que são específicas para os argumentos morais, as quais possibilitam passar de razões fáticas para conclusões valorativas (conclusões normativas).

Toulmin considera que os enunciados científicos não alteram as experiências que eles explicam. Por sua vez, é da essência da argumentação moral modificar os sentimentos morais expressados. A moral tem por função a correlação dos sentimentos e comportamento de tal modo que a realização dos fins e desejos de cada pessoa seja tão compatível quanto possível, bem como à promoção da harmonia entre desejos e interesses, a fim de que sejam afastados sofrimentos desnecessários. Ele distingue duas formas e dois níveis de argumentação moral. A primeira forma ocorre quando uma ação é justificada porque é consonante com uma regra moral que vige na sociedade da pessoa (natureza deontológica). A segunda forma de argumentação moral se dá quando, em uma discussão, fundamenta-se que uma ação ou regra é a que causa menos dano (natureza teleológica). O primeiro nível de argumentação refere-se à fundamentação de ações individuais. O segundo nível alude à fundamentação de regras morais.

A concepção de Toulmin de que há regras de inferência que são específicas para os argumentos morais, as quais possibilitam passar de proposições fáticas para proposições valorativas (normativas), possibilita diferençar argumentos morais válidos e inválidos. Para ele, uma proposição moral é verdadeira quando houver boas razões que a ela possam ser atribuídas.

Alexy, apesar de identificar problemas na teoria desenvolvida por Toulmin relativos à existência de regras valorativas de inferência, à fundamentação destas regras e à vagueza do conceito de "evitar sofrimento desnecessário", destaca as contribuições para a construção da sua teoria do discurso prático racional: a defesa de que há regras de discurso moral que caracterizam certas asserções de fato como boas razões para valorações; o estabelecimento de um paralelo entre as informações diretas de experiências e sentimentos morais, de um lado, e os juízos científicos e morais completamente desenvolvidos, de outro; o destaque de que as normas morais têm origem no material normativo surgido historicamente e que, somente após essa consideração, pode-se dar início à crítica; a análise da estrutura das premissas usadas no processo de fundamentação e o esclarecimento acerca das suas diversas fases específicas; a distinção entre as diferentes formas e níveis de argumentos; e a ideia de que as regras dos jogos de linguagem podem ser identificadas ao se analisar suas funções ou finalidades.

1.3.1.6. A Teoria de Baier

As considerações feitas por Alexy (2005, pp. 111-116) acerca do pensamento de Kurt Baier tomam como referência os trabalhos por este publicado em 1958. Daqui em diante, será feita uma síntese das ideias de Baier segundo o ponto de vista apresentado por Alexy.

Segundo Alexy, a Teoria da Argumentação Moral do filósofo austríaco Kurt Baier realiza uma análise da estrutura da argumentação moral mais desenvolvida do que a feita por Toulmin e constrói uma concepção muito diferenciada, em relação a Hare, de generalizabilidade. De acordo com Baier, a melhor ação é a que se encontra sustentada pelas melhores razões, as quais são resultado de reflexões ou deliberações. Essa melhor ação é a que se deve seguir. Observa que, com grande frequência, há razões que apontam para fazer e outras para não fazer algo, pelo que há que se ter um critério para avaliar qual a melhor razão. Essa decisão será tomada em função de *regras de prioridade*. Para Baier, um juízo moral que atenda um conjunto de regras, critérios ou condições (*ponto de vista moral*) deve ser considerado verdadeiro. Para tanto, distingue as condições formais das materiais.

Aponta duas condições formais: a ação deve ser orientada por regras e não por objetivos informados por interesse pessoal; e as regras devem ser válidas para todos. Essas condições conduzem à *exigência de ensinabilidade*, pela qual as regras devem ser acessíveis e aprendíveis por todos. Dessa exigência de ensinabilidade, que Alexy considera uma variante da ideia de generalizabilidade, surgem três critérios para as regras morais: não devem ser autofrustantes (p.ex., é autofrustante a regra: peça ajuda quando estiver em dificuldade, mas não ajude quem está em dificuldade); não devem ser autodestrutivas (p.ex., é autodestrutiva a regra: faça promessa ainda que não pretenda cumprir); não podem ser ensinadas regras moralmente impossíveis (p.ex., sempre afirme que aquilo que pensas não é verdade).

Apresenta três critérios relativos às condições materiais, os quais decorrem da exigência de que a regra moral tem que valer para todos de igual maneira. São eles: o cumprimento de uma regra deve contribuir de imediato para o bem comum de cada pessoa; a conduta deve ser aceita pelos que são afetados, não importando o lado em que esteja; uma conduta é vedada quando produz consequências negativas.

Alexy ressalta que a teoria de Baier contribui para o desenvolvimento de sua teoria por distinguir as regras da razão e as regras que estabelecem a hierarquia entre elas (regras de prioridade), e pela análise feita acerca do posicionamento moral, que contribui para uma adequada compreensão do conceito de generalizabilidade, um dos mais relevantes para uma Teoria do Discurso Prático Racional.

1.3.1.7. A Teoria Consensual da Verdade de Habermas

As considerações feitas por Alexy (2005, pp. 118-150) acerca do pensamento de Jürgen Habermas tomam como referência os trabalhos por este publicados entre os anos de 1970 e 1976. Daqui em diante, será feita uma síntese das ideias de Habermas segundo o ponto de vista apresentado por Alexy.

Habermas, em sua Teoria Consensual da Verdade, considera que as proposições normativas, tais como as ordens e as valorações, podem ser fundamentadas basicamente do mesmo modo que as empíricas, bem como que a verdade destas corresponde à correção daquelas. Pela Teoria

Consensual da Verdade, a condição para a verdade das proposições é o acordo potencial de todas as outras pessoas. Essa perspectiva se distingue da adotada pela teoria da verdade como correspondência, a qual concebe que um enunciado é verdadeiro desde que exista um estado de coisas que corresponda a esse enunciado. O grande problema da Teoria da Verdade como correspondência é identificar ao que é que o enunciado deve corresponder para que seja considerado verdadeiro. Em função desse problema, Habermas distingue *fato* de *objeto da experiência*. Fato é o que o enunciado, se verdadeiro, enuncia, pelo que não se confunde com as coisas ou acontecimentos presenciados, ouvidos ou vistos. O objeto da experiência está no mundo. O fato depende da linguagem.

Alexy afirma que a Teoria Consensual da Verdade de Habermas tem como base a Teoria dos Atos de Fala (referida ao se discorrer sobre a perspectiva de Austin), apesar de o próprio Alexy observar que Habermas considera que sua teoria é uma continuação da Teoria dos Jogos de Linguagem de Wittgenstein. Como relata Alexy (2005, p. 121), para Habermas a verdade é uma pretensão de validade que se anexa ao ato de fala constativo. Assim, uma proposição é verdadeira se estiver justificada a pretensão de validade dos atos de fala com a qual se afirma qualquer proposição por meio do uso de enunciados. A verdade da proposição depende de sua fundamentação, com o que o conceito de verdade passa do plano da semântica para o da pragmática.

Habermas diferencia duas formas de comunicação: ação e discurso. Enquanto as ações são jogos de linguagem em que as pretensões de validade são tacitamente reconhecidas, no caso dos discursos, as pretensões de validade que se tornaram problemáticas passam a ser o tema e investiga-se a sua fundamentação. Na ação, não se questiona se é verdadeira a proposição afirmada; o tema da comunicação é a experiência com objetos no mundo; nela são trocadas informações acerca dessas experiências. Se há questionamento acerca da verdade da proposição, deixa-se o campo da ação e se passa para o campo do discurso. No discurso, há introdução de informações e seu resultado consiste na aceitação ou rejeição de pretensões problemáticas de verdade. O que se produz no discurso são argumentos.

A utilidade da distinção entre ação e discurso está presente mesmo nas denominadas proposições observacionais, pois podem ser contestadas. Habermas observa que, segundo Karl Popper, uma proposição considerada simplesmente observacional, tal como "a bola é vermelha", é contestável, à medida que considerar algo vermelho depende de uma teoria de cores. Assim, a questão acerca da verdade de uma proposição, mesmo a considerada uma simples proposição observacional, não decorre de uma confrontação imediata com um objeto no mundo, mas sim de acordos com base em argumentos discursivamente apresentados.

Habermas considera que um jogo de linguagem bem-sucedido requer o mútuo reconhecimento de quatro pretensões de validade: a inteligibilidade da expressão, que está presente em todo ato de fala; a verdade do conteúdo proposicional, que se encontra nos atos de fala constativo; a correção de seu conteúdo performativo, que se apresenta nos atos de fala regulativos; e a veracidade do falante, que se apresenta nos atos de fala representativos, que expressam, intenções, atitudes, etc. A pretensão de correção nos atos de fala regulativos e a pretensão de verdade nos atos de fala constativos somente podem ser solucionadas por meio do discurso. Sob esta perspectiva, os juízos de valor e de dever equiparam-se aos juízos empíricos no tocante à sua capacidade de verdade.

Habermas assevera que, para se chegar a um consenso num discurso, há que se ter uma situação ideal de fala, que se dá quando a comunicação ocorre sem impedimentos externos e sem coações internas da própria estrutura de comunicação. A comunicação deve ser livre, o que requer uma distribuição simétrica de oportunidades para todas as pessoas escolherem e efetuarem atos de fala.

Alexy, apesar de identificar alguns problemas na tese de Habermas, reconhece que ela oferece muitas contribuições para uma Teoria da Argumentação Racional. Com fundamento nas ideias de Habermas, em especial as relativas às condições da situação ideal de fala, foi possível chegar à *regra geral de fundamentação*, segundo a qual todo aquele que fala tem o dever de fundamentar o que afirma, desde que solicitado, salvo se der razões que justifiquem a negativa de fundamentação. A partir da *regra geral de fundamentação*, foi possível construir as três *regras de razão*: (a) quem pode falar pode participar do discurso; (b) todas as pessoas podem problematizar e introduzir qualquer asserção no discurso, bem como expressar opiniões, desejos e necessidades; (c) é vedado impedir, mediante coerção de dentro ou fora do discurso, que qualquer falante exerça os direitos relativos à admissão no discurso (c.1) e à liberdade da discussão (c.2). As ideias de Habermas permitiram também construir as duas regras de fundamentação: devem ser aceitas por todos as consequências que decorram de cada norma para a satisfação dos interesses de cada um (princípio da generalização de Habermas); e devem resistir à comprovação por um *procedimento da gênese crítica* (termo usado por Habermas) a interpretação das necessidades como aceitáveis de maneira geral. Alexy ressalta que essas regras representam as regras fundamentais de uma teoria geral do discurso prático racional.

1.3.1.8. A Teoria da Deliberação Prática da Escola de Erlangen

As considerações feitas por Alexy (2005, pp. 150-163) acerca da Teoria da Deliberação Prática da Escola de Erlangen tomam como referência os trabalhos publicados por Lorenzen entre os anos de 1967 e 1974 e os publicados por Schwemmer entre os anos de 1971 e 1975. Daqui em diante, será feita uma síntese das principais ideias desses filósofos segundo o ponto de vista apresentado por Alexy.

Alexy considera a Teoria Consensual da Verdade de Habermas e a Teoria da Deliberação Prática da Escola de Erlangen como as teorias mais relevantes em língua alemã sobre a fundamentabilidade das proposições normativas. Esta teoria, que pretende aplicar o método construtivista ao campo da ética, foi esboçada por Lorenzen e bastante desenvolvida por Schwemmer. Em apertada síntese, o programa do método construtivista proposto pela Teoria da Deliberação Prática da Escola de Erlangen requer que seja assegurado o uso comum das palavras, bem como que cada afirmação, exigência ou norma seja fundamentada passo a passo.

Segundo essa teoria, a ética tem por finalidade a eliminação pacífica de conflitos por meio do diálogo. Para tanto, devem ser atendidos dois princípios: o princípio de razão e o princípio de moral. O princípio de razão se perfaz em três níveis: deve-se garantir o mesmo uso das palavras entre os falantes; o que interpela deve aceitar os mesmos enunciados que exige que sejam aceitos pelo interpelado; é necessário que as palavras e enunciados sejam ensinados e que sejam aceitáveis por qualquer um. O princípio de moral é o que exige que se determine, numa situação de conflito, quais são as normas que devem ser aceitas entre várias diferentes e incompatíveis umas com as outras. Segundo Schwemmer, esse princípio moral informa que se deva formar conjuntamente nosso conhecimento, compreensão e vontade, pelo que revela uma exigência de tolerância. Assim, a tarefa do discurso prático é a de superar a subjetividade das concepções normativas faticamente existentes.

Alexy ressalta, ainda, a importância da teoria da gênese fática e crítica dos sistemas normativos esboçada por Lorenzen e aprofundada por Schwemmer. De acordo com essa teoria, a ciência da cultura precisa cumprir as tarefas de interpretar (determinar o sistema de normas vigentes numa sociedade ou grupo), criticar (julgar se esse sistema atende os fins desejados) e reformar (alterar segundo o princípio de razão e o princípio moral) a cultura.

1.3.1.9. A Teoria da Argumentação de Chaim Perelman

As considerações de Alexy (2005, pp. 163-179) acerca da Teoria da Argumentação de Chaim Perelman tomam como referência os trabalhos publicados por este entre os anos de 1938 e 1971. Daqui em diante, será feita uma síntese das principais ideias desse filósofo e jurista segundo o ponto de vista apresentado por Alexy.

O interesse de Perelman, ao publicar em 1958, juntamente com L. Olbrechts-Tyteca, sua teoria da argumentação, é de cunho lógico-sistemático. Trata-se de uma teoria lógica em sentido amplo e de natureza normativa. O conceito central da teoria de Perelman é o de *auditório universal*, que significa o conjunto das pessoas que o orador pretende influenciar com o uso de argumentos racionais. O propósito da argumentação é obter ou reforçar a adesão do auditório. Aquele que argumenta deve conquistar a adesão do auditório tanto com relação às suas premissas quanto a cada etapa da prova. Perelman considera que, em geral, a conclusão não é uma consequência lógica das premissas, o que se faz é a adesão do auditório. A adesão do auditório universal representa o critério para a racionalidade e objetividade da argumentação. Não se requer a adesão de todos, mas sim da totalidade daqueles que estivessem no estado próprio dos que desenvolveram suas capacidades argumentativas.

Perelman estabelece uma distinção entre premissas e técnicas argumentativas. Aquelas designam os objetos com relação aos quais há acordo quanto a serem ponto de partida da argumentação, as quais se referem ao real ou ao preferível. Somente as premissas que aludem ao real possuem a pretensão de validade junto ao auditório universal. As premissas relativas ao preferível (valores, hierarquias e *topos*) somente podem ter acordo de auditórios particulares. Quanto às técnicas argumentativas, discorre sobre as formas de argumento e sobre a estrutura e a interação entre os argumentos.

A referência ao auditório universal informa critérios de validade dos argumentos: quem argumenta também deve aceitar o que diz (condições de sinceridade e seriedade); quem argumenta deve ser imparcial; as normas devem ser aceitáveis por qualquer um; toda argumentação deve estar relacionada a certa situação de atitudes e convicções; todo resultado de uma argumentação é provisório (tolerância e abertura à crítica); uma vez aceita uma ideia, não se pode rejeitá-la sem um motivo suficiente, o que gera estabilidade (princípio da inércia).

Alexy, apesar de identificar alguns problemas na teoria de Perelman, reconhece que ela oferece relevantes contribuições para uma teoria da argumentação racional. Destaca alguns pontos em comum com outras teorias já apreciadas: a proximidade entre o conceito de situação ideal de fala de Habermas e o de auditório universal de Perelman, que informam que uma norma pode ser generalizada caso obtenha (potencial ou racionalmente) o acordo de todos; Perelman pauta a argumentação racional conforme a ideia de universalidade, bem como a vincula ao estado social e historicamente dado das concepções e atitudes. Desse modo, entende Alexy que se abre espaço para a crítica e para a tolerância, à medida que, em muitos casos, não se pode apontar para o único e correto resultado de modo definitivo.

1.3.1.10. As Regras da Teoria do Discurso Prático Racional Geral de Alexy

A partir da consideração das teorias e concepções antes expostas, Alexy (2005, pp. 181-208) apresenta o que chama de esboço de uma teoria do discurso prático racional. Afirma que a teoria do discurso racional é uma teoria do discurso normativa. Nesse contexto, elabora cinco grupos de regras e apresenta seis formas de argumentação, as quais constituem sua Teoria do Discurso Prático Racional.

Denomina o primeiro grupo de regras de *regras fundamentais*, cuja validade é condição de possibilidade de qualquer comunicação linguística em que se afira a verdade ou correção. São elas: o falante não pode se contradizer; todo falante somente pode afirmar aquilo que acredita (sinceridade da discussão); todo falante tem que ser coerente, pelo que se aplicar a um objeto certo predicado deve fazer o mesmo com relação a qualquer outro objeto que seja igual em todos os aspectos relevantes (princípio da universalidade de Hare); diferentes falantes não podem utilizar o mesmo termo com significados diferentes, o que demanda uma comunidade de uso da linguagem.

O segundo grupo de regras é chamado de *regras de razão*, pois aludem à fundamentação do discurso e possibilitam uma explicação da pretensão de verdade ou pretensão de correção, sendo a pretensão de justiça um caso especial desta. As regras de razão são as seguintes: toda pessoa que afirma algo, desde que seja solicitado, deve fundamentar aquilo que afirma, salvo se puder oferecer razões que justifiquem negar a fundamentação (regra geral de fundamentação); quem pode falar pode participar do discurso (direito de participar do discurso); todas as pessoas podem problematizar e introduzir qualquer asserção no discurso, bem como expressar opiniões, desejos e necessidades (liberdade de discussão); é vedado impedir, mediante coerção de dentro ou fora do discurso, que qualquer falante exerça os direitos relativos à admissão no discurso e à liberdade da discussão.

O terceiro grupo é composto pelas regras sobre a carga de argumentação ou de fundamentação. São elas: alguém que pretenda tratar uma pessoa de forma diferente da que trata outra está obrigado a fundamentar essa atitude (presunção em favor da igualdade); aquele que ataca uma norma ou uma proposição que não é objeto da discussão tem a obrigação de oferecer uma razão para tal comportamento; a pessoa que apresenta um argumento, se receber um contra-argumento, está obrigada a oferecer mais argumentos; e aquele que, no discurso, faz uma manifestação acerca de suas opiniões, desejos ou necessidades que não se apresentem como argumento a uma manifestação anterior, se solicitado, está obrigado a fundamentar a razão pela qual tal manifestação foi trazida ao discurso.

O quarto grupo é formado pelas *regras de fundamentação*, que tem por base as variantes do princípio da generalizabilidade: aquele que afirma uma proposição normativa, que tenha como pressuposto uma regra para a satisfação dos interesses de outras pessoas, está obrigado a aceitar as consequências dessa regra se estiver na mesma situação de tais pessoas (princípios da universalidade e da prescritividade de Hare); todos devem aceitar as consequências de cada regra para a satisfação dos interesses de cada um (princípio de generalizabilidade de Habermas); toda regra elaborada precisa ser ensinada de forma aberta e geral (exigências de abertura e sinceridade – Baier); as regras morais que fundamentam as concepções morais de quem fala algo devem resistir à comprovação por meio de um procedimento da gênese histórico-crítica; as regras morais que fundamentam as concepções morais de quem fala devem resistir à comprovação de sua formação histórica individual; os limites de realizabilidade faticamente existentes precisam ser respeitados (necessidade de realizabilidade).

O quinto grupo de regras corresponde às denominadas regras de transição, que se relacionam com a circunstância de, por serem insuficientes os argumentos práticos, ser necessário enfrentar questões de fato, de linguagem ou atinentes à própria discussão prática. Eis as regras de transição aplicáveis a qualquer falante: a todo momento é possível passar a um discurso teórico (empírico); a todo momento é possível passar a um discurso de análise da linguagem; a todo momento é possível passar a um discurso de teoria do discurso.

Alexy faz uma importante observação relativa aos limites do discurso prático geral. Alerta que o uso das regras e formas de argumento aumentam a probabilidade de ser alcançado um acordo racional em questões práticas, mas não produzem uma garantia absoluta de acordo ou uma definitividade do acordo. As regras de razão somente podem ser cumpridas parcialmente, pois há que se ter em conta que todo discurso tem como ponto de partida concepções normativas historicamente dadas (ou construídas) e, portanto, são mutáveis. Ao mesmo tempo, adverte que alguns juízos de valor e de dever, bem como algumas regras, necessariamente, são exigidas (*necessidade discursiva*) ou excluídas (*impossibilidade discursiva*) pelas regras do discurso, como ocorre com o dever de ser excluída do discurso uma regra que exclua a participação de pessoas do discurso por serem consideradas escravas (impossibilidade discursiva).

1.3.1.11. As Regras da Teoria da Argumentação Jurídica de Alexy

Alexy, a partir da Teoria do Discurso Prático Racional geral, constrói a sua Teoria da Argumentação Jurídica (2005, pp. 209-288). Ele concebe que o discurso jurídico é um caso especial do discurso prático geral. No discurso jurídico, cuida-se da justificação ou fundamentação de um caso especial de proposições normativas, a decisão jurídica. Diferencia dois tipos de justificação: a interna e a externa. A justificação interna objetiva identificar se a decisão jurídica é uma decorrência lógica das premissas adotadas como fundamentação. A justificação externa tem por fim demonstrar a correção das premissas adotadas como fundamentação.

A justificação interna, que tem sido debatida sob o tema do *silogismo jurídico*, tem por objeto possibilitar alguma racionalidade relativa às premissas da decisão jurídica. A partir dessa perspectiva, a forma mais simples de justificação interna é a que estabelece que uma vez ocorrida a situação prevista na norma, qualquer pessoa que nela se enquadre deve adotar o que a norma determina. O princípio de universalidade, que requer normas universais, serve de fundamento para o princípio de justiça formal. Nessa linha, outras regras de justificação interna podem ser formuladas: uma decisão jurídica para ser fundamentada requer pelo menos uma norma universal; a decisão jurídica deve ser uma consequência lógica pelo menos de uma norma universal, junto a outras proposições, sendo que eventual aplicação de uma cláusula de exceção precisa valer universalmente; se houver dúvida com relação a se uma pessoa deve se submeter a certa norma, é necessário apresentar uma regra que resolva esta dúvida; a formulação de proposições normativas para aplicar a um caso requer passar por etapas de desenvolvimento; e há que se ter o maior número possível de etapas de desenvolvimento.

A justificação externa tem por objetivo fundamentar as premissas utilizadas na justificação interna. As formas de argumentos e as regras de justificação externa podem se apresentar em seis grupos: interpretação da lei; a argumentação da Ciência do Direito (dogmática); uso dos precedentes; argumentação prática geral (razão); argumentação empírica (empiria); e formas especiais de argumentos jurídicos.

Alexy, após um rápido exame da argumentação empírica, discorre sobre os tradicionais seis grupos de cânones da interpretação da lei, com a consideração dos argumentos: semântico (que tem como referência o uso da linguagem); genético (vontade ou fim perseguido pelo legislador, nesta última forma apresenta-se como uma variante do teleológico); histórico (consideração do contexto histórico do problema jurídico discutido, inclusive o atinente a soluções já adotadas para o mesmo problema); comparativo (consideração dos sistemas de outras sociedades); sistemático (compreensão do conjunto normativo); e teleológico (ou teleológico-objetivo, que tem como base não os fins do legislador histórico (argumento genético), mas os fins racionais ou prescritos objetivamente no ordenamento vigente).

Em seguida, desenvolve uma análise das questões relativas à argumentação dogmática, à argumentação com base no uso dos precedentes, à argumentação prática geral e às formas especiais de argumentos jurídicos (analogia, *argumentum a contrario, argumentum a fortiori, argumentum ad absurdum*).

Antes de consolidar as regras da sua Teoria da Argumentação Jurídica, Alexy procura evidenciar a proximidade entre as regras e formas do discurso jurídico com as do discurso prático geral. Assim, assevera que as regras e formas da justificação interna encontram-se submetidas ao princípio da universalidade, que corresponde ao princípio de justiça formal de tratar o igual igualmente. Acerca das regras e formas de justificação externa, destaca a importância do argumento empírico, que, por vezes, ante a incertezas quanto à questão de fato, precisa socorrer-se de regras de presunção racional. Observa que os cânones da interpretação contribuem para conferir o caráter racional à argumentação, apresentando-se, algumas vezes, como variantes de argumentos práticos de tipo geral (p.ex., o argumento teleológico-objetivo pode ser considerado uma variante do argumento consequencialista geral). Assenta, ainda, que a Ciência do Direito dogmática pode ser concebida como a institucionalização estável do discurso prático sob a condição de existência de um ordenamento jurídico, com o aumento da consistência (exigida pelos princípios da não contradição, da universalidade (Hare) e da inércia (Perelman)) e do caráter diferenciado da decisão (relacionado à regra de razão acerca da liberdade de expressão, discussão e problematização). Aduz, ainda, que o uso dos precedentes tem fundamento nos princípios da universalidade e da inércia, enquanto os argumentos jurídicos especiais estão relacionados à aplicação de regra lógica – *argumentum a contrario* –, ou revelam-se como caso especial do princípio da universalidade – analogia –, ou apresentam-se como uma variante da forma básica do argumento consequencialista – *argumentum ad absurdum*.

Por fim, em Posfácio publicado em 1990, posteriormente portanto à publicação de sua obra sobre a Teoria dos Direitos Fundamentais (primeira edição alemã é de 1986), Alexy apresenta respostas a críticos, dentre as quais serão destacados alguns aspectos.

Primeiramente, acerca da crítica do caráter procedimental de sua Teoria do Discurso, Alexy afirma que com ela tem o objetivo de tornar possível a argumentação racional também no campo valorativo. Esclarece que é uma condição de possibilidade da Teoria do Discurso a liberdade e a capacidade de as pessoas terem ideias e de distinguirem as boas das más razões na formulação de seus argumentos. Se o procedimento do discurso não gera a certeza de correção dos resultados, não há outra forma melhor de obter o controle racional e, por conseguinte, a correção.

Sobreleva a necessidade de comunicação. Os conflitos e os ajustes de interesses demandam ponderação, que é informada pelas argumentações apresentadas. Não há um critério geral e definitivo para a ponderação de interesses. Os argumentos podem conduzir a uma mudança do peso relativo ou da legitimação inicialmente identificada. Assim, tanto as ponderações podem mudar quanto os argumentos que as informam podem mudar. Rejeitar isso revelaria, inclusive, um desrespeito à autonomia das pessoas.

Afirma que o discurso proposto é um discurso ideal, que se dá por meio da procura por uma resposta a uma questão prática sob condições de tempo e de participação ilimitados, e total falta de coerção a fim de gerar uma clareza linguístico-conceptual, informação empírica, capacidade e disposição completas para a troca de papéis e total ausência de prejuízos. Inexiste garantia para o alcançamento de consenso em um caso real, mas obtém-se com as regras do discurso uma grande redução da presença de irracionalidade. Assenta que o discurso é a melhor maneira de fundamentar as normas. Os argumentos mais relevantes para a fundamentação da validade universal do discurso são de índole pragmático-transcendental (expressão que Alexy adota no Posfácio em substituição à expressão *pragmático-universal*, que usara ao longo do livro).

Alexy pronuncia que não pretende que as decisões jurídicas sejam mais corretas (que as afirmações práticas de tipo geral), mas que sejam corretas de acordo com o ordenamento jurídico vigente, o que se dá se estiverem fundamentadas racionalmente tendo em conta a lei, o precedente e a dogmática. Destaca-se uma última assertiva. Alexy considera que uma decisão judicial que aplique corretamente uma lei irracional ou injusta não satisfaz, de forma plena, a pretensão de correção por ela afirmada, mas a decisão é juridicamente válida se a referida lei for válida. A decisão é válida ainda que não seja uma decisão perfeita juridicamente. Afirma, por fim, que não há um rompimento com a conexão entre a racionalidade discursiva e o Direito, pois a racionalidade discursiva não pode determinar o conteúdo da decisão, mas revelar o motivo de sua incorreção e a medida de sua crítica.

1.3.2. A Teoria da Argumentação Jurídica de Neil MacCormick

Neil MacCormick apresentou suas ideias acerca da argumentação jurídica no livro *Legal Reasoning and Legal Theory*, pela primeira vez publicado no ano de 1978. Posteriormente, essas ideias foram retomadas em alguns trabalhos, por exemplo, nos artigos *The Limits of Reason and the Infinity of Argument* (1981); *The Nature of Legal Reasoning: A Brief Reply to Dr. Wilson* (1982); e *On Legal Decisions and their Consequences: from Dewey to Dworkin* (1983). Em 2006, o livro de MacCormick foi traduzido para o português sob o título *Argumentação Jurídica e Teoria do Direito*. Adiante, será apresentada uma síntese do pensamento de MacCormick, tendo como referência principal as ideias apresentadas neste livro, que revela a fase em que MacCormick ainda se encontrava sob forte influência do pensamento de Hart.

O propósito de MacCormick com o livro, como esclarece no Preâmbulo à segunda edição elaborado em 1994 (2006, p. IX), é apresentar um esclarecimento sobre a argumentação jurídica. Concebe a argumentação jurídica como uma subdivisão da argumentação prática, a qual consiste na aplicação da razão por parte das pessoas, a fim de decidir sobre qual é o modo correto de elas se comportarem nos casos em que exista uma escolha a ser feita. Tendo em conta que a aplicação de normas é fundamental para a atividade jurídica, analisar a sua estrutura racional é fundamental para esclarecer a natureza da argumentação jurídica como parte da argumentação prática.

Considera que alguma forma de raciocínio dedutivo é necessária para a argumentação jurídica, o que não significa firmar que a argumentação jurídica é somente de índole dedutiva. Sua grande tarefa é a de refletir sobre os elementos da argumentação jurídica que não têm natureza dedutiva. Os elementos não dedutivos da argumentação são inteligíveis em função da relação que possuem com os dedutíveis. Aqueles atribuem à argumentação seu caráter especificamente jurídico e revelam seu paralelismo com a argumentação moral. São importantes, mas não são suficientes nem autossuficientes.

Observa que o Direito de um Estado atual – sistema de direito positivo – envolve uma tentativa de consolidar amplos princípios de conduta na forma de regras[6] relativamente estáveis, claras, detalhadas e obje-

6 Na edição brasileira de 2006, intitulada *Argumentação e teoria do direito*, foi traduzido como *norma* o que no original em inglês – *Legal reasoning and legal theory*

tivamente compreensíveis como também oferecer bem como fornecer um processo aceitável e inspirador de confiança interpessoal para fazer vigorar essas normas. Especialmente quando há conflitos, órgãos do Estado são acionados, mediante a apresentação pelos interessados (ou mesmo por outros órgãos do Estado) de alegações acerca de fatos, a fim de tentar evidenciar que tais fatos informam certo comportamento conforme determinada norma.

Para MacCormick, a lógica da aplicação da regra é a lógica central do Direito no moderno paradigma da racionalidade jurídica sob o manto do "Estado de Direito" – regras mais fatos produzem conclusão. Regras são proposições normativas hipotéticas, que estabelecem que, acaso ocorram certos fatos (operativos), certas consequências deverão ser adotadas. Tais regras são fórmulas relativamente concretas de princípios mais abstratos e em sociedades bem organizadas e democráticas precisam orientar os assuntos públicos segundo alguns princípios aceitáveis de associação humana. Estes, contudo, são bastante contestáveis, principalmente quando se trata de reduzir esses princípios a fórmulas mais específicas para lidar com situações que ocorram concretamente. Surgem disputas e divergências com relação ao equilíbrio e à prioridade desses princípios. A discussão política volta sua atenção para o justo equilíbrio desses princípios. A produção de regras pelo Poder Legislativo revela o resultado desse debate político e aponta para uma ordem das coisas justificável, o que recomenda um respeito especial. É certo que as regras não são suficientes para solucionar todas as divergências, porém apontam para soluções por meio de sua interpretação, o que põe em jogo os argumentos de princípios subjacentes a essas regras. Uma sistemática semelhante no tocante ao lidar com os princípios acontece com o uso dos precedentes.

Segundo MacCormick, é missão de qualquer Estado que tenha pretensões de ser um governo com liberdade a organização da ordem jurídica com base em um corpo de regras publicadas, que resultam de um processo político democrático e que regulam previamente as condutas. Essa é a ideia central de *Estado de Direito* e cumpre uma função de legitimação de Estados modernos e pós-modernos. A importância dessa ideia não desaparece pelo fato de ser indevidamente invocada por go-

– aparece redigido como *rule*. Desse modo, para que seja possível uma melhor compreensão da mensagem do autor, far-se-á referência às expressões *norma* e *regra*, de modo que *norma* seja o gênero, que tenha a *regra* como espécie, e que *regra* signifique norma expressamente articulada por quem tenha posição de autoridade. Esse parece ser o sentido adotado no referido original, bem como é a definição expressamente adotada numa das mais recentes obras de MacCormick – *Institutions of Law, An Essay in Legal Theory*, 2007, reprinted 2009, p. 28.

vernos que, de fato, não são fiéis a ela, que pode ser justificada de duas maneiras.

A primeira tem como base a racionalidade das pessoas. As pessoas são seres autônomos e praticamente racionais, que possuem a capacidade de decidir sobre sua conduta, e que realizam deliberações racionais essencialmente em falas interpessoais. Essa pura racionalidade em termos individuais é insuficiente para garantir o consenso e convivência social adequados, pelo que é necessário que haja instituições políticas com autoridade para aplicar e fazer cumprir as normas, as quais regulam e informam as condutas nos limites da incerteza interpessoal da deliberação racional. Assim, o Direito resta justificado como entidade institucional, determinada, provida de autoridade e heteronômica, ainda nas situações em que se dirige a indivíduos autônomos[7].

A segunda justificativa refere-se ao respeito à autonomia dos indivíduos, o que decorre da circunstância de eles terem a oportunidade de conhecer previamente as normas impostas pelas autoridades e de ter o poder de escolha quanto ao seu cumprimento, sabendo que, se não cumprirem as normas, ficam sujeitos às consequências estabelecidas por essas mesmas normas.

MacCormick concebe sua Teoria da Argumentação Jurídica como sendo uma espécie de raciocínio prático[8], que trata a razão como aquilo que dispõe sobre o que é correto fazer nas situações em que se pode realizar uma escolha, pelo que se trata de uma teoria que discorre sobre a justificação.

MacCormick observa que um fator decisivo para a concordância com um ou outro princípio normativo repousa na natureza afetiva, nos sentimentos e paixões das pessoas, o que poderia explicar diferenças morais fundamentais. A adesão das pessoas a princípios de conduta que consideram fundamentais pertence à categoria das razões para agir e para julgar, bem como para reações críticas ou aprobatórias dos atos alheios. Tanto a racionalidade quanto a afetividade informam nossa adesão a certos princípios de conduta. A Teoria da Argumentação Objetiva avalia o processo de argumentação e de decisão como um processo de justificação.

7 Eis a concepção de MacCormick do Direito como entidade institucional.

8 Alexy, que também publicou a primeira edição de seu livro sobre argumentação jurídica em 1978, adotou essa mesma perspectiva de MacCormick. Como demonstrado, segundo Alexy, a argumentação jurídica é um caso especial da argumentação prática.

1.3.2.1. A justificação por dedução

Expostas essas ideias gerais de MacCormick, convém destacar alguns aspectos específicos e relevantes de sua Teoria da Argumentação Jurídica. MacCormick adverte que toma como referência para suas investigações os sistemas judiciais escocês e inglês, nos quais as decisões são tomadas por maioria simples e cada juiz precisa escrever a sua decisão. MacCormick valoriza a justificação por dedução e avalia a assertiva de alguns de que não há possibilidade de a argumentação jurídica ser estritamente dedutiva. De acordo com uma rigorosa perspectiva, a argumentação jurídica jamais é ou jamais pode ser exclusivamente dedutiva em sua forma. MacCormick considera falsa essa afirmação, pois entende que, em certos casos, por exemplo, o de *Daniels e Daniels* v. R. *White & Sons e Tarbard* (MACCORMICK, 2006, p. 24), é possível demonstrar que a decisão é legalmente justificada mediante o uso de argumento exclusivamente dedutivo. Uma argumentação é considerada dedutiva (lógico-dedutiva) quando se propõe a demonstrar que a *proposição-conclusão* da argumentação está implícita em outra proposição ou proposições – *premissas da argumentação.*

MacCormick considera que a função própria da lógica como ramo do conhecimento é estudar as formas de argumentação válida. Seu interesse não está na demonstração de verdades lógicas, mas sim na aplicação de formas de argumentação logicamente válidas em contextos legais. Ressalta que a validade lógica de um argumento não garante a veracidade de sua conclusão. Caso as premissas sejam verdadeiras, a conclusão deverá ser verdadeira. Contudo, a lógica não pode determinar ou garantir a veracidade das premissas. A validade lógica da argumentação dedutiva estará presente quando, independentemente do conteúdo das premissas e da conclusão, sua forma for do tipo que suas premissas de fato impliquem (ou acarretem) a conclusão, pelo que haveria uma contradição se, ao mesmo tempo, alguém afirmasse as premissas e negasse a conclusão. MacCormick chama a atenção para a circunstância do uso do termo "lógico" ou "lógica". No uso ordinário, pode assumir sentidos diferentes. Fala-se que uma ação ou estado de coisas é "ilógico" quando "não faz sentido". Todavia, quando se afirma que uma norma do direito "não faz sentido", isso normalmente significa que ter a pretensão de que a norma seja cumprida é algo tolo, injusto ou irracional. Portanto, apesar de esse não ser o sentido técnico do termo no campo filosófico, com frequência, quando falam (inclusive doutrinadores) que uma lei é *ilógica*, utiliza-se o termo no sentido ordinário, não no sentido técnico-filosófico.

MacCormick ressalta que não defendeu que em todos os casos há exclusivamente argumentação dedutiva, mas que argumentações dedutíveis às vezes estão disponíveis como justificativa de decisões. Além disso, considera que esse procedimento permite destacar a importância do ônus da prova e elementos afins do Direito, assim como exige daquele que quiser demonstrar alguma falha na explanação que comprove haver alguma teoria alternativa que possibilite, com igual eficiência, dar conta de normas acerca do ônus da prova e de questões afins do chamado Direito Processual.

1.3.2.2. Pressupostos e limites da justificação por dedução

Segundo MacCormick, os pressupostos da justificação por dedução estão relacionados à validade das regras do Direito e à sua aplicação. O primeiro pressuposto é o de que os juízes têm a obrigação de aplicar as regras jurídicas do Direito que sejam pertinentes e aplicáveis ao caso em questão, o que decorre da lógica dedutiva da subsunção. O segundo pressuposto é condição para o cumprimento do primeiro: é necessário que existam critérios para que os juízes possam identificar quais são as regras do Direito, que, por conseguinte, são aplicáveis. Trata-se da questão da identificação dos critérios de validade jurídica das regras. Destaca MacCormick que a legislação é a fonte do Direito válido por excelência, perspectiva nitidamente moderna, e que tem sido compartilhada pelo jusnaturalismo e pelo positivismo a tese de que os sistemas jurídicos dispõem de critérios, com suporte na aceitação da sociedade, cujo cumprimento presume-se, pelo menos, suficiente para se considerar uma regra como válida em certo sistema (tese da validade).

MacCormick discorre também sobre os limites da justificação dedutiva e alude aos problemas que podem surgir, em especial, quando não se está diante de casos fáceis, mas sim de casos difíceis. Não há como olvidar que argumentar com base em regras resolve até certo ponto as questões, pois, com certa frequência, as regras demonstram-se vagas e insuficientes para tratar de certa situação prática. Nesse contexto, podem surgir quatro diferentes ordens de problemas: de interpretação; de classificação; de pertinência; e de qualificação. Os distintos modos de raciocínio prático que podem ser usados para resolver esses problemas estão no centro dos estudos sobre a argumentação jurídica. MacCormick adota como método de desenvolvimento de suas ideias o de se aproximar ao máximo dos *fenômenos*, que para ele representam as reais argumentações dos tribunais. Busca, dessa forma, demonstrar e ilustrar seu pensamento por meio da identificação do verdadeiro raciocínio utilizado pelo juiz ao decidir casos concretos. Seu objetivo não é simplesmente descrever fatos observados, mas sim demonstrar que os fenômenos apreciados fazem parte de um sistema racionalmente compreensível de pensamento e ação que é revelado pela teoria geral da razão e da argumentação desenvolvida. MacCormick aponta quatro problemas que podem ser enfrentados pelos juízes.

Denomina o primeiro *problema de interpretação*. Na linha do que expõe Hart, MacCormick observa que as normas se encontram expressas em linguagem, a qual apresenta uma textura vaga e aberta, ao menos em certos contextos. Essa característica da linguagem, que suscita ambiguidades e algum grau de imprecisão ou indeterminação, requer do aplicador a necessidade de escolher entre diferentes versões possíveis da norma considerado um mesmo texto jurídico. Assim, o problema de interpretação consiste em como justificar a escolha interpretativa, qual regra deve se considerar existente.

O segundo é chamado de *problema de pertinência*, que se instaura quando a dificuldade está em se determinar se é justificável a pretensão de uma pessoa, caso consiga ser provado o fato por ela alegado. O problema de pertinência é distinto do problema de interpretação, pois a dificuldade está em se determinar se há uma regra do sistema do Direito (regra juridicamente válida – premissa maior) que seja aplicável ao caso posto em questão, ou seja, discute-se sobre a existência ou não de norma à qual o fato provado corresponderia.

O terceiro problema é relativo à dificuldade de comprovar os fatos alegados – *problema de prova* ou *problema de comprovação*. O que é objeto de debate, de contestação é o discurso relativo aos fatos ocorridos (premissas menores), se é justificável considerar que tais fatos realmente ocorreram. MacCormick faz uma importante observação, que se relaciona ao que foi anteriormente dito acerca da distinção entre interpretação em abstrato e interpretação em concreto. A possibilidade de identificação das premissas menores, de natureza factual, depende da existência de regras jurídicas, as quais apontarão os critérios para que essa identificação possa ser realizada. Nas palavras de MacCormick (2006, p. 118), "não haveria como escolher afirmações factuais para inserir em alegações iniciais a menos que houvesse normas jurídicas que determinassem os fatos cuja comprovação justificaria uma desejada conclusão legal".

O quarto problema refere-se à dificuldade de classificar ou de qualificar os fatos primários provados como pertencentes a uma categoria de "fatos secundários", que representam os fatos operativos para certa regra – *problema de qualificação*. Portanto, o problema persiste mesmo depois de terem sido resolvidas, por meio de uma decisão ou por acordo, as questões de fato controvertidas. Há concordância quanto aos fatos ocorridos, mas há dúvida acerca de sua correspondência com a situação de fato prevista na regra.

Esses problemas apontam para a necessidade de se investigar o sentido de haver uma argumentação jurídica nas situações em que a justificação dedutiva não é suficiente. Concebe que a justificação dedutiva pode ser suficiente nos denominados *casos fáceis*. Contudo, nos chamados casos difíceis, há que se identificar os critérios a serem usados para que se possa dizer que está sendo utilizada uma argumentação jurídica. Para tanto, MacCormick alude a três requisitos: universalidade, consistência e coerência.

Atende-se o requisito da universalidade quando a justificativa de uma decisão possa ser formulada como uma premissa reveladora de uma norma geral ou de um princípio. O que fundamenta a decisão em um caso específico pode ser utilizado como critério geral para decidir outros casos semelhantes, produzindo-se uma norma de índole universal. Cuida-se do atendimento da "justiça formal", pela qual devem ser tratadas da mesma maneira as pessoas que estejam na mesma situação. MacCormick salienta que, mesmo quando se decide um caso com o emprego de equidade, não há uma afronta à universalidade, pois se exige dos julgadores que apliquem a mesma decisão (informada pela equidade) se outras pessoas também se encontrarem em situação excepcional equivalente àquela merecedora do uso da equidade. O que justifica a decisão por equidade deve ser universalizável.

MacCormick passa a tratar do que considera ser uma justificação de segunda ordem, que é a que se faz necessária quando se deve realizar uma escolha entre deliberações de natureza universal. Destaca que, sendo certo que mesmo na justificativa em uma decisão de um caso particular deve-se realizar a enunciação de uma deliberação "universal", em termos lógicos, uma justificação de segunda ordem diz respeito à escolha entre deliberações universais. Concebe que o primeiro elemento essencial da justificação de segunda ordem refere-se ao "que faz sentido no mundo", à avaliação das consequências e das vantagens e desvantagens da decisão, mediante o uso de critérios como os de "justiça", "senso comum", "interesse público", "conveniência" e "praticidade". Desse modo, considera que também há um caráter avaliatório e subjetivo, à medida que a verificação e a apreciação das consequências dependem das preferências de valor que informam o raciocínio dos juízes. Por esse motivo, deduz que a justificação de segunda ordem envolve argumentos *consequencialistas*, que são essencialmente de caráter *avaliatório* e, de certo modo, *subjetivos*.

Quanto ao segundo elemento essencial da justificação de segunda ordem alude não mais ao que "que faz sentido no mundo", mas a noções relativas ao "que faz sentido no sistema jurídico". Concebe que a ideia básica é a de que o sistema jurídico se apresenta como um corpo consistente (ou coeso[9]) e coerente de normas, que uma vez atendido garante a obtenção de objetivos valorizados, os quais todos podem buscar de maneira inteligível. Consistência representa a exigência de uma deliberação ser compatível com as normas válidas de um sistema jurídico. Uma deliberação com fundamentos consequencialistas, por mais que se deseje, não pode ser acatada caso esteja em contradição com uma norma válida e obrigatória do sistema jurídico.

Por sua vez, a coerência é uma exigência relacionada à sustentação em valores e princípios mais gerais do sistema jurídico, de modo que as normas de um sistema "façam sentido" quando vistas em conjunto. Assevera MacCormick que existem limites para o campo de ação da atividade judicial legítima, pelo que cabe aos juízes fazer justiça conforme a lei, não legislar para o que lhes parecer uma sociedade idealmente justa.

No contexto do requisito da coerência, MacCormick trata dos princípios e da analogia. Princípios são normas mais gerais que justificam e explicam outras normas do sistema jurídico. Justificam por serem valorizadas em si ou como meio para um fim desejado, e explicam, por contribuir para a compreensão do correto significado de outras normas. Entende, pois, que dizer que uma norma é um princípio representa que ela é relativamente geral e possui valor positivo. Identificar os princípios do sistema jurídico representa uma tentativa de conferir coerência a esse sistema. Os princípios representam um conjunto de normas gerais que expressam valores que justificam e explicam o sistema jurídico. MacCormick considera que a "argumentação por analogia" também revela uma tentativa de garantir coerência de valores no sistema jurídico. Na argumentação por analogia, utiliza-se uma norma jurídica para contribuir para a decisão relativa a fatos aos quais ela não é diretamente aplicável. Para MacCormick, o recurso tanto aos princípios quanto à analogia não é conclusivo e não há como estabelecer uma linha clara entre os argumentos a partir de princípios e os argumentos a partir de analogias. Conclui que a força de argumentos a partir de analogias e dos argumentos a partir de princípios é *exclusivamente* a de demonstrar a admissibilidade de decisões propostas, não de tornar obrigatórias.

Mais um ponto deve ser destacado. Na linha de defesa das propostas de Hart frente às críticas de Dworkin, MacCormick trata da questão da discricionariedade e da única resposta correta. MacCormick conside-

9 Em função de, na edição original em inglês (1978, reimpressa em 2003), ser usada a expressão "consistency", de, na edição espanhola (2018), utilizar-se o termo "consistencia", apesar de a edição brasileira (2006) empregar os termos *coesão* e *coeso*, parece-me que é mais adequado usar as expressões *consistência* e *consistente* para representar as ideias de MacCormick.

ra que não se pode exigir uma única resposta correta para casos difíceis. MacCormick refuta a tese de Dworkin acerca da distinção entre regras e princípios, pela qual as regras são aplicadas do modo tudo ou nada, enquanto os princípios são aplicados mediante a consideração de seus diferentes pesos, com o que se admite a competição sem invalidação. MacCormick concorda com Dworkin de que, nos casos difíceis, os juízes não possuem um poder discricionário no sentido forte, à medida que considera que as decisões estão submetidas a limites decorrentes do requisito da universalidade, da consistência e da coerência. Mas isso não significa aceitar que para cada caso há uma única resposta correta. Uma única resposta correta dependeria da existência de uma única teoria correta. Para MacCormick (2006, p. 332), a "correção" de uma decisão pressupõe a existência de critérios de correção, mas tais critérios precisam ser elaborados no contexto de alguma teoria, pelo que se precisa admitir, tal como chamou a atenção Popper (1974, p. 291), que uma teoria prevalece até que seja superada por outra.

MacCormick encerra sua obra com a consideração de que a vida moral e a vida legal se encontram numa necessária ambientação social, que apresenta uma base de normas e princípios, que possibilitam, em casos difíceis, que sejam testados novos princípios de ação. A grande diferença entre os níveis de formalidade da argumentação jurídica e da moral exige cautela, para não considerar que não exista mais nenhuma diferença. Afirma que um estudo da argumentação jurídica pode ser útil para a compreensão da argumentação moral, que há limites para a razão prática que não podem ser desprezados, bem como que há um caminho a ser trilhado entre o ultrarracionalismo e o puro irracionalismo.

1.3.2.3. A relevante mudança de pensamento de MacCormick

MacCormick reconhece, expressamente, que suas ideias tiveram uma sensível mudança ao longo do tempo, o que merece ser, ainda que sucintamente, demonstrado.

Ele alude a três fases de seu pensamento (ATIENZA, 2006, pp. 485-486): a primeira, de 1965 a 1981, na qual admite que estava extremamente vinculado à obra de Hart, que concebe como sendo de índole positivista; a segunda, de 1981 a 1995, quando afirma ter sido um período de revisão de temas centrais e de um forte distanciamento de Hart, principalmente do último, pois, em sua visão, Hart reforçou sua linha mais positivista no Pós-escrito contido na segunda edição do *The Concept of Law*[10], publicada postumamente em 1994; a terceira e última,

10 Publicada em língua portuguesa com o título *O conceito de direito* (1996).

de 1995 a 2009[11], na qual realizou um balanço global de seu pensamento maduro, que se concentrou no institucionalismo pós-positivista desenvolvido no livro *Institutions of Law: An Essay in Legal Theory* (2007; 2009) e que foi reforçado no livro *Practical Reason in Law and Morality* (2008).

No tocante especificamente às ideias contidas no original da sua obra *Legal Reasoning and Legal Theory* (1978), MacCormick apresenta, no Preâmbulo à segunda edição, publicada originalmente em 1994 e traduzida para o português sob o título *Argumentação Jurídica e Teoria do Direito,* em 2006, uma série de observações acerca de sua mudança de pensamento. Observa-se, preliminarmente, que MacCormick, em 1994, considerou que promover uma reedição do texto original de 1978 poderia parecer presunçoso, à medida que muito se escrevera sobre o tema depois da primeira publicação. Todavia, rever o contido no livro representaria algo muito maior que uma nova edição. Ele próprio, ao longo desse período (entre 1978 e 1994), produziu uma série de estudos em que a mudança de seu pensamento restou revelada.

No referido preâmbulo, após dizer que em 1978 já adotava uma "versão abrandada de positivismo jurídico", MacCormick, de forma transparente, destaca as mudanças que lhe pareceriam relevantes naquele momento. Sobre o capítulo 2 (*Justificação por dedução*), declara que concorda com Patricia White acerca da excessiva simplicidade na representação da lógica dedutiva na aplicação das normas. Quanto ao capítulo 3 (*Justificação por dedução – pressuposições e limites*), considera que seria preciso reavaliar o tema das "razões de sustentação" à luz das ideias propostas por Alexy em seu livro *Teoria da Argumentação Jurídica*, pelo que passa a conceber que sempre existem princípios subjacentes à disposição para restringir, derrotar ou até mesmo revogar um discurso expresso em termos de regras. Esse discurso está sempre envolvido por um complexo raciocínio elaborado a partir de princípios e valores. Contudo, assenta que os princípios que justificam o recurso à lei, assim o fazem dentro do ideal do Estado de direito, com o que continua lhe parecendo correto conferir à argumentação a partir de regras a posição de centralidade essencial que ele atribuíra. Acerca do capítulo 4 (*A coerção da justiça formal*), assume que sua abordagem das noções de universalidade e universalizabilidade teriam que ser mais cuidadosas, ante o que concepções diferentes da sua discorrem sobre a importância dessas noções para o julgamento prático. Destaca que, nos capítulos 5 (*Justificação de segunda ordem*) e 6 (*Argumentos consequencialistas*), seria necessário admitir de modo mais amplo a complexidade das de-

11 Neil MacCormick faleceu no dia 5 de abril de 2009.

nominadas "consequências", bem como distinguir de forma mais clara o que se costuma chamar de "consequencialismo" nos textos filosóficos. Afirma que, no capítulo 7 (*O requisito da "coerência": princípios e analogias*), a exposição acerca de princípios e coerência mantém-se válida como explanação da argumentação por princípios no direito, enquanto relativa à argumentação analógica. Entretanto, confessa que haveria que tratar de vários outros aspectos. Quanto ao capítulo 8 (*O requisito da coesão e o problema da interpretação: casos evidentes e casos exemplares*), concorda com Robert Summers e outros sobre a necessidade de aprofundar a distinção e as semelhanças existentes entre a interpretação de leis promulgadas e a de precedentes. Admite que parece excessivo muito do que argumentou contrariamente à Dworkin no capítulo 9 (*Argumentação jurídica e teoria do direito*). Quanto ao capítulo 10 (*A lei, a moralidade e os limites da razão prática*), considera que, de certo modo, lhe parecem mal formuladas as afirmações feitas acerca do ultrarracionalismo. Por fim, revela que foi convencido por Alexy e por Habermas sobre a possibilidade de ser construída uma teoria do discurso racional prático que produza uma justificação para instituições legais e para a argumentação jurídica a partir das exigências da razão geral prática, com o que submeteria a argumentação jurídica aos princípios gerais da racionalidade prática. Acrescenta que isso não faz com que o direito seja sempre perfeitamente determinado; ou que a razão prática forneça respostas determinadas sempre que o Direito deixe de estipular expressamente uma resposta. Concebe que a importância conferida à justificação ao longo do livro precisaria ser alterada, pois os processos de descoberta racional demandam tanto do pensamento reflexivo quanto de processos de justificação racional, o que seria especialmente útil para a argumentação por analogia.

Para encerrar este ponto, convém fazer mais algumas observações sobre o *último MacCormick* ou sobre o *MacCormick maduro*. MacCormick assevera que as críticas que recebeu referentes ao livro *Argumentação Jurídica e Teoria do Direito* foram responsáveis por levá-lo à sua última posição teórica – a Teoria Institucional Pós-Positivista do Direito. Defende que o Direito e a Moral são conceitualmente distintos, mas que elementos mínimos de respeito à justiça são essenciais para que se reconheça que uma ordem normativa possui caráter jurídico. Alerta, em entrevista concedida a Atienza, que é preciso deixar de lado as severas disputas sobre os diferentes tipos de positivismo e concentrar a atenção na identificação dos modos pelos quais as teorias valorativas são úteis para lidar com os problemas e dilemas jurídicos, em especial, o desenvolvimento dos Direitos Humanos e obtenção de solução para as urgentes questões de mudança climática (ATIENZA, 2006, p. 489). Para

MacCormick (2009, p. 292[12]), o caráter institucional do Direito somente é compreensível na suposição dos fins intrínsecos do governo segundo o Direito, quais sejam: a realização da justiça e o bem comum, de acordo com uma razoável concepção destes.

1.4. As afinidades entre as contribuições da hermenêutica filosófica e das teorias da argumentação

A Teoria Hermenêutica e as Teorias da Argumentação, por vezes, são consideradas perspectivas rivais e incompatíveis. Segundo Kaufmann (2004, p. 70), a Teoria da Argumentação provém sobretudo da Teoria Analítica e existe um forte embate entre esta última e a Teoria Hermenêutica. A Teoria Analítica do Direito concentra sua atenção numa análise mais estrutural do Direito, conferindo relevância ao fato de o Direito apresentar-se como um fenômeno de linguagem, sendo que uma vertente mais "pura" (ou mais estremada) da Teoria Analítica do Direito, concebe ser possível realizar a compreensão do Direito mediante uma completa separação entre o Direito e a Moral. Entre os representantes da Teoria Analítica do Direito destacam-se Hans Kelsen, em 1960, com *Reine Rechtslehre*; Herbert Hart, em 1961, com *The Concept of Law* (na edição de 1994, publicada postumamente, foi introduzido um posfácio com respostas a críticos); Alf Ross, com *On law and justice*, em 1958; e Norberto Bobbio, com *Teoria della Norma Giuridica*, 1958 e *Teoria dell'Ordinamento Giuridico*, 1960. Kaufmann afirma que uma renovação da Filosofia do Direito precisa partir do juízo de Kant, para quem os conceitos sem conteúdo são vazios e as intuições sem conceitos são cegas. Esse pensamento kantiano levou Kaufmann (2004, p. 56) a apresentar a seguinte paráfrase: "A analítica sem hermenêutica é vazia, a hermenêutica sem analítica é cega".

Em sequência, Kaufmann relata que a Teoria Analítica do Direito considera a Teoria Hermenêutica irracional; e que a hermenêutica considera que a Teoria Analítica do Direito não apresenta respostas para os reais problemas da Filosofia do Direito e do ser humano. Kaufmann discorda de ambas as críticas. Discorda da crítica da Teoria Analítica do Direito, pois entende que a hermenêutica não é irracional, mas apenas tem o propósito de chamar a atenção para processos que, ao menos, não são puramente racionais, como é o que se dá com o Direito. Discorda da crítica feita pela Teoria Hermenêutica, ao assentar que a Teoria Analítica

12 O texto em língua estrangeira é: "The institutional character of law is intelligible only on an assumption concerning the intrinsic ends of the enterprise of governance under law: these are the realization of justice and the common good, according to some reasonable conception of these".

do Direito seria passível daquela crítica somente se pretendesse representar sozinha a Filosofia do Direito, além do que a hermenêutica também não teria apresentado as respostas para os referidos problemas.

A perspectiva de Kaufmann (2004, p. 70) de que há uma complementariedade entre a Teoria Analítica do Direito e a hermenêutica, naturalmente, o conduz a também destacar uma complementariedade entre as ideias da hermenêutica e as das teorias da argumentação jurídica: "A hermenêutica não é teoria da argumentação, mas exige-a".

Ao que parece, mediante a análise feita anteriormente, é possível conceber que há ideias complementares e, mais ainda, há relevantes pontos em comum entre a Teoria Hermenêutica Filosófica de Gadamer e as Teorias da Argumentação Jurídica de Alexy e MacCormick. Alguns desses pontos merecem ser destacados.

Preliminarmente, é preciso ressaltar um aspecto fundamental, que se identifica tanto na Teoria Hermenêutica Filosófica de Gadamer quanto nas Teorias da Argumentação de Alexy e MacCormick. Não há a possibilidade de haver um conhecimento completamente objetivo, isento de qualquer valoração e dotado de uma verdade absoluta e imutável.

Gadamer (2002, p. 506) assevera que todas as estruturas de sentido que são concebidas como textos (natureza, arte, motivações conscientes ou inconscientes da ação do ser humano) são suscetíveis de interpretação e, consequentemente, não há campo interpretativo que se realize aleatória e muito menos objetivamente, pelo que a reflexão hermenêutica demonstra ao objetivismo do historicismo e da teoria positivista das ciências que ambos atuam a partir de pressupostos ocultos [preconceitos] determinantes.

Alexy (2005, pp. 119-120), em reforço à necessidade da argumentação discursiva para o alcançamento da decisão correta (corretamente fundamentada), destaca a crítica de Habermas à denominada Teoria da Verdade por correspondência, a qual contém uma suposta autologia e uma velada ingenuidade, como se atesta a partir dessa visão de Aristóteles em sua Metafísica: "Dizer daquilo que é, que é, e daquilo que não é, que não é, é verdadeiro". O problema maior é conseguir responder com o que um enunciado precisa ter correspondência para que possa ser considerado verdadeiro. A Teoria Consensual da Verdade de Habermas, informadora da teoria de Alexy, defende que a verdade de uma proposição está na dependência da sua fundamentação e da capacidade de obter um consenso entre as pessoas, o que também encontra respaldo nas ideias de falseabilidade, refutabilidade e provisoriedade de Popper no tocante às proposições e conclusões (POPPER, 1974, pp. 42, 43 e 291). Como demonstrado, a Teoria da Argumentação de Alexy supõe argumentação e valoração, que são incompatíveis com as noções de completa objetividade e de verdade absoluta e imutável.

Esse entendimento no sentido da falseabilidade, refutabilidade e provisoriedade de uma teoria é também esposado por MacCormick (2006, p. 332), que sustenta que a "correção" de uma decisão pressupõe a existência de critérios de correção, mas esses critérios precisam ser elaborados no contexto de alguma teoria, pelo que, como alertou Popper (1974, p. 291), uma teoria prevalece até que seja superada por outra.

Alexy, a partir da análise da teoria de Toulmin, salienta que as normas morais têm origem no material normativo surgido historicamente e que, somente após essa consideração, pode-se dar início à crítica. Nessa linha, constrói uma das regras de fundamentação do discurso prático racional geral, segundo a qual as regras morais que fundamentam as concepções morais de quem fala algo devem resistir à comprovação por meio de um procedimento da gênese histórico-crítica. Essa linha de pensamento encontra apoio na visão de Perelmann, que orienta a argumentação racional conforme a ideia de universalidade, bem como a vincula ao estado social e historicamente dado das concepções e atitudes. Isso faz com que Alexy entenda que se abre espaço para a crítica e para a tolerância, à medida que, em muitos casos, não se pode apontar para o único e correto resultado de modo definitivo. Alexy (2005, p. 207), ao discorrer sobre os limites do discurso prático geral, ainda adverte que as regras de razão somente podem ser cumpridas parcialmente, pois há que se ter em conta que todo discurso tem como ponto de partida concepções normativas *historicamente dadas* ou *historicamente construídas* e, portanto, são *mutáveis*.

MacCormick (2008, pp. 92-93 e 199), em seu *Practical Reason in Law and Morality*, defende tese semelhante quando afirma que uma pessoa adquire a maturidade moral quando assume a responsabilidade por um corpo de opinião moral e tradição, adquirido, num primeiro momento, de forma heterônoma, e preservado e transmitido após uma reflexão crítica da tradição moral herdada, sem perder de vista que somos todos indivíduos contextuais e que a individualidade das pessoas expressa um ponto de junção entre a herança genética e o contexto social, incluindo o contexto familiar.

O que entendem Alexy e MacCormick aproxima-se de algumas ideias centrais defendidas por Gadamer, em especial, as relacionadas às noções de *círculo hermenêutico*, *tradição*, *historicidade* e *história efeitual*.

Como exposto, na visão de Gadamer, a ideia de *círculo hermenêutico* indica o modo pelo qual se constrói o conhecimento, que parte de uma pré-compreensão para a projeção de possibilidades de sentido, e que se dá mediante o percurso que se perfaz do ponto inicial à conclusão, com a submissão a uma constante revisão, sem que se esteja limitado a uma mera recuperação ou descoberta de noções passadas. Trata-se de um modo de reconhecer que estamos imersos em determinado contexto histórico, informados por tudo que nos foi trazido culturalmente (*historicidade* e *tradição*), bem como pelo que pretendemos que ocorra no futuro, uma vez realizada a crítica, consciente ou inconscientemente, e a tomada da decisão acerca da tradição a ser transmitida.

Gadamer, tal qual Alexy, chama a atenção tanto para a formação e historicidade do conhecimento quanto para o fenômeno da mutação desse conhecimento. Gadamer (2013, p. 404) afirma que a existência humana se encontra numa mobilidade histórica, na qual não se está preso a certa posição. O ser humano encontra-se num horizonte temporal e sociocultural – numa *situação hermenêutica* –, o qual se desloca à medida que ele vive, pelo que é um erro supor que o horizonte do presente está determinado por um conjunto fixo de opiniões e valores, bem como que a alteridade do passado se destaca do presente como de um fundamento sólido. O horizonte do presente está num processo de constante formação, que não se forma à margem do passado, pelo que não existe um horizonte do presente por si mesmo. Compreender é sempre um processo de *fusão de horizontes*. A fusão de horizontes (do passado e do presente) ocorre na vigência da tradição, e, nela, o velho e o novo crescem sempre juntos.

Alexy, ao discorrer sobre as regras de razão do discurso prático geral, estabelece a necessidade de serem atendidas as disposições que possibilitem uma ampla participação no discurso, quais sejam, as relativas ao dever de fundamentar as afirmações (se for pedido, toda pessoa que afirma algo deve fundamentar aquilo que afirma, salvo se puder oferecer razões que justifiquem negar a fundamentação); ao direito de participação no discurso (quem pode falar pode participar do discurso), à liberdade na discussão (todas as pessoas podem problematizar e introduzir qualquer asserção no discurso, bem como expressar opiniões, desejos e necessidades) e à proibição de coerções que afetem os direitos e liberdades referidos (proibição de impedir, mediante coerção de dentro ou fora do discurso, que qualquer falante exerça os direitos relativos à admissão no discurso e à liberdade da discussão). A relevância do discurso é ressaltada por Alexy quando destaca que, em função de não haver um critério geral e definitivo para a ponderação de interesses, tanto as ponderações podem se alterar quanto os argumentos que as informam podem se alterar. Afirma (2005, p. 292), ainda, que mesmo que o procedimento do discurso não produza a certeza de correção dos resultados, não há outra forma melhor de obter o controle racional e, por conseguinte, a correção.

Essa relevância conferida por Alexy à amplitude e à liberdade no discurso e na argumentação guarda parecença com a posição de Gadamer acerca da importância da conversação, do diálogo, da abertura ao outro e da tolerância para compreender o que o outro diz. Preconiza Gadamer (2013, p. 358) que é pressuposto para que haja entendimento entre as pessoas que se realize uma interpretação que seja tolerante e não arbitrária, pois a compreensão de um texto exige que o intérprete se abra ao texto, isto é, que esteja disposto a "deixar que este [o texto] lhe diga alguma coisa". O diálogo, a conversação franca e aberta é algo pressuposto para o entendimento. Como professa Gadamer (2002, p. 493): "O acordo na conversação não é um mero confronto e imposição do ponto de vista pessoal, mas uma transformação que converte naquilo que é comum, na qual já não se é mais o que se era". Esse entendimento é reiterado quando, no trabalho *Interpretação e Texto*, do ano de 1984, publicado no livro *Verdade e Método II*, Gadamer (2017, p. 381) assenta que a capacidade de compreensão é a faculdade fundamental da pessoa, que caracteriza sua convivência com os demais, atuando principalmente pela via da linguagem e do diálogo.

Alexy, no contexto da apreciação da justificação interna da argumentação jurídica, lembra que o princípio de universalidade suscita a produção de normas universais (princípio de justiça formal), o que permitiu que formulasse a regra de que uma decisão jurídica, para ser fundamentada, requer pelo menos uma norma universal e que a decisão jurídica deve ser uma consequência lógica pelo menos de uma norma universal, junto a outras proposições, sendo que eventual aplicação de uma cláusula de exceção precisa valer universalmente. Além disso, a formulação de proposições normativas para serem aplicadas a um caso demanda a passagem pelo maior número possível de etapas de desenvolvimento.

Esses dois aspectos suscitados por Alexy (2013, p. 433) também estão correlacionados com as ideias de Gadamer. O primeiro, concernente à produção de normas universais, relaciona-se com a exortação de Gadamer acerca da necessidade de a ordem judicial ser reconhecida como válida para todas as pessoas e que não existam exceções. O segundo aspecto está em consonância com as ideias de Gadamer e de Heidegger sobre círculo hermenêutico. Conforme Gadamer (2013, p. 355), a retomada da descrição heideggeriana do círculo hermenêutico se faz necessária para que o novo e fundamental significado que adquire a estrutura circular possa se tornar fecundo para o propósito do conhecimento. Essa perspectiva de Heidegger (2007, pp. 229-230), mencionada por Gadamer, pode ser resumida pela seguinte passagem:

> En este movimiento circular, lo decisivo no es lo único que ve el entendimiento vulgar, recorrer la periferia y regresar al mismo lugar en la periferia, sino el mirar al centro en cuanto tal, un mirar que es posible en la marcha circular y sólo en ella. El centro en cuanto tal sólo se manifiesta en el dar vueltas en torno a él. Por eso todos los intentos de expulsar argumentando lo circular de la filosofía conducen lejos de la filosofía.[13]

Sem pretender ser exaustivo, os aspectos antes destacados já parecem ser suficientes para corroborar o entendimento de que há relevantes pontos em comum entre a Teoria Hermenêutica Filosófica de Hans Gadamer e as Teorias da Argumentação de Robert Alexy e de Neil MacCormick, o que representa um substancioso e proveitoso material de cunho jusfilosófico, que servirá de fundamento para o enfrentamento dos problemas relativos à compreensão, interpretação e aplicação no Direito.

---

13 O trecho correspondente na tradução é: "Nesse movimento circular, o que é decisivo não é a única coisa que o entendimento comum vê, percorrendo a periferia e retornando ao mesmo lugar na periferia, mas olhando para o centro como tal, um olhar que é possível na marcha circular e apenas nela. O centro, como tal, só se manifesta circulando em torno dele. Portanto, todas as tentativas de expulsar a argumentação da circularidade da filosofia afastam-se da filosofia".

2

TEXTO, INTERPRETAÇÃO, NORMA JURÍDICA E APLICAÇÃO

2.1. Algumas noções jurídicas fundamentais

Determinar o que é o Direito é tarefa que tem suscitado grande divergência entre filósofos e teóricos dessa área do conhecimento. O aprofundamento da análise desse tema envolve a apreciação de alguns outros assuntos, que estão inter-relacionados, tais como: a linguagem e a construção de conceitos; a importância dos fenômenos da ambiguidade por polissemia, da indeterminação, da mutação e da diversidade espacial; a utilidade ou não da distinção entre conceitos e tipos; a relação entre os fenômenos da indeterminação, da mutação e da diversidade espacial conceitual e a existência de discricionariedade; o embate entre as teses da neutralidade objetiva e da valoração subjetiva acerca da determinação do que é Direito, da determinação de qual é seu conteúdo e de como deve ser realizada a sua interpretação. Todos esses temas serão analisados adiante e compõem um discurso que se informa mutuamente. Nesse momento, serão apresentadas noções jurídicas fundamentais relacionadas a uma ótica normalmente designada como estrutural do Direito. Essas noções serão material e axiologicamente enriquecidas com o exame dos temas antes mencionados.

Segundo essa perspectiva, a noção de *Direito* é normalmente associada à de um sistema de normas, adotado por uma sociedade, que objetiva orientar a conduta que as pessoas devem seguir. Considerada essa noção preliminar e mais estrutural de Direito, pode-se avançar no exame do modo pelo qual esse sistema normativo se apresenta e se reproduz.

Para tanto, em consonância com o fenômeno internacional da constitucionalização do Direito (BARROSO, 2012, p. 32), tomar-se-á como ponto de partida, como premissa fundamental, que a Constituição, no caso do Brasil, a Constituição originária de 1988, é o instrumento, humanamente posto, que veicula o conjunto das normas jurídicas de mais elevada hierarquia no Direito. A Constituição representa o fundamento maior de validade de todas as outras normas do sistema jurídico, à medida que estabelece os critérios mais elevados para a identificação das normas que pertencem a esse sistema. Essa premissa tem sustentação tanto em perspectivas mais estruturalistas do Direito, como as de Hans Kelsen (1991, p. 214), Herbert Hart (1996, 118-119), Alf Ross (1994, 77-

79), Norberto Bobbio (1989, pp. 49-51), quanto em perspectivas mais substancialistas, como as de Robert Alexy (2003, pp. 41-42), Wilfrid Waluchow (2012, pp. 315-316), Luís Roberto Barroso (1998, p. 150), Ana Paula de Barcellos (2005, p. 2), Antonio Cavalcanti Maia (2007, p. 8), Ricardo Lobo Torres (2014, p. 428), Claudio Souza Pereira Neto e Daniel Sarmento (2014, p. 43), Humberto Ávila (2019, pp. 71-72), etc.

A partir da consideração de que a Constituição representa o fundamento maior de validade de todas as outras normas do sistema jurídico, é possível apresentar a seguinte noção: *validade* é a qualidade de norma que pertence ao sistema jurídico, em função de ter sido regularmente produzida, isto é, em função de ter sido produzida em consonância com os requisitos formais e materiais estabelecidos pelas normas desse sistema, que tem, na Constituição, as de mais elevada hierarquia.

Esse entendimento encontra suporte, por exemplo, no que estabelece a Constituição brasileira de 1988, como se infere, dentre outros, dos seguintes enunciados: do Preâmbulo; do Título I - Dos Princípios Fundamentais, em especial os do art. 1º, que assentam os fundamentos do Estado Democrático de Direito, os do art. 2º, que dispõem sobre a independência e harmonia dos Poderes Legislativo, Executivo e Judiciário; os do art. 3º, que dispõem sobre os objetivos fundamentais da República; do Título II - Dos Direitos e Garantias Fundamentais - em especial os dos arts. 5º a 16; do Título III - Da Organização do Estado - arts. 18 a 43; do Título IV - Da Organização dos Poderes - arts. 44 a 135; e, de forma mais expressa, os do art. 102, que enunciam a superioridade hierárquica da Constituição à medida que explicitam o controle de constitucionalidade das normas veiculadas pelos demais instrumentos:

> Art. 102. Compete ao Supremo Tribunal Federal, precipuamente, a guarda da Constituição, cabendo-lhe:
> I - processar e julgar, originariamente:
> a) a ação direta de inconstitucionalidade de lei ou ato normativo federal ou estadual e a ação declaratória de constitucionalidade de lei ou ato normativo federal;
> [...]
> III - julgar, mediante recurso extraordinário, as causas decididas em única ou última instância, quando a decisão recorrida:
> a) contrariar dispositivo desta Constituição;
> b) declarar a inconstitucionalidade de tratado ou lei federal;
> c) julgar válida lei ou ato de governo local contestado em face desta Constituição.
> [...]
> § 1º A arguição de descumprimento de preceito fundamental, decorrente desta Constituição, será apreciada pelo Supremo Tribunal Federal, na forma da lei.
> § 2º As decisões definitivas de mérito, proferidas pelo Supremo Tribunal Federal, nas ações diretas de inconstitucionalidade e nas ações declaratórias

> de constitucionalidade produzirão eficácia contra todos e efeito vinculante, relativamente aos demais órgãos do Poder Judiciário e à administração pública direta e indireta, nas esferas federal, estadual e municipal.
> § 3º No recurso extraordinário o recorrente deverá demonstrar a repercussão geral das questões constitucionais discutidas no caso, nos termos da lei, a fim de que o Tribunal examine a admissão do recurso, somente podendo recusá-lo pela manifestação de dois terços de seus membros.

Uma vez demonstrado que a Constituição estabelece as normas jurídicas de mais elevada hierarquia no sistema jurídico, especialmente no brasileiro, as quais permitem identificar quais normas pertencem a esse sistema, cabe demonstrar de que maneira isso acontece.

Antes, porém, há que se esclarecer, ainda que preliminarmente, em que sentido se utiliza o termo *norma jurídica*, que é a mensagem prescritiva que se constrói a partir da interpretação de signos, em geral textos, dotada de uma estrutura lógica própria, cuja natureza jurídica decorre do fato de pertencer ao sistema jurídico por ter sido regularmente produzida, isto é, produzida de acordo com norma(s) jurídica(s) que estabelece(m) requisitos para sua produção, que tem na Constituição as de mais elevada hierarquia.[1]

A partir das noções apresentadas de validade e de norma jurídica, pode-se concluir que toda norma jurídica é válida e validade é qualidade que toda norma jurídica possui. Falar em norma jurídica inválida é uma contradição. Falar em norma jurídica válida é um pleonasmo. Uma norma veiculada por uma lei pode ser considerada inconstitucional, mas, nesse caso, não se trata de uma norma jurídica, pois não pertence ao sistema jurídico, à medida que não foi regularmente produzida. Nesse contexto, norma jurídica não se confunde com o texto jurídico (GUASTINI, 1999, p. 100; 2008, p. 28); ALEXY, 2008, pp. 53-54; LOBO TORRES, 2013, p. 144; BARCELLOS, 2005, pp. 103-104; DERZI, 2006, p. 980; CARVALHO, 2011, p. 40; SCHOUERI, 2013, p. 68; SOUZA NETO; SARMENTO, 2014, p. 362; ÁVILA, 2019, p. 50).

Texto jurídico é o conjunto de símbolos produzidos que veicula uma ou mais mensagens prescritivas de natureza jurídica, e *norma jurídica* é a mensagem prescritiva, o sentido ou a significação jurídico-normativa que se constrói a partir da interpretação de texto jurídico. Poder-se-ia reservar o uso do termo *texto jurídico* para um texto que tem a aptidão de veicular norma jurídica, por ser o produto formal de uma regular produção normativa. Isso significa dizer que um texto com propósitos

1 Uma noção bastante relacionada à de norma jurídica é a de *princípio jurídico*, que será examinada posteriormente no capítulo relativo à interpretação da Constituição Tributária (item 3.2).

normativos pode não veicular norma jurídica, seja por não terem sido atendidos os requisitos formais (sujeito competente ou procedimento) seja por não terem sido atendidos os requisitos materiais (declaração prescritiva) para a produção de norma jurídica.

Uma norma cuja produção não atendeu os requisitos exigidos para sua produção não se mantém jurídica até que seja expulsa do sistema. Essa parece ter sido uma imprecisão ou contradição kelseniana. A possível contradição é revelada diretamente pelas palavras do próprio Kelsen. Em sua obra *Teoria Pura do Direito*, Kelsen defende a tese central de que a validade de uma norma é determinada pela norma superior que regula a sua produção e que a norma fundamental de certo sistema é a norma de máxima hierarquia, que informa a validade de todas as demais do sistema. Essa tese central de Kelsen desenvolvida no Capítulo V, intitulado "Dinâmica Jurídica", com a qual se concorda, é repetida de diferentes modos quando ele discorre sobre esse tema nos dois itens deste capítulo – tanto no item 1, intitulado "O fundamento de validade de uma ordem normativa: a norma fundamental", quanto no item 2 (letras "a" a "i" [exceto letras "j" e "k"]), intitulado "A estrutura escalonada da ordem jurídica". Para que reste evidenciado esse entendimento, destacam-se três passagens:

> PRIMEIRA
> Todas as normas cuja validade pode ser reduzida a uma e mesma norma fundamental formam um sistema de normas, uma ordem normativa. A norma fundamental é a fonte comum da validade de todas as normas pertencentes a uma e mesma ordem normativa, o seu fundamento de validade comum. O fato de uma norma pertencer a uma determinada ordem normativa baseia-se em que o seu último fundamento de validade é a norma fundamental desta ordem. É a norma fundamental que constitui a unidade de uma pluralidade de normas enquanto representa o fundamento da validade de todas as normas pertencentes a essa ordem normativa (1991, p. 207).
>
> SEGUNDA
> Fontes do Direito é uma expressão figurativa que tem mais do que uma significação. Esta designação cabe não só aos métodos acima referidos, mas a todos os métodos de criação em geral, ou a toda norma superior em relação à norma inferior cuja produção ela regula. Por isso, pode entender-se por fonte do Direito também o fundamento de validade, de uma ordem jurídica, especialmente o último fundamento de validade, a norma fundamental. No entanto, efetivamente, só se costuma designar como 'fonte' o fundamento de validade jurídico-positivo de uma norma jurídica, quer dizer, a norma jurídica positiva do escalão superior que regula a sua produção. Neste sentido, a Constituição é a fonte das normas gerais produzidas por via legislativa ou consuetudinária; e uma norma geral é a fonte da decisão judicial que a aplica e que é representada por uma norma individual (1991, p. 251).
>
> TERCEIRA
> Como já foi destacado, a criação de uma norma inferior através de uma norma superior pode ser determinada em duas direções. A norma superior

> pode não só fixar o órgão pelo qual e o processo no qual a norma inferior é produzida, mas também determinar o conteúdo desta norma. Mesmo quando a norma superior só determine o órgão, isto é, o indivíduo pelo qual a norma inferior deve ser produzida, e deixe à livre apreciação deste órgão tanto a determinação do processo como a determinação do conteúdo da norma a produzir, a norma superior é aplicada na produção da norma inferior: a determinação do órgão é o mínimo do que tem de ser determinado na relação entre uma norma superior e uma norma inferior. Com efeito, uma norma cuja produção não é de forma alguma determinada por uma norma superior não pode valer como uma norma posta dentro da ordem jurídica e, por isso, pertencer a essa ordem jurídica (1991, p. 253).

Portanto, nessas três passagens transcritas, resta induvidosa a tese nuclear de Kelsen acerca do ponto de partida e do processo de produção do Direito. A norma fundamental de certo sistema (p.ex., a Constituição) é a norma de máxima hierarquia, que informa os critérios para a produção das demais normas que integram o sistema jurídico. Norma válida é a que foi produzida segundo a norma superior que regula a sua produção. A norma que não for regularmente produzida não pertence ao sistema jurídico. Reitera-se que se concorda com essa tese de Kelsen relativa ao processo de produção do Direito.

Contudo, surpreendentemente, Kelsen, no ponto "Conflito entre normas de diferentes escalões" (letra "j" do referido item 2 do Capítulo V), adota posição diversa e contrária à anteriormente exposta. Kelsen afirma que a norma deve ser considerada válida ainda que não seja produzida de acordo com a norma superior que regula a sua produção. Para que não haja dúvidas acerca dessa contradição, serão reproduzidas duas relevantes passagens contidas na citada letra "j": uma relativa ao ponto "A decisão judicial 'ilegal'" e outra relativa ao ponto "A lei 'inconstitucional'". Eis as duas passagens mencionadas:

> PRIMEIRA
> Se, porém, existisse tal coisa como um direito antijurídico, desapareceria a unidade do sistema de normas que se exprime no conceito de ordem jurídica (ordem do Direito). Mas uma "norma contrária às normas" é uma contradição nos termos; e uma norma jurídica da qual se pudesse afirmar que ela não corresponde à norma que preside à sua criação não poderia ser considerada como norma jurídica válida – seria nula, o que quer dizer que nem sequer seria uma norma jurídica. O que é nulo não pode ser anulado (destruído) pela via do Direito. Anular uma norma não pode significar anular o ato de que a norma é o sentido. Algo que de fato aconteceu não pode ser transformado em não acontecido. Anular uma norma significa, portanto, retirar um ato, que tem por sentido subjetivo uma norma, o sentido objetivo de uma norma. E isso significa pôr termo à validade desta norma através de outra norma. Se a ordem jurídica, por qualquer motivo, anula uma norma, tem de – como o mostrará a análise subsequente – considerar esta norma primeiramente

> como norma jurídica objetivamente válida, isto é, como norma jurídica conforme ao Direito (1991, pp. 283-284).
>
> SEGUNDA
>
> A afirmação de que uma lei válida é "contrária à constituição" (anticonstitucional) é uma contradictio *in adjecto*; pois uma lei somente pode ser válida com fundamento na Constituição. Quando se tem fundamento para aceitar a validade de uma lei, o fundamento da sua validade tem de residir na Constituição. De uma lei inválida não se pode, porém, afirmar que ela é contrária à constituição, pois uma lei inválida não é sequer uma lei, porque não é juridicamente existente e, portanto, não é possível qualquer afirmação jurídica sobre ela. Se a afirmação, corrente na jurisprudência tradicional, de que uma lei é inconstitucional há de ter um sentido jurídico possível, não pode ser tomada ao pé da letra. O seu significado apenas pode ser o de que a lei em questão, de acordo com a Constituição, pode ser revogada não só pelo processo usual, quer dizer, por uma outra lei, segundo o princípio *lex posterior derogat priori*, mas também através de um processo especial, previsto pela Constituição. Enquanto, porém, não for revogada, tem de ser considerada como válida; e enquanto for válida, não pode ser inconstitucional.
>
> Como a Constituição regula os órgãos e o processo legiferantes e, por vezes, determina até certo ponto o conteúdo de leis futuras, o legislador constitucional tem de levar em conta que as normas constitucionais não serão respeitadas sempre e totalmente – para nos exprimirmos da forma corrente –, que poderá surgir um ato com a pretensão subjetiva de ter criado uma lei, se bem que o processo pelo qual o ato se realizou, o conteúdo da lei criada por esse ato, não corresponda às normas da Constituição (1991, p. 287).

O mais curioso ao analisar essas duas passagens é que em ambas Kelsen parece identificar que seu posicionamento contraria o que até esse momento defendera acerca da "dinâmica jurídica", mais especificamente, nos referidos tópicos "fundamento de validade de uma ordem normativa: a norma fundamental" e da "estrutura escalonada da ordem jurídica".

A última passagem transcrita, relativa à "lei inconstitucional", bem revela essa contradição. O próprio Kelsen inicia essa passagem com uma assertiva, com a qual se concorda e que parece evidenciar a contradição apontada: "A afirmação de que uma lei válida é 'contrária à Constituição' (anticonstitucional) é uma *contradictio in adjecto*; pois uma lei somente pode ser válida com fundamento na Constituição".

Se for comparada esta primeira parte da passagem relativa à "lei inconstitucional" – que é consonante com tese central kelseniana – com a segunda parte dessa mesma passagem – contrária à tese central kelseniana –, tem-se a impressão de que são dois textos escritos por autores que pensam de forma diametralmente oposta.

Mais um aspecto deve ser salientado para encerrar as observações relativas a esta parte das ideias de Kelsen. Ele admite que a contradição com a Constituição pode ser relativa a requisitos formais (sujeito que produziu a lei ou o procedimento adotado para tanto) ou mesmo quanto ao conteúdo da norma produzida, o que torna mais grave a tese de que a norma legal é válida apesar de ser contrária à norma constitucional que regula a sua produção.

Essa contradição restou didaticamente revelada pelo próprio Supremo Tribunal Federal, em decisão unânime proferida no julgamento da Ação Direta de Inconstitucionalidade nº 2[2], cuja elucidativa parte da ementa merece ser transcrita:

> CONSTITUIÇÃO. LEI ANTERIOR QUE A CONTRARIE. REVOGAÇÃO. INCONSTITUCIONALIDADE SUPERVENIENTE. IMPOSSIBILIDADE.
> 1. A lei ou é constitucional ou não é lei. Lei inconstitucional é uma contradição em si. A lei é constitucional quando fiel à Constituição; inconstitucional na medida em que a desrespeita, dispondo sobre o que lhe era vedado. O vício da inconstitucionalidade é congênito à lei e há de ser apurado em face da Constituição vigente ao tempo de sua elaboração. [...]

Talvez, essa contradição incorrida por Kelsen decorra do fato de ele não fazer uma importante distinção, qual seja, entre *lei* (texto legal) e *norma jurídica* (mensagem prescritiva que decorre da interpretação, via de regra, de texto – lei complementar, lei ordinária, medida provisória, lei delegada, decreto, etc.). Essa distinção que, à época em que Kelsen produziu a segunda edição de sua obra (1960), não se apresentava com tanta clareza, nos dias atuais, é de domínio mais corrente. Como alerta Riccardo Guastini (2008, p. 27): "Nos es necesario, por lo tanto, concebir las normas no como enunciados, sino como significados".[3]

Essa distinção entre *texto* e *norma jurídica* vem sendo ressaltada em julgamentos do Supremo Tribunal Federal, como bem ilustram duas passagens de ementas de dois importantes julgados. A primeira passagem é da ementa do julgamento unânime do RE 263.975 AgR[4], que teve

---

2 ADI 2 / DF. Ação Direta de Inconstitucionalidade. Rel. Min. Paulo Brossard, julgamento: 06/02/1992. Publicação: 21/11/1997. Órgão julgador: Tribunal Pleno. Em dois outros julgamentos, essa mesma passagem foi utilizada nas respectivas ementas dos acórdãos, cujas decisões foram igualmente unânimes: ADI 503 / DF. Ação Direta de Inconstitucionalidade. Rel. Min. Paulo Brossard, julgamento: 07/02/1992. Órgão Julgador: Tribunal Pleno) e ADI 521 / MT. Ação Direta de Inconstitucionalidade. Rel. Min. Paulo Brossard, julgamento: 07/02/1992. Órgão Julgador: Tribunal Pleno.

3 O trecho correspondente na tradução é: "É necessário, portanto, conceber as normas não como afirmações, mas como significados".

4 RE 263.975 AgR / RN. Recurso Extraordinário. Rel. Min. Celso de Mello, julgamento: 26/09/2000. Segunda Turma.

como relator o Ministro Celso de Mello, onde resta diferençado o que é o ato estatal de produção normativa - no caso, uma lei - e o ordenamento jurídico, enquanto o sentido - conjunto de normas jurídicas - construído mediante a interpretação de atos estatais de produção normativa (p.ex., leis, medidas provisórias, decretos, etc.):

> A INTERPRETAÇÃO DO ORDENAMENTO POSITIVO NÃO SE CONFUNDE COM O PROCESSO DE PRODUÇÃO NORMATIVA.
> O ordenamento normativo nada mais é senão a sua própria interpretação, notadamente quando a exegese das leis e da Constituição emanar do Poder Judiciário, cujos pronunciamentos qualificam-se pela nota da definitividade. A interpretação, qualquer que seja o método hermenêutico utilizado, tem por objetivo definir o sentido e esclarecer o alcance de determinado preceito inscrito no ordenamento positivo do Estado, não se confundindo, por isso mesmo, com o ato estatal de produção normativa.

A segunda passagem é da ementa do julgamento da ADPF nº 3[5], que teve como relator o Ministro Eros Grau, na qual foi estabelecida, de forma explícita e destacada, a distinção entre o *texto normativo* - no caso uma lei - e a *norma jurídica* construída pela interpretação:

> 1. Texto normativo e norma jurídica, dimensão textual e dimensão normativa do fenômeno jurídico. O intérprete produz a norma a partir dos textos e da realidade. A interpretação do direito tem caráter constitutivo e consiste na produção, pelo intérprete, a partir de textos normativos e da realidade, de normas jurídicas a serem aplicadas à solução de determinado caso, solução operada mediante a definição de uma norma de decisão. A interpretação/aplicação do direito opera a sua inserção na realidade; realiza a mediação entre o caráter geral do texto normativo e sua aplicação particular; em outros termos, ainda: opera a sua inserção no mundo da vida.

Não considerar a distinção entre *texto normativo* e *norma jurídica* pode explicar também a dúvida que ainda se encontra acerca das expressões "existência de lei" e "existência da norma". Existir "lei", enquanto texto, dotado de materialidade física, seja tinta impressa num papel ou pixels em uma tela, é uma questão de fato, de existência física. Coisa diversa é saber se a produção desta lei cumpriu os requisitos formais e materiais estabelecidos pela norma que dispõe acerca de sua produção. Nesse sentido, a existência física de lei não significa que tenha sido veiculada norma com fundamento jurídico de validade, isto é, norma jurídica, cuja natureza é conceitual. Existência física de lei não se confunde com a existência de norma jurídica.

---

5 ADPF 153 / DF. Rel. Min. Eros Grau, julgamento: 29/04/2010. Órgão Julgador: Tribunal Pleno.

A partir dessas considerações atinentes à produção de normas válidas juridicamente, é oportuno observar que se identifica no sistema jurídico duas espécies bem distintas de norma: (i) norma de conduta; e (ii) norma de produção normativa. Ambas apresentam uma estrutura bimembre, composta por uma primeira parte – antecedente ou hipótese – e uma segunda parte – consequente ou mandamento. Dizer que toda norma jurídica possui um antecedente e um consequente, não afasta a necessidade de considerar a sua unidade para fins jurídicos. A norma jurídica é incindível. A identificação de partes que compõem a norma não elimina juridicamente essa unidade. O antecedente da norma jurídica descreve uma situação de possível ocorrência. O consequente da norma prescreve um efeito jurídico. Toda e qualquer norma assim se apresenta em termos estruturais: deve ser que, se ocorrer o descrito no antecedente, instaura-se o efeito jurídico prescrito no consequente. Eis a conhecida expressão: deve ser, se A, então C.

A denominada *norma de conduta* ou *norma de comportamento*, caracteriza-se por determinar como as pessoas devem se comportar. Em termos mais analíticos, a norma de conduta é aquela cujo antecedente descreve uma situação de fato e cujo consequente apresenta a regulação de uma conduta intersubjetiva, por meio de uma permissão (P), uma obrigação (O) ou uma proibição (V). A norma que institui a obrigação de pagar tributo é um exemplo de norma de conduta.

A denominada *norma de produção normativa* ou norma de competência caracteriza-se por estabelecer os requisitos necessários para que outras normas sejam produzidas. Por definição, ela não regula qualquer conduta. Caso regulasse seria norma de conduta, não norma de produção normativa. Em termos mais analíticos, a norma de produção normativa é aquela cujo antecedente descreve uma específica situação de fato, que se caracteriza por apresentar, total ou parcialmente, os requisitos formais (sujeito competente e procedimento) e materiais (declaração prescritiva condicionada) necessários para que uma norma passe a pertencer (a ter validade – criação) ou deixe de pertencer (revogação) ao sistema jurídico, e cujo consequente apresenta uma estrutura relacional, composta por variáveis, que simboliza a norma jurídica a ser criada ou revogada.

Eis as precisas palavras de Lourival Vilanova (1989, pp. 23-24, grifos nossos) ao discorrer sobre o processo de produção de normas jurídicas e a relação de causalidade jurídica entre norma e fato:

> **Um dos efeitos do fato jurídico é estatuir norma.** O efectual do processo legislativo, que é um fato jurídico complexo, é a criação da lei. É fato jurídico um plexo de manifestações de vontade, normativamente qualificado como

> *ato* (fato jurídico em sentido amplo) constitutivo de normas. **O órgão competente é, por sua vez, um plexo de fatos e atos qualificado por normas de organização e de competência.**
> **As normas de organização (e de competência) e as normas do "processo legislativo", constitucionalmente postas, incidem em fatos e os fatos se tornam jurígenos.** O que denominamos "fontes do direito" são fatos jurídicos criadores de normas: **fatos sobre os quais incidem hipóteses fácticas, dando em resultado normas de certa hierarquia.** Assim, **as normas, potencialmente incidentes sobre as classes de fatos que delinearam, *resultam de fatos que, por sua vez, são qualificados como fatos jurídicos por outras normas do sistema.***

E complementa Vilanova (1989, p. 46) ao destacar a importância da sobrenorma (norma de produção normativa) para a determinação da validade das normas do sistema jurídico:

> As sobrenormas, na espécie de normas sobre a formação de normas, conferem *validade* à norma criada. E a validade tem-na a norma, *antes* de ser "aplicada". Acontece, mesmo, que a norma já válida – promulgada, – ditada – protrai sua incidência, mas é válida já, pertence ao sistema, *com precedência aos fatos que serão seus suportes fácticos concretos.* A norma não se pospõe, indutivamente, prepõe-se, antepõe-se aos fatos.

Quanto aos requisitos formais previstos na norma de produção normativa, cabe explicitar um pouco mais. O *sujeito competente* é a pessoa ou pessoas habilitadas pela Constituição brasileira para efetuarem certa declaração de cunho prescritivo segundo um determinado procedimento (também podem denominá-lo "órgão competente"). O *procedimento* é a forma solene relacionada ao conjunto de fatos necessário ao surgimento (proposta), desenvolvimento (discussão), aperfeiçoamento (aprovação, sanção e promulgação, conforme o caso) e publicação (via de regra, em forma de texto) da declaração prescritiva.

O requisito material – a declaração prescritiva – corresponde ao conteúdo do que é prescritivamente determinado pelo sujeito competente segundo o procedimento previsto e que, via de regra, assumirá a forma de texto jurídico, produzido e publicado. A *declaração prescritiva* é a manifestação de índole prescritiva, que pode assumir duas formas distintas, dependendo da espécie de norma a ser produzida.

Se a norma a ser produzida for uma *norma de conduta*, a *declaração prescritiva* se apresentará como uma proposição prescritiva-condicional de conduta intersubjetiva, de conduta entre sujeitos necessariamente diferentes. Vale observar que tal declaração, se e quando realizada no mundo concreto e real, e desde que respeitados os demais requisitos, corresponderá ao conteúdo (antecedente e consequente) da norma de conduta produzida.

Por outro lado, se a norma a ser produzida for uma *norma de produção normativa*, a *declaração prescritiva*, se e quando realizada no mundo concreto e real, e desde que respeitados os demais requisitos, corresponderá ao conteúdo – antecedente e consequente – da norma de produção normativa produzida. O antecedente da norma produzida conterá uma *proposição implicante* (cujo conteúdo corresponderá à descrição de um fato complexo, representativo dos requisitos necessários para a criação de outra norma jurídica) e o consequente da norma produzida conterá uma *proposição implicada* (cujo conteúdo corresponderá à estrutura completa – antecedente e consequente – de outra norma jurídica a ser criada).

Consideradas as características do sistema constitucional brasileiro, o requisito *declaração prescritiva* da norma constitucional de produção normativa apresenta-se sempre materialmente condicionado. Isso significa dizer que, no plano dos fatos, no momento do processo legislativo em sentido amplo, o conjunto de pessoas constitucionalmente competentes, aqui denominado *sujeito competente*, produzirá uma declaração, a qual corresponderá ao conteúdo da norma produzida, declaração que sempre estará condicionada por determinações constitucionais de conteúdo material. Por exemplo, toda declaração prescritiva a ser produzida está condicionada ao atendimento do princípio da dignidade da pessoa humana e da igualdade material, seja qual for a matéria disposta na norma produzida. Se for relativa à produção de uma norma penal, a declaração prescritiva a ser produzida estará, por exemplo, também condicionada pela impossibilidade de se adotar a pena de morte ou a pena cruel. Se for relativa à produção de uma norma tributária, a declaração prescritiva a ser produzida estará, por exemplo, também condicionada pela impossibilidade de se adotar um tributo que tenha caráter confiscatório. Por essa razão, parece adequado que esse requisito material seja doravante designado como *declaração prescritiva condicionada*. Acerca das especificidades das condições materiais estabelecidas pela Constituição brasileira em matéria tributária, haverá a oportunidade de se discorrer um pouco mais adiante (Capítulo 3).

O que importa agora é ressaltar que o conteúdo do Direito brasileiro é informado, no grau mais elevado, pelo que determinam as normas constitucionais de produção normativa, que, insta repetir, estabelecem os requisitos formais e materiais para a produção de normas jurídicas. Destaca-se, ainda, que o sistema constitucional brasileiro apresenta diversas determinações de conteúdo material, de elevada carga axiológica, que funcionam como requisitos materiais de validade das normas a serem produzidas, cujo não atendimento implica que não se terá a produção de norma com fundamento constitucional de validade ou, como se costuma dizer, a norma (não jurídica) será inconstitucional. A inconstitucionalidade nesse caso será *ab initio*, desde sua produção, pelo que a norma nunca terá alcançado validade jurídica, nunca terá sido norma jurídica.

Outra noção fundamental merece destaque nesse instante. O processo de produção de norma no Direito é sempre dependente da intermediação do fato. A norma de produção normativa, em seu antecedente, descreve uma situação de fato, representativa dos requisitos para a produção de normas. Para que, efetivamente, surja nova norma jurídica, há que ocorrer, no tempo e no espaço, concretamente, um fato complexo cujo conceito corresponda[6] ao descrito no antecedente da norma de produção normativa. De igual modo, a norma de conduta descreve uma situação de fato em seu antecedente e, para que surja o efeito prescrito no consequente, há que ocorrer, no tempo e no espaço, concretamente, um fato cujo conceito corresponda ao descrito no antecedente normativo. O fato, cujo conceito corresponde ao descrito no antecedente normativo, seja de qual norma for, denomina-se fato jurídico. *Fato jurídico* é aquele acontecimento perceptível pelos sentidos humanos, que se realiza no tempo e no espaço e cujo conceito corresponde ao antecedente de norma jurídica. Essa noção ampla de fato jurídico compreende a noção de ato jurídico, espécie de fato que tem a participação de um fazer ou não fazer atribuído ao ser humano.

A partir da ocorrência de um fato jurídico, e um fato só pode ser chamado de jurídico por corresponder ao antecedente de norma jurídica, há dois efeitos jurídicos possíveis:

a) no caso de norma de produção normativa, o efeito jurídico é o surgimento ou a revogação de certa norma jurídica; e

b) caso de norma de conduta, o efeito jurídico é o surgimento ou a extinção de uma relação jurídica.

A relação jurídica é a projeção enriquecida de determinação e de individualização do consequente de norma jurídica de conduta, a qual se estabelece entre sujeitos (ativo e passivo) distintos e plenamente individualizados e que tem por objeto uma conduta intersubjetiva determinada e modalizada deonticamente (P, O ou V), sendo efeito da realização de um fato jurídico.

Assim como a relação jurídica é a projeção enriquecida de determinação e de individualização do consequente de norma jurídica de condu-

6 A ideia de correspondência é diversa da ideia de subsunção meramente lógica, objetiva, mecânica, como será demonstrado adiante (item 2.2.2).

ta, o fato jurídico é a projeção enriquecida de concretude do antecedente de norma jurídica, seja a de produção normativa seja a de conduta.

Para concluir esse escorço de algumas noções jurídicas fundamentais, em consonância com as premissas adotadas neste trabalho, cabe fazer uma breve alusão às noções de vigência, eficácia jurídica e eficácia social. Por vezes, o termo *vigência* é usado como sinônimo de *eficácia jurídica*. *Eficácia jurídica* é a qualidade de norma jurídica – norma que existe juridicamente, que é válida – que está apta a produzir efeitos jurídicos, quais sejam, se ocorrer o fato descrito em seu antecedente, então surgirá o efeito prescrito em seu consequente, que será a criação ou extinção de norma jurídica, se for efeito de norma de produção normativa, ou que será a criação ou extinção de relação jurídica, se for efeito de norma de conduta. O termo *vigência* também é usado em outro sentido. Fala-se em *vigência* como sendo o período de tempo em que uma norma vige ou vigora, em que possui eficácia jurídica.

Por fim, eficácia social ou efetividade é a qualidade de uma norma que é cumprida pelo grupo social. Em rigor, a eficácia social pode ser de uma norma jurídica, como também pode ser de uma norma não jurídica, mas que por alguma razão é cumprida pelo grupo social. A referência à eficácia social de norma não jurídica pode decorrer de uma norma com pretensões de validade jurídica, mas cujo processo de produção não satisfez os requisitos necessários previstos na respectiva norma de produção normativa, seja a constitucional seja a legal. No primeiro caso, é norma inconstitucional. No segundo, é norma ilegal. Ambas normas são *não jurídicas*.

2.2. Direito, linguagem, conceito (ou *tipo*?), ambiguidade por polissemia, indeterminação conceitual, mutação conceitual e diversidade espacial conceitual

A análise da Teoria Hermenêutica Filosófica, de Hans Gadamer, e das Teorias da Argumentação, de Robert Alexy e de Neil MacCormick, apresenta um ponto comum de elevada importância. Essas perspectivas reconhecem que a linguagem é fundamental para a construção e transmissão do conhecimento ou, noutros termos, para a compreensão-interpretação-aplicação, inclusive de natureza jurídica. Diversas questões poderiam ser consideradas ante a identificação da sua relevância para o universo do Direito, nesse momento, convém destacar dentre essas as seguintes:

a) a íntima relação existente entre a linguagem e a construção de conceitos;

b) os fenômenos da ambiguidade por polissemia, indeterminação conceitual, mutação conceitual e diversidade espacial conceitual;

c) a utilidade da distinção entre *conceitos* e *tipos*; e
d) a relação entre os fenômenos da indeterminação, da mutação e da diversidade espacial e a existência de discricionariedade.

Uma adequada apreciação desses pontos é fundamental para que se tenha consciência dos limites humanos concernentes ao conhecimento, bem como para que se esclareça em que sentido a expressão *conceito* é utilizada no presente trabalho.

2.2.1. A íntima relação existente entre a linguagem e a construção de conceitos

A relação que existe entre a linguagem (enquanto sistema de signos), os conceitos, ideias e pensamento tem sido considerada de elevada intensidade. Lev Semenovich Vygotsky (2001, p. 395), em sua obra *A Construção do Pensamento e da Linguagem*, inicia o último capítulo, intitulado "Pensamento e palavra", com uma singela e significativa passagem do poema de Óssip Mandelstham, que merece ser aqui reproduzida: "Esqueci a palavra que pretendia dizer e o meu pensamento, desencarnado, volta ao reino das sombras".

Vygotsky (2001, pp. 10, 11 e 16) concebe que o significado representa, ao mesmo tempo, linguagem e pensamento, posto que é uma unidade do pensamento verbalizado. Ressalta que "a linguagem é, antes de tudo, um meio de comunicação social, de enunciação e compreensão". Observa que na perspectiva da relação entre pensamento e linguagem, não tem como separar os processos afetivos e intelectuais da consciência humana, pois "existe um sistema semântico dinâmico que representa a unidade dos processos afetivos e intelectuais, que em toda ideia existe, em forma elaborada, uma relação afetiva do homem com a realidade representada nessa ideia". Vygotsky (2001, pp. 396 e 398) assevera que o pensamento e a palavra não estão ligados entre si desde o início. Observa que no início do desenvolvimento da criança, há um momento pré-intelectual no processo de formação da linguagem, bem como se identifica um momento pré-linguagem no desenvolvimento do pensamento. Trata-se de uma relação, que decorre das experiências e dos hábitos sociais, da cultura em que a pessoa está imersa, pelo que se transforma e aumenta no processo do próprio desenvolvimento do pensamento e da palavra. Sobre a relação existente entre pensamento e palavra, Vygotsky apresenta uma interessante síntese:

> O significado da palavra só é um fenômeno de pensamento na medida em que o pensamento está relacionado à palavra e nela materializado, e vice-versa: é um fenômeno de discurso apenas na medida em que o discurso

> está vinculado ao pensamento e focalizado por sua luz. É um fenômeno do pensamento discursivo ou da palavra consciente, é a unidade da palavra com o pensamento.

De maneira semelhante, Gadamer (2013, p. 33), em diversos momentos chama a atenção para a estreita relação que há entre a linguagem e os conceitos, ideias e pensamento. Ressalta que "a conceptualidade em que se desenvolve o filosofar já sempre nos possui, da mesma forma em que nos vemos determinados pela linguagem em que vivemos". O filosofar de forma responsável requer que se considere que os costumes linguísticos e de pensamento formam-se para o ser pensante na sua relação com o mundo e no seio da tradição, da qual todos fazem parte. Após assentar que a interpretação é a forma explícita da compreensão, Gadamer (2013, p. 406) observa que "a linguagem e a conceptualidade da interpretação foram reconhecidas como um momento estrutural interno da compreensão; com isso o problema da linguagem que ocupava uma posição ocasional e marginal passa a ocupar o centro da filosofia". Como examinado, Gadamer valoriza a franca e transparente conversação como meio de alcançar o entendimento, que não se confunde com o esforço em alcançar o convencimento. A conversação, o diálogo, que se dá no *medium* da linguagem, é o modo próprio para o entendimento e requer o estar aberto para compreender o que o outro diz. A abertura para o outro e a compreensão do que o outro diz não representam uma aceitação do que o interlocutor diz, nem representa uma garantia de entendimento. Contudo, indiscutivelmente, contribui para que o acordo seja alcançado. Destaca que a arte de bem conduzir uma conversação – a dialética – é a arte de construir uma perspectiva comum, a arte de formar conceitos como produto de uma intenção comum.

Metaforicamente, a mesma postura de conversação deve ser adotada quando o intérprete pretende compreender a linguagem do texto, pois o texto sempre fala algo. Segundo Gadamer (2013, p. 481), a "forma literária do diálogo devolve a linguagem e o conceito ao movimento originário da conversação. Com isso se protege a palavra de qualquer abuso dogmático". Ele alerta que o texto vertido em linguagem não nos fala como um tu, pois é o interpretante que tem que trazê-lo à fala, o que somente pode ser feito a partir do atuar do interpretador. Ao chamar a atenção para a dificuldade da reflexão humana acerca do que realmente é a linguagem, Gadamer (2013, p. 492) assenta que "o caráter de linguagem está tão extraordinariamente próximo de nosso pensar e em sua concretização é tão pouco objetivo que, a partir de si mesmo, esconde seu verdadeiro ser". Ele (2013, p. 521) concebe que a relação entre *pensamento* e *linguagem* é de tamanha intensidade, que revela uma unidade tão indissolúvel quanto a unidade existente entre *compreensão* e *interpretação*.

Resta, assim, demonstrada a importância da linguagem para o processo de construção consciente dos conceitos, das ideias e dos pensamentos.

2.2.2 Os efeitos dos fenômenos da ambiguidade por polissemia, da indeterminação conceitual, da mutação conceitual e da diversidade espacial conceitual sobre a linguagem e os conceitos jurídicos

Preliminarmente, convém reiterar o que se disse acerca dos termos *conceito*, *palavra* e *definição*. Considera-se que *conceito* é uma ideia geral, noção ou sentido de algo. A *palavra* ou *termo* é um signo simbólico que exprime um significado, um sentido. A palavra é a expressão verbal do conceito. Diferentes palavras (automóvel, carro, veículo automotor etc.) podem exprimir um mesmo conceito. E diferentes conceitos podem ser expressos por uma mesma palavra (*ambiguidade por polissemia*). Conceito não se confunde com definição. O termo *definição* tem sido usado tanto para designar a operação mental em que se determina o âmbito de um conceito, como também para designar o produto da enunciação ou exteriorização por meio de linguagem dessa operação mental.

Importa, preliminarmente, diferençar o fenômeno da *indeterminação conceitual* do atinente à *ambiguidade por polissemia*. Este é mais fácil ser identificado e resolvido. Fala-se que há ambiguidade por polissemia quando o sentido de um termo ou palavra é duvidoso, em função de esse termo ou palavra ser utilizado para designar objetos claramente diferentes. Por exemplo, a palavra "renda" pode designar um tipo de tecido que forma desenhos variados, como também pode designar uma grandeza econômica que serve de base tributável para um imposto – o imposto sobre a renda. Essa ambiguidade por polissemia normalmente é solucionada com a identificação do contexto, linguístico ou extralinguístico, em que a palavra é utilizada (CARRIÓ, 1966, pp. 28-29; ULLMANN, 1987, pp. 347-348; ROSS, 1994, p. 112; GUIBOURG, GHIGLIANI, GUARINONI, 2004, pp. 51-52).

Por sua vez, o fenômeno da imprecisão ou indeterminação, que acompanha a linguagem em geral, pelo que é útil salientar que não é peculiar à linguagem jurídica, causa para o intérprete uma dificuldade bem mais elevada quando ele desempenha sua atividade de construção de sentidos. A referida dissonância dos autores acerca desse tema começa pela identificação do que é afetado pela indeterminação: a palavra; o conceito; ou a linguagem.

Há quem entenda que a indeterminação tem relação com a *palavra* ou o *termo*. Stephan Ullmann (1987, pp. 241-265), em sua obra *Semântica – uma Introdução à Ciência do Significado*, ao discorrer sobre as palavras de limites vagos, aponta como as principais causas da indeterminação, vaguidade, ou imprecisão: o caráter genérico das palavras; a falta de completa homogeneidade ou multiplicidade de aspectos conforme a situação em que é usada ou por quem é usada; a falta de fronteiras bem definidas no mundo não linguísticos; e a falta de familiaridade com as coisas que representam. É certo que Ullmann (1987, p. 261), em dado momento, trata da imprecisão concernente aos *conceitos*. Isto se dá quando ele fala da imprecisão em decorrência da falta de fronteiras bem definidas no mundo não linguístico, mais especificamente a relativa aos fenômenos abstratos, que não têm existência real: "Delimitar tais conceitos é muitas vezes uma operação difícil e delicada".

Eros Grau (1988, p. 59) também atribui a indeterminação ou imprecisão às palavras ou termos: "Quanto à imprecisão, decorre de fluidez de certas palavras, cujo limite de aplicação é impreciso. Buscando exemplos na linguagem comum, aí teremos os vocábulos jovem, alto, calvo".

Alf Ross (1994, p. 111) alude à incerteza da palavra ao fazer uso da metáfora das zonas de certeza e de incerteza: "La referencia semántica de la palabra tiene, como quien dice, una zona central sólida donde su aplicación es predominante y cierta, y un nebuloso círculo exterior de incertidumbre, donde su aplicación es menos usual, y donde gradualmente se hace más dudoso saber si la palabra puede ser aplicada o no".[7]

Luigi Ferrajolli (2002, p. 98), ao discorrer sobre significado e verificabilidade, refere-se à indeterminação sob o prisma do termo (ou palavra): "De acordo com isso, diremos que um termo é vago ou indeterminado se sua intensão não permitir determinar sua extensão com relativa certeza, quer dizer, se existirem objetos que não estão excluídos nem incluídos claramente em sua extensão".

Em sentido assemelhado, manifestam-se Guibourg, Ghigliani e Guarinoni (2004, p. 48): "*Esta falta de precisión en el significado (designación) de una palabra se llama vaguedad: una palabra es vaga en la medida en que hay casos (reales o imaginarios, poco importa) en los que su aplicabilidad es dudosa*".[8]

---

7 O trecho correspondente na tradução é: "A referência semântica da palavra tem, como se diz, uma sólida zona central onde sua aplicação é predominante e certa, e um nebuloso círculo exterior de incerteza, onde sua aplicação é menos usual e onde gradualmente se torna mais duvidoso saber se a palavra pode ser aplicada ou não".

8 O trecho correspondente na tradução é: "Essa falta de precisão no significado (designação) de uma palavra é denominada vaguidade: uma palavra é vaga na medida em que existem casos (reais ou imaginários, pouco importa) nos quais sua aplicabilidade é duvidosa".

Por outro lado, há quem entenda que a indeterminação está ligada ao *conceito*. Segundo Karl Engisch (1988, pp. 208-209):

> Por conceito indeterminado entendemos um conceito cujo conteúdo e extensão são em larga medida incertos. Os conceitos absolutamente determinados são muito raros no Direito. Em todo o caso, devemos considerar como tais os conceitos numéricos (especialmente em combinação com os conceitos de medida e os valores monetários: 50 km, prazo de 24 horas. 100 marcos). Os conceitos jurídicos são predominantemente indeterminados, pelo menos em parte.

Karl Larenz (1997, p. 164) também alude à indeterminação atinente ao conceito: "Este é desde logo o caso em que a lei lança mão dos denominados conceitos indeterminados ou de cláusulas gerais. Aqui apresenta-se somente um quadro muito geral que o juiz, no caso concreto, terá de preencher mediante uma valoração adicional".

Arthur Kaufmann (2004, p. 50) aborda o tema da indeterminação sob a ótica dos conceitos e faz uma interessante correlação com a utilização da Lógica Fuzzy, no domínio da informática jurídica: "uma lógica que se denomina *"Fuzzy Logic"*, portanto uma lógica de contornos fluidos, difusos, não inequivocamente determináveis, através da qual se pretende dominar os conceitos indeterminados e até mesmo a analogia". E, mais adiante, reitera (2004, p. 188) essa visão: "E aqui chegamos à *Fuzzy Logic,* que se baseia sobre esta distinção entre conceitos determinados e conceitos indeterminados e se move nas zonas cinzentas das transições graduais, do *ainda-não e-já-não*".

Hans Gadamer (2013, p. 537), quando aborda o tema da construção do conceito de "linguagem" ao longo da história do pensamento do mundo ocidental, aponta a indeterminação sob a perspectiva dos conceitos: "Somente através do simbolismo matemático seria possível elevar-se fundamentalmente acima da contingência das línguas históricas e da indeterminação de seus conceitos".

Ronald Dworkin (2002, p. 213), quando discorre sobre as "cláusulas constitucionais vagas", isto é, que possuem padrões vagos, imprecisos, com grau mais elevado de indeterminação, faz referência também a conceitos: "Uma vez feita essa distinção, parece óbvio que devemos considerar o que venho chamando de cláusulas constitucionais 'vagas' como representando apelos aos conceitos que elas empregam, tais como legalidade, igualdade e crueldade".

Herbert Hart (1996, pp. 140-141), quando discorre sobre a textura aberta do Direito, aborda o tema da indeterminação sob a ótica da linguagem:

> Seja qual for o processo escolhido, precedente ou legislação, para a comunicação de padrões de comportamento, estes, não obstante a facilidade com que actuam sobre a grande massa de casos correntes, revelar-se-ão como indeterminados em certo ponto em que a sua aplicação esteja em questão; possuirão aquilo que foi designado como textura aberta. Até aqui, apresentámos tal, no caso da legislação, como um aspecto geral da linguagem humana; a incerteza na linha de fronteira é o preço que deve ser pago pelo uso de termos classificatórios gerais em qualquer forma de comunicação que respeite a questões de facto. As línguas naturais como o inglês têm irredutivelmente uma textura aberta, quando usadas desse modo.

Robert Alexy (2005, p. 33), ao se referir à complexidade que envolve a aplicação das normas jurídicas, que não se restringe a uma mera subsunção lógica, apesar de se reportar a Larenz, também alude ao tema da indeterminação ou imprecisão como relacionado à linguagem:

> "Ninguém mais pode afirmar seriamente que a aplicação das normas jurídicas não é senão uma subsunção lógica às premissas maiores abstratamente formuladas." Essa constatação de Karl Larenz caracteriza um dos poucos pontos em que há unanimidade dos Juristas na discussão da metodologia contemporânea. Em um grande número de casos, a decisão jurídica que põe fim a uma disputa judicial, expressa em um enunciado normativo singular, não se segue logicamente das formulações das normas jurídicas que se supõem vigentes, juntamente com os enunciados empíricos que se devam reconhecer como verdadeiros ou provados. Para tanto, há no mínimo quatro motivos: (1) a imprecisão da linguagem do Direito [...].

Neil MacCormick (2006, p. 83), quando desenvolve o tema dos limites da justificação por dedução, alude ao fenômeno da indeterminação sob o ângulo da linguagem, tal como fizera Hart:

> É uma verdade muito óbvia que nem todas as normas jurídicas, nem mesmo todas as normas legisladas «em forma verbal fixa», podem sempre dar uma resposta clara a cada questão prática que surja. Quase qualquer norma pode se provar ambígua ou obscura em relação a algum contexto questionado ou questionável de litígio. Como as normas são formuladas em linguagem, elas apresentam (como H. L. A Hart salientou) uma trama aberta e são vagas pelo menos no que diz respeito a certos contextos.

Uma vez realizado esse breve escorço, é possível encontrar um ponto comum nessas três diferentes perspectivas atinentes ao fenômeno da indeterminação. Elas apontam para um tipo de dificuldade interpretativa referente à demarcação da extensão, da precisão de limites, da rigorosa definição de sentido. De certo modo, as três diferentes perspectivas mais se complementam do que conflitam.

Numa visão mais abrangente, parece que a indeterminação decorre de um fenômeno mais complexo, relacionado ao processo de conhecimento – compreensão-interpretação – do mundo. O ser humano compreende o mundo em que vive segundo informações e critérios social e culturalmente recebidos da tradição e, permanentemente, enriquecidos e reelaborados em função de suas experiências, vivências e aspirações. O *ser* do humano, em especial seus valores, sentimentos e razão, informa a sua visão ou construção do mundo ao qual pertence. Como destaca Vygotsky (2001, p. 16), não há como ignorar a mútua influência entre pensamento e afeto, pois "existe um sistema semântico dinâmico que representa a unidade dos processos afetivos e intelectuais, que em toda ideia existe, em forma elaborada, uma relação afetiva do homem com a realidade representada nessa ideia". Esse *mundo construído* informa a identidade e a autoconsciência do *ser* do humano. O ser humano constrói o mundo de acordo com suas possibilidades e limitações e é afetado por sua visão de mundo. Ele não apenas está no mundo – ser no mundo –, mas também pertence ao mundo – ser do mundo. Esse processo de conhecimento é permanente, vai do todo à parte e da parte ao todo, e serve-se da conclusão atual como uma etapa para a construção de uma nova conclusão no futuro, pelo que se apresenta não como um processo repetitivo, mas como um processo continuamente produtivo. Tal processo é interessantemente explicado pelas referidas noções de *círculo da compreensão* de Heidegger e de *círculo hermenêutico* e *história efeitual* de Gadamer.

Poder-se-ia cogitar que essa é uma *visão subjetivada do mundo*. Esta ideia será mais bem desenvolvida posteriormente[9], mas, desde já, é possível dizer que a participação do *ser* do humano na construção do mundo não significa uma visão individualizada, egocêntrica nem egoística do mundo, pois em função de as pessoas viverem em sociedade, a visão humana do mundo é social e culturalmente informada. O que se quer destacar é que a *visão humanizada do mundo* é a única humanamente possível. Trata-se de evidenciar o modo pelo qual o ser humano, com valores e com razão, tem a possibilidade de construir e conhecer o mundo, bem como a maneira pela qual se dá o seu reconhecimento como ser *no* e *do* mundo.

Esse complexo processo de conhecer o mundo, de se reconhecer no mundo e de ser afetado por esse mundo humanamente construído é contínuo e nem um pouco fácil. Como exposto, as noções de pensamento, conceito e linguagem estão intimamente conectadas. O ser humano, no seu contínuo processo de aquisição de conhecimento, de acordo com os instrumentos de que dispõe, vai construindo os critérios que permitem identificar a si próprio, bem como diferençar um objeto de outro.

---

9 Esse ponto será mais bem apreciado nos itens 2.3.3 a 2.3.5.

As complexas atividades de *identificação, demarcação, constituição* e *atribuição de nomes* aos objetos implicam-se mutuamente e integram o processo de obtenção de conhecimento. Insista-se nessa fundamental premissa: as atividades de *identificação, demarcação, constituição* e *atribuição de nomes* aos objetos são atividades humanas, portanto, ainda que socio e culturalmente informadas, não podem ser consideradas atividades mecânicas, automáticas ou objetivas. Muito pelo contrário. São atividades que demandam, consciente ou inconscientemente, um grande esforço axiológico racional.

Assentadas essas premissas, numa visão extremamente simplificadora, que objetiva reduzir complexidades, é possível destacar duas maneiras pelas quais o ser humano inicia essas atividades.

A primeira, mais comum em nosso atual estágio de civilização, é aquela em que um ser humano depende de outros como transmissor dos conhecimentos mais elementares. A este competiria o papel de informar como o mundo, como a *realidade* se apresenta e quais são os nomes dos objetos, ou sendo mais preciso, que nomes são atribuídos aos objetos que integram essa realidade. Esse é o procedimento que normalmente acontece quando pais e mães educam os filhos.

Uma segunda possibilidade ocorreria com uma pessoa que não tivesse outra para lhe transmitir as primeiras informações do mundo. Nesse caso, poder-se-ia imaginar que, pelos diversos meios de intuição e percepção, esse ser humano começaria a distinguir ele próprio de outros objetos e os outros objetos entre si. Ao mesmo tempo em que ele vai identificando e demarcando a realidade circundante, ele atribuiria nomes para os objetos. Ao identificar e demarcar os objetos, estabeleceria as denominadas características identificatórias de cada um deles. Essas específicas características identificatórias seriam os requisitos que ele estabeleceria para que fosse possível identificar e reconhecer certo objeto. Esse ainda é um processo de definição relativo ao conceito de certo objeto individual. Ocorre que há infinitos objetos no mundo e tornar-se-ia impossível atribuir nomes diferentes e específicos para cada objeto (nomes próprios). Por essa razão, os objetos seriam reunidos em conjuntos, em classes e determinar-se-ia que os objetos que apresentassem certas características pertenceriam a uma dada classe, sendo-lhes atribuído um mesmo nome (nome comum). Assim, seriam criados não apenas os nomes comuns, mas também os conceitos (*genéricos, de classes*) a que esses nomes se referem. Desse modo, a cada *conceito genérico* ou *conceito de classe de objeto(s)* corresponderia um conjunto, uma classe de características que possibilitariam, de forma aproximada, identificar os objetos. Essa formação de classes, que acompanha a constituição ou construção da realidade, corresponde à atividade humana de classificação, que não é mecânica, pois, além da razão, envolve valores, pré-conceitos, sentimentos, aspirações, etc.

Pretende-se salientar que a denominada *realidade* não se apresenta de forma sistematizada, previamente demarcada e identificada. Essa atividade é desenvolvida pelo ser humano, segundo suas possibilidades e limitações. Segundo, Guibourg, Ghiliani e Guarinoni (2004, pp. 37-40), ao inventar nomes (ou ao adotar os já criados), objetiva-se estabelecer limites na realidade, como se a cortasse idealmente em pedaços; e, ao atribuir cada nome, *constitui-se* (quer dizer, identifica-se, individualiza-se, delimita-se) o pedaço que, *segundo decisão humana*, corresponderá a esse nome. E complementam, pontificando que as classificações, tal como a identificação de entes individuais, não são coisas que estão na natureza e que, em consequência, podem ser conhecidas mediante um adequado estudo do universo. A classificação é um fato cultural e, às vezes, meramente individual. Não há, portanto, classificações verdadeiras nem classificações falsas, tal como não existem nomes verdadeiros nem falsos para cada objeto. E mais, ao se falar em identificação ou demarcação para a formação de classes de objetos, há que se conceber que são atividades humanas, com relação às quais é adequado compreender como atividades que congregam objetos semelhantes, não objetos idênticos, segundo critérios humanamente construídos e adotados.

Portanto, parece certo considerar que a questão relativa aos denominados "conceitos indeterminados" ou, de forma mais apropriada, relativa ao fenômeno da *indeterminação conceitual* não é peculiar ao universo do Direito, posto que se relaciona com o processo de conhecimento e constituição – compreensão-interpretação-aplicação – dos objetos em geral, axiológica e racionalmente informado. Portanto, o fenômeno da indeterminação conceitual é complexo e relaciona-se à dificuldade de realizar, em graus diversos, as seguintes atividades humanas:

a) de identificar e constituir um objeto específico (construção do *conceito de um objeto específico*) – pois o sujeito cognoscente tem a possibilidade de adotar, eleger, infinitas características identificatórias ou definitórias, que, ante as limitações humanas, são construídas e adotadas dentro das possibilidades e limites humanos;
b) de constituir uma classe de objetos (construção do *conceito de classe de objetos*), que apresentem características identificatórias ou definitórias comuns, no sentido de semelhantes, não idênticas – pois o sujeito cognoscente também tem a possibilidade de eleger infinitos caracteres identificatórios ou definitórios comuns, o que deve ser concebido como atividade que reúne, que aproxima, sem tornar idênticos, objetos semelhantes, para criar a classe de objetos; e

c) de decidir, com valoração e uso da razão, se o *conceito de certo objeto corresponde* ao *conceito de certa classe de objetos* – pelas razões já explicadas nos itens "a" e "b".

Desse modo, resta evidenciado que aquilo que se denomina *fenômeno da indeterminação conceitual* está presente na construção do conhecimento – compreensão-interpretação-aplicação – em geral (não apenas do jurídico) e decorre da dificuldade (a) de se construir o conceito de certo objeto, ou (b) de se construir o conceito de uma classe de objetos, ou (c) de se concluir que o conceito de certo objeto corresponde ao conceito de certa classe de objetos.

É preciso não deixar passar despercebido o sentido que se deseja atribuir ao termo *corresponder*. A ideia de correspondência do *conceito de certo objeto* ao *conceito de certa classe de objetos* envolve um juízo que aproxima, que congrega em uma mesma classe, objetos semelhantes, mas não idênticos. A noção de semelhança além de ser mais tolerante que a de identidade, convive bem, ou mesmo suscita na maior parte dos casos, valoração. Conceber dessa maneira soa mais adequado se comparado com a ideia bastante restrita (e tão combatida) normalmente atribuída ao termo *subsunção*, como sendo de uma mera operação lógica, precisa, isenta de qualquer valoração, entre uma premissa menor e uma premissa maior (silogismo lógico).

Assim, de duas uma: ou se atribui ao termo *subsunção* uma acepção mais ampla e *valorativamente abrangente*, compatível com a ideia exposta de *correspondência*, a qual bem convive com a valoração[10]; ou se considera que a referida noção restrita do termo *subsunção*, como sendo uma mera operação lógica, precisa, isenta de qualquer valoração, é praticamente inútil para o Direito. Esse sentido excessivamente restritivo para o termo *subsunção* é objeto de crítica tanto por parte de Karl Engisch quanto de Arthur Kaufmann, como será demonstrado posteriormente (item 2.2.3).

Compreender dessa maneira as noções de *indeterminação conceitual* e de *subsunção* significa reconhecer que a atividade hermenêutica exige um esforço intelectual e emocional, à medida que envolve compreensão-interpretação-aplicação[11], onde convivem valoração e uso da razão, pelo que é muito mais complexa que uma simples atividade mecânica, automática e objetiva. Como bem leciona Gadamer (2013, pp. 406-407):

10 Essa posição é defendida por Karl Engisch, como será demonstrado no item seguinte.

11 No primeiro sentido gadameriano.

> Ora, nossas reflexões nos levaram a admitir que, na compreensão, sempre ocorre algo como uma aplicação do texto a ser compreendido à situação atual do intérprete.

Alguns aspectos ainda suscitam uma atenção especial. Ante o exposto, parece recomendável que em vez de se falar em *conceitos determinados* e *conceitos indeterminados*, o que sugeriria a existência de uma classificação binária – de tudo ou nada – e representaria uma visão restritiva e limitada do fenômeno da indeterminação conceitual, que se aborde o tema segundo a seguinte perspectiva: em geral, a construção dos conceitos pelos seres humanos está submetida a algum grau de indeterminação, pelo que o uso do termo *conceito* deve ocorrer sem as indevidas adjetivações *determinado* e *indeterminado*.

Reitera-se que parece adequado conceber que, em geral, a construção dos conceitos está submetida a algum grau de indeterminação, sendo exceção (admitindo-se que esta exceção existe) a construção de um conceito onde não haja algum grau de indeterminação. Forte, coerente e elucidativa é a afirmação de Gadamer (2013, p. 564) acerca da indeterminação ou imprecisão que é inerente ao processo de conhecimento humano: "Se o conhecimento humano é essencialmente 'impreciso', isto é, admite acréscimo e diminuição, o mesmo acontece com a linguagem humana".

Em linha com o preconizado por Gadamer, à medida que a experiência hermenêutica se realiza como interpretação conceitual, surge a grande dificuldade de o intérprete ter a consciência de que ele próprio, seus valores, pré-conceitos e conceitos estão inseridos no interpretar. Essa dificuldade de o intérprete ter consciência de que realiza a interpretação informado por conceitos prévios explica o *fenômeno da indeterminação* que é intrínseco a toda construção conceitual. Os conceitos contidos na linguagem do intérprete são tão inerentes à sua opinião, ao seu modo de ver o mundo, que, em momento algum, se apresenta como algo objetivo para ele. Algo é, pois assim é interpretado. Se é correto que o *ser* do interpretante inevitavelmente afeta a interpretação, a presença de algum grau de indeterminação conceitual é mais que natural.

As dificuldades relativas ao fenômeno da indeterminação são aumentadas, entre outras razões, em função da liberdade de as pessoas estabelecerem as características identificatórias ou definitórias dos objetos do mundo, ou seja, em constituir a *realidade*, bem como em razão das variáveis de tempo e de espaço. Convém assentar que o *objeto* que chega ao homem não se confunde com o *dado bruto*. Assume-se que há um *dado bruto*, que é algo externo e independente do homem. O ser humano quando entra em contato com o *dado bruto*, projetando-se em possibilidades de sentido, constitui o *objeto* (interpretado), à medida que constrói algum *conceito* para ele. O objeto já se apresenta como produto da atividade humana de interpretação, à medida que esta cria para o objeto um correspondente sentido, um conceito. Conforme destacam Japiassú e Marcondes (1991, pp. 191-192), Kant, em *Crítica à Razão Pura*, já advertia que "pensar é conhecer através de conceitos".

Nesse contexto, destaca-se o fenômeno da *mutação conceitual*. O conhecimento humano forma-se e transforma-se no tempo. O ser humano encontra-se numa mobilidade histórica, sem que fique preso a valores, sentimentos, conceitos e aspirações anteriormente construídos ou experimentados. A situação hermenêutica, na qual se encontra o ser humano, desloca-se e modifica-se à medida que ele vive. O presente está num processo de constante formação, que não se forma à margem do passado e cujo futuro, informado por tudo que *é* e pelo que se pretende que venha a ser, representa um diferente presente que ainda não chegou. A mutação conceitual é uma natural decorrência das mudanças ocorridas na vida com o passar do tempo. Eis a razão pela qual a mutação conceitual é natural, é inevitável e, muitas vezes, é desejável.

Considera-se *mutação conceitual* o fenômeno (também, mas não exclusivamente jurídico) representativo das mudanças de compreensão-interpretação dos objetos em sentido amplo, reais ou imaginários, as quais decorrem das mais variadas razões (morais, econômicas, culturais, físicas, tecnológicas, etc.) que se dão ao longo do tempo, o que pode se dar com a preservação do nome anteriormente usado para designar o conceito ou com a adoção de um novo nome. Se é correto supor que a mutação conceitual é um fenômeno natural e inevitável, quando ela tem como base para a construção de sentido objetos linguísticos, por exemplo, textos jurídicos, ela não pode ser considerada um fenômeno sem limites, como será evidenciado ao se tratar do tema da mutação normativa e da mutação constitucional (item 3.5.3).

Insta salientar que, após demonstrar que o significado da palavra é a unidade do pensamento discursivo, Lev Semenovich Vygotsky alerta para a importância do fenômeno da mutação conceitual. Vygotsky (2001, p. 399, grifo nosso) assentou que uma das principais descobertas de sua pesquisa é a de que as palavras evoluem, transformam-se, o que permite suplantar a ideia de "imutabilidade do significado da palavra", de imutabilidade do conceito por ela veiculado:

> A descoberta da **mudança dos significados das palavras e do seu desenvolvimento é a nossa descoberta principal**, que permite, pela primeira vez, **superar definitivamente o postulado da constância e da imutabilidade do significado da palavra**, que servira de base a todas as teorias anteriores do pensamento e da linguagem.

Convém lembrar que o fenômeno da *diversidade espacial conceitual* igualmente fomenta o fenômeno da *indeterminação conceitual*. O fenômeno da *diversidade espacial conceitual* representa a influência que as diferentes características dos espaços físicos, do meio circundante têm sobre a compreensão-interpretação do mundo. É nesse sentido, por exemplo, que Stephen Ullmann (1987, p. 251) observa que os Esquimós e os Lapões possuem, em sua linguagem, uma multiplicidade de termos para designar diferentes espécies de neve, "enquanto os Astecas utilizam-se de uma mesma raiz de palavra para 'frio', 'neve' e 'gelo'". Provavelmente, isso acontece em função de necessidades específicas provocadas pelas singulares características ambientais, onde *o* ou *os objetos-neve* assumem uma especial importância para os habitantes de certas regiões. Desse modo, os Esquimós e os Lapões acabam por constituir diferentes (conceitos de) objetos para o que muitos se contentam em considerar apenas como o objeto neve. Neste caso, os Esquimós e os Lapões acabam por construir uma especial e diversa *realidade*.

Eia a razão pela qual utiliza-se o termo *conceito* no sentido de noção humanamente construída de algo, mediante compreensão-interpretação, que envolve valoração e uso da razão, sujeita aos fenômenos da *indeterminação conceitual*, da *mutação conceitual* e da *diversidade espacial conceitual*, uma vez informada socioculturalmente pela tradição, mas não presa e cristalizada por esta, pois um conceito construído está sujeito a permanentes mudanças de índole cultural, econômica, moral, religiosa, científica, etc., que se dão no tempo e no espaço.

A tarefa hermenêutica, principalmente da hermenêutica jurídica, passa pela consciência dessas dificuldades na construção dos conceitos. Essa difícil e instável *construção conceitual* é realizada pelo intérprete, que possui pré-conceitos, conceitos, valores e aspirações, que por serem afetados pela história efeitual e pela tradição, as quais estão em permanente formação e transformação, explicam e humanamente justificam não apenas o fenômeno da *indeterminação conceitual* quanto os da *mutação conceitual* e da *diversidade espacial conceitual*, que, além de inevitáveis, são úteis numa perspectiva hermenêutica tolerante, axiológica e racional.

2.2.3. A questão da (in)utilidade da distinção entre conceito *e* tipo *– a superação da restritíssima noção de* conceito

Uma distinção tem sido bastante utilizada por diversos teóricos do Direito. Trata-se da distinção entre *conceito* e *tipo*. Essa distinção relaciona-se com um aspecto especialmente relevante para o tema da interpretação e aplicação no Direito. A raiz desta distinção está supostamente atrelada a princípios muito caros ao Direito: o princípio da justiça e o princípio da segurança jurídica.

O cerne da questão está relacionado a uma perspectiva de compreensão do Direito que acreditava ser possível que o Direito fosse construído com uma linguagem tão perfeita, tão bem elaborada que permitisse ao intérprete e, principalmente ao julgador, a construção de sentidos unívocos a partir da interpretação, o que proporcionaria segurança nas decisões jurídicas. Desse modo, seriam evitadas arbitrariedades, subjetividades e a predominância da mera opinião pessoal do julgador, o que, se fosse aceito, enfraqueceria a importância do previsto em lei e do princípio da legalidade. Sob essa ótica, a linguagem do Direito deveria fazer uso de termos que permitissem interpretações e decisões com base exclusivamente em atos de mera dedução lógica, sem espaço para valorações, em que se deveria verificar, com precisão, se a premissa menor – situação de fato – se enquadraria na premissa maior – previsão da lei.

Em reação a essa perspectiva, foi defendida a tese de que ao lado de noções fechadas, que fossem construídas com base exclusivamente em atos de mera dedução lógica, sem espaço para valorações, existiriam noções mais abertas, mais flexíveis, que guardassem mais correspondência com a realidade e, consequentemente, que fosse necessário o uso de valorações. Isso permitiria uma construção do Direito mais compatível com a equidade e relativizando uma interpretação rigidamente vinculada à lei.

Nesse contexto, alguns autores esposaram uma visão dualista nas atividades de interpretação e aplicação jurídicas, que poderia ser sintetizada da seguinte maneira:

a) de um lado, estariam os *conceitos*, que seriam construídos a partir de notas características fixas, exaustivas e irrenunciáveis, formulados de forma mais abstrata, com precisão e com isenção de valorações, pelo que teriam natureza mais fechada e rígida, seriam precisamente definíveis e sujeitos à mera subsunção lógica;
b) de outro lado, estariam os *tipos*, que seriam construídos a partir de notas normalmente, mas não necessariamente presentes, seriam mais fluidos e flexíveis, formulados com maior vínculo com a realidade concreta, teriam uma índole mais aberta, não seriam definidos, mas apenas descritos e demandariam valorações, não meras subsunções de cunho estritamente lógico.

Essa dualidade de visões foi desenvolvida, por exemplo, por Karl Larenz (1997, p. 300, grifo nosso) quando discorreu sobre o tema do pensamento orientado a valores no âmbito da aplicação do Direito, oportunidade em que preconizou a distinção entre *conceito* e *tipo*. Larenz concebeu o conceito nos seguintes termos:

> Só se pode falar de um **"conceito" em sentido estrito quando for possível defini-lo claramente, mediante a indicação exaustiva de todas as notas distintivas que o caracterizam**. O sentido de uma tal definição é o de que "só quando e sempre que" todas as notas distintivas do conceito se apresentam em algum objecto poderá ser esse objecto subsumido ao conceito, quer dizer, pertence à classe de objectos por ele designados. A "premissa maior" do silogismo subsuntivo é a definição do conceito, a "premissa menor" é a constatação – corroborada pela percepção – de que este objecto X apresenta todas as notas distintivas mencionadas na definição, e a conclusão é o enunciado de que X pertence à classe de objetos designados pelo conceito, ou que X é um "caso" do género que se designou mediante o conceito – para o jurista a situação fáctica X seria um "caso" da previsão normativa conceptualmente apreendida.

Larenz (1997, p. 302), após defender a insuficiência dos conceitos na linguagem do Direito, afirma que: "Às vezes trata-se da indicação de um *tipo,* que descrevemos, esclarecemos e assim tornamos aplicável, mas que não podemos definir através da indicação de algumas notas já estabelecidas, que ocorrem em todos os casos e que são também suficientes".

A distinção entre conceito e tipo é objeto de especial preocupação de Larenz (1997, p. 307, grifo nosso), que procura evidenciar ao máximo essa suposta distinção:

> Um **conceito** está fixado por meio da sua definição, de tal modo que haja de aplicar-se a um evento concreto ou situação de facto "só quando e sempre que" se possam nele encontrar o conjunto das notas características da definição. **Esta proposição não vale para o tipo. As notas características indicadas na descrição do tipo não precisam, pelo menos algumas delas, de estar todas presentes; podem nomeadamente ocorrer em medida diversa. São com frequência passíveis de gradação e até certo ponto comutáveis entre si**. Consideradas isoladamente, só têm o significado de sinais ou indícios. O que é decisivo é, em cada caso, a sua conexão na realidade concreta. Se uma determinada situação de facto se pode ou não ordenar ao tipo é algo que não pode, nestes termos, ser decidido consoante contenha ou não todas as notas características tidas como imprescindíveis. Trata-se antes de se saber se as notas características tidas como "típicas" estão presentes em tamanho grau e intensidade que a situação de facto "no seu todo" corresponda à imagem fenoménica do tipo. **O tipo não se define, descreve-se. Não se pode subsumir à descrição do tipo; mas pode-se, com a sua ajuda, ajuizar se um fenómeno pode ou não integrar-se no tipo**.

Karl Engisch foi outro autor que se preocupou com o tema da excessiva vinculação do intérprete, principalmente do julgador, à letra da lei.

Engisch (1988, p. 206) lembra que, na época do Iluminismo, prevaleceu o entendimento de que o alcançamento de clareza e segurança jurídicas poderia ocorrer mediante um esmero e precisão na elaboração das leis, com o que seria possível "garantir uma absoluta univocidade a todas as decisões judiciais e a todos os actos administrativos". Esclarece que essa preocupação com a clareza e segurança jurídicas decorreu de uma desconfiança dos juízes no período da justiça do arbítrio e de gabinete, quando os juízes se adaptavam às determinações dos senhores de terra, associado ao entendimento de que a lei representava o resultado do espírito racionalista. Isso resultou o entendimento de que o juiz deveria estar estritamente vinculado à lei. Ressalta que essa situação foi sendo alterada à medida que os juízes foram se libertando das amarras dos senhores de terra e passaram a agir como efetivas autoridades dotadas de objetividade e senso de justiça.

Destaca Engisch que em tempos atuais, essa excessiva vinculação tem sido transformada, sem que isso represente um abandono do princípio da legalidade, que permanece intocado. Assim, as leis passam a ser elaboradas de modo a possibilitar que juízes e servidores da administração não estejam atrelados a simples subsunção a conceitos jurídicos fixos, devida e seguramente explicitados pela interpretação, mas que eles passam a ter que atuar com valoração e a decidir de maneira assemelhada a de um legislador. Daí, por opção legislativa, tem-se ao lado dos conceitos fixos ou determinados outras formas de expressão legislativa, a fim de conferir ao julgador uma maior autonomia frente à lei. Nas palavras de Engisch (1988, p. 208): "Como modos de expressão deste tipo distinguiremos: os conceitos jurídicos indeterminados, os conceitos normativos, os conceitos discricionários e as cláusulas gerais. Infelizmente a terminologia não é uniforme". E complementa: "Por conceito indeterminado entendemos um conceito cujo conteúdo e extensão são em larga medida incertos". Acerca dessa falta de uniformidade terminológica, Engisch (1988, p. 259) ressalta que o que ele entende acerca desses modos de expressão geradores de menor vinculação à lei pode se aplicar aos denominados "conceitos de tipo". Observa que estes são usados no Direito de modo a que não lhe caiba a subsunção, mas apenas subordinação. Contudo, é preciso destacar que assevera que a existência de conceitos total ou absolutamente determinados é algo muito raro no Direito. Em suas palavras:

> Os **conceitos absolutamente determinados são muito raros no Direito**. Em todo o caso, **devemos considerar como tais os conceitos numéricos (especialmente em combinação com os conceitos de medida e os valores monetários**: 50 km, prazo de 24 horas, 100 marcos) (ENGISCH, 1988, p. 208, grifo nosso).

Kaufmann apresenta uma interessante perspectiva, à medida que trata do gênero *conceito*, que apresenta duas diferentes espécies: de um lado, de caráter excepcional, o *conceito geral abstracto ou conceito classificatório* (*conceito*, na linguagem de Larenz, e *conceito absolutamente determinado*, na linguagem de Engisch); e de outro lado, de caráter mais comum, os *conceitos ordenadores, conceitos funcionais* e *conceitos-tipo* (*tipo*, na linguagem de Larenz, ou *conceito indeterminado ou cláusulas gerais*, na linguagem de Engisch). Eis as palavras de Kaufmann (2004, p. 185):

> E mais uma vez expressamente: em nenhum juízo sobre a realidade entra o conceito unívoco. É manifesto que se fala aqui de dois tipos de conceitos. O *conceito geral abstracto (conceito classificatório,* conceito em sentido estrito) define um objecto através dum número fixo de "características" fechadas e unívocas, que se podem ou não verificar: ou se tem dezoito anos ou não se tem. Tais conceitos gerais abstractos cumprem a exigência de precisão da Lei Fundamental duma forma óptima. Contudo, neste sentido estrito apenas os conceitos numéricos são unívocos. Em todos os outros casos, os conceitos legais têm que assumir na sua aplicação uma forma diversa da sua abstracta generalidade, partindo dos conceitos classificatórios têm que se formar *conceitos ordenadores, conceitos funcionais* e *conceitos-tipo,* que não "definem" (nem, portanto, delimitam) a realidade dum fenômeno, mas que a "descrevem" de forma comparativamente mais palpável (ainda que não perfeitamente concreta e sempre com um determinado grau de abstracção), e que portanto não conhecem o *tudo ou nada* dos conceitos gerais abstractos, mas sim o *mais ou menos*

Ante as posições apresentadas acerca da distinção entre *conceito* e *tipo*, é importante tecer algumas considerações sobre a sua utilidade.

Uma primeira questão é a da grande dificuldade de os autores que defendem esta distinção estabelecerem critérios razoáveis para distinguir uma figura de outra. Poder-se-ia, inclusive, suscitar a seguinte dúvida: Como se referir ao sentido construído de *tipo* – como conceito de *tipo* ou tipo de *tipo*? Essa questão parece revelar a dificuldade em se referir ao que se pretendeu denominar *tipo*. Os exemplos utilizados para diferençar *conceito* de *tipo* em vez de contribuírem para o esclarecimento da distinção apenas fomentam a dificuldade da distinção pretendida. Curiosamente, os exemplos que Larenz (1997, pp. 300-312) apresenta no tópico "O pensamento orientado a valores no âmbito da aplicação do Direito", os quais, em sua visão, seriam supostamente tratados pelo legislador como *conceitos*, o próprio Larenz acaba por considerar que são exemplos de *tipo*. Eis os referidos exemplos: "coisas consumíveis", "partes integrantes de uma coisa"; e "detentor de um animal". Mais curioso ainda é o fato de Larenz não ter apontado qualquer exemplo para o que ele definiu, de forma bastante restrita, como sendo um *conceito*. Esse fato sugere que, em rigor, o que Larenz chama de *conceito* – no sentido de conceito fixo, determinado, fechado – é, como se disse anteriormente, algo extremamente raro, pois os conceitos, normalmente, possuem algum grau de indeterminação, além de estarem sujeitos aos fenômenos da mutação conceitual e da diversidade espacial conceitual, os quais fomentam a indeterminação conceitual.

Como alertado por Engisch (1988, p. 208), a existência de conceitos total ou absolutamente determinados é muito raro no Direito, daí ele referir como tais "os conceitos numéricos (especialmente em combinação com os conceitos de medida e os valores monetários: 50 km, prazo de 24 horas, 100 marcos)".

Riccardo Guastini (2008, p. 24, grifo nosso) também chama a atenção para a indeterminação com relação à construção de sentido de quase todos os textos normativos:

> Creo que una buena teoría de la interpretación debe partir de la constatación de que **todos o casi todos los documentos normativos son (al menos diacrónicamente) equívocos, o sea que admiten diversas atribuciones de significado**, en relación con las reglas semánticas y sintácticas de la lengua, los métodos interpretativos, las construcciones dogmáticas de los juristas y –naturalmente– los juicios de valor de cada intérprete.

Kaufmann (2004, p. 76, grifo nosso) também adverte sobre a excepcionalidade dos conceitos unívocos, determinados:

> Fala-se ainda, sobretudo na perspectiva da *Fuzzy Logic*, de prescrições susceptíveis e insusceptíveis de compromisso (não se tem aí suficientemente em consideração que a maioria das regras são também pouco nítidas e susceptíveis de interpretação, **pois só conceitos numéricos – "dezoito anos de idade" – são verdadeiramente determinados e unívocos, não admitindo qualquer margem de livre apreciação ou compromisso**).

Esse caráter excepcional dos conceitos unívocos, determinados é reiterado por Kaufmann (2004, p. 116, grifo nosso) quando ele discorre sobre o processo do conhecimento jurídico e da aplicação do Direito:

> E também **a lei positiva quase nunca decide com as suas normas gerais um caso concreto real de forma directa e inequívoca; uma lei só é "inequívoca" em sentido estrito aí onde utiliza conceitos numéricos, pois apenas os conceitos numéricos são unívocos**. Abstraindo destes, é sempre precisa na "aplicação do direito" (que certamente também é "subsunção", mas não em primeira linha) uma adaptação da norma em vista do caso concreto.

O reconhecimento da pouca ou nenhuma utilidade da distinção entre *conceito* e *tipo*, desde que não se adote uma definição muito restritiva e extremada de *conceito*, mas sim uma definição de *conceito* tal qual proposta neste trabalho, é revelada pelo próprio Larenz (1997, p. 310, grifo nosso) na seguinte passagem:

> **"Tipo" e "conceito" não são de resto contraposições rígidas, admitindo, ao invés, pontos de comunicação.** Nestes termos, vimos que um conceito definido mediante notas características tidas como acabadas pode conter *uma* nota característica que, por seu turno, é "aberta", à maneira de um tipo. Lembremo-nos das "coisas incluídas na construção de um edifício". Trata-se aqui daquilo que num edifício de determinado tipo haja de ser considerado nos usos do tráfego como pertencendo "de modo típico" ao seu acabamento. Por outro lado, **um tipo pode aproximar-se dum conceito mediante a fixação de notas características imprescindíveis (a par de outras que são apenas sintomáticas). A descrição de um tipo pode ser entendida como um estádio anterior à formação de um conceito e uma pretensa definição conceptual pode apresentar-se como descrição de um tipo.**

Em reforço ao argumento da pouca utilidade da distinção entre *conceito* e *tipo*, distinção que apenas é sustentável em função da adoção de uma definição restritivíssima de *conceito*, cabe aludir a uma interessante passagem de Engisch (1988, p. 114, grifo nosso) acerca da noção por ele adotada de *subsunção*, a qual, pela *tese da distinção entre conceito e tipo*, somente seria aplicável aos *conceitos*:

> **Em confronto com o meu conceito de subsunção, que também compreende comparações (equiparações) com base em "valorações irracionais"**, encontramos nos mencionados autores **conceitos de subsunção mais estritos limitados a operações racionais**, que depois carecem obviamente de complementação através de outros conceitos da "apreciação jurídica" dentro da premissa menor. Cai-se no erro oposto quando se consideram *todas* as subsunções como assentes em valorações. Em muitos conceitos ("descritivos") não se requer nenhuma valoração para a subsunção, mas um conhecimento da experiência (exemplo: "*A* ultrapassou a velocidade máxima de 50 km").

E Engisch (1988, pp. 258-259, grifo nosso) reitera esse entendimento em outra elucidativa passagem:

> Assim é que muito daquilo que se diz das classes de conceitos de que agora tratamos se pode reportar também aos conceitos de tipos, sem que com isso se pretenda afirmar que estes conceitos fiquem assim esgotantemente analisados do ponto de vista lógico. Àquele que se interesse por este "mais" em dignidade lógica, devo remetê-lo para os trabalhos acima citados. Só mais uma coisa gostaria de dizer aqui. Frequentemente (assim nomeadamente em STRACHE, pp. 52 e ss., 71 e ss., 78 e ss, 100 e ss., em *LEENEN, passim,*

> p.ex., pp. 183 e s.) aponta-se como específico dos conceitos de tipos usados no direito o facto de que os eventos da vida lhes não podem ser "subsumidos", mas apenas lhes podem ser "subordinados". **Sem querer de modo algum opor-me a uma tal diferenciação terminológica**, que até certo ponto bem se justifica, devo no entanto dizer que **subsiste a liberdade de usar um conceito de "subsunção" - tal como de há muito venho fazendo** - que se não reconduz a outra coisa senão à **subordinação de quaisquer realidades da vida aos conceitos da hipótese legal ou da estatuição**; e nesta conformidade a **"subsunção" *compreende*** não apenas a subordinação "lógica", "racional", a conceitos de classe bem definidos, **mas também a "subordinação" (quase sempre valoradora) a um conceito de tipo. Assim não tenho quaisquer escrúpulos em falar de "subsunção" de uma conduta ao conceito de "comerciante honesto e diligente" ou ao de "violação do princípio da boa-fé". E também não precisamos de excluir aqui a correspondência gradual** - cfr. *supra,* nota 11 do Cap. III. Neste último aspecto, ainda inseguro: LARENZ-Festschrift, pp. 129 e s., nota 17.

Esse entendimento de Engisch no sentido de uma noção mais ampla e valorativamente abrangente de *subsunção*, contrária, portanto, ao sentido restritivo e limitado usado por Larenz, também é endossada por Kaufmann (2004, p. 186, grifo nosso):

> Também a "habitual" subsunção é analogia. **Só se poderia separar logicamente subsunção e analogia, se existisse uma fronteira lógica entre igualdade e semelhança.** Ora tal fronteira não existe, pois a igualdade material é sempre mera semelhança e a igualdade formal não ocorre na realidade "existindo" apenas no domínio dos números e sinais matemáticos (lógico-formais).

Na doutrina nacional, nessa mesma linha de adoção de um sentido menos restritivo e valorativamente abrangente, é esclarecedor o que assenta Ricardo Lobo Torres (2014, p. 510, grifo nosso) sobre a noção de subsunção:

> A subsunção consiste na adequação do conceito do fato ocorrido na realidade econômica a uma das interpretações do conceito determinado ou indeterminado previsto na regra de incidência.
> A subsunção não é inferência puramente lógico-formal, que se possa fazer por intermédio do computador ou da linguagem binária, senão que é qualificação do fato segundo a valoração da lei.

A relevante preocupação dos autores que concebem a utilidade da distinção entre *conceito* e *tipo* decorre de uma concepção exageradamente restritiva da noção atribuída ao termo *conceito*, bem como da noção igualmente restritiva do termo *subsunção*, como alertado por Engisch, Kaufmann e Torres.

A fim de evitar desnecessários prejuízos hermenêuticos decorrentes de divergências terminológicas inúteis e de distinções insuficientemente elaboradas, como o que ocorre com a tentativa de distinguir as noções de conceito e de *tipo* (ou mesmo de *cláusula geral*), reitera-se a conveniência e a utilidade do uso do termo *conceito* de modo não restritivo, compreendendo o que se pretende designar com as duvidosas noções de *tipo* ou *cláusula geral*. Portanto, propõe-se que os termos *conceito* e *subsunção* sejam utilizados com os seguintes sentidos:

a) conceito – é a noção, o sentido humanamente construído de algo, mediante compreensão-interpretação, que envolve valoração e uso da razão, sujeita aos fenômenos da *indeterminação conceitual*, da *mutação conceitual* e da *diversidade espacial conceitual*, informada socioculturalmente pela tradição, mas não presa e cristalizada por esta, pois um conceito construído está sujeito a permanentes mudanças de índole cultural, econômica, moral, religiosa, científica, etc., que se dão no tempo e no espaço; e
b) subsunção – numa acepção ampla e *valorativamente abrangente*, é um juízo, axiologicamente e racionalmente construído, em que se atribui uma correspondência do *conceito de certo objeto* ao *conceito de certa classe de objetos*, tal como se dá com o conceito do fato jurídico ao descrito no antecedente da norma.

Importa sublinhar que esse sentido não restritivo do termo *conceito* que se propõe e se adota é consonante com o sentido usado por Gadamer (2013, pp. 15, 17 e ss.), Heidegger (2005, pp. 27, 29 e ss.), Alexy (2005, pp. 38, 40, 48), MacCormick (2006, p, 24 e 76), bem como com as definições presentes em dicionários de Filosofia. Assim se encontra no *Dicionário de Filosofia de Nicola Abbagnano* (2007, p. 164):

> Em geral, todo processo que torne possível a descrição, a classificação e a previsão dos objetos cognoscíveis. Assim entendido, esse termo tem significado generalíssimo e pode incluir qualquer espécie de sinal ou procedimento semântico, seja qual for o objeto a que se refere, abstrato ou concreto, próximo ou distante, universal ou individual, etc. Pode-se ter um C. de mesa tanto quanto do número 3, de homem tanto quanto de Deus, de gênero e espécie (os chamados *universais* [v.]) tanto quanto de uma realidade individual, como p. ex. de um período histórico ou de uma instituição histórica (o "Renascimento" ou o "Feudalismo").

Na mesma linha, definem Japiassú e Marconces (1993, p. 53):

> Em seu sentido geral, o conceito é uma noção abstrata ou *ideia geral. designando seja um objeto suposto único (ex.: o conceito de Deus), seja uma classe de objetos (ex.: o conceito de cão). [...] Termo chave em filosofia, o conceito designa uma ideia abstrata e geral sob a qual podemos unir diversos elementos. Só em parte é sinônimo de ideia, palavra mais vaga. que designa tudo o que podemos pensar ou que contém uma apreciação pessoal: aquilo

que podemos pensar de algo. Enquanto ideia abstrata construída pelo espírito; o conceito comporta, como elementos de sua construção: a) a compreensão ou o conjunto dos caracteres que constituem a definição do conceito (o homem: animal. mamífero, bípede etc.): b) a extensão ou o conjunto dos elementos particulares dos seres aos quais se estende esse conceito. A compreensão e a extensão se encontram numa relação inversa: quanto maior for a compreensão. menor será a extensão: quanto menor for a compreensão maior será a extensão.

Conceber e utilizar o termo *conceito* desse modo não restritivo, em que se faz necessária a consideração de que os fenômenos da indeterminação, da mutação e da diversidade espacial afetam os conceitos em geral e em graus variados, parece guardar vantagens hermenêuticas se comparado com o uso das expressões *tipo, cláusula geral, conceitos determinados, conceitos indeterminados*, etc., as quais, como demonstrado, têm suscitado desnecessárias dúvidas acerca de sua caracterização, o que provoca relevantes e evitáveis ruídos interpretativos.

2.2.4. Os fenômenos da indeterminação conceitual, da mutação conceitual e da diversidade espacial conceitual e a questão da existência de discricionariedade

Uma relevante questão, que tem suscitado longos debates e que está diretamente relacionada aos temas da interpretação e da aplicação no Direito, merece ser devidamente enfrentada, qual seja: se a presença de conceito com algum grau de indeterminação (desnecessariamente ou indevidamente denominados de "conceitos indeterminados", "tipos", "cláusulas gerais", etc.) implica uma tarefa normal de construção de sentido ou se implica a atribuição de poder discricionário ou discricionariedade?

Numa primeira e ampla aproximação, sem desprezar a existência de diferenças de perspectiva entre os diversos autores, pode-se dizer que há dois grandes posicionamentos relativos à caracterização do que se costuma denominar de *poder discricionário* ou *discricionariedade*:

a) somente existe *poder discricionário* ou *discricionariedade* quando a lei confere a possibilidade de escolha entre alternativas válidas perante o Direito, que se apresentam como juridicamente equivalentes ou indiferentes;

b) também existe *poder discricionário* ou *discricionariedade* quando a lei se utiliza de "conceitos indeterminados", "conceitos plurissignificativos", "tipos", "cláusulas gerais", em síntese e com mais rigor, quando a lei se utiliza de conceitos com algum grau de indeterminação, o que confere à Administração o poder de escolher uma entre as várias significações legalmente possíveis.

Convém iniciar pela exposição dos argumentos apresentados por alguns partidários da segunda corrente.

Um dos grandes arautos desta corrente era Afonso Rodrigues Queiró (1946, pp. 61-62, grifo nosso), que assim resumia seu entendimento:

> A norma administrativa impõe como dever a um órgão uma determinada atividade que este fica obrigado a realizar, sempre que no mundo das realizações um certo fato ou condição se verifique. A estes fatos ou condições do mundo real refere-se-lhes a norma sob a forma de conceitos, isto é, de abstrações. Mas esses fatos, e portanto esses conceitos, podem pertencer ou ao mundo dito da realizada empírica, e então esses conceitos, embora necessariamente abstratos, podem e devem ser inequivocamente individualizados, de tal modo que é sempre teoricamente possível afirmar o caráter necessário, assertórico, do juízo de subsumpção de um determinado fato num determinado conceito, com a mesma força de evidência que tem para qualquer homem uma lei lógica, uma lei natural ou matemática. Ou podem pertencer ao mundo ou setor da realidade contraposto a este, isto é, ao mundo da sensibilidade, ao mundo da razão prática, onde domina a incerteza, o parecer de cada um, onde não existe uma lógica de valor universal, mas concepções individuais, acientíficas, subjetivas ***(individuelle Antworte)***, e então o juízo de subsumpção não mantém já o mesmo caráter de necessidade lógica, de categoricidade. Esta diversidade de conceitos, a perfazer a estrutura de norma, não pode deixar de existir, como reflexo dos dois mundos em que se divide a realidade à qual a norma se dirige. A norma adota necessariamente conceitos derivados do ser e do dever-ser; a norma é, pode dizer-se, ser e dever-ser ao mesmo tempo – das *Recht* ist *Sollen und Sein*. **Quando, pois, o conceito legal relativo às condições-de-fato requeridas para o exercício duma determinada competência é um conceito prático, suscetível duma série mais ou menos determinada de sentidos entre si diferentes, estamos no domínio da competência discricionária dos órgãos administrativos**. Essas condições-de-fato podem ser, é claro, apenas implicitamente exigidas, e não expressamente, pela lei.

Importa salientar que Queiró, em trabalho posterior, mudou seu ponto de vista, passando a distinguir a discricionariedade dos chamados conceitos indeterminados, como será demonstrado mais adiante.

Renato Alessi (1970, p. 188) relaciona discricionariedade com o grau de imprecisão do interesse público estabelecido pela lei:

> En el caso de determinación precisa del interés público, la Administración no tiene potestad alguna de valoración de éste en orden a la oportunidad de actuar o no, por lo que su actividad se llama reglada. En cambio, en el caso de determinación imprecisa, a la Administración le queda, de cualquier modo, la potestad de valorar la oportunidad de actuar o no, potestad que es más o

> menos amplia según los casos y precisamente siempre más amplia a medida que se pasa de la primera a las últimas hipótesis expuestas. Tal potestad de apreciación del interés público con el fin de decidir la conveniencia o no de la acción administrativa se llama potestad discrecional o discrecionalidad, mientras que actividad discrecional es la actividad respecto a cuya realización existe una esfera de discrecionalidad.[12]

Herbert Hart é outro partidário dessa corrente. Ele considera que será sempre possível identificar casos que não estejam juridicamente regulados ou nos quais não haja critério prévio que determine a solução que deve prevalecer entre alternativas conflitantes. Isso caracterizaria que o Direito é parcialmente indeterminado ou incompleto, o que geraria um poder discricionário para o juiz, que poderia criar o direito para o caso. Concebe que o poder discricionário é intersticial e que também está sujeito a muitos constrangimentos substantivos. A presença de poder discricionário não autoriza decisões arbitrárias. O juiz precisa sempre adotar razões gerais que justifiquem a sua decisão e deve atuar como um legislador consciencioso faria, decidindo em conformidade com as suas próprias crenças e valores. Nas palavras de Hart (1996, p. 149):

> Em qualquer sistema jurídico, deixa-se em aberto um vasto e importante domínio para o exercício do poder discricionário pelos tribunais e por outros funcionários, ao tornarem precisos padrões que eram inicialmente vagos, ao resolverem as incertezas das leis ou ao desenvolverem e qualificarem as regras comunicadas, apenas de forma imperfeita, pelos precedentes dotados de autoridade.

No Brasil, destaca-se a posição de Celso Antônio Bandeira de Mello (1992, pp. 18-19, grifo nosso) acerca da tese de a imprecisão, de a indeterminação conceitual ou de os conceitos indeterminados serem causa de discricionariedade:

> As considerações precedentes autorizam-nos a afirmar que **a discricionariedade pode decorrer:**
> *I) da hipótese da norma,* isto é, **do *modo* impreciso com que a lei haja descrito a situação fática (motivo)**, isto é, o acontecimento do mundo empírico que fará deflagrar o comando da norma, ou da omissão em descrevê-lo.

---

12 O trecho correspondente na tradução é: "No caso de determinação precisa do interesse público, a Administração não tem qualquer poder de avaliar a oportunidade de atuar ou não, pelo que sua atividade se chama vinculada. Por outro lado, no caso de determinação imprecisa, a Administração continua, em qualquer caso, com o poder de valorar a oportunidade de atuar ou não, poder que é mais ou menos amplo conforme o caso e precisamente sempre mais amplo, à medida que se vai da primeira para as últimas hipóteses expostas. Tal poder de apreciação do interesse público com o objetivo de decidir se a conveniência ou não da ação administrativa é chamado de poder discricionário ou discricionariedade, enquanto a atividade discricionária é a atividade em relação à qual existe um campo de discricionariedade".

> [...]
> Acrescentaria, finalmente, em descompasso com a doutrina esmagadoramente predominante, que a discrição pode resultar ainda:
> *III) da finalidade da norma.* É que a finalidade aponta para valores, e as palavras (que nada mais são além de rótulos que recobrem as realidades pensadas, ou seja, vozes de designativas de conceitos) ao se reportarem a um conceito de valor, **como ocorre na finalidade, estão se reportando a conceitos *plurissignificativos* (isto é, conceitos vagos imprecisos, também chamados de fluidos ou indeterminados)** e não unissignificativos.

Ante essas considerações, Celso Antônio Bandeira de Mello (1992, p. 48) apresenta a seguinte definição de discricionariedade:

> Discricionariedade, portanto, é a margem de liberdade que remanesça ao administrador para eleger, segundo critérios consistentes de razoabilidade, um, dentre pelo menos dois comportamentos cabíveis, perante cada caso concreto, a fim de cumprir o dever de adotar a solução mais adequada à satisfação da finalidade legal, quando, por força da -fluidez das expressões da lei ou da liberdade conferida no mandamento, dela não se possa extrair, objetivamente, uma solução unívoca para a situação vertente.

Quanto aos partidários da segunda corrente, destaca-se a mudança de pensamento de Afonso Rodrigues Queiró, cuja posição anterior fora expressamente referida e adotada por Celso Antônio Bandeira de Mello. Queiró (1969, p. 2, grifo nosso) passou a conceber, de forma taxativa, que os conceitos indeterminados não implicam discricionariedade, que se tratam de fenômenos inconfundíveis:

> O poder discricionário é concebido, entre nós, como uma certa margem de liberdade, concedida deliberadamente pelo legislador à Administração, a fim de que esta escolha o comportamento mais adequado para a realização de um determinado fim público. **O poder discricionário não se confunde, portanto, com tôda e qualquer margem de imprecisão, ainda a mais ampla, na formulação dos comandos legais.** Noutras palavras: **não se confunde com chamados conceitos vagos ou conceitos indeterminados, de que o legislador administrativo tão largamente lança mão para exprimir as suas previsões.** Êstes são, simplesmente, o produto da impossibilidade prática ou simples dificuldade técnica, em que o legislador frequentemente se encontra, de enunciar, com tôda a nitidez, com todo o rigor, quer as circunstâncias ou pressupostos de fato em que os órgãos da Administração hão de exercer a sua competência no futuro, quer as finalidades a realizar pelos órgãos da Administração – e originam, para êstes órgãos, o dever de realizarem, antes de exercerem essa competência, a respectiva interpretação. Por muito que, no exercício desta tarefa interpretativa, intervenham necessàriamente elementos subjetivos, por muito que a interpretação envolva elementos pessoais ou autônomos, esta liberdade interpretativa nunca poderá confundir-se com o poder discricionário da Administração. Estamos aí no domínio do poder vinculado. Em rigor, só uma solução de lege lata se

> pode considerar exata e legal. **O poder discricionário, pelo contrário, consiste, por sua vez, numa outorga de liberdade, feita pelo legislador à Administração, numa intencional concessão do poder de escolha, ante o qual se legitimam, como igualmente legais, igualmente corretas de lege lata, tôdas as decisões que couberem dentro da série, mais ou menos ampla, daquelas entre as quais a liberdade de ação administrativa foi pelo legislador confinada.** Não se trata, portanto, de uma simples, mais ou menos ineliminável ou mais ou menos intencional, deficiência de formulação da linguagem legislativa, corrigível ao fim do trabalho interpretativo; não se trata de acrescentar a um pensamento mal expresso, mal transmitido, aquela margem de clareza que lhe falta, ante o fato de o legislador não ter levado até ao fim, até onde seria, tudo somado, possível, o seu empenho de comunicar aos destinatários (isto é, aos órgãos da Administração) um pensamento de conteúdo preciso. Trata-se, sim, de comitir à Administração o encargo de eleger a medida ou procedimento mais idôneo à prossecução de uma finalidade pública cuja realização é reputada necessária pelo legislador.

Karl Larenz (1997, pp. 416-417) distingue poder discricionário, quando é conferido poder para que seja adotada uma entre várias medidas autorizadas pela lei, da margem de livre apreciação, que pode decorrer da concretização de uma pauta de valoração carecida de preenchimento pelo uso de *tipo* ou de *transições fluidas*:

> Da *margem de livre apreciação* que resta àquele que aplica o Direito – especialmente ao concretizar uma pauta carecida de preenchimento atendendo ao caso singular, mas também, num âmbito mais reduzido, ao realizar a coordenação a um tipo, bem como quando existem transições fluidas – há que distinguir o poder discricionário de acção ou de conformação do agente da Administração nos casos em que a lei lhe deixa uma *margem de decisão livre.* A literatura sobre "poder discricionário" na Administração é quase inabarcável; temos que limitar-nos aqui a algumas observações fundamentais. O sentido de poder discricionário de acção ou conformação que em diversos casos é conferido à Administração é comummente visto como a possibilidade que a Administração deve ter de adoptar, de acordo com o tempo, lugar e circunstância, uma das várias medidas admitidas pela lei, ou manter-se inactiva, deixando-se aqui guiar menos por considerações jurídicas do que por considerações de oportunidade. Aliás, essa margem de discricionariedade conferida à Administração é, nos termos da concepção actual, sempre limitada, seja já pela própria lei que confere o poder discricionário, seja pelas limitações, a ter permanentemente em conta, que decorrem da Constituição e de princípios gerais do Direito, como o da proporcionalidade.

É certo que Larenz (1997, p. 417, grifo nosso) aparenta certa insegurança ou mesmo incorre em alguma contradição, quando, apesar de diferençar (i) a margem de livre apreciação decorrente da concretização de uma pauta de valoração carecida de preenchimento pelo uso de tipo ou de transições fluidas (ii) da atribuição de discricionariedade, acaba por afirmar que o uso de "conceitos jurídicos indeterminados" no sentido de pauta carecida de preenchimento pode gerar uma margem de discricionariedade:

> Ora bem, **pode acontecer que uma lei se sirva de um dos denominados conceitos jurídicos indeterminados, ou seja, uma pauta carecida de preenchimento, para concretizar os pressupostos adentro dos quais o órgão administrativo deve ter uma margem de discricionariedade.** A margem de discricionariedade não será mais ampla que a livre apreciação se o órgão administrativo, no caso em que se verifiquem os pressupostos, vier a actuar sempre de determinada maneira. É preciso examinar de cada vez se, no caso de verificação dos pressupostos, deve porém restar ao órgão administrativo uma margem de discricionariedade relativamente à sua decisão e, dado o caso, qual a amplitude que deverá ter. **Entre a "margem de livre apreciação" daquele que aplica o Direito e a (vinculada) discricionariedade (poder discricionário de actuação) da Administração continua a existir esta diferença: a de que no processo de concretização de pautas que carecem de preenchimento, pelos tribunais, a decisão singular actua como exemplo e, nestes termos, contribui para estreitar a margem de livre apreciação residual, enquanto no domínio do poder discricionário de actuação tais efeitos não se dão na mesma medida.**

Karl Engisch (1988, p. 221, grifo nosso), por sua vez, distingue os espaços de livre apreciação da atribuição de poder discricionário. Assim manifesta seu pensamento:

> **Os espaços de livre apreciação distinguem-se das genuínas atribuições de poder discricionário** (isto é, atribuições de poder para uma discricionariedade "livre" pelo facto de que as últimas reconhecem um "espaço ou domínio de liberdade de decisão própria" onde deve decidir-se segundo as "concepções próprias" daquele a quem a competência é atribuída.

Engisch (1988, pp. 221-222) complementa a exposição de sua concepção ao explicitar o que considera ser um autêntico poder discricionário, que deve estar acompanhado da consciência da responsabilidade dele decorrente:

> O autêntico "poder discricionário" é atribuído pelo direito e pela lei quando a decisão última sobre o justo (correto, conveniente, apropriado) no caso concreto é confiada à responsabilidade de alguém, é deferida à concepção (em particular, à valoração) individual da personalidade chamada (eventualmente "articulando" o seu ponto de vista como a deliberação tomada no seio de uma agremiação ou colégio) a decidir em concreto, e isto não apenas porque não é possível excluir um "resto" de insegurança, mesmo através de regras, por mais minuciosas que estas sejam, mas porque se considera ser melhor solução aquela em que, dentro de determinados limites, alguém olhado como pessoa consciente da sua responsabilidade, faça valer o seu próprio "ponto de vista".

Ronald Dworkin (2002, pp. 50-63), ao analisar o tema do "modelo de regra", especialmente o desenvolvido por Hart, alude a quatro diferentes acepções de poder discricionário, sem que haja, em qualquer delas, a inferência de que a indeterminação conceitual implica poder discricionário. Ele considera que o conceito de poder discricionário só está devidamente utilizado "quando alguém é em geral encarregado de tomar decisões de acordo com padrões estabelecidos por uma determinada autoridade. Dworkin (2002, pp. 51-52) alude a "poder discricionário" em um primeiro sentido – *primeiro sentido fraco de poder discricionário* – somente para indicar que os padrões que uma autoridade deve aplicar não podem ser de forma mecânica, mas demandam o uso da capacidade de julgar. Usa a expressão "poder discricionário" em um segundo sentido – *segundo sentido fraco de poder discricionário* – para apontar que algum funcionário público tem a autoridade para decidir em última instância e que tal decisão não é passível de revisão e cancelamento por nenhum outro funcionário. Utiliza *"poder discricionário" em um sentido forte* para designar que, em certos assuntos, um funcionário público não está limitado pelos padrões da autoridade em questão, o que não significa licenciosidade nem elimina a crítica.

Destaca que, quase sempre, mesmo quando não há poder discricionário, são considerados relevantes certos padrões de racionalidade, equidade e eficácia. O fato de um funcionário ter poder discricionário não representa que tenha liberdade para decidir sem adotar padrões de bom senso e equidade. Aquele que tem poder discricionário pode ser criticado, mas não pode ser considerado desobediente.

Dworkin (2002, p. 507), no tópico *Resposta aos críticos*, apresenta uma outra definição de poder discricionário em sentido forte – *segundo sentido forte de poder discricionário* –, que difere um pouco da que apresentara anteriormente:

> Embora seja necessário introduzir algumas retificações, apenas uma delas será suficiente. Devemos abrir mão de toda referência às crenças muito difundidas, de modo que a tese passe a afirmar que o poder discricionário existe se duas decisões forem (e não, simplesmente, se se acreditar que sejam) igualmente corretas porque nenhuma das partes tem direito a uma decisão na matéria. É esta a tese que adoto sem ressalvas. É apenas uma maneira de apresentar aquilo que é, para mim, o sentido forte do poder discricionário.

MacCormick também não adota a tese de que o conceito indeterminado implica poder discricionário. Ele revela que concorda com Dworkin que, em casos difíceis, os juízes não possuem um *poder discricionário no sentido forte*, à medida que considera que as decisões estão submetidas a limites decorrentes do requisito da universalidade, da consistência e da coerência. Mas isso não significa aceitar que para cada caso há uma única resposta correta. Uma única resposta correta dependeria da existência de uma única teoria correta. A "correção" de uma decisão pressupõe a existência de critérios de correção, mas tais critérios precisam ser elaborados no contexto de alguma teoria, pelo que se precisa admitir, tal como chamou a atenção Popper (1974, p. 291), que uma teoria prevalece até que seja superada por outra. Nas palavras de MacCormick (2019, posição 5.859):

> Por mi parte, ciertamente estoy de acuerdo con Dworkin en que los jueces no tienen una discreción "fuerte", si eso se caracteriza como yo lo hice al comienzo de este capítulo: decir que en los casos difíciles los jueces tienen una discreción fuerte implicaría decir que "solo de una forma cuasi legislativa pueden elegir la decisión que les parezca mejor sobre la base de cualquier razón que consideren apropiada para tales elecciones"[13]

E complementa:

> La discreción es, pues, de hecho una discreción limitada: es una discreción para tomar la decisión que esté mejor justificada cumpliendo con esos requisitos, y esa es la única discreción que hay, independientemente de que a menudo pueda abusarse de ella o transgredirse. (2019, posição 5894)[14]

Eduardo García de Enterría e Tomás-Ramón Fernández (1980, pp. 386-387) são firmes ao estabelecerem a distinção entre os fenómenos da indeterminação conceitual e da discricionariedade:

> La discrecionalidad es esencialmente una libertad de elección entre alternativas igualmente justas, o, si se prefiere, entre indiferentes jurídicos, porque la decisión se fundamenta en criterios extrajurídicos (de oportunidad, económicos, etc.), no incluidos en la Ley y remitidos al juicio subjetivo de la Administración. Por el contrario, la aplicación de conceptos jurídicos indeterminados es un caso de aplicación de la Ley, puesto que se trata de subsumir en una categoría legal configurada, no obstante, su imprecisión de

---

13 O trecho correspondente na tradução é: "De minha parte, certamente concordo com Dworkin que os juízes não têm uma discricionariedade 'forte', se isso for caracterizado como eu fiz no início deste capítulo: dizer que em casos difíceis os juízes têm uma discricionariedade forte implicaria dizer que apenas de uma forma quase legislativa eles podem escolher a decisão que lhes parece melhor com base em qualquer razão que considerem apropriada para tais eleições".

14 O trecho correspondente na tradução é: "A discricionariedade é, portanto, de fato, uma discricionariedade limitada: é uma discricionariedade para tomar a decisão que melhor se justifica no cumprimento desses requisitos, e essa é a única discricionariedade que existe, independentemente de se poder frequentemente abusar dela ou transgredi-la".

> límites, con la intención de acotar un supuesto concreto unas circunstancias reales determinadas; justamente por ello es un proceso reglado, que se agota en el concepto legal indeterminado ha pretendido, proceso en el que no interfiere ninguna decisión de voluntad del aplicador, como es lo propio de quien ejercita una potestad discrecional.
> **Las consecuencias de ese contraste son capitales.** Siendo la aplicación de conceptos jurídicos indeterminados un caso de aplicación e interpretación de la Ley que ha creado el concepto, el juez puede fiscalizar sin esfuerzo alguno tal aplicación, valorando si la solución a que con ella se ha llegado es la única solución justa que la Ley permite. Esta valoración parte de una situación de hecho determinada, la que la prueba le ofrece, pero su estimación jurídica la hace desde el concepto legal y es, por tanto, una aplicación de la Ley. En cambio, el juez no puede fiscalizar la entrana de la decisión discrecional, puesto que, sea ésta del sentido que sea, si se ha producido dentro de los limites de la remisión legal a la apreciación administrativa (y con respeto de los demás limites generales que veremos), es necessariamente justa (como lo seria igualmente la solución contraria).[15]

Eros Roberto Grau, que alude ao entendimento de García de Enterría, também é firme ao asseverar a distinção entre os fenômenos da indeterminação conceitual e o da discricionariedade:

> Tem-se hoje por superada, no entanto – ao menos no campo doutrinário a tese que sustenta operar-se no campo da discricionariedade da Administração o preenchimento dos conceitos jurídicos indeterminados. Temos agora entendido – a partir de· rica contribuição da doutrina alemã, no tratamento do tema – distinguirem-se fundamentalmente as técnicas da discricionariedade

15 O trecho correspondente na tradução é: "A discricionariedade é essencialmente uma liberdade de escolha entre alternativas igualmente justas, ou, se preferir, entre indiferentes jurídicos, porque a decisão é baseada em critérios extrajurídicos (de oportunidade, econômicos, etc.), não incluído na Lei e referido ao julgamento subjetivo da Administração. Pelo contrário, a aplicação de conceitos jurídicos indeterminados é um caso de aplicação da Lei, uma vez que se trata de subsumir em uma categoria legal configurada, não obstante, sua imprecisão de limites, com a intenção de limitar a um caso concreto certas circunstâncias reais determinadas; justamente por isso é um processo vinculado, que se esgota no conceito jurídico indeterminado, um processo em que não interfere qualquer decisão de vontade do aplicador, como é o caso de quem exerce um poder discricionário.
As consequências desse contraste são capitais. Sendo a aplicação de conceitos jurídicos indeterminados um caso de aplicação e interpretação da Lei que criou o conceito, o juiz pode fiscalizar sem qualquer esforço tal aplicação, avaliando se a solução alcançada é a única solução justa que a Lei permite. Esta avaliação começa a partir de uma situação de fato determinada, a que a prova oferece, mas sua estimativa é feita a partir do conceito jurídico e é, portanto, uma aplicação da Lei. Por outro lado, o juiz não pode controlar o cerne da decisão discricionária, seja este em que sentido for, se ocorreu dentro dos limites da remissão legal à apreciação administrativa (e com respeito aos outros limites gerais que veremos), é necessariamente justa (como também seria a solução contrária)".

> a utilização dos conceitos indeterminados. A exposição de Eduardo Garcia de Enterría, a esse respeito, é primorosa e dela me valerei, na sintética reprodução de seus argumentos

Eros Grau (2008, pp. 203-204, grifo nosso) reitera o entendimento acerca da distinção entre as noções de indeterminação conceitual e de discricionariedade:

> É certo, contudo, não se operar no campo da discricionariedade da Administração o preenchimento dos "conceitos jurídicos indeterminados" (vale dizer, das noções). São distintas as técnicas da ***discricionariedade*** **e da *inserção*, nos textos das normas, de "conceitos indeterminados"**. [...] **Os conceitos indeterminados – que compreendem conceitos de experiência ou de valor – não conduzem a uma situação de indeterminação na sua aplicação.** A aplicação deles, segundo García de Enterría, só permite uma "unidade de solução" em cada caso (1983/434). Assim, quando se fala, em boa-fé, v.g., o conceito se dá ou não se dá. Em outros termos, em presença de um caso determinado há ou não há boa-fé: *tertium non datur*. [...] **A discricionariedade é essencialmente uma liberdade de eleição entre alternativas igualmente justas ou entre indiferentes jurídicos** – porque a decisão se fundamenta em critérios extrajurídicos (de oportunidade, econômicos etc.), não incluídos na lei e remetidos ao juízo subjetivo da Administração –, ao passo que **a aplicação de conceitos indeterminados é um caso de aplicação da lei.**

Em aditamento aos argumentos aduzidos no sentido esposado pela segunda corrente, insta repisar que os fenômenos da indeterminação conceitual, da mutação conceitual e da diversidade espacial conceitual são inerentes ao processo de construção dos conceitos em geral, que corresponde ao processo hermenêutico de compreensão-interpretação. A existência de casos, ao menos no Direito, em que se vislumbra a presença de conceitos absolutamente determinados é bastante rara (ENGISCH, 1988, p. 208). Dessarte, via de regra, a referência a um conceito demanda considerar que ele está sujeito a algum grau de indeterminação. Essa é a situação mais frequente no processo de construção dos conceitos em geral.

Portanto, as noções de *indeterminação conceitual* ("conceitos indeterminados") e *discricionariedade* são figuras totalmente distintas e inconfundíveis. Acaso se entendesse de forma diversa ter-se-ia que acatar a conclusão de que, em quase todas as situações previstas no Direito, nas quais naturalmente estão presentes conceitos com algum grau de indeterminação, há a atribuição de discricionariedade, o que é incompatível com o sentido majoritariamente atribuído a esse termo, além de ser algo incompatível com a realidade constitucional brasileira. Como assevera Luís Roberto Barroso (2012, pp. 32-33):

> Relativamente ao *Legislativo*, a constitucionalização (i) limita sua discricionariedade
> ou liberdade de conformação na elaboração das leis em geral e (ii) impõe-lhe determinados deveres de atuação para realização de direitos e programas constitucionais. No tocante à *Administração Pública*, além de igualmente (i) limitar-lhe a discricionariedade e (ii) impor a ela deveres de atuação, ainda (iii) fornece fundamento de validade para a prática de atos de aplicação direta e imediata da Constituição, independentemente da interposição do legislador ordinário. Quanto ao *Poder Judiciário*, (i) serve de parâmetro para o controle de constitucionalidade por ele desempenhado (incidental e por ação direta), bem como (ii) condiciona a interpretação de todas as normas do sistema.

O denominado "conceito jurídico indeterminado", como demonstrado, é expressão usada para aludir à espécie mais comum, mais corriqueira de *conceito*, cuja construção está submetida a algum grau de indeterminação (*fenômeno da indeterminação conceitual*). Em suma, ainda que de modo impreciso, a expressão "conceito jurídico indeterminado" revela apenas que não se trata de um *conceito absolutamente determinado* (espécie excepcional de conceito, de rara caracterização, especialmente no Direito). O *fenômeno da indeterminação conceitual* é atinente às condições de possibilidade e aos limites da compreensão--interpretação humana.

Convém observar que a causa para uma eventual revisão de ato em que haja a presença de um conceito com algum grau de indeterminação (ou um conceito que não seja absolutamente determinado) é o surgimento de divergência interpretativa atinente a um dos três fatores que consubstanciam a indeterminação conceitual. Como demonstrado, o fenômeno da indeterminação conceitual está presente na construção do conhecimento – compreensão-interpretação-aplicação – em geral (não apenas do jurídico) e decorre da dificuldade (a) de se construir o conceito de certo objeto, ou (b) de se construir o conceito de uma classe de objetos, ou (c) de se concluir que o conceito de certo objeto corresponde ao conceito de certa classe de objetos.

Em função dos argumentos despendidos, *discricionariedade* refere--se à atribuição de uma margem de liberdade de escolha entre equivalentes ou indiferentes jurídicos, o que se apresenta de duas formas:

a) por meio de norma de produção normativa ou de competência superior, que confere atribuição a certo sujeito de dispor sobre parte do conteúdo de norma a ser produzida; ou

b) está relacionada à margem de liberdade para cumprir certa conduta, margem de liberdade que pode ser de natureza material, temporal ou espacial, conforme disposto na correspondente norma de conduta.

No caso de existência de discricionariedade (atribuição de uma margem de liberdade de escolha), a causa para uma eventual revisão do ato (i) está ligada ao descumprimento dos limites conferidos pela correspondente norma de produção normativa, quando restará caracterizada a invalidade da norma produzida (p.ex., foram ultrapassados os limites financeiros para realizar um contrato); ou (ii) está relacionada ao cumprimento da conduta em dissonância com a margem de liberdade de escolha conferida.

Importa observar que a efetiva caracterização de discricionariedade existirá somente na hipótese em que a escolha realizada estiver em consonância com os limites normativos, em especial os constitucionais, quando não poderá ser substituída a escolha feita por uma pessoa pela simples escolha ou pela mera preferência de outra pessoa, inclusive a de um juiz. Esse aspecto é bem ressaltado por Barroso (2012, p. 50):

> Não apenas os princípios constitucionais gerais já mencionados, mas também os específicos, como moralidade, eficiência e, sobretudo, a razoabilidade-proporcionalidade permitem o controle da discricionariedade administrativa (observando-se, naturalmente, a contenção e a prudência, para que não se substitua a discricionariedade do administrador pela do juiz).

Ante a saturação de valores, princípios e normas no sistema constitucional brasileiro, a existência de uma efetiva atribuição de discricionariedade é de difícil caracterização. Observa-se que a simples referência ao desgastado binômio "conveniência e oportunidade", em rigor, não informa a existência de discricionariedade, pois são simplesmente conceitos com elevado grau de indeterminação, cujo sentido terá que ser construído e poderá ser revisto com base em interpretação, a qual levará em conta tanto o conteúdo da norma quanto as circunstâncias de fato. Falar simplesmente em "conveniência e oportunidade" não pode representar e não se confunde com a estrita atribuição de *discricionariedade*. Quando há *discricionariedade* resta caracterizada a atribuição de margem de liberdade de escolha entre equivalentes ou indiferentes jurídicos, escolha que, nestes estritos termos, não pode ser sindicada ou substituída pela de outra pessoa.

Uma última observação, que vai além de uma mera preferência terminológica. Considera-se mais adequada a expressão *discricionariedade* em comparação com as expressões *poder discricionário* ou *ato discricionário*. A discricionariedade é uma técnica jurídica que confere certa margem de liberdade de escolha ao se praticar um ato. Isso não torna esse ato discricionário, pois essa margem de liberdade de escolha não abrange todos os aspectos do ato, no caso de cumprimento de norma de conduta, nem afasta os requisitos formais (sujeito competente e procedimento) e materiais (declaração prescritiva condicionada) estabelecidos pela correspondente norma de produção normativa para a produção do ato veiculador de norma. Estes requisitos não são discricionários, mas sim vinculados, pois informam a validade do ato a ser produzido[16]. A presença de normas de competência ou de produção normativa que regulam a produção desses atos, em especial as de natureza constitucional, revelam o quão indevido é se cogitar do uso da expressão *poder discricionário.*

2.3. A construção das noções de *interpretação* e *aplicação* no Direito – a construção axiológica racional

2.3.1. O Direito e as teses da neutralidade objetiva

Na Teoria Geral do Direito, dentre as diversas teses relativas à defesa da neutralidade valorativa do Direito, três podem ser destacadas.

De acordo com a primeira tese, a *análise do conceito de Direito*, a *determinação de qual é a sua natureza*, deve levar em conta seus elementos característicos e prescinde de considerações de índole valorativa, pelo que é cabível uma análise conceitual de caráter exclusivamente objetivo e descritivo.

Conforme a segunda tese, a determinação do conteúdo do Direito pode ser feita exclusivamente com base em fatos sociais, os quais podem ser descritos sem que se recorra a considerações valorativas, de forma objetiva.

Pela terceira tese, a interpretação do produto decorrente dos fatos sociais (em geral, textos) prescinde de considerações de natureza valorativa, pelo que é cabível uma análise conceitual de caráter exclusivamente objetivo e descritivo.

Poder-se-ia denominar, para fins de simplificar a comunicação, respectivamente de: tese da neutralidade objetiva referente ao conceito de Direito; tese da neutralidade objetiva referente ao conteúdo do Direito; e tese da neutralidade objetiva referente à interpretação do Direito. Essas teses ainda que tenham semelhanças, devem ser diferençadas, pois elas são independentes entre si, pelo que podem, em graus diferentes, estar ou não presentes na teoria de um mesmo autor.

16 Nesse sentido, José dos Santos Carvalho Filho (2016, p. 228) observa que "o administrador não é livre em relação a todos os requisitos de validade do ato. Quando se trata da competência, da finalidade e da forma, o administrador atua vinculadamente, e isso porque não pode exercer juízo de valor sobre tais elementos".

Kelsen (1991, p. 1), ao aludir à pureza de sua teoria, afirma:

> A Teoria Pura do Direito é uma teoria do Direito positivo – do Direito positivo em geral, não de uma ordem jurídica especial. [...] Como teoria, quer única e exclusivamente conhecer o seu próprio objeto. Procura responder a esta questão: o que é e como é o Direito? Mas já não lhe importa a questão de saber como deve ser o Direito, ou como deve ele ser feito. É ciência jurídica e não política do Direito.

Kelsen (1991, p. 63-75) complementa seu pensamento com alguns outros pontos relevantes: Direito e Moral não se confundem – o Direito existe, vale independentemente da Moral (tese da separação entre Direito e Moral), por força de ação (positivação) humana, de fatos sociais (tese das fontes); o Direito regulamenta a conduta exterior, com coercitividade; a Moral regulamenta a conduta interior (ainda que tenha reflexos externos), sem coercitividade; a Moral é relativa, pois há vários sistemas morais, profundamente diferentes uns dos outros, à medida que não há valores absolutos; do ponto de vista científico do Direito positivo, a legitimação do Direito positivo por uma ordem moral diferente da ordem jurídica é irrelevante, pois cabe à ciência conhecer e descrever, não valorar ou apreciar seu objeto.

Cabe, ainda, aduzir que Kelsen distingue a interpretação do Direito realizada pelo órgão que o aplica (principalmente o órgão judicial) da interpretação do Direito realizada pelas demais pessoas, inclusive pela ciência jurídica. Concebe que a interpretação da ciência jurídica é pura determinação cognoscitiva, é não autêntica, cabendo-lhe indicar as possibilidades de sentido existente. Por outro lado, a interpretação pelo órgão aplicador do Direito combina a interpretação cognoscitiva com a escolha (ato de vontade) entre as diferentes possibilidades de interpretação, o que sempre envolve um processo de criação jurídica, que, pode estar informado por normas que não são do Direito positivo (normas de Moral, de Justiça ou juízos sociais de valor). Como assenta Kelsen (1991, p. 368):

> Justamente por isso, a obtenção da norma individual no processo de aplicação da lei é, na medida em que nesse processo seja preenchida a moldura da norma geral, uma função voluntária.
>
> Na medida em que, na aplicação da lei, para além da necessária fixação da moldura dentro da qual se tem de manter o ato a pôr, possa ter ainda lugar uma atividade cognoscitiva do órgão aplicador do Direito, não se tratará de um conhecimento do Direito positivo, mas de outras normas que, aqui, no processo da criação jurídica, podem ter a sua incidência: normas de Moral, normas de Justiça, juízos sociais de valor que costumamos designar por expressões correntes como bem comum, interesse do Estado, progresso, etc.

E complementa (KELSEN, 1991, p. 370):

> Sobretudo, porém, deve-se distinguir rigorosamente a interpretação do Direito feita pela ciência jurídica, como não autêntica, da interpretação realizada pelos órgãos jurídicos.
> A interpretação científica é pura determinação cognoscitiva do sentido das normas jurídicas. Diferentemente da interpretação feita pelos órgãos jurídicos, ela não é criação jurídica. [...] A interpretação jurídico-científica não pode fazer outra coisa senão estabelecer as possíveis significações de uma norma jurídica. Como conhecimento do seu objeto, ela não pode tomar qualquer decisão entre as possibilidades por si mesma reveladas, mas tem de deixar tal decisão ao órgão que, segundo a ordem jurídica, é competente para aplicar o Direito.

Uma análise da perspectiva de Kelsen de acordo com as três teses de neutralidade objetiva descritas permite algumas observações interessantes. Sua pretensão de construir uma teoria pura, que não se confunda com a psicologia, a sociologia, a ética e a teoria política, o conduz ao entendimento de que o Direito decorre de fatos que prescindem de considerações de natureza valorativa, o que possibilita que seja assumida uma postura objetiva e descritiva acerca dos elementos que caracterizam o que seja Direito (tese da neutralidade objetiva referente ao conceito de Direito). Ao mesmo tempo, concebe que o conteúdo do Direito (suas normas) é produto de fatos sociais produzidos, postos, positivados pelos seres humanos e que podem ser descritos independentemente de considerações morais, a partir de normas superiores que informam, que fundamentam a validade de normas inferiores (tese da neutralidade objetiva referente ao conteúdo do Direito). Enfim, a interpretação desses fatos sociais deve ser realizada de forma a prescindir de considerações morais, de natureza valorativa, com a adoção de um procedimento objetivo e descritivo. Em função da distinção que preconiza entre a interpretação dos órgãos que aplicam o Direito e a interpretação da Ciência do Direito, entende que somente esta possui caráter exclusivamente cognoscitivo (tese da neutralidade objetiva referente à interpretação do Direito). Portanto, Kelsen parece que adota a tese da neutralidade objetiva referente ao conceito de Direito e a tese da neutralidade objetiva referente ao conteúdo do Direito; todavia, adota a tese da neutralidade objetiva referente à interpretação do Direito no tocante à interpretação realizada pela ciência do Direito e a rejeita quanto à interpretação dos órgãos que aplicam o Direito.

Hart (1996, pp. 300-301), no Posfácio de seu *Conceito de direito*, assenta que:

> O meu objetivo neste livro foi o de fornecer uma teoria sobre o que é direito, que seja, ao mesmo tempo, geral e descritiva. Geral, no sentido de que não

> está ligada a nenhum sistema ou cultura jurídica concretos, mas procura dar um relato explicativo e clarificador do direito como instituição social e política complexa, com uma vertente regida por regras (e, nesse sentido, "normativa". [...] O meu relato é descritivo, na medida em que é moralmente neutro e não tem propósitos de justificação; não procura justificar ou recomendar, por razões morais ou outras, as formas e estruturas que surgem na minha exposição geral do direito, embora uma compreensão clara destas constitua, penso eu, um ponto preliminar importante, relativamente a qualquer crítica moral do direito que seja útil.

Hart (1996, pp. 220-221) reconhece a influência da Moral sobre o Direito, ao expor que a Moral ingressa no Direito de forma abrupta pela legislação e de forma silenciosa e paulatina pelas decisões judiciais. Adverte que a atividade de interpretação judicial não é cega, arbitrária nem mecânica, à medida que, especialmente em questões de alta importância constitucional, envolve escolhas que devem estar fundamentadas em princípios morais:

> Os juízes não estão confinados, ao interpretarem, quer as leis, quer os precedentes, às alternativas de uma escolha cega e arbitrária, ou à dedução "mecânica" de regras com um sentido predeterminado. A sua escolha é guiada muito frequentemente pela consideração de que a finalidade das regras que estão a interpretar é razoável, de tal forma que não se pretende com as regras criar injustiças ou ofender princípios morais assentes. Uma decisão judicial, especialmente em questões de alta importância constitucional, envolve frequentemente uma escolha entre valores morais e não uma simples aplicação de um único princípio moral proeminente; será tolice acreditar que, quando o significado do direito é objecto de dúvidas, a moral tem sempre uma resposta clara a dar.

Cumpre observar que Hart (1996, p. 331), no Posfácio de seu *Conceito de Direito*, reitera que "embora haja muitas conexões contingentes entre o Direito e a Moral, não há conexões conceptuais necessárias entre o conteúdo do Direito e o da Moral, e daí que possam ter validade, enquanto regras ou princípios jurídicos, disposições moralmente iníquas".

A apreciação das ideias apresentadas por Hart permite considerar que ele adota duas das três teses de neutralidade. Seu objetivo foi elaborar uma teoria geral e descritiva sobre o que é Direito, mediante um relato moralmente neutro, o que permite concluir que ele adota a tese da neutralidade objetiva referente ao conceito de Direito. Ele preconiza que o conteúdo do Direito é produzido a partir de fatos sociais, os quais podem ser descritos sem que se recorra a considerações valorativas, conteúdo que é composto pela combinação de normas primárias e secundárias, com destaque para o papel primordial do que denomina norma de reconhecimento e do papel fundante da norma última de reconhecimento, que pode ou não ter conteúdo moral (tese da neutralidade objetiva referente ao conteúdo do Direito). De modo semelhante a Kelsen, parece reconhecer a tese da neutralidade objetiva referente à interpretação do Direito no tocante à interpretação realizada pela Ciência do Direito, mas não quanto à interpretação dos órgãos que aplicam o Direito.

Ross (1994, pp. 31-32), apesar de adotar um modelo realista e de, no capítulo intitulado El concepto de "derecho vigente", considerar que o problema da definição de "direito" ou "ordem jurídica" (expressão que prefere) é inútil, posiciona-se no sentido do caráter descritivo, neutro e objetivo da Ciência do Direito:

> La función de la ciencia del derecho es exponer un determinado sistema nacional individual de normas. Existen varios otros sistemas individuales que en mayor o menor grado se le parecen, por ejemplo, otros órdenes nacionales, el derecho internacional, el orden social de una comunidad primitiva que no tiene organización alguna que lo establezca o preserve, el orden de una banda de delincuentes, el orden impuesto por la potencia ocupante en un país ocupado, etc. Todos estos órdenes o sistemas son hechos, nos gusten o no nos gusten. Necesitamos una palabra para describir estos hechos, y es simplemente una cuestión terminológica, carente de toda inferencia moral, decidir si elegimos para este propósito la palabra "derecho" o cualquier otro término. No sería práctico negarnos a usar la palabra "derecho" para aludir a sistemas que no nos gustan. Que el orden que prevalece en una banda, por ejemplo, sea denominado "orden jurídico" (derecho de la banda), es un problema que, considerado científicamente, es decir cuando la palabra "derecho" es liberada de su carga emotivo-moral, no pasa de ser una arbitraria cuestión de definición. Se ha sostenido que el sistema de violencia impuesto por Hitler no era un orden jurídico, y el "positivismo" jurídico ha sido acusado de traición moral por su reconocimiento no critico de que tal orden era derecho.
> Pero una terminología descriptiva nada tiene que hacer con la aprobación o reprobación moral. Puedo considerar a cierto orden como un "orden jurídico", y al mismo tiempo entender que mi deber moral más alto es derrocarlo.[17]

---

17 O trecho correspondente na tradução é: "A função da ciência do direito é expor um determinado sistema nacional individual de normas. Existem vários outros sistemas individuais que em maior ou menor grau se assemelham a ele, por exemplo, outras ordens nacionais, o direito internacional, a ordem social de uma comunidade primitiva que não tem organização alguma para estabelecê-la ou preservá-la, a ordem de um bando de criminosos, a ordem imposta pelo poder ocupante em um país ocupado, etc. Todas estas ordens ou sistemas são fatos, gostemos deles ou não. Precisamos de uma palavra para descrever esses fatos, e é simplesmente uma questão terminológica, desprovida de qualquer inferência moral, decidir se escolhemos a palavra "direito" ou qualquer outro termo para esse fim. Não seria prático negarmos o uso da palavra "direito" para aludir a sistemas que não gostamos. Que a ordem que prevalece em uma gangue, por exemplo, seja chamada de "ordem

Esclarece, ainda, Ross (1994, p. 135) acerca da natureza dúplice da atividade interpretativa que desempenham os juízes ao decidir os conflitos:

> Podemos decir, en definitiva, que la administración del derecho no se reduce a una mera actividad intelectual. Está arraigada en la personalidad total del juez, tanto en su conciencia jurídica formal y material como en sus opiniones y puntos de vista racionales. Se trata de una interpretación constructiva, que es a la vez conocimiento y valoración, pasividad y actividad.
> Para llegar a una verdadera comprensión de la función del juez es importante subrayar esta naturaleza doble. Pero al mismo tiempo hay que reconocer que la distinción entre la función cognoscitiva y la valorativa es artificial, en la medida en que ambas se fusionan en la práctica. lo que imposibilita decir con precisión dónde termina una y dónde comienza la otra. Esto es así porque es imposible para el propio juez, así como para los demás distinguir entre las valoraciones en las que se manifiestan las preferencias personales del juez y las valoraciones atribuidas al legislador, que son, por lo tanto, datos para una interpretación puramente cognoscitiva.[18]

A posição defendida por Ross, em que pese perfilhar um modelo realista, guarda parecença com as de Kelsen e Hart. Ross entende que o conceito de Direito pode ser descrito independentemente de considerações de natureza valorativa. Concebe que o conteúdo do Direito,

---

legal" (direito da gangue), é um problema que, considerado cientificamente, ou seja, quando a palavra "direito" é libertada de sua carga emocional-moral, não é mais do que uma questão arbitrária de definição. Argumentou-se que o sistema de violência imposto por Hitler não era uma ordem jurídica, e o "positivismo" jurídico foi acusado de traição moral por seu reconhecimento não critico de que tal ordem era direito.
Mas uma terminologia descritiva não tem nada que fazer com a aprovação ou desaprovação moral. Posso considerar uma certa ordem como uma "ordem jurídica" e, ao mesmo tempo, entender que meu maior dever moral é derrubá-la."

18 O trecho correspondente na tradução é: "Podemos dizer, em definitivo, que a administração do direito não se reduz a uma mera atividade intelectual. Está enraizado na personalidade total do juiz, tanto em sua consciência jurídica formal e material quanto em suas opiniões e pontos de vista racionais. É uma interpretação construtiva, que é conhecimento e valoração, passividade e atividade.
Para chegar a uma verdadeira compreensão do papel do juiz, é importante sublinhar essa natureza dual. Mas, ao mesmo tempo, deve-se reconhecer que a distinção entre a função cognitiva e a valorativa é artificial, na medida em que as duas estão fundidas na prática. o que torna impossível dizer com precisão onde termina um e começa o outro. Isso é assim porque é impossível para o próprio juiz, assim como os demais, distinguir entre as valorações em que as preferências pessoais do juiz se manifestam e as valorações atribuídas ao legislador, que são, portanto, dados para uma interpretação puramente cognitiva."

sem olvidar as especificidades decorrentes da sua perspectiva realista, é decorrente de fatos sociais, sem a necessidade de inferências morais, o que lhe permite reconhecer que uma norma considerada injusta ou imoral pertence ao Direito. Confere à Ciência do Direito a função de realizar uma interpretação de índole descritiva do conteúdo do Direito, com independência de valorações morais. Contudo, quanto à atividade de interpretação desenvolvida pelos juízes, considera que ela apresenta aspectos cognitivos e valorativos.

Assim, Ross adota a tese da neutralidade objetiva referente ao conceito de Direito, bem como a tese da neutralidade objetiva referente ao conteúdo do Direito. A tese da neutralidade objetiva referente à interpretação do Direito é adotada para a interpretação realizada pela Ciência do Direito e afastada quanto à interpretação desempenhada pelos juízes.

Bobbio, que adota um positivismo moderado, no contexto do exame do *positivismo jurídico como teoria*, afirma ser fundada a crítica no sentido do descabimento da Teoria da Interpretação Lógica ou Mecanicista do Direito, pois o juiz não se limita à mera aplicação da lei com base num procedimento puramente lógico quando realiza a interpretação do Direito. Por outro lado, Bobbio (1995, p. 238) adota o *positivismo jurídico como método* e esclarece o que significa a abordagem avalorativa do Direito feita pelo positivismo jurídico:

> O positivismo jurídico nasce do esforço de transformar o estudo do direito numa verdadeira e adequada *ciência* que tivesse as mesmas características das ciências físico-matemáticas, naturais e sociais. Ora, a característica fundamental da ciência consiste em sua *avalorativida de*, isto é, na distinção entre *juízos de fato* e *juízos de valor* e na rigorosa exclusão destes últimos do campo científico: a ciência consiste somente em juízos de fato. O motivo dessa distinção e dessa exclusão reside na natureza diversa desses dois tipos de juízo: o *juízo de fato* representa uma *tomada de conhecimento da realidade*, visto que a formulação de tal juízo tem apenas a finalidade de *informar*, de comunicar a um outro a minha constatação; *o juízo de valor* representa, ao contrário, uma *tomada de posição frente à realidade*, visto que sua formulação possui a finalidade não de informar, mas de *influir* sobre o outro, isto é, de fazer com que o outro realize uma escolha igual à minha e, eventualmente, siga certas prescrições minhas. [...] A ciência exclui do próprio âmbito os juízos de valor, porque ela deseja ser um conhecimento puramente *objetivo* da realidade, enquanto os juízos em questão são sempre *subjetivos* (ou pessoais) e consequentemente contrários à exigência da objetividade (BOBBIO, 1995, p. 135).

Consequentemente, pode-se dizer que Bobbio aceita a tese da neutralidade objetiva referente ao conceito de Direito, tal como aceita a tese da neutralidade objetiva referente ao conteúdo do Direito. A tese da neutralidade objetiva referente à interpretação do Direito é adotada para a interpretação realizada pela Ciência do Direito e afastada quanto à interpretação desempenhada pelos juízes.

Joseph Raz (1994, pp. 194-195), em seu livro *Ethics in the Public Domain – Essays in the Morality of Law and Politics*, apresenta uma interessante perspectiva sobre o tema. Segundo Raz, nos últimos anos, três teses referentes à relação entre o Direito e a moralidade têm sido defendidas, quais sejam, a tese das fontes, a tese da incorporação e a tese da coerência. De acordo com a tese das fontes, a existência e o conteúdo do Direito são determinados com base no que estabelecem certas fontes. A tese da incorporação preconiza que ou o Direito tem como base fontes ou decorre de lei baseada na fonte. Por seu turno, conforme a tese da coerência, o Direito consiste em leis baseadas em fontes juntamente com a justificativa moral da lei baseada na fonte.

Raz esclarece que um Direito tem como base a tese das fontes se a sua existência e seu conteúdo são apenas identificados a partir de fatos sociais, sem que se recorra a qualquer argumento valorativo. Considera que as três teses atribuem à fonte um papel especial na identificação do Direito, contudo, as teses da incorporação e da coerência permitem que o Direito possa ser enriquecido por leis não baseadas na fonte (fatos sociais, sem recurso a qualquer argumento valorativo) de maneiras diversas. Destaca, inclusive, que a tese da coerência insiste que todo sistema jurídico necessariamente inclui estas leis. Raz afirma que seu principal objetivo é defender a tese das fontes contra frequentes mal-entendidos e apresentar uma razão para preferir a tese das fontes às outras duas. Considerando a posição exposta por Raz no aludido livro, pode-se inferir que ele, expressamente, adota a tese da neutralidade objetiva referente ao conceito de Direito, tal como a tese da neutralidade objetiva referente ao conteúdo do Direito.

Luigi Ferrajoli (FERRAJOLI, 2002, p. 289) apresenta sua perspectiva sobre a neutralidade objetiva no Direito na era da constitucionalização dos direitos fundamentais em seu livro *Direito e Razão*, onde desenvolve sua teoria do garantismo, que, vai muito além do âmbito criminal, pois tem como base reflexões sobre filosofia, epistemologia, ética, lógica, teoria e ciência do direito, história das doutrinas e instituições jurídicas, acrescidas da sua experiência como magistrado. Nas palavras do jurista italiano (FERRAJOLI, 2002, p. 289):

> A definição teórica de "direito válido" – conforme o princípio metacientífico do positivismo jurídico expressado por nossa terceira tese acerca da separação entre direito e moral – continua sendo, portanto, ideologicamente neutra: é válida ainda que seja injusta qualquer norma ou preceituação que esteja conforme as normas acerca da sua produção. O que acontece é que entre as normas acerca da produção de normas, o moderno Estado cons-

> titucional de direito tem introduzido múltiplos princípios ético-políticos ou de justiça que impõem valorações ético-políticas das normas produzidas e atuam como parâmetros ou critérios de legitimidade e ilegitimidade não mais externos ou jusnaturalistas, senão internos ou juspositivistas. [...] A especificidade do moderno Estado constitucional de direito está precisamente no fato de que as condições de validade estabelecidas por suas leis fundamentais incorporam não só requisitos de regularidade formal, senão também condições de justiça material.

Sob a ótica da interpretação judicial esclarece Ferrajoli (2002, p. 34):

> Daí segue que não só é estranha, mas também incompatível com a epistemologia garantista, a ideologia mecanicista da aplicação da lei, expressada na célebre frase de Montesquieu: "Os juízes da nação não são, como temos dito, mais do que a boca que pronuncia as palavras da lei, seres inanimados que não podem moderar nem a força nem o rigor das leis".

O posicionamento de Ferrajoli revela que seu entendimento teórico acerca do que é o Direito válido toma como premissa a separação entre o Direito e a Moral, pelo que é ideologicamente neutro, o que permite dizer que ele acata a tese da neutralidade objetiva referente ao conceito de Direito. Ao entender que o Direito regula a criação de suas normas por meio de normas de produção de normas e que, ainda que sejam consideradas injustas, as normas jurídicas permanecem como válidas juridicamente, Ferrajoli parece adotar a tese da neutralidade objetiva referente ao conteúdo do Direito. Contudo, ressalta que os sistemas contemporâneos incorporaram proposições ético-políticas ou de justiça, que funcionam como condições de validade material das normas infraconstitucionais. Desse modo, a adoção da tese da neutralidade referente ao conteúdo do Direito, considerada a realidade constitucional predominante nos sistemas jurídicos atuais, perde muito sua importância prática, pois, provavelmente, tais normas consideradas "injustas" seriam declaradas inconstitucionais pelo órgão judicial competente. Sob a ótica interpretativa, Ferrajoli afasta a tese da neutralidade objetiva para a atividade interpretativa judicial.

Em congresso internacional realizado no ano de 2010 em Girona, cujo tema central foi a neutralidade no Direito, ocorreram intensos e profícuos debates entre juristas provenientes de mais de vinte países, o que resultou na publicação de uma obra intitulada *Neutralidad y Teoria del Derecho* (2012). Dentre diversas perspectivas, destacam-se a de três jusfilósofos, que, ao menos em algum aspecto, são favoráveis à neutralidade valorativa no Direito: Eugenio Bulygin; Bruno Celano; e Kevin Walton.

Eugenio Bulygin (2012, pp. 72-73), no artigo intitulado *Alexy entre el Positivismo y el No-Positivismo*, critica o posicionamento de

Robert Alexy e apresenta seus argumentos em favor da neutralidade no Direito:

> El reconocimiento de que "la tesis positivista de la separación es desde el punto de vista del observador esencialmente correcta" pone fin al debate entre el positivismo y el no-positivismo, al menos en lo concerniente al concepto de derecho, porque el positivismo no está interesado en la aplicación del derecho, sino en su identificación. La tesis positivista de la separación significa que los contenidos de un sistema jurídico pueden ser determinados sin referencia alguna a la moral. En este punto están de acuerdo todos los positivistas serios desde BENTHAM, KELSEN, y HART, a RAZ y HOERSTER, y ALEXY está de acuerdo también, lo cual podría sorprender a algunos de sus seguidores. Por el otro lado, ningún positivista niega que los jueces a menudo usen argumentos morales. [...] Tengo la impresión de que esta discrepancia parece más bien verbal. ALEXY no es muy entusiasta sobre el reconocimiento ele que un orden normativo injusto puede ser considerado derecho, aunque no lo niega, en tanto que un positivista afirma que el derecho positivo, como cualquier otro producto de la actividad humana puede ser bueno o malo, justo o injusto. Al negamos a llamar "derecho" a un orden normativo injusto, no le quitamos su injusticia. Los órdenes normativos injustos por cierto merecen ser agudamente criticados, pero no hay razón para no llamarlos "órdenes jurídicos".[19]

Bulygin tem sido um grande defensor do que chama de tese positivista da separação entre o Direito e a Moral, a qual, ao menos sob a perspectiva do observador, entende ser essencialmente correta, aduzindo que o positivismo jurídico está interessado na identificação do Direito, não na sua aplicação. Assevera que tanto a determinação do que é o Direito como a identificação do conteúdo do Direito podem ser feitas independentemente de considerações morais, pelo que a conexão en-

19 O trecho correspondente na tradução é: "O reconhecimento de que "a tese positivista da separação é essencialmente correta do ponto de vista do observador" põe fim ao debate entre positivismo e não positivismo, pelo menos no que diz respeito ao conceito de direito, porque o positivismo não é interessado na aplicação da lei, mas na sua identificação. A tese positivista da separação significa que o conteúdo de um sistema jurídico pode ser determinado sem qualquer referência à moralidade. Nesse ponto, todos os positivistas sérios, desde de BENTHAM, KELSEN e HART, a RAZ e HOERSTER, e ALEXY também concorda, o que poderia surpreender alguns de seus seguidores. Por outro lado, nenhum positivista nega que os juízes costumam usar argumentos morais. [...] Tenho a impressão de que essa discrepância parece um tanto verbal. ALEXY não se entusiasma muito com o reconhecimento de que uma ordem normativa injusta pode ser considerada direito, embora ele não o negue, enquanto um positivista afirma que o direito positivo, como qualquer outro produto da atividade humana, pode ser bom ou mau, justo ou injusto. Ao nos recusarmos a chamar uma ordem normativa injusta de "direito", não removemos sua injustiça. As ordens normativas injustas certamente merecem ser duramente criticadas, mas não há razão para não as chamar de "ordens jurídicas"."

tre a Moral e o Direito não é necessária, mas apenas contingente. Nesse sentido, Bulygin adota a tese da neutralidade objetiva referente ao conceito de Direito e também a tese da neutralidade objetiva referente ao conteúdo do Direito. De outra sorte, acerca da interpretação, Bulygin parece acatar a tese da neutralidade objetiva referente à interpretação do Direito quando a interpretação é realizada pela ciência do Direito, mas admite que a atividade interpretativa judicial pode ser desenvolvida com recurso a argumentos morais.

Bruno Celano, em artigo intitulado *Positivismo Jurídico Normativo, Neutralidad y Estado de Derecho*, aponta as vantagens de se adotar uma postura neutra com relação ao Direito. Entende que, acaso se pretenda sustentar que há um sentido em que o Direito deve ser neutro, e se houver o desejo de atribuir um sentido claro, determinado e respeitável a essa ideia, sob pena de ela ser preocupantemente vaga e genérica, então é possível firmar que há uma boa razão para sustentar que o Direito deveria atender a tese das fontes (TF) e adotar as exigências do Estado de Direito Iluminista (EDI), o que, em suma, permitiu que concluísse que há boas razões para defender o positivismo jurídico normativo (PJN). Para Celano (2012, p. 274):

> Las leyes que satisfacen la TF y cumplen con la desiderata del ED alcanzan la neutralidad como indiferencia (en el caso de los problemas de coordinación propiamente dichos) y la neutralidad como equidad (vía la fiabilidad de las expectativas mutuas, en los casos de problemas de interacción y de desacuerdo en los que el conflicto suele adquirir cierta envergadura). Asimismo, las leyes que cumplen con la desiderata del EDI o pueden alcanzar la neutralidad como igual respeto vía la inherente neutralidad de las prescripciones.
> Ambas perspectivas se combinan en el EDI. La primera conexión se combina con la segunda. Cuando el derecho satisface la TF y cumple con las exigencias del EDI, la equidad y el respeto hacia las personas se manifiestan en la estructura del derecho. O, en palabras de RAZ, "la observancia del Estado de derecho es necesaria si el derecho ha de respetar la dignidad humana" (RAZ, 1977: 221).

Celano, no mencionado artigo, ao combinar a tese das fontes com aquilo que requer o por ele denominado *Estado de Direito Iluminista*, acaba por adotar tanto a tese da neutralidade objetiva referente ao conceito de Direito quanto a tese da neutralidade objetiva referente ao conteúdo do Direito.

Por fim, Kevin Walton (2012, p. 404), no artigo publicado sob o título *Metodología de la Teoría del Derecho: ¿Es posible una interpretación pura?*, declara, expressamente, sua preferência pela adoção de uma interpretação pura do Direito, com o que rejeita a realização de uma interpretação moralista, que demande a menção a valores morais para fundamentar uma interpretação da prática jurídica:

> Ninguna de las tres objeciones que se plantean en contra de la posibilidad de una interpretación pura es correcta. Ni la creencia de que los teóricos puros siempre están en desacuerdo, ni la percepción de que no tienen ningún impacto sobre las conductas que describen, ni la afirmación de que no son capaces de dar sentido a las prácticas que tienen contenido moral, demuestran la necesidad de una interpretación moralista. Mi rechazo actual de la necesidad de que un teórico cite valores morales para sustentar una interpretación de la práctica jurídica es rotundo. En virtud de que únicamente he examinado tres objeciones a la posibilidad de una interpretación pura, no obstante, mi conclusión de que un filósofo del derecho puede basarse exclusivamente en normas meta-teóricas es provisional. Sin embargo, me gustaría concluir este trabajo manifestando mi preferencia por el análisis puro y apelando a una mayor confianza en él con la esperanza de que su frecuente aplicación demuestre su valor relativo. Después de todo, como advierte Neil MacCormick, "la prueba más importante de cualquier método de investigación es [...] la calidad de los resultados obtenidos".

Walton, que tem como propósito no citado artigo apreciar a possibilidade de explicar o que é Direito e qual é seu conteúdo sem recurso a considerações morais, procura demonstrar que três teses contrárias a essa possibilidade não procedem, quais sejam: a tese da valoração moral, a tese da justificação moral e a tese das consequências morais. Ele, que admite que pode alterar seu posicionamento ante a apresentação de outros argumentos, preconiza a tese da neutralidade objetiva referente à interpretação do Direito.

2.3.2. Interpretação e aplicação

Nesse momento, serão retomadas e esclarecidas algumas questões fundamentais para os fins desse trabalho:

a) Qual o sentido utilizado para interpretação no Direito?
b) Qual o sentido utilizado para aplicação no Direito?
c) A interpretação e a aplicação jurídicas podem ser realizadas de forma neutra e objetiva ou envolvem considerações valorativas e subjetividade?
d) A interpretação e a aplicação descrevem ou criam o Direito?

Essas questões estão intimamente relacionadas e são mutuamente implicantes, pelo que as respostas serão apresentadas considerando essa condição. As respostas relativas às letras "a" e "b" serão apresentadas neste item; a relativa à letra "c", nos itens 2.3.3 a 2.3.3.3; e a relativa à letra "d", no item 2.3.4.

A partir das contribuições teóricas analisadas anteriormente, em especial as de Gadamer e de Heidegger, pode-se dizer que, no processo de construção de sentido, o ser humano tem, na compreensão, um projetar para o mundo, uma abertura para um universo de possibilidades de sentido. Assim, a interpretação significa construção de sentido, com valoração e uso da razão, socioculturalmente informada, que pode ter como objeto algo que já se apresenta em forma de linguagem (p.ex., um texto) ou um objeto não linguístico (p.ex., um evento da natureza). Salienta-se que, tanto no caso de objeto linguístico quanto no de objeto não linguístico, o sentido somente é construído com a interpretação. O ser humano não possui acesso ao dado bruto, pois o que lhe chega já possui a estrutura da explicitação do compreendido, já é o objeto interpretado, ainda que o processo de construção de sentido continue sendo continuamente aprofundado e aperfeiçoado.

A consciência hermenêutica demanda conceber que a construção do conhecimento parte de uma pré-compreensão para a projeção de possibilidades de sentido, e que se dá mediante o percurso que se perfaz do ponto inicial à conclusão, submetida a uma constante revisão, sem que se esteja limitado a uma mera recuperação ou descoberta de noções passadas (*círculo hermenêutico*). O compreender-interpretar é sempre um atuar do ser humano. Esse ser humano é formado por valores, sentimentos, afetos, razão, pré-conceitos, conceitos, crenças, expectativas, aspirações, pretensões, etc. O que *é* esse ser humano está afetado por todo o horizonte das experiências passadas, pessoais e coletivas, que lhe chegam e pelas circunstâncias e condições em que vive, estando, assim, imerso num horizonte temporal e sociocultural, que se desloca à medida que ele vive. Esse quadro acaba por informar a sua visão passada, a atual e a pretendida do mundo, do qual ele próprio é sempre parte integrante. Assim, o ser humano encontra-se em permanente formação ou transformação. Essa mutabilidade humana, inevitavelmente, acaba por informar todo o objeto do mundo, isto é, acaba por informar todo o objeto compreendido-interpretado do mundo, o único objeto a que humanamente se tem acesso.

Gadamer (2017, p. 506) ressalta o fato de o conhecimento humano ser sempre dependente da interpretação, que o interpretar sempre depende do *ser* do intérprete e o *ser* do intérprete é afetado pelas experiências por ele vividas:

> Mas a interpretação não se limita aos textos e à compreensão histórica que neles se deve alcançar. Todas as estruturas de sentido concebidas como textos, desde a natureza *(interpretatio naturae,* Bacon), passando pela arte (cuja carência de conceitos [Kant] converte-se em exemplo preferencial de interpretação [Dilthey], até as motivações conscientes ou inconscientes da ação humana, são suscetíveis de interpretação. Essa pretende mostrar não o que é óbvio, mas as verdadeiras e latentes concreções de sentido da ação humana, mesmo que o faça revelando o ser real de cada um como o ser de

> sua própria história (P. Ricoeur), mostrando assim que os condicionamentos sociais e históricos determinam imperceptivelmente nosso pensamento. A psicanálise e a crítica da ideologia, como inimigos a se enfrentar ou aliados em uma síntese cética ou utópica (Adorno, Marcuse), devem submeter-se ainda a uma reflexão hermenêutica. Isso porque o que eles assim descobrem e compreendem não é independente da situação do intérprete. Nenhum campo interpretativo se dá aleatoriamente e muito menos "objetivamente". A reflexão hermenêutica mostra ao objetivismo do historicismo e da teoria positivista das ciências que eles agem a partir de pressupostos ocultos determinantes.

Ante essas condições e limitações humanas, é impossível compreender-interpretar com a exclusão do que *é* o ser interpretante. Essa perspectiva permite entender o primeiro sentido gadameriano de *aplicação*. Para Gadamer, compreensão, interpretação e aplicação (no primeiro sentido) integram o mesmo processo hermenêutico e, em toda a atividade voltada à compreensão-interpretação, há essa *aplicação* à atual situação hermenêutica do intérprete, o que, insta reiterar, afeta o resultado da compreensão-interpretação, o objeto compreendido-interpretado.

Doravante, salvo se for necessário ou conveniente destacar, a referência ao processo hermenêutico unitário (compreensão-interpretação-aplicação[20]) será feita mediante o uso apenas da expressão *interpretação*.

Urge lembrar que Gadamer usa o termo *aplicação* num segundo sentido, sem que essa duplicidade de sentidos tenha sido por ele salientada, quiçá percebida. A especificidade desse *segundo sentido de aplicação* é que sempre demanda a ocorrência de um caso concreto. É assim que ocorre na passagem em que Gadamer (2013, pp. 407-408) se refere à tensão entre o texto da lei e o sentido que alcança sua *aplicação* ao instante *concreto* da interpretação quando um juiz julga: "Tanto para a hermenêutica jurídica quanto para a teológica, é constitutiva a tensão que existe entre o texto proposto – da lei ou do anúncio – e o sentido que alcança sua aplicação ao instante concreto da interpretação, no juízo ou na pregação". A mesma forma de usar o termo aplicação é repetida quando Gadamer (2013, p. 409) afirma que "o conhecimento do sentido de um texto jurídico e sua aplicação a um caso jurídico concreto não são atos separados, mas um processo unitário". Para completar, Gadamer (2013, pp. 432-433), no momento que discorre sobre a hermenêutica jurídica, aborda os fenômenos da interpretação em concreto e da aplicação no segundo sentido, que podem ser realizados tanto por um advogado quanto pelo juiz:

20 O termo *aplicação*, neste ponto, está empregado no primeiro sentido gadameriano.

> A tarefa da interpretação consiste em concretizar a lei em cada caso, ou seja, é a tarefa da aplicação. A complementação produtiva do direito que se dá aí está obviamente reservada ao juiz, mas este encontra-se sujeito à lei como qualquer outro membro da comunidade jurídica. A ideia de uma ordem judicial implica que a sentença do juiz não surja de arbitrariedades imprevisíveis, mas de uma ponderação justa do conjunto. A pessoa que se tenha aprofundado na plena concreção da situação estará em condições de realizar essa ponderação justa. É por isso que existe segurança jurídica em um estado de direito, ou seja, podemos ter uma ideia daquilo com que estamos às voltas. A princípio, qualquer advogado ou conselheiro está capacitado para aconselhar corretamente, ou seja, para predizer corretamente a decisão do juiz com base nas leis vigentes.

Esse *segundo sentido gadameriano de aplicação* é o mais corrente nos discursos jurídicos, o qual sempre suscita a ocorrência de um caso concreto. É o que ocorre quando se fala que "o juiz aplicou uma lei". Isso significa dizer que, realizada a interpretação da lei e do fato, um juiz decide produzir um ato de natureza normativa (p.ex., prolatar uma sentença), pelo qual estabelece que, em função de ter ocorrido um fato correspondente ao previsto na lei, deve ser cumprido o efeito jurídico prescrito na mesma lei. Com mais rigor, poder-se-ia dizer que, em função de ter ocorrido um fato cujo conceito correspondente ao descrito no antecedente de uma norma legal, deve ser cumprido o efeito jurídico prescrito no consequente dessa norma legal. Nesses termos, falar que "uma lei foi aplicada a um caso concreto" representa falar que o sentido do fato construído pela interpretação guarda correspondência com o sentido da situação descrita no texto legal igualmente construído pela interpretação, o que, neste caso, teve como efeito a produção de uma nova norma, a norma veiculada pela sentença.

Além disso, pode-se dizer que outras normas também foram *aplicadas* durante o processo judicial. É o que acontece quando são cumpridas as normas de conduta que regulam o comportamento do juiz (deveres do juiz) e o das partes (deveres das partes) durante o processo judicial. Situação semelhante acontece quando se diz que "uma autoridade policial aplicou a ordem judicial de prender uma pessoa". Isso significa que, recebido o mandado judicial, a autoridade policial realiza a interpretação da linguagem nele contida e, mediante interpretação, constrói o sentido, que se revela como norma concreta e individual, e aplica essa norma, ou seja, cumpre a ordem de prender certa pessoa.

Observa-se que esse *segundo sentido gadameriano de aplicação* pode se referir a dois fenômenos distintos:

a) por exemplo, na expressão "o juiz *aplicou* a lei", *aplicação* representa a produção de uma nova norma – a norma veiculada pela sentença – por meio do exercício da competência conferida por uma norma legal de produção normativa; e

b) por exemplo, na expressão "a autoridade policial *aplicou* a ordem judicial de prender uma pessoa", *aplicação* representa o cumprimento por parte da autoridade policial da norma de conduta veiculada pelo mandado judicial de prisão.

Ante esse *segundo sentido* atribuído por Gadamer ao termo *aplicação*, é preciso fazer algumas observações. Gadamer afirma que a hermenêutica jurídica tem como base sempre um caso concreto a informar o processo unitário da compreensão-interpretação-aplicação da lei, diversamente da tarefa do historiador que não tem um caso concreto sob a sua análise, mas tem, à primeira vista, somente o texto legal.

Gadamer, nesse ponto, parece ter deixado de lado uma parcela muito importante da hermenêutica jurídica, à medida que sugere que só há interpretação jurídica quando surge um caso concreto para ser resolvido. Ora, desse modo, acaba por não conferir o necessário destaque para um importante momento da interpretação no Direito, que é o da construção de sentido para os enunciados de um texto legal.

Ao se produzir um texto jurídico voltado à regulação de comportamentos, há uma expectativa de que as pessoas passem a se conduzir da maneira prescrita segundo o veiculado na lei. Em outras palavras, a entrada em vigor do que prescreve uma lei tem como propósito fazer com que a conduta das pessoas seja informada por essa prescrição legal e que elas efetivamente se comportem segundo o que dispõe a lei. O texto jurídico – lei, p.ex. –, precisa ser compreendido, interpretado e aplicado (no primeiro sentido gadameriano) pelas pessoas, a fim de que essas tenham a possibilidade de vir a se comportar em consonância com o que está juridicamente prescrito. Mediante a interpretação abstrata do texto jurídico, as pessoas podem compreender, podem construir o sentido normativo da lei (norma jurídica) e, somente após essa construção de sentido normativo, essas pessoas podem cumprir o determinado pela lei, podem se comportar de acordo com o prescrito pela norma legal.

É possível destacar, dentre diversas, três funções das disposições do Direito especialmente relevantes para a compreensão dos fenômenos ora analisados: primeira – informadora de condutas lícitas que devem ser realizadas, acaso venham a ocorrer certos fatos (função abstrata e preventivamente informadora); segunda – informadora da conduta que deve ser seguida, em função de já ter ocorrido certo fato (função concretamente informadora); e a terceira, informadora de critérios que devem ser adotados por alguém que tenha que solucionar conflitos intersubjetivos (julgar), os quais podem decorrer da adoção de condutas não consonantes com o prescrito pelo Direito (função informadora de julgamento). As normas do Direito revelam a primeira e relevante função quando são produzidas e entram em vigor, pois informam abstrata e preventivamente o comportamento que as pessoas devem adotar, a fim de que sejam alcançadas a paz social e a justiça. As normas do Direito revelam a segunda função quando, ante a ocorrência concreta da situação de fato cujo conceito corresponde ao descrito na norma (na hipótese, no antecedente da norma de conduta), surge, como efeito jurídico, o dever de alguém se comportar da maneira prescrita na norma (no mandamento, no consequente da norma). As normas do Direito relativas à terceira função são as que regulam o modo pelo qual os julgadores (em especial, os juízes) decidirão os conflitos intersubjetivos.

É preciso não olvidar que, na maior parte das vezes, as leis são cumpridas, com a realização da primeira e da segunda funções das normas do Direito, evitando o surgimento de litígios.

As normas do Direito relativas à terceira função entram em cena, quando as duas primeiras funções do Direito não foram plenamente satisfeitas, pois a paz social restou prejudicada, em função do surgimento do conflito jurídico. Por certo, um juiz, para decidir um litígio concreto, precisa interpretar textos jurídicos e fatos e produzir nova norma, veiculada pela sentença.

Portanto, seria apequenar a função das normas do Direito conceber que sua função é, exclusiva ou principalmente, resolver conflitos concretamente ocorridos, estabelecendo os critérios para decidir quem tem razão.

Seria impraticável viver em uma sociedade onde as pessoas não tivessem condições de saber, previamente (antes da ocorrência de um fato concreto), qual a conduta juridicamente permitida ou proibida. Inexistiria previsibilidade jurídica, corolário da segurança jurídica. Diariamente, inúmeros conflitos deixam de existir, em função de as pessoas realizarem uma avaliação do que podem ou não fazer em virtude das normas jurídicas vigentes, independente e previamente, ao surgimento de qualquer caso concreto a elas relativo e, evidentemente, ao surgimento de qualquer litígio. Para que possam saber a conduta a ser adotada em conformidade com o Direito, a fim de evitar conflitos intersubjetivos e alcançar a paz social, as pessoas precisam realizar aquilo que se denomina interpretação abstrata, isto é, compreender-interpretar (e aplicar, no primeiro sentido gadameriano) o que normativamente determina a *lei* (texto jurídico em geral), independentemente da ocorrência de qualquer situação concreta, cujo conceito ao disposto na *lei* pudesse corresponder.

Poder-se-ia pensar que essa interpretação em abstrato dos textos jurídicos que as pessoas realizam representa uma simples especulação acerca de possíveis sentidos que poderão surgir a partir da ocorrência de um caso concreto, o que significaria um reconhecimento de que a interpretação jurídica somente se dá com a ocorrência do caso concreto. O fenômeno parece ser diverso. Há que se diferençar duas situações que podem ocorrer a partir do advento de uma nova realidade jurídica decorrente da produção de um novo texto jurídico.

A primeira é a relativa à interpretação em abstrato desse novo texto com o objetivo de compreender que conduta passou a ser juridicamente exigida. Essa interpretação em abstrato se perfaz independentemente da concreta ocorrência da situação prescrita no texto jurídico. Riccardo Guastini (1999, p. 204), ao discorrer sobre a interpretação em abstrato, fala em interpretação orientada ao texto. Um exemplo pode ser ilustrativo. Suponha-se que surge uma lei estabelecendo que as pessoas físicas que tiverem auferido rendimento superior a um milhão de reais em um semestre devem pagar um valor equivalente a 10% (dez por cento) do valor auferido até o final do mês seguinte ao encerramento de cada semestre. Alguém que queira se programar financeiramente e estar em dia com as suas obrigações fiscais deve realizar uma interpretação em abstrato dessa lei, o que independe e temporalmente precede a concreta ocorrência da situação legalmente prevista, qual seja, ter sido efetivamente auferido o montante de rendimento superior a um milhão de reais em um semestre. A interpretação é considerada em abstrato pela circunstância de estar voltada à compreensão da mensagem prescritiva e abstrata construída a partir da interpretação do texto jurídico.

A segunda situação é a relativa à interpretação em concreto. A interpretação em concreto também demanda a interpretação de texto jurídico. Contudo, a atividade hermenêutica, além de demandar a interpretação de texto, suscita a interpretação da situação da vida – do fato – que se dá no tempo e no espaço, cujo conceito guarda correspondência ao conceito descrito por um texto jurídico (ao antecedente da norma jurídica). Em toda interpretação em concreto, busca-se decidir qual o efeito jurídico que, em decorrência da ocorrência de um fato jurídico (concreto), foi produzido. A interpretação realizada não é mais de natureza hipotética, mas concreta, e assim se apresenta: tendo ocorrido o fato F, alguém deve se conduzir da forma C.

Essa linha de entendimento proporciona algumas interessantes considerações acerca da hermenêutica jurídica.

Tanto a interpretação em abstrato quanto a interpretação em concreto envolvem a *aplicação no primeiro sentido gadameriano*, isto é, *aplicação* como compreensão-interpretação considerada a situação atual do intérprete (situação hermenêutica), que traz consigo a experiência pessoal e a coletiva acumuladas (história efeitual e tradição), que são condição de possibilidade e informadoras da própria compreensão-interpretação. Como afirma Gadamer (2013, p. 432), "a pertença à tradição é uma das condições para a compreensão nas ciências do espírito".

A interpretação em abstrato, por ser voltada ao texto, não envolve a interpretação de uma situação concreta, ocorrida no tempo e no espaço, pelo que não há a *aplicação no segundo sentido gadameriano*, isto é, *aplicação* como compreensão-interpretação de que o conceito de um fato concreto corresponde ao conceito de um texto jurídico (ao descrito no antecedente de uma norma jurídica).

O que se denomina interpretação em concreto pressupõe a interpretação voltada a texto jurídico (abstrata) e a interpretação de fato, que pode ou não envolver uma situação que se apresenta em forma linguística (p.ex., a interpretação do texto de um contrato, de um gesto ou mesmo de um fato da natureza). É com esse sentido que Guastini (1999, p. 204) afirma que "toda interpretación 'en concreto' presupone lógicamente una interpretación 'en abstracto'".

Há que se salientar que a interpretação de texto jurídico e a interpretação de fato juridicamente relevante são mutuamente implicantes. O compreender um texto jurídico envolve o *aplicar no primeiro sentido gadameriano*, considerar a situação hermenêutica do intérprete decorrente das experiências pessoalmente vividas e das socialmente transmitidas, ou como diz Gadamer, considerar que a tradição, a história efeitual, os preconceitos e a consciência da situação hermenêutica informam, conformam, são condições de possibilidade de construção do sentido do texto. Por sua vez, reconhecer o que há de jurídico em um fato da vida, de modo a permitir considerá-lo como sendo um fato jurídico, requer a compreensão de textos jurídicos.

Eis a grande utilidade dos conceitos gadamerianos de círculo hermenêutico e de história efeitual para a compreensão do fenômeno da mútua implicação entre a interpretação de texto jurídico e a interpretação de fato juridicamente relevante. Por um lado, a interpretação dos textos jurídicos é informada pela sucessão de experiências e de fatos da vida que, para serem interpretados, tem, como condição de possibilidade, a tradição, a história efeitual, os preconceitos e a consciência da situação hermenêutica. Por outro lado, também as experiências e fatos da vida, para serem interpretados, têm, como condição de possibilidade, a tradição, a história efeitual, os preconceitos e a consciência da situação hermenêutica. E essas experiências e fatos da vida para serem considerados juridicamente relevantes demandam a interpretação de textos jurídicos.

Cabe ressaltar que a atividade realizada por um juiz ao decidir um conflito, além de envolver a interpretação em abstrato e em concreto, e a *aplicação no primeiro sentido gadameriano*, representa a *aplicação* no sentido de produção de norma, isto é, o juiz produz um novo texto (sentença), que veicula nova mensagem prescritiva (norma). Por sua vez, esta norma, para ser construída, demanda a interpretação do referido texto (sentença).

A *interpretação em concreto* envolve a interpretação abstrata associada à interpretação de fato. Objetiva-se identificar se o sentido de um fato, ocorrido no tempo e no espaço, apresenta uma correspondência com o sentido de uma linguagem jurídica, normalmente apresentada em forma de texto. O sentido ou significado – conceito – tanto da linguagem quanto do fato sempre são construídos pela interpretação. Reitera-se: o que nos chega é sempre o objeto interpretado, seja um objeto que se apresenta em forma de linguagem, seja um objeto não linguístico. Como salientado anteriormente, há uma mútua implicação entre a construção do sentido do fato jurídico e a construção do sentido normativo do texto jurídico – a norma jurídica. Só é possível concluir se um fato apresenta relevância jurídica, se realmente é um fato jurídico, a partir de critérios juridicamente informados, via de regra, por meio da construção do sentido de textos jurídicos. Por outro lado, a construção do sentido dos textos jurídicos é informada pelos fatos passados – pela história efeitual e pela tradição –, bem como pelos acontecimentos atuais e pelas aspirações do intérprete, que determinam a sua situação hermenêutica.

Cabe ainda aludir a uma terceira acepção do termo *aplicação*. Quando se diz que "a lei (norma legal) aplica-se ao fato que ocorrer a partir de sua vigência" emprega-se o termo *aplicação* com o sentido de *incidência*. O conceito de incidência está intimamente relacionado ao de *eficácia jurídica* da norma.

Como visto, *eficácia jurídica* (ou, com essa acepção, *vigência*) é a qualidade de norma jurídica – norma que existe juridicamente, que é válida – que está apta a produzir efeitos jurídicos, quais sejam, se ocorrer o fato descrito em seu antecedente, então surgirá o efeito prescrito em seu consequente, que será a criação ou extinção de norma jurídica, se for efeito de norma de produção normativa, ou que será a criação ou extinção de relação jurídica, se for efeito de norma de conduta.

Por sua vez, *incidência* é o fenômeno representativo da *correspondência* entre o conceito de um fato e o descrito no antecedente normativo, tornando esse fato um *fato jurídico*, o que causa (causalidade jurídica[21]) a produção dos efeitos jurídicos prescritos no consequente normativo – o nascimento ou revogação de uma nova norma jurídica, se for norma de produção normativa, ou o surgimento ou extinção de uma relação jurídica, se for norma de conduta.

Assim, falar que "a norma se aplica ao fato" corresponde a dizer que a norma incide sobre o (conceito) do fato. Trata-se de um fenômeno relativo a uma *correspondência ideal*, que pode se instaurar em dado momento independentemente de ato humano, mas cuja inserção efetiva no discurso (p.ex., numa sentença, num auto de infração) para fins de determinação do efeito jurídico causado, depende, inevitavelmente, da conclusão, advinda da interpretação de texto jurídico e do fato, de que realmente houve tal correspondência. É com esse sentido que o termo *aplicação* é, por exemplo, utilizado no art. 105 do CTN ou nos itens 1 a 3 do art. 12 da Lei Geral Tributária de Portugal, como será demonstrado adiante (respectivamente, nos itens 4.3.3 e 4.3.1).

Portanto, doravante, os termos *interpretação*, *interpretação jurídica* e *aplicação jurídica* serão utilizados da seguinte forma:

a) interpretação significa a construção de sentido, com valoração e uso da razão, socioculturalmente informada, que pode ser de um objeto linguístico ou não linguístico, a qual é realizada pelo intérprete e que decorre do *ser* do intérprete, conforme seus valores, pré-conceitos, conceitos e aspirações, que são afetados pela história efeitual e pela tradição, as quais estão em permanente formação e transformação; trata-se da elaboração em formas das possibilidades projetadas na compreensão, eis que a interpretação é a forma explícita da compreensão, a explicitação do sentido compreendido, ainda que essa explicitação não seja externalizada e pertença exclusivamente ao ser do intérprete; e *interpretação jurídica* é a interpretação que apresenta a especificidade de ser relativa à construção de sentido de Direito, do conteúdo do Direito, de fatos jurídicos e de efeitos jurídicos, considerados os requisitos que caracterizam e fundamentam um sistema como sendo de natureza jurídica; e

b) aplicação jurídica significa (i) a produção de uma nova norma jurídica, em função de o conceito de um fato apresentar uma correspondência com o conceito de uma linguagem jurídica – correspondência com o descrito no antecedente de uma norma de produção normativa; (ii) o cumprimento de uma norma de conduta; ou (iii) a incidência de norma jurídica.

21 Lourival Vilanova (1989, p. 27) ressalta a diferença entre a causalidade jurídica e a causalidade física ou natural.

Pode ser suscitada a questão se as expressões *interpretação em concreto* e *aplicação* significam a mesma coisa, se elas retratam o mesmo fenômeno. Parece ser útil conceber que essas expressões representam fenômenos interligados, porém distintos. Para que se possa realizar a aplicação no sentido de produção de norma ou de cumprimento de norma de conduta é necessário que ocorra interpretação em concreto.

Contudo, pode haver interpretação em concreto sem que haja aplicação em qualquer destes dois sentidos. Um exemplo pode contribuir para esclarecer essa distinção. Imagine-se a seguinte cena: alguém não para com seu veículo diante do sinal vermelho. Um pedestre e um guarda de trânsito assistiram o ocorrido. Ambos realizam a interpretação em concreto e concluem que foi cometida uma infração, que uma norma de trânsito foi descumprida e que uma norma punitiva deve ser *aplicada*.

Entretanto, somente o guarda de trânsito, mediante a lavratura do auto de infração, aplica a norma: (i) tanto *aplica* a norma (de produção normativa) no sentido de produzir uma nova norma veiculada pelo auto de infração; (ii) quanto *aplica* a norma (de conduta) no sentido de cumprir a norma que regula o seu dever funcional de lavrar o auto de infração quando uma infração de trânsito acontece. Eis o sentido da expressão "poder-dever": fala-se em *poder* em função da competência do guarda de trânsito para produzir norma, conforme disposto em norma de produção normativa; e fala-se em *dever* em função da obrigação contida na norma de conduta que impõe o dever funcional do guarda de trânsito. Essa mesma situação de "poder-dever" é identificável nos casos em que, ante a constatação do descumprimento da obrigação de pagar um tributo, uma autoridade fiscal realiza a lavratura de um auto de infração (art. 142 e parágrafo único do CTN[22]).

2.3.3. Análise do embate entre neutralidade objetiva e valoração subjetiva

Esse tema envolve um dos assuntos mais relevantes e controvertidos no âmbito da Filosofia do Direito e da Teoria Geral do Direito. Insta lembrar que quando foi abordado o tema atinente às teses de defesa

22 Código Tributário Nacional:
"Art. 142. Compete privativamente à autoridade administrativa constituir o crédito tributário pelo lançamento, assim entendido o procedimento administrativo tendente a verificar a ocorrência do fato gerador da obrigação correspondente, determinar a matéria tributável, calcular o montante do tributo devido, identificar o sujeito passivo e, sendo caso, propor a aplicação da penalidade cabível.
Parágrafo único. A atividade administrativa de lançamento é vinculada e obrigatória, sob pena de responsabilidade funcional."

da neutralidade objetiva no Direito, fez-se uma exposição segundo três teses distintas: tese da neutralidade objetiva referente ao conceito de Direito; tese da neutralidade objetiva referente ao conteúdo do Direito; e tese da neutralidade objetiva referente à interpretação do Direito.

Essa tríplice abordagem com que diferentes autores, de alguma maneira, defenderam a neutralidade no Direito, acaba por informar, respectivamente, o que se deve entender por Direito, o que se deve considerar como sendo o conteúdo do Direito e como se deve interpretar e aplicar o conteúdo do Direito.

Neste momento, o que se pretende é responder, conforme a mesma tríplice abordagem apontada, se a determinação do *conceito do Direito*, a determinação do *conteúdo do Direito* e a realização da *interpretação e aplicação do Direito* devem ser feitas com *neutralidade objetiva* ou com *valoração subjetiva*.

2.3.3.1. Neutralidade objetiva versus *valoração subjetiva quanto ao conceito de Direito*

Algumas observações preliminares precisam ser feitas. A primeira é que não se tem a pretensão de resolver disputas seculares relativas a esse tema, mas apenas construir um discurso com pretensões de coerência, consistência e utilidade. A segunda observação vai ao encontro da preocupação de alguns filósofos e teóricos do Direito no sentido de vislumbrar que as três mencionadas perspectivas estão tão intimamente relacionadas, que pode ser difícil ou mesmo impossível tratar de uma questão independentemente do tratamento da outra. A terceira refere-se à consideração de que a utilização das expressões *jusnaturalismo* e *positivismo jurídico* tem sido feita com tamanha diversidade significativa, com grau tão elevado de indeterminação, que, por vezes, mais prejudica, que contribui para a solução das três questões antes suscitadas[23]. A

---

23 Alguns jusfilósofos têm questionado a utilidade de empregar os rótulos *positivismo* e *jusnaturalismo* ante a diversidade de critérios que são usados para caracterizar cada uma dessas correntes, além de considerarem que esses rótulos, por vezes, são usados com propósito meramente retórico ou de modo a prejudicar a compreensão das ideias defendidas por diferentes pensadores. É um representante desse posicionamento o professor de Teoria do Direito e de Filosofia na Faculdade de Direito da Universidade de Yale, Jules Coleman (2012, p. 175): "Hay algo en la naturaleza doble del derecho – su carácter social y su normatividad – que supone un problema de mucho mayor alcance, uno que trasciende la división iusnaturalismo/positivismo".
O trecho correspondente na tradução é: há algo na natureza dual do direito – seu caráter social e sua normatividade – que apresenta um problema muito mais abrangente, que transcende a divisão jusnaturalismo/positivismo. No mesmo sen-

última observação preliminar é a de que, propositalmente, adicionou-se o termo *aplicação* ao termo *interpretação* na terceira perspectiva. Essa opção decorre das noções construídas e propostas para *interpretação* e *aplicação* e, principalmente, em função de, como demonstrado, alguns autores que defendem a perspectiva da neutralidade objetiva na interpretação do Direito, ao mesmo tempo, defenderem que essa neutralidade não teria cabimento na aplicação judicial do Direito, o que é algo, no mínimo, curioso e merecedor de um acurado exame.

A questão atinente à determinação do conceito de Direito, daquilo que se denomina Direito é a mais fundamental das três suscitadas. Como seria possível falar sobre o conteúdo do Direito ou sobre como interpretar e aplicar o Direito sem ter uma noção do que seja o Direito. O tema conceito do Direito tem merecido aproximações de tipos muito diversos por parte de quem se propõe a discorrer sobre interpretação e aplicação no Direito: (a) é possível não discorrer sobre esse tema; (b) é possível, ao tratar do tema da interpretação e aplicação, assumir algumas posições que, com razoável esforço, sugerem que fora adotada alguma noção sobre o conceito de Direito; (c) é possível enfrentar essa questão diretamente. Esta última alternativa é a mais arriscada, pois, como se disse, envolve debates seculares, em especial, o concernente à relação entre o Direito e a Moral. Todavia, o enfrentamento desta questão, cuja utilidade parece ser mais que manifesta, possibilita avaliar a coerência e a consistência dos argumentos apresentados.

Uma forma mais simples e rápida de enfrentar essa questão é reduzi-la a uma questão de índole exclusivamente terminológica, o que implicaria torná-la irrelevante. Chamar algo de *Direito* ou de *Ordem Normativa* ou de *Ordem Coativa* seria uma questão de simples preferência de nome. Essa é posição adotada por Alf Ross (1994, p. 31). Essa perspectiva reducionista ou nominalista deixa de lado a questão nuclear: o que algo precisa ter para que possa ser denominado *Direito* e o que isso representa. Se é certo que um nome não afeta o que um objeto é, também é certo que os nomes são símbolos, culturalmente construídos e desempenham um papel essencial na comunicação, na transmissão de conhecimento, de informações, de sentimentos, etc. A questão central,

tido, adverte MacCormick (ATIENZA, 2006, p. 489): "Necesitamos olvidarnos de áridas disputas acerca de los diversos tipos de positivismos y mirar hacia todas las maneras en que las teorías valorativas tienen aplicaciones fructíferas a los problemas y dilemas jurídicos". O trecho correspondente na tradução é: "Necessitamos esquecer as disputas áridas sobre os vários tipos de positivismo e olhar para todas as maneiras pelas quais as teorias valorativas têm aplicações frutíferas para problemas e dilemas jurídicos".

dessa maneira, continua aberta: identificar o que é aquilo a que, normalmente, tem se atribuído o nome de *Direito*.

Um ponto tem merecido algum consenso: o Direito tem como um dos principais objetivos o de informar o comportamento das pessoas, o que revela seu caráter normativo. Essa característica não é peculiar ao Direito, pois a Moral, na acepção de conjunto de prescrições voltadas a promover uma vida em comum justa e harmoniosa, também possui essa natureza normativa. Volta-se ao ponto da relação entre o Direito e a Moral, que está no cerne de boa parte dos debates acerca da natureza ou conceito de Direito.

Duas grandes teorias têm sido apresentadas a respeito da relação entre a Moral e o Direito. De modo bastante amplo, pode-se dizer que a primeira defende que o Direito tem como fundamento a Moral ou é uma espécie de Moral – *Teoria da Conexão entre Moral e Direito*. A segunda teoria entende que o Direito e a Moral não se confundem e que o Direito pode existir, independentemente da Moral e mesmo contra a Moral – *Teoria da Separação entre Moral e Direito*.

Um dos principais argumentos daqueles que rejeitam a tese da separação é o de que há uma relação necessária entre o Direito e a Moral, que o Direito sem fundamento ou contrário à Moral é algo humanamente intolerável, à medida que se caracterizaria por ser um simples sistema de força, que poderia ter como fundamento o mero domínio físico do mais forte sobre o mais fraco, o que implicaria concluir que qualquer comportamento poderia ser considerado juridicamente permitido, ainda que fosse considerado moralmente inaceitável, tal como a prática da escravidão, da tortura, da pena cruel, etc.

Por outro lado, quem defende a tese da separação entre a Moral e o Direito, considera que o âmbito da Moral possui um elevado grau de indeterminação, principalmente consideradas as diferentes condições de tempo e de espaço. Por não existir uma só Moral, mas diversas concepções de Moral, seria inviável que *a* Moral servisse para identificar o que é *o* Direito. Logo, consideram que o Direito apresenta características que o identificam que são independentes de considerações morais, pelo que a relação entre o Direito e a Moral não é necessária, mas é meramente contingente. Desse modo, o Direito pode ser indiferente ou mesmo contrário à Moral, que continua sendo Direito, respectivamente, um Direito amoral ou um Direito imoral. Aduzem, ainda, que, em função de o Direito ser distinto da Moral, seria possível a utilização de argumentos morais com o propósito de mudar o assim considerado Direito amoral ou o Direito imoral.

Um elucidativo e franco exemplo desse embate foi travado por Eugenio Bulygin e Robert Alexy, respectivamente, em artigos originalmente produzidos em 1993 e 1998 e em 1997 e 1998, os quais foram reunidos e publicados em um livro intitulado *La Pretensión de Corrección del Derecho – la Polêmica sobre la Relación entre Derecho y Moral* (2001). No ano de 2010, em congresso internacional ocorrido em Girona, esses mesmos juristas voltaram a debater, com seus trabalhos publicados no livro *Neutralidad y Teoria del Derecho* (2012).

Segundo Alexy, partidário da *Teoria da Conexão entre Moral e Direito*, algo para ser considerado como Direito tem que atender a uma pretensão de correção, que, em sua dimensão ideal mais abstrata, é a justiça e que, em sua dimensão real, é a "positividade", que ele define como sendo a expedição autoritativa de normas jurídicas e sua eficácia social. Desse modo, afirma que a pretensão de correção necessariamente conecta ao Direito o princípio da justiça e o princípio da certeza jurídica, o que revela a natureza dúplice do Direito (2012, p. 77). Afirma, ainda, que existe uma ideia intermediária de moral correta, que torna a conexão forte entre Direito e Moral verdadeira, a qual exigiria dois elementos: o primeiro, de natureza substancial, é uma teoria dos direitos humanos básicos discursivamente necessários; e o segundo, de natureza processual, é relativo às regras e formas da argumentação prática racional ou do discurso (2012, pp. 88-89).

Bulygin (2012, pp. 72-73), partidário da *Teoria da Separação entre Moral e Direito*, que tem como premissa a tese de que não há que se falar em uma Moral, mas em diferentes concepções morais, discorda de Alexy. Defende que o Direito é identificado pela combinação de dois elementos: o Direito provém de certas fontes; e é dotado de eficácia social. Daí, a conexão entre Moral e Direito é contingente, não é conceitual nem necessária, pelo que algo pode ser considerado Direito e, ao mesmo tempo, ser considerado uma ordem normativa injusta, segundo certa concepção moral. Observa que se negar a chamar de Direito uma ordem normativa injusta não elimina a injustiça; porém, ordens normativas injustas certamente merecem ser fortemente criticadas, mas não há razão para não as chamar de ordem jurídica.

Sem prejuízo da utilidade de trazer à colação argumentos despendidos por outros autores, para os fins deste trabalho, as razões apresentadas por esses dois renomados juristas podem servir de razoável parâmetro para a apreciação do tema.

Desde que se adote como premissa que o Direito é um objeto cultural, produzido pelo ser humano, não um objeto divino, da natureza ou sobrenatural, algumas considerações iniciais podem ser feitas. Se o objetivo é definir o conceito de um objeto cultural – Direito –, há que se atentar para o que se disse acerca dos conceitos: em geral, a construção dos conceitos está submetida aos fenômenos da indeterminação, da mutação e da diversidade espacial. Levar em conta a existência desses três fenômenos aponta, *a priori*, para três conclusões: (i) há dificuldade em se demarcar os limites do conceito de Direito; (ii) o conceito de Direito sofre mudanças no tempo; (iii) o conceito de Direito é construído de maneira diversa conforme as diferentes características de natureza espacial. Essas três conclusões iniciais se, por um lado, nada dizem acerca do conceito de Direito, por outro lado, explicam as divergências existentes entre os estudiosos para definir o conceito de Direito. Essa dificuldade é ampliada quando se utiliza, para determinar o que é Direito, outro conceito, cuja indeterminação conceitual é ainda mais elevada, que é o conceito de Moral.

Essa linha de raciocínio, se pode ser considerada insuficiente para aplacar as divergências ainda hoje existentes, igualmente pode ser considerada uma explicação coerente e humanamente razoável da persistência dessas divergências. Um brevíssimo escorço demonstra que, ao longo da história humana, têm sido identificados objetos moralmente bastante distintos, que, consideradas as condições de cada época, talvez pudessem ser designados pelo termo *Direito*. A título ilustrativo, vale citar alguns enunciados dos mais antigos textos normativos de diferentes culturas mundiais, os quais, importa repisar, segundo as considerações morais de cada época, poderiam ser concebidos como parte do que poderia ser designado por *Direito*[24]:

> Código de Hamurabi
>
> [...]
>
> **Capítulo I - Dos sortilégios e juízo de Deus.**
>
> Art. 1 - Se um homem livre acusou outro homem livre e lançou sobre ele suspeita de morte, mas, não pôde comprovar, seu acusador será morto.
>
> Art. 2 - Se um homem livre lançou contra outro homem livre uma acusação de feitiçaria, mas, não pôde comprovar, aquele contra quem foi lançada a acusação será mergulhado no rio. Se o rio o dominar, seu acusador tomará para si a sua casa. Se o rio o purificar e ele sair ileso, aquele que lançou a acusação de feitiçaria será morto e o que mergulhou no rio tomará para si a casa de seu acusador.
>
> Código de Manu
>
> [...]
>
> Art. 49. É vedado testemunhar os artífices de baixa classe, os cozinheiros, os atores, os estudantes, os ascetas e os teólogos. Também, nenhum infeliz acabrunhado pelo pesar, nem um ébrio, nem um louco, nem um sofrendo de fome ou sede, nem fatigado em excesso, nem o que está apaixonado de amor, ou em cólera, ou um ladrão poderão testemunhar.
>
> Art. 50. As mulheres só devem prestar testemunho para mulheres.

24 Todos os enunciados transcritos foram extraídos do livro *As mais Antigas Normas de Direito* (SOUZA LIMA, 1983).

[...]
Art. 703. Mas, o mais perverso de todos os velhacos é um ourives que comete uma fraude; que o rei o faça cortar em pedaços por navalhas.

Lei das XII Tábuas

[...]
Tábua Segunda
Dos julgamentos e dos furtos
[...]
3. Se alguém comete furto à noite e é morto em flagrante, o que matou não será punido;
4. Se o furto ocorre durante o dia e o ladrão é flagrado, que seja fustigado e entregue como escravo à vítima. Se é escravo que seja fustigado e precipitado do alto da rocha Tarpeia;
5. Se ainda não atingiu a puberdade, que seja fustigado com varas a critério do pretor, e que indenize o dano;

Alcorão

[...]
Surata 5
Versículo 33. O castigo para aqueles que lutam contra Deus e seu Apóstolo e semeiam a corrupção na terra, consiste em que sejam matados, crucificados, ou lhes seja decepada a mão e o pé opostos ou desterrados. Tal será para eles uma afronta neste mundo e, no outro sofrerão um terrível castigo.
[...]
Versículo 38. Quanto ao ladrão e à ladra, decepai-lhes a mão em castigo de quanto tenham cometido; é um aviso que emana de Deus, porque é poderoso, prudentíssimo.

Legislação Mosaica (Deuteronômio)
[...]
Do Direito do Primogênito
[...]
18. Quando alguém tiver um filho contumaz e rebelde, que não obedecer à voz de seu pai e à voz de sua mãe, e castigando-o, ele lhes não der ouvidos.
19. Então seu pai e sua mãe pegarão nele, e o levarão aos anciãos da sua cidade, e à porta do seu lugar.
20. E dirão aos anciãos da cidade: Este nosso filho é rebelde e contumaz, não dá ouvidos à nossa voz: é um comilão e um beberrão.
21. Então todos os homens da sua cidade o apedrejarão com pedras, até que ele morra; e tirarás o mal de ti, para que toda Israel ouça e tema.

Pecados cometidos para com mulheres

[...]
20. Porém, se este negócio for verdade, que a virgindade se não achou na moça.
21. Então tirarão a moça à porta da casa de seu pai, e os homens da sua cidade a apedrejarão com pedras até que morra; pois fez loucura em Israel, fornicando na casa de seu pai; assim tirarás o mal do meio de ti.

Carta Magna

[...]
9) Nenhuma viúva poderá ser compelida, por meio do embargo de seus bens móveis, a casar-se de novo, se prefere continuar em seu estado; ficará, po-

> rém, obrigada a prestar caução de não contrair matrimônio sem nosso consentimento, se estiver debaixo de nossa dependência, ou do senhor de quem dependa diretamente.
> [...]
> 12) Se alguém celebrar com judeus o contrato denominado "mútuo" e falecer antes de o haver satisfeito, o herdeiro de menoridade não pagará os interesses, enquanto permanecer em tal estado. Se a dívida for a nosso favor, observaremos as disposições contidas nesta "Carta".
> 13) Se alguém morrer devendo qualquer quantia a judeus, sua mulher perceberá o dote integral, sem que a dita dívida a afete de qualquer modo. E se o defunto tiver deixado filhos menores, se lhes adjudicará o necessário conforme os bens pertencentes ao defunto, e com o restante se pagará a dívida, sem prejuízo da contribuição ou tributos correspondentes ao senhor. Estas disposições são aplicáveis, completamente, às demais dívidas contraídas com os que não sejam judeus.
> [...]
> 58) Ninguém será encarcerado a pedido de uma mulher pela morte de um homem, a não ser que este tenha sido seu marido.

Outra situação poderia ser elucidativa. Há autores que defendem a tese de que para que algo seja considerado *Direito* há que ter sido produzido em condições democráticas. Um dos partidários desse entendimento é Robert Alexy (1998, p. 108), segundo o qual a relação entre Direito e Moral envolve elementos morais (argumentos morais) e uma estrutura moral, que se refere à correção moral de utilizar o Direito como meio de resolver problemas sociais, e com o uso de certos procedimentos, tais como a eleição democrática, a legislação parlamentar e o julgamento regulado por ideias como a da audiência com a parte contrária.

No Brasil, tivemos um exemplo de regime não democrático, cuja legislação, à época produzida, ainda hoje é considerada válida e vigente. Cabe lembrar a Constituição de 1937, que foi outorgada por Getúlio Vargas em 10 de novembro de 1937, quando foi instaurado o Estado Novo, que determinou o fechamento do Senado e da Câmara dos Deputados, a qual prevaleceu até o advento da Constituição de 1946, promulgada em 18 de setembro de 1946. Foi sob a égide da Constituição de 1937 que, por exemplo, foi produzida a Consolidação das Leis do Trabalho (CLT) – Decreto-Lei nº 5.452, de 1º de maio de 1943 –, cujos dispositivos são considerados juridicamente válidos e vigentes até hoje. Destaca-se que, segundo a perspectiva de Alexy, por haver um regime autoritário e a dissolução das Casas Legislativas, não se teria uma pretensão de correção, pelo que o sistema instaurado pela Constituição de 1937 e por esta fundamentado não poderia ser considerado jurídico. Contudo, reitera-se que esse regime prevaleceu por nove anos e parte das leis nesse período produzidas foram consideradas e continuam sendo consideradas válidas e vigentes.

Com essas considerações, pretende-se chamar a atenção para o quão delicada é a questão da definição de um conceito geral, universal de Direito. Com objetivos menos pretensiosos, parece ser possível pensar no conceito de Direito que leve em consideração as características de cada sociedade soberana em sua continuidade temporal. Essas considerações conferem relevância para os dois fenômenos – mutação conceitual e diversidade espacial conceitual – que contribuem para a indeterminação conceitual e que prestam uma reverência para dois elementos – tempo e espaço –, que são informadores da possibilidade de conhecimento por parte do ser humano.

É certo que após a Segunda Guerra Mundial, o Brasil e a maior parte dos países do mundo[25] passaram a compartilhar um núcleo de valores, de ideais e de direitos, os quais, em seu conjunto, podem ser representados pelo que consta da Declaração Universal de Direitos Humanos. O disposto nessa Declaração, normalmente, está relacionado com o que se considera como fundamento do Direito desses países, via de regra, refletido numa Constituição nacional (fenômeno internacional da constitucionalização do Direito). A Declaração Universal de Direitos Humanos assim enuncia de forma preambular:

> Considerando que o reconhecimento da dignidade inerente a todos os membros da família humana e dos seus direitos iguais e inalienáveis constitui o fundamento da liberdade, da justiça e da paz no mundo;
> Considerando que o desconhecimento e o desprezo dos direitos do Homem conduziram a actos de barbárie que revoltam a consciência da Humanidade e que o advento de um mundo em que os seres humanos sejam livres de falar e de crer, libertos do terror e da miséria, foi proclamado como a mais alta inspiração do Homem;
> Considerando que é essencial a proteção dos direitos do Homem através de um regime de direito, para que o Homem não seja compelido, em supremo recurso, à revolta contra a tirania e a opressão;
> Considerando que é essencial encorajar o desenvolvimento de relações amistosas entre as nações;
> Considerando que, na Carta, os povos das Nações Unidas proclamam, de novo, a sua fé nos direitos fundamentais do Homem, na dignidade e no valor da pessoa humana, na igualdade de direitos dos homens e das mulheres e se declaram resolvidos a favorecer o progresso social e a instaurar melhores condições de vida dentro de uma liberdade mais ampla;
> Considerando que os Estados membros se comprometeram a promover, em cooperação com a Organização das Nações Unidas, o respeito universal e efectivo dos direitos do Homem e das liberdades fundamentais;

25 Ressalta-se que, conforme o órgão mundial, pode variar o número de países no mundo entre 193 (ONU – disponível em: <https://nacoesunidas.org/conheca/paises-membros/≥) e 211 (FIFA – disponível em: <https://www.fifa.com/associations/>).

> Considerando que uma concepção comum destes direitos e liberdades é da mais alta importância para dar plena satisfação a tal compromisso:
> A Assembleia Geral proclama a presente Declaração Universal dos Direitos Humanos como ideal comum a ser atingido por todos os povos e todas as nações, com o objetivo de que cada indivíduo e cada órgão da sociedade, tendo sempre em mente esta Declaração, se esforce, através do ensino e da educação, por promover o respeito a esses direitos e liberdades, e, pela adoção de medidas progressivas de caráter nacional e internacional, por assegurar o seu reconhecimento e a sua observância universal e efetiva, tanto entre os povos dos próprios Estados-Membros, quanto entre os povos dos territórios sob sua jurisdição.[26]

Como revelado de forma expressa na Declaração Universal dos Direitos Humanos, trata-se da construção de um "ideal comum a ser atingido por todos os povos e todas as nações", eis a forte expressão da natureza universal dos mais elevados valores e direitos da humanidade. Esse ideal de universalidade é reforçado pelo fato de 193 países serem signatários da Declaração Universal dos Direitos Humanos e integrarem um mesmo organismo – a Organização das Nações Unidas (ONU), cuja missão maior é promover a paz entre as nações, contribuir com o desenvolvimento sustentável e zelar pelo cumprimento dos direitos humanos e das liberdades fundamentais. O Brasil, além de integrar o grupo dos 51 países fundadores da ONU[27] e que assinaram inicialmente a Declaração Universal de Direitos Humanos[28], incorporou a base axiológica dessa Declaração na Constituição de 1988.

É preciso considerar que a alusão ao que consta da Declaração Universal dos Direitos Humanos, mais uma vez, representa a utilização do produto do conhecimento e do esforço humano em dado momento histórico, que ainda nos chega fortemente como tradição, mas que, infelizmente, pode não ser necessário e suficiente para caracterizar um conceito universal de Direito. Ainda que se entenda que não é suficiente, a Declaração Universal dos Direitos Humanos informa, indubitavelmente, um conceito ideal e mundial de Direito nos dias de hoje.

---

26 Disponível em: <https://www.ohchr.org/EN/UDHR/Documents/UDHR_Translations/por.pdf>. Acesso em: 9 jun. 2020.

27 Conforme consulta ao site <https://nacoesunidas.org/conheca/paises-membros/>.

28 A Declaração Universal de Direitos Humanos foi elaborada pelos representantes de 50 países que estavam presentes na Conferência sobre Organização Internacional, que se reuniu em São Francisco de 25 de abril a 26 de junho de 1945. No dia 26 de junho, último dia da Conferência, foi assinada pelos 50 países a Carta, com a Polônia – também um membro original da ONU – que a assinou dois meses depois, o que totaliza o número de 51 países membros fundadores da ONU (disponível em: <https://nacoesunidas.org/carta/>).

Com as devidas cautelas e mediante a adoção dessa perspectiva, parece adequado conceber que a noção de Direito é construída de forma menos controvertida tendo em conta os fatores de tempo e espaço, a partir de uma interpretação que leve em conta o aqui e o agora. Se forem reduzidas as pretensões de universalidade e imutabilidade do conceito de Direito, bem como considerado o fenômeno da sua constitucionalização, pode-se entender que no Brasil atual o conceito de Direito é construído com base nos valores fundantes da sociedade brasileira, conforme constitucionalmente declarados. Esse fenômeno da constitucionalização do Direito é assentado por Luís Roberto Barroso (2012, p. 32, grifo nosso) nos seguintes termos:

> **A ideia de constitucionalização do direito aqui explorada está associada a um efeito expansivo das normas constitucionais, cujo conteúdo material e axiológico se irradia, com força normativa, por todo o sistema jurídico.** Os valores, os fins públicos e os comportamentos contemplados nos princípios e regras da Constituição passam a condicionar a validade e o sentido de todas as normas do direito infraconstitucional. Como intuitivo, a constitucionalização repercute sobre a atuação dos três Poderes, inclusive e notadamente nas suas relações com os particulares. Porém, mais original ainda: repercute, também, nas relações entre particulares.

De certa forma, Wilfrid Waluchow (2012, pp. 315-316, grifo nosso) adota posicionamento semelhante quando discorre sobre o que denomina *ética constitucional da comunidade*:

> Argumenté a favor de una concepción del control de las declaraciones de derechos conforme a la cual **el principal rol de un juez no es adjudicar sobre la base de sus propias convicciones en relación a asuntos de ética política** tales como la igualdad, la justicia fundamental y el derecho a la vida, la libertad y seguridad de las personas, sino de sujetar a la comunidad a *sus* propios compromisos morales fundamentales sobre tales cuestiones. Estos compromisos, argumenté, son ex presados o representados en lo que llamé **"la ética constitucional de la comunidad" (ECC)**. En la forma en que la entiendo, **la ECC no es la moral personal de ninguna persona o institución**, *e.g.* la Iglesia católica, el Partido republicano, o de un juez que ayuda a decidir un caso constitucional. Tampoco es la ética decretada por Dios, inherente al orden del universo, o residente en el mundo de las formas de PLATÓN. Más bien, **es un tipo de ética positiva, con base en la comunidad, compuesta por las normas y convicciones morales fundamentales a las que la comunidad se ha comprometido y que han, de una u otra forma, adquirido algún tipo formal de reconocimiento legal.**[29]

29 O trecho correspondente na tradução é: "Argumentei a favor de uma concepção do controle das declarações de direitos conforme a qual a principal função de um juiz não é julgar sobre a base de suas propiciadas convicções em relação a questões de ética política, como a igualdade, a justiça fundamental e o direito à vida, à

Desse modo, é possível construir um conceito de Direito do Brasil no sentido de que é um sistema de normas, com eficácia social, produzido por sujeitos constitucionalmente competentes, segundo procedimentos constitucionalmente informados e cujo conteúdo submete-se a condições de validade material fundamentais, pelo que esse sistema normativo se caracteriza como sendo um Estado Democrático de Direito, (i) que é informado pelos valores supremos da liberdade, segurança, bem-estar, desenvolvimento, igualdade e justiça; (ii) que tem como fundamentos a soberania, a cidadania, a dignidade da pessoa humana, os valores sociais do trabalho e da livre-iniciativa e o pluralismo político; (iii) que tem como objetivos fundamentais a construção de uma sociedade livre, justa e solidária; a garantia do desenvolvimento nacional; a erradicação da pobreza e da marginalização e a redução das desigualdades sociais e regionais; e a promoção do bem de todos, sem preconceitos de origem, raça, sexo, cor, idade e quaisquer outras formas de discriminação; e (iv) que apresenta um rol não exaustivo de direitos fundamentais, consonantes com o disposto na Declaração Universal de Direitos Humanos e outros atos internacionais afins.

2.3.3.2. Neutralidade objetiva versus *valoração subjetiva quanto ao conteúdo do Direito*

Perquirir a natureza da atividade de determinação do conteúdo do Direito – se deve haver *neutralidade objetiva* ou *valoração subjetiva* – demanda que sejam considerados dois aspectos:

a) o que significa falar em neutralidade objetiva quanto à determinação do conteúdo do Direito;
b) a relevância de se ter em conta as especificidades e o conteúdo das normas constitucionais de conduta e das normas constitucionais de produção normativa.

Assim, o que se pretende analisar nesse ponto é se a determinação

liberdade e à segurança das pessoas, mas sujeitar a comunidade a seus próprios compromissos morais fundamentais sobre tais questões. Estes compromissos, argumentei, são expressados ou representados pelo que chamei de "ética constitucional da comunidade" (ECC). Na forma como entendemos, a ECC não é a moral de uma pessoa ou instituição, p.ex., a Igreja Católica, o Partido Republicano, ou de um juiz que ajude a decidir um caso constitucional. Tampouco é a ética decretada por Deus, inerente à ordem do universo, ou residente no mundo das formas de PLATÃO. Decerto, é um tipo de ética positiva, com base na comunidade, composta pelas normas e convicções morais fundamentais às quais a comunidade tem se comprometido e que tem, de uma ou outra forma, adquirido algum tipo formal de reconhecimento legal".

do conteúdo do Direito se perfaz exclusivamente com base em fatos sociais, os quais podem ser descritos sem que se recorra a considerações valorativas, como defende a tese da neutralidade objetiva, ou se para se construir o conteúdo do Direito é também necessário recorrer a considerações valorativas, como sustenta uma perspectiva em prol da valoração subjetiva.

A presente questão está intimamente relacionada com a questão anterior e também com a questão seguinte. A abordagem separada não deve sugerir que se trata de questões autônomas, muito pelo contrário.

A fim de se concentrar no aspecto atinente à determinação do conteúdo do Direito, por coerência com o que se disse no tópico anterior, em especial sobre o fenômeno internacional da constitucionalização do Direito, há que se reiterar que se adota como ponto de partida, como premissa fundamental, que a Constituição brasileira de 1988 representa, em seu conjunto, as normas de mais elevada hierarquia do Direito brasileiro e estabelece os critérios formais e materiais mais elevados para que se possa reconhecer qual o conteúdo do Direito brasileiro.

Insiste-se que esse entendimento encontra suporte na Constituição brasileira de 1988, como se infere, entre outros, dos seguintes enunciados: do Preâmbulo; do Título I – Dos Princípios Fundamentais, em especial os do art. 1º, que assentam os fundamentos do Estado Democrático de Direito, os do art. 2º, que dispõem sobre a independência e harmonia dos Poderes Legislativo, Executivo e Judiciário; os do art. 3º, que dispõem sobre os objetivos fundamentais da República; do Título II – Dos Direitos e Garantias Fundamentais – em especial os dos arts. 5º a 16; do Título III – Da Organização do Estado – arts. 18 a 43; do Título IV – Da Organização dos Poderes – arts. 44 a 135; e, de forma mais evidente, os do art. 102, que enunciam a superioridade hierárquica da Constituição à medida que explicitam o controle de constitucionalidade dos atos infraconstitucionais, por meio de ação direta de inconstitucionalidade, ação declaratória de constitucionalidade, recurso extraordinário e arguição de descumprimento de preceito fundamental.

Conceber que a Constituição de 1988 veicula as normas de mais elevada hierarquia do sistema jurídico brasileiro permite determinar os critérios para que se possa reconhecer qual o conteúdo do Direito brasileiro. O processo de produção das normas jurídicas, do conteúdo do Direito brasileiro, é prescrito em grau mais elevado pelas normas constitucionais de produção normativa, que se caracterizam por estabelecerem os requisitos necessários para que outras normas sejam produzidas. As normas constitucionais de produção normativa dispõem sobre a produção das normas do sistema jurídico à medida que descrevem, em seu antecedente, uma específica e complexa situação de fato, que se caracteriza por apresentar tanto os requisitos formais (sujeito competente e procedimento) quanto os requisitos materiais (declaração prescritiva condicionada) necessários para que uma norma passe a pertencer (a ter validade jurídica) ou deixe de pertencer (deixe de ter validade jurídica – revogação) ao sistema jurídico, e que prescreve, em seu consequente, uma estrutura relacional, composta por variáveis, que simboliza a norma jurídica a ser criada ou revogada.

Para que se possa determinar *qual é* e *como é* produzido o conteúdo do Direito brasileiro – o sistema de normas juridicamente válidas ou o sistema de normas jurídicas ou, simplesmente, o sistema jurídico –, há que se atentar tanto para os requisitos formais quanto para os requisitos materiais estabelecidos pelas normas constitucionais de produção normativa.

2.3.3.2.1. Neutralidade objetiva versus *valoração subjetiva quanto ao conteúdo do Direito – os requisitos formais de pertinência ao Direito*

Os requisitos formais são relativos aos critérios formais – sujeito competente e procedimento –, informados pela Constituição, em especial, na parte que dispõe acerca do processo legislativo atinente aos denominados instrumentos introdutores de norma primários: as emendas constitucionais (art. 60); as leis complementares (arts. 61, 64, 65, 66, 67 e 69); as leis ordinárias (arts. 61, 64, 65, 66, 67); as medidas provisórias (art. 62); as leis delegadas (art. 68). Todos esses instrumentos estão aptos a veicular norma jurídica, considerados os requisitos formais constitucionalmente estabelecidos.

Três situações especiais concernentes aos requisitos constitucionais formais devem ser apreciadas:

a) a possibilidade de existir relação hierárquica entre as normas veiculadas por lei complementar e as veiculadas por lei ordinária;
b) a possibilidade de existir relação hierárquica entre normas veiculadas por lei ordinária; e
c) a possibilidade de um decreto ser considerado um instrumento introdutor de norma primário.

A primeira situação especial envolve a definição do papel da lei complementar no Direito brasileiro.[30]

30 Esse ponto, agora apresentado com algumas atualizações e correções, foi originariamente objeto de desenvolvimento em outra oportunidade (QUEIROZ, 2016, p. 102-106).

A lei complementar é um instrumento introdutor de norma, ou seja, é uma fórmula estabelecida pelo ordenamento jurídico (cujo ponto de partida é o conjunto de normas da Constituição originária) para introduzir as normas no sistema jurídico. O critério que permite distinguir uma fórmula de outra repousa em dois aspectos formais: a) sujeito competente; e b) procedimento. Assim, distingue-se um instrumento de outro em função da peculiaridade apresentada quanto a um ou a ambos os aspectos formais.

No caso do instrumento *lei complementar*, o que o caracteriza é a combinação do aspecto subjetivo (sujeito competente) com o aspecto procedimental, em especial a necessidade de a matéria discutida ser aprovada por maioria absoluta, conforme disposto no art. 69 da Constituição brasileira (CRFB).

Seria pertinente questionar se o aspecto *declaração* (de cunho material) não é relevante para identificar se um determinado instrumento introdutor de normas é ou não *lei complementar*, já que a própria Constituição brasileira reserva matérias que só podem ser veiculadas por tal instrumento. A resposta é taxativa: o aspecto material (*declaração prescritiva condicionada*) não apresenta qualquer peculiaridade que permita identificar de que tipo de instrumento introdutor de normas se trata, pois somente os aspectos formais (sujeito[s] competente[s] e procedimento) são aptos para tanto.

Dois exemplos parecem ser bastante elucidativos para demonstrar essa conclusão.

Primeiro: o enunciado do inciso II do art. 146 da Constituição dispõe que cabe à lei complementar regular as limitações constitucionais ao poder de tributar. Um instrumento introdutor de normas regula a mencionada matéria. Pergunta-se: O referido instrumento é uma *lei complementar*, tendo em conta que apenas lei complementar pode dispor sobre as limitações constitucionais ao poder de tributar? A resposta só pode ser a seguinte: é impossível dizer, pois os dados de fato são insuficientes. Neste caso, a referida matéria pode ter sido veiculada por qualquer instrumento introdutor de norma (lei complementar, lei ordinária, medida provisória, decreto, portaria, etc.). É certo que somente na hipótese de se tratar de *lei complementar* haverá o cumprimento do que determina a norma constitucional de produção normativa, o que possibilitaria a introdução de norma válida no sistema de Direito brasileiro. O que se pretende demonstrar com este primeiro exemplo é que o mero exame da matéria veiculada é insuficiente para se identificar de que espécie de instrumento introdutor de normas se trata, pois, no plano fático, um instrumento introdutor de norma pode veicular qualquer matéria. Se a partir do processo legislativo realizado vai surgir norma jurídica, depende do cumprimento ou não dos requisitos contidos na respectiva norma constitucional de produção normativa.

Segundo: no mundo dos fatos, o Congresso Nacional (*sujeito competente*) aprovou, o Presidente da República (*sujeito competente*) sancionou, segundo o *procedimento* previsto constitucionalmente para a elaboração de *lei complementar* (arts. 61 a 69 da CRFB), uma declaração prescritiva, determinando que todo Município que auferir renda deve entregar (a título de imposto sobre a renda) certa soma de dinheiro, à União Federal. Pergunta-se: É possível afirmar que pelo simples fato de terem sido seguidos os requisitos constitucionais formais característicos de uma *lei complementar*, que foi o tipo de instrumento introdutor de norma produzido, apesar de a matéria veiculada (declarada prescritivamente no plano fático) pela *lei complementar* não cumprir o requisito previsto no critério material (declaração) do antecedente da norma constitucional de produção normativa? A resposta é taxativa: sim, trata-se do instrumento introdutor de normas denominado *lei complementar*. Isso não impede dizer que no mundo dos fatos não foram cumpridos os requisitos constitucionais materiais necessários para introduzir norma válida no sistema de Direito brasileiro, isto é, não ocorreu no mundo real o *fato complexo* necessário e suficiente para a produção de norma jurídica, pois afrontou-se o requisito material relativo à imunidade recíproca (art. 150, inciso VI, "a", da CRFB).

Diante disso, é certo pontificar que a caracterização de qualquer instrumento introdutor de normas (como, por exemplo uma *lei complementar*) repousa somente nos aspectos formais (sujeito de direito e procedimento) descritos no antecedente da norma constitucional de produção normativa, independentemente do aspecto material relativo à *declaração prescritiva condicionada* efetivamente produzida.

Esclarecido esse ponto, pode-se responder à questão relativa à existência de superioridade hierárquica de lei complementar (em rigor, de norma veiculada por lei complementar) em relação à lei ordinária (em rigor, de norma veiculada por lei ordinária).

Em função do anteriormente esposado, a norma veiculada pela lei complementar será superior se ela se apresentar como norma de produção normativa em relação à norma veiculada pela lei ordinária, segundo as determinações do Direito Positivo brasileiro. Nesse sentido, é preciso salientar que, segundo o Direito brasileiro, uma norma veiculada por lei complementar "tributária", conforme o caso, pode ser caracterizada como norma de conduta ou como norma de produção normativa.

Quando a lei complementar *tributária* veicular norma de conduta (norma instituidora de tributo), não há que se cogitar de superioridade com relação a qualquer norma veiculada por lei ordinária. O simples fato de a lei complementar ter como característica procedimental a aprovação por um quórum superior ao exigido para a aprovação de lei ordinária (art. 69 – CRFB) é insuficiente para conferir à correspondente norma uma hierarquia superior à norma veiculada por lei ordinária.

A inexistência de superioridade não se confunde com o fato de a norma constitucional de produção normativa exigir que determinadas matérias sejam veiculadas por lei complementar. O que ocorre, neste caso, é que ou, no plano fático, são obedecidos os requisitos constitucionais formais (sujeito e procedimento) que caracterizam o instrumento introdutor de norma como sendo lei complementar e, assim surge norma jurídica (válida); ou, no plano fático, tais requisitos constitucionais formais não são cumpridos (p.ex., a norma é veiculada por lei ordinária) e, por conseguinte, não nasce norma jurídica, a norma é considerada formalmente inconstitucional. Nesta hipótese, não há que falar em hierarquia entre norma complementar e norma ordinária, pois se a norma constitucional exige lei complementar para dispor sobre certa matéria, se este requisito formal não for atendido, não surgirá norma jurídica. Não tem sentido jurídico cogitar de hierarquia entre uma norma jurídica, norma juridicamente válida (1ª situação) e outra norma que não é juridicamente válida (2ª situação).

Exemplos de situações onde lei complementar *tributária* pode veicular norma de conduta (norma tributária) podem ser extraídos da própria Constituição: art. 148 – refere-se à *instituição* de empréstimo compulsório mediante lei complementar; e art. 154, I – refere-se à instituição dos denominados "impostos residuais".

Por outro lado, a lei complementar pode veicular norma de produção normativa. Assim ocorre quando ela dispõe sobre requisitos para a produção de normas veiculadas por lei ordinária. O sistema constitucional brasileiro prevê a possibilidade de uma lei complementar (geral, não a *tributária*) dispor sobre "a elaboração, alteração e consolidação das leis" (parágrafo único do art. 59). Neste caso, esta norma complementar tem hierarquia superior à norma ordinária para cuja produção aquela estabeleceu requisitos.

Na Constituição brasileira, há previsão de lei complementar veiculadora de norma de produção normativa que dispõe sobre requisitos materiais para a produção de *norma tributária*. Tal lei complementar de produção normativa *tributária* está expressamente referida no art. 146, inciso III, alínea "a" da Constituição. Examinando-se esse dispositivo, verifica-se que a norma veiculada pela lei complementar de produção normativa *tributária* pode dispor, impor limites sobre o conteúdo da norma ordinária tributária a ser produzida. Isto ocorre em função de a norma constitucional de produção normativa, que é elaborada a partir do enunciado da alínea "a" do inciso III do art. 146, estabelecer que cabe à lei complementar definir os *fatos geradores*, as *bases de cálculo* e os *contribuintes* dos impostos discriminados na Constituição. Trata-se de norma complementar de produção normativa que estabelece requisitos materiais para a produção da norma ordinária instituidora dos referidos impostos.

Portanto, cabe repisar que a lei complementar "tributária" pode assumir dois papéis distintos e inconfundíveis: (a) veicular norma de produção normativa "tributária"; e (b) veicular norma tributária, isto é, norma de conduta tributária. Somente no primeiro caso, é que haverá superioridade hierárquica da norma complementar frente à norma ordinária.

Sobre a segunda situação especial, parece que o sistema constitucional brasileiro prevê uma situação peculiar em que uma norma veiculada por lei ordinária possa ter hierarquia superior a outra norma também veiculada por lei ordinária. A fim de evitar qualquer mal-entendido, repisa-se que uma norma tem hierarquia superior a outra quando, de algum modo, informa a produção da outra, por meio do estabelecimento de requisitos formais ou materiais. Nesse caso peculiar, tem-se hipótese em que uma norma de lei ordinária estabelece requisitos materiais para a produção de norma veiculada por outra lei ordinária. Isso acontece com as denominadas "leis de natureza orçamentária" ou "leis orçamentárias". As expressões "leis de natureza orçamentária" ou "leis orçamentárias" representam as três leis que pela Constituição brasileira tratam especificamente de matéria orçamentária, quais sejam: a lei do plano plurianual (LPP), a lei de diretrizes orçamentárias (LDO) e a lei orçamentária anual (LOA). Em matéria orçamentária, cabe ainda aludir às leis que dispõem sobre os créditos suplementares e especiais (arts. 166 e 167, V, da Constituição) e à medida provisória que dispõe sobre os créditos extraordinários (art. 167, II, da Constituição) e no sentido de lei que integra o sistema financeiro-orçamentário, à lei complementar financeira (arts. 163 e 165, § 9º, da Constituição).[31]

---

31 Destaca-se que a Constituição veda que a matéria própria das leis orçamentárias (Lei do Plano Plurianual, Lei de Diretrizes Orçamentárias, Lei Orçamentária Anual e de Créditos Adicionais, exceto os Extraordinários) possa ser objeto de medida provisória (art. 62, § 1º, I, "d"). De igual modo, a Constituição veda que seja objeto de medida provisória a matéria própria da lei complementar financeira (art. 62, § 1º, III). Para todos esses casos, a Constituição veda o uso de lei delegada (art, 68, *caput*, e § 1º, III).

Todas essas leis orçamentárias têm um campo material especial e reservado pela Constituição[32], que não se confunde, por exemplo, com a veiculação de matéria tributária (norma que institua ou majore tributo). Em função da exclusividade e da especificidade da matéria, essas leis não têm o condão de implicar qualquer alteração da norma tributária. Todas as "leis orçamentárias" veiculam norma de produção normativa, cujo objeto é o estabelecimento de requisitos materiais para que outras normas sejam produzidas. A *lei complementar financeira* veicula normas de produção normativa que estabelecem requisitos para a produção das normas veiculadas pelas Leis do plano Plurianual, de Diretrizes Orçamentárias e a Orçamentária Anual, como dispõe o art. 165, § 9º, I e II, da Constituição. Por sua vez, a *Lei do Plano Plurianual* veicula normas de produção normativa em relação às normas da Lei de Diretrizes Orçamentárias (§ 4º do art. 166 da Constituição) e da Lei Orçamentária Anual (art. 165, § 7º, e art. 166, § 3º, I, ambos da Constituição). E a *Lei de Diretrizes Orçamentárias* veicula normas de produção normativa em

32 Constituição brasileira:
"Art. 165. Leis de iniciativa do Poder Executivo estabelecerão:
I – o plano plurianual;
II – as diretrizes orçamentárias;
III – os orçamentos anuais.
§ 1º A lei que instituir o plano plurianual estabelecerá, de forma regionalizada, as diretrizes, objetivos e metas da administração pública federal para as despesas de capital e outras delas decorrentes e para as relativas aos programas de duração continuada.
§ 2º A lei de diretrizes orçamentárias compreenderá as metas e prioridades da administração pública federal, incluindo as despesas de capital para o exercício financeiro subsequente, orientará a elaboração da lei orçamentária anual, disporá sobre as alterações na legislação tributária e estabelecerá a política de aplicação das agências financeiras oficiais de fomento".
[...]
"§ 5º A lei orçamentária anual compreenderá:
I – o orçamento fiscal referente aos Poderes da União, seus fundos, órgãos e entidades da administração direta e indireta, inclusive fundações instituídas e mantidas pelo Poder Público;
II – o orçamento de investimento das empresas em que a União, direta ou indiretamente, detenha a maioria do capital social com direito a voto;
II – o orçamento da seguridade social, abrangendo todas as entidades e órgãos a ela vinculados, da administração direta ou indireta, bem como os fundos e fundações instituídos e mantidos pelo Poder Público."
[...]
"§ 8º A lei orçamentária anual não conterá dispositivo estranho à previsão da receita e à fixação da despesa, não se incluindo na proibição a autorização para abertura de créditos suplementares e contratação de operações de crédito, ainda que por antecipação de receita, nos termos da lei."

relação às normas da Lei Orçamentária Anual (art. 166, § 3º, I; art. 99, §§ 1º e 2º; art. 127, § 3º; art. 195, § 2º, todos da Constituição).

Vale observar que essas *LPP, LDO e LOA*, ao veicularem normas de produção normativa, não veiculam normas concretas, nem normas individuais. Essa questão é de extrema relevância, à medida que o Supremo Tribunal Federal não admite realizar o controle concentrado e abstrato de inconstitucionalidade de norma concreta e individual.[33]

Já se teve a oportunidade de esclarecer o sentido de *norma abstrata* e *norma concreta*, as quais não se confundem com *norma geral* e *norma individual*:

> A fim de evitar essa possível confusão de critérios definidores, que dificultaria a identificação daquelas espécies de normas jurídicas, propõe-se a seguinte metodologia para proceder à classificação:
> a) quanto ao **critério da realização, no tempo e no espaço, do fato descrito no antecedente normativo** – classifica-se a norma jurídica em *abstrata* ou *concreta*;
> b) quanto ao **critério da individualização dos sujeitos cuja conduta intersubjetiva é regulada pelo consequente normativo** – classifica-se a norma jurídica em geral e individual.
> Segundo os critérios definidores propostos, a norma é:
> i) **abstrata** – quando o antecedente da norma jurídica descreve uma situação de fato, cuja ocorrência é possível, uma mera suposição, uma hipótese (é o caso de uma norma relativa ao imposto sobre a renda, veiculada por lei, que descreve em seu antecedente uma situação hipotética – ex.: se alguém auferir renda em certo local e tempo);
> ii) **concreta** – quando o fato descrito no antecedente da norma jurídica já se realizou no tempo e no espaço; descreve-se um fato já ocorrido, fato material, concreto (ex.: é o caso de uma norma, veiculada por sentença judicial, que decide litígio referente ao imposto sobre a renda e tem em seu antece-

---

33 Nesse sentido, o decidido na ADI 1.434-MC, Rel. Min. Celso de Mello, julgamento: 20/08/1996, pelo Tribunal Pleno:
"EMENTA: AÇÃO DIRETA DE INCONSTITUCIONALIDADE. CONTROLE ABSTRATO DE CONSTITUCIONALIDADE. PROCESSO DE CARÁTER OBJETIVO. IMPOSSIBILIDADE DE DISCUSSÃO DE SITUAÇÕES INDIVIDUAIS E CONCRETAS. O controle normativo de constitucionalidade qualifica-se como típico processo de caráter objetivo, vocacionado exclusivamente à defesa, em tese, da harmonia do sistema constitucional. A instauração desse processo objetivo tem por função instrumental viabilizar o julgamento da validade abstrata do ato estatal em face da Constituição da República. O exame de relações jurídicas concretas e individuais constitui matéria juridicamente estranha ao domínio do processo de controle concentrado de constitucionalidade. A tutela jurisdicional de situações individuais, uma vez suscitada a controvérsia de índole constitucional, há de ser obtida na via do controle difuso de constitucionalidade, que, supondo a existência de um caso concreto, revela-se acessível a qualquer pessoa que disponha de interesse e legitimidade (CPC, art. 3º) ".

> dente a descrição de um fato já ocorrido – ex.: João auferiu a renda de 100 no dia "d" no local "l");
> iii) **geral** – quando o consequente normativo regula o comportamento de uma classe de pessoas indeterminadas, não individualizadas, quer ocupem o polo passivo (sujeito passivo indeterminado), quer ocupem o polo ativo (sujeito ativo indeterminado) – é o caso de uma norma relativa ao imposto sobre a renda, veiculada por lei, que prescreve em seu consequente a conduta de uma classe de pessoas não determinadas, não individualizadas – ex.: o sujeito – qualquer um que realizar a conduta de auferir renda – está obrigado a entregar vinte por cento da renda auferida à União – sujeito ativo;
> iiii) **individual** – quando o consequente normativo regula o comportamento de pessoas determinadas, individualizadas, isto é, tanto o sujeito ativo quanto o sujeito passivo estão determinados, individualizados – é o caso de uma norma, veiculada por aquela mesma sentença judicial, que decide litígio referente ao imposto sobre a renda e tem em seu consequente a prescrição da conduta de uma (ou mais) pessoa(s) específica(s), determinada(s), individualizada(s) – ex.1 : João, sujeito passivo, está obrigado a entregar 20 à União, sujeito ativo, no local e prazo determinados; ex.2: João e Pedro, sujeitos passivos, estão obrigados a entregar, cada um, 20 à União, sujeito ativo, no local e prazo determinados).
> Deve-se observar que em função da combinação dos conceitos acima expostos quatro tipos de normas podem existir: a) norma abstrata e geral; b) norma abstrata e individual; c) norma concreta e geral; e d) norma concreta e individual.
> Exemplificando cada um desses casos:
> a) norma abstrata e geral – corresponde aos exemplos dos itens "i" e "iii" acima referidos;
> b) norma abstrata e individual – é o caso de uma lei que veicula a seguinte norma: (deve-ser) se a cidade do Rio de Janeiro for escolhida para ser a sede das olimpíadas de 2008 (antecedente), então a União está obrigada a emprestar a fundo perdido o valor de 100.000 milhões de reais àquela cidade (consequente) cento e vinte dias após ser divulgado o resultado da escolha;
> c) norma concreta e geral – ocorre quando uma lei veicula a seguinte norma: (deve- ser) dado o fato de o herói de guerra Mauro da Paz ter falecido (antecedente), então a União deverá (está obrigada a) entregar a cada filho a importância de 30 mil reais, trinta dias após encerrado o processo de inventário e partilha (convém observar que o caráter da generalidade está presente pelo fato de a norma, ao estabelecer um dos termos do consequente, *in casu,* o sujeito ativo, estar referindo-se a uma classe de sujeitos – *os filhos* ; referência a sujeitos indeterminados, que podem, até mesmo, inexistir);
> d) norma concreta e individual – corresponde aos exemplos dos itens "ii" e "iiii" acima expostos (QUEIROZ, 2016, pp. 50-51).

Como as leis orçamentárias veiculam normas de produção normativa, elas não regulam conduta intersubjetiva no consequente, pelo que não se submetem "ao critério da individualização do sujeito cuja ação é regulada pelo consequente normativo". Assim, a norma orçamentária não pode ser classificada como *geral*, nem como *individual*.

De outro lado, como as normas das leis orçamentárias veiculam normas de produção normativa, elas não descrevem uma situação de fato já ocorrida, um processo legislativo já ocorrido. Portanto, em função do "critério da realização, no tempo e no espaço, do fato descrito no antecedente normativo", as normas orçamentárias classificam-se como *normas abstratas*.

Por conseguinte, já que as normas orçamentárias são normas abstratas, diversamente do que o Supremo Tribunal Federal decidira no passado[34], sempre ficam submetidas ao controle de constitucionalidade concentrado e abstrato. Em relevante decisão tomada no ano de 2004, no julgamento da ADI 2.925,[35] o Supremo Tribunal Federal passou a adotar o entendimento no sentido da possibilidade de realizar o controle abstrato e concentrado de constitucionalidade de norma orçamentária – no caso, de norma da lei de diretrizes orçamentárias –, quando decidiu pela inconstitucionalidade da mesma nos seguintes termos:

> PROCESSO OBJETIVO. AÇÃO DIRETA DE INCONSTITUCIONALIDADE. LEI ORÇAMENTÁRIA.
> Mostra-se adequado o controle concentrado de constitucionalidade quando a lei orçamentária revela contornos abstratos e autônomos, em abandono ao campo da eficácia concreta. LEI ORÇAMENTÁRIA. CONTRIBUIÇÃO DE INTERVENÇÃO NO DOMÍNIO ECONÔMICO. IMPORTAÇÃO E COMERCIALIZAÇÃO DE PETRÓLEO E DERIVADOS, GÁS NATURAL E DERIVADOS E ÁLCOOL COMBUSTÍVEL (CIDE). DESTINAÇÃO. ART. 177, § 4º, DA CONSTITUIÇÃO FEDERAL.
> É inconstitucional interpretação da Lei Orçamentária nº 10.640, de 14 de janeiro de 2003, que implique abertura de crédito suplementar em rubrica estranha à destinação do que arrecadado a partir do disposto no § 4º do art. 177 da Constituição Federal, ante a natureza exaustiva das alíneas «a», «b» e «c» do inciso II do citado parágrafo.

34 Como exemplo, o decidido na ADI 2.535 MC / MT, Rel. Min. Sepúlveda Pertence, julgamento: 19/12/2001. Órgão Julgador: Tribunal Pleno. DJ 21-11-2003. Destaca-se parte da ementa:
"II. Ação direta de inconstitucionalidade: objeto: ato normativo: conceito. 2. O STF tem dado por inadmissível a ação direta contra disposições insertas na Lei de Diretrizes Orçamentárias, porque reputadas normas individuais ou de efeitos concretos, que se esgotam com a propositura e a votação do orçamento fiscal (v.g., ADIn 2.100, JOBIM, *DJ* 1º/06/2001). 3. A segunda norma questionada que condiciona a inclusão no orçamento fiscal da verba correspondente a precatórios pendentes à «manutenção da meta de resultado primário, fixada segundo a LDO» - constitui exemplo típico de norma individual ou de efeitos concretos, cujo objeto é a regulação de conduta única, posto que subjetivamente complexa: a elaboração do orçamento fiscal, na qual se exaure, o que inviabiliza no ponto a ação direta".

35 ADI 2.925 / DF. Rel. Min. Ellen Gracie. Rel. para o Acórdão: Min. Marco Aurélio, julgamento: 19/12/2004. Órgão Julgador: Tribunal Pleno. Publicação: DJ 04/03/2005.

O Supremo Tribunal Federal, no julgamento da ADI 4.048 MC em 2008, reiterou o entendimento no sentido de considerar cabível o exame de normas orçamentárias por meio do controle concentrado e abstrato de constitucionalidade:[36]

> MEDIDA CAUTELAR EM AÇÃO DIRETA DE INCONSTITUCIONALIDADE. MEDIDA PROVISÓRIA Nº 405, DE 18/12/2007. ABERTURA DE CRÉDITO EXTRAORDINÁRIO. LIMITES CONSTITUCIONAIS À ATIVIDADE LEGISLATIVA EXCEPCIONAL DO PODER EXECUTIVO NA EDIÇÃO DE MEDIDAS PROVISÓRIAS.
>
> [...]
>
> II. **CONTROLE ABSTRATO DE CONSTITUCIONALIDADE DE NORMAS ORÇAMENTÁRIAS. REVISÃO DE JURISPRUDÊNCIA. O Supremo Tribunal Federal deve exercer sua função precípua de fiscalização da constitucionalidade das leis e dos atos normativos quando houver um tema ou uma controvérsia constitucional suscitada em abstrato, independente do caráter geral ou específico, concreto ou abstrato de seu objeto. Possibilidade de submissão das normas orçamentárias ao controle abstrato de constitucionalidade.**
>
> III. LIMITES CONSTITUCIONAIS À ATIVIDADE LEGISLATIVA EXCEPCIONAL DO PODER EXECUTIVO NA EDIÇÃO DE MEDIDAS PROVISÓRIAS PARA ABERTURA DE CRÉDITO EXTRAORDINÁRIO. Interpretação do art. 167, § 3º c/c o art. 62, § 1º, inciso I, alínea "d", da Constituição. Além dos requisitos de relevância e urgência (art. 62), a Constituição exige que a abertura do crédito extraordinário seja feita apenas para atender a despesas imprevisíveis e urgentes. Ao contrário do que ocorre em relação aos requisitos de relevância e urgência (art. 62), que se submetem a uma ampla margem de discricionariedade por parte do Presidente da República, os requisitos de imprevisibilidade e urgência (art. 167, § 3º) recebem densificação normativa da Constituição. Os conteúdos semânticos das ex pressões "guerra", "comoção interna" e "calamidade pública" constituem vetores para a interpretação/aplicação do art. 167, § 3º c/c o art. 62, § 1º, inciso I, alínea "d", da Constituição. "Guerra", "comoção interna" e "calamidade pública" são conceitos que representam realidades ou situações fáticas de extrema gravidade e de consequências imprevisíveis para a ordem pública e a paz social, e que dessa forma requerem, com a devida urgência, a adoção de medidas singulares e extraordinárias. A leitura atenta e a análise interpretativa do texto e da exposição de motivos da MP n° 405/2007 demonstram que os créditos abertos são destinados a prover despesas correntes, que não estão qualificadas pela imprevisibilidade ou pela urgência. A edição da MP n° 405/2007 configurou um patente desvirtuamento dos parâmetros constitucionais que permitem a edição de medidas provisórias para a abertura de créditos extraordinários.
>
> IV. **MEDIDA CAUTELAR DEFERIDA. Suspensão da vigência da Lei n° 11.658/2008, desde a sua publicação, ocorrida em 22 de abril de 2008** (grifos nossos).

---

36 ADI 4.048 MC / DF. Rel. Min. Gilmar Mendes, julgamento: 14/05/2008. Órgão Julgador: Tribunal Pleno. *DJe* 21/08/2008.

Pelo exposto e tendo como premissa que a norma de produção normativa é sempre hierarquicamente superior à norma produzida, parece ser possível conceber que, no ordenamento jurídico brasileiro, norma legal (veiculada por lei ordinária) de produção normativa pode informar materialmente a produção de outra norma legal (veiculada por lei ordinária), pelo que aquela possui hierarquia superior a esta. Repisa-se que esse entendimento encontra sustentação na Constituição brasileira, pelo que se vislumbra que há superioridade hierárquica (a) entre normas veiculadas pela Lei do Plano Plurianual (superior) com relação a normas veiculadas pela Lei de Diretrizes Orçamentárias (§ 4º do art. 166) e pela Lei Orçamentária Anual (§ 7º do art. 165; e art. 166, § 3º, I), bem como (b) entre normas veiculadas pela Lei de Diretrizes Orçamentárias (superior) com relação a normas veiculadas pela Lei Orçamentária Anual (arts. 165, § 2º; 166, § 3º, I; 99, § 1º; 127, § 3º; 134, § 2º; 195, § 2º).

Sobre a terceira situação especial, observa-se que, em geral, os decretos apresentam o caráter de instrumento introdutor de norma secundário, pois são hierarquicamente inferiores aos mencionados instrumentos introdutores de norma primários. Contudo, a partir da Emenda Constitucional nº 32/2001, foi estabelecida a possibilidade de utilização do denominado "decreto autônomo" no ordenamento jurídico brasileiro, cujo suporte de validade advém diretamente da Constituição. Neste caso específico, foi conferido ao decreto *status* de instrumento introdutor de norma primário. Segundo a redação original do art. 84, inciso VI, da Constituição, competia privativamente ao Presidente da República "dispor sobre a organização e o funcionamento da administração federal, na forma da lei". Com a nova redação conferida a esse inciso VI do art. 84 pela EC nº 32/2001, o Presidente da República passou a ter competência privativa para dispor, por meio de decreto, sobre "organização e funcionamento da administração federal, quando não implicar aumento de despesa nem criação ou extinção de órgãos públicos" e "extinção de funções ou cargos públicos, quando vagos". O *status* de instrumento introdutor primário para o decreto na referida hipótese já foi declarado pelo Supremo Tribunal Federal no julgamento da ADI 2.564. Da ementa do acórdão, destaca-se a seguinte passagem:

> [...] Ausência de ofensa ao princípio da reserva legal, diante da nova redação atribuída ao inciso VI do art. 84 pela Emenda Constitucional nº 32/01, que permite expressamente ao Presidente da República dispor, por decreto, sobre a organização e o funcionamento da administração federal, quando isso não implicar aumento de despesa ou criação de órgãos públicos, exceções que não se aplicam ao decreto atacado. Ação direta de inconstitucionalidade cujo pedido se julga improcedente.

Os requisitos formais – sujeito competente e procedimento – prescritos pelas normas constitucionais de produção normativa não suscitam maiores debates acerca da natureza da atividade de determinação do conteúdo do Direito – se deve haver *neutralidade objetiva* ou *valoração subjetiva*. Essa discussão é mais intensa sob a perspectiva da determinação dos requisitos materiais de pertinência ao Direito estabelecidos pelas normas constitucionais de produção normativa.

2.3.3.2.2. Neutralidade objetiva versus *valoração subjetiva quanto ao conteúdo do Direito – os requisitos materiais de pertinência ao Direito*

Os requisitos materiais de pertinência ao Direito são determinados pelo que se denomina *declaração prescritiva condicionada*, que corresponde ao conteúdo do que é prescritivamente determinado pelo sujeito competente segundo o procedimento previsto e que, via de regra, assumirá a forma de texto jurídico. A *declaração prescritiva condicionada* é a manifestação de índole prescritiva, que pode assumir duas formas distintas, dependendo da espécie de norma a ser produzida: se for uma norma de produção normativa ou uma norma de conduta.

Se a norma a ser produzida for uma *norma de conduta*, a *declaração prescritiva* se apresentará como uma proposição prescritiva-condicional de conduta intersubjetiva, de conduta entre sujeitos necessariamente diferentes. Vale observar que tal declaração, se e quando realizada no mundo concreto e real, e desde que respeitados os demais requisitos, corresponderá ao conteúdo (antecedente e consequente) da norma de conduta produzida.

Por outro lado, se a norma a ser produzida for uma *norma de produção normativa*, a *declaração prescritiva*, se e quando realizada no mundo concreto e real, e desde que respeitados os demais requisitos, corresponderá ao conteúdo – antecedente e consequente – da norma de produção normativa produzida. O antecedente da norma produzida conterá uma *proposição implicante* (cujo conteúdo corresponderá à descrição de um fato complexo, representativo dos requisitos necessários para a criação de outra norma jurídica) e o consequente da norma produzida conterá uma *proposição implicada* (cujo conteúdo corresponderá à estrutura completa – antecedente e consequente – de outra norma jurídica a ser criada).

Reitera-se que, ante o modo pelo qual se apresenta o sistema constitucional brasileiro, o requisito *declaração prescritiva* da norma constitucional de produção normativa apresenta-se sempre materialmente condicionado. Isso significa dizer que, no plano dos fatos, no momento do processo legislativo em sentido amplo, o conjunto de pessoas constitucionalmente competentes, aqui denominado *sujeito competente*, produzirá uma declaração, a qual corresponderá ao conteúdo da norma produzida, declaração que sempre estará condicionada por determinações constitucionais de conteúdo material. Eis a razão pela qual esse requisito material seja designado como *declaração prescritiva condicionada*.

No Brasil, como na maior parte dos países do mundo[37], há um núcleo de valores, de ideais e de direitos contemporaneamente compartilhados, os quais, em seu conjunto, podem ser representados pelo que veicula a Declaração Universal de Direitos Humanos. O que consta dessa Declaração, normalmente, está relacionado com o que se considera como fundamento do Direito desses países, via de regra, refletido numa Constituição (fenômeno internacional da constitucionalização do Direito). Como esposado ao tratar do conceito de Direito, o Brasil, além de integrar o grupo dos 51 países fundadores da ONU[38] e que assinaram inicialmente a Declaração Universal de Direitos Humanos[39], incorporou a base axiológica dessa declaração na Constituição de 1988.

Ainda que se entenda que o conteúdo da Constituição de 1988 decorre de fatos sociais, isso não autoriza dizer que a Constituição como fato social pode ser interpretada sem que se recorra a considerações valorativas. Muito pelo contrário, como restará evidenciado logo a seguir, ao se tratar das espécies de normas constitucionais, a determinação do conteúdo do Direito no Brasil demanda considerações valorativas.

Um aspecto que deve ser sobrelevado é o atinente à relevância das especificidades e do conteúdo das normas constitucionais de conduta e das normas constitucionais de produção normativa.

A Constituição brasileira de 1988 apresenta diversos enunciados relativos a valores. A partir dos diferentes enunciados constitucionais podem ser construídas tanto normas constitucionais de conduta quanto normas constitucionais de produção normativa.

---

37 Reitera-se que, conforme o órgão mundial, pode variar o número de países no mundo entre 193 (ONU – disponível em: <https://nacoesunidas.org/conheca/paises-membros/>) e 211 (FIFA – disponível em: <https://www.fifa.com/associations/>).

38 Conforme consulta ao site <https://nacoesunidas.org/conheca/paises-membros/≥.

39 A Declaração Universal de Direitos Humanos foi elaborada pelos representantes de 50 países que estavam presentes na Conferência sobre Organização Internacional, que se reuniu em São Francisco de 25 de abril a 26 de junho de 1945. No dia 26 de junho, último dia da Conferência, foi assinada pelos 50 países a Carta, com a Polônia – também um membro original da ONU – que a assinou dois meses depois (disponível em: <https://nacoesunidas.org/carta/>).

Nesse sentido, quando a Constituição, de forma direta, dispõe acerca de direitos, no sentido de direitos subjetivos, ela o faz por intermédio de normas de conduta. Essas disposições constitucionais possuem elevada carga axiológica, como bem exemplifica o rol dos direitos fundamentais do art. 5º. Assim, a referência a direitos subjetivos fundamentais estabelecidos a partir da interpretação dos enunciados do art. 5º da Constituição representa a necessidade de que a construção do conteúdo do Direito, ao menos da parte relativa ao disposto nesses enunciados, demanda necessariamente valoração, sendo completamente descabido cogitar de um conteúdo construído com neutralidade, em que se fizesse uso exclusivamente da atividade de subsunção, no sentido restritivo (e criticado) de mera operação lógica, isenta de qualquer valoração. Sem qualquer caráter de exaustividade, alguns enunciados extraídos do referido art. 5º podem bem ilustrar esse entendimento, como os dos incisos IV, IX, XVII, XX e XLIX:

> Art. 5º Todos são iguais perante a lei, sem distinção de qualquer natureza, garantindo-se aos brasileiros e aos estrangeiros residentes no País a inviolabilidade do direito à vida, à liberdade, à igualdade, à segurança e à propriedade, nos termos seguintes:
>
> [...]
>
> IV – é livre a manifestação do pensamento, sendo vedado o anonimato;
>
> [...]
>
> IX – é livre a expressão da atividade intelectual, artística, científica e de comunicação, independentemente de censura ou licença;
>
> [...]
>
> XVII – é plena a liberdade de associação para fins lícitos, vedada a de caráter paramilitar;
>
> [...]
>
> XX – ninguém poderá ser compelido a associar-se ou a permanecer associado;
>
> [...]
>
> XLIX – é assegurado aos presos o respeito à integridade física e moral;

A partir da interpretação de todos esses enunciados podem ser construídas normas de conduta, que prescrevem direitos subjetivos, de elevada carga axiológica, merecedores de serem qualificados como *direitos subjetivos fundamentais*. Há que se dizer que esses direitos são normativamente conferidos pela própria Constituição, sem a necessidade de intermediação de qualquer texto infraconstitucional. Nos incisos IV, IX, XVII e XX, estão regulados comportamentos – conferidos direitos subjetivos – diretamente reveladores do valor *liberdade*, um dos mais fundamentais de qualquer sistema jurídico, em especial do brasileiro (Preâmbulo; art. 3º, inciso I; art. 5º, *caput*; etc.). O conteúdo, portanto, desses direitos está saturado de valor, pelo que é imprescindível a realização de *considerações valorativas*. O outro exemplo – o do inciso XLIX

– está regulando comportamentos – conferindo direitos subjetivos, o direito à preservação da integridade física e o direito à preservação da integridade moral – reveladores dos valores vida humana e dignidade da pessoa humana (Preâmbulo; art. 1º, inciso III; art. 3º, incisos III e IV; art. 5º, *caput*; art. 6º; art. 7º, inciso IV; etc.). Também o conteúdo desses direitos está saturado de valor, pelo que é igualmente imprescindível a realização de *considerações valorativas*.

Por outro lado, a Constituição brasileira veicula diversas normas de produção normativa, que, de igual maneira, encontram-se saturadas de valor. Como esclarecido anteriormente, as normas de produção normativa não regulam comportamentos, mas estabelecem requisitos para que outras normas jurídicas sejam produzidas. Entre esses requisitos estão os de índole material referentes ao que se denominou *declaração prescritiva condicionada*.

As normas constitucionais de produção normativa além de estabelecerem quem (sujeito competente) e de que forma (procedimento) pode ser produzida norma jurídica, também estabelecem que tipo de conteúdo a norma pode ter (declaração prescritiva condicionada). Este é o caráter condicionado de toda declaração prescritiva a ser produzida pelo legislador infraconstitucional. Uma vez atendidos os requisitos formais, a declaração prescritiva emitida pelo sujeito competente apenas se tornará jurídica se forem atendidos os requisitos constitucionais materiais, que funcionam como condicionantes da declaração.

Toda e qualquer produção de norma jurídica, seja de que natureza for (civil, penal, tributária, etc.) terá a declaração prescritiva condicionada pelo atendimento, entre outras, das seguintes condições materiais constitucionais de elevado cunho axiológico (valores):

a) liberdade (Preâmbulo; art. 3º, inciso I; art. 5º, *caput*; etc.);
b) segurança (Preâmbulo; art. 5º, *caput* e inciso II; etc.);
c) bem-estar (Preâmbulo; art. 3º, incisos III e IV; art. 5º, *caput*; etc.);
d) desenvolvimento (Preâmbulo; art. 1º, inciso IV; art. 3º, incisos II e III; etc.)
e) igualdade (Preâmbulo; art. 3º, inciso IV; art. 5º, *caput* e inciso I; etc.);
f) justiça (Preâmbulo; art. 3º, incisos I, III e IV; art. 5º, *caput*; etc.);
g) vida e dignidade da pessoa humana (Preâmbulo; art. 1º, inciso III; art. 3º, incisos III e IV; art. 5º, *caput*; art. 6º; art. 7º, inciso IV; etc.);
h) solidariedade (Preâmbulo; art. 3º, incisos I, III e IV; etc.); e
i) bem comum (Preâmbulo; art. 3º, incisos I, III e IV; etc.).[40]

40 Constituição brasileira:
"PREÂMBULONós, representantes do povo brasileiro, reunidos em Assembleia Nacional Constituinte para instituir um Estado Democrático, destinado a assegu-

Portanto, é totalmente inconcebível construir o conceito dessas condições materiais constitucionais de elevado cunho axiológico por meio de uma mera operação lógica, isenta de qualquer valoração. Por definição, essas mencionadas condições materiais constitucionais de elevado cunho axiológico revelam adoção de valores, pelo que é impossí-

---

rar o exercício dos direitos sociais e individuais, a liberdade, a segurança, o bem-estar, o desenvolvimento, a igualdade e a justiça como valores supremos de uma sociedade fraterna, pluralista e sem preconceitos, fundada na harmonia social e comprometida, na ordem interna e internacional, com a solução pacífica das controvérsias, promulgamos, sob a proteção de Deus, a seguinte CONSTITUIÇÃO DA REPÚBLICA FEDERATIVA DO BRASIL.

TÍTULO I
DOS PRINCÍPIOS FUNDAMENTAIS

Art. 1º A República Federativa do Brasil, formada pela união indissolúvel dos Estados e Municípios e do Distrito Federal, constitui-se em Estado Democrático de Direito e tem como fundamentos:
I – a soberania;
II – a cidadania;
III – a dignidade da pessoa humana;
IV – os valores sociais do trabalho e da livre iniciativa; (Vide Lei nº 13.874, de 2019)
V – o pluralismo político.
Parágrafo único. Todo o poder emana do povo, que o exerce por meio de representantes eleitos ou diretamente, nos termos desta Constituição.
[...]
Art. 3º Constituem objetivos fundamentais da República Federativa do Brasil:
I – construir uma sociedade livre, justa e solidária;
II – garantir o desenvolvimento nacional;
III – erradicar a pobreza e a marginalização e reduzir as desigualdades sociais e regionais;
IV – promover o bem de todos, sem preconceitos de origem, raça, sexo, cor, idade e quaisquer outras formas de discriminação.
[...]

TÍTULO II
DOS DIREITOS E GARANTIAS FUNDAMENTAIS
CAPÍTULO I
DOS DIREITOS E DEVERES INDIVIDUAIS E COLETIVOS

Art. 5º Todos são iguais perante a lei, sem distinção de qualquer natureza, garantindo-se aos brasileiros e aos estrangeiros residentes no País a inviolabilidade do direito à vida, à liberdade, à igualdade, à segurança e à propriedade, nos termos seguintes:
I – homens e mulheres são iguais em direitos e obrigações, nos termos desta Constituição;
II – ninguém será obrigado a fazer ou deixar de fazer alguma coisa senão em virtude de lei.".
Disponível em: <http://www.planalto.gov.br/ccivil_03/constituicao/constituicao.htm>.

vel construir o sentido desses valores sem a realização de *considerações valorativas*.

2.3.3.3. *Neutralidade objetiva* versus *valoração subjetiva quanto à interpretação e à aplicação do Direito*

Como demonstrado anteriormente, a construção da denominada realidade ou mundo real, físico ou abstrato, e do mundo não real, imaginário (das ficções, por exemplo) é feita pelo ser humano segundo seus valores, sentimentos, afetos, pré-conceitos, conceitos, e informada pela tradição, pelas suas experiências pessoais e pelas suas aspirações e expectativas. O que é o *ser* do humano informa o que ele consegue, mediante interpretação, construir como *mundo*. Por sua vez, esse *mundo interpretado*, mundo construído pelo ser humano informa o seu próprio *ser*. Esse *mundo construído por interpretação* – a visão de mundo de uma pessoa – informa a sua identidade e a sua autoconsciência. O ser humano constrói o mundo de acordo com suas possibilidades e limitações e, ao mesmo tempo, já é afetado pela sua visão de mundo. Trata-se de um processo de constante e mútua informação e que se encontra em permanente transformação, que vai do todo à parte e da parte ao todo, que concebe a atual conclusão como uma possível etapa para a construção de novas conclusões, pelo que se apresenta não como um processo repetitivo, mas continuamente produtivo. Esse processo produtivo remonta às noções de *círculo da compreensão* de Heidegger e de *círculo hermenêutico*, *história efeitual* e *tradição* de Gadamer.

É com esse grau de incerteza que o ser humano, inevitavelmente, vive. Faz parte do ser um humano conviver num mundo cujas certezas são limitadíssimas. Não se trata de uma opção que se pode adotar: construir e viver num mundo de certezas ou construir e viver num mundo de incertezas.

Acreditar que se pode construir um mundo de certezas não depende do grau de capacidade intelectual de uma pessoa, mas sim do seu grau de inocência epistemológica. Os fenômenos da indeterminação conceitual, da mutação conceitual e da diversidade espacial conceitual são intrínsecos ao processo de conhecimento humano, pois esses fenômenos fazem parte das condições de possibilidade de conhecimento humano, pelo que inafastáveis.

Ter plena consciência das condições e limitações de possibilidade de conhecimento não torna o ser humano mais frágil ou mais incapaz, pelo contrário, essa consciência de suas limitações tornam o ser humano mais preparado para lidar com o mundo, com as demais pessoas e consigo mesmo. É útil lembrar que esse processo de consciência hermenêutica é pressuposto para que se desenvolva uma adequada interpretação.

É fundamental ser consciente de que o que se constrói não é uma *visão exclusivamente subjetivada do mundo*, já que ela não se confunde com uma visão individualizada, egocêntrica nem egoística do mundo, pois em função de as pessoas viverem em sociedade, a visão do mundo é social e culturalmente informada, na qual a valoração e o uso da razão não competem entre si, mas convivem e cooperam uma com a outra, no processo único da compreensão-interpretação-aplicação (aplicação no primeiro sentido gadameriano). A visão subjetivada e socioculturalmente informada, com valoração e razão, é a visão humanizada do mundo, a qual se constitui como a única humanamente possível. Eis a razão pela qual, no presente trabalho, se denomina esse modo de conceber como o ser humano constrói a visão e o conhecimento do mundo, bem como o seu reconhecimento como ser *no* e *do* mundo de *construção axiológica racional*.

Essas considerações provavelmente contribuem para compreender a razão pela qual mesmo os autores que defendem a tese da neutralidade objetiva para o conceito de Direito e para o conteúdo do Direito, ao analisarem a interpretação ou, ao menos, a aplicação do Direito, não adotam a tese da neutralidade objetiva. Lembra-se que, segundo esta tese, a interpretação do produto decorrente dos fatos sociais (em geral, os textos jurídicos) prescinde de considerações de natureza valorativa, pelo que é cabível uma análise conceitual (no sentido excessivamente restritivo) de caráter exclusivamente objetivo e descritivo.

Convém rememorar como se posicionaram acerca da *interpretação ou da aplicação do Direito* alguns dos autores que defendem a tese da neutralidade para a determinação tanto do *conceito de Direito* quanto do *conteúdo do Direito*.

Hans Kelsen (1991, p. 368) adota a *tese da neutralidade objetiva referente ao conceito de Direito* e *referente ao conteúdo do Direito*. Contudo, adota a *tese da neutralidade objetiva referente à interpretação do Direito* no sentido de interpretação realizada pela ciência do Direito, mas rejeita esta tese *referente à interpretação* no sentido de aplicação do (dos órgãos que aplicam o) Direito. Em suas palavras:

> Justamente por isso, a obtenção da norma individual no processo de aplicação da lei é, na medida em que nesse processo seja preenchida a moldura da norma geral, uma função voluntária.
>
> Na medida em que, na aplicação da lei, para além da necessária fixação da moldura dentro da qual se tem de manter o ato a pôr, possa ter ainda lugar uma atividade cognoscitiva do órgão aplicador do Direito, não se tratará de um conhecimento do Direito positivo, mas de outras normas que, aqui, no

> processo da criação jurídica, podem ter a sua incidência: normas de Moral, normas de Justiça, juízos sociais de valor que costumamos designar por expressões correntes como bem comum, interesse do Estado, progresso, etc.

E complementa:

> Sobretudo, porém, deve-se distinguir rigorosamente a interpretação do Direito feita pela ciência jurídica, como não autêntica, da interpretação realizada pelos órgãos jurídicos.
> A interpretação científica é pura determinação cognoscitiva do sentido das normas jurídicas. Diferentemente da interpretação feita pelos órgãos jurídicos, ela não é criação jurídica. [...] A interpretação jurídico-científica não pode fazer outra coisa senão estabelecer as possíveis significações de uma norma jurídica. Como conhecimento do seu objeto, ela não pode tomar qualquer decisão entre as possibilidades por si mesma reveladas, mas tem de deixar tal decisão ao órgão que, segundo a ordem jurídica, é competente para aplicar o Direito (KELSEN, 1991, p. 370).

Herbert Hart (1996, pp. 300-301) esposa entendimento semelhante ao de Kelsen. Defende a tese da neutralidade objetiva referente ao conceito de Direito, ao conteúdo do Direito e à interpretação do Direito. Contudo, não adota a tese da neutralidade objetiva referente à aplicação do Direito. Para evidenciar esse entendimento de Hart, é útil lembrar duas passagens elucidativas. Eis a primeira, que é relativa à neutralidade objetiva referente à interpretação do Direito:

> O meu relato é descritivo, na medida em que é moralmente neutro e não tem propósitos de justificação; não procura justificar ou recomendar, por razões morais ou outras, as formas e estruturas que surgem na minha exposição geral do direito, embora uma compreensão clara destas constitua, penso eu, um ponto preliminar importante, relativamente a qualquer crítica moral do direito que seja útil.

Agora, transcreve-se a segunda passagem, que é pertinente à inexistência de neutralidade objetiva referente à aplicação do Direito:

> Os juízes não estão confinados, ao interpretarem, quer as leis, quer os precedentes, às alternativas de uma escolha cega e arbitrária, ou à dedução "mecânica" de regras com um sentido pré-determinado. A sua escolha é guiada muito frequentemente pela consideração de que a finalidade das regras que estão a interpretar é razoável, de tal forma que não se pretende com as regras criar injustiças ou ofender princípios morais assentes. Uma decisão judicial, especialmente em questões de alta importância constitucional, envolve frequentemente uma escolha entre valores morais e não uma simples aplicação de um único princípio moral proeminente; será tolice acreditar que, quando o significado do direito é objecto de dúvidas, a moral tem sempre uma resposta clara a dar (HART, 1996, pp. 220-221).

Alf Ross (1994, pp. 31-32) também preconiza a tese da neutralidade objetiva referente ao conceito de Direito, bem como ao conteúdo do Direito. Por outro lado, defende a tese da neutralidade objetiva referente à interpretação do Direito e a rejeita quanto à aplicação do Direito. Ross assim se manifesta sobre a neutralidade objetiva na interpretação do Direito:

> La función de la ciencia del derecho es exponer un determinado sistema nacional individual de normas. [...] Pero una terminología descriptiva nada tiene que hacer con la aprobación o reprobación moral. Puedo considerar a cierto orden como un "orden jurídico", y al mismo tiempo entender que mi deber moral más alto es derrocarlo.[41]

De outra sorte, aponta o caráter dúplice – de conhecimento e de valoração – na atividade do juiz:

> Podemos decir, en definitiva, que la administración del derecho no se reduce a una mera actividad intelectual. Está arraigada en la personalidad total del juez, tanto en su conciencia jurídica formal y material como en sus opiniones y puntos de vista racionales. Se trata de una interpretación constructiva, que es a la vez conocimiento y valoración, pasividad y actividad.
> Para llegar a una verdadera comprensión de la función del juez es importante subrayar esta naturaleza doble. Pero al mismo tiempo hay que reconocer que la distinción entre la función cognoscitiva y la valorativa es artificial, en la medida en que ambas se fusionan en la práctica. lo que imposibilita decir con precisión dónde termina una y dónde comienza la otra. Esto es así porque es imposible para el propio juez, así como para los demás distinguir entre las valoraciones en las que se manifiestan las preferencias personales del juez y las valoraciones atribuidas al legislador, que son, por lo tanto, datos para una interpretación puramente cognoscitiva (ROSS, 1994, p. 135).[42]

---

41 O trecho correspondente na tradução é: "A função da ciência do direito é expor um determinado sistema nacional individual de normas. [...] Mas uma terminologia descritiva não tem nada que fazer com a aprovação ou desaprovação moral. Posso considerar uma certa ordem como uma "ordem jurídica" e, ao mesmo tempo, entender que meu maior dever moral é derrubá-la."

42 O trecho correspondente na tradução é: "Podemos dizer, em definitivo, que a administração do direito não se reduz a uma mera atividade intelectual. Está enraizado na personalidade total do juiz, tanto em sua consciência jurídica formal e material quanto em suas opiniões e pontos de vista racionais. É uma interpretação construtiva, que é conhecimento e valoração, passividade e atividade.
Para chegar a uma verdadeira compreensão do papel do juiz, é importante sublinhar essa natureza dual. Mas, ao mesmo tempo, deve-se reconhecer que a distinção entre a função cognitiva e a valorativa é artificial, na medida em que as duas estão fundidas na prática. o que torna impossível dizer com precisão onde termina um e começa o outro. Isso é assim porque é impossível para o próprio juiz, assim como os demais, distinguir entre as valorações em que as preferências pessoais do juiz se manifestam e as valorações atribuídas ao legislador, que são, portanto, dados para uma interpretação puramente cognitiva."

Norberto Bobbio (1995, p. 238) adota posicionamento semelhante ao dos autores antes referidos. Assenta a neutralidade objetiva na interpretação do Direito ao tratar do positivismo jurídico como método:

> Sobre este ponto não há distinções a serem feitas e o discurso é muito breve. Como a ciência consiste na descrição avaliatória da realidade, o método positivista é pura e simplesmente o método científico e, portanto, é necessário adotá-lo se se quer fazer ciência jurídica ou teoria do direito. Se não for adotado, não se fará ciência, mas filosofia ou ideologia do direito.

Mas não adota a neutralidade objetiva quanto à aplicação do Direito:

> [...] a interpretação do direito feita pelo juiz não consiste jamais na simples aplicação da lei com base num procedimento puramente lógico. Mesmo que disto não se. dê conta, para chegar à decisão ele deve sempre introduzir avaliações pessoais, fazer escolhas que estão vinculadas ao esquema legislativo que ele deve aplicar (BOBBIO, 1995, p. 237).

Luigi Ferrajoli (2002, p. 289), apesar de adotar a neutralidade objetiva quanto ao conceito de Direito e quanto ao conteúdo do Direito, entende que esse tema perdeu importância com a incorporação pelos sistemas jurídicos de proposições ético-políticas ou de justiça, que funcionam como condições de validade material das normas infraconstitucionais. Em suas palavras:

> A definição teórica de "direito válido" – conforme o princípio metacientífico do positivismo jurídico expressado por nossa terceira tese acerca da separação entre direito e moral – continua sendo, portanto, ideologicamente neutra: é válida ainda que seja injusta qualquer norma ou preceituação que esteja conforme as normas acerca da sua produção. O que acontece é que entre as normas acerca da produção de normas, o moderno Estado constitucional de direito tem introduzido múltiplos princípios ético-políticos ou de justiça que impõem valorações ético-políticas das normas produzidas e atuam como parâmetros ou critérios de legitimidade e ilegitimidade não mais externos ou jusnaturalistas, senão internos ou juspositivistas. [...] A especificidade do moderno Estado constitucional de direito está precisamente no fato de que as condições de validade estabelecidas por suas leis fundamentais incorporam não só requisitos de regularidade formal, senão também condições de justiça material.

Ferrajoli (2002, p. 34) afasta a tese da neutralidade objetiva para a atividade interpretativa judicial:

> Daí segue que não só é estranha, mas também incompatível com a epistemologia garantista, a ideologia mecanicista da aplicação da lei, expressada na célebre frase de Montesquieu: "Os juízes da nação não são, como temos dito, mais do que a boca que pronuncia as palavras da lei, seres inanimados que não podem moderar nem a força nem o rigor das leis".

Eugenio Bulygin (2012, p. 72) defende tanto a tese da neutralidade objetiva referente ao conceito de Direito quanto a referente ao conteúdo do Direito. Por outro lado, adota a tese da neutralidade objetiva referente à interpretação do Direito, mas admite que a atividade interpretativa judicial pode ser desenvolvida com recurso a argumentos morais:

> El reconocimiento de que "la tesis positivista de la separación es desde el punto de vista del observador esencialmente correcta" pone fin al debate entre el positivismo y el no-positivismo, al menos en lo concerniente al concepto de derecho, porque el positivismo no está interesado en la aplicación del derecho, sino en su identificación. La tesis positivista de la separación significa que los contenidos de un sistema jurídico pueden ser determinados sin referencia alguna a la moral. En este punto están de acuerdo todos los positivistas serios desde BENTHAM, KELSEN, y HART, a RAZ y HOERSTER, y ALEXY está de acuerdo también, lo cual podría sorprender a algunos de sus seguidores. Por el otro lado, ningún positivista niega que los jueces a menudo usen argumentos morales.[43]

Kevin Walton (2012, p. 404) é bastante firme acerca da defesa da tese da neutralidade objetiva na interpretação do Direito, como se percebe pelo teor da passagem que agora se transcreve:

> Ninguna de las tres objeciones que se plantean en contra de la posibilidad de una interpretación pura es correcta. Ni la creencia de que los teóricos puros siempre están en desacuerdo, ni la percepción de que no tienen ningún impacto sobre las conductas que describen. ni la afirmación de que no son capaces de dar sentido a las prácticas que tienen contenido moral, demuestran la necesidad de una interpretación moralista. Mi rechazo actual de la necesidad de que un teórico cite valores morales para sustentar una interpretación de la práctica jurídica es rotundo. En virtud de que únicamente he examinado tres objeciones a la posibilidad de una interpretación pura, no obstante, mi conclusión de que un filósofo del derecho puede basarse exclusivamente en normas meta-teóricas es provisional. Sin embargo, me gustaría concluir este trabajo manifestando mi preferencia por el análisis puro y apelando a una mayor confianza en él con la esperanza de que su frecuente aplicación demuestre su valor relativo.[44]

---

43 O trecho correspondente na tradução é: "O reconhecimento de que "a tese positivista da separação é essencialmente correta do ponto de vista do observador" põe fim ao debate entre positivismo e não positivismo, pelo menos no que diz respeito ao conceito de direito, porque o positivismo não é interessado na aplicação da lei, mas na sua identificação. A tese positivista da separação significa que o conteúdo de um sistema jurídico pode ser determinado sem qualquer referência à moralidade. Nesse ponto, todos os positivistas sérios, desde de BENTHAM, KELSEN e HART, a RAZ e HOERSTER, e ALEXY também concorda, o que poderia surpreender alguns de seus seguidores. Por outro lado, nenhum positivista nega que os juízes costumam usar argumentos morais."

44 O trecho correspondente na tradução é: "Nenhuma das três objeções levantadas contra a possibilidade de uma interpretação pura é correta. Nem a crença de que

Esse breve escorço dos sete autores colacionados que defendem alguma forma de neutralidade objetiva com relação ao Direito permite fazer algumas observações:

a) todos defendem a tese da neutralidade objetiva referente à interpretação do Direito;

b) seis (dos sete) autores expressamente admitem que, na aplicação do Direito pelo juiz, não há neutralidade, sendo que Walton restringiu sua análise ao campo da interpretação do Direito, não tendo discorrido sobre a neutralidade objetiva referente à aplicação do Direito; e

c) excluído Walton, que restringiu seu estudo ao campo da interpretação do Direito, os demais autores defenderam as teses da neutralidade objetiva referente ao conceito de Direito, ao conteúdo do Direito e à interpretação do Direito.

A partir da análise dos argumentos apresentados por esses autores, algumas observações devem ser feitas. A primeira é atinente à íntima relação entre essas três, em verdade, quatro teses da neutralidade com relação ao Direito: referente ao conceito, ao conteúdo, à interpretação e à aplicação.

Ainda que seja possível imaginar que, no sistema jurídico de determinado país, o fundamento maior de validade jurídica – aqui representado pelo que se chama de Constituição –, não apresente normas com natureza moral, o que permitiria dizer que o conceito de Direito, em tese, poderia ser construído sem qualquer recurso a considerações morais, não é essa a situação da maioria, quiçá, de todos os países do mundo. Como demonstrado, no mundo, 193 países são participantes da ONU e signatários da Declaração Universal de Direitos Humanos, a qual funciona como elemento de elevada carga axiológica informador de um conceito ideal e contemporâneo de Direito. Fala-se em conceito ideal, em especial, pela diversidade com que cada sistema soberano é efeti-

---

os teóricos puros sempre discordam, nem a percepção de que eles não têm impacto nos comportamentos que descrevem, nem a afirmação de que eles são incapazes de dar sentido a práticas que têm conteúdo moral, demonstram a necessidade de uma interpretação moralista. Minha rejeição atual da necessidade de um teórico citar valores morais para apoiar uma interpretação da prática jurídica é retumbante. Visto que examinei apenas três objeções à possibilidade de uma interpretação pura, entretanto, minha conclusão de que um filósofo jurídico pode se basear exclusivamente em normas metateóricas é provisória. No entanto, gostaria de concluir este artigo expressando minha preferência pela análise pura e apelando a uma maior confiança nela, na esperança de que sua aplicação frequente demonstre seu valor relativo."

vamente informado pela força axiológica da Declaração Universal de Direitos Humanos. Se é possível que alguém decida denominar *Direito* aquilo que se caracteriza apenas como um sistema normativo dotado de força e de eficácia social, que pode ter caráter amoral ou até imoral, não é isso que se vislumbra, em geral, nos dias atuais. Parece adequado admitir que essa atual situação de fato mundial é circunstancial e até episódica, se considerada a longa história da humanidade. Mas se é assim, isso talvez revele um viés moral do que, contemporaneamente, se denomina *Direito*.

Uma outra observação relevante é que a circunstância de se poder falar atualmente num Direito com fundamento em padrões morais relativamente comuns, em rigor, não representa a defesa da tese de que há uma só Moral, a Moral Universal e Única, a Moral Objetiva, que é compartilhada por todos e da mesma maneira.

O que se disse anteriormente acerca do modo pelo qual o ser humano constrói o conhecimento – compreensão-interpretação – do mundo e de si próprio, da importância da consciência hermenêutica, que envolve realizar que o *ser* do humano afeta sua visão de mundo e essa visão humanizada de mundo afeta o *ser* do humano, que essa atividade decorre da combinação entre valoração e uso da razão, além de ser acometida ou afetada pelos fenômenos da indeterminação conceitual, da mutação conceitual e da diversidade espacial conceitual, impõe que se reconheça que não cabe falar numa Moral Universal, Objetiva e Única. A ideia de Moral Única não se confunde com a possibilidade de um discurso *correto*, fundamentado, sobre a Moral. A ideia de Moral Única não é preconizada mesmo por aqueles que, como Engisch (1988), Larenz (1989), Gadamer (2013), Kaufmann (2004), Peces-Barba Martinez (2004), Dworkin (2002), MacCormick (2006; 2008; 2016), Moreso (2003; 2008), Habermas (1997; 2013), Alexy (2001; 2005; 2008), etc., defendem expressamente a presença da valoração no Direito.

Conceber que o conceito contemporâneo de Direito da maior parte dos países tem fundamento em conceitos morais, posto que há enunciados comuns veiculadores de conceitos morais nas Constituições da maioria dos países, não é suficiente para cogitar de uma só Moral, da Moral Universal, pois a construção desses conceitos morais é saturada de indeterminação. Ainda que muitas Constituições apresentem enunciados reveladores dos valores vida, justiça, dignidade da pessoa humana, liberdade, igualdade, segurança, solidariedade, fraternidade, isso não afasta o elevadíssimo grau de indeterminação desses conceitos, o que, naturalmente, proporciona diferentes construções de sentido de cada um desses valores.

Por outro lado, reconhecer, aberta e expressamente, que não cabe cogitar de uma Moral Universal, Objetiva e Única, bem como que a mera presença em Constituições de enunciados representativos dos mais elevados e fundamentais valores é insuficiente para afastar a indeterminação conceitual relativa a esses valores, de forma alguma torna a referência a esses valores algo vazio, sem sentido, sob pena de implicar um relativismo ético ou um subjetivismo ético extremado, o que seria inútil para o Direito.

O que se propõe e mais uma vez se reitera é que o fenômeno da indeterminação conceitual está presente na construção de praticamente todos os conceitos, principalmente, mas não exclusivamente, na construção dos conceitos de valores fundamentais. Se ter um elevado grau de indeterminação é uma característica dos valores, isso não pode ser considerado um defeito ou algo que retire a possibilidade de construir sentido. Esse elevado grau de indeterminação dos valores decorre da própria natureza humana, das condições de possibilidade que tem o ser humano de construir sentidos.

O prejuízo causado pela indevida perspectiva polarizada que apenas vislumbra *conceitos determinados* ou *conceitos indeterminados* fez com que muitas pessoas tivessem que fazer uma escolha de Sofia: ou adoto os *conceitos determinados* e tenho segurança, ou adoto os *conceitos indeterminados* e tenho justiça e equidade. Essa visão bipolar representa uma perspectiva limitadora e distorcida do processo de conhecimento humano. A indeterminação conceitual, que se apresenta em graus variados, é a situação mais natural e decorre das condições de possibilidade de conhecimento humano.

Com essa visão epistemológica ou gnoseológica, afirmar que os valores são relativos ou subjetivos pode ter propósitos bastante diferentes:

a) sugerir que cada um tem os seus valores e constrói o respectivo sentido, com plena liberdade, sem limites e segundo a sua exclusiva e isolada visão pessoal, pelo que, em termos de normatividade social, especialmente de normatividade jurídica, a utilidade dos valores tende a zero; ou

b)

– realizar (i) que o ser humano constrói os valores, os quais, por sua vez, os informa, num processo circular produtivo, permanente e transformador, (ii) que dos valores não se pode abrir mão, pois estão em cada pessoa e participam de sua identificação e da possibilidade que cada ser humano tem de conhecer o mundo; e

– ter consciência de que a construção dos conceitos dos valores, apesar de ser produto da atividade de cada ser humano, o que, à primeira vista, poderia aparentar tratar-se de uma construção meramente subjetiva, em rigor, apresenta-se como uma construção socioculturalmente informada, pelo que é mais apropriado dizer que a construção dos valores é produto de intersubjetividade, tolerância e responsabilidade.

As expressões *intersubjetividade, tolerância* e *responsabilidade* bem representam o marco teórico que se considera humanamente adequado e epistemologicamente sustentável quando se pretende tratar de interpretação e aplicação no Direito.

Valor e razão integram o mesmo processo de conhecimento – conhecimento-interpretação – do mundo. Urge insistir que não há como se interpretar, construir sentidos, sem que a valoração e o uso da razão atuem de forma cooperativa. Toda interpretação é fruto da combinação valor-razão. Mesmo na construção de sentido dos conceitos de menor grau de indeterminação, o binômio valor-razão está sempre presente, pois pertencem à natureza humana.

O processo de construção dos conceitos em geral, inclusive o dos valores, se, por um lado, é realizado pelo indivíduo, por outro lado, é socioculturalmente informado, eis o caráter intersubjetivo do conhecimento ou, como preconiza Gadamer, dialógico, ou, como asseveram Alexy e MacCormick, discursivo. Atesta-se, assim, a produtiva reunião entre a hermenêutica filosófica e a argumentação.

Segundo Gadamer (2002, p. 381, grifo nosso), a capacidade de compreensão é a faculdade fundamental da pessoa, que caracteriza sua convivência com os demais, atuando sobretudo pela via da linguagem e do diálogo:

> *Compreender (Verstehen)* significa também "entender algo". **A capacidade de compreensão é a faculdade fundamental da pessoa, que caracteriza sua convivência com os demais, atuando sobretudo pela via da linguagem e do diálogo.** Nesse sentido, a pretensão de universalidade da hermenêutica está garantida.

E Gadamer (2013, pp. 478-479, grifo nosso) ressalta a importância da dialética como arte de pensar e de conduzir uma verdadeira conversação:

> **A arte da dialética não é a arte de ganhar de todo mundo na argumentação.** Ao contrário, é perfeitamente possível que aquele que é perito na arte dialética, isto é, na arte de perguntar e buscar a verdade, apareça aos olhos de seus ouvintes como o menos indicado a argumentar. A dialética, como arte do perguntar, só pode se manter, se aquele que sabe perguntar é capaz de manter de pé suas perguntas, isto é, a **orientação para o aberto**. A arte de perguntar é a arte de continuar perguntando; isso significa, porém, que é a **arte de pensar**. **Chama-se dialética porque é a arte de conduzir uma autêntica conversação**.

A importância do discurso como modo de argumentativamente alcançar a verdade ou correção das proposições é destacada por Alexy (2005, p. 183):

> Os discursos são um conjunto de ações interconectadas nos quais se comprova a verdade ou correção das proposições. Os discursos em que se trata da correção das proposições normativas são discursos práticos.

Alexy (2005, pp. 301-302) ainda chama a atenção para a distinção entre a importância do discurso como meio adequado para o alcançamento racional do entendimento e da verdade e a certeza desse alcançamento:

> A aplicação das regras do discurso não leva à segurança em toda a questão prática, mas a uma considerável redução da existência de irracionalidade. [...] Não se vislumbra até a atualidade um procedimento melhor de fundamentação de normas que o do discurso.

A relevância e fundamentalidade do discurso é uma ideia tão relevante para Alexy (2005, p. 314, grifo nosso), que é com a sua defesa que ele encerra seu livro sobre a argumentação jurídica:

> Suponha-se que as partes em um processo civil se limitam a declarar seus respectivos interesses. Não afirmam que têm um direito, pedem meramente ao juiz uma decisão que seja vantajosa. Pretendem por todos os meios que o juiz seja favorável, mas não com argumentos que aspiram à correção ou justiça da decisão solicitada por eles. Se o juiz entra no jogo e pronuncia uma sentença como "outorgo uma vantagem ao Sr. *N* porque é para ele que mais favoravelmente me tendi", **não se trata mais de um debate judicial**, ainda que tudo se desenvolva dentro do âmbito institucional de um sistema judicial. Se o juiz deixa as partes agirem (mas não entra no jogo), decidindo ao final como se tivesse o Direito válido como correto, então ele trata as partes como pessoas que não compreenderam o que é um debate judicial e que, por isso, não podem realmente participar nele. **Isso mostra que a argumentação diante do juiz não só pode, mas que deve ser interpretada no sentido da teoria do discurso.**

O caminho do discurso como modo de construir uma compreensão racional é igualmente salientado por Neil MacCormick (2006, 349-350):

> Se questionado quanto ao motivo pelo qual creio que deveria me esforçar para ser racional, ou de fato quanto ao motivo pelo qual todo ser humano deveria se esforçar para ser racional – para evitar a falta de coerência e de coesão no pensamento–, eu na realidade só poderia repetir o comentário de Sócrates de que, para mim, uma vida não examinada não é digna de ser vivida. De fato, **somente posso expressar minha repugnância diante da perspectiva de uma vida sem o discurso racional.**

O processo de construção do conhecimento mediante a interpretação, que é socioculturalmente informada, sobreleva o papel da interação entre as pessoas, o que afasta a ideia de um conhecimento objetivo, em que a pessoa do intérprete não afeta a construção do objeto interpretado. O conhecimento é construído e se transforma de maneira intersubjetiva, pois se processa no meio das relações sociais. Daí Kaufmann (2004, p. 68, grifo nosso) alertar para a tese da hermenêutica sobre a superação da ideia objetivista de conhecimento:

> A hermenêutica dirige-se *contra o conceito objectivista de conhecimento,* ela supera o esquema sujeito/objecto (o sujeito cognoscente conhecería o objecto na sua pura objectividade sem mistura de elementos subjectivos – o conhecimento como "reprodução" do objecto na consciência) aplicado ao fenômeno da compreensão (mesmo nas ciências naturais já não vale hoje irrefutavelmente). **A compreensão é, antes, sempre *simultaneamente objectiva* e *subjectiva*;** o intérprete insere-se no "horizonte de compreensão" e não se limita a representar passivamente o objecto na sua consciência mas antes o conforma, ou, noutros termos: não se limita a "subsumir" o caso na lei permanecendo completamente à margem deste processo, mas desempenha um *papel conformador activo* na chamada "aplicação do direito". **E tal como é inútil procurar uma "justiça objectiva" do direito fora do processo hermenêutico de compreensão, também o é qualquer tentativa de, nas ciências da compreensão, separar a racionalidade da personalidade do intérprete**.

Kaufmann (2004, pp. 669-70) adverte também para a atividade construtiva do intérprete, que não se limita a descobrir o que já está pronto, mas que participa da constituição do objeto, inclusive do objeto Direito:

> O facto de a determinação do direito não ser apenas um mero acto passivo de subsunção, mas um acto-conformador, em que intervém o aplicador do direito, significa que *o direito não é algo de substancial*, que não está, como se diz no "Witiko" de *Stifters,* "nas coisas", e que, ao invés, todo o direito tem um *carácter situacional,* o direito é algo de *relacionai*, existe nas relações dos homens entre si e com as coisas. Com isto se compreende facilmente que, para um tal pensamento jurídico, apenas possa existir um *"sistema aberto"* e, dentro deste, apenas *"intersubjectividade".*
>
> **A compreensão do sentido não *é* um processo puramente receptivo, sendo sempre também e antes de mais uma autocompreeensão do sujeito interpretante** (o juiz que pensa extrair a decisão "apenas da lei" sem qualquer influência da sua pessoa, caracterizada de determinada forma, incorre num erro, e num erro particularmente funesto, pois fica, sem consciência disso, dependente de si próprio). Só quando o intérprete aborda o texto com uma *"pré-compreensão" (Josef Esser)* ou *"pré-juízo"* (*Hans-Georg Gadamer*) – "isto parece ser ura caso de culpa *in contrahendo"* ~ poderá começai* a falar do texto; só quando ele – com ioda a tradição de que é portador – entra no horizonte de compreensão, poderá fundamentar argumentativamente o que ele tinha previamente antecipado como resultado "provisório"

("círculo" ou "espiral hermenêutica"). A hermenêutica não é teoria da argumentação, mas exige-a.

Ao lado da noção de *intersubjetividade*, que acompanha o processo contínuo de construção dos conceitos em geral, a hermenêutica filosófica de Gadamer e as teorias da argumentação de Alexy e MacCormick apontam para uma importante noção que acompanha o verdadeiro diálogo e o franco discurso: a *tolerância*. O diálogo de Gadamer e o discurso de Alexy e MacCormick demandam *tolerância*. Se a indeterminação conceitual é um fenômeno corriqueiro, se essa indeterminação propicia divergências, a melhor maneira de se evitar desavenças ou de resolvê-las é ter consciência que divergir é humanamente natural, mas convergir demanda o esforço de estar verdadeiramente aberto para o que o outro diz, com o propósito não de convencer o interlocutor, mas de compreendê-lo, tornando-se alguém diferente daquele que iniciou o diálogo, independentemente da conclusão que venha a ser alcançada. Para tanto, a tolerância é fundamental, além de ser humanamente, axiologicamente e racionalmente necessária para que se alcance um bom convívio social.

Gadamer insiste em demonstrar que é condição necessária para a compreensão-interpretação do outro, seja este uma pessoa ou um texto, que o intérprete adote a postura de deixar que lhe seja dito algo, que haja abertura para o que diz o interlocutor ou o texto. Isso exige do intérprete, além da abertura ao outro, que ele tenha consciência de suas opiniões prévias, de seus preconceitos, que devem ser usados positivamente, enquanto condição para compreender, e com respeito aos limites da linguagem. São nesse sentido as palavras de Gadamer (2013, p. 358):

> Da mesma forma que não é possível manter muito tempo uma compreensão incorreta de um hábito linguístico, sem que se destrua o sentido do todo, tampouco se podem manter, às cegas, as próprias opiniões prévias sobre as coisas, quando se compreende a opinião de outro. Quando se ouve alguém ou quando se empreende uma leitura, não é necessário que se esqueçam todas as opiniões prévias sobre seu conteúdo e todas as opiniões próprias. O que se exige é simplesmente a abertura à opinião do outro ou à do texto. Mas essa abertura já inclui sempre que se ponha a opinião do outro em alguma relação com o conjunto das opiniões próprias, ou que a gente se ponha em certa relação com elas. Claro que as opiniões representam uma infinidade de possibilidades mutáveis (em comparação com a univocidade de uma linguagem ou de um vocabulário), mas dentro dessa multiplicidade do opinável, isto é, daquilo em que um leitor pode encontrar sentido ou pode esperar encontrar, nem tudo é possível, e quem não ouve direito o que o outro realmente está dizendo acabará por não conseguir integrar o mal-entendido em suas próprias e variadas expectativas de sentido.

Gadamer (2013, p. 358) adverte para a importância de o intérprete ter consciência da sua situação hermenêutica e para a ilusão de pensar que é possível eliminar seus preconceitos, anulando-se para aceitar o que o outro diz. A interpretação tolerante requer a abertura ao outro, com o propósito de compreender o que ele diz. Isso não significa anular-se para compreender, pois isso é impossível. Nessa linha, afirma:

> Por isso, uma consciência formada hermeneuticamente deve, desde o princípio, tem que se mostrar-se receptiva à alteridade do texto. Mas essa receptividade não pressupõe nem uma "neutralidade" com relação à coisa nem tampouco anulamento de si mesma; implica antes uma destacada apropriação das opiniões prévias e preconceitos pessoais. O que importa é dar-se conta dos próprios pressupostos, a fim de que o próprio texto possa apresentar-se em sua alteridade, podendo assim confrontar sua verdade com as opiniões prévias pessoais.

Ter consciência das naturais divergências interpretativas é um importante passo para a mútua compreensão e para um convívio harmônico. Quem pensa de forma diferente não deve ser visto como um adversário, mas como alguém que também tem o direito de pensar. Reconhecer isso e incorporar à prática é ter tolerância hermenêutica. É não apenas apresentar-se como um interpretante, mas tornar-se um ser humano hermeneuticamente mais evoluído. Mais uma vez, são importantes as palavras de Gadamer (2017, p. 202):

> Assim a conscientização das diferenças que há entre os homens e os povos tornar-se-á uma necessidade premente na hora em que o planejamento e o progresso permitirem alcançar o que se queira. Essa conscientização não será mais um produto da ciência, mas antes um produto da crítica à ciência. *É antes uma educação para a tolerância.*

Gadamer (2017, p. 252) reitera a importância da tolerância e do diálogo verdadeiro, em que se abre ao que o outro diz, como condição para uma bem sucedida interpretação:

> O fato de, por fim, acabarem se entendendo e chegarem a um acordo a respeito de coisas práticas ou sobre assuntos de ordem pessoal ou mesmo teórica pode ser um símbolo de que, mesmo onde parece faltar a linguagem, pode surgir entendimento pela paciência, pelo tato, pela simpatia e tolerância e pela confiança incondicionada na razão comum a todos. Testemunhamos diariamente que o diálogo pode dar-se mesmo entre pessoas de diferentes temperamentos, diferentes opiniões políticas. A "incapacidade para o diálogo" parece-me ser mais a objeção que se lança contra aquele que não quer seguir nossas ideias do que uma carência real no outro.

Alexy (2005, p. 143), ao discorrer sobre as ideias de Habermas, apresenta o que se constituirá na segunda das regras de razão do discurso prático geral, momento em que se identifica a valorização da *tolerância* e da *abertura*:

> A segunda regra regula a liberdade da discussão. Pode-se articular nas três exigências:
> (2) a) Todos podem problematizar qualquer asserção.
> b) Todos podem introduzir qualquer asserção no discurso.
> e) Todos podem expressar suas opiniões, desejos e necessidades.
> Nos discursos práticos, é especialmente importante (e), a qual formula a exigência de abertura.

E Alexy (2005, p. 179, grifo nosso) complementa essas ideias ao aludir às contribuições de Perelmann para a construção das regras do discurso prático geral: "Por isso, frequentemente não se pode indicar um resultado como o único e correto de maneira definitiva. **Isso obriga a uma abertura à crítica e à tolerância**".

Nesse contexto, Kaufmann (2004, p. 509) confere especial destaque para a relevância dos princípios éticos da tolerância e da responsabilidade. Esclarece (2004, p. 492) que a tolerância verdadeira não existe, ela precisa antes ser promovida e isso apenas se torna possível por meio "da tomada de posição a favor dos oprimidos e da intolerância face aos interlocutores do *statu quo* opressor: tolerância repressiva".

Nos dias atuais, em que se multiplicam as incertezas e se aceleram as mudanças, a tolerância apresenta-se como algo fundamental para um adequado convívio social e uma sobrevivência da humanidade:

> Assim e. Olhando para as nossas relações complexas e com riscos já não nos podemos bastar com aquilo que era suficiente nas pequenas sociedades medievais com uma estrutura relativamente simples: um mundo fechado, estático, autoritário, intolerante. Não é um exagero: No mundo de hoje, e por maioria de razão no de amanhã, ***a tolerância e uma questão decisiva para a humanidade*** – *Dürrenmatt* chama-lhe até **uma *questão de sobrevivência***;

Contudo, a tolerância há que se completar com a responsabilidade. Assevera Kaufmann (2004, p. 468, grifo nosso) que "a tolerância possibilita o agir responsável. Possibilita todavia também o agir irresponsável. Assim, **o princípio da tolerância tem que ser complementado pelo *princípio da responsabilidade***".

Segundo Karl-Otto Apel (apud KAUFMANN, 2004, p. 413), a ética do discurso deve ser compreendida não como algo peculiar aos discursos argumentativos, mas sim "como uma ética da responsabilidade solidária daqueles que podem argumentar dirigida a todos os problemas do mundo vivido que possam ser objecto de discurso".

É nesse contexto que os princípios da tolerância e da responsabilidade devem ser compreendidos. O princípio da tolerância requer que se aja de modo que as consequências da ação humana sejam da "máxima prevenção ou diminuição da miséria humana"; enquanto o princípio da responsabilidade requer que se aja de modo que as consequências da ação humana não provoquem a destruição, nem ameacem ou diminuam a possibilidade de subsistência da vida humana e do seu ambiente (KAUFMANN, 2004, pp. 273-274).

Esse entendimento de Kaufmann acerca do princípio da responsabilidade tem por base a posição defendida por Hans Jonas (2011, pp. 47-48), que, no seu livro intitulado *O Princípio da Responsabilidade*, o concebe sob quatro diferentes perspectivas:

> Um imperativo adequado ao novo tipo de agir humano e voltado para o novo tipo de sujeito atuante deveria ser mais ou menos assim: "Aja de modo a que os efeitos da tua ação sejam compatíveis com a permanência de uma autêntica vida humana sobre a Terra"; ou, expresso negativamente: "Aja de modo a que os efeitos da tua ação não sejam destrutivos para a possibilidade futura de uma tal vida"; ou, simplesmente: "Não ponha em perigo as condições necessárias para a conservação indefinida da humanidade sobre a Terra"; ou, em um uso novamente positivo: "Inclua na tua escolha presente a futura integridade do homem como um dos objetos do teu querer".

Portanto, cogitar de neutralidade tanto na interpretação, especialmente na interpretação jurídica, quanto na aplicação jurídica é algo impraticável, pois humanamente impossível. Gadamer (2013, p. 419) bem observa que: "A lei é sempre deficiente, não em si mesma, mas porque, frente ao ordenamento a que destinam as leis, a realidade humana é sempre deficiente e não permite uma aplicação simples das mesmas".

A imprescindibilidade da moralidade humana é ressaltada por MacCormick (2006, p. 356) ao tratar do tema da "lei, da moralidade e os limites da razão prática". Ele assinala que os valores morais estão inevitavelmente presentes nas relações humanas, os quais informam o *ser* do humano e as suas interpretações do mundo, de modo que somente os psicopatas são insensíveis aos julgamentos morais:

> Quaisquer que sejam nossas crenças, vivemos entre seres humanos numa comunidade ou em várias comunidades. Nossos próximos têm, e nós sabemos que eles têm, atitudes morais para conosco e expectativas morais de nós, que refletem seus princípios morais e, talvez, suas normas morais - seu II código moral". Seria necessária uma inflexibilidade excepcional e não necessariamente elogiável para não tomar conhecimento dessas atitudes e ex-

> pectativas ou para demonstrar indiferença com relação a elas. Suponho que os psicopatas sejam os únicos existencialistas de verdade – e vice-versa.

Kaufmann (2004, p. 86) ainda chama a atenção para as dificuldades que ele próprio encontrou como julgador ao ter que lidar com os fenômenos da ausência de neutralidade e da presença da valoração na atividade de aplicação jurídica, fenômenos poucas vezes assumidos na prolação de uma decisão judicial:

> Por mim, reconheço com inteira franqueza que não encaro tais formas de comportamento, como o tipo de bloqueios de que estamos a falar, de modo valorativamente neutro nem apolítico. E porque estou consciente disso, esforço-me nos meus juízos científicos por objectivar e neutralizar, na medida do possível, esses juízos de valor subjectivos, estando contudo, consciente de que nunca o consigo totalmente. Está em minha opinião excluído que os juízes do Tribunal Federal o consigam. Aliás, quem o conseguiria?! Exerci durante alguns anos a profissão de juiz no Tribunal Criminal (na Grande Secção Penal do Tribunal do *Land* e no tribunal de júri que outrora aí funcionava). Procedia-se então, nos anos cinquenta, sobretudo ao julgamento dos crimes do nazismo. Eu estava muito longe de ter uma atitude valorativamente neutra perante o nacional-socialismo, e tinha perfeita consciência disso. Quando os juízes do Tribunal Federal alegam não fazer quaisquer juízos de valor, temos de concluir que não quiseram incluir as suas valorações e convicções políticas reflexivamente na sua ponderação.

É curioso que os autores que defendem a neutralidade objetiva para a interpretação recusem essa neutralidade objetiva para a aplicação do Direito. Como demonstrado anteriormente, para que se possa aplicar é necessário construir sentido, pelo que a atividade de aplicar exige e decorre da atividade de interpretar. Aplica-se o sentido interpretado. Isso sugere que há uma inconsistência no conceber que é possível ser neutro na interpretação e ser valorativo na aplicação.

Se possível fosse cogitar de valoração apenas para a aplicação e não para a interpretação do Direito, isso representaria uma visão limitadíssima do papel das normas jurídicas. Essa concepção ignora que o Direito, que as suas normas são dirigidas à sociedade em geral não somente aos juízes. Muitas questões que chegam aos juízes decorrem de conflitos prévios de interpretação. A interpretação levada a termo pelos indivíduos de uma sociedade é fundamental para que o Direito alcance seu papel de organizar a vida social segundo valores, em geral, institucionalmente explicitados. Seria apequenar o Direito ignorar que as normas jurídicas pretendem afetar a conduta dos indivíduos, a fim de que conflitos não surjam e que o convívio justo e pacífico possa existir. E seria distorcer a natureza da atividade de interpretação supor que os indivíduos interpretam apenas com a razão, despidos de valoração, enquanto os juízes aplicam o Direito com valoração e razão. Tanto os *indivíduos-não juízes* quanto os *indivíduos-juízes* têm algo em comum: são humanos. Enquanto ambos forem humanos, as atividades de interpretação e aplicação somente podem ocorrer mediante um esforço de construção de sentido, que envolve tanto valoração quanto o uso da razão.

Para terminar esse ponto, insta firmar algo que poderia ser óbvio, mas que se demonstrou anteriormente que não o é. Parece não ser razoável supor que há neutralidade objetiva na determinação do *conceito de Direito* e na determinação do *conteúdo do Direito*, pois qualquer que seja o critério utilizado para determinar o que é Direito, é sempre necessário que ocorra a interpretação. E toda interpretação, enquanto atividade humana de construção de sentido, envolve, necessariamente, valor e razão, com tolerância e responsabilidade, pelo que é impossível conceber a construção do sentido do que é Direito – o *conceito de Direito* – ou a construção do sentido do *conteúdo do Direito* sem que se desenvolva uma *construção axiológica racional* de sentido.

2.3.4. Análise do embate entre estrita descrição *e* livre criação

O modo pelo qual foram propostos os conceitos de *interpretação em geral*, *interpretação jurídica* e *aplicação jurídica*, bem como o entendimento adotado de como se realiza o *processo de conhecimento* oferecem fundamentos para o enfrentamento da seguinte questão: A interpretação e a aplicação jurídicas descrevem ou criam o Direito?

Os conceitos de interpretação, de interpretação jurídica e de aplicação jurídica foram concebidos da seguinte maneira:

a) *interpretação* significa a construção de sentido, com valoração e uso da razão, socioculturalmente informada, que pode ser de um objeto linguístico ou não linguístico, a qual é realizada pelo intérprete e que decorre do *ser* do intérprete, conforme seus pré-conceitos, conceitos, valores e aspirações, que são afetados pela história efeitual e pela tradição, as quais estão em permanente formação e transformação; trata-se da elaboração em formas das possibilidades projetadas na compreensão, eis que a interpretação é a forma explícita da compreensão, a explicitação do sentido compreendido, ainda que essa explicitação não seja externalizada e pertença exclusivamente ao ser do intérprete; e *interpretação jurídica* é a interpretação que apresenta a especificidade de ser relativa à construção de sentido de Direito, do conteúdo do Direito, de fatos jurídicos e de efeitos jurídicos, considerados os requisitos que caracterizam e fundamentam um sistema como sendo de natureza jurídica; e

b) *aplicação jurídica* significa (i) a produção de uma nova norma jurídica, em função de o conceito de um fato apresentar uma correspondência com o conceito de uma linguagem jurídica - correspondência com o descrito no antecedente de uma norma de produção normativa; (ii) o cumprimento de uma norma de conduta; ou (iii) a incidência de norma jurídica.

O termo *descrever* tem como uma de suas acepções a de "reproduzir por escrito ou oralmente"[45]. Esta acepção de *descrever* não parece compatível com as noções de *interpretação* e de *aplicação* propostas.

Por sua vez, o termo *criar* tem como uma de suas acepções a de "Dar existência a, a partir do nada"[46]. De igual modo, esta acepção de *criar* não parece compatível com as noções de *interpretação* e de *aplicação* anteriormente propostas.

São posições que, a princípio, apontam para lados opostos e que não concebem o fenômeno hermenêutico em sua totalidade. É certo que toda interpretação, seja a geral seja a jurídica, significa construção de sentido. Sob essa ótica, toda interpretação tem uma índole que se poderia denominar *criativa*, pois se poderia dizer que se *cria* um sentido que até então não se apresentara como tal para o ser humano. Todo compreender-interpretar é uma ação atual, que se dá em certo tempo presente e em certo espaço. Contudo, essa índole produtiva do interpretar não se confunde com a ideia de, por meio da interpretação, criar-se, dar a existência a algo a partir do nada, algo que, enquanto criação, não está limitado por critérios ou parâmetros anteriormente existentes.

Assentar que a interpretação de um texto jurídico representa a construção de sentido desse texto, não significa que esse sentido possa ser qualquer coisa. Acaso se entendesse que o intérprete poderia criar qualquer sentido, isso acarretaria a destruição da utilidade de qualquer linguagem, principalmente a utilidade da linguagem jurídica. Seria destruir com a linguisticidade da compreensão. Aceitar que a interpretação de algo pode significar qualquer coisa é tão inútil quanto dizer que a interpretação de algo significa coisa nenhuma. Esses dois extremos, de forma interessante, partem de um mesmo pressuposto, qual seja, que mediante a interpretação pode-se chegar a qualquer resultado, a qualquer sentido, seja ele qual for. Isso, que revelaria um subjetivismo e um relativismo absolutos, representaria o caos social e a completa inutili-

45 *Dicionário Aulete digital.* Disponível em: <http://www.aulete.com.br/descrever>. Acesso em: 22 jun. 2010.

46 *Dicionário Aulete digital.* Disponível em: <http://www.aulete.com.br/descrever>. Acesso em: 22 jun. 2010.

dade do Direito. A interpretação, em especial a jurídica, apresenta limites, os quais são condição para que a linguagem funcione como meio para a construção do conhecimento e para a comunicação entre os seres humanos.

Essa necessária noção de limite, que é intrínseca a toda atividade de interpretação, é bem ressaltada por Gadamer (2013, p. 358, grifos nossos) quando afirma:

> [...] **dentro dessa multiplicidade do "opinável", isto é, daquilo em que um leitor pode encontrar sentido ou pode esperar encontrar, nem tudo é possível**, e quem não ouve direito o que o outro realmente está dizendo acabará por não conseguir integrar o mal-entendido em suas próprias e variadas expectativas de sentido. Por isso, também aqui existe um critério. **A *tarefa hermenêutica se converte por si mesma num questionamento pautado na coisa em questão,* e já se encontra sempre codeterminada por esta. Assim, o empreendimento hermenêutico ganha um solo firme sob seus pés. Aquele que quer compreender não pode se entregar de antemão ao arbítrio de suas próprias opiniões prévias, ignorando a opinião do texto da maneira mais obstinada e consequente possível – até que este acabe por não poder ser ignorado e derrube a suposta compreensão.** Em princípio, quem quer compreender um texto deve estar disposto a deixar que este lhe diga alguma coisa.

Gadamer (2013, p. 436, grifo nosso) reitera esse entendimento quando chama a atenção para o dever de o intérprete ter em consideração o que consta do texto a interpretar:

> Desse modo, podemos destacar que o que há de verdadeiramente comum a todas as formas de hermenêutica é que o sentido que se deve compreender somente se concretiza e se completa na interpretação. Mas, de certo modo, **essa ação interpretadora se mantém totalmente ligada ao sentido do texto. Nem o jurista e nem o teólogo consideram a tarefa da aplicação como uma liberdade frente ao texto.**

Essa mesma ideia é reforçada, quando Gadamer (2013, p. 515, grifo nosso) discorre sobre o caráter de linguagem como determinação da realização hermenêutica:

> Vimos que compreender um texto significa sempre aplicá-lo a nós próprios. Sabemos que, embora deva ser compreendido cada vez diferente, **um texto continua sendo o mesmo texto que se apresenta cada vez diferente**. O fato de que, **com isso não se relativiza em nada a pretensão de verdade de qualquer interpretação torna-se claro pelo fato de que a toda interpretação é essencialmente inerente seu caráter de linguagem**. O caráter expressivo da linguagem, que a compreensão ganha na interpretação não gera um segundo sentido além do que foi compreendido e interpretado. Na

> compreensão, os conceitos interpretativos não se tornam temáticos como tais. Ao contrário, determinam-se pelo fato de se ocultarem atrás do que eles trazem à fala na interpretação.

Igualmente atento para a distinção entre aceitar a possibilidade de existir mais de um sentido a partir da interpretação de um texto e a conclusão de que qualquer sentido é possível, Umberto Eco (2005, p. 50) alerta que um texto pode significar muitas coisas, mas não pode significar qualquer coisa: "Mas não estaria autorizado a dizer que a mensagem pode significar *qualquer coisa.* Pode significar muitas coisas, mas há sentidos que seria despropositado sugerir". E complementa sua ideia:

> Apesar das diferenças óbvias quanto aos graus de certeza e incerteza, toda descrição do mundo (seja uma lei científica, seja um romance) é um livro em si mesmo, aberto a outras interpretações. Mas **certas interpretações podem ser reconhecidas como malsucedidas porque são como uma mula, isto é, incapazes de produzir novas interpretações ou por não poderem ser confrontadas com a tradição de interpretações anteriores**. [...] **Quando todos estão certos, todos estão errados e tenho o direito de ignorar o ponto de vista de todos**. Felizmente não penso assim (ECO, 2005, p. 177, grifo nosso).

Por outro lado, em reação a uma excessiva liberdade interpretativa e em prol do alcançamento da segurança jurídica, autores defenderam a tese da natureza descritiva da interpretação. Em geral, os autores que defendem a neutralidade objetiva na interpretação do Direito também atribuem à interpretação um papel exclusivamente descritivo. As razões que fundamentam a neutralidade objetiva parecem igualmente fundamentar a defesa da tese meramente descritiva da interpretação.

É assim que Kelsen (1991, p. 75) afirma que "a ciência jurídica não tem de legitimar o Direito, não tem de forma alguma de justificar – quer através de uma Moral absoluta, quer através de uma Moral relativa – a ordem normativa que lhe compete – tão somente – conhecer e descrever".

De igual modo, Hart (1996, p. 301) relaciona as ideias de neutralidade e descrição: "O meu relato é descritivo, na medida em que é moralmente neutro e não tem propósitos de justificação; não procura justificar ou recomendar, por razões morais ou outras, as formas e estruturas que surgem na minha exposição geral do direito".

Ross (1994, pp. 31-32) segue essa mesma linha de entendimento, ao dizer que "una terminología descriptiva nada tiene que hacer con la aprobación o reprobación moral. Puedo considerar a cierto orden como un "orden jurídico", y al mismo tiempo entender que mi deber moral más alto es derrocarlo".[47]

A correlação entre a natureza neutra e a natureza descritiva da interpretação também é feita por Bobbio (1995, p. 238): "Como a ciência consiste na descrição avaliatória da realidade, o método positivista é pura e simplesmente o método científico e, portanto, é necessário adotá-lo se se quer fazer ciência jurídica ou teoria do direito. Se não for adotado, não se fará ciência, mas filosofia ou ideologia do direito".

Walton (2012, p. 404) igualmente aproxima as noções de neutralidade e de descrição ao tratar da atividade a ser desempenhada pelo teórico do Direito:

> Ninguna de las tres objeciones que se plantean en contra de la posibilidad de una interpretación pura es correcta. Ni la creencia de que los teóricos puros siempre están en desacuerdo, ni la percepción de que no tienen ningún impacto sobre las conductas que describen, ni la afirmación de que no son capaces de dar sentido a las prácticas que tienen contenido moral, demuestran la necesidad de una interpretación moralista.[48]

José Juan Moreso (2008, p. 189), ao discorrer sobre os fundamentos das teses da neutralidade valorativa (TNV) também chama a atenção para o fato de Joseph Raz ter feito essa correlação entre neutralidade e descrição:

> No obstante, RAZ acepta la segunda tesis [TNV 2] y se convierte en su principal valedor (RAZ, 1979: 39-40):
> "Una teoría del Derecho es aceptable sólo si sus criterios para identificar el contenido del Derecho y determinar su existencia dependen exclusivamente de hechos relativos a la conducta humana capaces de ser descritos en términos valorativamente neutrales y aplicados sin recurrir a la argumentación moral".[49]

---

47 O trecho correspondente na tradução é: "Uma terminologia descritiva não tem relação com aprovação ou desaprovação moral. Posso considerar uma certa ordem como uma 'ordem legal' e, ao mesmo tempo, entender que meu maior dever moral é derrubá-la".

48 O trecho correspondente na tradução é: "Nenhuma das três objeções apresentadas contra a possibilidade de uma interpretação pura é correta. Nem a crença de que teóricos puros sempre discordam, nem a percepção de que eles não têm impacto sobre os comportamentos que descrevem, nem a afirmação de que são incapazes de dar sentido às práticas que têm conteúdo moral, demonstram a necessidade de uma interpretação moralista".

49 O trecho correspondente na tradução é: "Não obstante, Raz aceita a segunda tese (TNV2) e se converte em seu principal defensor (RAZ, 1979: 39-40): 'Uma teoria do Direito é aceitável apenas se seus critérios para identificar o conteúdo do direi-

Contudo, conceber a interpretação como sendo uma mera descrição de algo não soa adequado. O termo *descrever* tem como uma de suas acepções "reproduzir por escrito ou oralmente", o que, tal qual a noção de *criar*, não parece compatível com as noções de *interpretação* e de *aplicação* propostas. A defesa da ideia de que a interpretação simplesmente descreve *o que algo é* pode sugerir algum grau de ingenuidade epistemológica, à medida que supõe ser possível, ao interpretar, agir como se, simplesmente, fosse feita a retirada de um véu, o que bastaria para que todos compreendessem o objeto desvelado exatamente da mesma maneira. Infelizmente, as coisas não são tão simples assim. As pessoas não têm os mesmos valores, pré-conceitos, conceitos e aspirações, além disso elas não são afetadas do mesmo modo pela história efeitual e pela tradição, as quais estão em permanente formação e transformação. Eis a razão pela qual se defendeu a impossibilidade de conceber a atividade de compreensão-interpretação como sendo neutra, objetiva e, nesta perspectiva, meramente descritiva.

Há que se ter uma alternativa entre as posições extremadas: *estrita descrição* ou *livre criação*.

2.3.5. *Breve síntese de uma alternativa às perspectivas extremadas acerca de interpretação e aplicação – uma tolerante e responsável* construção axiológica racional

É preciso, principalmente em matéria de compreensão-interpretação, afastar-se da armadilha e, por vezes, da sedução das posições extremadas: de um lado, a *neutralidade objetiva e a estrita descrição*; de outro lado, a *valoração subjetiva e a livre criação*.

A adoção de uma posição intermediária parece ser a mais consentânea com as condições de possibilidade de conhecimento que têm o ser humano, além de ser consistente com um agir, em especial, um interpretar, tolerante e responsável. Tolerante, à medida que deve ser adotada uma posição de abertura para a compreensão do outro, principalmente, para a daquele que parece ser ou é diferente. Responsável, em função da necessidade de se ter plena consciência de que as ações de uma pessoa podem prejudicar outras pessoas, o que recomenda especial cuidado, mormente com aqueles que apresentam como mais fragilizados.[50]

to e determinar sua existência dependerem exclusivamente de fatos relacionados à conduta humana, capazes de serem descritos em termos valorativamente neutros e aplicados sem recorrer à argumentação moral'".

50 A importância hermenêutica de se considerar o informado pelos princípios da

A interpretação, por ser socioculturalmente informada, não se revela como atividade isolada, egocêntrica, egoística, nem exclusivamente individual e subjetiva, mas sim como uma atividade de índole intersubjetiva. Eis a razão pela qual se propõe que a atividade de interpretação seja considerada como de natureza construtiva, intersubjetiva, axiológica e racional. Reitera-se que a *interpretação* significa a construção de sentido, com valoração e uso da razão, socioculturalmente informada, que pode ser de um objeto linguístico ou não linguístico, a qual é realizada pelo intérprete e que decorre do *ser* do intérprete, conforme seus pré-conceitos, conceitos, valores e aspirações, que são afetados pela história efeitual e pela tradição, as quais estão em permanente formação e transformação. A *interpretação jurídica* é a interpretação que apresenta a especificidade de ser relativa à construção de sentido de Direito, do conteúdo do Direito, de fatos jurídicos e de efeitos jurídicos, considerados os requisitos que caracterizam e fundamentam um sistema como sendo de natureza jurídica.

Assim, a proposta de via alternativa para a atividade de interpretação jurídica implica a adoção das seguintes perspectivas:

a) em vez de *neutralidade objetiva* ou de *valoração subjetiva*, que se adote a *valoração racional intersubjetiva*;
b) em vez de *estrita descrição* ou de *livre criação*, que se adote a *construção tolerante e responsável*.

Em suma, reitera-se, nesse ponto, a posição defendida acerca do tema da valoração na interpretação. A interpretação significa construção de sentido, num processo em que se combinam valoração e uso da razão, o que possibilita o afastamento da bipolaridade epistêmica, da disputa de extremos epistemológicos: neutralidade *versus* valoração; razão *versus* valor; objetividade *versus* subjetividade, descrição *versus* criação; conceito determinado *versus* conceito indeterminado; segurança *versus* insegurança; justiça *versus* injustiça.

Cumpre, ainda, ressaltar que a atividade de aplicação, seja no sentido de *aplicação* como produção de nova norma jurídica, seja no sentido de *aplicação* como cumprimento de norma jurídica de conduta, sempre demanda prévia interpretação. Consequentemente, o que aqui se disse acerca da natureza construtiva axiológica racional da atividade de interpretação, aplica-se, *mutatis mutandi*, à atividade de aplicação.

tolerância e da responsabilidade será objeto de específica consideração posteriormente (item 4.4), quando se discorrerá sobre relevantes divergências interpretativas que envolvem os enunciados do parágrafo único dos arts. 116 e 136 do CTN.

Importa lembrar que toda produção de norma jurídica no Brasil encontra-se, num grau mais elevado, materialmente condicionada pela Constituição.

Como demonstrado, toda norma constitucional de produção normativa descreve em seu antecedente requisitos materiais para a produção de outras normas jurídicas. Esses requisitos materiais são representados pelo que se denominou *declaração prescritiva condicionada*. Toda e qualquer produção de norma jurídica, seja qual for a sua natureza (civil, penal, tributária, etc.) terá a declaração prescritiva condicionada pelo atendimento, entre outras, das seguintes condições materiais constitucionais de elevado cunho axiológico: liberdade (Preâmbulo; art. 3º, inciso I; art. 5º, *caput*; etc.); segurança (Preâmbulo; art. 5º, *caput* e inciso II, etc.); bem-estar (Preâmbulo; art. 3º, incisos III e IV; art. 5º, *caput*; etc.); desenvolvimento (Preâmbulo; art. 1º, inciso IV; art. 3º, incisos II e III; etc.); igualdade (Preâmbulo; art. 3º, inciso IV; art. 5º, *caput* e inciso I; etc.); justiça (Preâmbulo; art. 3º, I, III e IV; art. 5º, *caput*; etc.); vida e dignidade da pessoa humana (Preâmbulo; art. 1º, inciso III; art. 3º, incisos III e IV; art. 5º, *caput*; art. 6º; art. 7º, inciso IV; etc.); solidariedade (Preâmbulo; art. 3º, I, III e IV; etc.); e bem comum (Preâmbulo; art. 3º, I, III e IV; etc.).

Portanto, o que se propõe é a adoção de uma visão humanizada de interpretação e de aplicação, que é dotada de consciência da situação hermenêutica e que reconhece as limitadas condições de possibilidade de conhecimento por parte do ser humano. Assim, a interpretação se consubstancia numa construção de sentido, com valoração e uso da razão, com tolerância e responsabilidade, e informada socioculturalmente. Eis a razão pela qual se concebe a *interpretação* como sendo um fenômeno de tolerante e responsável *construção axiológica racional de sentido*, o que produz os correspondentes reflexos na atividade de *aplicação*.

3

INTERPRETAÇÃO DA CONSTITUIÇÃO *TRIBUTÁRIA* BRASILEIRA

3.1. A especificidade da Constituição *Tributária* brasileira e da sua interpretação –fundamentalidade e extensividade

A Constituição brasileira e a maior parte das Constituições mundiais (ou instrumentos equivalentes) apresentam uma característica comum: elas veiculam as normas de mais elevada hierarquia dos respectivos ordenamentos jurídicos. Isso confere às Constituições dos países o caráter de fundamentalidade, pois as normas constitucionais estabelecem, via de regra, com maior ou menor grau de detalhamento, os critérios formais e materiais para que as outras normas do sistema jurídico sejam reconhecidas e produzidas. Trata-se do fenômeno mundial da constitucionalização do Direito.

Luís Roberto Barroso (2012, p. 32) esclarece o contemporâneo sentido da expressão constitucionalização do Direito:

> A ideia de constitucionalização do direito aqui explorada está associada a um efeito expansivo das normas constitucionais, cujo conteúdo material e axiológico se irradia, com força normativa, por todo o sistema jurídico. Os valores, os fins públicos e os comportamentos contemplados nos princípios e regras da Constituição passam a condicionar a validade e o sentido de todas as normas do direito infraconstitucional.

Luigi Ferrajoli (2002, p. 289, grifo nosso) alerta para esse fenômeno da constitucionalização dos valores ético-políticos mais importantes de uma sociedade, que são informadores da validade material das normas do sistema jurídico. Considera que esse fenômeno representa a "especificidade do moderno Estado constitucional de direito":

> A novidade representada pela constitucionalização dos princípios de direito natural no direito positivo – que em relação ao direito natural, "que não é", é obviamente o único direito "que é" – consiste apenas em que este transformou-se numa estrutura complexa, que compartilha tanto a dimensão do ser como a do dever ser. [...] O que acontece é que **entre as normas acerca da produção de normas, o moderno Estado constitucional de direito tem introduzido múltiplos princípios ético-políticos ou de justiça que impõem valorações ético-políticas das normas produzidas e atuam como parâmetros ou critérios de legitimidade e ilegitimidade** não mais externos ou jusnaturalistas, senão internos ou juspositivistas. [...] A **especi-**

ficidade do moderno Estado constitucional de direito está precisamente no fato de que as condições de validade estabelecidas por suas leis fundamentais incorporam não só requisitos de regularidade formal, senão também condições de justiça material.

Barroso (2012, p. 37, grifo nosso) vai além e destaca que o fenômeno da constitucionalização do Direito caracteriza-se não apenas por estabelecer os critérios mais elevados de validade jurídica, mas principalmente pelo fato de as normas constitucionais informarem todo o sistema jurídico com sua a força axiológica, o que condiciona a interpretação jurídica a ser desenvolvida pelos que integram esse sistema:

> A exemplo do ocorrido na Alemanha, a **influência da constitucionalização do direito** e da própria Corte Constitucional se manifestou em decisões de inconstitucionalidade, em convocações à atuação do legislador e na **reinterpretação das normas infraconstitucionais em vigor**.

E complementa a sua ideia com a identificação das técnicas que vêm sendo usadas pelas Cortes Constitucionais reveladoras dessa força axiológica das normas constitucionais sobre a interpretação do Direito:

> Além das decisões declaratórias de inconstitucionalidade, a Corte utiliza diferentes técnicas, que incluem: 1) **decisões interpretativas, que correspondem à interpretação conforme a Constituição**, podendo ser (a) com recusa da arguição de inconstitucionalidade, mas afirmação da interpretação compatível ou (b) com aceitação da arguição de inconstitucionalidade, com declaração de inconstitucionalidade da interpretação que vinha sendo praticada pela jurisdição ordinária, em ambos os casos permanecendo em vigor a disposição atacada; 2) decisões manipuladoras, nas quais se dá a aceitação da arguição de inconstitucionalidade e, além da declaração de invalidade do dispositivo, a Corte vai além, proferindo (a) sentença aditiva, estendendo a norma à situação nela não contemplada, quando a omissão importar em violação ao princípio da igualdade; e b) sentença substitutiva, pela qual a Corte não apenas declara a inconstitucionalidade de determinada norma, como também introduz no sistema, mediante declaração própria, uma norma nova (BARROSO, 2012, nota 16, p. 37, grifo nosso).

O caráter internacional desse fenômeno foi bem ressaltado por Antonio Cavalcanti Maia (2007, p. 8):

> Já na doutrina continental europeia, em especial no âmbito de um crescente debate envolvendo o mundo hispano falante e italiano, essas transformações no campo do direito acarretaram a necessidade do desenvolvimento de um sistema de categorias identificatório da nova realidade observada nos ordenamentos jurídicos contemporâneos dado o fenômeno da principialização dos sistemas jurídicos e da correlata constitucionalização do direito.

Maia (2007, p. 16) complementa seu entendimento ao também relevar os efeitos expansivos dos valores constitucionalmente consagrados:

> [...] constata-se que, através dos direitos fundamentais e de sua capacidade de irradiação pelo ordenamento jurídico, tem-se um dos exemplos mais eloquentes da constitucionalização do direito, a par de um mecanismo de garantia da efetivação dos impulsos emancipatórios, oriundos do pensamento político moderno e transpostos para os textos constitucionais hodiernos.

Wilfrid Waluchow (2012, pp. 315-316, grifos nossos) também salienta o papel fundamental da Constituição como grande vetor axiológico do sistema jurídico de certa sociedade:

> Estos compromisos, argumenté, son ex presados o representados en lo que llamé "**la ética constitucional de la comunidad**" (**ECC**). En la forma en que la entiendo, **la ECC no es la moral personal de ninguna persona o institución**, e.g. la Iglesia católica, el Partido republicano, o de un juez que ayuda a decidir un caso constitucional. Tampoco es la ética decretada por Dios, inherente al orden del universo, o residente en el mundo de las formas de PLATÓN. Más bien, **es un tipo de ética positiva, con base en la comunidad, compuesta por las normas y convicciones morales fundamentales a las que la comunidad se ha comprometido y que han, de una u otra forma, adquirido algún tipo formal de reconocimiento legal.**[1]

Essa fundamentalidade das Constituições nos Estados contemporâneos, como se demonstrou, a par da sua importância, não se revela como uma especificidade da Constituição brasileira. Sem olvidar a importância do seu caráter rígido, o que se quer destacar nesse momento são duas relevantes especificidades: a fundamentalidade da Constituição brasileira com relação ao sistema tributário nacional; a extensividade da matéria tributária no corpo da Constituição. São dois fenômenos distintos, porém interligados.

A extensividade das normas constitucionais que dispõem sobre a matéria tributária na Constituição brasileira, o que a torna singular em

---

1 O trecho correspondente na tradução é: "Estes compromissos, argumentei, são expressados ou representados pelo que chamei de 'ética constitucional da comunidade' (ECC). Na forma como entendemos, a ECC não é a moral de uma pessoa ou instituição, p.ex., a Igreja Católica, o Partido Republicano, ou de um juiz que ajude a decidir um caso constitucional. Tampouco é a ética decretada por Deus, inerente à ordem do universo, ou residente no mundo das formas de PLATÃO. Decerto, é um tipo de ética positiva, com base na comunidade, composta pelas normas e convicções morais fundamentais às quais a comunidade tem se comprometido e que tem, de uma ou outra forma, adquirido algum tipo formal de reconhecimento legal".

comparação com as demais Constituições mundiais, incrementa a sua fundamentalidade para o sistema tributário nacional, tanto por uma ótica qualitativa, por serem normas que se qualificam como as de mais elevada hierarquia do sistema jurídico quanto por uma ótica quantitativa, pois a presença de normas constitucionais tributárias é indiscutivelmente abundante no ordenamento jurídico brasileiro. Sem exagero, isso permite que se fale em uma Constituição *Tributária* brasileira.

Para evidenciar esse fenômeno da fundamentalidade e da extensividade tributárias da Constituição brasileira, convém fazer uma rápida e superficial comparação com o que dispõem algumas Constituições de outros países. Para tanto, foram escolhidas três Constituições de países do continente americano e três Constituições de países do continente europeu, que possuem com o Brasil relevantes relações socioculturais e econômicas.[2] Para ter algum parâmetro minimamente razoável de comparação, serão destacados dispositivos que tratem de alguma maneira da matéria tributária mediante a utilização de palavras-chave, tais como: contribuinte, tributo, tributário(a), tributação, imposto, taxa, contribuição ou expressões que claramente identifiquem que a matéria tributária está sendo tratada. Também para facilitar a comparação, foram escolhidas Constituições com versões oficiais vertidas em apenas dois idiomas: o português (em relação às Constituições de Portugal e Alemanha) e o espanhol (quanto às Constituições da Argentina, Uruguai, Chile e Espanha). Por essa razão, as palavras-chave utilizadas na pesquisa foram traduzidas para o seu correspondente no idioma espanhol.

3.1.1. Constituição da Argentina – referências tributárias

A Constituição da Argentina (Constitución de la Nación Argentina)[3] trata, expressamente, da matéria tributária, basicamente, em 8 artigos (envolvendo, a princípio, 616 palavras):

> [...]
> Artículo 4° El Gobierno federal provee a los gastos de la Nación con los fondos del Tesoro Nacional, formado del producto de derechos de importación y exportación; del de la venta o locación de tierras de propiedad nacional, de la renta de Correos, de las demás contribuciones que equitativa y proporcionalmente a la población imponga el Congreso General, y de los empréstitos y

---

2 Não se fará uma comparação com a Constituição dos Estados Unidos, pois eles adotam um sistema de *common law*, o que não contribuiria com os fins comparativos ora desejados. Além disso, ante as características da Constituição americana, as referências à matéria tributária são muito reduzidas.

3 Disponível em: <https://www.casarosada.gob.ar/nuestro-pais/constitucion-nacional>. Acesso em: 25 jun. 2020.

operaciones de crédito que decrete el mismo Congreso para urgencias de la Nación, o para empresas de utilidad nacional.

[...]

Artículo 16. La Nación Argentina no admite prerrogativas de sangre, ni de nacimiento: No hay en ella fueros personales ni títulos de nobleza. Todos sus habitantes son iguales ante la ley, y admisibles en los empleos sin otra condición que la idoneidad. La igualdad es la base del impuesto y de las cargas públicas.

[...]

Artículo 17. La propiedad es inviolable, y ningún habitante de la Nación puede ser privado de ella, sino en virtud de sentencia fundada en ley. La expropiación por causa de utilidad pública, debe ser calificada por ley y previamente indemnizada. Sólo el Congreso impone las contribuciones que se expresan en el art. 4°. Ningún servicio personal es exigible, sino en virtud de ley o de sentencia fundada en ley. Todo autor o inventor es propietario exclusivo de su obra, invento o descubrimiento, por el término que le acuerde la ley. La confiscación de bienes queda borrada para siempre del Código Penal Argentino. Ningún cuerpo armado puede hacer requisiciones, ni exigir auxilios de ninguna especie.

[...]

Artículo 25. El Gobierno Federal fomentará la inmigración europea; y no podrá restringir, limitar ni gravar con impuesto alguno la entrada en el territorio argentino de los extranjeros que traigan por objeto labrar la tierra, mejorar las industrias, e introducir y enseñar las ciencias y las artes.

[...]

Artículo 39. Los ciudadanos tienen el derecho de iniciativa para presentar proyectos de ley en la Cámara de Diputados. El Congreso deberá darles expreso tratamiento dentro del término de doce meses.

[...]

No serán objeto de iniciativa popular los proyectos referidos a reforma constitucional, tratados internacionales, tributos, presupuesto y materia penal.

[...]

Artículo 52. A la Cámara de Diputados corresponde exclusivamente la iniciativa de las leyes sobre contribuciones y reclutamiento de tropas.

[...]

Artículo 75. Corresponde al Congreso:

1. Legislar en materia aduanera. Establecer los derechos de importación y exportación, los cuales, así como las avaluaciones sobre las que recaigan, serán uniformes en toda la Nación.

2. Imponer contribuciones indirectas como facultad concurrente con las provincias. Imponer contribuciones directas, por tiempo determinado, proporcionalmente iguales en todo el territorio de la Nación, siempre que la defensa, seguridad común y bien general del Estado lo exijan. Las contribuciones previstas en este inciso, con excepción de la parte o el total de las que tengan asignación específica, son coparticipables.

Una ley convenio, sobre la base de acuerdos entre la Nación y las provincias, instituirá regímenes de coparticipación de estas contribuciones, garantizando la automaticidad en la remisión de los fondos. [...]

[...]

Artículo 99. El Presidente de la Nación tiene las siguientes atribuciones:

> [...]
>
> 3. Participa de la formación de las leyes con arreglo a la Constitución, las promulga y hace publicar. El Poder Ejecutivo no podrá en ningún caso bajo pena de nulidad absoluta e insanable, emitir disposiciones de carácter legislativo. Solamente cuando circunstancias excepcionales hicieran imposible seguir los trámites ordinarios previstos por esta Constitución para la sanción de las leyes, y no se trate de normas que regulen materia penal, tributaria, electoral o el régimen de los partidos políticos, podrá dictar decretos por razones de necesidad y urgencia, los que serán decididos en acuerdo general de ministros que deberán refrendarlos, conjuntamente con el jefe de gabinete de ministros. [...][4]

---

4 O trecho correspondente na tradução é:
"Art. 4º O governo federal fornece às despesas da Nação recursos do Tesouro Nacional, constituídos pelo produto dos direitos de importação e exportação; da venda ou arrendamento de terras de propriedades nacionais, do aluguel dos Correios, das outras contribuições que o Congresso Geral impõe de forma equitativa e proporcional à população e das operações de empréstimos e créditos que o mesmo Congresso decreta para emergências de Nação, ou para empresas de utilidade nacional.
[...]
Art. 16. A nação argentina não admite prerrogativas de sangue ou nascimento: não há privilégios pessoais ou títulos de nobreza. Todos os seus habitantes são iguais perante a lei e admissíveis em empregos sem outra condição que não a adequação. A igualdade é a base dos impostos e dos encargos públicos.
[...]
Art.17. A propriedade é inviolável, e nenhum habitante da Nação pode ser privado dela, exceto em virtude de sentença baseada em lei. A desapropriação por razões de utilidade pública deve ser qualificada por lei e previamente compensada. Somente o Congresso impõe as contribuições expressas no art. 4º. Nenhum serviço pessoal é necessário, exceto por lei ou sentença fundada em lei. Todo autor ou inventor é o proprietário exclusivo de sua obra, invenção ou descoberta, pelo prazo acordado em lei. O confisco de bens é apagado para sempre do Código Penal Argentino. Nenhum corpo armado pode fazer requisições, nem exigir ajuda de qualquer tipo.
[...]
Art. 25. O Governo Federal promoverá a imigração europeia; e não poderá restringir, limitar ou tributar com nenhum imposto a entrada no território argentino de estrangeiros cujo objetivo é cultivar a terra, melhorar as indústrias e introduzir e ensinar as ciências e as artes.
[...]
Art. 39. O cidadão tem o direito de iniciativa de apresentar projetos de lei na Câmara dos Deputados. O Congresso deve dar-lhes tratamento expresso no prazo de doze meses.
[...]
Projetos relacionados à reforma constitucional, tratados internacionais, tributos, orçamento e questões criminais não serão objeto de iniciativa popular.
[...]
Art. 52. A Câmara dos Deputados corresponde exclusivamente à iniciativa das leis sobre contribuições e recrutamento de tropas.

Apresenta-se, adiante, uma síntese do que a Constituição da Argentina dispõe acerca da matéria tributária, especialmente da parte relacionada à competência tributária.

O Governo Federal fornece os recursos de que a nação precisa a partir de diversas fontes. Entre as tributárias, estão as relativas aos direitos de importação e exportação, bem como às contribuições exigidas da população. É estabelecida a igualdade como base dos impostos e encargos públicos, o que apresenta certa semelhança com o princípio da igualdade tributária do Brasil. A necessidade de as contribuições previstas no art. 4º dependerem de ato do Congresso apresenta alguma correspondência com o princípio da uniformidade geográfica do Brasil). Não pode haver tributação por meio de imposto pela entrada de estrangeiros que tenham o objetivo de trabalhar a terra, melhorar as indústrias e introduzir e ensinar ciências e artes.

Sobre questões relativas a condições de índole mais formal, observa-se que não será objeto de iniciativa popular projetos relativos a tributos e a iniciativa das leis sobre contribuições é de competência exclusiva da Câmara dos Deputados. O art. 75 trata da competência do Congresso para dispor sobre: matéria aduaneira, direitos de importação

---

[...]
Art. 75. Corresponde ao Congresso:
1. Legislar em matéria aduaneira. Estabelecer direitos de importação e exportação, que, bem como as avaliações sobre as quais eles caem, serão uniformes em toda a Nação.
2. Impor contribuições indiretas como uma competência concorrente com as províncias. Impor contribuições diretas, por tempo determinado, proporcionalmente iguais em todo o território da Nação, sempre que a defesa, a segurança comum e o bem geral do Estado o exigirem. As contribuições previstas neste inciso, com exceção da parte ou do total daquelas que possuem alocação específica, são coparticipáveis.
Uma lei de acordos, baseada em acordos entre a Nação e as províncias, estabelecerá regimes de coparticipação para essas contribuições, garantindo a automação na remessa de fundos.
[...]
Art. 99. O Presidente da Nação tem os seguintes poderes:
[...]
3. Participa na formação de leis sob a Constituição, promulga e publica. O Poder Executivo não pode, em caso algum, sob pena de nulidade absoluta e insanável, emitir disposições de caráter legislativo. Somente quando circunstâncias excepcionais impossibilitarem o cumprimento dos procedimentos ordinários previstos nesta Constituição para a sanção das leis, e não se trate de normas que regulem matéria penal, tributária, eleitoral ou o regime dos partidos políticos, ele poderá emitir decretos por motivos de necessidade. e urgência, que serão decididos em um acordo geral de ministros que deverão referendá-los, conjuntamente com o chefe do gabinete de ministros".

e exportação, que serão uniformes em toda a Nação (o que tem alguma semelhança com o princípio da uniformidade geográfica do Brasil); instituir contribuições indiretas, de forma concorrente com as províncias; instituir contribuições diretas, por tempo limitado, proporcionalmente iguais em todo o território nacional; sistema de coparticipação quanto a essas contribuições. É vedado que o Presidente da Nação, mesmo em caráter excepcional, possa emitir disposições de caráter legislativo sobre matéria tributária.

3.1.2. Constituição do Uruguai – referências tributárias

A Constituição do Uruguai (Constitución de la República)[5] trata, expressamente, da matéria tributária, basicamente, em 13 artigos (envolvendo, a princípio, 1.387 palavras):

> [...]
> **Artículo 5º**. Todos los cultos religiosos son libres en el Uruguay. El Estado no sostiene religión alguna. Reconoce a la Iglesia Católica el dominio de todos los templos que hayan sido total o parcialmente construidos con fondos del Erario Nacional, exceptuándose sólo las capillas destinadas al servicio de asilos, hospitales, cárceles u otros establecimientos públicos. Declara, asimismo, exentos de toda clase de impuestos a los templos consagrados al culto de las diversas religiones.
> [...]
> **Artículo 67**. Las jubilaciones generales y seguros sociales se organizarán en forma de garantizar a todos los trabajadores, patronos, empleados y obreros, retiros adecuados y subsidios para los casos de accidentes, enfermedad, invalidez, desocupación forzosa, etc.; y a sus familias, en caso de muerte, la pensión correspondiente. La pensión a la vejez constituye un derecho para el que llegue al límite de la edad productiva, después de larga permanencia en el país y carezca de recursos para subvenir a sus necesidades vitales.
> Los ajustes de las asignaciones de jubilación y pensión no podrán ser inferiores a la variación del Indice Medio de Salarios, y se efectuarán en las mismas oportunidades en que se establezcan ajustes o aumentos en las remuneraciones de los funcionarios de la Administración Central.
> Las prestaciones previstas en el inciso anterior se financiarán sobre la base de: Contribuciones obreras y patronales y demás tributos establecidos por ley. Dichos recursos no podrán ser afectados a fines ajenos a los precedentemente mencionados, y
> [...]
> **Artículo 69**. Las instituciones de enseñanza privada y las culturales de la misma naturaleza estarán exoneradas de impuestos nacionales y municipales, como subvención por sus servicios.
> [...]

---

5 Disponível em: <https://parlamento.gub.uy/documentosyleyes/constitucion>. Acesso em: 25 jun. 2020.

Artículo 79. La acumulación de votos para cualquier cargo electivo, con excepción de los de Presidente y Vicepresidente de la República, se hará mediante la utilización del lema del partido político. La ley por el voto de los dos tercios del total de componentes de cada Cámara reglamentará esta disposición.
El veinticinco por ciento del total de inscriptos habilitados para votar, podrá interponer, dentro del año de su promulgación, el recurso de referéndum contra las leyes y ejercer el derecho de iniciativa ante el Poder Legislativo. Estos institutos no son aplicables con respecto a las leyes que establezcan tributos. Tampoco caben en los casos en que la iniciativa sea privativa del Poder Ejecutivo. Ambos institutos serán reglamentados por ley, dictada por mayoría absoluta del total de componentes de cada Cámara.
[...]
Artículo 85. A la Asamblea General compete:
[...]
Establecer las contribuciones necesarias para cubrir los presupuestos, su distribución, el orden de su recaudación e inversión, y suprimir, modificar o aumentar las existentes.
[...]
Crear nuevos Departamentos por mayoría de dos tercios de votos del total de componentes de cada Cámara; fijar sus límites; habilitar puertos; establecer aduanas y derechos de exportación e importación aplicándose, en cuanto a estos últimos, lo dispuesto en el artículo 87; así como declarar de interés nacional zonas turísticas, que serán atendidas por el Ministerio respectivo.
[...]
Artículo 87. Para sancionar impuestos se necesitará el voto conforme de la mayoría absoluta del total de componentes de cada Cámara.
[...]
Artículo 133. Todo proyecto de ley puede tener su origen en cualquiera de las dos Cámaras, a consecuencia de proposiciones hechas por cualquiera de sus miembros o por el Poder Ejecutivo por medio de sus Ministros, sin perjuicio de lo dispuesto en el inciso 6º del artículo 85 y artículo 86.
Requerirá la iniciativa del Poder Ejecutivo todo proyecto de ley que determine exoneraciones tributarias o que fije salarios mínimos o precios de adquisición a los productos o bienes de la actividad pública o privada.
El Poder Legislativo no podrá aumentar las exoneraciones tributarias ni los mínimos propuestos por el Poder Ejecutivo para salarios y precios ni, tampoco, disminuir los precios máximos propuestos.
[...]
Artículo 273. La Junta Departamental ejercerá las funciones legislativas y de contralor en el Gobierno Departamental.
[...]
Crear o fijar, a proposición del Intendente, impuestos, tasas, contribuciones, tarifas y precios de los servicios que presten, mediante el voto de la mayoría absoluta del total de sus componentes. [...]
Artículo 275. Además de las que la ley determine, sus atribuciones son:
Proponer a la Junta Departamental, para su aprobación, los impuestos, tasas y contribuciones; fijar los precios por utilización o aprovechamiento de los bienes o servicios departamentales y homologar las tarifas de los servicios públicos a cargo de concesionarios o permisarios.

[...]

Artículo 297. Serán fuentes de recursos de los Gobiernos Departamentales, decretados y administrados por éstos:

Los impuestos sobre la propiedad inmueble, urbana y suburbana, situada dentro de los límites de su jurisdicción, con excepción, en todos los casos, de los adicionales nacionales establecidos o que se establecieren. Los impuestos sobre la propiedad inmueble rural serán fijados por el Poder Legislativo, pero su recaudación y la totalidad de su producido, excepto el de los adicionales establecidos o que se establecieren, corresponderá a los Gobiernos Departamentales respectivos. La cuantía de los impuestos adicionales nacionales, no podrá superar el monto de los impuestos con destino departamental.

El impuesto a los baldíos y a la edificación inapropiada en las zonas urbanas y suburbanas de las ciudades, villas, pueblos y centros poblados.

Los impuestos establecidos con destino a los Gobiernos Departamentales y los que se creen por ley en lo futuro con igual finalidad sobre fuentes no enumeradas en este artículo.

Las contribuciones por mejoras a los inmuebles beneficiados por obras públicas departamentales.

Las tasas, tarifas y precios por utilización, aprovechamiento o beneficios obtenidos por servicios prestados por el Gobierno Departamental, y las contribuciones a cargo de las empresas concesionarias de servicios exclusivamente departamentales.

Los impuestos a los espectáculos públicos con excepción de los establecidos por ley con destinos especiales, mientras no sean derogados, y a los vehículos de transporte.

Los impuestos a la propaganda y avisos de todas clases. Están exceptuados la propaganda y los avisos de la prensa radial, escrita y televisada, los de carácter político, religioso, gremial, cultural o deportivo, y todos aquellos que la ley determine por mayoría absoluta de votos del total de componentes de cada Cámara.

Los beneficios de la explotación de los juegos de azar, que les hubiere autorizado o les autorice la ley, en la forma y condiciones que ésta determine.

Los impuestos a los juegos de carreras de caballos y demás competencias en que se efectúen apuestas mutuas, con excepción de los establecidos por ley, mientras no sean derogados.

[...]

Artículo 298. La ley, que requerirá la iniciativa del Poder Ejecutivo y por el voto de la mayoría absoluta del total de componentes de cada Cámara, podrá:

Sin incurrir en superposiciones impositivas, extender la esfera de aplicación de los tributos departamentales, así como ampliar las fuentes sobre las cuales éstos podrán recaer.

Destinar al desarrollo del interior del país y a la ejecución de las políticas de descentralización, una alícuota de los tributos nacionales recaudados fuera del departamento de Montevideo. Con su producido se formará un fondo presupuestal, afectado al financiamiento de los programas y planes a que refiere el inciso quinto del artículo 230. Dicha alícuota deberá ser propuesta preceptivamente en el Presupuesto Nacional.

Exonerar temporariamente de tributos nacionales, así como rebajar sus alícuotas, a las empresas que se instalaren en el interior del país.

Artículo 299. Los decretos de los Gobiernos Departamentales creando o modificando impuestos, no serán obligatorios, sino después de diez días de publicados en el "Diario Oficial", y se insertarán en el Registro Nacional de Leyes y Decretos en una sección especial.
Deberán publicarse, además, por lo menos, en dos periódicos del departamento.
Artículo 300. El Poder Ejecutivo podrá apelar ante la Cámara de Representantes dentro de los quince días de publicados en el "Diario Oficial", fundándose en razones de interés general, los decretos de los Gobiernos Departamentales que crean o modifican impuestos. Esta apelación tendrá efecto suspensivo.
Si transcurridos sesenta días después de recibidos los antecedentes por la Cámara de Representantes, ésta no resolviera la apelación, el recurso se tendrá por no interpuesto.
La Cámara de Representantes dentro de los quince días siguientes a la fecha en que se dé cuenta de la apelación, podrá solicitar por una sola vez, antecedentes complementarios, quedando, en este caso, interrumpido el término hasta que éstos sean recibidos.
El receso de la Cámara de Representantes interrumpe los plazos fijados precedentemente. [...][6]

6 O trecho correspondente na tradução é:
"[...]
Artigo 5º Todos os cultos religiosos são livres no Uruguai. O Estado não possui nenhuma religião. A Igreja Católica reconhece o domínio de todos os templos que foram total ou parcialmente construídos com recursos do Tesouro Nacional, excetuando-se apenas as capelas destinadas ao serviço de asilos, hospitais, prisões ou outros estabelecimentos públicos. Também declara isentos de todos os tipos de impostos os templos consagrados ao culto das diversas religiões.
[...]
Artigo 67. As pensões gerais e o seguro social serão organizados de forma a garantir a todos os trabalhadores, empregadores, empregados e trabalhadores, retiradas e subsídios adequados em casos de acidentes, doenças, invalidez, desemprego forçado, etc .; e suas famílias, em caso de morte, a pensão correspondente. A pensão de velhice constitui um direito para aqueles que atingem o limite da idade produtiva, após uma longa estadia no país e sem recursos para atender às suas necessidades vitais.
Os ajustes nas alocações de aposentadorias e pensões não podem ser menores que a variação do Índice Salarial Médio e serão feitos nas mesmas ocasiões em que forem estabelecidos ajustes ou aumentos na remuneração dos funcionários da Administração Central.
Os benefícios previstos no parágrafo anterior serão financiados com base em:
A) Contribuições de trabalhadores e empregadores e demais tributos estabelecidos por lei. Os referidos recursos não podem ser afetados para outros fins que não os mencionados acima, e
[...]
Artigo 69. As instituições educacionais privadas e instituições culturais da mesma natureza serão exoneradas de impostos nacionais e municipais, como subvenção por seus serviços.
[...]

Apresenta-se, adiante, uma síntese do que a Constituição do Uruguai dispõe acerca da matéria tributária, especialmente da parte relacionada à competência tributária.

Está prevista a isenção de impostos sobre os templos consagrados ao culto das diversas religiões, o que guarda semelhança com a imuni-

---

Artigo 79. A acumulação de votos em qualquer cargo eletivo, com exceção dos de Presidente e Vice-Presidente da República, será feita mediante o lema do partido político. A lei pelo voto de dois terços do total de componentes de cada Câmara regulamentará esta disposição.
Vinte e cinco por cento do total habilitado para votar poderão interpor, dentro do ano de sua promulgação, o recurso de um referendo contra as leis e exercer o direito de iniciativa perante o Poder Legislativo. Esses institutos não são aplicáveis com relação às leis que estabelecem tributos. Tampouco se enquadram nos casos em que a iniciativa é exclusiva do Poder Executivo. Ambos os institutos serão regulados por lei, ditados por uma maioria absoluta do total de componentes de cada Câmara.
[...]
Artigo 85. A Assembleia Geral é responsável por:
[...]
4º) Estabelecer as contribuições necessárias para cobrir os orçamentos, sua distribuição, a ordem de sua arrecadação e investimento e excluir, modificar ou aumentar as existentes.
[...]
9º) Criar novos departamentos por maioria de dois terços dos votos do total de componentes de cada Câmara; estabeleça seus limites; habilitar portos; estabelecer direitos aduaneiros e de exportação e importação, aplicando, em relação a este último, o disposto no artigo 87; bem como declarar áreas turísticas de interesse nacional, que serão atendidas pelo respectivo ministério.
[...]
Artigo 87. Para sancionar impostos, será exigido o voto da maioria absoluta do total de componentes de cada Câmara.
[...]
Artigo 133. Todo projeto de lei pode ter origem em qualquer uma das duas Câmaras, em consequência de propostas de qualquer de seus membros ou do Poder Executivo por meio de seus Ministros, sem prejuízo do disposto no inciso 6º do artigo 85 e artigo 86.
Requererá a iniciativa do Poder Executivo todo projeto de lei que determine isenções tributárias ou que estabeleça salários mínimos ou preços de aquisição para os produtos ou bens da atividade pública ou privada.
O Poder Legislativo não pode aumentar as isenções tributárias ou os mínimos propostos pelo Poder Executivo para salários e preços, nem diminuir os preços máximos propostos.
[...]
Artigo 273. A Junta Departamental exercerá as funções legislativas e de controle no Governo Departamental.
[...]

dade sobre os templos de qualquer culto no Brasil. Contribuições de trabalhadores e empregadores e demais tributos estabelecidos por lei financiarão benefícios previdenciários e assistenciais. As instituições educacionais privadas e instituições culturais da mesma natureza serão exoneradas de impostos nacionais e municipais, como meio de subvenção pelos seus serviços, o que apresenta semelhança com o disposto na Constituição brasileira - art. 150, VI, "c" - sobre a imunidade relativa às instituições de educação. É afastada a possibilidade de parcela dos eleitores interpor recurso de referendo contra leis que criem tributos. É exigida uma antecedência mínima de 10 dias para que os decretos dos Governos Departamentais que criam ou modificam impostos se tornem obrigatórios, além de ser necessário respeitar certos procedimentos sobre a publicidade desses decretos.

Quanto a condições de natureza mais formal, há competência da Assembleia Geral para instituir, modificar e aumentar contribuições e para estabelecer direitos aduaneiros e de exportação e importação. É exigida a maioria absoluta do total de componentes de cada Câmara para aprovar a instituição de impostos. O Poder Executivo tem a iniciativa de todo o projeto de lei que determine isenções tributárias e é vedado ao Poder Legislativo aumentar as isenções tributárias. A Junta Departamental é competente para exercer as funções legislativas e de controle no Governo Departamental, bem como de criar ou fixar, mediante proposta do Prefeito, impostos, taxas, contribuições, taxas e preços dos serviços que prestam. O Prefeito tem competência para propor à Junta Departamental a aprovação de impostos, taxas e contribuições. Os Governos Departamentais têm competência para a criação e administração de certos impostos, de contribuições por melhorias e de taxas. Há competência do Poder Executivo e de cada Câmara para: estender o escopo de aplicação dos tributos departamentais, bem como ampliar as fontes sobre as quais eles poderão recair; destinar parte dos tributos nacionais cobrados fora do departamento de Montevidéu; e exonerar temporariamente de tributos nacionais, bem como diminuir suas alíquotas, as empresas que se instalam no interior do país. O Poder Executivo pode

---

3º) Criar ou fixar, mediante proposta do Prefeito, impostos, taxas, contribuições, taxas e preços dos serviços que prestam, por meio do voto da maioria absoluta do total de seus componentes.

[...]

Artigo 275. Além dos estabelecidos em lei, são seus poderes:

recorrer à Câmara dos Deputados contra os decretos dos Governos Departamentais que criam ou modificam impostos.

[...]
4º) Propor à Junta Departamental, para sua aprovação, os impostos, taxas e contribuições; fixar os preços pelo uso ou exploração de bens ou serviços departamentais e padronizar as tarifas de serviços públicos por concessionárias ou licenciadas.
[...]
Artigo 297. Serão fontes de recursos dos Governos Departamentais, decretadas e administradas por eles:
1º) Impostos sobre imóveis, imóveis urbanos e suburbanos, localizados dentro dos limites de sua jurisdição, com exceção, em todos os casos, dos adicionais nacionais estabelecidos ou que se estabelecerem. Os impostos sobre bens imóveis rurais serão fixados pelo Poder Legislativo, mas sua arrecadação e todos os seus recursos, exceto os adicionais estabelecidos ou estabelecidos, corresponderão aos respectivos Governos Departamentais. O valor dos impostos nacionais adicionais não pode exceder o valor dos impostos destinados ao departamento.
2º) O imposto sobre terrenos baldios e construção inadequada em áreas urbanas e suburbanas de cidades, vilas, aldeias e centros povoados.
3º) Os impostos estabelecidos para os Governos Departamentais e aqueles criados por lei no futuro com o mesmo objetivo em fontes não listadas neste artigo.
4º) Contribuições por melhorias aos imóveis beneficiados por obras públicas departamentais.
5º) As taxas, tarifas e preços de uso, exploração ou benefícios obtidos pelos serviços prestados pelo Governo Departamental, e as contribuições a cargo das empresas concessionárias de serviços exclusivamente departamentais.
6º) Impostos sobre espetáculos públicos, exceto aqueles estabelecidos por lei com destinos especiais, desde que não sejam revogados, e em veículos de transporte.
7º) Impostos sobre propaganda e avisos de todos os tipos. Excluem-se propaganda e avisos da rádio, imprensa escrita e televisada, de natureza política, religiosa, sindical, cultural ou esportiva, e todos aqueles determinados por lei por maioria absoluta de votos dos componentes totais de cada Câmara.
8º) Os benefícios da exploração de jogos de azar, autorizados ou autorizados por lei, na forma e nas condições por ele determinadas.
9º) Impostos sobre jogos de corrida de cavalos e outras competições em que sejam feitas apostas mútuas, com exceção das estabelecidas por lei, desde que não sejam revogadas.
[...]
Artigo 298. A lei, que exigirá a iniciativa do Poder Executivo e pelo voto da maioria absoluta do total de componentes de cada Câmara, poderá:
1) Sem incorrer em sobreposições impositivas, estender o escopo de aplicação dos tributos departamentais, bem como ampliar as fontes sobre as quais eles poderão recair.

3.1.3. Constituição do Chile – referências tributárias

A Constituição do Chile (Constitución Política de la Republica de Chile)[7] trata, expressamente, da matéria tributária, basicamente, em 2 artigos e em uma disposição transitória (envolvendo, a princípio, 534 palavras):

> [...]
> DE LOS DERECHOS Y DEBERES CONSTITUCIONALES
> **Artículo 19**. La asegura a todas las personas:
> [...]
> 6º. La libertad de conciencia, la manifestación de todas las creencias y el ejercicio libre de todos los cultos que no se opongan a la moral, a las buenas costumbres o al orden público.
> Las confesiones religiosas podrán erigir y conservar templos y sus dependencias bajo las condiciones de seguridad e higiene fijadas por las leyes y ordenanzas.
> Las iglesias, las confesiones e instituciones religiosas de cualquier culto tendrán los derechos que otorgan y reconocen, con respecto a los bienes, las leyes actualmente en vigor. Los templos y sus dependencias, destinados exclusivamente al servicio de un culto, estarán exentos de toda clase de contribuciones;

---

2) Destinar ao desenvolvimento do interior do país e à execução de políticas de descentralização, uma alíquota dos tributos nacionais cobrados fora do departamento de Montevidéu. Com seus recursos, será formado um fundo orçamentário afetado pelo financiamento dos programas e planos referidos no quinto parágrafo do artigo 230. A referida alíquota deve ser proposta como preceptiva no Orçamento Nacional.
3) Exonerar temporariamente de tributos nacionais, bem como diminuir suas alíquotas, as empresas que se instalam no interior do país.
Artigo 299. Os decretos dos Governos Departamentais que criam ou modificam impostos não são obrigatórios, senão após dez dias de sua publicação no "Diário Oficial", e serão inseridos no Registro Nacional de Leis e Decretos em uma seção especial.
Eles também devem ser publicados em pelo menos dois jornais do departamento.
Artigo 300. O Poder Executivo poderá recorrer à Câmara dos Deputados no prazo de quinze dias após a publicação no *Diário Oficial*, com base em motivos de interesse geral, dos decretos dos Governos Departamentais que criam ou modificam impostos. Este recurso terá efeito suspensivo.
Se sessenta dias após o recebimento do registro pela Câmara dos Deputados, este último não resolver o recurso, o recurso será considerado não apresentado.
A Câmara dos Representantes, no prazo de quinze dias após a data em que tomar conhecimento do recurso, poderá solicitar, uma vez, informações adicionais, neste caso, o prazo sendo interrompido até o recebimento.
O recesso da Câmara dos Deputados interrompe os termos previamente estabelecidos".

---

7 Disponível em: <http://www.leychile.cl/N?i=242302&f=2011-07-11&p=>. Acesso em: 25 jul. 2020.

[...]
20º La igual repartición de los tributos en proporción a las rentas o en la progresión o forma que fije la ley, y la igual repartición de las demás cargas públicas
En ningún caso la ley podrá establecer tributos manifiestamente desproporcionados o injustos.
Los tributos que se recauden, cualquiera que sea su naturaleza, ingresarán al patrimonio de la Nación y no podrán estar afectos a un destino determinado.
Sin embargo, la ley podrá autorizar que determinados tributos puedan estar afectados a fines propios de la defensa nacional. Asimismo, podrá autorizar que los que gravan actividades o bienes que tengan una clara identificación regional o local puedan ser aplicados, dentro de los marcos que la misma ley señale, por las autoridades regionales o comunales para el financiamiento de obras de desarrollo;
[...]
26º La seguridad de que los preceptos legales que por mandato de la Constitución regulen o complementen las garantías que ésta establece o que las limiten en los casos en que ella lo autoriza, no podrán afectar los derechos en su esencia, ni imponer condiciones, tributos o requisitos que impidan su libre ejercicio.
[...]
Artículo 65. Las leyes pueden tener origen en la Cámara de Diputados o en el Senado, por mensaje que dirija el Presidente de la República o por moción de cualquiera de sus miembros. Las mociones no pueden ser firmadas por más de diez diputados ni por más de cinco senadores.
Las leyes sobre tributos de cualquiera naturaleza que sean, sobre los presupuestos de la Administración Pública y sobre reclutamiento, sólo pueden tener origen en la Cámara de Diputados. Las leyes sobre amnistía y sobre indultos generales sólo pueden tener origen en el Senado.
Corresponderá al Presidente de la República la iniciativa exclusiva de los proyectos de ley que tengan relación con la alteración de la división política o administrativa del país, o con la administración financiera o presupuestaria del Estado, incluyendo las modificaciones de la Ley de Presupuestos, y con las materias señaladas en los números 10 y 13 del artículo 63.
Corresponderá, asimismo, al Presidente de la República la iniciativa exclusiva para:
1º Imponer, suprimir, reducir o condonar tributos de cualquier clase o naturaleza, establecer exenciones o modificar las existentes, y determinar su forma, proporcionalidad o progresión;
[...]
DISPOSICIONES TRANSITORIAS
[...]
SEXTA Sin perjuicio de lo dispuesto en el inciso tercero del número 20º del artículo 19, mantendrán su vigencia las disposiciones legales que hayan establecido tributos de afectación a un destino determinado, mientras no sean expresamente derogadas.[...][8]

8 O trecho correspondente na tradução é:
"DOS DIREITOS E DEVERES CONSTITUCIONAIS
Artigo 19. Garante a todas as pessoas:

Apresenta-se, adiante, uma síntese do que a Constituição do Chile dispõe acerca da matéria tributária, especialmente da parte relacionada à competência tributária.

Os templos e suas dependências, que sejam dedicados exclusivamente ao serviço de um culto, estarão isentos de todo tipo de contribuição, o que é de certo modo semelhante à imunidade sobre os templos de qualquer culto no Brasil. É assegurada a distribuição equitativa da carga

---

[...]
6º Liberdade de consciência, manifestação de todas as crenças e livre exercício de todos os cultos que não se opõem à moral, aos bons costumes ou à ordem pública. As confissões religiosas poderão erguer e conservar templos e suas dependências sob as condições de segurança e higiene estabelecidas pelas leis e ordenanças. Igrejas, confissões e instituições religiosas de qualquer culto terão os direitos que são concedidos e reconhecidos, com relação à propriedade, as leis atualmente em vigor. Os templos e suas dependências, dedicados exclusivamente ao serviço de um culto, estarão isentos de todo tipo de contribuição;
[...]
20º A distribuição equitativa dos tributos na proporção da renda ou na progressão ou forma estabelecida por lei, e a distribuição equitativa de outros encargos públicos.
[...]
26º A segurança de que os preceitos legais que, por mandato da Constituição, regulam ou complementam as garantias que estabelecem ou os limitam nos casos em que a autoriza, não podem afetar os direitos em sua essência, nem impor condições, impostos ou requisitos que impedem seu livre exercício.
[...]
Artigo 65. As leis podem ter origem na Câmara dos Deputados ou no Senado, por mensagem enviada pelo Presidente da República ou por moção de qualquer de seus membros. As moções não podem ser assinadas por mais de dez deputados ou por mais de cinco senadores.
Leis sobre tributos de qualquer natureza, sobre os orçamentos da Administração Pública e sobre recrutamento, só podem ter origem na Câmara dos Deputados. As leis de anistia e perdão geral só podem se originar no Senado.
O Presidente da República será responsável pela iniciativa exclusiva de projetos de lei relacionados à alteração da divisão política ou administrativa do país, ou à administração financeira ou orçamentária do Estado, incluindo as modificações da Lei do Orçamento, e com a os assuntos indicados nos números 10 e 13 do artigo 63.
Da mesma forma, o Presidente da República terá a iniciativa exclusiva para:
1º Impor, suprimir, reduzir ou perdoar tributos de qualquer classe ou natureza, estabelecer isenções ou modificar as existentes, e determinar sua forma, proporcionalidade ou progressão;
[...]
DISPOSIÇÕES TRANSITÓRIAS
[...]
SEXTA. Sem prejuízo do disposto no inciso terceiro do número 20º do artigo 19, permanecerão em vigor as disposições legais que tenham estabelecido a afetação de tributos a um destino específico, desde que não sejam expressamente revogadas".

tributária, proporcional à renda ou progressiva ou na forma legalmente prevista, sendo vedada a tributação desproporcional ou injusta. Os tributos, a princípio, não podem ser afetados a uma destinação específica, salvo se a lei dispuser para fins próprios da defesa nacional. No caso de tributação de atividades ou bens com clara identificação regional ou local, a lei poderá autorizar a destinação para o financiamento de obras de desenvolvimento. É vedada a tributação que impeça o livre exercício dos direitos constitucionalmente previstos. Transitoriamente e sem prejuízo do disposto no inciso terceiro do número 20º do artigo 19, ficam mantidas as afetações tributárias existentes até que sejam expressamente revogadas.

Sobre condições de caráter mais formal, observa-se que os tributos em geral só podem ter origem na Câmara dos Deputados e o Presidente da República terá a iniciativa exclusiva para: "Impor, suprimir, reduzir ou perdoar tributos de qualquer classe ou natureza, estabelecer isenções ou modificar as existentes, e determinar sua forma, proporcionalidade ou progressão".

3.1.4. Constituição de Portugal – referências tributárias

A Constituição de Portugal (Constituição da República Portuguesa - VII Revisão Constitucional - 2005)[9] trata, expressamente, da matéria tributária, basicamente, em 8 artigos (envolvendo, a princípio, 561 palavras):

> [...]
> **Artigo 67º**
> **(Família)**
> [...]
> 2. Incumbe, designadamente, ao Estado para protecção da família:
> [...]
> **f)** Regular os impostos e os benefícios sociais, de harmonia com os encargos familiares;
> [...]
> **Artigo 103º**
> **(Sistema fiscal)**
> **1.** O sistema fiscal visa a satisfação das necessidades financeiras do Estado e outras entidades públicas e uma repartição justa dos rendimentos e da riqueza.
> **2.** Os impostos são criados por lei, que determina a incidência, a taxa, os benefícios fiscais e as garantias dos contribuintes.

9 Disponível em: <https://www.parlamento.pt/Legislacao/paginas/constituicaorepublicaportuguesa.aspx>. Acesso em: 26 jun. 2020.

3. Ninguém pode ser obrigado a pagar impostos que não hajam sido criados nos termos da Constituição, que tenham natureza retroactiva ou cuja liquidação e cobrança se não façam nos termos da lei.

Artigo 104º

(Impostos)

1. O imposto sobre o rendimento pessoal visa a diminuição das desigualdades e será único e progressivo, tendo em conta as necessidades e os rendimentos do agregado familiar.

2. A tributação das empresas incide fundamentalmente sobre o seu rendimento real.

3. A tributação do património deve contribuir para a igualdade entre os cidadãos.

4. A tributação do consumo visa adaptar a estrutura do consumo à evolução das necessidades do desenvolvimento económico e da justiça social, devendo onerar os consumos de luxo.

[...]

Artigo 115º

(Referendo)

1. Os cidadãos eleitores recenseados no território nacional podem ser chamados a pronunciar-se directamente, a título vinculativo, através de referendo, por decisão do Presidente da República, mediante proposta da Assembleia da República ou do Governo, em matérias das respectivas competências, nos casos e nos termos previstos na Constituição e na lei.

[...]

4. São excluídas do âmbito do referendo:

[...]

b) As questões e os actos de conteúdo orçamental, tributário ou financeiro;

[...]

Artigo 165º

(Reserva relativa de competência legislativa)

1. É da exclusiva competência da Assembleia da República legislar sobre as seguintes matérias, salvo autorização ao Governo:

[...]

i) Criação de impostos e sistema fiscal e regime geral das taxas e demais contribuições financeiras a favor das entidades públicas;

[...]

Artigo 227º

(Poderes das regiões autónomas)

1. As regiões autónomas são pessoas colectivas territoriais e têm os seguintes poderes, a definir nos respectivos estatutos:

[...]

i) Exercer poder tributário próprio, nos termos da lei, bem como adaptar o sistema fiscal nacional às especificidades regionais, nos termos de lei-quadro da Assembleia da República;

j) Dispor, nos termos dos estatutos e da lei de finanças das regiões autónomas, das receitas fiscais nelas cobradas ou geradas, bem como de uma participação nas receitas tributárias do Estado, estabelecida de acordo com um princípio que assegure a efectiva solidariedade nacional, e de outras receitas que lhes sejam atribuídas e afectá-las às suas despesas;

[...]

Artigo 238º
(Património e finanças locais)
1. As autarquias locais têm património e finanças próprios.
2. O regime das finanças locais será estabelecido por lei e visará a justa repartição dos recursos públicos pelo Estado e pelas autarquias e a necessária correcção de desigualdades entre autarquias do mesmo grau.
3. As receitas próprias das autarquias locais incluem obrigatoriamente as provenientes da gestão do seu património e as cobradas pela utilização dos seus serviços.
4. As autarquias locais podem dispor de poderes tributários, nos casos e nos termos previstos na lei.
[...]
Artigo 254º
(Participação nas receitas dos impostos directos)
1. Os municípios participam, por direito próprio e nos termos definidos pela lei, nas receitas provenientes dos impostos directos.
1. Os municípios dispõem de receitas tributárias próprias, nos termos da lei.
[...]

Apresenta-se, adiante, uma síntese do que a Constituição de Portugal dispõe acerca da matéria tributária, especialmente da parte relacionada à competência tributária.

O Estado deve regular os impostos e os benefícios sociais de forma harmoniosa com os encargos familiares. Estão submetidas ao princípio da legalidade: a criação dos impostos, a determinação da incidência, da taxa, dos benefícios fiscais e das garantias dos contribuintes, bem como a liquidação e cobrança de impostos. É vedada a retroatividade tributária. O imposto sobre rendimentos deve promover a redução das desigualdades, ser único, progressivo e considerar o agregado familiar. A tributação das empresas deve incidir sobre o rendimento real. A tributação do patrimônio deve contribuir para que haja igualdade entre os cidadãos. A tributação do consumo deve considerar a adaptação do consumo à evolução das necessidades do desenvolvimento econômico e da justiça social, com a promoção mais onerosa do consumo de bens luxuosos.

Quanto a condições de natureza mais formal, a Assembleia da República tem competência para legislar sobre a criação de impostos e sistema fiscal e regime geral das taxas, bem como as demais contribuições financeiras em favor das entidades públicas. As regiões autônomas, nos termos da lei e da lei-quadro da Assembleia da República, têm competência para exercer poder tributário próprio. As autarquias locais têm competência tributária nos termos definidos por lei. Os Municípios participam nas receitas de impostos diretos e, conforme previsto em lei, há a possibilidade de terem receitas tributárias próprias. É vedada a adoção de referendo em matéria tributária.

3.1.5. Constituição da Espanha – referências tributárias

A Constituição da Espanha[10] trata, expressamente, da matéria tributária, basicamente, em 9 artigos (envolvendo, a princípio, 536 palavras):

> [...]
> **Artículo 31.**
> 1. Todos contribuirán al sostenimiento de los gastos públicos de acuerdo con su capacidad económica mediante un sistema tributario justo inspirado en los principios de igualdad y progresividad que, en ningún caso, tendrá alcance confiscatorio.
> [...]
> **Artículo 87.**
> [...]
> 3. Una ley orgánica regulará las formas de ejercicio y requisitos de la iniciativa popular para la presentación de proposiciones de ley. En todo caso se exigirán no menos de 500.000 firmas acreditadas. No procederá dicha iniciativa en materias propias de ley orgánica, tributarias o de carácter internacional, ni en lo relativo a la prerrogativa de gracia.
> [...]
> **Artículo 133.**
> 1. La potestad originaria para establecer los tributos corresponde exclusivamente al Estado, mediante ley.
> 2. Las Comunidades Autónomas y las Corporaciones locales podrán establecer y exigir tributos, de acuerdo con la Constitución y las leyes.
> 3. Todo beneficio fiscal que afecte a los tributos del Estado deberá establecerse en virtud de ley.
> [...]
> **Artículo 134.**
> [...]
> 2. Los Presupuestos Generales del Estado tendrán carácter anual, incluirán la totalidad de los gastos e ingresos del sector público estatal y en ellos se consignará el importe de los beneficios fiscales que afecten a los tributos del Estado.
> [...]
> 7. La Ley de Presupuestos no puede crear tributos. Podrá modificarlos cuando una ley tributaria sustantiva así lo prevea.
> [...]
> Artículo 142.
> Las Haciendas locales deberán disponer de los medios suficientes para el desempeño de las funciones que la ley atribuye a las Corporaciones respectivas y se nutrirán fundamentalmente de tributos propios y de participación en los del Estado y de las Comunidades Autónomas.
> [...]
> Artículo 149.
> El Estado tiene competencia exclusiva sobre las siguientes materias:

---

10 Disponível em: <https://www.boe.es/legislacion/documentos/ConstitucionCASTELLANO.pdf>. Acesso em: 26 jun. 2020.

[...]
10º) Régimen aduanero y arancelario, comercio exterior.
[...]
Artículo 156.
1. Las Comunidades Autónomas gozarán de autonomía financiera para el desarrollo y ejecución de sus competencias con arreglo a los principios de coordinación con la Hacienda estatal y de solidaridad entre todos los españoles.
2. Las Comunidades Autónomas podrán actuar como delegados o colaboradores del Estado para la recaudación, la gestión y la liquidación de los recursos tributarios de aquél, de acuerdo con las leyes y los Estatutos.
Artículo 157.
1. Los recursos de las Comunidades Autónomas estarán constituidos por:
a) Impuestos cedidos total o parcialmente por el Estado; recargos sobre impuestos estatales y otras participaciones en los ingresos del Estado.
b) Sus propios impuestos, tasas y contribuciones especiales.
c) Transferencias de un fondo de compensación interterritorial y otras asignaciones con cargo a los Presupuestos Generales del Estado.
d) Rendimientos procedentes de su patrimonio e ingresos de derecho privado.
e) El producto de las operaciones de crédito.
2. Las Comunidades Autónomas no podrán en ningún caso adoptar medidas tributarias sobre bienes situados fuera de su territorio o que supongan obstáculo para la libre circulación de mercancías o servicios.
3. Mediante ley orgánica podrá regularse el ejercicio de las competencias financieras enumeradas en el precedente apartado 1, las normas para resolver los conflictos que pudieran surgir y las posibles formas de colaboración financiera entre las Comunidades Autónomas y el Estado. [...][11]

11 O trecho correspondente na tradução é:
"Artigo 31
1. Todos contribuirão para a manutenção das despesas públicas, de acordo com sua capacidade econômica, por meio de um sistema tributário justo, inspirado nos princípios de igualdade e progressividade, que em nenhum caso terão escopo confiscatório.
Artigo 87
[...]
3. Uma lei orgânica regulamentará as formas de exercício e os requisitos da iniciativa popular para a apresentação de propostas de lei. De qualquer forma, não serão necessários menos de 500.000 assinaturas credenciadas. Essa iniciativa não ocorrerá em questões de direito orgânico, tributário ou internacional, ou em relação à prerrogativa da graça.
Artigo 133
1. O poder original de estabelecer os tributos corresponde exclusivamente ao Estado, por lei.
2. As comunidades autônomas e as corporações locais podem estabelecer e exigir tributos, de acordo com a Constituição e as leis.
3. Todos os benefícios fiscais que afetam os tributos do Estado devem ser estabelecidos por lei.
Artigo 134
[...]

Apresenta-se, adiante, uma síntese do que a Constituição da Espanha dispõe acerca da matéria tributária, especialmente da parte relacionada à competência tributária.

A tributação deve atender aos princípios da capacidade contributiva, da justiça tributária, da igualdade e da progressividade, bem como é vedado o confisco em matéria tributária.

Quanto a condições de índole mais formal, é vedada a apresentação de propostas de lei que tratem de Direito Tributário mediante iniciativa

---

2. Os Orçamentos Gerais do Estado serão anuais, incluirão todas as despesas e receitas do setor público estadual e registrarão o valor dos benefícios fiscais que afetam os tributos do Estado.
[...]
7. A Lei do Orçamento não pode criar tributos. Poderá modificá-los quando uma lei tributária substantiva assim prever.
Artigo 142.
As Fazendas Públicas locais devem ter meios suficientes para desempenhar as funções que a lei atribui às respectivas Corporações e serão nutridas principalmente por seus próprios tributos e pela participação nos do Estado e nos das Comunidades Autônomas.
Artigo 149
1. O Estado tem jurisdição exclusiva sobre os seguintes assuntos:
[...]
10º) Regime aduaneiro e tarifário, comércio exterior.
Artigo 156.
1. As Comunidades Autônomas gozam de autonomia financeira para o desenvolvimento e execução de seus poderes, de acordo com os princípios de coordenação com o Tesouro do Estado e de solidariedade entre todos os espanhóis.
2. As Comunidades Autônomas podem atuar como delegados ou colaboradores do Estado na arrecadação, administração e liquidação dos recursos tributários daquele, de acordo com as leis e os Estatutos.
Artigo 157.
1. Os recursos das Comunidades Autônomas serão constituídos por:
a) Impostos cedidos total ou parcialmente pelo Estado; sobretaxas sobre impostos estaduais e outras participações nas receitas do Estado.
b) Seus próprios impostos, taxas e contribuições especiais.
c) Transferências de um fundo de compensação interterritorial e outras alocações cobradas aos Orçamentos Gerais do Estado.
d) Renda de seus ativos e renda privada.
e) O produto das operações de crédito.
2. As Comunidades Autônomas não podem, em caso algum, adotar medidas tributárias sobre mercadorias localizadas fora de seu território ou que constituam um obstáculo à livre circulação de mercadorias ou serviços.
3. Por meio de lei orgânica, pode ser regulamentado o exercício dos poderes financeiros listados na seção 1 acima, as regras para resolver conflitos que possam surgir e as possíveis formas de colaboração financeira entre as Comunidades Autônomas e o Estado".

popular. A competência tributária pertence exclusivamente ao Estado espanhol, que deve exercê-la por meio de lei. As comunidades autônomas e as corporações locais podem criar e exigir tributos em conformidade com o disposto na Constituição e nas leis. Cabe à lei estabelecer os benefícios fiscais que afetam os tributos do Estado. Os orçamentos devem registrar o valor dos benefícios fiscais e a Lei do Orçamento não pode criar tributos, mas poderá modificá-los se uma lei tributária substantiva assim dispuser. As Fazendas Públicas locais terão como fonte de recursos os tributos próprios e a receitas decorrentes de participação nos tributos do Estado e nos das Comunidades Autônomas. O Estado tem jurisdição exclusiva sobre regime aduaneiro, tarifário e comércio exterior.

As Comunidades Autônomas podem, nos termos da lei e dos Estatutos, colaborar com o Estado na arrecadação, administração e liquidação dos recursos tributários do Estado. As receitas tributárias das Comunidades Autônomas serão formadas por impostos atribuídos total ou parcialmente pelo Estado; sobretaxas sobre impostos estaduais e outras participações nas receitas do Estado; impostos, taxas e contribuições especiais próprios.

3.1.6. Constituição da Alemanha (Lei Fundamental) – referências tributárias

A Constituição da Alemanha[12] trata, expressamente, da matéria tributária, basicamente, em 14 artigos (envolvendo, a princípio, 2.658 palavras):

> **Artigo 28** [Constituições estaduais – Autonomia administrativa dos municípios]
> [...]
> (2) Deve ser garantido aos municípios o direito de regulamentar sob responsabilidade própria e nos limites da lei, todos os assuntos da comunidade local. No âmbito de suas atribuições legais e nas condições definidas em lei, as associações de municípios também gozarão igualmente do direito de autonomia administrativa. A garantia da autonomia administrativa pressupõe também as bases de uma autonomia financeira; estas bases incluem uma fonte de tributação fiscal dos municípios baseada em sua capacidade econômica e o direito de fixar os percentuais de taxação dessas fontes.
> [...]
> **Artigo 72 [Legislação concorrente]**
> (1) No domínio da legislação concorrente, cabe aos Estados a faculdade de legislar, enquanto e na medida em que a Federação não faça uso, através de

12 Disponível em: <https://www.deutschland.de/pt-br/topic/politica/lei-fundamental-da-alemanha-os-fatos-mais-importantes>. Acesso em: 26 jun. 2020.

lei, da sua competência legislativa.

(2) Em matéria concernente ao artigo 74 § 1, alíneas 4, 7, 11, 13, 15, 19a, 20, 22, 25 e 26, a Federação tem o direito de legislação, quando e na medida em que se fizer necessário um regulamento legislativo federal, no interesse do Estado em seu todo, para o estabelecimento de condições equivalentes de vida no território federal ou a preservação da unidade jurídica ou econômica.

[...]

Artigo 74 [Matérias de legislação concorrente]

(1) A legislação concorrente abrange as seguintes matérias:

[...]

19 a. a segurança econômica dos hospitais e a regulamentação das taxas de tratamento hospitalar;

[...]

22. o trânsito nas vias públicas, o sistema rodoviário, a construção e conservação das estradas para tráfego de longa distância, bem como a cobrança e a distribuição de taxas ou pedágio para a utilização das vias públicas por veículos;

[...]

Artigo 80 [Promulgação de decretos]

[...]

(2) Desde que não existam disposições legais federais em contrário, será necessária a aprovação do Conselho Federal para os decretos do Governo Federal ou de um Ministro Federal, referentes a normas e taxas, relativas à utilização de instalações do correio e das telecomunicações, sobre os princípios da cobrança de taxas para a utilização das instalações das ferrovias da Federação, sobre a construção e operação de ferrovias, bem como decretos fundamentados em leis federais que dependam da aprovação do Conselho Federal ou que sejam executadas pelos Estados, por delegação federal ou como matéria própria.

[...]

Artigo 105 [Competências na legislação tributária]

(1) À Federação compete a legislação exclusiva sobre os direitos aduaneiros e os monopólios fiscais.

(2) À Federação compete a legislação concorrente sobre outros impostos, se lhe couber parcial ou integralmente a receita desses impostos ou caso se verifiquem as condições previstas no artigo 72 §2.

(2a) Os Estados têm competência legislativa para os impostos locais de consumo e das despesas de representação, enquanto e na medida em que eles não sejam análogos aos impostos regulamentados por lei federal. Eles têm a competência para determinar a alíquota do imposto sobre a renda imobiliária.

(3) Leis federais sobre impostos, cuja receita se destine integral ou parcialmente aos Estados ou municípios (associações de municípios), necessitam de aprovação pelo Conselho Federal.

Artigo 106 [Distribuição da receita tributária e do lucro de monopólios fiscais]

(1) Cabem à Federação o produto dos monopólios fiscais e as receitas provenientes dos seguintes impostos:

1. as taxas alfandegárias;
2. os impostos de consumo, contanto que não correspondam aos Estados

segundo o §2, à Federação e aos Estados conjuntamente segundo o § 3, ou aos municípios segundo o § 6;
3. os impostos do transporte rodoviário de cargas, os impostos sobre veículos automotores e outros impostos de trânsito relacionados com veículos motorizados;
4. os impostos de movimento de capitais, o imposto de seguros e o imposto sobre letras de câmbio;
5. as taxas únicas sobre o patrimônio e os tributos de compensação, recolhidos para realizar a compensação das despesas;
6. as taxas complementares do imposto de renda de pessoas físicas e do imposto de renda de pessoas jurídicas;
7. taxas no âmbito das Comunidades Europeias.
(2) Correspondem aos Estados as receitas provenientes dos seguintes impostos:
1. o imposto sobre o patrimônio;
2. o imposto de sucessão;
3. os impostos de trânsito, contanto que não correspondam à Federação segundo o § 1, ou à Federação e aos Estados conjuntamente segundo o § 3;
4. o imposto sobre a cerveja;
5. as taxas das casas de jogo.
(3) A receita do imposto de renda de pessoas físicas, do imposto de renda de pessoas jurídicas e do imposto sobre mercadorias e serviços cabe à Federação e aos Estados em conjunto (impostos comuns), na medida em que a receita do imposto de renda de pessoas físicas, segundo o § 5, e a receita do imposto sobre mercadorias e serviços, segundo o §5 a, não sejam destinadas aos municípios. A Federação e os Estados participam da receita do imposto de renda de pessoas físicas e do imposto de renda de pessoas jurídicas em partes iguais. As participações da Federação e dos Estados no imposto sobre mercadorias e serviços são fixadas por lei federal, que requer a aprovação do Conselho Federal. Na fixação, deve-se partir dos seguintes princípios:
1. No âmbito das receitas correntes, a Federação e os Estados têm igual direito à cobertura das respectivas despesas necessárias. O volume das despesas deve ser calculado em função de um planejamento financeiro que abranja vários anos.
2. As necessidades de cobertura da Federação e dos Estados devem ser harmonizadas entre si de tal forma, que se alcance uma compensação equitativa, se evite uma sobrecarga dos contribuintes e se mantenha a uniformidade das condições de vida no território federal.
Adicionalmente, na fixação das participações da Federação e dos Estados no imposto sobre mercadorias e serviços, será levada em conta a diminuição da receita fiscal dos Estados, a partir de 1º de janeiro de 1996, resultante da consideração dos filhos no direito do imposto de renda. A matéria será regulamentada por lei federal mencionada na terceira frase.
(4) As participações da Federação e dos Estados no imposto sobre o faturamento devem ser novamente fixadas, se a proporção entre as receitas e as despesas da Federação e dos Estados tiver registrado uma evolução substancialmente distinta; não se considerará aqui a diminuição das receitas fiscais que, segundo o §3, quinta frase, são levadas em conta na fixação das participações no imposto sobre mercadorias e serviços. Se uma lei federal impuser aos Estados gastos adicionais ou lhes reduzir a receita, a sobrecarga poderá

ser compensada por dotações financeiras da Federação, através de lei federal que requer a aprovação do Conselho Federal, contanto que tais dotações sejam limitadas a curto espaço de tempo. Na lei serão determinados os princípios para a fixação dessas dotações financeiras e para a sua distribuição entre os Estados.

(5) Os municípios recebem uma parte da receita do imposto de renda de pessoas físicas, que os Estados devem transferir aos seus municípios com base nas contribuições de imposto de renda de pessoas físicas dos seus habitantes. A matéria será regulamentada por lei federal que requer a aprovação do Conselho Federal. Ela pode determinar que os municípios fixem as alíquotas da participação municipal.

(5 a) Os municípios receberão, a partir de 1º de janeiro de 1998, uma parte da receita resultante do imposto sobre mercadorias e serviços. Esta parte será transferida pelos Estados aos seus municípios conforme um critério determinado que considere as circunstâncias locais e econômicas. A matéria será regulamentada por lei federal que requer a aprovação do Conselho Federal.

(6) A receita do imposto territorial e do imposto industrial cabe aos municípios, a receita dos impostos locais de consumo e das despesas de representação cabe aos municípios ou, segundo determinação da legislação estadual, às associações de municípios. Deve ser conferido aos municípios o direito de fixar, no âmbito da lei, as alíquotas do imposto territorial e do imposto industrial. Não havendo municípios no Estado, cabe ao Estado a receita do imposto territorial e do imposto industrial, bem como dos impostos locais de consumo e das despesas de representação. Através de uma redistribuição, a Federação e os Estados podem participar da receita do imposto industrial. Uma lei federal, que requer a aprovação do Conselho Federal, fixará os pormenores dessa redistribuição. Conforme a legislação estadual, o imposto territorial, o imposto industrial, bem como a participação municipal na receita do imposto de renda de pessoas físicas e do imposto sobre mercadorias e serviços poderão servir de base para a fixação das redistribuições.

(7) Da participação do Estado na receita total dos impostos comuns, será destinada em conjunto aos municípios e associações de municípios um determinado percentual, a ser fixado por legislação estadual. Nos demais casos cabe à legislação estadual determinar, se e em que medida a receita dos impostos estaduais será revertida em favor dos municípios (associações de municípios).

[...]

Artigo 106 a [Compensação financeira para o transporte público ferroviário regional de pessoas]

Para o transporte público ferroviário de pessoas será destinada aos Estados, a partir de 1º de janeiro de 1996, uma verba proveniente da receita tributária da Federação. A matéria será regulamentada por uma lei federal que requer a aprovação do Conselho Federal. A verba prevista na primeira frase não será levada em conta no cálculo da capacidade financeira, de acordo com o artigo 107 §2.

Artigo 106 b [Cota estadual no imposto de veículos]

Em virtude da transferência do imposto de veículos motorizados para a Federação, os Estados receberão, a partir de 1º de julho de 2009, uma verba proveniente da receita tributária da Federação. A matéria será regulamentada por uma lei federal que requer a aprovação do Conselho Federal.

Artigo 107 [Distribuição da receita – Compensação financeira dos Estados – Subvenções complementares]

(1) A receita dos impostos estaduais e a participação dos Estados na receita do imposto de renda de pessoas físicas e do imposto de renda de pessoas jurídicas cabem aos diversos Estados, desde que os impostos sejam recolhidos pelas autoridades fiscais no seu território (arrecadação local). Através de lei federal, que requer aprovação do Conselho Federal, deverão ser estabelecidos os pormenores da delimitação para o imposto de renda de pessoas jurídicas e o imposto salarial, bem como a modalidade e o volume da redistribuição da arrecadação local. A lei pode regular também a delimitação e a redistribuição da arrecadação local de outros impostos. A participação dos Estados na receita do imposto sobre mercadorias e serviços cabe a cada Estado, considerado os regulamentos do §2, de acordo com o respectivo número dos seus habitantes.

(2) Através da lei federal, que requer a aprovação do Conselho Federal, deve ser assegurado que as discrepâncias da capacidade financeira dos Estados tenham uma compensação adequada; para tal, há que se considerar a capacidade e as necessidades financeiras dos municípios (associações de municípios). Por essa razão, devem ser regulamentados na lei os suplementos e as deduções do respectivo poder financeiro na distribuição das cotas estaduais na receita do imposto sobre mercadorias e serviços. As condições prévias para a concessão dos suplementos e o recolhimento das deduções, bem como a determinação do montante dos suplementos e deduções, devem ser determinados por lei. Para fins do cálculo da capacidade financeira, a taxa de mineração pode ser levada em conta apenas com parte da sua receita. A lei pode determinar também que a Federação conceda, com recursos próprios, subvenções para cobertura complementar das necessidades financeiras gerais (subvenções complementares) aos Estados de reduzida capacidade financeira. As subvenções podem ser concedidas, independentemente das medidas estabelecidas nas frases 1 a 3, também aos Estados com baixo rendimento, cujos municípios (associações de municípios) disponham de arrecadação especialmente baixa (subvenções de impostos municipais), bem como aos Estados com baixo rendimento, cuja participação nos subsídios do Artigo 91 b esteja abaixo da sua cota por habitante.

Artigo 108 [Administração financeira da Federação e dos Estados – Jurisdição financeira]

(1) Os direitos aduaneiros, os monopólios fiscais, os impostos de consumo regidos por lei federal, incluindo o imposto sobre as importações, o imposto de veículos e outros impostos de trânsito relacionados com veículos motorizados, a partir de 1º de julho de 2009, bem como as taxas no âmbito das Comunidades Europeias são administrados pelos órgãos fiscais federais. A estrutura desses órgãos será regulamentada por lei federal. Quando instituídos órgãos de nível médio, seus diretores serão nomeados em comum acordo com os governos dos respectivos Estados.

(2) Os impostos restantes serão administrados por órgãos fiscais estaduais. A estrutura desses órgãos e a formação uniforme de seus funcionários podem ser regulamentadas por lei federal, com a aprovação do Conselho Federal. Quando instituídos órgãos de nível médio, seus diretores serão nomeados em comum acordo com o Governo Federal.

(3) Quando os órgãos fiscais estaduais administram impostos que cabem no todo ou em parte à Federação, passam a atuar por delegação da Federação. Para efeito do Artigo 85, §3 e 4, o Governo Federal será representado pelo Ministro Federal das Finanças.

(4) Através de lei federal, que requer a aprovação do Conselho Federal, pode ser determinada uma colaboração das autoridades fiscais federais e estaduais no âmbito da administração dos impostos, bem como pode ser prevista, para os impostos mencionados no § 1, a administração pelas autoridades fiscais estaduais e para outros impostos, a administração pelas autoridades fiscais federais, se e desde que a execução das leis tributárias fique dessa forma consideravelmente facilitada ou aperfeiçoada. Para os impostos que revertem exclusivamente em favor dos municípios (associações de municípios), a administração, que é de competência das autoridades fiscais estaduais, pode ser delegada no todo ou em parte pelos Estados aos municípios (associações de municípios). A lei federal, segundo a primeira frase, pode estipular que o Governo Federal e os Estados cooperem de tal maneira que, com o consentimento de uma maioria nomeada na lei, os regulamentos para a implementação da legislação tributária se tornem obrigatórios para todos os Estados.

(4 a) Por lei federal, que exige a aprovação do Conselho Federal, pode ser prevista para a administração dos impostos que se enquadram no § 2 uma cooperação das autoridades financeiras estaduais e uma transferência interestadual de responsabilidades para autoridades financeiras estaduais de um ou mais Estados, com a concordância dos Estados envolvidos, se e na medida em que isso melhora ou facilita consideravelmente o cumprimento das leis tributárias. A distribuição dos custos pode ser regulada por lei federal.

(5) O processo a ser aplicado pelas autoridades fiscais federais será regulamentado por lei federal. O processo a ser aplicado pelas autoridades financeiras estaduais e nos casos previstos no § 4, segunda frase, pelos municípios, poderá ser regulamentado por lei federal, com a aprovação do Conselho Federal.

[...]

(6) A jurisdição financeira será regulamentada uniformemente através de lei federal.

(7) O Governo Federal pode decretar instruções administrativas de caráter geral, as quais requerem a aprovação do Conselho Federal, quando a administração for de competência das autoridades fiscais estaduais ou dos municípios (associações de municípios).

[...]

Artigo 111 [Despesas anteriores à aprovação do orçamento]

[...]

(2) Na medida em que não existam receitas criadas por leis especiais de impostos, taxas e outras fontes ou dos fundos de reserva para cobrir as despesas do §1, o Governo Federal pode mobilizar os fundos necessários para manter a gestão econômica através de recurso ao crédito, até importância correspondente a um quarto do montante do plano orçamentário expirado. -

[...]

Artigo 143 d [Regras transitórias no âmbito das ajudas de consolidação]

[...]

(3) A sobrecarga financeira resultante da concessão de ajudas de consolida-

> ção será assumida meio a meio pela Federação e os Estados, estes com recursos da sua participação no imposto sobre o faturamento. A matéria será regulamentada por lei federal, com a aprovação do Conselho Federal.
>
> [...]
>
> **Artigo 143 g [Prorrogação do Artigo 107]**
>
> Para regular a distribuição da receita tributária, da compensação financeira dos Estados e das subvenções complementares federais até 31 de dezembro de 2019, continuará sendo aplicado o Artigo 107 na sua versão válida até a entrada em vigor da lei de 13 de julho de 2017, de alteração da Lei Fundamental.
>
> [...]
>
> **Artigo 137 (da Constituição de Weimar)**
>
> [...]
>
> (6) As sociedades, que forem instituições de direito público, têm o direito de cobrar impostos, de acordo com as disposições legais dos Estados, com base nas listas de contribuintes civis.

Apresenta-se, adiante, uma síntese do que a Constituição da Alemanha (Lei Fundamental) dispõe acerca da matéria tributária, especialmente da parte relacionada à competência tributária.

A competência em matéria de legislação tributária na Alemanha é, em grande medida, da Federação, a quem compete legislar com exclusividade sobre os direitos aduaneiros e os monopólios fiscais. Além disso, possui competência para legislar, de forma concorrente, sobre os outros impostos em cuja receita participe total ou parcialmente ou quando e à medida que seja necessário um regulamento legislativo federal, no interesse do Estado como um todo, a fim de que haja condições equivalentes de vida no território federal ou a preservação da unidade jurídica ou econômica. Tem competência concorrente com relação às taxas de tratamento hospitalar e taxas ou pedágios pelo uso de veículos em vias públicas.

Os Estados possuem competência legislativa para os impostos locais de consumo e das despesas de representação, enquanto e na medida em que eles não sejam análogos aos impostos regulamentados por lei federal. Esse ponto é de singular importância, pois, além de conferir à Federação um papel preeminente com relação à competência tributária, é um modo de afastar eventuais problemas atinentes a conflitos de competência tributária. Os Estados ainda possuem a competência para determinar a alíquota do imposto sobre a renda imobiliária. No contexto de um sistema de equilíbrio do federalismo fiscal alemão, para que leis federais disponham sobre impostos, cuja receita se destine integral ou parcialmente aos Estados ou Municípios (associações de Municípios), é preciso que haja aprovação pelo Conselho Federal. Os Municípios são dotados de autonomia administrativa e, para tanto, é garantido que tenham uma fonte de tributação fiscal própria.

Ante o reflexo que possui sobre o sistema de atribuição de competência, convém observar que cabem à Federação as receitas referentes aos seguintes tributos: as taxas alfandegárias; os impostos de consumo, contanto que não correspondam aos Estados segundo o § 2 do art. 106, à Federação e aos Estados conjuntamente segundo o § 3, ou aos Municípios segundo o § 6; os impostos do transporte rodoviário de cargas, os impostos sobre veículos automotores e outros impostos de trânsito relacionados com veículos motorizados; os impostos de movimento de capitais, o imposto de seguros e o imposto sobre letras de câmbio; as taxas únicas sobre o patrimônio e os tributos de compensação, recolhidos para realizar a compensação das despesas; as taxas complementares do imposto de renda de pessoas físicas e do imposto de renda de pessoas jurídicas; e as taxas no âmbito das Comunidades Europeias.

Cabem aos Estados as receitas referentes aos seguintes tributos: o imposto sobre o patrimônio; o imposto de sucessão; os impostos de trânsito, contanto que não correspondam à Federação segundo o § 1 do art. 106, ou à Federação e aos Estados conjuntamente segundo o § 3 do art. 106; o imposto sobre a cerveja; e as taxas das casas de jogo. Em função da transferência da receita proveniente do imposto de veículos motorizados para a Federação, os Estados terão direito a receber um montante de recursos a ser definido em lei federal. Cabe à Federação e aos Estados em conjunto (impostos comuns) a receita do imposto de renda de pessoas físicas, do imposto de renda de pessoas jurídicas e do imposto sobre mercadorias e serviços, na medida em que a receita do imposto de renda de pessoas físicas, segundo o § 5 do art. 106, e a receita do imposto sobre mercadorias e serviços, segundo o § 5º do art. 106, não sejam destinadas aos Municípios. A Federação e os Estados também participam do produto da arrecadação do imposto sobre o faturamento.

Os Municípios recebem uma parte da receita do imposto de renda de pessoas físicas, que os Estados devem transferir aos seus Municípios segundo as contribuições de imposto de renda de pessoas físicas dos seus habitantes. Os Municípios também recebem uma parte da receita resultante do imposto sobre mercadorias e serviços. Aos Municípios cabe a receita do imposto territorial e do imposto industrial, competindo-lhes fixar a alíquota. A Federação e os Estados podem participar da receita do imposto industrial desde que seja aprovada por lei federal. Aos Municípios ou, segundo determinação da legislação estadual, às associações de Municípios cabe a receita dos impostos locais de consumo e das despesas de representação. Não havendo Municípios no Estado, cabe ao Estado a receita do imposto territorial e do imposto industrial, bem como dos impostos locais de consumo e das despesas de representação. Os Municípios, conforme lei estadual, ainda participam de parcela do que cabe aos Estados.

Observa-se que há entendimento por parte da doutrina e da jurisprudência alemãs de que o princípio da capacidade contributiva tributária e o princípio da vedação ao confisco por meio de tributo podem ser construídos a partir de enunciados constitucionais, apesar de eles não tratarem da matéria tributária. O princípio da capacidade contributiva tributária é construído a partir do disposto no art. 3º[13], que dispõe sobre o princípio da igualdade. O princípio da vedação ao confisco por meio de tributo é construído a partir do disposto nos arts. 12, parágrafo 1, e 14, parágrafos 1 e 2[14], que dispõem, respectivamente, sobre a liberdade de escolha da profissão e sobre a proteção da propriedade e seu uso conforme o bem comum.[15] Acaso fossem computadas as 171 palavras utilizadas nestes artigos, a Constituição da Alemanha[16] passaria a tratar da "matéria tributária" em 17 artigos, envolvendo, a princípio, 2.829 palavras.

---

13 Artigo 3 [Igualdade perante a lei]
(1) Todas as pessoas são iguais perante a lei.
(2) Homens e mulheres têm direitos iguais. O Estado promoverá a realização efetiva da igualdade de direitos das mulheres e dos homens e empenhar-se-á pela eliminação de desvantagens existentes.
(3) Ninguém poderá ser prejudicado ou favorecido por causa do seu sexo, da sua descendência, da sua raça, do seu idioma, da sua pátria e origem, da sua crença ou das suas convicções religiosas ou políticas. Ninguém poderá ser prejudicado por causa da sua deficiência.

14 Artigo 12 [Liberdade de escolha da profissão]
(1) Todos os alemães têm o direito de eleger livremente a sua profissão, o lugar de trabalho e o de aprendizagem. O exercício da profissão pode ser regulamentado por lei ou em virtude de lei.
[...]
Artigo 14
[Propriedade – Direito de sucessão – Expropriação]
(1) A propriedade e o direito de sucessão são garantidos. Seus conteúdos e limites são definidos por lei.
(2) A propriedade obriga. Seu uso deve servir, ao mesmo tempo, ao bem comum.

15 Sobre a questão das bases constitucionais alemãs acerca dos princípios da capacidade contributiva e da vedação ao confisco por meio de tributo, ver TIPKE e LANG (2008, pp. 198-229 e 270-279). No Brasil, destaca-se o profundo estudo desenvolvido por Humberto Ávila acerca dos fundamentos na Constituição alemã relativos a esses dois princípios (2012, pp. 569-607). É elucidativo o artigo de Andrei Pitten Velloso (2010) sobre a proibição de confisco na Alemanha.

16 Disponível em: <https://www.deutschland.de/pt-br/topic/politica/lei-fundamental-da-alemanha-os-fatos-mais- importantes>. Acesso em: 26 jun. 2020.

3.1.7. Constituição Tributária *brasileira*

Feito esse breve resumo do que as Constituições da Argentina, Uruguai, Chile, Portugal, Espanha e Alemanha, expressamente, dispõem sobre a matéria tributária, resta evidenciado o que se dissera anteriormente acerca da fundamentalidade e extensividade da Constituição brasileira no tocante à matéria tributária.

A Constituição alemã é conhecida como uma das que mais discorre sobre o tema tributário. Na sintética comparação efetuada isso se confirma. Enquanto as Constituições da Argentina, Chile, Portugal e Espanha apresentam de 3 a 9 artigos, envolvendo entre 500 a pouco mais de 600 palavras, e a do Uruguai apresenta 13 artigos, envolvendo quase 1.400 palavras, a Constituição da Alemanha apresenta 14 artigos, envolvendo mais de 2.600 palavras. Acaso se considerasse os referidos enunciados da Constituição alemã, que, apesar de não conterem qualquer dos termos antes selecionados como diretamente relativos à matéria tributária (item 3.1), a doutrina e jurisprudência apontam como fundamento para a construção dos princípios da capacidade contributiva e da vedação ao confisco, o total de palavras chegaria a pouco mais de 2.800.

Contudo, essa extensividade da Constituição alemã, quando comparada com a Constituição brasileira, parece desaparecer. Utilizados os mesmos critérios de comparação (inclusão de disposições transitórias e exclusão do texto de emendas constitucionais não incorporados ao texto constitucional), a Constituição brasileira dispõe, expressamente, sobre a matéria em 82 artigos, envolvendo mais de 12.000 palavras. A extensividade da matéria tributária na Constituição brasileira é singular e incontestável. Essa característica da extensividade associada à da fundamentalidade confere uma flagrante e relevante especificidade, o que autoriza falar em uma Constituição *Tributária* brasileira.

Importa ressaltar que não se trata do fato de a Constituição brasileira apresentar uma redação prolixa, com o uso de mais palavras que o necessário para transmitir uma mesma ideia. O que se objetivou com a comparação antes realizada é identificar e salientar que essa extensividade decorre de uma opção política de conduzir para o plano constitucional temas tributários que, em outros países, são delegados para tratamento por meio de legislação infraconstitucional. O que se percebe pelo exame dos enunciados de índole tributária destacados das referidas seis Constituições estrangeiras é que a matéria atinente à competência tributária se apresenta em quantidade muito mais reduzida, uma vez comparado com o que acontece na Constituição brasileira.

Extrapola os propósitos deste trabalho realizar uma análise da conveniência ou inconveniência dessa opção política brasileira. Parece que se trata de questão peculiar a cada sociedade, que decorre de razões históricas, culturais e econômicas, pelo que ultrapassa uma avaliação meramente técnico-jurídica. O fato é que o Brasil é um país de dimensões continentais, extremamente diversificado, com um peculiar processo de formação da sua Federação. Manter a unidade nacional e integridade territorial não é uma tarefa trivial. Muito pelo contrário. Para não estender esse ponto além do necessário, uma observação é elucidativa. A Espanha, que apresenta uma Constituição bem mais sintética que a brasileira em matéria tributária, revela uma opção política de delegar boa parte das questões relativas à competência tributária para o legislador infraconstitucional. Coincidência ou não, uma das grandes causas de movimentos separatistas na Espanha relaciona-se a insatisfações com o sistema de participação nos recursos tributários, o que está ligado tanto ao tema da competência tributária quanto ao da repartição das receitas tributárias. O Poder Legislativo da Espanha enfrenta, no plano infraconstitucional, o debate desses temas com frequência, o que certamente, produz desgastes para a preservação da unidade espanhola. Como se disse, determinar o que deve constar de uma Constituição representa uma questão complexa, informada por fatores históricos, culturais e econômicos, que está longe de merecer uma solução fácil quanto ao sistema constitucional tributário ideal ou mais adequado.

Importa repisar que a partir da interpretação dos diversos enunciados da Constituição brasileira expressamente relativos à matéria tributária é possível identificar condições formais e materiais de validade das normas de índole tributária, dentre as quais insta destacar as relativas a vedações constitucionais à tributação de pessoas ou a situações (denominadas imunidades[17] subjetivas, objetivas e mistas – arts.: 5º, XXXIV, "a" e "b", LXXIV, LXXVI, "a" e "b", LXXVII; 149, § 2º, I; 150, VI, "a", "b", "c", "d" e "e"; 153, § 3º, III, § 4º, II, § 5º; 155, § 2º, X, "a", "b", "c" e "d"; § 3º; 156, § 2º, I, § 3º, II; 184, § 5º; 195, II, § 7º); aos denominados princípios da capacidade econômica do contribuinte (art. 145, § 1º), da legalidade tributária materialmente qualificada (arts. 145, § 2º, 146, inciso III, alínea "a", 149, § 2º, inciso III, alíneas "a" e "b", 150, inciso I e § 6º, 153, §1º (*a*

17 Entende-se que *imunidade* é o complemento limitativo do elemento declaração prescritiva condicionada descrito pelo antecedente das normas constitucionais de produção normativa – a que informa a criação da norma complementar de produção normativa tributária e a que informa a produção da norma tributária –, que conforma a competência do legislador infraconstitucional (inclusive o que produz o veículo emenda constitucional) para criar normas jurídicas com o propósito mediato ou imediato de exigir tributos, à medida que impede que determinados critérios (pessoais ou materiais) venham a integrar o antecedente ou o consequente da norma tributária.

contrario sensu) e 154, inciso I), da igualdade tributária (art. 150, II), da irretroatividade tributária (art. 150, III, "a"), da anterioridade de exercício (art. 150, III, "b"), da anterioridade nonagesimal ou noventena (art. 150, III, "c"), da vedação ao confisco (art. 150, IV), da não limitação ao tráfego de pessoas ou bens (art. 150, V); da progressividade (arts. 156, § 1º, 153, § 2º, I, 153, § 4º), da seletividade (art. 153, § 2º, I).

A Constituição brasileira, além de explicitar as espécies tributárias (imposto, taxa, contribuição de melhoria, contribuições especiais e empréstimo compulsório), estabelece os requisitos formais e materiais para a produção das respectivas normas. Há que se ressaltar que a Constituição brasileira estabelece um minucioso sistema de atribuição de competência tributária, principalmente quanto aos impostos discriminados na Constituição, com relação aos quais informa a materialidade, a base tributável que pode ser utilizada pelo legislador infraconstitucional, o que é especialmente importante para evitar o surgimento de conflitos de competência entre os entes da Federação.

Antes de finalizar esse ponto, é preciso reiterar que toda e qualquer norma do sistema jurídico brasileiro, inclusive a norma tributária, tem a sua produção materialmente condicionada pela Constituição. Toda norma constitucional de produção normativa descreve em seu antecedente requisitos materiais para a produção de outras normas jurídicas. Esses requisitos materiais são representados pelo que se denominou *declaração prescritiva condicionada*. Toda e qualquer produção de norma jurídica, seja qual for a sua natureza (tributária ou não) terá a declaração prescritiva materialmente condicionada pelo atendimento de condições materiais constitucionais de elevado valor, tais como: liberdade (Preâmbulo; art. 3º, inciso I; art. 5º, *caput*; etc.); segurança (Preâmbulo; art. 5º, *caput* e inciso II, etc.); bem-estar (Preâmbulo; art. 3º, incisos III e IV; art. 5º, *caput*; etc.); desenvolvimento (Preâmbulo; art. 1º, inciso IV; art. 3º, incisos II e III; etc.); igualdade (Preâmbulo; art. 3º, inciso IV; art. 5º, *caput* e inciso I; etc.); justiça (Preâmbulo; art. 3º, I, III e IV; art. 5º, *caput*; etc.); vida e dignidade da pessoa humana (Preâmbulo; art. 1º, inciso III; art. 3º, incisos III e IV; art. 5º, *caput*; art. 6º; art. 7º, inciso IV; etc.); solidariedade (Preâmbulo; art. 3º, I, III e IV; etc.); e bem comum (Preâmbulo; art. 3º, I, III e IV; etc.).

3.2. A interpretação constitucional nos *casos difíceis* e uma visão alternativa à distinção forte entre regras e princípios

Pretende-se demonstrar que uma das causas (talvez, a principal) que deu origem à tese da distinção forte entre regras e princípios, como espécies do gênero norma, é a ideia de que um sistema jurídico que fosse formado exclusivamente por regras que operam no modo "tudo-ou-nada" é insuficiente para a solução de casos difíceis. A partir dessa premissa, investigar-se-á se essa distinção adota critérios satisfatórios, se é útil e se é compatível com a noção de serem espécies do gênero norma. Com essa investigação, ter-se-á elementos para propor um modo alternativo de compreender essa questão.

A concepção que se defende de que a interpretação significa construção de sentido, que envolve valoração e uso da razão, permite assentar o seguinte ponto ao mesmo tempo singelo e fundamental: segundo essa perspectiva, não há como se conceber que, quando se pretenda compreender algo, seja possível prescindir de interpretação. Esse entendimento, que ora se reitera, afasta por completo o antigo brocardo *in claris cessat interpretatio*, que ainda se encontra em discursos jurídicos.

Conceber a suposta *clareza* ou *evidência* como causa do afastamento da interpretação pode revelar alguma dose de ingenuidade e, quiçá, de arrogância intelectual, além de revelar a não compreensão do modo pelo qual se dá o processo de conhecimento humano. O que é *claro* ou *evidente* para uma pessoa pode ser obscuro ou controverso para outra. Um objeto não chega como um dado bruto e objetivo para alguém, mas sempre como um objeto compreendido-interpretado, o único a que humanamente se consegue ter acesso. A interpretação é a forma explícita da compreensão, como afirma Gadamer (2013, p. 406) em linha com Heidegger (2005, p. 204), pelo que não há como compreender sem interpretar.

Há que se atentar para o fato de que mesmo autores que fazem uso de expressões como "casos claros e casos duvidosos" ou "casos fáceis e casos difíceis" não o fazem sob a perspectiva de que a interpretação possa ser considerada desnecessária, mas sim pretendem evidenciar que, em certas situações, a interpretação e a aplicação demandam procedimentos mais sofisticados. Esses mesmos autores chamam a atenção para o fato de que a própria distinção entre os "casos claros e casos duvidosos" ou "casos fáceis e casos difíceis" não é simples de ser feita, além de poder representar uma tentativa não declarada de refutar entendimentos em sentido diverso ou contra-argumentos.

Alexy (2005, p. 39, grifos nossos), na introdução de seu livro *Teoria da Argumentação Jurídica*, ao discorrer sobre o tema das fundamentações jurídicas e valorações, alerta para a dificuldade de se caracterizar um caso como sendo *fácil*, além da possibilidade de tal caracterização ocultar a pretensão de afastar os argumentos contrários:

> A tese de que a Ciência do Direito e a jurisprudência não podem prescindir de valorações não significa que não haja casos em que não exista nenhu-

> ma dúvida sobre como se deve decidir, seja por causa das normas vigentes pressupostas, seja por referência a enunciados da dogmática ou a precedentes. Pode-se inclusive aceitar que esses casos são mais numerosos do que os claros (*rectius*: duvidosos[18]). **A clareza de um caso não é, porém, algo tão simples. Quem afirma que uma decisão é clara dá a entender que não cabe considerar argumentos que dêem lugar a dúvidas sérias. No entanto, esses argumentos sempre são concebíveis.** A proposição de que todos esses contra-argumentos são maus ou juridicamente irrelevantes não deve seguir definitivamente, em todos os casos, das normas pressupostas. Em relação a tais casos, **pode-se falar que seu tratamento como casos claros encerra uma valoração negativa de todos os potenciais contra-argumentos.**

MacCormick (2019, posição 4.680-4.688)[19], que faz uso das expressões "casos fáceis e casos difíceis", também chama a atenção para a dificuldade de se estabelecer essa distinção:

> Es importante apreciar los puntos anteriores, pues son una forma de unir nuestra explicación del razonamiento jurídico y corregir una simplificación excesiva que se ha tolerado hasta ahora. **Hasta el momento se ha asumido sin demasiados argumentos que hay una distinción relativamente simple entre casos claros y casos difíciles.** En los primeros, la justificación de las decisiones puede lograrse por medio de una deducción simple a partir de reglas establecidas claras. En los segundos, dado que nos enfrentamos a problemas de "interpretación", de "clasificación" o de "relevancia", tenemos que recurrir a la "justificación de segundo orden". La deducción solo entra después de que se haya llevado a cabo la parte interesante de la argumentación, el establecimiento de una resolución en el Derecho.
>
> Pero lo cierto es que no hay una línea divisoria clara entre casos claros y casos difíciles

---

18 Ao que parece, ante o contexto, houve um erro material na utilização do termo "claros". Reforça esse entendimento o fato de a edição brasileira de 2001 utilizar o termo "duvidosos" (p. 21) e a edição espanhola de 1997 utilizar o termo "dudosos" (p. 29), os quais são mais compatíveis com a ideia desenvolvida pelo autor.

19 O trecho correspondente na tradução é: "É importante valorizar os pontos anteriores, pois são uma forma de unir a nossa explicação da argumentação jurídica e corrigir uma simplificação até então tolerada. Até agora, foi assumido sem muitos argumentos que existe uma distinção relativamente simples entre casos claros e casos difíceis. No primeiro caso, a justificação das decisões pode ser alcançada por meio de uma simples dedução de regras claras estabelecidas. Neste último caso, dado que nos deparamos com problemas de 'interpretação', 'classificação' ou 'relevância', temos que recorrer à 'justificação de segunda ordem'. A dedução só vem depois de realizada a parte interessante da argumentação, o estabelecimento de uma resolução no Direito.
Mas a verdade é que não existe uma linha divisória clara entre casos claros e casos difíceis."

MacCormick ainda evidencia a correlação entre a utilização de princípios e a caracterização de um caso como sendo "difícil":

> **En la justificación de segundo orden en los casos difíciles hay una compleja interacción entre consideraciones de principios, argumentos consecuencialistas y cuestiones disputables de interpretación de reglas válidas establecidas.** Todo esto se verá suficientemente a partir de una consideración de los argumentos de principios y de analogía tal como estos se manifiestan en los casos (2019, posição 3.758, grifo nosso).
> [...]
> **Es la interacción de los argumentos de principios y los argumentos consecuencialistas lo que justifica completamente las decisiones en los casos difíciles** – e incluso ahí tenemos que considerar la importante cuestión de la 'consistencia' mencionada anteriormente –. Puede mostrarse que una resolución en el Derecho está apoyada por principios y es deseable por sus consecuencias, pero también debe mostrarse que no entra en conflicto con reglas establecidas y vinculantes del Derecho (2019, posição 4.532, grifo nosso).[20]

As dificuldades relacionadas à interpretação tornam-se mais evidentes quando se tem em conta a interpretação da Constituição. As Constituições, de uma forma geral, apresentam como uma de suas características a de veicular conceitos com elevada carga axiológica e elevado grau de indeterminação, o que suscita as dificuldades interpretativas, próprias dos denominados "casos difíceis". Na Constituição *Tributária* brasileira, essa dificuldade é particularmente relevante, ante a sua peculiar fundamentalidade e extensividade. Como referido no item anterior, a Constituição *Tributária* brasileira apresenta mais de 12.000 palavras expressamente relacionadas à matéria tributária, muitas das quais diretamente ligadas ao sistema de atribuição de competência tributária. Entre essas estão as que têm relação com o que se costuma denominar princípios, no caso, os princípios constitucionais tributários. Ante a im-

---

20 O trecho correspondente na tradução é: "Na justificação de segunda ordem em casos difíceis, há uma interação complexa entre considerações de princípios, argumentos consequencialistas e questões discutíveis de interpretação de regras válidas estabelecidas. Tudo isso será visto suficientemente a partir de uma consideração dos argumentos de princípio e analogia como eles são manifestados nos casos.
[...]
É a interação de argumentos de princípios e argumentos consequencialistas que justificam totalmente as decisões em casos difíceis – e mesmo aí temos que considerar a importante questão da 'consistência' mencionada anteriormente –. Pode-se demonstrar que uma resolução no Direito está apoiada por princípios e é desejável por suas consequências, mas também deve ser demonstrado que não entra em conflito com regras estabelecidas e vinculantes do Direito".

portância desses princípios para a determinação da validade das normas infraconstitucionais tributárias, bem como para a interpretação de enunciados constitucionais e infraconstitucionais sobre a matéria tributária, é muito importante que se esclareça o que se quer dizer quando se utiliza o termo princípio e, por consequência, princípio constitucional tributário.

Uma primeira observação é a de que o termo *princípio* tem sido usado para designar diferentes conceitos, caso típico de ambiguidade por polissemia. Uma interessante exposição dessa ambiguidade no uso do termo *princípio* é realizada por Manuel Atienza e Juan Ruiz Manero (2004, pp. 25-26), que destacam, dentre diversos, seis sentidos que lhes parecem ser os mais significativos, quais sejam:

a) norma muito geral, entendida como tal aquelas que regulam um caso cujas propriedades relevantes são muito gerais;
b) norma redigida em termos particularmente vagos, imprecisos, quando são usados o que os autores denominam "conceitos jurídicos indeterminados", o que acaba por exigir uma ponderação de fatores relevantes, cuja identidade e possíveis combinações não resultam previsíveis;
c) norma programática ou diretriz, no sentido de norma que estabelece a obrigação de perseguir determinados fins;
d) norma que expressa os valores superiores de um ordenamento jurídico, de um setor desse ordenamento, de uma instituição, etc. (por exemplo, o que se costuma denominar princípio da igualdade), valores esses que se constituem em reflexo de certo modo de vida;
e) norma dirigida aos órgãos de aplicação jurídicos e que indica, em geral, como determinar a norma aplicável, interpretá-la, etc.;
f) *regula iuris*, ou seja, enunciado ou máxima da ciência jurídica de considerável grau de generalidade, que permita a sistematização do sistema jurídico ou de um setor dele e que pode ou não estar expressamente incorporado ao Direito positivo (por exemplo, os denominados princípio da hierarquia normativa e princípio do legislador racional[21]); corresponde ao que se costuma denominar de princípios gerais do Direito.

É interessante notar que esses diferentes sentidos em que se usa o termo *princípio* não parecem decorrer de uma questão relacionada ao fenômeno da indeterminação conceitual, mas sim ao da ambiguidade

21 Os exemplos usados por Atienza e Manero parecem corresponder ao que Humberto Ávila denomina postulado (2012, pp. 97-98).

por polissemia, pois a dificuldade linguística advém do uso de um mesmo termo para se referir a conceitos diversos.

Essa ambiguidade por polissemia quanto ao uso do termo *princípio* tem produzido o natural efeito de diferentes pessoas usarem esse termo no discurso jurídico para designar conceitos diversos, bem como, o que é mais delicado, tem feito com que uma mesma pessoa use o termo *princípio* em diferentes sentidos, o que naturalmente, suscita sérias dificuldades interpretativas.

Como é natural em situações de ambiguidade, faz pouco sentido haver uma disputa acerca de quem está usando esse nome corretamente. Contudo, é recomendável que se esclareça o sentido em que o termo *princípio* é utilizado e, principalmente, que se mantenha esse mesmo uso durante todo o discurso, sob pena de prejudicar a comunicação e o entendimento entre as pessoas, afrontando uma das regras fundamentais do discurso prático geral (ALEXY, 2005, p. 191).

Nesse contexto, antes de adotar uma acepção de princípio para os fins deste trabalho, vale discorrer um pouco sobre o embate que houve entre Herbert Hart e Ronald Dworkin no tocante à importância dos princípios no Direito, o que provocou a defesa da tese da distinção forte entre *regras* e *princípios*.

Hart, em seu livro *O Conceito de Direito* (1996, pp. 89-109) desenvolve a tese de que o Direito é composto por regras primárias e regras secundárias. As regras primárias são as que impõem deveres, obrigações. As regras secundárias são as que atribuem poderes e que seriam justificáveis a partir da demonstração dos defeitos de um sistema que apresentasse apenas regras primárias. As regras secundárias seriam de três espécies: as de reconhecimento, as de alteração e as de julgamento. As regras de reconhecimento são a solução para a incerteza do regime simples das regras primárias, pois estas, por si só, não formam um sistema, uma unidade. Regras de reconhecimento são as que estabelecem os critérios para a identificação das regras jurídicas que pertencem a certo ordenamento jurídico. A regra última de reconhecimento é a de hierarquia mais elevada e que, em grau mais elevado, fundamenta a validade das demais regras do sistema. As regras de alteração são a solução para o caráter estático, de imutabilidade do regime de regras primárias. Regras de alteração são as que estabelecem o poder de introduzir novas regras primárias ou de eliminar regras primárias existentes, indicando quem ou como isso ocorreria. As regras de julgamento são a solução para a ineficácia da pressão social difusa para a manutenção das regras primárias. Regras de julgamento são as que dão poder aos indivíduos para proferir decisões dotadas de autoridade acerca de uma concreta violação de regras primárias. Hart (1996, pp. 160-161) considera, ainda, que em função de a linguagem do Direito apresentar uma textura aberta, ser imprecisa, nos certos casos em que mais de uma solução se apresentar como juridicamente correta (casos difíceis), surge para o juiz uma discricionariedade para decidir.

Dworkin, em seu livro *Levando os Direitos a Sério* (2002, pp. 35-72), insurge-se contra esse sistema proposto por Hart de possuir apenas regras, o qual, ante a textura aberta da linguagem das regras, suscitaria discricionariedade para o juiz. Dworkin aponta a deficiência da tese de Hart. Propõe que o sistema jurídico, além das regras, também opere com diferentes padrões, como os princípios e as políticas, que seriam especialmente úteis para a solução dos casos difíceis. Num sentido muito amplo, Dworkin (2002, p. 36) denomina princípio o tipo de padrão que não é regra, o que compreenderia a noção de política (*policy*). De forma mais específica, concebe política como sendo o tipo de padrão que prescreve um objetivo a ser alcançado, geralmente uma melhoria em algum aspecto econômico, político ou social da comunidade, mesmo que determinados objetivos sejam negativos pelo fato de estabelecerem que algum estado atual deva ser protegido contra mudanças indevidas. Num sentido mais estrito, entende que princípio é um padrão que deve ser observado, não por promover ou assegurar uma situação econômica, política ou social que se deseje, mas por se tratar de uma exigência de justiça ou equidade ou ainda outra dimensão da moralidade. Defende que a diferença entre princípios jurídicos e regras jurídicas é de natureza lógica. Que apesar de esses dois conjuntos de padrões apontarem para decisões particulares sobre a obrigação jurídica em certas circunstâncias, eles se distinguem no tocante à natureza da orientação determinada.

Destaca duas diferenças essenciais. A primeira é a de que as regras são aplicáveis do modo "tudo-ou-nada". Ocorridos os fatos que uma regra prescreve, então ou a regra é válida, quando o que ela determina deve ser aceito, ou não é válida, quando em nada contribui para a decisão de justiça ou equidade ou alguma outra dimensão da moralidade. Por sua vez, os princípios, inclusive os que mais se assemelham às regras, não determinam consequências jurídicas que se seguem automaticamente quando ocorrem os fatos por ele referidos. A segunda diferença refere-se à dimensão de peso ou importância. Os princípios possuem essa dimensão, as regras não. As regras são funcionalmente importantes ou não. Acaso duas regras entrem em conflito, uma delas não pode ser válida. Saber qual delas é válida e qual deve ser abandonada ou reformulada, é uma decisão que precisa ser proferida recorrendo-se a considerações que não estão nas próprias regras. Um sistema jurídico pode dispor sobre esses conflitos por meio de outras regras que dão precedência à regra (i) promulgada pela autoridade de nível mais elevado, (ii) promulgada mais recentemente, (iii) mais específica, ou (iv) que é sustentada pelos princípios mais importantes. Desse modo, Dworkin assevera o papel dos princípios como padrões informadores da ação dos juízes e por consequência, como elementos excludentes do poder discricionário destes. Eis a ideia da única resposta correta, incompatível com a discricionariedade judicial nos casos difíceis.

Em resposta a Dworkin, Hart (1996, pp. 299-339), em pós-escrito publicado apenas após sua morte, reconhece que, na versão original de seu livro, os exemplos principais dos critérios fornecidos pela regra de reconhecimento eram relacionados ao que Dworkin denominou "pedigree", que se referiam apenas ao modo como as leis são adotadas ou criadas por instituições jurídicas, e não ao seu conteúdo. Contudo, Hart (1996, p. 309) destaca que já havia esclarecido que, em muitos sistemas de direito, tal como nos Estados Unidos, os critérios últimos de validade jurídica podem incorporar explicitamente, para além de pedigree, princípios de justiça ou valores morais substantivos, e estes podem integrar o conteúdo de restrições jurídico-constitucionais.

Hart, apesar de reconhecer que pouco falou sobre os princípios jurídicos, ressalta que discorda do rigor da concepção de que as regras têm um caráter de "tudo-ou-nada". Segundo ele, ainda que uma regra seja superada em concorrência com outra mais importante em certo caso, tal regra pode, tal como ocorre com um princípio, permanecer no sistema, de modo a determinar o resultado em outros casos, em que seja julgada como sendo mais importante do que outra regra concorrente. Aduz que mesmo que se considere que não se trata de conflito entre regras e princípios, mas como um conflito entre o princípio que explica e justifica a regra e qualquer outro princípio, o contraste pronunciado entre regras de "tudo-ou-nada" e princípios não conclusivos desaparece. Isso ocorre em função de que a regra não conseguirá determinar um resultado, num caso em que seja aplicável conforme seus termos, se o seu princípio justificativo for superado por outro. Eis a razão pela qual defende que a distinção entre regra e princípio é uma questão de grau.

Hart considera que em todo sistema jurídico sempre haverá casos juridicamente não regulados ou casos em que não existe critério prévio a indicar a solução que deve prevalecer entre alternativas conflitantes, quando, então, o direito revela-se parcialmente indeterminado ou incompleto, o que gera para o juiz um poder discricionário de criar direito para o caso, em vez de aplicar meramente o direito estabelecido preexistente. Completa, com a assertiva de que isso não representa arbítrio, pois o juiz deve sempre adotar razões gerais para justificar a sua decisão e deve agir como um legislador consciencioso agiria, julgando conforme as suas próprias crenças e valores.

Alexy (2003, pp. 93-137), tal qual Dworkin, defende uma distinção forte entre regras e princípios. Concebe que a norma é um gênero que tem as regras e os princípios como espécies. Afirma que as regras são normas que, sempre, ou só podem ser cumpridas ou não cumpridas. Se uma regra vale, é devido fazer exatamente aquilo que ela determina, nem mais nem menos. Regras são mandamentos definitivos. Sua forma de aplicação não é a ponderação, mas sim a subsunção.[22] Por seu turno, os princípios são normas que ordenam que algo se realize na maior medida possível, de acordo com as possibilidades fáticas e jurídicas; são mandamentos de otimização, que se caracterizam pelo fato de que podem ser cumpridos em graus distintos.

A tese da distinção forte entre regras e princípios defendida inicialmente por Dworkin e aprofundada por Alexy tem merecido críticas importantes.

A primeira refere-se à ideia de aplicação da regra do modo "tudo-ou-nada" (Dworkin) ou de que se uma regra vale, é devido fazer exatamente aquilo que ela determina, nem mais nem menos, por meio da subsunção (em seu sentido estrito). A segunda é a atinente à noção de princípio como mandamento de otimização, que se caracteriza pelo fato de que pode ser cumprido em graus distintos, o que não ocorreria quanto às regras.

Quanto à primeira crítica, observa-se que as regras são, em geral, produto de interpretação de textos, pelo que se faz necessária a valoração e o uso da razão. Além disso a construção de sentido do contido nas regras está sujeita aos fenômenos da indeterminação e mutação conceituais, pelo que a ideia de que as regras se submetem a uma estrita subsunção não é adequada. Desse modo, as regras, mesmo sendo válidas, poderiam não ser aplicadas, por exemplo, quando em conflito com outras regras ou com princípios. Alguns denominam esse fenômeno de "derrotabilidade" das regras, que, para evitar o neologismo, poderia ser denominado fenômeno da *superabilidade das regras*. Guardadas as devidas diferenças, compartilham desse entendimento, por exemplo, Herbert Hart, Aulis Aarnio, Humberto Ávila e Ana Paula de Barcellos.

Hart (1996, pp. 323-324) diverge expressamente de Dworkin e considera ser possível uma regra ser superada por outra ou por um

22 Alexy usa o termo *subsunção* em sentido excessivamente estrito, diversamente do sentido mais amplo proposto, como sendo um juízo, axiológica e racionalmente informado, em que se atribui uma correspondência do conceito de certo objeto ao conceito de certa classe de objetos, juízo que aproxima, que congrega em uma mesma classe, objetos interpretados como semelhantes, mas não idênticos (conforme item 2.2.3 do presente trabalho).

princípio, o que demonstra que ela não pode ser concebida do modo "tudo-ou-nada":

> Não vejo razões nem para aceitar este contraste nítido entre princípios jurídicos e regras jurídicas, nem o ponto de vista de que, se uma regra válida for aplicável a um caso dado, deve, diferentemente de um princípio, determinar sempre o resultado do caso. Não há razões para que um sistema jurídico não deva reconhecer que uma regra válida determina o resultado nos casos em que é aplicável, excepto quando outra regra, julgada como sendo mais importante, seja também aplicável ao mesmo caso. Por isso, uma regra que seja superada, em concorrência com uma regra mais importante num caso dado, pode, tal como um princípio, sobreviver, para determinar o resultado em outros casos, em que seja julgada como sendo mais importante do que outra regra concorrente.
>
> Por isso, para Dworkin, o direito abrange não só as regras de "tudo-ou-nada", como também os princípios "não conclusivos", e ele não pensa que esta diferença entre eles seja uma questão de grau.
>
> Mas eu não acho que a posição de Dworkin possa considerar-se coerente. Os seus exemplos mais antigos concluem no sentido de que as regras podem entrar em conflito com os princípios e que um princípio ganhará algumas vezes em concorrência com uma regra, e perderá outras vezes. Os casos que ele cita incluem *Riggs vs. Palmer,* no qual foi aplicado o princípio de que não pode permitir-se a uma pessoa que se aproveite do seu próprio acto ilícito, não obstante a linguagem clara das regras legisladas que regulavam o efeito de um testamento, de forma a impedir que um assassino herdasse por força do testamento da sua vítima. Isto é um exemplo de um princípio que prevalece em concorrência com uma regra, mas a existência de tal concorrência mostra seguramente que as regras não têm um carácter de tudo-ou-nada, uma vez que são passíveis de entrar num tal conflito com princípios, que as podem superar.

Aulis Aarnio (1997, pp. 28-29), em artigo intitulado "Las reglas em serio", no qual critica a distinção entre princípios e regras, distingue a construção *prima facie* (PF) daquela que se dá com a interpretação, quando são tomados em consideração todos os fatores (TCF), pelo que defende a possibilidade de uma regra ceder sem perder sua validade:

> Esto significa que una regla jurídica válida PF es algo diferente de una regla jurídica válida TCF. En otras palabras, podemos hablar de validez estricta sólo respecto a reglas *interpretadas.* La resolución del conflicto significa que la otra regla tiene que ceder.
>
> Más aún, dos reglas pueden ser válidas PF en sentido estricto también cuando una es una regla general y la otra es una regia especial. No es necesario que haya un conflicto entre las dos también TCF; en vez de ello, una simplemente cede sobre la base de la máxima *lex specialis.*[23]

23 O trecho correspondente na tradução é: "Isso significa que uma regra legal válida PF é um pouco diferente de uma regra legal válida TCF. Em outras palavras, pode-

Humberto Ávila (2019, pp. 74-81), em seu livro *Teoria dos Princípios*, apresenta cinco razões para demonstrar que as regras também podem ser ponderadas:

> A análise do modo de conflito normativo também se constitui em um passo decisivo no aprimoramento do estudo das espécies normativas. Apesar disso, é preciso aperfeiçoá-lo. Isso porque não é apropriado afirmar que a ponderação é método privativo de aplicação dos princípios, nem que os princípios possuem uma dimensão de peso.
> Com efeito, a ponderação não é método privativo de aplicação dos princípios. A ponderação ou balanceamento (*weighing and balancing, Abwagung*), enquanto sopesamento de razões e contrarrazões que culmina com a decisão de interpretação, também pode estar presente no caso de dispositivos hipoteticamente formulados, cuja aplicação é preliminarmente havida como automática (no caso de regras, consoante o critério aqui investigado), como se comprova mediante a análise de alguns exemplos.
> Em primeiro lugar, a atividade de ponderação ocorre na hipótese de regras que abstratamente convivem, mas concretamente podem entrar em conflito.
> Em segundo lugar, as regras também podem ter seu conteúdo preliminar de sentido superado por razões contrárias, mediante um processo de ponderação de razões.
> Em terceiro lugar, a atividade de ponderação de regras verifica-se na delimitação de hipóteses normativas semanticamente abertas ou de conceitos jurídico-políticos, como Estado de Direito, certeza do Direito, democracia.
> Em quarto lugar, a atividade de ponderação de regras verifica-se na decisão a respeito da aplicabilidade de um precedente judicial ao caso objeto de exame.
> Em quinto lugar, a atividade de ponderação de regras verifica-se na utilização de formas argumentativas como analogia e *argumentum a contrario*, cada qual suportada por um conjunto diferente de razões que devem ser sopesadas.
> Todas essas considerações demonstram que a atividade de ponderação de razões não é privativa da aplicação dos princípios, mas é qualidade geral de qualquer aplicação de normas.

Ana Paula de Barcellos (2005, p. 296), na conclusão de seu livro *Ponderação, Racionalidade e Atividade Jurisdicional*, sintetiza:

> Igualmente não se incorporou aqui a noção que identifica a ponderação com a forma própria de aplicação dos princípios, já que ela também poderá ser relevante no tratamento de regras.

---

mos falar de validade estrita apenas com respeito às regras interpretadas. Resolver o conflito significa que a outra regra tem que ceder.
Além disso, duas regras podem ser válidas em PF em sentido estrito também quando uma é uma regra geral e a outra é uma regra especial. Não precisa haver um conflito entre os dois TCF também; em vez disso, uma simplesmente cede com base na máxima *lex specialis*".

A segunda crítica está relacionada ao enfraquecimento da força dos princípios à medida que eles seriam meros mandamentos de otimização, não tendo a força prescritiva que as regras possuem, o que poderia, inclusive, implicar a perda de seu caráter deontológico. Por essa razão, surge a defesa da ideia de os princípios serem regras ou terem a força própria das regras. Representam essa corrente crítica, entre outros, Habermas, Manuel Atienza, Juan Ruiz Manero e Aulis Aarnio.

Segundo Habermas (1997-a, p. 258), os princípios e as regras exprimem o caráter de uma obrigação e não possuem estrutura teleológica. Acaso os princípios fossem preceitos de otimização, isso "suprimiria o seu sentido de validade deontológica":

> Tanto as regras (normas), como os princípios, são mandamentos (proibições, permissões), cuja validade deontológica exprime o caráter de uma obrigação. A distinção entre esses tipos de regras não pode ser confundida com a distinção entre normas e determinação de objetivos. Princípios e regras não têm estrutura teleológica. Eles não podem ser entendidos como preceitos de otimização – conforme é sugerido pela "ponderação dos bens" nas demais doutrinas metodológicas–, porque isso suprimiria o seu sentido de validade deontológica.

Manuel Atienza e Juan Ruiz Manero (2004, p. 31) discordam da possibilidade de os princípios em sentido estrito (como normas que expressam os valores superiores de um ordenamento jurídico ou de parte deste) poderem ser cumpridos em diversos graus:

> A nuestro juicio, que los principios puedan ser cumplidos en diversos grados es verdadero por lo que se refiere a las directrices o normas programáticas, pero no lo es en el caso de los principios en sentido estricto.[24]

Aulis Aarnio (1997, p. 27) afirma que os *princípios*, enquanto "mandados de otimização", tanto quanto as regras, não podem ser aplicados mais ou menos:

> Los principios jurídicos han sido caracterizados como *mandatos de optimización*. Un mandato, de acuerdo con el concepto, es como una regla: o se sigue o no se sigue. De este modo, mandato de optimización es también una *regla* que no puede **ser** aplicada "más o menos".[25]

---

24 O trecho correspondente na tradução é: "Em nossa opinião, que os princípios podem ser cumpridos em vários graus é verdade em termos de diretrizes ou padrões do programa, mas não é verdade para os princípios em sentido estrito".

25 O trecho correspondente na tradução é: "Os princípios jurídicos têm sido caracterizados como mandamentos de otimização. Um mandamento, segundo o conceito, é como uma regra: ou é seguido ou não. Assim, o mandamento de otimização também é uma regra que não pode ser aplicada 'mais ou menos'".

Aarnio (1997, p. 33, grifo nosso), na conclusão de seu artigo, considera que, após a interpretação, quando são tomados em consideração todos os fatores (TCF), os princípios e as regras expressam sempre normas, pelo que refuta tanto a tese da distinção forte quanto a da distinção fraca entre princípios e regras:

> TCF (esto es, **después de la interpretación) tanto las reglas como los princípios expresan siempre una norma** del tipo o lo uno/o lo otro. Por tanto, cuando se toma en cuenta el resultado final, no es posible demostrar una diferencia entre estas categorias de normas.
> Así, la tesis de la demarcación fuerte sólo se refiere a una cierta situación *prima facie,* pero nunca a una norma que toma en consideración todos los factores.
> En resumen, **la tesis de la demarcación fuerte y también la débil son, pues, problemáticas en una medida tal que tenemos motivos para no olvidar que hay que tomar las regias en serio.**[26]

Um maior aprofundamento da caracterização e da distinção entre regras e princípios parece não ser necessário para o que se tem como propósito nesse momento. O que se pretendeu foi mostrar o que motivou essa distinção forte entre regras e princípios, evidenciar a dificuldade em realizar essa distinção e, por consequência, em definir regra e princípio. Restou demonstrado que a grande preocupação que induziu a elaboração de tal distinção foi a de conceber um sistema jurídico que não ficasse limitado a normas do tipo "tudo-ou-nada" - *regras* -, ou que não admitisse o conflito de *regras* válidas sem que uma delas perdesse essa qualidade, ou mesmo que, ante a ausência de *regra* ou a existência de um conflito insuperável, surgisse para o julgador o poder de agir com discricionariedade.

As noções propostas de *interpretação*, que envolve valoração e uso da razão, de *conceito*, de *indeterminação conceitual*, de *mutação conceitual*, de *subsunção*, de *aplicação*, ao que parece, possibilitam construir uma perspectiva alternativa e coerente, a qual permite reposicionar e ultrapassar a desnecessária polarização relativa à distinção entre *regra* e *princípio*, sem abrir mão dos valiosos objetivos que se pretendia alcançar com essa distinção.

26 O trecho correspondente na tradução é: "TCF (isto é, após a interpretação) tanto as regras quanto os princípios sempre expressam uma norma do tipo ou um / ou o outro. Portanto, quando o resultado final é levado em consideração, não é possível demonstrar uma diferença entre essas categorias de normas.
Assim, a tese da demarcação forte se refere apenas a uma determinada situação *prima facie*, mas nunca a uma norma que leva todos os fatores em consideração.
Em suma, a tese da demarcação forte e também a fraca são, portanto, problemáticas a tal ponto que temos razão para não esquecer que as regras devem ser levadas a sério".

É interessante notar que é possível realizar uma comparação entre dois grupos de noções construídas, de forma polarizada e extremada, por parcela da doutrina:

a) de um lado, as noções de *conceito* (determinado, preciso, rígido e imutável), de *regra*, de *caso fácil* e de *subsunção* (restrita, mecânica, de índole meramente lógica); e

b) de outro lado, as noções de *conceito indeterminado* ou *tipo*, de *princípio*, de *caso difícil* e de *valoração-ponderação*.

Essa perspectiva polarizada e extremada é incompatível com as noções de *interpretação* e de *aplicação* propostas, que envolvem valoração e uso da razão como elementos que coexistem e que cooperam entre si, pois integrantes do processo de interpretar e de aplicar. É incompatível com a visão de que, em geral, a construção dos conceitos é afetada pelo fenômeno da indeterminação.

Em função de se conceber que tanto os objetos linguísticos (textos) quanto os não linguísticos (fatos) precisam ser interpretados para que cheguem ao conhecimento humano, a facilidade ou a dificuldade de um caso não depende de dados objetivos, mas do modo pelo qual os intérpretes têm condição de possibilidade de compreender; e, principalmente, que a consideração de um caso como sendo fácil pode representar a tentativa de afastar a apresentação de contra-argumentos no âmbito de um discurso prático.

Consideradas essas noções, parece haver utilidade em se voltar a atenção para a presença não apenas de normas que regulam condutas (normas de conduta), mas também de normas que estabelecem critérios para que outras sejam produzidas (normas de produção normativa). Estas, a partir da interpretação dos enunciados da Constituição, principalmente da Constituição *Tributária* brasileira, apresentam-se em grande quantidade e possuem a característica de conterem no critério *declaração prescritiva condicionada* os valores mais elevados do sistema jurídico brasileiro, que funcionam como informadores das condições materiais de validade das demais normas do sistema, como também funcionam como informadores da interpretação dos enunciados jurídicos de todo o sistema jurídico.

Visto sob essa ótica e considerando a ambiguidade por polissemia relativa ao termo *princípio*, propõe-se a adoção da seguinte argumentação:

a) a Constituição apresenta-se sob a forma de linguagem, sob a forma escrita, o que se denomina texto constitucional ou conjunto de enunciados constitucionais;

b) a interpretação do texto constitucional ou do conjunto de enunciados constitucionais conduz à construção das normas constitucionais, de conduta e de produção normativa, as quais são saturadas de valor;

c) a Constituição veicula as normas de mais elevada hierarquia do sistema jurídico;

d) há ambiguidade por polissemia quanto ao uso do termo *princípio*;

e) destacam-se dentre as principais acepções de princípios as de (i) valores jurídicos (positivados ou não); (ii) normas constitucionais de elevada carga axiológica; (iii) fragmentos do discurso prescritivo (da linguagem global do Direito Positivo) saturados de valor; e (iv) grandes sínteses do discurso prescritivo (linguagem global do Direito Positivo), que funcionam como características *gerais* do sistema jurídico (denominados *princípios gerais do direito*) ou como características *fundamentais* do sistema jurídico (denominados *princípios fundamentais*);

f) com o propósito de atender os requisitos da coerência e da consistência do presente discurso, propõe-se que o termo *princípio* seja usado com o sentido de aspecto ou aspectos do conteúdo, parcial ou total, do antecedente ou do consequente de norma ou normas jurídicas, portador(es) de elevada carga axiológica; e que princípio constitucional seja usado com o sentido de aspecto ou aspectos do conteúdo, parcial ou total, do antecedente ou do consequente de norma ou normas constitucionais, portador(es) de elevada carga axiológica.

Esse modo abrangente e conciliador de conceber o conceito de *princípio*, além de ser compatível com a noção de norma jurídica, destaca uma característica que está presente com o uso corrente desse termo, que é a sua elevada carga axiológica, a qual pode variar conforme a interpretação e a argumentação realizadas pelos diferentes intérpretes do Direito. Isso, de certo modo, explica a razão pela qual as pessoas constroem diferentes "princípios" a partir da interpretação dos mesmos enunciados jurídicos, constitucionais ou não. Essa acepção de princípio permite alcançar os objetivos que levaram à construção da tese da distinção forte entre "regras" e "princípios", sem incorrer nas dificuldades daí decorrentes, pois continua-se preservando a noção de norma jurídica. Não mais se fala em regra de "tudo-ou-nada". A norma jurídica é, necessariamente, produto de interpretação, que é informada socioculturalmente, que sempre envolve valoração e uso da razão, que se sujeita aos fenômenos da *indeterminação conceitual*, da *mutação conceitual* e da *diversidade espacial conceitual*. Outro ponto importante refere-se às dúvidas suscitadas acerca da estrutura dos princípios. Como é preservada a noção de norma, a noção atinente à sua estrutura é menos controversa. A norma jurídica é construída sob a forma condicional bimembre de antecedente e consequente: deve ser, se ocorrido o descrito no antecedente, tem-se o efeito jurídico prescrito no consequente.

Importa firmar que, no sistema constitucional brasileiro, a elevada carga axiológica pode estar contida numa norma constitucional de produção normativa ou numa norma constitucional de conduta. Se estiver contida numa norma constitucional de produção normativa, a elevada carga axiológica repousará necessariamente em seu antecedente, pois seu consequente carece de saturação semântica, sendo composto por variáveis, por uma estrutura relacional correspondente à norma a ser produzida ou revogada. Quanto ao antecedente, a elevada carga axiológica pode estar relacionada a qualquer de seus aspectos: o sujeito, o procedimento ou a declaração prescritiva condicionada. A elevada carga axiológica também pode estar contida numa norma constitucional de conduta, recaindo sobre o antecedente ou sobre o consequente ou sobre ambos, total ou parcialmente.

Dois exemplos podem ser úteis para fins de esclarecer o sentido atribuído ao termo *princípio*, bem como demonstrar a sua relação com a noção de norma jurídica. O primeiro é relativo ao sentido construído para o denominado princípio da irretroatividade tributária, que tendo em conta especialmente o disposto no art. 150, inciso III, alínea "a", da Constituição, pode ser assim considerado: *princípio da irretroatividade tributária* é o complemento, necessário e condicionante, do aspecto material – declaração prescritiva condicionada – do antecedente da norma constitucional de produção normativa, que estabelece a necessidade de, nas hipóteses de criação ou aumento de tributo, a declaração prescritiva a ser elaborada pelo legislador infraconstitucional conter como proposição implicante (a qual corresponderá ao antecedente da norma tributária a ser produzida) a descrição do conceito de um fato de ocorrência possível e futura (a partir da vigência), nunca a descrição do conceito de fato já ocorrido no tempo e no espaço, fato passado.

O segundo refere-se ao sentido construído para o denominado princípio da vedação da utilização de tributo com efeito de confisco que tendo em conta especialmente o disposto no art. 150, inciso IV, da Constituição, pode ser assim considerado: princípio da vedação da utilização de tributo com efeito de confisco é o complemento, necessário e condicionante, do aspecto material – declaração prescritiva condicionada – do antecedente da norma constitucional de produção normativa, portador de elevada carga axiológica, que estabelece como requisito de validade de normas jurídicas tributárias a proibição de se instituir tributo que, por si só ou em conjunto, ofenda o direito de propriedade em sentido amplo (isto é, qualquer direito subjetivo patrimonial avaliável em moeda) ou viole a liberdade de se exercer uma atividade produtiva lícita, por inviabilizar a prática da mesma.

Esses exemplos revelam alguns pontos importantes. O primeiro é o de que o descumprimento desses princípios constitucionais caracteriza inconstitucionalidade. Esse efeito é natural, à medida que não foi cumprida uma condição material de validade, contida no aspecto declaração prescritiva condicionada do antecedente de norma constitucional de produção normativa. Eis uma utilidade da concepção adotada de princípio. Toda vez que o princípio estiver contido no antecedente de norma de produção normativa, o seu não atendimento por parte do legislador, não produz o efeito de fazer surgir norma com fundamento constitucional de validade ou, em outras palavras, implica que a norma é inconstitucional.

Com relação a esse primeiro ponto, vale citar duas decisões do Supremo Tribunal Federal, ambas tomadas pelo Pleno da Corte, que são firmes em declarar a inconstitucionalidade quando esses princípios não são atendidos.

No julgamento do RE 188.083, decidiu-se acerca do não atendimento ao princípio da irretroatividade:

> LEI. APLICAÇÃO NO TEMPO. TRIBUTO. IRRETROATIVIDADE. Lei regedora de tributo há de ser editada em certo exercício, para observância no subsequente. BALANÇO. CORREÇÃO MONETÁRIA. EXERCÍCIO DE 1989. ART. 30, § 2º, DA LEI Nº 7.799/89. Ante o princípio da irretroatividade, surge inconstitucional o § 2º do art. 30 da Lei nº 7.799/89, no que impôs a correção monetária das demonstrações financeiras referentes ao exercício de 1989.[27]

No julgamento da ADI 2.551 MC-QO, decidiu-se acerca do não atendimento ao princípio da vedação da utilização de tributo com efeito de confisco:

> [...] A GARANTIA CONSTITUCIONAL DA NÃO CONFISCATORIEDADE.
> – O ordenamento constitucional brasileiro, ao definir o estatuto dos contribuintes, instituiu, em favor dos sujeitos passivos que sofrem a ação fiscal dos entes estatais, expressiva garantia de ordem jurídica que limita, de modo significativo, o poder de tributar de que o Estado se acha investido. Dentre as garantias constitucionais que protegem o contribuinte, destaca-se, em face de seu caráter eminente, aquela que proíbe a utilização do tributo – de qualquer tributo – com efeito confiscatório (CF, art. 150, IV).
> **– A Constituição da República, ao consagrar o postulado da não confiscatoriedade, vedou qualquer medida, que, adotada pelo Estado, possa**

27 RE 188.083 / PR. Rel. Min. Marco Aurélio, julgamento: 05/08/2015. Órgão Julgador: Tribunal Pleno. DJe 209, divulg. 19/10/2015, public. 20/10/2015.

> **conduzir, no campo da fiscalidade, à injusta apropriação estatal do patrimônio ou dos rendimentos dos contribuintes, comprometendo-lhes, em função da insuportabilidade da carga tributária, o exercício a uma existência digna, ou a prática de atividade profissional lícita, ou, ainda, a regular satisfação de suas necessidades vitais (educação, saúde e habitação, p. ex.).**
> – **Conceito de tributação confiscatória**: jurisprudência constitucional do Supremo Tribunal Federal (ADI 2.010-MC/DF, Rel. Min. Celso de Mello, v.g.) e o magistério da doutrina. A questão da insuportabilidade da carga tributária. [...][28] (grifo nosso).

Afasta-se, dessa maneira, qualquer discussão acerca da existência de caráter normativo ou se é meramente programático por parte dos princípios constitucionais, pois sua normatividade decorre do fato de eles serem aspectos de norma constitucional. Chama-se a atenção para o fato de que, nos dois casos, não se trata de descumprimento de comportamento regulado por norma de conduta, mas sim do não atendimento das condições previstas no antecedente de norma de produção normativa. Eis a razão da caracterização de inconstitucionalidade.

Não se deve olvidar que um princípio pode estar relacionado a uma norma constitucional de conduta. Uma situação interessante envolve o princípio da liberdade de expressão. Esse princípio pode ser construído como norma constitucional de conduta, a qual prescreve a permissão de uma pessoa se expressar, o que possibilita, em caso de ofensa, que o titular desse direito subjetivo requeira em juízo que seu direito seja respeitado. O princípio da liberdade de expressão também pode ser construído como parte de norma de produção normativa, quando se apresenta como uma das condições materiais de validade da norma a ser produzida.

Outro ponto importante refere-se à sensível diferença entre o grau de indeterminação relativo a esses princípios. O princípio da vedação da utilização de tributo com efeito de confisco possui um grau de indeterminação bem mais elevado que o do princípio da irretroatividade. A presença do fenômeno da indeterminação conceitual, em maior ou menor grau não impede que, realizada a interpretação e constatado o não atendimento desses princípios, que a inconstitucionalidade reste caracterizada, como demonstrado pelas referidas decisões do Supremo Tribunal Federal.

Esse modo de conceber os princípios contribui para elucidar o que se quis dizer acerca da fundamentalidade e da extensividade da

28 ADI 2.551 MC-QO / MG. Rel. Min. Celso de Mello, julgamento: 02/04/2003. Órgão Julgador: Tribunal Pleno. DJ 20/04/2006, p. 5, ement. v. 02229-01, p. 25.

Constituição *Tributária* brasileira. Reitera-se que, a partir da interpretação dos diversos enunciados da Constituição brasileira expressamente relativos à matéria tributária, é possível identificar condições formais e materiais de validade das normas de índole tributária, dentre as quais, sem olvidar as relativas à imunidade tributária, insta destacar as relativas a princípios constitucionais tributários, tais como os da capacidade econômica do contribuinte (art. 145, § 1º), da legalidade tributária materialmente qualificada (arts. 145, § 2º, 146, inciso III, alínea "a", 149, § 2º, inciso III, alíneas "a" e "b", 150, inciso I e § 6º, 153, § 1º (*a contrario sensu*) e 154, inciso I), da igualdade tributária (art. 150, II), da irretroatividade tributária (art. 150, III, "a"), da anterioridade de exercício (art. 150, III, "b"), da anterioridade nonagesimal ou noventena (art. 150, III, "c"), da vedação ao confisco (art. 150, IV), da não limitação ao tráfego de pessoas ou bens (art. 150, V); da progressividade (arts. 156, § 1º, 153, § 2º, I, 153, § 4º), da seletividade (art. 153, § 2º, I). Além disso, toda e qualquer produção de norma jurídica, seja qual for a sua natureza (tributária ou não) terá a declaração prescritiva materialmente condicionada pelo atendimento de condições materiais constitucionais de elevado valor, tais como: liberdade (Preâmbulo; art. 3º, inciso I; art. 5º, *caput*; etc.); segurança (Preâmbulo; art. 5º, *caput* e inciso II, etc.); bem-estar (Preâmbulo; art. 3º, incisos III e IV; art. 5º, *caput*; etc.); desenvolvimento (Preâmbulo; art. 1º, inciso IV; art. 3º, incisos II e III; etc.); igualdade (Preâmbulo; art. 3º, inciso IV; art. 5º, *caput* e inciso I; etc.); justiça (Preâmbulo; art. 3º, I, III e IV; art. 5º, *caput*; etc.); vida e dignidade da pessoa humana (Preâmbulo; art. 1º, inciso III; art. 3º, incisos III e IV; art. 5º, *caput*; art. 6º; art. 7º, inciso IV; etc.); solidariedade (Preâmbulo; art. 3º, I, III e IV; etc.); e bem comum (Preâmbulo; art. 3º, I, III e IV; etc.).

3.3. O sistema constitucional brasileiro de atribuição da competência tributária e os conceitos constitucionais tributários

Preliminarmente, cabe esclarecer o que se entende por competência tributária. Competência tributária, num sentido amplo, significa a aptidão, em conformidade com o estabelecido por norma constitucional de produção normativa, de produzir norma infraconstitucional relativa à matéria tributária, seja norma de produção normativa seja norma de conduta; num sentido mais estrito, significa a aptidão, em conformidade com o estabelecido por norma constitucional de produção normativa, de produzir norma de conduta tributária, norma que institui tributo, doravante designada simplesmente como *norma tributária*.

O sistema constitucional brasileiro de atribuição de competência tributária apresenta duas características relevantes: uma, é um sistema rígido, pois somente pode ser alterado por meio de emenda constitucional, a qual para ser produzida tem que respeitar as condições formais e materiais estabelecidas pela própria Constituição, especialmente as relativas aos limites materiais para a reforma constitucional, denominadas cláusulas pétreas (art. 60, § 4º); duas, é um sistema bastante minucioso, à medida que a Constituição apresenta muitos enunciados relativos a essa matéria.

Para que se realize o grau de especificidade da Constituição *Tributária* brasileira, em especial o de sua extensividade, somente o Capítulo intitulado "Sistema Tributário Nacional", que contém o núcleo da matéria atinente à competência tributária, é composto por 14 artigos, envolvendo mais de 3.400 palavras. Como demonstrado anteriormente, é mais do que apresenta toda a Constituição da Alemanha sobre a matéria tributária, a qual também é conhecida pela sua extensividade acerca dessa matéria. O tratamento constitucional pormenorizado do tema relativo à competência tributária passa pela identificação de cada uma das espécies tributárias, com a indicação dos requisitos formais e materiais necessários para a produção das respectivas normas, com destaque para o elevado detalhamento atinente aos impostos que cada uma das pessoas políticas pode instituir.

Esse extenso e pormenorizado tratamento da matéria atinente à competência tributária pela Constituição possui dois grandes propósitos: (i) evitar o conflito de competência entre os entes federativos (União, Estados e Municípios); e (ii) conferir uma garantia para os cidadãos de que as condições de afetação compulsória de seu patrimônio por meio da imposição de tributos é, de forma minuciosa, constitucionalmente determinada e controlada, o que permite que se fale num *estatuto constitucional do contribuinte*. Este aspecto tem sido apontado pela Corte Constitucional brasileira, como exemplificam essas passagens de duas ementas de acórdão do Supremo Tribunal Federal:

a) ADI 2.551 MC-QO[29]

> [...] O ordenamento constitucional brasileiro, ao definir o **estatuto dos contribuintes**, instituiu, em favor dos sujeitos passivos que sofrem a ação fiscal dos entes estatais, expressiva garantia de ordem jurídica que limita, de modo significativo, o poder de tributar de que o Estado se acha investido. [...] (grifo nosso)

29 ADI 2.551 MC-QO / MG. Rel. Min. Celso de Mello, julgamento: 02/04/2003. Órgão Julgador: Tribunal Pleno. *DJ* 20/04/2006, p. 5. Ement v. 02229-01, p. 25.

b) RE 1.145.279 AgR[30]

> RECURSO EXTRAORDINÁRIO. SANÇÕES POLÍTICAS NO DIREITO TRIBUTÁRIO. INADMISSIBILIDADE DA UTILIZAÇÃO, PELO PODER PÚBLICO, DE MEIOS GRAVOSOS E INDIRETOS DE COERÇÃO ESTATAL DESTINADOS A COMPELIR O CONTRIBUINTE INADIMPLENTE A PAGAR O TRIBUTO (SÚMULAS 70, 323 E 547 DO STF) [...]
>
> – Impossibilidade constitucional de o Estado legislar de modo abusivo ou imoderado (*RTJ* 160/140-141 – *RTJ* 173/807-808 – *RTJ* 178/22-24).
>
> – O poder de tributar, que encontra limitações essenciais no próprio texto constitucional instituídas em favor do contribuinte, "não pode chegar à desmedida do poder de destruir" (Min. Orosimbo Nonato, *RDA* 34/132).
>
> – A prerrogativa estatal de tributar traduz poder cujo exercício não pode comprometer a liberdade de trabalho, de comércio e de indústria do contribuinte.
>
> – A significação tutelar, em nosso sistema jurídico, do "**estatuto constitucional do contribuinte**". Doutrina. Precedentes. Matéria cuja repercussão geral o plenário do Supremo Tribunal Federal reconheceu no julgamento do ARE 914.045 – RG/MG – Reafirmação, quando da apreciação de mencionado recurso extraordinário, da jurisprudência que o Supremo Tribunal Federal firmou no exame dessa controvérsia. Sucumbência recursal (CPC, art. 85, § 11).
>
> – Não decretação, no caso, ante a inadmissibilidade de condenação em verba honorária, por tratar-se de processo de mandado de segurança (Súmula 512/STF e Lei nº 12.016/2009, art. 25).
>
> – Agravo interno improvido (grifo nosso).

Essas características do sistema constitucional brasileiro de atribuição de competência tributária também vêm sendo destacadas pela doutrina nacional. Aliomar Baleeiro (2008, p. 75), que foi ministro do Supremo Tribunal Federal e professor da Universidade do Estado do Rio de Janeiro, chamou a atenção para esses pontos:

> A competência tributária, no sistema rígido do Brasil, que discriminou as receitas dos três níveis de governos do Estado Federal, retirando qualquer possibilidade de acumulação ou concorrência dum com o outro, é regida pela Constituição Federal".

Aspecto muito interessante é o suscitado por Amílcar de Araújo Falcão (1965, p. 38), que, tal qual Baleeiro, foi professor da Universidade do Estado do Rio de Janeiro. Ele adverte para um sentido positivo ou afirmativo, de um lado, e para um sentido negativo ou inibitório, de outro, por parte do sistema constitucional de atribuição de competência tributária:

30 RE 1.145.279 AgR / SC. Rel. Min. Celso de Mello, julgamento: 1º/03/2019. Publicação: 28/03/2019. Órgão julgador: Segunda Turma.

> Em primeiro lugar, a atribuição de competência privativa tem um sentido positivo ou afirmativo: importa em reconhecer a uma determinada unidade federada a competência para decretar certo e determinado imposto. Em segundo lugar, da atribuição de competência privativa decorre um efeito negativo ou inibitório, pois importa em recusar competência idêntica às unidades outras não indicadas no dispositivo constitucional de habilitação: tanto equivale a dizer, se pudermos usar tais expressões, que a competência privativa é oponível *erga omnes*, no sentido de que o é por seu titular ou por terceiros contra quaisquer outras unidades federadas não contempladas na outorga.

A Constituição, por meio de suas normas de produção normativa, dispõe acerca da competência de cada ente federativo para instituir normas tributárias. Assim o faz com diferentes graus de detalhamento. Determina, no art. 145, que a União, os Estados, o Distrito Federal e os Municípios podem instituir impostos, taxas e contribuição de melhoria. Dispõe que o empréstimo compulsório somente pode ser instituído pela União (art. 148) e que as contribuições especiais podem ser instituídas pelos diferentes entes federativos, considerados, principalmente, os termos dos arts. 149, 149-A e 195.

Para dispor sobre esse sistema de atribuição de competência tributária a Constituição brasileira alude a uma série de conceitos que indicam não apenas condições formais para a instituição de cada espécie tributária, mas principalmente as condições materiais exigidas. Prescreve que a instituição de taxa há de decorrer do "exercício do poder de polícia ou pela utilização, efetiva ou potencial, de serviços públicos específicos e divisíveis, prestados ao contribuinte ou postos a sua disposição" (art. 145, inciso II) e que a instituição de contribuição de melhoria depende da realização de "obras públicas" (art. 145, inciso III). A utilização do termo *empréstimo*, ao se referir à espécie tributária empréstimo compulsório (art. 148), já exige a previsão normativa de que, no futuro, o valor seja devolvido e em dinheiro. Esse foi o entendimento firmado pelo Supremo Tribunal Federal no julgamento do RE 121.336[31], cuja parte da ementa adiante se destaca:

> "Empréstimo compulsório". (Dl. 2.288/86, art. 10): incidência na aquisição de automóveis de passeio, com resgate em quotas do Fundo Nacional de Desenvolvimento: inconstitucionalidade. 1. "Empréstimo compulsório, ainda que compulsório, continua empréstimo" (Victor Nunes Leal): utilizando-se, para definir o instituto de Direito Público, do termo empréstimo, posto que compulsório – obrigação *"ex lege"* e não contratual –, a Constituição

31 RE 121.336 / CE. Rel. Min. Sepúlveda Pertence, julgamento: 11/10/1990. Órgão Julgador: Tribunal Pleno. *DJ* 26/06/1992, p. 10.108. Ement. v. 01667-03, p. 482. *RTJ* v. 00139-02, p. 624.

> vinculou o legislador a essencialidade da restituição na mesma espécie, seja por força do princípio explícito do art. 110 Código Tributário Nacional, seja porque a identidade do objeto das prestações reciprocas e indissociável da significação jurídica e vulgar do vocábulo empregado. [...]

Consideradas todas as espécies tributárias, a Constituição apresenta mais enunciados para dispor sobre a competência para a instituição de impostos. A situação de fato descrita no antecedente da norma que institui imposto descreve uma situação que não tem relação com qualquer atuação estatal, daí ser denominado tributo não vinculado. O princípio constitucional da capacidade contributiva objetiva ou absoluta informa diretamente a norma de imposto. Distingue-se o princípio constitucional da capacidade contributiva objetiva do princípio constitucional da capacidade contributiva subjetiva ou relativa. Este informa diretamente todas as espécies tributárias e pode ser concebido nos seguintes termos: *princípio constitucional da capacidade contributiva subjetiva* é o complemento, necessário e condicionante, do aspecto declaração prescritiva condicionada do antecedente da norma constitucional de produção normativa, segundo o qual, ao se determinar a carga de tributos a ser suportada por alguém, deve-se levar em consideração as respectivas características pessoais (nível de riqueza, estado civil, encargos de família, estado de saúde pessoal e familiar, etc.), com o propósito de fazer com que cada um participe, de maneira equânime, no financiamento do Estado. Por sua vez, o princípio constitucional da capacidade contributiva objetiva informa diretamente os critérios do antecedente e do consequente da norma de imposto a ser produzida. Ele pode ser assim concebido: *princípio constitucional da capacidade contributiva objetiva* é o complemento, necessário e condicionante, do aspecto declaração prescritiva condicionada do antecedente da norma constitucional de produção normativa, o qual exige que o antecedente da norma de imposto descreva uma situação de fato que revele sinal de riqueza pessoal, e que o seu consequente prescreva a conduta de o titular dessa riqueza entregar parte dela ao Estado.

Como destacado, a Constituição veicula uma série de conceitos para atribuir competência tributária. A presença desses conceitos não permite ignorar a presença dos fenômenos da indeterminação e da mutação conceituais, o que, inevitavelmente, produz incertezas quanto à construção desses conceitos. A inevitável presença desses fenômenos na construção dos conceitos constitucionais tributários por meio da interpretação do texto constitucional, de forma alguma, autoriza supor que o legislador infraconstitucional, um julgador ou uma autoridade tributária estão autorizados a construir qualquer sentido, que não haja limites para a interpretação dos termos que compõem o texto da Constituição, sob pena de comprometer-se toda a utilidade da linguagem constitucionalmente utilizada. Se, com relação ao campo conceitual, há uma zona de incerteza, há também uma zona de certeza positiva e uma zona de certeza negativa. Não supor que existam limites máximos para a construção desses conceitos tornaria inútil a técnica constitucional de atribuição de competência relativa aos impostos, qual seja, a de se referir a conceitos reveladores de riqueza pessoal, que funcionam como bases econômicas tributáveis. Desconsiderar esses limites permitiria, por exemplo, conceber as expressões "renda e proventos de qualquer natureza", "propriedade de veículos automotores" e "serviços de qualquer natureza", que correspondem, respectivamente, a materialidades referentes a impostos de competência da União, Estados (e Distrito Federal) e Municípios, como tendo o mesmo e qualquer sentido. Insiste-se: trata-se de limites máximos, não de limites mínimos. Os denominados "limites mínimos" estão relacionados à chamada *zona de certeza positiva conceitual*, com relação à qual, por definição, não há incertezas. A noção de "limites máximos" está mais relacionada à ideia de término do *campo de incerteza conceitual* e o início do campo da *zona de certeza negativa conceitual*. Conceber que há limites máximos para a construção de um conceito representa reconhecer que há uma *zona de certeza negativa*, o que é imprescindível para que a linguagem, principalmente a jurídica, tenha a sua devida utilidade.

Acaso se aceitasse a ausência de limites máximos para a construção de sentidos pela interpretação (construção dos conceitos), isso representaria não apenas a completa destruição do sistema de atribuição de competência tributária firmado pela Constituição, mas a destruição de qualquer utilidade para o texto constitucional e para qualquer outro texto, jurídico ou não. Aceitar que a interpretação de um texto pode significar qualquer coisa é tão inútil quanto dizer que a interpretação de um texto significa coisa nenhuma. Seriam conclusões extremadas, que partem de um mesmo pressuposto: mediante a interpretação, pode-se chegar a qualquer resultado, a qualquer sentido, seja ele qual for. Isso revelaria um subjetivismo e um relativismo absolutos, que eliminariam a utilidade da linguagem jurídica e da linguagem em geral, o que afetaria a capacidade de conhecimento e de transmissão do conhecimento por parte do ser humano. Seria um absurdo inaceitável. Como bem adverte Gadamer (2013, p. 358, grifo nosso):

> [...] **dentro dessa multiplicidade do "opinável", isto é, daquilo em que um leitor pode encontrar sentido ou pode esperar encontrar, nem tudo é possível**, e quem não ouve direito o que o outro realmente está dizendo acabará por não conseguir integrar o mal-entendido em suas próprias e variadas expectativas de sentido. Por isso, também aqui existe um critério.

> ***A tarefa hermenêutica se converte por si mesma num questionamento pautado na coisa em questão,* e já se encontra sempre codeterminada por esta. Assim, o empreendimento hermenêutico ganha um solo firme sob seus pés. Aquele que quer compreender não pode se entregar de antemão ao arbítrio de suas próprias opiniões prévias, ignorando a opinião do texto da maneira mais obstinada e consequente possível – até que este acabe por não poder ser ignorado e derrube a suposta compreensão.** Em princípio, quem quer compreender um texto deve estar disposto a deixar que este lhe diga alguma coisa.

Em suma, cabe mais uma vez alertar: a interpretação não convive com extremos; a interpretação como construção de sentido envolve valoração e uso da razão; ignorar os fenômenos da indeterminação conceitual e da mutação conceitual e pretender que os conceitos sejam sempre precisos, determinados e rígidos é completamente despropositado; de igual modo, é completamente despropositado supor que a valoração, a indeterminação conceitual e a mutação conceitual autorizam construir por meio da interpretação qualquer sentido.

3.4. O princípio da legalidade tributária materialmente qualificada – uma especificidade do sistema constitucional tributário brasileiro

Em função do que dispõe a Constituição brasileira, principalmente nos arts. 145, § 2º, 146, inciso III, alínea "a", 149, § 2º, inciso III, alíneas "a" e "b", 150, inciso I e § 6º, 153, § 1º (*a contrario sensu*) e 154, inciso I, pode-se considerar que o *princípio da estrita legalidade tributária* ou *princípio da legalidade tributária materialmente qualificada* (expressão menos controvertida e que se mostra mais elucidativa) apresenta-se como mais uma importante especificidade do sistema constitucional tributário brasileiro.

A primeira questão que se deve enfrentar é a relativa ao sentido da expressão princípio da legalidade tributária materialmente qualificada, bem como determinar se o seu sentido se distingue da noção de *princípio da legalidade tributária* e da noção de *princípio da tipicidade tributária*.

O princípio da legalidade pode ser considerado como um dos mais relevantes do sistema constitucional brasileiro. É um princípio constitucional que se aplica a todas as áreas do Direito, não sendo peculiar à área tributária. O que se denomina legalidade tributária materialmente qualificada é corolário do princípio da legalidade, com específicas exigências de natureza material.

Ricardo Lobo Torres (2014, p. 412), ao discorrer sobre o "conceito de legalidade tributária", destaca que o princípio da legalidade tributária está vinculado à segurança jurídica, que ele ocupa uma posição central no Estado de Direito e que se encontra afirmado nos arts. 5º, inciso II, e 150, inciso I, da Constituição.

Antes de avançar no exame da especificidade do princípio da legalidade tributária materialmente qualificada, há que se atentar para o que significa o princípio da legalidade, aplicável ao Direito em geral. Pontes de Miranda (1987, tomo V, p. 1), em comentários ao § 2º do art. 153 da Constituição brasileira de 1967 com a emenda nº 1 de 1969[32], assim se posicionou acerca do princípio da legalidade:

> Tem-se, aí, o ***princípio de legalidade*** (melhor: de legalitariedade): **qualquer regra jurídica que crie dever de ação positiva (fazer) ou de ação negativa (deixar de fazer, abster-se) tem de ser regra de *lei*, com as formalidades que a Constituição exige**. Nas origens, o princípio do § 2º traduzia a vitória contra os atos "legislativos", sem ser pelas Assembleias de fonte popular, contra o direito elaborado e imposto pelo monocrata, ou pelos oligocratas.

O dispositivo comentado por Pontes de Miranda encontra-se com a mesma redação no inciso II do art. 5º da atual Constituição brasileira:

> Art. 5º Todos são iguais perante a lei, sem distinção de qualquer natureza, garantindo-se aos brasileiros e aos estrangeiros residentes no País a inviolabilidade do direito à vida, à liberdade, à igualdade, à segurança e à propriedade, nos termos seguintes:
> [...]
> II – ninguém será obrigado a fazer ou deixar de fazer alguma coisa senão em virtude de lei;

Celso Antônio Bandeira de Mello (2010, pp. 102-103) observa que o princípio da legalidade, além de ter assento na estrutura do Estado de Direito e do sistema constitucional como um todo, "está radicado especificamente nos arts. 5º, II, 37, *caput*, e 84, IV, da Constituição Federal", e, na mesma linha de Pontes de Miranda, aponta para as exigências decorrentes deste princípio:

---

32 "Art. 153. A Constituição assegura aos brasileiros e aos estrangeiros residentes no País a inviolabilidade dos direitos concernentes à vida, à liberdade, à segurança e à propriedade, nos termos seguintes:
§ 1º Todos são iguais perante a lei, sem distinção de sexo, raça, trabalho, credo religioso e convicções políticas. Será punido pela lei o preconceito de raça.
[...]
§ 2º Ninguém será obrigado a fazer ou deixar de fazer alguma coisa senão em virtude de lei."

> Nos termos do art. 5º, II, "ninguém será obrigado a fazer ou deixar de fazer alguma coisa senão em virtude de lei". Aí não se diz "em virtude de" decreto, regulamento, resolução, portaria ou quejandos. Diz-se "em virtude de lei". Logo, a Administração não poderá proibir ou impor comportamento algum a terceiro, salvo se estiver previamente embasada em determinada lei que lhe faculte proibir ou impor algo a quem quer que seja. Vale dizer, não lhe é possível expedir regulamento, instrução, resolução, portaria ou seja lá que ato for para coartar a liberdade dos administrados, salvo se, em lei, já existir delineada a contenção ou imposição que o ato administrativo venha a minudenciar.

Além de perfilhar essa mesma linha de entendimento, Paulo de Barros Carvalho (2011, p. 201, grifo nosso) ressalta a importância do princípio da legalidade para todo o ordenamento jurídico brasileiro:

> Também explícito em nosso sistema – art. 5º, II – essa máxima assume o papel de absoluta preponderância. *Ninguém será obrigado a fazer ou deixar de fazer alguma coisa senão em virtude de lei.* **Efunde sua influência por todas as províncias do direito positivo brasileiro, não sendo possível pensar no surgimento de direitos subjetivos e de deveres correlatos sem que a lei os estipule.** Como o objetivo primordial do direito é normar a conduta, e ele o faz criando direitos e deveres correlativos, a relevância desse cânone transcende qualquer argumentação que pretenda enaltecê-lo. A diretriz da legalidade está naquela segunda acepção, isto é, a de norma jurídica de posição privilegiada que estipula limites objetivos.

Por força do princípio da legalidade, salvo exceção constitucionalmente prevista, somente a *lei*, no sentido de instrumento introdutor de norma primário, pode ser instrumento com aptidão para introduzir norma de conduta ou norma de produção normativa no sistema jurídico brasileiro. Fala-se em lei no sentido de instrumento introdutor de norma primário, a fim de designar os instrumentos que são capazes, com fundamento direto na Constituição, de introduzir norma no sistema jurídico brasileiro, compreendendo a emenda constitucional, lei complementar, lei ordinária, lei delegada, medida provisória, decreto legislativo e resolução legislativa (art. 59 da CRFB). Não se pode deixar de anotar que, por força da Emenda Constitucional nº 32/2001, tornou-se possível a utilização do denominado "decreto autônomo" no ordenamento brasileiro, cujo suporte de validade advém diretamente da Constituição, especificamente para tratar da matéria relativa a "organização e funcionamento da administração federal, quando não implicar aumento de despesa nem criação ou extinção de órgãos públicos" e "extinção de funções ou cargos públicos, quando vagos" (respectivamente, alíneas "a" e "b" do inciso VI do art. 84 da Constituição). O Supremo Tribunal Federal, no julgamento da ADI 2.564, declarou a constitucionalidade dessa alteração constitucional, como se atesta pelo teor da ementa do acórdão:

> AÇÃO DIRETA DE INCONSTITUCIONALIDADE. DECRETO Nº 4.010, DE 12 DE NOVEMBRO DE 2001. PAGAMENTO DE SERVIDORES PÚBLICOS DA ADMINISTRAÇÃO FEDERAL. LIBERAÇÃO DE RECURSOS. EXIGÊNCIA DE PRÉVIA AUTORIZAÇÃO DO PRESIDENTE DA REPÚBLICA. Os artigos 76 e 84, I, II e VI, a, todos da Constituição Federal, atribuem ao Presidente da República a posição de chefe supremo da Administração Pública Federal, ao qual estão subordinados os Ministros de Estado. Ausência de ofensa ao princípio da reserva legal, diante da nova redação atribuída ao inciso VI do art. 84 pela Emenda Constitucional nº 32/2001, que permite expressamente ao Presidente da República dispor, por decreto, sobre a organização e o funcionamento da administração federal, quando isso não implicar aumento de despesa ou criação de órgãos públicos, exceções que não se aplicam ao Decreto atacado. Ação direta de inconstitucionalidade cujo pedido se julga improcedente.[33]

O Princípio da Legalidade corresponde à combinação dos aspectos sujeito competente e procedimento descritos no antecedente da norma constitucional de produção normativa, e estará atendido, quando o conceito do fato concreto, ocorrido em certo tempo e espaço, corresponder aos aspectos *sujeito competente* e *procedimento* descritos pelo antecedente da norma constitucional de produção normativa.

Esclarecido o sentido do princípio da legalidade, cabe voltar a atenção para o que se denomina princípio da legalidade tributária materialmente qualificada, que pode-se dizer que representa o princípio da legalidade combinado com condições de natureza material tributária. Às condições formais correspondentes ao princípio da legalidade são acrescidas algumas condições materiais relativas ao aspecto declaração prescritiva condicionada. Essa ideia de acréscimo material como elemento específico do princípio da legalidade tributária materialmente qualificada é destacada por Paulo de Barros Carvalho (2011, p. 208) ao se referir ao princípio da estrita legalidade tributária:

> O veículo introdutor da regra tributária no ordenamento há de ser sempre a lei (sentido lato), porém o princípio da estrita legalidade diz mais do que isso, estabelecendo a necessidade de que a lei adventícia traga no seu bojo os elementos descritores do fato jurídico e os dados prescritores da relação obrigacional. Esse plus caracteriza a tipicidade tributária, que alguns autores tomam como outro postulado imprescindível ao subsistema de que nos ocupamos, mas que pode, perfeitamente, ser tido como uma decorrência imediata do princípio da estrita legalidade.

Em linha semelhante, posiciona-se Sacha Calmon Navarro Coêlho (2016, p. 179):

33 ADI 2.564 / DF. Rel. Min. Ellen Gracie, julgamento: 08/10/2003. Órgão Julgador: Tribunal Pleno. DJ 06-02-2004, p. 22. Ement v. 2138-03, p. 511.

> Por primeiro, é preciso dizer que enquanto a legalidade diz respeito ao veículo (lei), a tipicidade entronca com o conteúdo da lei (norma). O princípio da tipicidade é tema normativo, pois diz respeito ao conteúdo da lei. É, por assim dizer, o lado funcional do princípio da legalidade que originariamente cingia-se a requerer lei em sentido formal, continente de prescrição jurídica abstrata. Exigências ligadas aos princípios éticos da certeza e segurança do direito, como vimos de ver, passaram a requerer que o fato gerador e o dever tributário passassem a ser rigorosamente previstos e descritos pelo legislador, daí a necessidade de tipificar a relação jurídica tributária. Por isso, em segundo lugar, é preciso observar que a tipicidade não só do fato jurígeno-tributário como também do dever jurídico decorrente (sujeitos ativos e passivos, bases de cálculo, alíquotas, fatores outros de quantificação, *quantum debeatur* – como, onde, quando pagar o tributo).

E complementa:

> Em terceiro lugar, a tipicidade tributária é cerrada para evitar que o administrador ou o juiz, mais aquele do que este, interfiram na sua modelação, pela via interpretativa ou integrativa (COÊLHO, 2016, p. 179).

Antes de prosseguir no esclarecimento do sentido do princípio da legalidade tributária materialmente qualificada convém dizer algumas palavras sobre o denominado *princípio da tipicidade tributária* (*cerrada* ou *fechada*). O uso da expressão *tipicidade tributária* tem suscitado muita divergência, em especial com o sentido que lhe foi atribuído por Alberto Xavier. Este autor português, que se radicou no Brasil, desenvolveu um estudo sobre esse tema no livro intitulado *Os Princípios da Legalidade e da Tipicidade da Tributação* (1978). Na visão de Xavier (1978, pp. 37-38):

> Se o princípio da reserva de lei formal contém em si a exigência da *lex scripta*, o princípio da reserva absoluta coloca-nos perante a necessidade de uma *lex stricta*: a lei deve conter em si mesma todos os elementos da decisão no caso concreto, de tal modo que não apenas o fim, mas também o conteúdo daquela decisão sejam por ela diretamente fornecidos. A decisão do caso concreto obtém-se, assim, por mera dedução da própria lei, limitando-se o órgão de aplicação a subsumir o fato na norma, independentemente de qualquer livre valoração pessoal.

E Xavier (1978, pp. 93-94) explicita a sua ideia ao discorrer sobre o *princípio da determinação* como corolário do princípio da tipicidade:

> As normas tributárias, como normas de decisão material (*Sachentscheidungsnormen*) visam pois a delimitar, na medida do possível, a livre valoração e decisão do administrador e do juiz. Para tanto não basta a exclusão da relevância da vontade destes órgãos na criação de tributos inominados ou na modelação de um seu conteúdo acessório. **É ainda necessário**

> **que os elementos integrantes do próprio tipo – todos eles principais – sejam de tal modo precisos e determinados na sua formulação legal, que o órgão de aplicação do direito não possa introduzir critérios subjetivos de apreciação na sua aplicação concreta.** Eis o que a segurança jurídica exige no domínio tributário: pois não ficaria seriamente abalada a regra *nullum tributum sine lege*, se na aplicação do Direito Tributário se pudesse recorrer a elementos ou critérios de valoração e decisão que não estivessem já contidos na própria lei?
>
> [...] **O princípio da determinação converte, pois, o tipo tributário num tipo rigorosamente *fechado***: e tipo fechado não só no sentido que lhe atribui Oliveira Ascensão, de tipo que exclui outros elementos juridicamente relevantes que lhe sejam exteriores, de tal modo que o fato pode ter um conteúdo extratípico modelado pela vontade (o que é repelido pelo princípio do exclusivismo); mas também no sentido que lhe atribuem Larenz[34] e Roxin de tipo que oferece elevado grau de determinação conceitual, ou de fixação do conteúdo. Isto é: de tipo quanto ao qual se verifica o fenômeno da *Typenzwang*, como se exprime Wiaecker, ou da *Typenfixierung*, no dizer de Baur. No Direito Tributário material não teriam foro de cidade as normas "incompletas" ou "elásticas", como alguns já as designaram.

Esse entendimento de Xavier (2001, p. 18) foi reiterado posteriormente, quando afirmou que "o princípio da tipicidade ou da reserva absoluta de lei tem como corolários o princípio da seleção, o princípio do *numerus clausus*, o princípio do exclusivismo e o princípio da determinação ou tipicidade fechada".

A tese de que há no sistema jurídico brasileiro o denominado "princípio da tipicidade tributária" tem sido objeto de severas críticas, especialmente em função do sentido atribuído às expressões "tipo" e "tipicidade" por parte de Alberto Xavier. A doutrina tem observado que a presença de tipos em normas tributárias, ao contrário de confirmar a tese de Xavier, a infirma, à medida que não caberia falar em *tipos fechados*, já que os denominados tipos se caracterizariam por serem sempre abertos, flexíveis (DERZI, 1988, p. 38; LOBO TORRES, 2014, p. 487-488).

Outro ponto recomenda mais fortemente a não adoção do "princípio da tipicidade tributária" no sentido indicado por Xavier. Trata-se da ideia defendida por esse autor de que as normas tributárias devam ter somente "conceitos determinados, precisos" ou "tipos fechados", de modo a eliminar a valoração do intérprete.

Como demonstrado, não há como afastar o fenômeno da indeterminação conceitual nem a valoração do intérprete, mesmo em matéria tributária.

---

34 Como ressaltado por Misabel Abreu Machado Derzi (1988, p. 38) e Ricardo Lobo Torres (2014, p. 488), Karl Larenz (1997, p. 307) alterou seu ponto de vista e passou a tratar os tipos como algo sempre aberto e flexível.

O fenômeno da indeterminação conceitual, em maior ou menor grau, está presente na construção de quase todos os conceitos constitucionais tributários, inclusive na construção dos conceitos relativos às expressões "renda e proventos de qualquer natureza", "circulação de mercadorias e serviços", "propriedade predial e territorial urbana", "receita" e "faturamento", etc., que representam bases tributáveis utilizadas como critério pelo legislador constitucional brasileiro quando construiu o sistema de atribuição de competência tributária.

Reitera-se que a construção dos conceitos (jurídicos ou não) por meio de interpretação envolve valoração e uso da razão. Além disso, na maior parte dos casos, está presente o fenômeno da indeterminação. Por isso se diz que quase todas as "palavras" ou "conceitos" possuem certo grau de indeterminação. Em rigor, o fenômeno da indeterminação conceitual é inerente ao processo de conhecimento e constituição – compreensão-interpretação – da realidade. O fenômeno da indeterminação conceitual é complexo e relaciona-se à dificuldade de realizar, em graus diversos, as seguintes atividades humanas: (a) de identificar e constituir um objeto específico (construção do *conceito de um objeto específico*) – pois o sujeito cognoscente tem a possibilidade de adotar, eleger, infinitas características identificatórias ou definitórias, que, ante as limitações humanas, são construídas e adotadas dentro das possibilidades e limites humanos; (b) de constituir uma classe de objetos (construção do *conceito de classe de objetos*), que apresentem características identificatórias ou definitórias comuns, no sentido de semelhantes, não idênticas – pois o sujeito cognoscente também tem a possibilidade de eleger infinitos caracteres identificatórios ou definitórios comuns, o que deve ser concebido como atividade que reúne, que aproxima, sem tornar idênticos, objetos semelhantes, para criar a classe de objetos; e (c) de decidir, com valoração e uso da razão, se o *conceito de certo objeto corresponde* ao *conceito de certa classe de objetos* – pelos motivos já explicados nos itens "a" e "b".

Mesmo que seja certo dizer que, a partir das expressões "renda e proventos de qualquer natureza", "circulação de mercadorias e serviços", "propriedade predial e territorial urbana", "receita" e "faturamento", mediante adequada interpretação, podem ser construídos e definidos conceitos, de modo a permitir que sejam diferençados de outros conceitos que igualmente servirão como base tributável ("fato gerador" e "base de cálculo") de outros tributos, isso, de forma alguma, impede que se reconheça que o processo de construção desses conceitos pela interpretação encontra-se submetido ao fenômeno da indeterminação conceitual, o qual é fomentado pelos fenômenos da mutação conceitual e da diversidade espacial conceitual.

Considerados esses pontos, parece ser não apenas possível, mas necessário, compatibilizar o sentido do princípio da legalidade tributária materialmente qualificada com os fenômenos da indeterminação e mutação dos conceitos.

O *princípio da legalidade tributária materialmente qualificada* pode ser construído, especialmente, a partir da interpretação dos seguintes enunciados da Constituição:

> Art. 145. A União, os Estados, o Distrito Federal e os Municípios poderão instituir os seguintes tributos:
> [...]
> § 2º As taxas não poderão ter **base de cálculo** própria de impostos.
> [...]
> Art. 146. Cabe à lei complementar:
> [...]
> III – estabelecer normas gerais em matéria de legislação tributária, especialmente sobre:
> a) definição de tributos e de suas espécies, bem como, em relação aos impostos discriminados nesta Constituição, a dos respectivos **fatos geradores**, **bases de cálculo** e **contribuintes**;
> [...]
> Art. 149. Compete exclusivamente à União instituir contribuições sociais, de intervenção no domínio econômico e de interesse das categorias profissionais ou econômicas, como instrumento de sua atuação nas respectivas áreas, observado o disposto nos arts. 146, III, e 150, I e III, e sem prejuízo do previsto no art. 195, § 6º, relativamente às contribuições a que alude o dispositivo.
> [...]
> § 2º As contribuições sociais e de intervenção no domínio econômico de que trata o *caput* deste artigo:
> [...]
> III – poderão ter **alíquotas**:
> a) *ad valorem*, tendo por **base** o faturamento, a receita bruta ou o valor da operação e, no caso de importação, o valor aduaneiro;
> b) específica, tendo por **base** a unidade de medida adotada.
> [...]
> Art. 150. Sem prejuízo de outras garantias asseguradas ao contribuinte, é vedado à União, aos Estados, ao Distrito Federal e aos Municípios:
> I – **exigir ou aumentar tributo sem lei que o estabeleça**;
> II – instituir tratamento desigual entre **contribuintes** que se encontrem em situação equivalente, proibida qualquer distinção em razão de ocupação profissional ou função por eles exercida, independentemente da denominação jurídica dos rendimentos, títulos ou direitos;
> [...]
> § 6º Qualquer subsídio ou isenção, redução de **base de cálculo**, concessão de crédito presumido, anistia ou remissão, relativos a impostos, taxas ou contribuições, só poderá ser concedido mediante lei específica, federal, estadual ou municipal, que regule exclusivamente as matérias acima enumeradas ou o correspondente tributo ou contribuição, sem prejuízo do disposto no art. 155, § 2º, XII, "g".

> [...]
> Art. 153. Compete à União instituir impostos sobre:
> § 1º É facultado ao Poder Executivo, **atendidas as condições e os limites estabelecidos em lei**, alterar as **alíquotas** dos impostos enumerados nos incisos I, II, IV e V.
> [...]
> Art. 154. A União poderá instituir:
> I - mediante lei complementar, impostos não previstos no artigo anterior, desde que sejam não cumulativos e não tenham **fato gerador** ou **base de cálculo** próprios dos discriminados nesta Constituição; (grifo nosso)

Nesse sentido, por força do que dispõe a Constituição *Tributária* brasileira, a produção da norma tributária, além de atender as condições formais atinentes ao sujeito competente e procedimento (princípio da legalidade), deve produzir uma declaração prescritiva que contenha alguns aspectos da norma tributária a ser produzida, em especial: o "fato gerador", a "base de cálculo", o "contribuinte" e a "alíquota". Em termos mais analíticos, o aspecto declaração prescritiva condicionada do antecedente da norma constitucional de produção normativa deve conter, (i) como *proposição implicante* (que corresponderá ao antecedente da norma tributária a ser produzida), a descrição completa do conceito de um fato ("fato gerador") e, (ii) como *proposição implicada* (que corresponderá ao consequente da norma tributária a ser produzida), a prescrição de uma relação, cujo núcleo é representado por uma conduta intersubjetiva, deonticamente modalizada (obrigatória) e determinada tanto qualitativa quanto quantitativamente. Assim, a declaração prescritiva produzida deve identificar todos os critérios (pessoal, material, temporal e espacial) do antecedente ("fato gerador") e do consequente da norma tributária (especialmente os relativos ao "contribuinte", à "base de cálculo" e à "alíquota").

Desse modo, concebe-se que o *princípio da legalidade tributária materialmente qualificada* é uma combinação dos aspectos formais - *sujeito competente* e *procedimento* - com uma característica especial do aspecto material - *declaração prescritiva condicionada* - do antecedente da norma constitucional de produção normativa, ou seja, a declaração prescritiva condicionada deverá conter, como proposição implicante (que corresponderá ao antecedente da norma tributária a ser produzida), a descrição de todos os critérios de identificação - pessoal, material, temporal e espacial - do conceito de um fato ("fato gerador") e, como proposição implicada (que corresponderá ao consequente da norma tributária a ser produzida), a prescrição de uma relação intersubjetiva, cujo núcleo é representado por uma conduta entre sujeitos (ativo e passivo (contribuinte - com critérios expressos para a sua identificação), deonticamente modalizada (conduta obrigatória) e determinada tanto qualitativa (via de regra, conduta de entregar) quanto quantitativamente - quantia em dinheiro a ser entregue em função da aplicação de uma "alíquota" sobre uma "base de cálculo", sendo ambas expressamente indicadas, salvo exceção constitucionalmente prevista para a "alíquota", conduta a ser realizada em certo tempo[35] e espaço.

Portanto, ressalta-se que o *princípio da legalidade tributária materialmente qualificada* representa mais uma importante especificidade da Constituição *Tributária* brasileira, pois denota uma peculiar garantia para o cidadão-contribuinte no tocante à interpretação e aplicação em matéria tributária, além de guardar sintonia com os fenômenos da indeterminação e mutação dos conceitos, os quais, longe de excluírem a relevância desse princípio, contribuem para compreender o processo de construção do seu adequado sentido por meio da interpretação.

3.5. O Direito e o tempo – a justiça e a segurança na Constituição *Tributária* brasileira

3.5.1. O tempo da produção do texto jurídico, da interpretação, da norma jurídica, do fato jurídico e da aplicação

Interpretar é construir o sentido. O interpretar sempre representa um acontecimento, que se dá no tempo e no espaço do intérprete. O texto, ao ser produzido, é um acontecimento, que se dá em certo tempo e espaço. O interpretar o texto é um outro acontecimento, que se dá em certo tempo e espaço. A existência da norma jurídica construída mediante interpretação ocorre em certo tempo e espaço. O fato jurídico, cujo conceito corresponde ao antecedente de uma norma jurídica, ocorre em certo tempo e espaço. A atividade de aplicação jurídica ocorre em certo tempo e espaço. Essa é uma constatação aparentemente trivial, mas que produz consequências jurídicas muito relevantes, que nem sempre são consideradas.

A questão não é apenas de índole temporal e espacial. As condições sociais, econômicas, culturais, morais, etc. em que ocorre a produção do texto podem ser bem diferentes das condições existentes no momento em que ocorre a interpretação desse texto, tanto a interpretação abstrata quanto a concreta, e podem ser bem diferentes das condições exis-

---

35 O Supremo Tribunal Federal tem entendido que o critério temporal do consequente da norma tributária (prazo de vencimento) não está submetido ao princípio da legalidade, pelo que pode ser disposto por meio de instrumento infralegal (p.ex., RE 172.394 / SP. Rel. Min. Marco Aurélio. Redator do acórdão Min. Ilmar Galvão, julgamento: 21/06/1995. Órgão julgador: Tribunal Pleno. DJ 15/09/1995, p. 29.549; Ement v. 01800-12, p. 02317; RTJ v. 176-02, p. 894.

tentes no momento em que ocorre a aplicação. Essas condições afetam quem produz o texto, como também afetam aquele que interpreta e o que aplica. O processo de mudança é contínuo. O ser e o estar de hoje informam o ser e o estar de amanhã, num processo evolutivo permanente. A referência ao processo evolutivo não representa qualquer juízo de valor. O presente não é necessariamente melhor que o passado, nem pior que o futuro, mas o presente é diferente do passado e do futuro. O que se quer destacar é que há um processo inevitável e contínuo de mudanças, que produz seus efeitos principalmente na atividade de compreensão-interpretação e na atividade de aplicação.

Adverte Gadamer (2013, pp. 17-18) que a *mens auctoris* não é um padrão de medida para o significado da obra de arte, assim como a atividade de compreensão, de interpretação, não se apresenta como um comportamento subjetivo frente a um «objeto» dado, mas pertence ao ser do que é compreendido. A compreensão não se apresenta como uma reprodução de uma produção originária, como preconizava a teoria hermenêutica do romantismo, pois cada época precisa interpretar um texto transmitido de um modo próprio, à medida que o texto faz parte do todo da tradição, na qual cada época apresenta um interesse informado pela coisa e onde cada época também procura compreender a si própria (GADAMER, 2013, pp. 391-392). O real sentido de um texto, nos termos em que ele se apresenta a quem vai interpretá-lo, não depende exclusivamente do aspecto histórico relativo ao autor e ao público originário, pois o sentido também está determinado por todo o processo histórico que chega ao intérprete e no qual este se situa. É nesse contexto que Gadamer (2013, p. 392) assevera que "o sentido de um texto supera seu autor não ocasionalmente, mas sempre", e que a compreensão nunca é um comportamento apenas reprodutivo, mas é sempre produtivo.

Essa perspectiva é especialmente relevante para a interpretação e para a aplicação jurídicas. Um texto jurídico que não pode ser compreendido-interpretado, não tem como cumprir com a sua finalidade. Sem prévia interpretação, não há como alguém realizar a aplicação.

Ante as concepções até então apresentadas, especialmente as de Gadamer, algumas questões da mais alta relevância para a interpretação jurídica e, por consequência, para a aplicação jurídica, podem ser suscitadas. Nesse sentido, quatro questões podem ser formuladas:

a) É correto conceber que *texto jurídico* é o conjunto de símbolos produzidos que veicula uma ou mais mensagens prescritivas de natureza jurídica, e que *norma jurídica* é a mensagem prescritiva que se constrói a partir da interpretação de signos, em geral textos, dotada de uma estrutura lógica própria, cuja natureza jurídica de-

corre do fato de pertencer ao sistema jurídico por ter sido regularmente produzida?
b) Quando se diz que alguém está obrigado a "cumprir a lei" ou "aplicar a lei", o que se deve cumprir ou aplicar é o texto jurídico ou a norma jurídica?
c) É possível construir norma jurídica com base em interpretação de texto jurídico e independentemente da ocorrência da situação de fato descrita pela norma ou há que se aguardar a ocorrência, no tempo e no espaço, de um fato (concreto) que corresponda a esse texto jurídico?
d) Se somente for possível construir norma jurídica a partir da ocorrência de um fato (concreto) que corresponda a esse texto jurídico, haverá norma que não seja retroativa?

Realizar, nesse momento, o exame de cada uma dessas questões apresenta-se como medida necessária para compreender os reflexos do tempo sobre a interpretação e aplicação no Direito.

A primeira questão [*(a) É correto conceber que texto jurídico é o conjunto de símbolos produzidos que veicula uma ou mais mensagens prescritivas de natureza jurídica, e que norma jurídica é a mensagem prescritiva que se constrói a partir da interpretação de signos, em geral textos, dotada de uma estrutura lógica própria, cuja natureza jurídica decorre do fato de pertencer ao sistema jurídico por ter sido regularmente produzida?*] refere-se a uma distinção relevante para o Direito.

Como se disse, não faz sentido usar o valor verdade para a decisão acerca do uso de um nome. O uso de certo nome para designar certo objeto ou uma classe de objetos não é propriamente verdadeiro ou falso, mas se pode dizer que é ou não compatível com o costume linguístico de certa comunidade.

Nesse sentido, identifica-se, na comunidade jurídica brasileira e estrangeira, o uso das expressões "texto jurídico" (ou, v.g., lei em sentido amplo) e "norma jurídica" em sentido semelhante ao antes proposto. Esse uso é encontradiço tanto na doutrina (GUASTINI, 1999, p. 100; 2008, p. 28); ALEXY, 2008, pp. 53-54; LOBO TORRES, 2001, p. 128; BARCELLOS, 2005, pp. 103-104; DERZI, 2006, p. 980; CARVALHO, 2011, p. 40; SCHOUERI, 2013, p. 68; SARMENTO; SOUZA NETO, 2014, p. 362; ÁVILA, 2019, p. 50) quanto na jurisprudência do próprio Supremo Tribunal Federal (como, p.ex., revelam as ementas do RE 263975 AgR[36] e

36 RE 263.975 AgR / RN. Recurso Extraordinário. Rel. Min. Celso de Mello, julgamento: 26/09/2000. Segunda Turma, *DJ* 02-02-2001, p. 122; ement v. 2017-11, p. 1778.

da ADPF 153[37]). O uso dessas duas diferentes expressões parece adequado não apenas por corresponder a um costume linguístico, mas também porque é útil para designar dois diferentes conceitos: um mais relacionado ao plano do suporte físico (tinta impressa no papel; pixels numa tela, etc.) e do significado dos signos neles contidos – o texto jurídico, sem a construção estrutural e material de norma; outro relacionado ao plano da significação jurídica, com a construção estrutural e material de norma – a norma jurídica.

O intérprete, ao iniciar o percurso hermenêutico jurídico, precisa identificar os suportes materiais correspondentes ao texto. Esse é o momento de maior objetividade hermenêutica, o que não significa dizer que há plena objetividade, pois, ainda que menos frequentemente, podem surgir dúvidas acerca da caracterização de um texto como sendo ou não de natureza jurídica. A efetiva natureza jurídica de um texto está informada pelos critérios que forem adotados para a identificação do que pertence ao sistema jurídico. Nesse momento da identificação dos textos jurídicos, já se começa a realizar as primeiras construções de sentido. A construção de sentido dos elementos que integram o texto jurídico (v.g., lei) não se limita à interpretação isolada de um vocábulo ou de apenas um texto, mas será mais bem realizada à medida que se considerem os demais textos do sistema, sem, contudo, preocupar-se com a formulação de normas jurídicas.

A identificação de um texto como sendo texto jurídico e a construção da norma como sendo norma jurídica dependem da determinação de critérios que permitam considerá-los como tais. Cada comunidade soberana decide, com maior ou menor grau de democracia, organização, objetivação e formalidade, quais serão os critérios (formais e materiais) que permitem identificar o que pertence ao universo jurídico. No Brasil, os critérios de grau mais elevado estão estabelecidos na Constituição por meio das denominadas normas de produção normativa, que determinam o modo pelo qual outras normas jurídicas são produzidas ou extintas (revogadas).

É nesse contexto que se entende que a norma jurídica é a mensagem prescritiva, que se apresenta sob a forma de um juízo de implicação, pelo qual deve ser (juridicamente) que, ocorrida a proposição implicante (antecedente ou hipótese), ter-se-á como efeito uma proposição implicada (consequente ou mandamento). Daí se falar que toda norma jurídica assim se apresenta: deve ser que, ocorrido algo (A), então, ter-

---

37 ADPF 153 / DF. Ação de Descumprimento de Preceito Fundamental. Rel.Min. Eros Grau, julgamento: 29/04/2010. Órgão Julgador: Tribunal Pleno. *DJe* 145, divulg. 05/08/2010, public. 06/08/2010; ement. v., 2.409-01, p. 1; *RTJ* v. 216-01, p. 11.

se-á certo efeito jurídico (C). A norma jurídica apresenta uma causalidade jurídica ou causalidade jurídico-normativa, o que não se confunde com a causalidade natural (se é isso, então aquilo). O Direito estabelece o que deve ser, não o que é. Assim, é de certo modo esperado que as condutas prescritas pelas normas jurídicas não sejam integralmente cumpridas por todas as pessoas. Como observa Lourival Vilanova (2005, p. 69), o Direito existe para incidir sobre a realidade, não para com ela coincidir.

Importa destacar que a distinção entre a denominada realidade (ser) e o prescrito pela norma jurídica (dever ser) não significa uma alienação do Direito para com a realidade, muito pelo contrário. Pretende-se somente revelar a necessidade de se ter em conta a diferença entre o mundo do ser e o do dever ser. O sistema jurídico não descreve a realidade, mas prescreve, por meio de suas normas, qual a realidade que se pretende ter. Por sua vez, é mister conceber que o mundo dos fatos afeta o *ser* do intérprete (e do aplicador), o que produz efeitos na construção da norma jurídica. Há uma recíproca informação entre fato-intérprete-norma. Eis, mais uma vez, a utilidade das noções gadamerianas de história efeitual, tradição, círculo hermenêutico, etc. para o processo de construção do conhecimento em geral e, especialmente, para a construção das normas jurídicas, do conceito dos fatos jurídicos e dos efeitos jurídicos.

A segunda questão [(b) Quando se diz que alguém está obrigado a "cumprir a lei" ou "aplicar a lei", o que se deve cumprir ou aplicar é o texto jurídico ou a norma jurídica?] tem sua resposta informada pela resposta à questão anterior. O que é passível de cumprimento ou aplicação é a norma jurídica, ou seja, a mensagem prescritiva, a significação veiculada no texto e que se constrói sob a forma de um juízo de implicação (deve ser, se isso, então aquilo) a partir da interpretação do texto, seja uma lei ordinária ou qualquer outro instrumento apto a veicular norma (Constituição, lei complementar, medida provisória, decreto, sentença, contrato, etc.). Texto jurídico sem interpretação significa algo sem sentido construído, pelo que não se tem como cumprir o que não tem sentido construído.

Salienta-se que a ideia de cumprimento ou descumprimento não se aplica a toda e qualquer norma jurídica, mas somente às normas de conduta, pois somente elas prescrevem a regulação de uma conduta intersubjetiva, de um sujeito frente a outro, pelo que somente o comando nela contido pode ser cumprido ou descumprido. A norma de produção normativa não regula qualquer comportamento em seu consequente, mas apenas prescreve o surgimento ou a revogação de certa norma, em função da ocorrência da situação descrita no antecedente.

Para responder à terceira questão [*(c) É possível construir norma jurídica com base em interpretação de texto jurídico e independentemente da ocorrência da situação de fato descrita pela norma ou há que se aguardar a ocorrência, no tempo e no espaço, de um fato (concreto) que corresponda a esse texto jurídico?*], há que se lembrar o que se disse acerca da distinção entre interpretação em abstrato e interpretação em concreto.

A denominada interpretação em abstrato tem como propósito construir o sentido do texto jurídico. A denominada interpretação em concreto, além de demandar a interpretação de texto, suscita a interpretação da situação da vida – do fato – que se dá no tempo e no espaço.

A interpretação em concreto suscita uma atividade mais complexa que a relativa à interpretação em abstrato, pois se interpreta tanto texto jurídico quanto fato, a fim de concluir se há uma correspondência entre o conceito do fato ocorrido e a situação descrita no antecedente de certa norma. Quando se conclui pela existência dessa correspondência, considera-se instaurado o efeito jurídico prescrito pelo consequente da norma jurídica, qual seja: (i) surge ou é extinta relação jurídica intersubjetiva, entre um sujeito passivo e um sujeito ativo, quando se tratar de norma de conduta; ou (ii) surge ou resta revogada uma norma jurídica, quando se tratar de norma de produção normativa.

Concluir pela correspondência entre a situação descrita no antecedente da norma e o conceito do fato ocorrido representa uma decisão, que envolve esforços que superam a exclusiva interpretação (construção de sentido) de texto e de fato, mas que demanda uma decisão acerca da relação de correspondência do conceito de certo objeto concreto (conceito do fato, que pode envolver pessoas e coisas) ao conceito de classe de objetos (conceito correspondente à situação de fato abstratamente descrita no antecedente da norma). A referência à relação entre conceitos – *conceito de certo objeto concreto* e *conceito de classe de objetos* – é relevante por algumas razões. A relação de correspondência descrita depende sempre de interpretação. A relação de correspondência se instaura sempre entre objetos interpretados (texto interpretado e fato interpretado), ou seja, é uma correspondência conceitualmente construída, o que afasta a ideia de uma operação puramente racional, lógica, automática, mecânica, evidente e objetiva. Trata-se de uma correspondência conceitual e humanamente construída mediante interpretação, com valoração e uso da razão, portanto, uma correspondência sujeita à argumentação, a imprecisões, falhas, mudanças, o que é incompatível com a pretensão de certeza absoluta, de irrefutabilidade e de imutabilidade. As noções de certeza absoluta, de irrefutabilidade e de imutabilidade não são adequadas mesmo para o discurso referente às denominadas ciências exatas ou da natureza. Como ressalta Karl Popper (1974, p. 42, grifo nosso) em seu livro *A Lógica da Pesquisa Científica*, a presença das características da falseabilidade, da refutabilidade e da provisoriedade não apenas são compatíveis com o discurso científico, mas são inerentes a ele:

> Contudo, só reconhecerei um sistema como empírico ou científico se ele for passível de comprovação pela experiência. Essas considerações sugerem que **deve ser tomado como critério de demarcação**, não a *verificabilidade*, **mas a *falseabilidade* de um *sistema*.** Em outras palavras, **não exigirei que um sistema científico seja suscetível de ser dado como válido, de uma vez por todas**, em sentido positivo; **exigirei, porém, que sua forma lógica seja tal que se torne possível validá-lo através de recurso a provas empíricas, em sentido negativo: *deve ser possível refutar, pela experiência, um sistema científico empírico*.**

Portanto, há que se dizer que, além de ser possível, é recomendável que se construa norma jurídica com base em interpretação de texto jurídico e independentemente da ocorrência, no tempo e no espaço, do fato descrito pela norma. É possível, à medida que se pode compreender o sentido do texto jurídico (considerado o sistema jurídico como um todo), bem como construir a mensagem prescritiva nele veiculada, considerada a forma própria da norma jurídica. É recomendável, pois graças a essa construção da norma jurídica, as pessoas têm a possibilidade de se comportar de acordo com o que nela está prescrito, a fim de evitar conflitos intersubjetivos e alcançar a paz social.

Pode-se até dizer que *a construção da norma jurídica com base em interpretação de texto jurídico e independentemente da ocorrência, no tempo e no espaço, do fato descrito pela norma* é uma condição de possibilidade de o Direito funcionar como instrumento norteador de condutas intersubjetivas, pois é condição para que exista previsibilidade jurídica, uma das condições de alcançamento da segurança jurídica e, enfim, da justiça. Há que se lembrar que, segundo o art. 3º da Lei de Introdução às normas do Direito Brasileiro (Decreto-lei nº 4.657/42, com a redação dada pela Lei nº 12.376, de 2010), "ninguém se escusa de cumprir a lei, alegando que não a conhece". A condição para que alguém possa cumprir uma "lei", em rigor, uma norma jurídica veiculada pela lei é a de que essa norma exista. Como demonstrado anteriormente, o que se cumpre não é o texto, mas sim a norma jurídica que se constrói a partir da interpretação do texto jurídico.

A resposta à quarta questão [*(d) Se somente for possível construir norma jurídica a partir da ocorrência de um fato (concreto) que corresponda a esse texto jurídico, haverá norma que não seja retroativa?*] decorre do significado atribuído à expressão *norma retroativa*. Uma norma jurídica é considerada retroativa sempre que se reporta a um fato que ocorreu ou possa ter ocorrido no passado. Em termos mais analíticos, uma norma jurídica é denominada retroativa sempre que seu antecedente descreve uma situação de fato que ocorreu ou que possa ter ocorrido antes de a norma entrar em vigor (nesse sentido, dispõe o art. 150, III, "a", da Constituição brasileira). É irrelevante, para tanto, o momento prescrito pelo consequente da norma para cumprimento da conduta. Um exemplo pode elucidar esse ponto: uma lei, publicada em 2020, estabelece que todo aquele que tiver recebido rendimentos superiores a cem mil reais no ano de 2019 está obrigado a pagar, até o final de março de 2021, um valor correspondente a um por cento do total dos referidos rendimentos. Apesar de ter sido previsto que a conduta deve ser cumprida até o final de março de 2021, a norma veiculada pela lei é retroativa, pois descreve em seu antecedente (proposição implicante) um fato que pode ter ocorrido antes de ter sido publicada a lei, a partir da qual foi possível construir a correspondente norma.

É importante fazer uma observação relativa à denominada *norma concreta*. Classifica-se uma norma quanto ao critério da realização, no tempo e no espaço, do fato descrito no antecedente normativo como sendo *abstrata* ou *concreta*. A norma é considerada abstrata quando o seu antecedente descreve uma situação de fato imaginada, uma suposição, uma hipótese, cuja ocorrência é possível. A norma é considerada concreta quando o seu antecedente descreve um fato que já se realizou no tempo e no espaço; descreve-se um fato já ocorrido, fato concreto. Assim, toda norma que descreva fato já ocorrido no tempo e no espaço – norma concreta – é, por definição, retroativa.

Portanto, se somente fosse possível construir norma jurídica após a concreta ocorrência, no tempo e no espaço, de fato cujo conceito corresponde ao descrito no antecedente normativo, por definição, esse tipo de norma seria necessariamente concreta e retroativa. Isso representaria dizer que somente seria possível construir norma que fosse concreta e retroativa, o que parece inadequado e incompatível com o vetor axiológico da Constituição brasileira relativo aos princípios da irretroatividade, da irretroatividade tributária, da anterioridade de exercício e da anterioridade nonagesimal ou noventena (art. 5º, incisos XXXVI, XXXIX e XL; art. 150, inciso III, alíneas "a", "b" e "c"; art. 195, § 6º). Também por essa razão, soa conveniente e recomendável que se conceba que é possível construir norma jurídica com base em interpretação de texto jurídico e independentemente da ocorrência, no tempo e no espaço, do fato descrito pela norma (interpretação abstrata).

Em tempo, há que se reiterar que a interpretação de texto jurídico e a interpretação de fato juridicamente relevante são mutuamente implicantes. O compreender um texto jurídico envolve o aplicar no primeiro sentido gadameriano, considerar a situação hermenêutica do intérprete, decorrente das experiências pessoalmente vividas e das socialmente transmitidas, ou como diz Gadamer, considerar que a tradição, a história efeitual, os preconceitos e a consciência da situação hermenêutica informam, conformam, são condições de possibilidade de construção do sentido do texto. Por sua vez, reconhecer o que há de jurídico em um fato da vida, de modo a permitir considerá-lo como sendo um fato jurídico, demanda a compreensão de textos jurídicos. Eis a mútua e inafastável implicação entre norma jurídica e fatos da vida.

3.5.2. O tempo e os princípios da irretroatividade, da anterioridade de exercício e da anterioridade nonagesimal

Ter consciência de que há o tempo do texto, da interpretação, da norma jurídica, do fato jurídico e da aplicação, possibilita considerar uma difícil e importante questão: como lidar juridicamente com a diferença do tempo da produção do texto jurídico, da interpretação, da norma jurídica, do fato jurídico e da aplicação, em especial tendo em conta o que dispõem os princípios constitucionais tributários da irretroatividade, da anterioridade de exercício e da anterioridade nonagesimal ou noventena?

À primeira vista, os princípios da irretroatividade tributária, da anterioridade de exercício e da anterioridade nonagesimal ou noventena construídos, especialmente, a partir da interpretação dos enunciados dos incisos I a III do art. 150 da Constituição brasileira, podem parecer suficientes para resolver essa questão. Eis o teor desses dispositivos:

> Art. 150. Sem prejuízo de outras garantias asseguradas ao contribuinte, é vedado à União, aos Estados, ao Distrito Federal e aos Municípios:
> [...]
> III – cobrar tributos:
> a) em relação a fatos geradores ocorridos antes do início da vigência da lei que os houver instituído ou aumentado;
> b) no mesmo exercício financeiro em que haja sido publicada a lei que os instituiu ou aumentou;
> c) antes de decorridos noventa dias da data em que haja sido publicada a lei que os instituiu ou aumentou, observado o disposto na alínea *b*;

A partir desses enunciados constitucionais, pode-se conceber os referidos princípios da seguinte maneira:

a) princípio da irretroatividade tributária é o complemento, necessário e condicionante, do aspecto material – declaração prescritiva condicionada – do antecedente da norma constitucional de produção normativa, que estabelece a necessidade de, nas hipóteses de criação ou aumento de tributo, a declaração prescritiva a ser elaborada pelo legislador infraconstitucional conter como proposição implicante (a qual corresponderá ao antecedente da norma tributária a ser produzida) a descrição do conceito de um fato de ocorrência possível e futura (a partir da vigência), nunca a descrição do conceito de fato já ocorrido no tempo e no espaço, fato passado;

b) princípio da anterioridade de exercício é o complemento condicionante do aspecto material – declaração prescritiva condicionada – do antecedente da norma constitucional de produção normativa, que afeta o elemento declaração prescritiva, submetendo-o à ocorrência de um evento futuro e certo (termo) – o início do exercício financeiro seguinte àquele em que houver sido publicado o texto jurídico que dispuser sobre a criação ou modificação aumentativa (que implique aumento do valor a ser entregue ao Estado a título de tributo) de norma tributária – , pelo que a norma tributária somente passará a integrar o sistema jurídico (ser válida, ter fundamento constitucional de validade) a partir do primeiro dia do exercício financeiro seguinte àquele em que houver sido publicado o texto jurídico que dispôs sobre a criação ou aumento do tributo; e

c) princípio da anterioridade nonagesimal é o complemento condicionante do aspecto material – declaração prescritiva condicionada – do antecedente da norma constitucional de produção normativa, que afeta o elemento declaração prescritiva, submetendo-o à ocorrência de um evento futuro e certo (termo) – o transcurso do prazo de noventa dias da publicação do texto jurídico que dispuser sobre a criação ou modificação aumentativa (que implique aumento do valor a ser entregue ao Estado a título de tributo) de norma tributária, ou seja, a norma tributária somente passará a integrar o sistema jurídico (ser válida, ter fundamento constitucional de validade) a partir do transcurso do prazo de noventa dias da publicação do texto jurídico que dispuser sobre a criação ou aumento do tributo (a ocorrência do termo).

Uma observação preliminar precisa ser feita. Em função de esses três princípios integrarem norma de produção normativa constitucional relativa à produção de norma tributária, salvo as exceções constitucionalmente previstas apenas para os princípios da anterioridade e da anterioridade nonagesimal, já que não há exceção para o princípio da irretroatividade tributária, há que se concluir que: o não atendimento às condições correspondentes a esses princípios afeta a validade da norma, não somente a sua vigência ou eficácia jurídica. A norma é considerada inconstitucional, sem fundamento constitucional de validade.

Ante a distinção adotada entre texto jurídico e norma jurídica é possível afirmar que pode existir texto e não existir norma jurídica ou norma com validade jurídica. Afirmar que é a validade que é afetada, não a vigência ou eficácia jurídica, decorre da definição adotada para esses conceitos. Reitera-se que o termo *vigência* tem sido usado em dois sentidos. O primeiro sentido é como sinônimo de *eficácia jurídica*. Considera-se que *eficácia jurídica* é a qualidade de norma jurídica que está apta a produzir efeitos jurídicos, quais sejam, se ocorrer o fato descrito em seu antecedente, então surgirá o efeito prescrito em seu consequente, que será a criação ou extinção de norma jurídica, se for efeito de norma de produção normativa, ou que será a criação ou extinção de relação jurídica, se for efeito de norma de conduta. O segundo sentido do termo *vigência* é o de período de tempo em que uma norma vige ou vigora, em que possui eficácia jurídica.

Portanto, quando não são atendidas as condições previstas no antecedente de norma constitucional, tais como as relativas aos princípios da irretroatividade tributária, da anterioridade e da anterioridade nonagesimal, norma jurídica não é produzida ou diz-se que há inconstitucionalidade. Um exemplo pode contribuir para esclarecer esse ponto: uma lei, publicada em 1º de janeiro de 2020, com previsão para entrada em vigor na data da publicação, estabelece que todo aquele que tiver recebido rendimentos anuais superiores a cem mil reais, a contar do ano de 2019, inclusive, está obrigado a pagar, até o final do ano subsequente, um valor correspondente a um por cento do total dos referidos rendimentos. Apesar de ter sido previsto que a conduta deve ser cumprida até o final do ano subsequente ao do recebimento dos rendimentos, pode-se afirmar que:

a) a norma relativa à descrição de fato ocorrido no ano de 2019 e prescrição de pagamento até o final de 2020 é retroativa e, por consequência, é inconstitucional, pois não atende o princípio da irretroatividade, à medida que descreve em seu antecedente um fato que pode ter ocorrido antes de ter sido publicada a lei, a partir da qual foi possível construir a correspondente norma;

b) a norma relativa à descrição de fato ocorrido no ano de 2020 e prescrição de pagamento até o final de 2021 é inconstitucional; pois:

– por força do princípio da anterioridade nonagesimal, a norma somente adquiriria validade a partir do transcurso do prazo de 90 dias a contar da data da publicação; e,

– por força do princípio da anterioridade de exercício, a norma somente adquirirá validade a partir do dia primeiro de janeiro de 2021.

c) em conclusão, por força dos três princípios (abstendo-se da consideração de qualquer outra exigência constitucional) contidos em norma constitucional de produção normativa, especialmente no caso do exemplo, por força do princípio da anterioridade de exercício, a norma somente adquire validade, torna-se norma jurídica tributária, no dia 1º de janeiro de 2021, pelo que somente os fatos ocorridos a partir desta data poderão sofrer a incidência da mesma, produzindo como efeito a obrigação de pagar o tributo até o final do respectivo ano subsequente.

É interessante notar que o exemplo criado permite distinguir com mais clareza diferentes situações ao longo do tempo:

a) em 1º de janeiro de 2020, data da publicação do texto, há existência física do texto legal, mas não há norma produzida com fundamento constitucional de validade, norma jurídica relativa à descrição de fato ocorrido no ano de 2019 e prescrição de pagamento até o final de 2020, ante o não atendimento dos princípios da irretroatividade, da anterioridade nonagesimal e da anterioridade de exercício;
b) em 1º de janeiro de 2020, data da publicação do texto, há existência física do texto legal, mas não há norma jurídica relativa à descrição de fato a ocorrer no ano de 2020 e prescrição de pagamento até o final de 2021, pois, apesar de atendido o princípio da irretroatividade tributária, continuam sem ser atendidos os princípios da anterioridade nonagesimal e da anterioridade de exercício;
c) transcorrido o período de noventa dias a contar da publicação, há existência física do texto legal, mas, apesar de atendidos os princípios da irretroatividade tributária e da anterioridade nonagesimal, ainda não há norma jurídica, pois continua sem ser atendido o princípio da anterioridade de exercício;
d) somente a partir de 1º de janeiro de 2021, uma vez atendidos todos os requisitos constitucionais relativos aos mencionados princípios, há norma jurídica relativa à descrição de fato a ocorrer partir de 1º de janeiro de 2021 e com prescrição de pagamento até o final dos respectivos anos subsequentes; é nessa data que a norma alcança validade jurídica, torna-se norma que pertence ao sistema tributário; e
e) somente a partir do momento que se torna norma jurídica, a norma (já jurídica) passa a ter a aptidão de produzir efeitos jurídicos, passa a ter a eficácia jurídica ou vigência que o legislador infraconstitucional indevidamente pretendia que existisse desde

a publicação do texto, já que somente pode ter eficácia jurídica a norma que já é jurídica, que já possui fundamento de validade jurídica.

Insta salientar que o exemplo elaborado leva em conta a diferença entre a *existência de texto jurídico* sobre a matéria tributária e a *existência jurídica* ou a *validade* de norma tributária. Mais um ponto que não pode passar desapercebido. Não há que se confundir o tempo em que se realiza a interpretação do texto com o tempo do surgimento da norma. O exemplo antes apresentado pode contribuir para a compreensão dessa diferença. Desde a publicação do texto em 1º de janeiro de 2020, portanto, desde a sua existência física, o texto pode ser interpretado (interpretação abstrata). Contudo, a norma passa a ter existência jurídica – validade – somente a partir do dia 1º de janeiro de 2021, quando todos os requisitos previstos no antecedente da norma constitucional de produção normativa estiverem atendidos, especialmente os relativos aos princípios da irretroatividade tributária, da anterioridade e da anterioridade nonagesimal.

3.5.3. O tempo e o fenômeno da mutação normativa

Os princípios da irretroatividade tributária, da anterioridade e da anterioridade nonagesimal tomam como base o momento da publicação do texto jurídico, com o fim de informar a partir de quando será possível ter validade a norma que cria ou aumenta o tributo. Contudo, um fenômeno bem mais delicado pode acontecer. Trata-se do fenômeno correspondente à mudança da norma jurídica independentemente de mudança do texto jurídico, o que, em geral, é denominado *mutação normativa* e, quando se toma como referência a mudança de norma constitucional independentemente de mudança no texto constitucional, é denominado *mutação constitucional*. A *mutação constitucional* é uma espécie do gênero *mutação normativa*.

A doutrina vem destacando a distinção existente entre dois fenômenos: o da *reforma constitucional*, quando há uma alteração no texto constitucional, segundo o disposto na própria Constituição, isto é, segundo o prescrito pelas próprias normas constitucionais de produção normativa; e o da *mutação constitucional*, quando, sem que ocorra qualquer alteração do texto constitucional, promove-se uma alteração da norma constitucional, em função de uma mudança no sentido construído mediante a interpretação do mesmo texto.

O fenômeno da *mutação constitucional*, como destacado por Ana Victoria Sánchez Urrutia (2000, pp. 105-106), tem chamado a atenção de publicistas alemãs, como Paul Laband e Georg Jellinek, desde o final do século XIX, quando foram diferençados os termos *reforma constitucional* (*verfassungänderung*) e *mutação constitucional* (*verfassungswandlung*). Como observa Urrutia, Laband referia-se a três situações principais pelas quais se caracterizava mutação constitucional: a regulação por meio de leis do Reich de elementos centrais do Estado que não eram previstos ou que eram previstos indiretamente pela Constituição do Reich; modificação de elementos centrais do Estado por meio de leis do Reich que contrariavam o previsto pela Constituição; e alteração de elementos centrais do Estado pelos usos e costumes dos Poderes Públicos (2000, p. 108). Urrutia (2000, p. 110) observa que Laband, apesar de atribuir à Constituição força normativa, considerava que ela não possuía superioridade hierárquica sobre as leis. Por sua vez, Georg Jellinek (apud URRUTIA, 2000, p. 110) adotou a intenção como critério para diferençar a reforma da mutação constitucional:

> Por reforma de la Constitución entiendo la modificación de los textos constitucionales producida por acciones voluntarias e intencionadas. Y por mutación de la Constitución entiendo la modificación que deja indemne su texto sin cambiarlo formalmente que se produce por hechos que no tienen que ir acompañados por la intención, o conciencia, de tal mutación.[38]

Na evolução da apreciação do tema da mutação constitucional, um estudo bastante referido é o de Hsü Dau-Lin, publicado originalmente em 1932. Para Dau-Lin (1998, p. 30), a mutação constitucional está ligada ao descompasso entre a Constituição escrita e a efetiva situação constitucional:

> El significado de ese problema resulta de la naturaleza e intención de la Constitución escrita. Porque en el caso de una mutación de la Constitución, ésta como tal se cuestiona en su significado fundamental. Aquí normas que deben abarcar la vida estatal en su totalidad y exigen que su validez sea superior a la de las leyes ordinarias se reducen a letra muerta. En efecto, la realidad para la cual se emanaron estas normas, ya no coincide con ellas. Reina una tensión entre la Constitución escrita y la situación real constitucional.[39]

38 O trecho correspondente na tradução é: "Por reforma da Constituição entendo a modificação dos textos constitucionais produzida por ações voluntárias e intencionais. E por mutação da Constituição entendo a modificação que deixa seu texto intacto, sem alterá-lo formalmente, que é produzida por fatos que não precisam ser acompanhados pela intenção, ou consciência, de tal mutação".

39 O trecho correspondente na tradução é: "O significado deste problema resulta da natureza e intenção da Constituição escrita. Porque no caso de uma mutação da Constituição, ela como tal é questionada em seu sentido fundamental. Aqui

Dentre os trabalhos mais recentes e com grande repercussão internacional[40], destaca-se o do jurista alemão Konrad Hesse, que foi Juiz do Tribunal Constitucional Federal nos anos 70 e 80 do século passado. Hesse (1992, p. 24, grifo nosso) faz uma distinção entre as noções de revisão constitucional, ruptura constitucional e mutação constitucional:

> 39. Por "revisión constitucional" se entiende aquí exclusivamente la revisión del texto de la Constitución. La cual hay que distinguirla de la "ruptura constitucional" (*Verfassungsdurchbrechung*), es decir, la no observancia del texto en un supuesto individual (sin modificación del texto), como se admitía en la práctica política de la República de Weimar con tal de que se dieran las mayorías requeridas para la reforma de la Constitución. Finalmente, la "revisión constitucional" debe ser diferenciada de la ***"mutación constitucional"*** (*Verfassungswandel*), **que no afecta al texto como tal - el cual permanece inmodificado - sino a la concretización del contenido de las normas constitucionales; en efecto, dada la amplitud y apertura de las normas constitucionales, las mismas pueden conducir a resultados distintos antes supuestos cambiantes (número marginal 45 y ss.) operando en este sentido una "mutación". La problemática de la revisión constitucional comienza allí donde terminan las posibilidades de la mutación constitucional.**[41]

normas que devem abarcar a vida estatal em sua totalidade e exigem que sua validade seja maior do que a das leis ordinárias são reduzidas a letra morta. Na verdade, a realidade para a qual essas normas foram emitidas não mais coincide com elas. Existe uma tensão entre a Constituição escrita e a situação constitucional real."

40 O trabalho em comento intitula-se "Escritos de derecho constitucional", que foi publicado inicialmente em 1983 e reeditado em 1992.

41 O trecho correspondente na tradução é: "39. Por "revisão constitucional" entende-se aqui exclusivamente a revisão do texto da Constituição. Que deve ser distinguida da "ruptura constitucional" (*Verfassungsdurchbrechung*), ou seja, a não observância do texto em caso individual (sem modificação do texto), como foi admitido na prática política da República de Weimar desde que são dadas as maiorias necessárias para a reforma da Constituição. Por fim, a "revisão constitucional" deve ser diferenciada da "mutação constitucional" (*Verfassungswandel*), que não afeta o texto enquanto tal – que permanece inalterado – mas antes a concretização do conteúdo das normas constitucionais; de fato, dada a amplitude e a abertura das normas constitucionais, elas podem levar a resultados diferentes antes de mudar as premissas (número marginal 45 e segs.), Operando nesse sentido uma "mutação". O problema da revisão constitucional começa onde as possibilidades de mutação constitucional terminam."

Hesse (1992, pp. 28-29) ainda alerta para os limites que a mutação constitucional encontra no texto constitucional vigente, sob pena de ocorrer uma inaceitável realidade constitucional *contra constitutionem*:

> 46. Así pues, la "concretización" del contenido de una norma constitucional, así como su realización, sólo resultan posibles incorporando las circunstancias de la "realidad" que esa norma está llamada a regular. Las singularidades de estas circunstancias - con frecuencia conformadas ya jurídicamente- integran el "ámbito normativo", el cual, a partir del conjunto de los datos del mundo social afectados por un precepto, y a través del mandato contenido sobre todo en el texto de la norma, el "programa normativo" es elevado a parte integrante del contenido normativo. Puesto que estas singularidades, y con ellas el "ámbito normativo", se hallan sometidas a cambios históricos, los resultados de la "concretización" de la norma pueden cambiar, a pesar de que el **texto de la norma** (y con ello, en lo esencial, el "programa normativo") **continúa siendo idéntico**. De todo ello resulta una ***mutación constitucional*** **constante**, más o menos notable, que no resulta fácil de captar y que, por ello, rara vez se manifiesta con nitidez.
> 47. Ahora bien, **las posibilidades de esa "mutación constitucional" son limitadas**, sin que varíe en nada la constante vinculación de la realización de las normas constitucionales a esas normas precisamente. Por eso, los contenidos que se realicen en contradicción con dichas normas tampoco pueden ser "realidad constitucional", es decir, Constitución realizada, al menos no si con ese concepto se pretende decir algo. Verdad es que la realización de normas constitucionales tiene que ir inevitablemente, unas veces más otras menos, por detrás de los mandatos que estas normas dirigen a la conducta humana, siendo en la descripción de esta diferencia donde la contraposición entre Derecho constitucional y realidad constitucional encuentra su justificación. **Pero no existe una realidad constitucional *contra constitutionem*.** La afirmación de **una contraposición entre Derecho constitucional y realidad constitucional puede no solo oscurecer la verdadera problemática, sino incluso desviarla. Al calificar la realidad inconstitucional como realidad constitucional se otorga a esta realidad fuerza normadora, con lo que en cuanto fuerza normadora de la realidad aparece de antemano por encima de la fuerza normadora del "Derecho". La calificación de la realidad inconstitucional como realidad constitucional contiene, pues, una opción** - con frecuencia desde luego inconsciente - **contra la Constitución, a la que se le priva de una contemplación jurídico-constitucional.**
> 48. Ello no significa que en la vida de la Comunidad no pueda haber realidad alguna que se halle en contradicción con la Constitución, o que tal realidad deba ser considerada irrelevante. Se trata, por el contrario, de tomarla en consideración y hacer lo necesario para evitar que se produzca una realidad inconstitucional, o para situar de nuevo a la realidad de acuerdo con la Constitución. Por ello la perspectiva jurídica, así como la argumentación que se vincula a la normatividad de la Constitución necesita ser completada por consideraciones de *política constitucional* dirigidas a mantener o posibili-

tar este acuerdo, a crear los presupuestos de una realización legítima de la Constitución o bien, si no, a reformar la Constitución.[42-43]

---

42 O trecho correspondente na tradução é: "46. Assim, a 'concretização' do conteúdo de uma norma constitucional, bem como a sua realização, só são possíveis incorporando as circunstâncias da "realidade" que essa norma é chamada a regular. As singularidades destas circunstâncias – muitas vezes já juridicamente conformadas – constituem o 'âmbito normativo', que, a partir do conjunto de dados do mundo social afetado por um preceito, e através do mandato contido sobretudo no texto da norma, o "programa normativo" é elevado a parte integrante do conteúdo normativo. Uma vez que essas singularidades, e com elas o " âmbito normativo", estão sujeitas a mudanças históricas, os resultados da 'concretização' da norma podem mudar, ainda que o texto da norma (e com ele, no essencial, o 'programa normativo') permanece idêntico. O resultado de tudo isso é uma mutação constitucional constante, mais ou menos notável, que não é fácil de captar e que, portanto, raramente se manifesta com clareza.
47. No entanto, as possibilidades dessa "mutação constitucional" são limitadas, sem que mude em nada a constante vinculação da realização das normas constitucionais a precisamente essas normas. Por isso, os conteúdos que se realizam em contradição com estas normas não podem ser 'realidade constitucional', isto é, uma Constituição realizada, pelo menos não se esse conceito se destina a dizer algo. É verdade que a realização das normas constitucionais tem que ir inevitavelmente, às vezes mais às vezes menos, por detrás dos mandatos que essas normas direcionam ao comportamento humano, sendo na descrição desta diferença onde a oposição entre Direito constitucional e realidade constitucional encontra sua justificativa. Mas não há realidade constitucional contra *constitutionem*. A afirmação de uma contradição entre o direito constitucional e a realidade constitucional pode não apenas obscurecer o verdadeiro problema, mas até mesmo desviá-lo. Ao qualificar a realidade inconstitucional como realidade constitucional, outorga-se a esta realidade força normativa, com a qual, como força normativa da realidade, aparece de antemão acima da força normativa do 'Direito'. A qualificação da realidade inconstitucional como realidade constitucional contém, portanto, uma opção – muitas vezes, é claro, inconsciente – contra a Constituição, que é privada de uma contemplação jurídico-constitucional.
48. Isso não significa que na vida da Comunidade não possa haver qualquer realidade que esteja em contradição com a Constituição, nem que tal realidade deva ser considerada irrelevante. Pelo contrário, trata-se de tomá-la em consideração e fazer o que for necessário para evitar que uma realidade inconstitucional ocorra, ou para recolocar a realidade de acordo com a Constituição. Por isso, a perspectiva jurídica, bem como a argumentação que se vincula à normatividade da Constituição, precisam ser complementadas por considerações de política constitucional que visem a manter ou possibilitar esse acordo, criar os pressupostos para uma realização legítima da Constituição ou, se não, para reformar a Constituição".

43 Konrad Hesse (1991, p. 23) adota esse mesmo entendimento em seu livro *A Força Normativa da Constituição*, no qual afirma que "o sentido da proposição jurídica estabelece o limite da interpretação e, por conseguinte, o limite de qualquer mutação normativa. A finalidade (*Telos*) de uma proposição constitucional e sua nítida vontade normativa não devem ser sacrificadas em virtude de uma mudança da situação. Se o sentido de uma proposição normativa não pode mais ser realizado, a

Ricardo Guastini (1999, p. 234, grifo nosso) trata o tema da mutação normativa (não somente a constitucional) sob a ótica da denominada interpretação evolutiva e observa que seus resultados podem ser extensivos ou restritivos:

> Puede llamarse, pues, **evolutiva a aquella interpretación que, rechazando o en todo caso apartándose de consolidadas interpretaciones precedentes, atribuye a un texto normativo un nuevo significado, distinto de aquél que históricamente había asumido**.
> En general, este tipo de interpretación se funda sobre la asunción de que, cambiando las circunstancias históricas (sociales, culturales, etcétera) en las que una ley debe ser aplicada, debe cambiar ("desarrollarse") también la forma de interpretarla. **La interpretación evolutiva, en fin, tiende a adaptar viejas (o relativamente viejas) leyes a situaciones nuevas, no previstas por el legislador histórico**. [...]
> La interpretación evolutiva no es necesariamente extensiva y tampoco necesariamente restrictiva. Su resultado puede ser tanto una extensión como una reducción del campo de aplicación de una determinada ley.[44]

Guastini (1999, pp. 295-296, grifo nosso), ao analisar a tese de que a Constituição exige uma interpretação evolutiva, faz um alerta:

> *La constitución exige una interpretación evolutiva*. Es también una doctrina difundida que debe aplicarse a la constitución la denominada interpretación "evolutiva", que consiste en atribuir al texto constitucional un significado distinto del "histórico" (distinto del significado que el texto tenía en el momento de su dictado) e incluso un significado siempre cambiante, de. forma que permita adaptar su contenido normativo a las cambiantes exigencias políticas y/o sociales. Como es fácil comprender, esta doctrina es más persuasiva cuanto más antiguo es el documento constitucional de que se trate (como, por ejemplo, la Constitución Federal de los Estados Unidos). [...]

---

revisão constitucional afigura-se inevitável. Do contrário, ter-se-ia a supressão da tensão entre norma e realidade com a supressão do próprio direito. Uma interpretação construtiva é sempre possível e necessária dentro desses limites".

44 O trecho correspondente na tradução é: "Pode-se chamar, portanto, evolutiva aquela interpretação que, rejeitando ou, pelo menos, afastando-se de interpretações anteriores consolidadas, atribui a um texto normativo um novo significado, diferente daquele que havia assumido historicamente.
Em geral, este tipo de interpretação parte do pressuposto de que, ao mudar as circunstâncias históricas (sociais, culturais, etc.) nas quais uma lei deve ser aplicada, a forma de interpretá-la também deve mudar ('desenvolver'). A interpretação evolutiva, em suma, tende a adaptar leis antigas (ou relativamente antigas) a novas situações, não previstas pelo legislador histórico. [...]
A interpretação evolutiva não é necessariamente extensiva e também não é necessariamente restritiva. Seu resultado pode ser tanto uma extensão quanto uma redução do campo de aplicação de uma determinada lei".

> En cualquier caso, **esta doctrina produce un grave problema. Habitualmente, las constituciones son enmendables. Las revisiones constitucionales sirven, precisamente, para adaptar el texto normativo a las nuevas circunstancias.** Pero, precisamente, la revisión constitucional es competencia exclusiva de ciertos órganos que operan de acuerdo con ciertos procedimientos. **¿Por qué, ante la inactividad del "legislador constitucional", la renovación de la constitución debería realizarse por vía interpretativa, por obra de ciudadanos privados (como son los juristas) y/o de órganos en todo caso incompetentes para enmendar la constitución? Bien entendido, esto constituye una violación de la propia constitución (de aquellas normas que precisamente regulan la revisión constitucional).**[45]

Em linha semelhante, adverte Luís Roberto Barroso (1998, p. 139) que a interpretação evolutiva, que ocorre sem alteração do texto constitucional, possui limites, que são representados: em primeiro lugar, pelo próprio texto constitucional, que apesar de ter uma linguagem aberta e polissêmica, esses fenômenos não se realizam de forma absoluta; e em segundo lugar, pelos princípios fundamentais do sistema, que são intangíveis.

Ana Victoria Sánchez Urrutia (2000, p. 135), em seu trabalho sobre a mutação constitucional e força da Constituição, finaliza com um destaque para os limites da mutação constitucional na linha do posicionamento defendido por Hesse:

> Hesse ha dado un poco la clave de cuáles son los márgenes en los que podemos definir la mutación constitucional en las Constituciones actuales. Este

---

45 O trecho correspondente na tradução é: "A Constituição requer uma interpretação evolutiva. É também uma doutrina difundida que deve ser aplicada à Constituição a chamada interpretação 'evolutiva', que consiste em atribuir ao texto constitucional um sentido diferente do 'histórico' (diferente do sentido que o texto tinha na época de sua produção) e mesmo um significado em constante mudança, de forma que permite adaptar seu conteúdo normativo às mudanças nas demandas políticas e/ou sociais. Como é fácil de compreender, essa doutrina é mais persuasiva quanto mais antigo for o documento constitucional em questão (como, por exemplo, a Constituição Federal dos Estados Unidos). [...]
Em qualquer caso, esta doutrina produz um grave problema. As constituições geralmente podem ser alteradas. As revisões constitucionais servem justamente para adaptar o texto normativo às novas circunstâncias. Mas, precisamente, a revisão constitucional é da competência exclusiva de certos órgãos que funcionam de acordo com determinados procedimentos. Por que, dada a inatividade do 'legislador constitucional', a renovação da Constituição deve ser feita por meio da interpretação, pela obra de cidadãos privados (como são os juristas) e/ou de órgãos em qualquer caso incompetentes para alterar a Constituição? Bem entendido, isso constitui uma violação da própria Constituição (daquelas normas que precisamente regulam a revisão constitucional) ".

> autor utiliza parte del sistema conceptual de Smend para formular un sistema constitucional dinámico del cual forman parte las mutaciones constitucionales. En el marco de la Constitución de la República Federal alemana, **Hess**e sostiene que la **mutación** en **cuanto cambio de sentido de la norma constitucional es admisible en cuanto no vulnere su literalidad** y **no entre en contradicción directa con el sentido o finalidad del texto normativo**. Por definición, **no puede existir una realidad constitucional *contra constitutionem*.** Así, cuando la realidad no es reflejo de la Constitución llega el momento de reformarla. Es por esto que para Hesse, "la problemática de la mutación constitucional comienza allí donde terminan las posibilidades de mutación constitucional".[46]

Em 2015, Anna Candida da Cunha Ferraz reeditou o livro intitulado *Processos Informais de Mudança da Constituição: Mutações Constitucionais e Mutações Inconstitucionais*, mantendo, como ela própria declara na introdução, o mesmo teor, grafia e ortografia da publicação do ano de 1986. Cunha Ferraz (2015, p. 9) também destaca a distinção entre reforma constitucional e mutação constitucional:

> Daí a **distinção que a doutrina convencionou registrar entre reforma constitucional e mutação constitucional**; a primeira consiste nas modificações constitucionais reguladas no próprio texto da Constituição (acréscimos, supressões, emendas), pelos processos por ela estabelecidos para sua reforma; a segunda consiste na alteração, não da letra ou do texto expresso, mas do significado, do sentido e do alcance das disposições constitucionais, através ora da interpretação judicial, ora dos costumes, ora das leis, alterações essas que, em geral, 'se processa mais lentamente, e só se tornam claramente perceptíveis quando se compara o entendimento atribuído às cláusulas constitucionais em momentos diferentes, cronologicamente afastados um do outro, ou em épocas distintas e diante de circunstâncias diversas.

A questão dos limites da mutação no tocante ao texto constitucional foi objeto de expressa advertência por parte de Claudio Pereira Souza Neto e Daniel Sarmento (2014, p. 356):

---

46 O trecho correspondente na tradução é: "Hesse apontou a chave de quais são as margens pelas quais podemos definir a mutação constitucional nas atuais Constituições. Este autor usa parte do sistema conceitual de Smend para formular um sistema constitucional dinâmico do qual as mutações constitucionais fazem parte. No âmbito da Constituição da República Federal alemã, Hesse sustenta que a mutação como uma mudança no sentido da norma constitucional é admissível, desde que não viole sua literalidade e não contradiga diretamente o significado ou propósito do texto normativo. Por definição, não pode haver realidade constitucional contra *constitutionem*. Assim, quando a realidade não é um reflexo da Constituição, é hora de reformá-la. É por isso que, para Hesse, 'o problema da mutação constitucional começa onde as possibilidades de mutação constitucional terminam'".

> A mutação não pode justificar alterações que contradigam o texto constitucional, devendo ocorrer no âmbito das possibilidades interpretativas fornecidas pelo mesmo. Para alterações que dependam de mudança do texto, o caminho apropriado é a emenda constitucional, desde que não afronte cláusula pétrea. Admitir mutações constitucionais violadoras do texto da Constituição implicaria negar a própria força normativa e a rigidez da Lei Maior, tornando-a excessivamente dependente dos fatores reais de poder ou das preferências do intérprete de plantão.

Nesse sentido, concorda-se com o entendimento de Souza Neto e Sarmento (2014, p. 356) de que a posição defendida pelos Ministros Gilmar Mendes e Eros Grau no julgamento da Reclamação nº 4.335[47] ultrapassa os limites do que se possa entender como mutação constitucional. Vale aduzir que o Ministro Eros Grau, em seu voto, foi bastante didático acerca da noção por ele defendida de mutação constitucional:

> Daí que a mutação constitucional não se dá simplesmente pelo fato de um intérprete extrair de um mesmo texto norma diversa da produzida por um outro intérprete. Isso se verifica diuturnamente, a cada instante, em razão de ser, a interpretação, uma prudência. Na mutação constitucional há mais. Nela não apenas a norma é outra, mas o próprio enunciado normativo é alterado.
> O exemplo que no caso se colhe é extremamente rico. Aqui passamos em verdade de um texto
> [compete privativamente ao Senado Federal **suspender a execução, no todo ou em parte, de lei** declarada inconstitucional por decisão definitiva do Supremo Tribunal Federal]
> a outro texto
> [compete privativamente ao Senado Federal dar publicidade à suspensão da execução, operada pelo Supremo Tribunal Federal, de **lei declarada inconstitucional, no todo ou em parte**, por decisão definitiva do Supremo].

Resta evidenciado que, segundo esta perspectiva, extrapolar-se-ia, de forma explícita, os limites interpretativos do texto constitucional. Convém observar que a Reclamação foi julgada procedente em função do advento da Súmula Vinculante nº 26, não pela aceitação da tese da mutação constitucional, que foi expressamente defendida apenas pelos Ministros Gilmar Mendes e Eros Grau, tendo sido expressamente rejeitada pelos Ministros Sepúlveda Pertence, Joaquim Barbosa, Ricardo Lewandowski, Rosa Weber e Luís Roberto Barroso, sintetizando a posição que predominou a esse respeito com as seguintes palavras: "Encontro, como limite a esse processo de mutação constitucional, a textualidade dos dispositivos constitucionais".

---

47 Rcl 4.335 / AC. Rel. Min. Gilmar Mendes, julgamento: 20/03/2014. Órgão Julgador: Tribunal Pleno. *DJe* 208, divulg. 21/10/2014, public. 22/10/2014. Ement. v. 02752-01 , p. 1.

Em recente estudo, Luís Roberto Barroso e Aline Osorio (2019, p. 27-28) assentam o atual entendimento acerca das características da mutação constitucional e também advertem para a preferência a ser conferida para o processo formal de alteração da Constituição:

> Além do processo de emendas, a **modificação da Constituição pode se dar por via informal**. Trata-se da denominada ***mutação constitucional*, mecanismo que permite a transformação do sentido e do alcance de normas da Constituição, sem que se opere qualquer modificação do seu texto**. Os **mecanismos de mudança informal da Constituição** são impulsionados por modificações significativas na realidade dos fatos, nos valores de uma determinada sociedade e na compreensão do direito. Eles permitem conferir uma maior plasticidade à Constituição, adaptando-a aos novos tempos e às novas demandas, sem que seja preciso recorrer, a todo tempo, aos processos formais e dificultosos de reforma. **A preferência, porém, deve ser pelo uso dos mecanismos de emenda previstos nos textos das Constituições, de modo a preservar a estabilidade da ordem constitucional e a segurança jurídica**.

O fenômeno da mutação normativa (e da mutação constitucional) reflete algo que é da natureza humana, que corresponde, no plano epistemológico geral, ao inevitável fenômeno da *mutação conceitual*.

Convém lembrar que Gadamer, Alexy e MacCormick ressaltam a importância dos fenômenos da historicidade e da mutação do conhecimento. Gadamer assevera que o ser humano se encontra numa situação hermenêutica, num horizonte temporal e sociocultural, que está em permanente movimento enquanto ele vive. O que o ser humano é hoje não está preso a um conjunto fixo de opiniões e valores adquiridos no passado. O que é presente hoje será passado amanhã. O ser humano muda, o mundo muda. E há uma mútua implicação nessas mudanças. Nas palavras de Gadamer (2013, pp. 404-405, grifo nosso):

> Na verdade, **o horizonte do presente está num processo de constante formação, na medida em que estamos obrigados a pôr constantemente à prova todos os nossos preconceitos.** Parte dessa prova é o encontro com o passado e a compreensão da tradição da qual nós mesmos procedemos. **O horizonte do presente não se forma pois à margem do passado. Não existe um horizonte do presente por si mesmo, assim como não existem horizontes históricos a serem conquistados. Antes, compreender é sempre o processo de fusão desses horizontes presumivelmente dados por si mesmos.** Conhecemos a força dessa fusão sobretudo de tempos mais antigos e da ingenuidade de sua relação com sua época e com suas origens. A vigência da tradição é o lugar onde essa fusão se dá constantemente, pois nela o velho e o novo sempre crescem juntos para uma validez vital, sem que um e outro cheguem a se destacar explícita e mutuamente.

Os fenômenos da historicidade e da mutação do conhecimento também são considerados por Alexy (2005, p. 205) quando ele formula as regras de fundamentação do discurso prático geral, tendo em conta as teorias de Lorenzen e Schwemmer da formação histórico-social das normas. Alexy assenta que:

> As regras morais que servem de base às concepções morais do falante devem resistir à comprovação de sua gênese histórico-crítica. Uma regra moral não resiste a tal comprovação:
> a) Se originariamente se pudesse justificar racionalmente, mas perdeu depois sua justificação, ou
> b) Se originariamente não se pôde justificar racionalmente e não se podem apresentar também novas razões suficientes.

Por sua vez, MacCormick (2008, pp. 92-93), em sua última obra – *Practical Reason in Law and Morality* –, ressalta que uma pessoa adquire a maturidade moral quando assume a responsabilidade pelas suas opiniões e valores, que adquire, inicialmente, de forma heterônoma, no contexto familiar e social, e que preserva e transmite após uma reflexão crítica dessa tradição moral herdada.

Lembra-se, ainda, a advertência de Vygotsky (2001, p. 399) de que as palavras evoluem, transformam-se, o que afasta a ideia de imutabilidade do significado da palavra, de imutabilidade do conceito por ela representado:

> A descoberta da mudança dos significados das palavras e do seu desenvolvimento é a nossa descoberta principal, que permite, pela primeira vez, superar definitivamente o postulado da constância e da imutabilidade do significado da palavra, que servira de base a todas as teorias anteriores do pensamento e da linguagem.

O conhecimento humano forma-se e transforma-se no tempo. A mutação conceitual é uma natural decorrência das mudanças que ocorrem na vida do indivíduo e de toda a sociedade com o passar do tempo. Insiste-se: o fenômeno da mutação conceitual é natural, é humano, é inevitável e, muitas vezes, é desejável. É, nesse contexto, que se concebe que a *mutação conceitual* **é** o fenômeno (também, mas não exclusivamente jurídico) representativo das mudanças de compreensão-interpretação dos objetos em sentido amplo, reais ou imaginários, as quais decorrem das mais variadas razões (morais, econômicas, culturais, físicas, tecnológicas, etc.) que se dão ao longo do tempo, o que pode ocorrer com a preservação do nome anteriormente usado para designar o conceito ou com a adoção de um novo nome. Eis a razão de se afirmar que a *mutação normativa* e a *mutação constitucional* são expressões do fenômeno da *mutação conceitual.*

Importa, ainda, salientar que as Constituições em geral e a Constituição brasileira em especial são mais sujeitas à interpretação evolutiva – *mutação constitucional* –, em função de as normas constitucionais serem axiologicamente enriquecidas, saturadas de valores, os quais apresentam um elevado grau de indeterminação e são mais suscetíveis a mutações conceituais. Esse enriquecimento axiológico da Constituição brasileira (e da Constituição *Tributária* brasileira), que enseja uma maior suscetibilidade aos fenômenos da indeterminação conceitual e da mutação conceitual, revela uma importante característica, não propriamente um defeito. Esse enriquecimento axiológico possibilita uma adaptação natural e gradual do processo de construção da normatividade constitucional ao fenômeno inevitável e humano da mutação conceitual. Contudo, a inevitável presença dos fenômenos da indeterminação conceitual e da mutação conceitual demanda dos intérpretes e aplicadores do Direito uma especial atenção com o que determinam os princípios corolários da segurança jurídica, particularmente em matéria tributária, os princípios da irretroatividade tributária, da anterioridade de exercício e da anterioridade nonagesimal.

3.5.4. A mutação tributária e a efetividade dos princípios da irretroatividade, da anterioridade de exercício e da anterioridade nonagesimal

Por ser um fenômeno natural e contínuo, emerge a delicada questão de como é possível compatibilizar o fenômeno da indeterminação conceitual e principalmente o fenômeno da mutação normativa – o da mutação normativa tributária mais especificamente –, com os princípios da irretroatividade tributária, da anterioridade de exercício e da anterioridade nonagesimal, os quais foram construídos com foco nas mudanças normativas decorrentes de mudanças de texto.

A situação assume uma singular importância em função de os princípios da irretroatividade tributária, da anterioridade de exercício e da anterioridade nonagesimal estarem diretamente relacionados aos princípios da legalidade material e da previsibilidade jurídica e de todos serem corolários do valor segurança jurídica. O valor segurança jurídica informa todo o sistema jurídico, como um valor fundamental do Direito, relevante, pois, para a adequada realização do valor justiça. Nas palavras de Miguel Reale (2002, p. 272): "O valor próprio do Direito é, pois, a Justiça – não entendida como simples relação extrínseca ou formal, aritmética ou geométrica, dos atos humanos, mas sim como a unidade concreta desses atos, de modo a constituírem um bem intersubjetivo ou, melhor, o bem comum".[48] Se numa escala de valores jurídicos pode-se considerar adequado dizer que o valor segurança jurídica encontra-se abaixo do valor justiça, parece igualmente adequado considerar que a segurança jurídica é um dos pressupostos de alcançamento da justiça. Se é certo conceber que ter segurança jurídica não é suficiente para que se tenha justiça, parece igualmente certo conceber que sem segurança jurídica compromete-se o alcançamento da justiça.

Ricardo Lobo Torres assevera que "segurança jurídica é certeza, garantia dos direitos é paz", ao mesmo tempo em que observa que Karl Larenz (2014, p. 164) insere na ideia de Direito, ao lado da justiça, a paz jurídica. Lobo Torres (2014, p. 167) destaca que a segurança jurídica é um valor e também um direito fundamental.

Como afirma Flávio Bauer Novelli (1983, p. 164), a segurança é direito fundamental no sentido de situação subjetiva expressamente protegida pela Constituição, bem como segurança do direito no sentido de pressuposto e fundamento da segurança individual; e, na sequência, complementa sua ideia com um específico enfoque no Direito Tributário:

> Este entendimento me parece digno de consideração, particularmente no que se refere ao Direito Tributário, uma vez que o exato respeito dessa disposição, em todos os seus desenvolvimentos e implicações, poderá ter consequências significativas, quer no momento da edição da lei tributária, quer no momento de sua interpretação.

A noção de segurança jurídica relaciona-se com os conceitos de legalidade material e de previsibilidade do direito. A noção de legalidade material aqui usada no sentido de exigência que as relações sociais passaram a ser orientadas com base em leis, isto é, em textos formalmente publicados, após serem aprovados por pessoas escolhidas (legisladores) livremente pelos integrantes de uma comunidade para desenvolverem essa atividade. O instrumento lei (sentido amplo) tornou-se o principal veiculador de normas representativas de critério de organização do convívio social, à medida que estas informam previamente qual comportamento as pessoas devem seguir. Ao lado dessa noção de legalidade está a noção de previsibilidade jurídica.

Contudo, não é suficiente ter a *lei*. Também é preciso que haja *previsibilidade jurídica*, o que demanda a existência de normas que permitam identificar quais são as normas que pertencem a um dado sistema

48 Nessa linha de entendimento da fundamentalidade do valor justiça: Larenz (1983, p. 143); Kaufmann (2002, p. 281); Tipke (2002, p. 98); Rawls (2003, p. 7); Alexy (2001, 114-115); Atienza (2004, p. 312); Carvalho (2011, p. 198); Torres (2014, p. 5); etc.

jurídico (normas de produção normativa), além de normas que descrevam os fatos, que, se ocorrerem, produzirão como efeito o surgimento de direitos e deveres (normas de conduta), de modo que os cidadãos saibam, antecipadamente, que consequências jurídicas (direitos e deveres) decorrerão da ocorrência desses fatos. Essas normas jurídicas que descrevem fatos e que prescrevem efeitos como consequência destes, deverão ser as efetivamente aplicadas pelo órgão competente – em especial, o Poder Judiciário – para a solução de eventuais conflitos. Essa importante combinação entre *legalidade material* e *previsibilidade jurídica* é mutuamente implicante e apresenta-se como condição necessária para a realização da segurança jurídica. Como assenta Sainz de Bujanda (1963, p. 330):

> La seguridad, en su doble manifestación – certidumbre del Derecho y eliminación de la arbitrariedad – ha de considerarse ineludiblemente en función de la legalidad y de la justicia. Esta última y seguridad son valores que se fundamentan mutuamente y que, a su vez, necesitan de la legalidad para articularse de modo eficaz.[49]

Os princípios da irretroatividade tributária, da anterioridade de exercício e da anterioridade nonagesimal, corolários do valor Segurança Jurídica, estão diretamente ligados à ideia de previsibilidade jurídica. Para que se tenha Segurança Jurídica, não basta lei veiculando norma reguladora de conduta (legalidade material), a situação de fato descrita no antecedente da norma tem que conferir ao cidadão o conhecimento prévio dos efeitos prescritos no consequente da norma.

Ora, se os princípios da irretroatividade tributária, da anterioridade de exercício e da anterioridade nonagesimal são corolários de valores fundamentais no Estado de Direito, reitera-se a questão de excepcional importância: como é possível construir um sistema que permita compatibilizar esses princípios com o fenômeno pragmático e inevitável da mutação normativa, principalmente a que se realiza no âmbito do Poder Judiciário.

A solução, em respeito aos valores segurança jurídica e justiça, e principalmente pela força normativa da Constituição brasileira, tem que ser construída com base no próprio sistema jurídico brasileiro, não fora dele.

---

49 O trecho correspondente na tradução é: "A segurança, em sua dupla manifestação – certeza do Direito e eliminação da arbitrariedade – deve ser considerada inevitavelmente em função da legalidade e justiça. Esta última e a segurança são valores que se baseiam mutuamente e que, por sua vez, requerem legalidade para serem articulados de forma eficaz."

A solução passa pelo entendimento de que, apesar de a Constituição fazer referência ao termo "lei" nas alíneas "a", "b" e "c" dos incisos I a III do artigo 150, enunciados relativos respectivamente aos princípios da irretroatividade tributária, da anterioridade de exercício e da anterioridade nonagesimal, como demonstrado anteriormente, o que se cumpre é norma jurídica, via de regra, construída a partir da interpretação de texto jurídico (*lei* em sentido amplo), não texto sem interpretação.

Misabel Derzi (2006, p. 966, 981 e 983), ao discorrer sobre o adequado entendimento do princípio da irretroatividade, esclarece a importância da consideração da noção de segurança jurídica sob a perspectiva da norma não do mero texto ("lei"): "O princípio não deve ser limitado às leis, mas estendido às normas e atos administrativos e judiciais. O que vale para o legislador precisa valer para a Administração e os Tribunais". Derzi, após destacar que a lei (texto jurídico) não se confunde com norma, reitera a importância de a alteração da norma ter que respeitar o princípio da irretroatividade:

> A lei posta pelo Poder Legislativo pode comportar, assim, mais de uma interpretação, mais de uma significação, de modo que a lei que vige, em determinado momento, é a *lei segundo uma de suas interpretações possíveis*.
> A certa altura, sem nenhuma mudança literal da fórmula legislativa, que conserva os mesmos dizeres, altera-se a interpretação que da mesma lei faz a Administração ou fazem os Tribunais, que passam a decidir conforme outra interpretação. Surge, então, sem lei nova como ato emanado do Poder Legislativo, *espécie de lei nova*, proclamada pelos demais Poderes. Por tais motivos, diz a Constituição, no art. 5°, XXXVI: "*A lei não prejudicará o direito adquirido, fato jurídico perfeito e a coisa julgada*".
> Por isso mesmo, o princípio da irretroatividade estende-se a todos os Poderes [...].
> Enfim, atrás de toda decisão judicial, que dirime conflitos em um caso concreto, existem pressupostos normativos, de aplicação geral para todos os casos idênticos. Essa norma – sacada das decisões judiciais iterativas – muito mais densa e determinada do que a norma legal, não pode ser alterada injustificadamente e de forma retroativa, para alcançar fatos ocorridos em data anterior à sua modificação, que se consumaram sob a vigência da norma antiga (ou súmula).

Preocupação semelhante teve Humberto Ávila (2011, p. 597) em seu estudo sobre segurança jurídica, quando adverte:

> E, finalmente, também a atividade judicial, quando exteriorizadora de mudança de orientação, deve, além de ter eficácia prospectiva nos casos em que a eficácia declaratória for comprometer a credibilidade institucional do Direito ou for frustrar atos de disposição legitimamente praticados com base na orientação abandonada, conter prazos ou regras de transição, para evitar a brusquidez e a gravidade da mudança.

Uma vez considerado que o que se cumpre é a norma construída mediante interpretação, que a interpretação é afetada pelos fenômenos da indeterminação conceitual e da mutação conceitual e que a mudança de norma causada por mudança de entendimento do Poder Judiciário (*mutação normativa*) afeta a vida das pessoas, há que se identificar critérios que permitam evoluir do mero exame do surgimento do texto para o exame do surgimento da norma. A grande dificuldade é identificar um critério que permita conciliar a existência de múltiplas interpretações de textos jurídicos, múltiplas possibilidades de construção de norma, com as exigências relativas aos princípios da irretroatividade tributária, da anterioridade de exercício e da anterioridade nonagesimal.

A proposta que se apresenta, a fim de se reduzir incertezas normativas, leva em consideração a interpretação construída e devidamente divulgada pelo próprio Estado, o que também tem fundamento nos princípios da publicidade, da moralidade e, consequentemente, no princípio da proteção da confiança legítima. Desse modo, considerado o sistema de controle de validade das normas estabelecido pela Constituição brasileira, tomar-se-á como referência a interpretação da lei tributária adotada pelo Poder Judiciário.

Desde que haja discussão de matéria tributária de natureza constitucional, o que é bastante frequente ante a fundamentalidade e extensividade da Constituição *Tributária* brasileira, há que se identificar qual a interpretação da lei tributária adotada pelo órgão do Poder Judiciário responsável para, em último grau jurídico-processual, dispor a respeito, ou seja, a interpretação realizada pelo Supremo Tribunal Federal (art. 102 da CRFB).

Ainda que se tenha como referência a interpretação construída pelo Supremo Tribunal Federal, é preciso reconhecer que diferentes órgãos dessa Corte realizam interpretações dissonantes em matéria tributária. Por essa razão, é essencial ter em conta que essa interpretação construtora da norma por parte do Supremo Tribunal Federal apresenta diferentes graus de consolidação. Esses diferentes graus de consolidação da interpretação são determinados pelo próprio ordenamento jurídico brasileiro, em grau mais elevado, pela Constituição. Desse modo, sugere-se, para os fins de informar a interpretação a ser considerada para a construção da norma, a adoção do critério do grau de consolidação da interpretação conforme a espécie de decisão.

Assim, por força do que dispõem os arts. 102, §§ 1º e 2º, e 103-A da Constituição brasileira[50], pode-se conceber que as interpretações de-

50 Constituição brasileira:

correntes das decisões tomadas em ação direta de inconstitucionalidade (ADI), ou ação declaratória de constitucionalidade (ADC), ou arguição de descumprimento de preceito fundamental (ADPF)[51] ou a interpretação cristalizada em uma súmula vinculante possuem qualidades especiais: a) seus efeitos, em regra, retroagem à data da produção do texto jurídico, pelo que se mediante a interpretação realizada a lei (a norma legal) é considerada inconstitucional, constitucional, ou constitucional com um específico sentido, isso significa dizer que, salvo situações excepcionais[52], este é o sentido a ser considerado desde a produção da lei;

"Art. 102. Compete ao Supremo Tribunal Federal, precipuamente, a guarda da Constituição, cabendo-lhe:

[...]

§ 1º A arguição de descumprimento de preceito fundamental, decorrente desta Constituição, será apreciada pelo Supremo Tribunal Federal, na forma da lei.

§ 2º As decisões definitivas de mérito, proferidas pelo Supremo Tribunal Federal, nas ações diretas de inconstitucionalidade e nas ações declaratórias de constitucionalidade produzirão eficácia contra todos e efeito vinculante, relativamente aos demais órgãos do Poder Judiciário e à administração pública direta e indireta, nas esferas federal, estadual e municipal.

[...]

Art. 103-A. O Supremo Tribunal Federal poderá, de ofício ou por provocação, mediante decisão de dois terços dos seus membros, após reiteradas decisões sobre matéria constitucional, aprovar súmula que, a partir de sua publicação na imprensa oficial, terá efeito vinculante em relação aos demais órgãos do Poder Judiciário e à administração pública direta e indireta, nas esferas federal, estadual e municipal, bem como proceder à sua revisão ou cancelamento, na forma estabelecida em lei".

---

51 Eis o disposto no § 3º do art. 10 da Lei nº 9.882/99 acerca da ADPF:

Art. 10. Julgada a ação, far-se-á comunicação às autoridades ou órgãos responsáveis pela prática dos atos questionados, fixando-se as condições e o modo de interpretação e aplicação do preceito fundamental.

[...]

§ 3º A decisão terá eficácia contra todos e efeito vinculante relativamente aos demais órgãos do Poder Público.

52 Conforme disposto no art. 27 da Lei nº 9.868/99, no art. 11 da Lei nº 9.882/99 e no art. 4º da Lei nº 11.417/2006, que assim dispõem:

a) Lei nº 9.868/99

"Art. 27. Ao declarar a inconstitucionalidade de lei ou ato normativo, e tendo em vista razões de segurança jurídica ou de excepcional interesse social, poderá o Supremo Tribunal Federal, por maioria de dois terços de seus membros, restringir os efeitos daquela declaração ou decidir que ela só tenha eficácia a partir de seu trânsito em julgado ou de outro momento que venha a ser fixado."; e

b) Lei nº 9.882/99

"Art. 11. Ao declarar a inconstitucionalidade de lei ou ato normativo, no processo de arguição de descumprimento de preceito fundamental, e tendo em vista razões de segurança jurídica ou de excepcional interesse social, poderá o Supremo Trio que faz a decisão é construir e declarar tal sentido (fala-se em efeito *ex tunc*)[53]; b) seus efeitos afetam todos, sejam pessoas físicas ou jurídicas, públicas ou privadas, tal qual uma *lei* que afeta a todos (fala-se em efeito *erga omnes*); e c) seus efeitos vinculam a atuação de todos os órgãos que aplicam a norma legal nos casos concretos, sejam do Poder Executivo sejam do Poder Judiciário, os quais têm o dever jurídico de adotar a mesma interpretação adotada pela Suprema Corte (fala-se em *efeito vinculante*). Por essa razão, pode-se falar numa decisão com grau de consolidação máximo e de uma *interpretação com grau de consolidação máximo*.

Cabe observar que o Supremo Tribunal Federal já decidiu que a decisão no sentido da inconstitucionalidade de uma norma legal não impede que o Poder Legislativo produza uma nova lei com idêntico conteúdo:

---

bunal Federal, por maioria de dois terços de seus membros, restringir os efeitos daquela declaração ou decidir que ela só tenha eficácia a partir de seu trânsito em julgado ou de outro momento que venha a ser fixado."

c) Lei nº 11.417/06

"Art. 4º A súmula com efeito vinculante tem eficácia imediata, mas o Supremo Tribunal Federal, por decisão de 2/3 (dois terços) dos seus membros, poderá restringir os efeitos vinculantes ou decidir que só tenha eficácia a partir de outro momento, tendo em vista razões de segurança jurídica ou de excepcional interesse público".

---

53 Nesse sentido:

ADI n º 2 (Rel. Min. Paulo Brossard, julgamento: 06/02/1992. Tribunal Pleno)

"CONSTITUIÇÃO. LEI ANTERIOR QUE A CONTRARIE. REVOGAÇÃO. INCONSTITUCIONALIDADE SUPERVENIENTE. IMPOSSIBILIDADE.

1. A lei ou é constitucional ou não é lei. Lei inconstitucional é uma contradição em si. A lei é constitucional quando fiel à Constituição; inconstitucional na medida em que a desrespeita, dispondo sobre o que lhe era vedado. O vício da inconstitucionalidade é congênito à lei e há de ser apurado em face da Constituição vigente ao tempo de sua elaboração. [...]"

ADI 1.434 MC/SP (Rel. Min. Celso de Mello, julgamento: 20/08/1996. Tribunal Pleno)

"AÇÃO DIRETA DE INCONSTITUCIONALIDADE. CONSTITUIÇÃO DO ESTADO DE SÃO PAULO (ART. 101). EQUIPARAÇÃO, EM VENCIMENTOS E VANTAGENS, ENTRE PROCURADORES DO FEDERAL (ART. 37, XIII; ART. 39, § 1º E ART. 61, § 1º, II, C). PLAUSIBILIDADE JURÍDICA.MEDIDA CAUTELAR DEFERIDA COM EFICÁCIA *EX NUNC*. INGRESSO DE SINDICATO COMO LITISCONSORTE PASSIVO NECESSÁRIO EM PROCESSO DE CONTROLE ABSTRATO DE CONSTITUCIONALIDADE – INADMISSIBILIDADE.

[...]

A declaração de inconstitucionalidade, no entanto, que se reveste de caráter definitivo, sempre retroage ao momento em que surgiu, no sistema de direito positivo, o ato estatal atingido pelo pronunciamento judicial (nulidade *ab initio*). É que atos inconstitucionais são nulos e desprovidos de qualquer carga de eficácia jurídica (*RTJ* 146/461). [...]".

> INCONSTITUCIONALIDADE. Ação direta. Lei estadual. Tributo. Taxa de segurança pública. Uso potencial do serviço de extinção de incêndio. Atividade que só pode sustentada pelos impostos. Liminar concedida pelo STF. Edição de lei posterior, de outro Estado, com idêntico conteúdo normativo. Ofensa à autoridade da decisão do STF. Não caracterização. Função legislativa que não é alcançada pela eficácia erga omnes, nem pelo efeito vinculante da decisão cautelar na ação direta. Reclamação indeferida liminarmente. Agravo regimental improvido. Inteligência do art. 102, § 2º, da CF, e do art. 28, parágrafo único, da Lei federal nº 9.868/99. **A eficácia geral e o efeito vinculante de decisão, proferida pelo Supremo Tribunal Federal, em ação direta de constitucionalidade ou de inconstitucionalidade de lei ou ato normativo federal, só atingem os demais órgãos do Poder Judiciário e todos os do Poder Executivo, não alcançando o legislador, que pode editar nova lei com idêntico conteúdo normativo, sem ofender a autoridade daquela decisão** (grifo nosso).[54]

Portanto, nos casos de decisão com grau de consolidação máximo e de *interpretação com grau de consolidação máximo*, os princípios da irretroatividade tributária, da anterioridade de exercício e da anterioridade nonagesimal são aplicáveis em seu grau máximo. Assim, se o Supremo Tribunal Federal mudar a interpretação que havia adotado no julgamento de uma ADI, ADC, ADPF ou em súmula vinculante, de modo a representar a exigência de um novo tributo ou o aumento de tributo, a nova interpretação por ele adotada, tal como acontece com a publicação de uma nova lei, somente deverá prevalecer sobre os fatos ocorridos:

> a) por força do *princípio da irretroatividade tributária*, após a publicação da nova decisão contida no acórdão ou na súmula vinculante;
> b) por força do *princípio da anterioridade de exercício*, a partir do primeiro dia do exercício subsequente ao da publicação da nova decisão contida no acórdão ou na súmula vinculante; e
> c) por força do *princípio da anterioridade nonagesimal*, após decorrido o prazo de noventa dias da publicação da nova decisão contida no acórdão ou na súmula vinculante.

Desse modo, por respeito aos princípios da irretroatividade tributária, da anterioridade de exercício, da anterioridade nonagesimal, todos corolários do valor segurança jurídica, pode-se dizer que é preciso que ocorra a modulação dos efeitos da nova decisão e da nova interpretação adotada, nos termos correspondentes ao condicionado por estes princípios, conferindo-se uma interpretação conforme ao que é substan-

54 Rcl 2.617 AgR / MG. Rel. Min. Cezar Peluso, julgamento: 23/02/2005. Órgão Julgador: Tribunal Pleno. *DJ* 20/05/2005, p. 7. Ement v. 02.192-02, p. 314. *RTJ* v.193-03, p. 858.

cialmente disposto nas alíneas "a", "b" e "c" dos incisos I a III do art. 150 da Constituição brasileira.

Ressalta-se que, ao assim conceber, compatibilizam-se duas situações inicialmente conflitantes. Prestigia-se a interpretação que havia sido adotada no julgamento de uma ADI, ADC, ADPF ou em súmula vinculante, à medida que se preserva seus efeitos vinculantes e *erga omnes* até o momento da publicação da nova decisão. Ao mesmo tempo, prestigia-se a nova interpretação firmada, a interpretação consentânea com o entendimento mais recente, a qual será a interpretação adotada desse momento em diante, com seus efeitos modulados conforme o caso, pois há exceções constitucionais relativas aos princípios da anterioridade de exercício (arts. 150, § 1º; 155, II, § 2º, XII, "h", § 4º, IV, "c"; 177, § 4º, I, "b"; e 195, § 6º) e da anterioridade nonagesimal (arts. 150, § 1º; e 195, § 6º[55]).

A adoção dessa proposta de modulação compulsória da nova interpretação que representa criação ou aumento de tributo, (i) de um lado, não impede a evolução interpretativa ou a *mutação normativa*, bem como evita o congelamento exegético, com o que se afasta a indesejável preservação de uma interpretação que se mostrou inadequada com o passar do tempo e, (ii) de outro lado, impede a afronta ao que substancialmente garantem os princípios da irretroatividade tributária, da anterioridade de exercício e da anterioridade nonagesimal. Esse entendimento está em consonância com o determinado pelo Código de Processo Civil de 2015 (CPC/2015), principalmente, em seus arts. 926, 927, incisos I e II, §§ 3º e 4º, e 988, inciso III[56].

---

55 Apesar de o § 6º do art. 195 da Constituição, presente desde a versão originária, empregar os termos "instituído ou modificado" em vez dos termos "instituiu ou aumentou", empregados na alínea "c" do inciso III do art. 150 (alínea introduzida pela Emenda Constitucional nº 42/2003), o sentido desses diferentes termos é o mesmo, isto é, a antecedência de noventa dias é necessária nos casos de instituição ou de modificação aumentativa do correspondente tributo.

56 Código de Processo Civil de 2015:

"**Art. 926.** Os tribunais **devem uniformizar sua jurisprudência** e **mantê-la estável, íntegra e coerente**.

§ 1º Na forma estabelecida e segundo os pressupostos fixados no regimento interno, os tribunais editarão enunciados de súmula correspondentes a sua jurisprudência dominante.

§ 2º Ao editar enunciados de súmula, os tribunais devem ater-se às circunstâncias fáticas dos precedentes que motivaram sua criação.

[...]

Art. 927. Os juízes e os tribunais observarão:

I - as decisões do Supremo Tribunal Federal em controle concentrado de constitucionalidade;

Outras hipóteses reveladoras de certo grau de consolidação de interpretação da matéria tributária por parte do Supremo Tribunal Federal são as relativas (a) aos acórdãos em incidente de resolução de demandas repetitivas e em julgamento de recurso extraordinário repe-

---

II - os enunciados de súmula vinculante;

[...]

§ 1º Os juízes e os tribunais observarão o disposto no art. 10 e no art. 489, § 1º, quando decidirem com fundamento neste artigo.

§ 2º A alteração de tese jurídica adotada em enunciado de súmula ou em julgamento de casos repetitivos poderá ser precedida de audiências públicas e da participação de pessoas, órgãos ou entidades que possam contribuir para a rediscussão da tese.

§ 3º Na hipótese de alteração de jurisprudência dominante do Supremo Tribunal Federal e dos tribunais superiores ou daquela oriunda de julgamento de casos repetitivos, pode haver modulação dos efeitos da alteração no interesse social e no da segurança jurídica.

§ 4º A modificação de enunciado de súmula, de jurisprudência pacificada ou de tese adotada em julgamento de casos repetitivos observará a necessidade de fundamentação adequada e específica, considerando os princípios da segurança jurídica, da proteção da confiança e da isonomia.

§ 5º Os tribunais darão publicidade a seus precedentes, organizando-os por questão jurídica decidida e divulgando-os, preferencialmente, na rede mundial de computadores.

[...]

Art. 988. Caberá **reclamação** da parte interessada ou do Ministério Público para:

I - preservar a competência do tribunal;

II - garantir a autoridade das decisões do tribunal;

III - garantir a observância de enunciado de súmula vinculante e de decisão do Supremo Tribunal Federal em controle concentrado de constitucionalidade;

[...]

§ 1º A reclamação pode ser proposta perante qualquer tribunal, e seu julgamento compete ao órgão jurisdicional cuja competência se busca preservar ou cuja autoridade se pretenda garantir.

§ 2º A reclamação deverá ser instruída com prova documental e dirigida ao presidente do tribunal.

§ 3º Assim que recebida, a reclamação será autuada e distribuída ao relator do processo principal, sempre que possível.

§ 4º As hipóteses dos incisos III e IV compreendem a aplicação indevida da tese jurídica e sua não aplicação aos casos que a ela correspondam.

§ 5º É inadmissível a reclamação:

I - proposta após o trânsito em julgado da decisão reclamada;

II - proposta para garantir a observância de acórdão de recurso extraordinário com repercussão geral reconhecida ou de acórdão proferido em julgamento de recursos extraordinário ou especial repetitivos, quando não esgotadas as instâncias ordinárias.

§ 6º A inadmissibilidade ou o julgamento do recurso interposto contra a decisão proferida pelo órgão reclamado não prejudica a reclamação." (grifos nossos)

titivo, (b) ao enunciado de súmula que não é vinculante[57] e (c) à orientação do plenário. Todas essas situações encontram-se expressamente previstas no art. 927, incisos III a V, do CPC/2015. Segundo o *caput* do art. 927, "os juízes e tribunais observarão" o disposto nessas decisões ou enunciados. A importância jurídica conferida à consolidação da interpretação firmada pelo Poder Judiciário é reforçada pelo que prescreve o art. 926 do CPC/2015, que, além de estabelecer o dever de os tribunais uniformizarem sua jurisprudência, impõe o dever de "mantê-la estável, íntegra e coerente". Nessa mesma linha de reforço da importância da consolidação e da preservação da interpretação por parte do Poder Judiciário, o art. 927 do CPC/2015 determina que, a fim de atender o interesse social e a segurança jurídica, pode (em rigor, deve) haver modulação dos efeitos da alteração da "jurisprudência dominante do Supremo Tribunal Federal" ou da "oriunda de julgamento de casos repetitivos" (§ 3º), bem como determina que a "modificação de enunciado de súmula, de jurisprudência pacificada ou de tese adotada em julgamento de casos repetitivos" deverá observar "a necessidade de fundamentação adequada e específica, considerando os princípios da segurança jurídica, da proteção da confiança e da isonomia" (§ 4º).

Esses dispositivos do Código de Processo Civil revelam, de forma expressa, uma clara adoção por parte do legislador processual de medidas que vão ao encontro da realização do valor segurança jurídica e de princípios dele decorrentes, tais como os da previsibilidade jurídica e da proteção da confiança legítima, além do princípio da isonomia, corolário do valor justiça. Trata-se da expressa e digna de elogios incorporação na legislação processual brasileira de um importante marco regulatório e civilizatório consonante com dois dos mais elevados valores do sistema constitucional brasileiro: a justiça e a segurança.

Nesse passo, ainda que a interpretação veiculada nestas decisões e enunciados do Poder Judiciário não tenham a mesmo grau de consolidação daquelas que possuem efeitos vinculantes, indubitavelmente, há que se reconhecer que elas são reveladoras de *interpretação com grau de consolidação elevado*. Dessarte, por respeito aos princípios da irretroatividade tributária, da anterioridade de exercício e da anterioridade nonagesimal, todos corolários do valor segurança jurídica, pode-se dizer que, salvo a existência, de uma razão constitucionalmente mais relevante, deve-se proceder à modulação dos efeitos da nova decisão e da nova interpretação adotada que represente a exigência de um novo tributo

57 O art. 8º da Emenda Constitucional nº 45/2004 dispõe que "as atuais súmulas do Supremo Tribunal Federal somente produzirão efeito vinculante após sua confirmação por dois terços de seus integrantes e publicação na imprensa oficial".

ou o aumento de tributo, nos termos correspondentes ao condicionado por estes princípios, conferindo-se uma interpretação conforme ao que é substancialmente disposto nas alíneas "a", "b" e "c" dos incisos I a III do art. 150 da Constituição brasileira.

Tal como observado para os casos de *interpretação com grau de consolidação máximo*, nestes casos em que se identifica a existência de *interpretação com grau de consolidação elevado*, a modulação dos efeitos prestigia a interpretação anteriormente consolidada e, ao mesmo tempo, preserva a evolução interpretativa ou mutação normativa, de modo que a adoção de uma nova interpretação que represente a criação ou o aumento de tributo seja implementada de modo prospectivo, com a modulação dos efeitos conforme o substancialmente determinado pela Constituição no tocante aos princípios da irretroatividade tributária, da anterioridade de exercício e da anterioridade nonagesimal.

Cabe ainda aduzir que raciocínio assemelhado deve ser adotado com relação a decisões e enunciados proferidos pelo Superior Tribunal de Justiça reveladores de sua interpretação em matéria tributária. Por força do disposto no art. 105 da Constituição brasileira, desde que se trate de matéria tributária de natureza infraconstitucional, é o Superior Tribunal de Justiça o órgão do Poder Judiciário responsável para, em último grau jurídico-processual, dispor a respeito. Logo, *mutatis mutandi*, as interpretações realizadas pelo Superior Tribunal de Justiça veiculadas nos acórdãos em incidente de resolução de demandas repetitivas e em julgamento de recurso especial repetitivo, no enunciado de súmula e na orientação do plenário ou do órgão especial, por força do que dispõem, principalmente, os arts. 926, 927, incisos III a V, §§ 3º e 4º, do CPC/2015[58],

---

58 Código de Processo Civil de 2015:

"**Art. 926.** Os tribunais **devem uniformizar sua jurisprudência** e **mantê-la estável, íntegra e coerente**.

§ 1º Na forma estabelecida e segundo os pressupostos fixados no regimento interno, os tribunais editarão enunciados de súmula correspondentes a sua jurisprudência dominante.

§ 2º Ao editar enunciados de súmula, os tribunais devem ater-se às circunstâncias fáticas dos precedentes que motivaram sua criação.

[...]

Art. 927. Os juízes e os tribunais observarão:

[...]

III – os acórdãos em incidente de assunção de competência ou de resolução de demandas repetitivas e em julgamento de recursos extraordinário e especial repetitivos;

IV – os enunciados das súmulas do Supremo Tribunal Federal em matéria constitucional e do Superior Tribunal de Justiça em matéria infraconstitucional;

caracterizam-se como *interpretação com grau de consolidação elevado*.

Consequentemente, por respeito aos princípios da irretroatividade tributária, da anterioridade de exercício, da anterioridade nonagesimal,

---

V – a orientação do plenário ou do órgão especial aos quais estiverem vinculados.
§ 1º Os juízes e os tribunais observarão o disposto no art. 10 e no art. 489, § 1º, quando decidirem com fundamento neste artigo.
§ 2º A alteração de tese jurídica adotada em enunciado de súmula ou em julgamento de casos repetitivos poderá ser precedida de audiências públicas e da participação de pessoas, órgãos ou entidades que possam contribuir para a rediscussão da tese.
§ 3º Na hipótese de alteração de jurisprudência dominante do Supremo Tribunal Federal e dos tribunais superiores ou daquela oriunda de julgamento de casos repetitivos, pode haver modulação dos efeitos da alteração no interesse social e no da segurança jurídica.
§ 4º A modificação de enunciado de súmula, de jurisprudência pacificada ou de tese adotada em julgamento de casos repetitivos observará a necessidade de fundamentação adequada e específica, considerando os princípios da segurança jurídica, da proteção da confiança e da isonomia.
§ 5º Os tribunais darão publicidade a seus precedentes, organizando-os por questão jurídica decidida e divulgando-os, preferencialmente, na rede mundial de computadores.
[...]
Art. 988. Caberá **reclamação** da parte interessada ou do Ministério Público para:
I – preservar a competência do tribunal;
II – garantir a autoridade das decisões do tribunal;
[...]
IV – garantir a observância de acórdão proferido em julgamento de incidente de resolução de demandas repetitivas ou de incidente de assunção de competência;
§ 1º A reclamação pode ser proposta perante qualquer tribunal, e seu julgamento compete ao órgão jurisdicional cuja competência se busca preservar ou cuja autoridade se pretenda garantir.
§ 2º A reclamação deverá ser instruída com prova documental e dirigida ao presidente do tribunal.
§ 3º Assim que recebida, a reclamação será autuada e distribuída ao relator do processo principal, sempre que possível.
§ 4º As hipóteses dos incisos III e IV compreendem a aplicação indevida da tese jurídica e sua não aplicação aos casos que a ela correspondam.
§ 5º É inadmissível a reclamação:
I – proposta após o trânsito em julgado da decisão reclamada;
II – proposta para garantir a observância de acórdão de recurso extraordinário com repercussão geral reconhecida ou de acórdão proferido em julgamento de recursos extraordinário ou especial repetitivos, quando não esgotadas as instâncias ordinárias.
§ 6º A inadmissibilidade ou o julgamento do recurso interposto contra a decisão proferida pelo órgão reclamado não prejudica a reclamação". (grifos nossos)

todos corolários do valor segurança jurídica, pode-se dizer que, salvo a existência de uma razão constitucionalmente mais relevante, deve-se proceder à modulação dos efeitos da nova decisão e da nova interpretação adotada pelo Superior Tribunal de Justiça que represente a exigência de um novo tributo ou o aumento de tributo, nos termos correspondentes ao condicionado por estes princípios, conferindo-se uma interpretação conforme ao que é substancialmente disposto nas alíneas "a", "b" e "c" dos incisos I a III do art. 150 da Constituição brasileira.

4

INTERPRETAÇÃO, INTEGRAÇÃO E APLICAÇÃO NO CTN

4.1. A gênese e o objeto do Código Tributário Nacional

A Lei nº 5.172, de 25 de outubro de 1966, texto publicado no *DOU* de 27 de outubro de 1966 e retificado em 31 de outubro de 1966, como está expresso em sua ementa, "dispõe sobre o sistema tributário nacional e institui normas gerais de direito tributário aplicáveis à União, Estados e Municípios".

Por força do disposto no art. 7º do Ato Complementar nº 36, de 13 de março de 1967, texto publicado no DOU de 14 de março de 1967, a Lei nº 5.172/66, passou a ser denominada "Código Tributário Nacional".

O Código Tributário Nacional (CTN) foi produzido com fundamento na Constituição brasileira de 1946, especialmente tendo em conta a reforma introduzida pela Emenda Constitucional nº 18, de 1º de dezembro de 1965 (EC nº 18/65). Essa emenda constitucional teve como exclusivo objeto promover uma reforma do sistema constitucional tributário brasileiro, tal como sinteticamente enunciado pela sua ementa: "Reforma do Sistema Tributário".

A gênese do CTN, como expressado na Exposição de Motivos nº 1.250, datada de 21 de julho de 1954, enviada ao Presidente da República pelo então Ministro da Fazenda, Oswaldo Aranha, decorreu da necessidade de assegurar o funcionamento orgânico do sistema tributário brasileiro, mediante o estabelecimento de disposições complementares, por meio de uma fixação normativa e uniforme dos princípios gerais do direito tributário (1954, p. 3). O objetivo era produzir um Código Tributário que, apesar de veiculado por meio de lei federal, fosse aplicado a todos os entes da Federação, de modo a representar uma legislação de natureza e de espectro nacional. Eis a elucidativa passagem da referida exposição de motivos:

> Uma peculiaridade do Código Tributário brasileiro, que o distinguirá de todos os demais da mesma natureza, é justamente o caráter nacional decorrente de sua aplicabilidade simultânea aos três níveis do govêrno integrantes da Federação. Essa característica é fundamental, portanto a sua influência não se restringe aos aspectos imediatamente decorrentes da implantação constitucional no que se refere à competência legislativa, mas evidentemente se estende a tôda a sistemática do direito tributário substantivo regulado no Código.

> Por outras palavras, a Comissão teve presente que o Código, embora atribuído à competência federal por uma razão óbvia de hierarquia legislativa, não será lei "federal" mas "nacional"; e ainda, que as suas disposições constituirão antes regras informativas endereçadas ao legislador tributário, afetando o contribuinte, na maioria dos casos, apenas indiretamente, através de sua aplicação por parte daquele. (1954, p. 8)

O fundamento constitucional para a criação de um Código Tributário de caráter nacional estava disposto no art. 5º, inciso XV, alínea "b", da Constituição de 1946, assim redigido:

> Art 5º Compete à União:
> [...]
> XV – legislar sobre:
> [...]
> b) normas gerais de direito financeiro; de seguro e previdência social; de defesa e proteção da saúde; e de regime penitenciário;

O projeto de se ter um Código Tributário Nacional somente foi retomado com a promulgação da EC nº 18/65, como relatado por Francisco José de Souza (1966, pp. 27-29):

> Por isso, vale repisar, a reforma tributária que se esperava confluísse para o estuário orgânico da codificação, foi, por motivos regimentais, votada no Congresso Nacional como simples lei, que recebeu o nº 5.172, com a sanção presidencial, aos 25 de outubro de 1966 e que, consoante a ementa, "Dispõe sôbre o Sistema Tributário institui normas gerais de direito tributário União, Estados e Municípios".
> Quando da tramitação do projeto na Comissão Mista do Congresso Nacional. o Senhor Deputado Daniel Faraco, relator da matéria, prestou os esclarecimentos que, por sua importância, vamos, *data venia*, reproduzir:
> "A necessidade de sistematizar o ordenamento jurídico em matéria financeira constitui, de longa data, uma das preocupações mais sentidas do País".
> [...]
> "Essa tendência obteve, finalmente, expressa consagração constitucional, ao estabelecer a Carta de 1946, em seu art. 5º, inciso XV, alínea "b", que compete ao Congresso Nacional legislar sôbre normas gerais de direito financeiro, aplicáveis à União, Estados e Municípios".
> [...]
> Finalmente, em agosto de 1953, o Ministro Osvaldo Aranha, então titular da Pasta da Fazenda, designou uma comissão integrada pelos Senhores Affonso Almiro, Gerson da Silva, Romeu Gibson, Pedro Teixeira Soares e Rubens Gomes de Souza, êsse último como relator geral, com a especial incumbência de elaborar um projeto, de lei de normas gerais de direito financeiro, no campo tributário.
> [...]
> Na Câmara dos Deputados onde recebeu o número 4. 834, de 1954, o Projeto foi alvo de minucioso, estudo do então Deputado Aliom ar Baleeiro, que concluiu por sua aprovação com 54 emendas oferecidas à consideração do plenário.

> [...]
> A partir de então, o projeto não teve mais andamento, embora se possa dizer que sua importância ficou demonstrada, por antecipação, pela influência que passou a exercer sôbre a doutrina, a jurisprudência e, mesmo, a legislação do País.
> [...]
> Votada e promulgada, pelo Congresso Nacional, a Emenda Constitucional nº 18, que estabeleceu uma completa reorganização do sistema tributário nacional, a Comissão reformulou inteiramente dentro de nôvo texto básico, o primitivo Projeto.'
> Em virtude do elevado grau de interdependência da matéria, foram reunidas, em texto único, as leis complementares da Emenda Constitucional nº 18 e as normas gerais de direito tributário de que trata o artigo 59, inciso XV, alínea "b", da Carta de 46.
> O anteprojeto, inicialmente, divulgado para estudo, foi objeto de amplos debates em todo o País, de que resultaram numerosas sugestões, devidamente apreciadas pela comissão na elaboração do texto final entregue ao Govêrno e, posteriormente, encaminhado ao Congresso Nacional pela Mensagem Presidencial nº 14, acompanhada de Exposição de Motivos nº 604, do Sr. Ministro da Fazenda.
> (Cf. Ata da 2ª Reunião, realizada no dia 27 de setembro de 1966, às 15 horas).
> O primitivo anteprojeto do Código Tributário Nacional teve sua elaboração a cargo do prof. Rubens Gomes de Souza que, já no ano de 1960, o dava por concluído. Posteriormente, a Comissão de Reforma do Ministério da Fazenda teve-o como Relator do projeto afinal convertido na Emenda Constitucional nº 18, de 1965 e da Lei nº 5.172, de 1966.

Basicamente, a EC nº 18/65, em seus 27 artigos, dispôs sobre as seguintes matérias: a indicação das espécies tributárias; as limitações constitucionais ao poder de tributar; a determinação de competência para a União, em casos definidos em lei complementar, instituir empréstimos compulsórios; a atribuição da competência tributária relativa aos impostos, organizados segundo o critério de bases econômicas; a materialidade das taxas; a materialidade das contribuições de melhoria; e o sistema de distribuição das receitas tributárias. Estes pontos da EC nº 18/65 e, principalmente, a organização dos impostos segundo o critério de bases econômicas informaram e encontram-se refletidos na redação final do CTN.

Importa destacar que em função de (i) a Constituição de 1946 em sua redação originária não ter feito referência à "lei complementar" ou à "lei ordinária", mas apenas à "lei", sem qualquer adjetivação; (ii) a Constituição de 1946 em sua redação originária dispor na alínea "b" do inciso XV do art. 5º que compete à União legislar sobre normas gerais de direito financeiro; (iii) o art. 6º da EC nº 17/65 ter alterado a redação do art 67 da Constituição de 1946, com a inclusão do § 8º, que dispunha que: "Os projetos de leis complementares da Constituição e os de Código ou de reforma de Código receberão emendas perante as comissões, e sua tramitação obedecerá aos prazos que forem estabelecidos nos regimentos internos ou em resoluções especiais", sem qualquer previsão de quórum qualificado (p.ex., de maioria absoluta) para sua aprovação; (iv) a EC nº 18/65, apesar de ter disposto em seu art. 1º que: "O sistema tributário nacional compõe-se de impostos, taxas e contribuições de melhoria, e é regido pelo disposto nesta Emenda, em leis complementares, em resoluções do Senado Federal", além de ter disposto que é regido "nos limites das respectivas competências, em leis federal, estadual ou municipal", nada dispôs acerca da competência da União para legislar sobre normas gerais de direito financeiro ou direito tributário; (iv) o quórum qualificado de maioria absoluta para aprovação de lei complementar somente ter sido instituído pelo art. 53 da Constituição de 1967; (v) conclui-se que a Lei nº 5.172/66, posteriormente denominada Código Tributário Nacional pelo art. 7º do Ato Complementar nº 36/67, foi efetivamente produzida e publicada sob a simples forma de "lei". Essa conclusão resta refletida no enunciado do art. 1º da Lei nº 5.172/66, intitulado "DISPOSIÇÃO PRELIMINAR", que apenas alude ao termo "Lei", sem a adjetivação "complementar", a qual já seria possível existir por força do que dispunha o referido § 8º do art. 67 da Constituição de 1946:

> Art. 1º Esta Lei regula, com fundamento na Emenda Constitucional nº 18, de 1º de dezembro de 1965, o sistema tributário nacional e estabelece, com fundamento no artigo 5º, inciso XV, alínea *b*, da Constituição Federal, as normas gerais de direito tributário aplicáveis à União, aos Estados, ao Distrito Federal e aos Municípios, sem prejuízo da respectiva legislação complementar, supletiva ou regulamentar.

Somente com o advento da Constituição de 1967, que dispôs, no § 1º do art. 19, que "lei complementar estabelecerá normas gerais de direito tributário, disporá sobre os conflitos de competência tributária entre a União, os Estados, o Distrito Federal e os Municípios, e regulará as limitações constitucionais do poder tributário", que o CTN adquiriu *status de lei complementar*, isto é, apesar de ser formalmente uma "lei", somente poderia ser alterado por lei complementar, ao menos no que toca à matéria referida no art. 19 da Constituição de 1967. Convém lembrar que o quórum qualificado de maioria absoluta para aprovação de lei complementar somente foi estabelecido pelo art. 53 da Constituição de 1967.

Essa exigência de lei complementar foi reiterada pelo § 1º do art. 18 da Emenda nº 1 de 1969 (chamada por alguns de "Constituição de 1969") e preservada pela Constituição de 1988, que, em seu art. 146, prescreve:

> Art. 146. Cabe à **lei complementar**:
> I - dispor sobre conflitos de competência, em matéria tributária, entre a União, os Estados, o Distrito Federal e os Municípios;
> II - regular as limitações constitucionais ao poder de tributar;
> III - estabelecer normas gerais em matéria de legislação tributária, especialmente sobre:
> a) definição de tributos e de suas espécies, bem como, em relação aos impostos discriminados nesta Constituição, a dos respectivos fatos geradores, bases de cálculo e contribuintes;
> b) obrigação, lançamento, crédito, prescrição e decadência tributários;
> c) adequado tratamento tributário ao ato cooperativo praticado pelas sociedades cooperativas.
> d) definição de tratamento diferenciado e favorecido para as microempresas e para as empresas de pequeno porte, inclusive regimes especiais ou simplificados no caso do imposto previsto no art. 155, II, das contribuições previstas no art. 195, I e §§ 12 e 13, e da contribuição a que se refere o art. 239.
> Parágrafo único. A lei complementar de que trata o inciso III, d, também poderá instituir um regime único de arrecadação dos impostos e contribuições da União, dos Estados, do Distrito Federal e dos Municípios, observado que:
> I - será opcional para o contribuinte;
> II - poderão ser estabelecidas condições de enquadramento diferenciadas por Estado;
> III - o recolhimento será unificado e centralizado e a distribuição da parcela de recursos pertencentes aos respectivos entes federados será imediata, vedada qualquer retenção ou condicionamento;
> IV - a arrecadação, a fiscalização e a cobrança poderão ser compartilhadas pelos entes federados, adotado cadastro nacional único de contribuintes.[1] (Grifo nosso.)

Esse breve escorço acerca da produção do CTN e das alterações constitucionais que lhe sucederam explica o motivo pelo qual se encontra, com certa frequência, a assertiva de que o CTN é *formalmente uma lei ordinária* e *materialmente uma lei complementar* ou, com outros termos, que o CTN é uma lei que veicula normas, que só podem ser alteradas pelo disposto por meio de lei complementar (ao menos no que concerne ao espectro amplo da matéria prevista no art. 146 da Constituição).

4.2. A situação hierárquica das normas do Código Tributário Nacional na estrutura do sistema tributário brasileiro

O fato de o CTN dispor sobre matéria que, pelo menos em sua maior parte, somente pode ser veiculada por lei complementar suscita a questão relativa à situação hierárquica das normas por ele veiculadas. Isso traz a lume a discussão acerca da existência de relação hierárquica entre

1 Os enunciados da alínea "d", do parágrafo único e de seus incisos I a IV foram incluídos pela Emenda Constitucional nº 42, de 19/12/2003.

lei complementar e lei ordinária, ou com mais rigor, entre norma veiculada por lei complementar e norma veiculada por lei ordinária.

A solução para essa questão tem que ser buscada na Constituição brasileira. Para tanto, há que se estabelecer um critério para classificar uma norma como sendo superior ou inferior. Três observações preliminares: uma, reitera-se que a Constituição brasileira de 1988, em sua versão originária, veicula as normas de mais elevada hierarquia do sistema; duas, a Constituição veicula normas de conduta e normas de produção normativa; e três, classificar uma norma como superior ou inferior demanda sempre uma análise comparativa, pois, salvo as normas constitucionais, que se pode considerar que possuem uma superioridade hierárquica intrínseca, são superiores com relação a qualquer outra norma, as demais normas do sistema sempre requerem uma outra norma para servir de referência, para fins de determinar a relação hierárquica.

A Constituição brasileira, pelo simples fato de exigir um quórum qualificado – maioria absoluta – para a aprovação de uma lei complementar (art. 69), não parece revelar que as normas veiculadas por lei complementar (norma complementar) têm hierarquia superior às normas veiculadas por lei ordinária (normas ordinárias). Assim, se uma lei complementar veicula matéria que, segundo a Constituição, pode ser veiculada por lei ordinária, isso não significa que a norma veiculada pela lei complementar só possa ser alterada por outra lei complementar. Acaso se entendesse dessa maneira, estar-se-ia, por meio de lei complementar, promovendo uma alteração do sistema de atribuição formal de competência estabelecido pela Constituição. Um exemplo pode ser ilustrativo: se o legislador infraconstitucional federal produzir um novo Código Penal por meio de lei complementar, isso não implica que eventual alteração da matéria penal nesta veiculada somente possa ser feita por lei complementar. Em função de a Constituição prever que essa matéria pode ser veiculada por lei ordinária, uma nova lei ordinária poderia alterar o contido no aludido Código Penal. Ter-se-ia um fenômeno oposto ao do que ocorreu com o CTN: no exemplo imaginado, o Código Penal seria *formalmente complementar*, mas *materialmente ordinário*.

O Supremo Tribunal Federal teve a oportunidade de decidir sobre uma situação semelhante, quando, com toda precisão, firmou entendimento nesse sentido. Isso ocorreu no julgamento pelo Pleno do RE 509.300 AgR-EDv/MG[2], quando se discutiu se o disposto no art. 56 da Lei Ordinária nº 9.430/96 poderia prevalecer sobre o disposto no art.

2 RE 509.300 AgR-EDv / MG. Rel. Min. Gilmar Mendes, julgamento: 17/03/2016. Publicação: 14/06/2016. Órgão julgador: Tribunal Pleno. *DJe* 122, divulg. 13/06/2016, public. 14/06/2016.

6º, II, da Lei Complementar nº 70/91, que veiculara matéria própria de lei ordinária. Eis a ementa do acórdão:

> Embargos de divergência em agravo regimental em recurso extraordinário. 2. Acórdão recorrido destoa da jurisprudência do Supremo Tribunal Federal. 3. **Revogação, pelo art. 56 da Lei 9.430/96, de isenção da COFINS concedida às sociedades civis de profissão legalmente regulamentada pelo art. 6º, II, da Lei Complementar 70/91. Legitimidade** 4. Inexistência de relação hierárquica entre lei ordinária e lei complementar. Questão exclusivamente constitucional relacionada à distribuição material entre as espécies legais. Precedentes. 5. **A Lei Complementar 70/91 é apenas formalmente complementar, mas materialmente ordinária, com relação aos dispositivos concernentes à contribuição social por ela instituída.** ADC 1 - Moreira Alves, *RTJ* 156/721. 6. Embargos de divergência aos quais se dá provimento (grifo nosso).

Esclarecido esse aspecto, cabe esclarecer qual o critério para determinar a existência de relação hierárquica entre normas no sistema jurídico brasileiro. Há dois critérios normalmente apontados para informar a existência de superioridade hierárquica: primeiro – a Constituição estabelece que o veiculado por um instrumento é superior ao veiculado por outro instrumento (p.ex., é o que ocorre com relação à superioridade hierárquica da norma veiculada por uma lei, se comparada à veiculada por uma portaria); segundo – há superioridade hierárquica quando uma norma estabelece os critérios para que outra seja produzida, isto é, há superioridade hierárquica na relação entre uma norma de produção normativa e a norma cuja produção tem seus critérios estabelecidos por essa norma de produção normativa. Este critério, que vem sendo adotado pela doutrina (HART, 1996, 117-119; ROSS, 1994, 77-79; BOBBIO, 1989, pp. 49-51; VILANOVA, 1989, pp. 45-46; etc.), foi bem demonstrado por Hans Kelsen (1991, p. 240, grifo nosso), ao discorrer sobre a estrutura escalonada da ordem jurídica:

> **A norma que regula a produção é a norma superior, a norma produzida segundo as determinações daquela é a norma inferior.** A ordem jurídica não é um sistema de normas jurídicas ordenadas no mesmo plano, situadas umas ao lado das outras, mas é uma construção escalonada de diferentes camadas ou níveis de normas jurídicas. A sua unidade é produto da conexão de dependência que resulta do fato de a validade de uma norma, que foi produzida de acordo com outra norma, se apoiar sobre essa outra norma, cuja produção, por sua vez, é determinada por outra; [...]

Como demonstrado, quanto ao primeiro critério (*a Constituição estabelece que o veiculado por um instrumento é superior ao veiculado por outro instrumento*), não há que se cogitar de relação hierárquica entre norma complementar e norma ordinária. Resta analisar quanto ao segundo critério – o da relação entre uma norma de produção normativa e a norma cuja produção tem seus critérios (total ou parcialmente) estabelecidos por essa norma de produção normativa. A Constituição brasileira confere à lei complementar um duplo papel: ela pode veicular norma de conduta e norma de produção normativa. Um exemplo de lei complementar que tem aptidão de veicular norma de conduta é o previsto no art. 148 da Constituição, que estabelece que "A União, mediante lei complementar, poderá instituir empréstimos compulsórios".

Por ouro lado, a Constituição, no contexto tributário, alude à lei complementar como veículo de norma de produção normativa, como se identifica no art. 146, inciso III, alínea "a", no ponto em que está disposto que cabe à lei complementar definir os fatos geradores, as bases de cálculo e os contribuintes dos impostos discriminados na Constituição. Na referência à lei complementar no art. 146, inciso III, alínea "a", não se trata de uma simples opção do constituinte pelo instrumento a ser utilizado para dispor sobre certa matéria, como acontece, por exemplo, com a opção pelo instrumento *lei ordinária* para instituir o imposto sobre a renda (art. 150, inciso I, c/c art. 153, inciso III) ou com a opção pelo instrumento *lei complementar* para instituir o empréstimo compulsório (art. 148, *caput*). Nestes dois casos, são veiculadas normas de conduta, normas que prescrevem a obrigação de pagar tributo.

A lei complementar referida no art. 146, inciso III, alínea "a", ao veicular norma de produção normativa, tem por objeto estabelecer algumas condições materiais que devem ser adotadas pelo legislador ordinário (federal, estadual ou municipal) para que haja a válida produção das normas que instituirão os impostos constitucionalmente discriminados. O legislador complementar, ao dispor sobre a definição de *fatos geradores, bases de cálculo* e *contribuintes* dos impostos discriminados na Constituição, não institui qualquer imposto, não veicula qualquer norma de conduta tributária, mas estabelece alguns limites conceituais máximos que devem ser considerados pelos respectivos legisladores ordinários. É o que ocorre, por exemplo, quando os arts. 32, 33 e 34 do CTN definem, respectivamente, o fato gerador, a base de cálculo e o contribuinte do imposto sobre a propriedade predial e territorial urbana (IPTU). Não há qualquer instituição de IPTU pelo CTN, mas sim o estabelecimento de condições materiais para que o legislador municipal possa, com fundamento de validade, instituir o IPTU. A criação do IPTU somente ocorre quando o legislador municipal, por meio de lei municipal, institui todos os critérios do antecedente ("fato gerador") e do consequente (sujeitos ativo e passivo [contribuinte], base de cálculo, alíquota, além do lugar e do tempo[3] do cumprimento da conduta), atendidas as condições materiais estabelecidas no CTN, que, por sua vez, têm seu fundamento de validade nas normas constitucionais de produção normativa.

É interessante notar que não cabe à lei complementar definir a alíquota do IPTU, cuja fixação por parte do legislador ordinário municipal encontra limites diretamente na Constituição, por exemplo, no princípio da vedação da utilização de tributo com efeito de confisco (art. 150, inciso IV, da Constituição brasileira). Mais uma observação deve ser feita. A norma veiculada pela lei complementar (ou com *status* de lei complementar, como é caso da veiculada pelo CTN), ao definir o fato gerador, a base de cálculo e o contribuinte dos impostos discriminados na Constituição, estabelece limites conceituais máximos a serem considerados pelo legislador ordinário, o que não impede de este decidir instituir o respectivo imposto com uma extensão menos ampla no que tange ao fato gerador, à base de cálculo e ao contribuinte. Em outra oportunidade, esse fenômeno, que não se confunde com o da isenção, foi denominado *criação normativa reduzida*[4].

José Souto Maior Borges (1975, pp. 82-83, grifos nossos), em análise sob a sistemática da realidade constitucional anterior, com base nas lições de Kelsen, chama a atenção para dois grupos de lei complementar: primeiro, o das que fundamentam a validade de outros atos normativos; segundo, o das que não fundamentam a validade de outros atos normativos. As normas veiculadas pelas leis complementares do primeiro grupo possuem hierarquia superior, comparadas com as normas cuja produção é regulada por elas. Em suas palavras:

> **A norma determinante da criação de outra é *superior* a esta; a criada de acordo com a primeira, lhe é, ao contrário, inferior.** [...]
> A doutrina brasileira, consoante exposto, vislumbra indistintamente uma função de intermediação ou intercalar da lei complementar, decorrente da sua inserção formal, na enunciação dos atos normativos do art. 46 da Constituição, entre as emendas constitucionais e as leis ordinárias. Tal en-

---

3 Segundo entendimento do Supremo Tribunal Federal o tempo ou prazo de pagamento pode ser estabelecido por instrumento infralegal, como revela a decisão do Plenário dessa Corte no julgamento do RE 140669 (Publicação: DJ 14-05-2001 PP-00189 EMENT VOL-02030-03 PP-00567; Republicação: DJ 18-05-2001 PP-00086; RTJ VOL-00178-01 PP-00361). Por extensão, o mesmo pode ser considerado quanto à determinação do lugar do pagamento.

4 Denomina-se de *criação normativa reduzida* o fenômeno representativo do fato de o próprio sujeito competente para produzir a norma tributária, por livre opção, estabelecer o conteúdo de critério do antecedente ou do consequente da norma tributária de modo menos amplo do que lhe possibilita a respectiva norma de produção normativa (QUEIROZ, 2017, p. 104).

> tretanto nem sempre ocorre, como o demonstra uma análise jurídica mais detida. Essa análise revelará **dois grupos básicos de leis complementares**: 1º) **leis complementares que fundamentam a validade de atos normativos** (leis ordinárias, decretos legislativos e convênios); e 2º) **leis complementares que não fundamentam a validade de outros atos normativos.** Não parece viável, fora dessa perspectiva, uma classificação das leis complementares.

Esse entendimento foi, mais recentemente, reiterado por Souto Maior Borges (2004, p. 54), ao tratar das normas veiculadas pelo art. 146 da Constituição brasileira de 1988: "Em relação sintática internormativa, normas gerais de direito tributário são sobrenormas; normas que condicionam parcialmente o conteúdo de outras normas – as leis ordinárias dos tributos instituídos pelas pessoas constitucionais".

O entendimento de Souto Maior Borges foi marcante na doutrina e jurisprudência nacionais. Carlos Mario da Silva Velloso (2004, pp. 120-121), quando ainda exercia o cargo de Ministro do Supremo Tribunal Federal, produziu importante estudo sobre a lei complementar tributária, no qual perfilha essa mesma linha de entendimento. Eis elucidativo excerto do referido estudo:

> A lei complementar existente no processo legislativo brasileiro decorre de comando constitucional. Se fundamenta ela a validade de outros atos normativos. impõe-se reconhecer a sua superioridade. A lei complementar, por exemplo, inscrita no parágrafo único do art. 59 da Constituição lei complementar disporá sobre a elaboração, redação, alteração e consolidação das leis ostenta posição hierárquica superior, dado que servirá de fundamento de validade dos demais atos normativos. Correto, entretanto. o entendimento de que as leis complementares, na linha da lição de Souto Maior Borges, que não fundamentam a validade de outros atos normativos, não têm posição hierárquica superior. [...]
> No campo tributário, cumpre registrar que a lei complementar de normas tributárias, inscrita no art. 146 da Constituição, lei nacional, ostenta a superioridade hierárquica mencionada.

Essa perspectiva adotada por Velloso (2004, pp. 120-121) já havia sido por ele destacada no julgamento da ADI nº 1.480-MC[5], como revela a passagem de seu voto adiante transcrita:

> Concedo que, na ordem jurídico-constitucional brasileira há, em certos casos, lei complementar hierarquicamente superior à lei ordinária. Assim, por exemplo, a lei complementar prevista no parágrafo único do art. 59 da Constituição, que deverá dispor sobre a elaboração, redação, alteração

5 ADI 1.480 MC / DF. Rel. Min. Celso de Mello, julgamento: 04/09/1997. Órgão julgador: Tribunal Pleno. *DJ* 18/05/2001, p. 435, ement. v. 02031-0, p. 213.

> e consolidação das leis. Tem-se, neste caso, lei complementar especial, que servirá de fundamento de validade das leis de modo geral, inclusive de lei complementar. No campo tributário há leis complementares que fundamentam a validade de atos normativos. É o caso, por exemplo, da lei complementar do art. 146 da Constituição Federal, como há outras leis complementares que realizam a sua missão constitucional sem se constituírem em atos normativos que fundamentam a validade de outros atos normativos (C.F., art. 148) No primeiro caso, tem-se uma lei nacional; no segundo, lei federal em sentido estrito. As lições de José Souto Maior Borges, no ponto, são de leitura obrigatória.

Sacha Calmon Navarro Coelho (2016, p. 89), que também alude ao estudo de Souto Maior Borges, destaca a possibilidade de lei complementar veicular norma superior à veiculada por lei ordinária:

> Em matéria tributária, sem dúvida, a lei complementar é o instrumento-mor da complementação do sistema tributário da Constituição, a começar pelo Código Tributário Nacional, que, material e formalmente, só pode ser lei complementar. Quatro consequências devem ser ditas: a) o legislador não escolhe a matéria da lei complementar, fá-lo a Constituição; b) o legislador ordinário não pode adentrar matéria de lei complementar, torná-la-ia inútil; c) a lei complementar só é superior às leis ordinárias quando é o *fundamento de validez* destas; e d) a matéria sob reserva de lei complementar é *indelegável.*

A possibilidade de a lei complementar veicular norma com hierarquia superior se comparada à veiculada por lei ordinária também foi destacada por Humberto Ávila (2012, pp. 188-189):

> A Constituição atribuiu às leis complementares diferentes funções. Exatamente em razão de cumprir diferentes funções é que as leis complementares não podem ser unitariamente descritas. Por isso, também a sua hierarquia não é unitária. Ela depende da função desempenhada pela lei complementar'. Quando a lei complementar institui normas gerais, ela se situa, na hierarquia normativa, entre a Constituição e a lei ordinária. Quando, porém, a lei complementar possui a função de instituir determinados impostos, de especificar limitações ao poder de tributar ou regras de competência, ela não ocupa um lugar entre a Constituição e a lei ordinária. [...]
>
> Isso não significa que as leis complementares não possam ser hierarquicamente superiores às leis ordinárias. As leis ordinárias situam-se, em dois casos, numa relação de hierarquia com as leis complementares: numa relação de hierarquia formal-procedimental, na hipótese de a lei complementar regular o modo de elaboração, redação, modificação e consolidação das leis ordinárias (art. 59); e numa relação ele hierarquia material-conteudística, no caso de a lei complementar estabelecer normas gerais predeterminadoras do conteúdo das leis ordinárias instituidoras dos tributos (art. 146).

Portanto, no sistema constitucional tributário brasileiro, a norma veiculada por lei complementar pode ter hierarquia superior à norma veiculada por lei ordinária, o que ocorre quando, por força da Constituição brasileira, a lei complementar veicular norma de produção normativa, que estabeleça certas condições formais ou materiais para a produção da norma a ser veiculada pela lei ordinária. Isso acontece, por exemplo: (i) quanto a certas condições formais, com relação ao disposto na LC nº 95/98, que tem fundamento no parágrafo único do art. 59 da Constituição brasileira; ou (ii) quanto às condições materiais, com relação ao CTN no tocante à definição do fato gerador, da base de cálculo e do contribuinte dos "impostos discriminados na Constituição", ou com relação à LC nº 87/96, quanto à definição do fato gerador, da base de cálculo e do contribuinte do ICMS, ambas com fundamento no que dispõe o art. 146, inciso III, alínea "a", da Constituição brasileira.

Compreender o papel da lei complementar no sistema tributário brasileiro é de suma importância para o intérprete e para o aplicador do Direito, principalmente quando eles precisam lidar com a construção e aplicação de normas tributárias, bem como quando necessitam resolver questões atinentes ao conflito aparente de normas (antinomias aparentes).

4.3. Os enunciados do CTN sobre *interpretação, integração* e *aplicação* da legislação tributária

4.3.1. A questão do cabimento de o CTN dispor sobre como devem ser realizadas as atividades de interpretação, integração *e* aplicação *da legislação tributária*

Antes de analisar os enunciados do CTN que dispõem sobre "aplicação, interpretação e integração da legislação tributária", convém examinar uma questão preliminar, qual seja, a de avaliar o cabimento de o legislador dispor acerca dessa matéria. Essa questão preliminar encontra-se intimamente relacionada com a questão referente à possibilidade de diferençar as noções de *interpretação*, *integração* e *aplicação*. Essas duas questões são mutuamente implicantes. A primeira questão será objeto de exame neste item, enquanto a segunda, no item subsequente.

O CTN dispõe, de forma expressa, acerca da *aplicação*, *interpretação* e *integração* da legislação tributária. Esses temas são tratados no contexto do Livro Segundo – Normas Gerais de Direito Tributário, Título I – Legislação Tributária, sendo: o Capítulo III – Aplicação da Legislação Tributária (arts. 105 e 106); e o Capítulo IV – Interpretação e Integração da Legislação Tributária (arts. 107 a 112).

Assim, numa primeira aproximação, o legislador do CTN parece ter concebido as noções de "aplicação, interpretação e integração da legislação tributária" do seguinte modo:

a) *aplicação* como atividade relativa à incidência da "legislação tributária" sobre o fato gerador (concreto), que ocorre em certo tempo e espaço, a fim de determinar os efeitos que daí decorram;
b) *interpretação* como atividade de construção do sentido da "legislação tributária", considerados os limites que decorrem do que está expresso no texto da "legislação tributária";
c) *integração* como atividade necessária para que ocorra a aplicação por parte da autoridade competente nos casos em que não haja disposição expressa da "legislação tributária".

Consideradas essas noções aparentemente compatíveis com o texto utilizado pelo legislador do CTN, é possível avaliar o cabimento de o CTN pretender regular como se deve realizar a interpretação, a integração e a aplicação da legislação tributária.

Ricardo Lobo Torres (2000, p. 1), em seu livro *Normas de Interpretação e Integração do Direito Tributário*, esclarece, de início, que seu objetivo é o "estudo da validade das normas jurídicas escritas que pretendem regular a interpretação e a integração da legislação tributária". Lobo Torres é um severo crítico da atitude de o legislador pretender regular como se deve realizar as atividades de interpretação, aplicação e integração. Na linha do que expusera Gadamer, ele critica a separação das noções de *interpretação* e *aplicação* (2000, pp. 30-31), bem como se mostra taxativo ao defender o descabimento de o legislador do CTN pretender regular como a interpretação deve ser realizada:

> De modo que o CTN pretende estremar a interpretação da aplicação pelo *critério topográfico* de cuidar desta antes e depois do capítulo dedicado às normas sobre a interpretação. Mas padece de insuperável contradição, ao aderir simultaneamente tanto às teorias que dão prioridade lógica à interpretação quanto **às** que privilegiam o fato concreto e o momento da aplicação do Direito.
> **Melhor teria sido, evidentemente, omitir as regras sobre a interpretação posto que se *não pode traduzir em linguagem normativa o relacionamento entre interpretação e aplicação* do Direito Tributário**. Embora o raciocínio jurídico se desenvolva sempre sob a forma de silogismo, não repousa cegamente sobre a lógica dedutiva, pois admite as valorações, a compreensão e a retórica. Por outro lado, equiparar a aplicação à interpretação leva ao casuísmo e à livre pesquisa do juiz. Há que se buscar a integração e a coimplicação entre os dois momentos. Coube a Gadamer, principalmente, integrar na hermenêutica os momentos da compreensão, da interpretação e da aplicação [...]" (LOBO TORRES, 2000, pp. 29-30, grifo nosso).

Também a pretensão de diferençar *interpretação* de *integração* foi objeto de aguda crítica por parte de Lobo Torres, que assenta que "o CTN trouxe mais perplexidade e imprecisão do que clareza ao tentar distinguir entre a *interpretação e a integração*" (2000, p. 37).

A existência de enunciados jurídicos sobre interpretação não é algo peculiar do Direito brasileiro, tributário ou não, como chama a atenção o próprio Lobo Torres. A fim de evidenciar que essa prática legislativa também é adotada no plano internacional, e não é uma peculiaridade brasileira, vale fazer um rápido panorama de três sistemas tributários estrangeiros que se utilizam de enunciados relacionados aos temas *interpretação* e *aplicação*.

Inicialmente, é útil fazer uma referência ao que dispunha acerca da interpretação o Código Tributário alemão de 1919, o qual, como esclarece Oswaldo Aranha (1954, p. 13-14) na Exposição de Motivos do Projeto de Código Tributário Nacional, influenciou de forma primaz, a elaboração do projeto do CTN:

> Com as cautelas e ressalvas decorrentes da orientação geral já indicada, **a Comissão utilizou como subsídios**, em primeiro lugar a legislação tributária vigente da União, dos Estados e dos principais Municípios; e, num segundo plano, **os códigos tributários** e as leis com o caráter parcial de códigos, **existentes na legislação comparada. Dentre as leis do primeiro tipo, a primazia compete indiscutivelmente à *Reichsabgabenordnung* alemã, em seu texto original de 1919, anterior às alterações introduzidas sob a influência de ideologias políticas**; ainda do mesmo tipo, foram considerados o Código Fiscal do México, de 1938, e o Código Fiscal da Província de Buenos Aires, promulgado em 1948.

Brandão Machado (1993, pp. 7-8, grifos nossos), no prefácio ao livro *Interpretação da Lei Tributária,* de Wilhelm Hartz, esclarece que os §§ 4º e 5º do Código Tributário alemão de 1919, foram introduzidos por esforço de Enno Becker, que pretendia que fosse inserida uma regra legal que permitisse que o aplicador da lei adotasse uma interpretação teleológica da lei tributária, com o propósito de combater o positivismo jurídico que predominava no século XIX, a qual ficou conhecida como *interpretação econômica do direito tributário*. Eis o teor desses dispositivos:

> § 4. Na **interpretação das leis tributárias** devem ser considerados a sua finalidade, o seu **significado econômico** e o desenvolvimento das circunstâncias.
> § 5. A obrigação tributária não pode ser eludida ou reduzida mediante o **emprego abusivo de formas e formulações de direito civil**.
> **Haverá abuso** no sentido do inciso 1,

> 1. quando, nos casos em que a lei submete a um imposto fenômenos, fatos e relações econômicos em sua forma jurídica correspondente, **as partes contratantes escolhem formas ou negócios jurídicos inusitados para eludir o imposto**, e
> 2. quando, **segundo as circunstâncias e a forma como é ou deve ser processado, obtêm as partes contratantes, em substância**, o **mesmo resultado econômico** que seria obtido, se escolhida fosse a forma jurídica correspondente aos **fenômenos, fatos e relações econômicos**.

Nota-se que enquanto o § 4º dispunha acerca da denominada interpretação econômica das leis tributárias, o § 5º trazia disposição voltada à interpretação econômica dos fatos ou negócios praticados, a fim de combater o abuso de forma como meio indevido para obter economia tributária. O Código Tributário alemão de 1919 foi reformulado em 1931, quando os §§ 4 e 5 passaram a ser §§ 9 e 10. Esse Código sofreu nova alteração em 1934 por meio da Lei de Adaptação Tributária, pela qual se manteve o conteúdo do primitivo § 4º, com um complemento de que a interpretação da lei deveria considerar a visão do nacional-socialismo e a opinião do povo. Por sua vez o original § 5º, alterado para § 10, foi revogado, tendo sido introduzido o § 6º, conforme demonstrado por Brandão Machado (1993, p. 14, grifos nossos), que também dispôs sobre o combate ao abuso de forma usado como meio indevido de economizar tributo:

> § 6.
> 1) A obrigação tributária não pode ser eludida ou reduzida mediante o **abuso de formas e formulações de direito civil**.
> 2) **Quando há abuso, os impostos deverão ser cobrados como o seriam se adotada a forma jurídica adequada para os fenômenos, fatos e relações econômicos**.

Em 1977, entrou em vigor o novo Código Tributário alemão (1978, p. 17), que não mais apresenta disposição relativa à interpretação da lei tributária, mas que contém disposições sobre a tributação de negócios jurídicos ineficazes e negócios jurídicos simulados (§ 41), como também sobre o combate ao abuso de forma usado como meio indevido de economizar tributo (§ 42):

> § 41
> Negócios Jurídicos Ineficazes
> (1) Se um negócio jurídico é ou se torna ineficaz, esse fato será irrelevante para os fins da tributação se e enquanto as partes contratantes permitirem que se alcance e perdure o seu resultado econômico. Esta norma não prevalecerá se de outra maneira dispuser a lei tributária.
> (2) São irrelevantes para os fins da tributação os negócios e atos simulados. Se por meio de um negócio simulado se encobre outro negócio, leva-se em conta para fins da tributação o negócio encoberto.

> § 42
> Abuso de Formas Jurídicas
> A lei tributária não pode ser fraudada através do abuso de formas jurídicas. Sempre que ocorrer abuso, a pretensão do imposto surgirá, como se para os fenômenos econômicos tivesse sido adotada a forma jurídica adequada.

Como contraponto ao modelo adotado pelo Código Tributário alemão no tocante à presença de disposições legais acerca da interpretação e aplicação da legislação tributária, vale citar o que determinam os estatutos correspondentes em Portugal e na Espanha. A Lei Geral Tributária de Portugal - Decreto-Lei nº 398/98 (atualizada até a Lei nº 2/2020) – no capítulo intitulado "Normas tributárias", dispõe, em seus arts. 11º, 12º e 13º, respectivamente, sobre *interpretação, aplicação da lei tributária no tempo* e *aplicação da lei tributária no espaço*, nos seguintes termos:

> **CAPÍTULO II**
> **Normas tributárias**
> **Artigo 11.º**
> **Interpretação**
> 1 – Na determinação do sentido das normas fiscais e na qualificação dos factos a que as mesmas se aplicam são observadas as regras e os princípios gerais de interpretação e aplicação das leis.
> 2 – Sempre que, nas normas fiscais, se empreguem termos próprios de outros ramos de direito, devem os mesmos ser interpretados no mesmo sentido daquele que aí têm, salvo se outro decorrer diretamente da lei.
> 3 – Persistindo a dúvida sobre o sentido das normas de incidência a aplicar, deve atender-se à substância económica dos factos tributários.
> 4 – As lacunas resultantes de normas tributárias abrangidas na reserva de lei da Assembleia da República não são suscetíveis de integração analógica.
> **Artigo 12.º**
> **Aplicação da lei tributária no tempo**
> 1 – As normas tributárias aplicam-se aos factos posteriores à sua entrada em vigor, não podendo ser criados quaisquer impostos retroativos.
> 2 – Se o facto tributário for de formação sucessiva, a lei nova só se aplica ao período decorrido a partir da sua entrada em vigor.
> 3 – As normas sobre procedimento e processo são de aplicação imediata, sem prejuízo das garantias, direitos e interesses legítimos anteriormente constituídos dos contribuintes.
> 4 – Não são abrangidas pelo disposto no número anterior as normas que, embora integradas no processo de determinação da matéria tributável, tenham por função o desenvolvimento das normas de incidência tributária.
> **Artigo 13.º**
> **Aplicação da lei tributária no espaço**
> 1 – Sem prejuízo de convenções internacionais de que Portugal seja parte e salvo disposição legal em sentido contrário, as normas tributárias aplicam-se aos factos que ocorram no território nacional.
> 2 – A tributação pessoal abrange ainda todos os rendimentos obtidos pelo sujeito passivo com domicílio, sede ou direção efetiva em território português, independentemente do local onde sejam obtidos.

O art. 11º da Lei Geral Tributária de Portugal (LGTP), apesar de ter como título apenas o termo "Interpretação", dispõe tanto sobre como deve ser realizada a interpretação e aplicação (itens 1 a 3) quanto sobre como devem ser resolvidos os casos de lacuna (item 4), o que, na linguagem do CTN, é tratado como sendo hipótese de "integração", não de ("mera") interpretação. O art. 12º da LGTP, que tem como título "Aplicação da lei no tempo", determina a irretroatividade da norma tributária material (itens 1, 2 e 3[6]), em consonância com o princípio da irretroatividade tributária (art. 104º, item 3, da Constituição de Portugal) e estabelece a aplicação imediata da norma que tenha exclusiva natureza processual tributária (item 4). O art. 13º da LGTP, que tem como título "Aplicação da lei no espaço", adota como regra o denominado princípio da territorialidade das leis, o que se relaciona com o fenômeno da vigência espacial da norma tributária.

Outro exemplo de sistema jurídico tributário que apresenta enunciados específicos sobre interpretação e aplicação em matéria tributária é a *Ley General Tributaria* da Espanha – Ley 58/2003 –, como se atesta pelo disposto nos arts. 10 a 16 no contexto do capítulo intitulado "Normas tributarias". Eis o teor dos dispositivos:

> **CAPÍTULO II**
> **Normas tributarias**
> [...]
> ***Sección 2.ª Aplicación de las normas tributarias***
> **Artículo 10.** *Ámbito temporal de las normas tributarias.*
> 1. Las normas tributarias entrarán en vigor a los veinte días naturales de su completa publicación en el boletín oficial que corresponda, si en ellas no se dispone otra cosa, y se aplicarán por plazo indefinido, salvo que se fije un plazo determinado.
> 2. Salvo que se disponga lo contrario, las normas tributarias no tendrán efecto retroactivo y se aplicarán a los tributos sin período impositivo devengados a partir de su entrada en vigor y a los demás tributos cuyo período impositivo se inicie desde ese momento.
> No obstante, las normas que regulen el régimen de infracciones y sanciones tributarias y el de los recargos tendrán efectos retroactivos respecto de los actos que no sean firmes cuando su aplicación resulte más favorable para el interesado.
> **Artículo 11.** *Criterios de sujeción a las normas tributarias.*
> Los tributos se aplicarán conforme a los criterios de residencia o territorialidad que establezca la ley en cada caso. En su defecto, los tributos de carácter personal se exigirán conforme al criterio de residencia y los demás tributos conforme al criterio de territorialidad que resulte más adecuado a la naturaleza del objeto gravado.

6 Conforme demonstrado anteriormente (tópico 2.3.2), nos incisos 1 a 3 do art. 12 da LGTP, o termo *aplicação* parece ser usado com o sentido de *incidência*.

Sección 3.ª Interpretación, calificación e integración

Artículo 12. Interpretación de las normas tributarias.

1. Las normas tributarias se interpretarán con arreglo a lo dispuesto en el apartado 1 del artículo 3 del Código Civil.

2. En tanto no se definan por la normativa tributaria, los términos empleados en sus normas se entenderán conforme a su sentido jurídico, técnico o usual, según proceda.

3. En el ámbito de las competencias del Estado, la facultad de dictar disposiciones interpretativas o aclaratorias de las leyes y demás normas en materia tributaria corresponde al Ministro de Hacienda y Administraciones Públicas y a los órganos de la Administración Tributaria a los que se refiere el artículo 88.5 de esta Ley.

Las disposiciones interpretativas o aclaratorias dictadas por el Ministro serán de obligado cumplimiento para todos los órganos de la Administración Tributaria.

Las disposiciones interpretativas o aclaratorias dictadas por los órganos de la Administración Tributaria a los que se refiere el artículo 88.5 de esta Ley tendrán efectos vinculantes para los órganos y entidades de la Administración Tributaria encargados de la aplicación de los tributos.

Las disposiciones interpretativas o aclaratorias previstas en este apartado se publicarán en el boletín oficial que corresponda.

Con carácter previo al dictado de las resoluciones a las que se refiere este apartado, y una vez elaborado su texto, cuando la naturaleza de las mismas lo aconseje, podrán ser sometidas a información pública.

Artículo 13. Calificación.

Las obligaciones tributarias se exigirán con arreglo a la naturaleza jurídica del hecho, acto o negocio realizado, cualquiera que sea la forma o denominación que los interesados le hubieran dado, y prescindiendo de los defectos que pudieran afectar a su validez.

Artículo 14. Prohibición de la analogía.

No se admitirá la analogía para extender más allá de sus términos estrictos el ámbito del hecho imponible, de las exenciones y demás beneficios o incentivos fiscales.

Artículo 15. Conflicto en la aplicación de la norma tributaria.

1. Se entenderá que existe conflicto en la aplicación de la norma tributaria cuando se evite total o parcialmente la realización del hecho imponible o se minore la base o la deuda tributaria mediante actos o negocios en los que concurran las siguientes circunstancias:

a) Que, individualmente considerados o en su conjunto, sean notoriamente artificiosos o impropios para la consecución del resultado obtenido.

b) Que de su utilización no resulten efectos jurídicos o económicos relevantes, distintos del ahorro fiscal y de los efectos que se hubieran obtenido con los actos o negocios usuales o propios.

2. Para que la Administración tributaria pueda declarar el conflicto en la aplicación de la norma tributaria será necesario el previo informe favorable de la Comisión consultiva a que se refiere el artículo 159 de esta ley.

3. En las liquidaciones que se realicen como resultado de lo dispuesto en este artículo se exigirá el tributo aplicando la norma que hubiera correspondido a los actos o negocios usuales o propios o eliminando las ventajas fiscales obtenidas, y se liquidarán intereses de demora.

> **Artículo 16. *Simulación.***
> 1. En los actos o negocios en los que exista simulación, el hecho imponible gravado será el efectivamente realizado por las partes.
> 2. La existencia de simulación será declarada por la Administración tributaria en el correspondiente acto de liquidación, sin que dicha calificación produzca otros efectos que los exclusivamente tributarios.
> 3. En la regularización que proceda como consecuencia de la existencia de simulación se exigirán los intereses de demora y, en su caso, la sanción pertinente.

O legislador espanhol já se utiliza de mais enunciados para tratar da matéria relativa à *aplicação*, *interpretação* e *integração* tributárias. Os arts. 10 e 11 da *Ley General Tributaria* da Espanha (LGTE) estão contidos na Seção intitulada "Aplicação das normas tributárias". O art. 10, que discorre sobre a aplicação das "normas tributárias" no tempo, dispõe acerca de uma regra supletiva de vigência temporal das normas tributárias – *vacatio legis* – (item 1), sobre a irretroatividade das normas tributárias, a qual não está expressa constitucionalmente, mas que se pode considerar compreendida nas "garantias jurídicas" previstas no item 3 do art. 9 da Constituição da Espanha, bem como sobre a retroatividade da norma punitiva tributária que seja mais benéfica para o infrator (item 2). O art. 11 da LGTE dispõe acerca dos critérios para a aplicação das normas tributárias no espaço (vigência espacial), com reflexos para o sistema de atribuição da competência tributária e de distribuição da arrecadação tributária.

Os arts. 12 a 16 da LGTE estão contidos na Seção intitulada "Interpretação, qualificação e integração das normas tributárias". O art. 12 refere-se à interpretação das leis tributárias e sobre a competência para produzir disposições interpretativas ou esclarecedoras das leis. O art. 13 apresenta determinação mais voltada à interpretação dos fatos, de modo a poder qualificá-lo como sendo fato jurídico tributário, a fim de identificar o surgimento da obrigação tributária. O art. 14 estabelece a proibição do uso da analogia tanto para estender o campo de incidência da norma tributária quanto para a concessão de isenções e benefícios fiscais. O art. 15, cujo título se refere a "conflito na aplicação da norma tributária", trata de questões atinentes à prática de atos voltados à obtenção de economia tributária, com relação aos quais há entendimento do Estado Fiscal de que o tributo, em rigor, é devido. O art. 16 da LGTE dispõe sobre as situações caracterizadas como simulação e suas repercussões no campo tributário e punitivo tributário.

Ante esse breve escorço, identifica-se a adoção de técnicas legislativas diversas por parte dos legisladores estrangeiros quanto à produção de enunciados supostamente relativos à *interpretação*, *integração* e *aplicação* em matéria tributária. O legislador alemão limita-se a tratar do tema sob a ótica exclusiva do combate a práticas, com ou sem má-fé, voltadas à obtenção de economia tributária. Outros, como ocorre em Portugal e na Espanha, além de estabelecerem disposições relativas ao combate a práticas, com ou sem má-fé, voltadas à obtenção de economia tributária, também apresentam enunciados que objetivam dispor sobre o modo pelo qual se deve realizar a intepretação e, por consequência, a aplicação. Destaca-se que tanto em Portugal quanto na Espanha há enunciado que expressamente veda o uso de analogia para exigir tributo uma vez caracterizada a lacuna.

Apesar de serem encontradiços enunciados relacionados à interpretação, integração e aplicação em diferentes sistemas do Direito Comparado, Lobo Torres (2000, p. 276) adverte que os intérpretes não estão vinculados às "normas sobre interpretação e integração existentes nas codificações mais modernas".

Nesse sentido, Lobo Torres (2000, pp. 275, 281, 289) concebe que "Da ambiguidade, da insuficiência e da redundância das normas sobre interpretação e integração da legislação tributária, que as tornam inúteis e carentes elas próprias de interpretação, resulta a sua *invalidade*"; e complementa sua ideia ao afirmar que "*aquelas normas se tornam inválidas porque têm a eficácia* comprometida pelo caráter ideológico que possuem e a sua *legitimidade* conspurcada pelo desequilíbrio que introduzem nos sistemas dos valores jurídicos e dos poderes do Estado". Assim, considera que "*a norma de interpretação é menos importante que a norma a ser interpretada*". Conclui esse seu entendimento, ao asseverar que, em função de desestruturarem o pluralismo científico e político e prejudicarem o equilíbrio e a integração entre os Poderes do Estado e entre os valores jurídicos, as normas de interpretação e de integração tornam-se ilegítimas.

A desnecessidade de normas sobre interpretação é ressaltada por Hugo de Brito Machado (2004, p. 182), que não tem dúvidas em afirmar que: "Não são necessárias normas sobre interpretação de normas. O direito intertemporal comporta tratamento normativo, não, porém, a atividade do intérprete, como atividade de conhecimento, que há de ser livre".

Neil MacCormick (2010, p. 77, grifos nossos), ao concluir artigo sobre argumentação e interpretação, é bastante incisivo ao ressaltar a impossibilidade de o legislador pretender regular o modo pela qual deva ser realizada a atividade de interpretação do Direito:

> En resumen, **la teoría de la interpretación como tema intrínseco al estudio de la argumentación práctica nos conduce necesariamente a las aguas más profundas de la normativa constitucional y la teoría política; es decir, a la libre argumentación práctica aplicada a las instituciones**

> **políticas y jurídicas básicas**. Desde esa perspectiva, no es sorprendente que un breve escrito sobre argumentación e interpretación ofrezca sugerencias y no conclusiones sobre la mejor aproximación a la resolución de las dificultades interpretativas en el derecho. **Sin embargo**, nos permite decir que incluso si **el derecho** pudiera regular eficazmente su propia creación, **nunca podría regular su propia interpretación**.[7]

Os argumentos apresentados por Lobo Torres e por MacCormick no sentido do descabimento de o legislador produzir enunciados para regular como deve ser realizada a interpretação, seja de textos jurídicos seja de fatos, são fortes, consistentes e consonantes com as premissas que foram estabelecidas e adotadas nos capítulos precedentes.

A produção de enunciados que estabelecem amarras à atividade interpretativa mediante a regulação de como ela deve ser realizada, em verdade, representa a vã pretensão de o legislador histórico impor seu modo de pensar, seus valores e sua visão de mundo, tornando-os imutáveis para as gerações futuras. Ao mesmo tempo, significa ignorar que o intérprete é sempre afetado pela tradição e pela história efeitual, que estão num permanente processo de formação e transformação. Como bem adverte Gadamer (2013, p. 404), o horizonte do presente está num processo de constante formação, que não se forma à margem do passado, pelo que não existe um horizonte do presente por si mesmo; compreender é sempre um processo de *fusão de horizontes*; e a fusão de horizontes (do passado e do presente) ocorre na vigência da tradição, e, nela, o velho e o novo crescem sempre juntos. A fusão de horizontes revela que a tradição que nos é trazida é compreendida pelo intérprete que está no presente, com seus valores submetidos ao inevitável fenômeno da mutação. Eis a razão pela qual Gadamer (2013, p. 514) chama a atenção para o fato de que a "vida histórica da tradição consiste na sua dependência a apropriações e interpretações sempre novas", bem como para a necessidade de se ter consciência de que "uma interpretação correta "em si" seria um ideal desprovido de pensamento, que desconhece a essência da tradição. Toda interpretação deve acomodar-se à situação hermenêutica a que pertence".

---

7 O trecho correspondente na tradução é: "Em resumo, a teoria da interpretação como um tema intrínseco ao estudo da argumentação prática necessariamente nos leva às águas mais profundas das normas constitucionais e da teoria política; isto é, à livre argumentação prática aplicada às instituições políticas e jurídicas básicas. Dessa perspectiva, não é surpreendente que um breve artigo sobre argumentação e interpretação ofereça sugestões, em vez de conclusões, sobre a melhor abordagem para resolver as dificuldades interpretativas do direito. No entanto, permite-nos dizer que, mesmo que o direito pudesse eficazmente regular sua própria criação, ele nunca poderia regular sua própria interpretação".

Mais grave ainda é cogitar ser possível regular o interpretar e, por consequência, o pensar consciente, por meio de norma de conduta.

Lev Vygotsky destaca a unidade entre pensamento e o significado da palavra, ou seja, o significado da palavra construído pela interpretação. Vygotsky (2001, p. 398) esclarece que o que significa uma palavra somente é um fenômeno de pensamento à medida que o pensamento se encontra relacionado à palavra e na palavra materializado; trata-se de "um fenômeno de discurso apenas na medida em que o discurso está vinculado ao pensamento e focalizado por sua luz. É um fenômeno do pensamento discursivo ou da palavra consciente, é a unidade da palavra com o pensamento". Nessa mesma linha, Gadamer (2013, p. 521) ressalta a existência da "unidade indissolúvel de pensamento e linguagem tal como a encontramos no fenômeno hermenêutico como unidade de compreensão e interpretação".

Portanto, pretender, por meio de enunciados jurídicos, regular como se deve interpretar, como se deve pensar, como se deve construir o sentido do mundo, vai além de uma elevada dose de ingenuidade, pois revela a pretensão de evitar o inevitável: o tempo passa, experiências nele são vividas, transformações acontecem e ter que conviver com esses fenômenos é uma condição do *ser* humano, é uma condição de possibilidade de conhecimento humano do mundo. É impossível fática e juridicamente regular a conduta de interpretar e de pensar. O interpretar e o pensar jamais podem ser regulados, controlados ou aprisionados, nem mesmo pelo mais arrogante e autoritário legislador.

4.3.2. A questão da possibilidade de se diferençar **interpretação, integração** *e* **aplicação**

O CTN trata, de forma expressa, acerca da *aplicação*, *interpretação* e *integração* da legislação tributária (arts. 107 a 112). Curiosamente, o CTN dispõe sobre a *aplicação* da legislação tributária antes de prescrever sobre a *interpretação* e *integração* da legislação tributária. A sequência mais adequada deveria ser a inversa, pois não há como alguém aplicar sem interpretar. Como será apreciado posteriormente (item 4.3.3), talvez isso decorra da possibilidade de o CTN fazer uso do termo *aplicação* com o sentido de *incidência*, o que explicaria sua proximidade topográfica e de conteúdo com o tema da "vigência da legislação tributária", que é objeto do capítulo anterior (Capítulo II) da mesma Seção do CTN que trata da "aplicação da legislação tributária" (Capítulo III).

Ante as concepções teóricas adotadas e propostas, há que se fazer algumas observações acerca do modo pelo qual o CTN dispõe sobre a aplicação, interpretação e integração. Para tanto vale repisar como foram construídos os conceitos de *interpretação* e *aplicação*.

A interpretação representa construção de sentido, e, por ser socioculturalmente informada, não se revela como atividade isolada, egocêntrica, egoística, nem exclusivamente individual e subjetiva, mas sim como uma atividade de índole intersubjetiva. A interpretação possui natureza construtiva, intersubjetiva, axiológica e racional.

Reiteram-se as noções propostas: *interpretação* significa a construção de sentido, com valoração e uso da razão, socioculturalmente informada, que pode ser de um objeto linguístico ou não linguístico, a qual é realizada pelo intérprete e que decorre do *ser* do intérprete, conforme seus pré-conceitos, conceitos, valores e aspirações, que são afetados pela história efeitual e pela tradição, as quais estão em permanente formação e transformação; *interpretação jurídica* é a interpretação que apresenta a especificidade de ser relativa à construção de sentido de Direito, do conteúdo do Direito, de fatos jurídicos e de efeitos jurídicos, considerados os requisitos que caracterizam e fundamentam um sistema como sendo de natureza jurídica.

A interpretação jurídica concebida dessa maneira demanda a consideração de todo o sistema jurídico, indo da parte ao todo e do todo à parte, num processo permanente e produtivo, conforme as referidas noções de *círculo da compreensão* de Heidegger e de *círculo hermenêutico* de Gadamer.

Considerado sob essa perspectiva, o conceito de *interpretação* envolve o conceito da denominada *integração*.

O pressuposto da distinção entre as noções de *interpretação* e de *integração* é a adoção de um *conceito mais estrito de interpretação jurídica*. Este conceito mais estrito parece levar em conta a construção de sentido de enunciados jurídicos de uma forma mais particularizada, isolada, concernente aos limites semânticos de expressões contidas em textos específicos, por exemplo, os enunciados de um artigo, de um capítulo, de uma lei ou mesmo de um grupo de leis que tratem de uma matéria ou campo comum do Direito.

Contudo, o sentido proposto de interpretação jurídica demanda uma visão de todo o sistema jurídico, de modo que a construção de uma norma jurídica seja o resultado dessa visão global, a qual é informada, principalmente, pelos valores mais elevados e consagrados na Constituição brasileira. De certo modo, isso se aproxima do que Aulis Aarnio (1997, p. 33) denominou construção de sentido quando se toma em consideração todos os fatores (TCF), que considera o sistema jurídico globalmente, inclusive os princípios, a qual ele denomina interpretação. Essa visão mais global é sempre enriquecida pelos fatos da vida, à medida que, não raramente acontece, que o conceito de um fato da vida não corresponda ao conceito construído a partir da interpretação do texto de certo artigo, capítulo, de uma lei ou de um grupo de leis. A interpretação jurídica, sempre constitucionalmente informada e conformada, compreende a utilização de diferentes recursos, inclusive os denominados *analogia*, *equidade*, *princípios setoriais do Direito*, *princípios gerais do Direito* ou *princípios fundamentais do Direito*.

Conceber a interpretação jurídica dessa maneira pode suscitar algumas questões:

a) Essa noção de interpretação jurídica confunde-se com o que se entende como interpretação sistemática?
b) Essa noção de interpretação jurídica despreza a ideia de lacuna?
c) Essa noção de interpretação jurídica despreza o princípio constitucional da legalidade tributária materialmente qualificada?
d) Essa noção de interpretação jurídica permite que um tributo seja exigido ou que uma isenção seja construída por meio do emprego da analogia, ou de princípios gerais de direito tributário ou de princípios gerais de direito público ou de equidade?
e) Essa noção de interpretação jurídica é compatível com a determinação do CTN de adoção de interpretação literal?

Essas relevantes questões relacionadas à distinção entre *interpretação* e *integração* serão objeto de um acurado exame no item 4.3.4, oportunidade em que se desenvolverá o tema da *interpretação e da integração segundo o CTN*.

Ainda resta enfrentar a questão atinente à distinção entre *interpretação* e *aplicação*. Em respeito à coerência discursiva, insta retomar a concepção proposta anteriormente. Como demonstrado, Gadamer parece usar o termo aplicação em dois sentidos: (i) o primeiro, como compreensão-interpretação considerada a situação atual em que se encontra o intérprete; e (ii) o segundo, como atividade que demanda a presença de uma situação concreta a ser interpretada, a qual corresponde ao descrito em um texto. Esse segundo sentido é o mais corrente quando se fala em *aplicação de uma lei*: a lei é aplicada a um caso concreto, cujo sentido compreendido-interpretado guarda correspondência com o sentido compreendido-interpretado da situação descrita no texto legal. Dessarte, quem afirma que Gadamer concebe que a compreensão-interpretação-aplicação pertencem ao mesmo processo hermenêutico e que estão conjuntamente presentes, está se referindo ao primeiro sentido gadameriano de aplicação. Por outro lado, quem afirma que Gadamer concebe a aplicação como atividade que demanda a presença de uma situação concreta a ser interpretada, a qual corresponde ao descrito em um texto, está se referindo ao segundo sentido gadameriano de aplicação.

A fim de evitar uma desnecessária confusão terminológica, optou-se por usar somente o termo *interpretação* para retratar o fenômeno de construção de sentido, que envolve a tríade compreensão-interpretação-aplicação (aplicação no primeiro sentido gadameriano).

Logo, reafirma-se que *aplicação jurídica* significa (i) a produção de uma nova norma jurídica, em função de o conceito de um fato apresentar uma correspondência com o conceito de uma linguagem jurídica – correspondência com o descrito no antecedente de uma norma de produção normativa; (ii) o cumprimento de uma norma de conduta; ou (iii) incidência de norma jurídica.

Convém ainda lembrar que a noção de *interpretação em concreto* não se confunde com a de *aplicação*. O que se denomina *interpretação em concreto* envolve a interpretação abstrata associada à interpretação de fato. A *interpretação em concreto* tem como objetivo identificar se o sentido de um fato, ocorrido no tempo e no espaço, apresenta uma correspondência com o sentido de uma linguagem jurídica, normalmente apresentada em forma de texto. Reitera-se que há uma mútua implicação entre a construção do sentido do fato jurídico e a construção de sentido do texto jurídico – a norma jurídica. Só é possível concluir se um fato apresenta relevância jurídica, se realmente é um fato jurídico, a partir de critérios juridicamente informados, via de regra, por meio da construção do sentido (interpretação) de textos jurídicos. Por outro lado, a construção do sentido dos textos jurídicos é informada pelos fatos passados – pela história efeitual e pela tradição –, bem como pelos acontecimentos atuais, que determinam a situação hermenêutica do intérprete.

Segundo as acepções propostas e adotadas, pode haver interpretação sem que haja o ato de aplicação. Contudo, para que haja o ato de aplicação, é imprescindível que tenha ocorrido interpretação.

4.3.3. A aplicação *da legislação tributária segundo o CTN*

O CTN dispõe acerca da "aplicação da legislação tributária" nos arts. 105 e 106. O art. 105 do CTN está assim redigido:

> Art. 105. A legislação tributária aplica-se imediatamente aos fatos geradores futuros e aos pendentes, assim entendidos aqueles cuja ocorrência tenha tido início mas não esteja completa nos termos do artigo 116.

Este dispositivo do CTN, essencialmente, reitera o sentido mais básico do princípio constitucional da irretroatividade tributária (art. 150, inciso III, alínea "a"). Contudo, algumas observações precisam ser feitas.

Primeiramente, o art. 105, em que pese aludir à expressão "legislação tributária", cujo sentido, segundo o art. 96 do CTN, "compreende as leis, os tratados e as convenções internacionais, os decretos e as normas complementares que versem, no todo ou em parte, sobre tributos e relações jurídicas a eles pertinentes", em rigor, parece referir-se, ao menos de forma mais direta, à norma tributária em sentido estrito (que obriga o pagamento de tributo) veiculada pela "legislação tributária", que, por força do princípio da legalidade tributária materialmente qualificada, é, via de regra, a lei ordinária ou instrumento primário equivalente.

Vale lembrar que a expressão "fato gerador" presente no art. 105 é usada no CTN em diferentes sentidos, que podem ou não estar ligados à obrigação de pagar tributo. Assim, pode, por exemplo, referir-se:

a) ao antecedente da norma tributária (fato gerador abstrato tributário), como no art. 4º;

b) ao fato jurídico tributário (fato gerador "concreto" tributário), como nos arts. 113, § 1º (parte referente a "tributo") e 144;

c) ao fato jurídico administrativo-fiscal (referente às denominadas *obrigações acessórias* ou *obrigações-administrativo-fiscais*, como no art. 115;

d) a fato jurídico *punitivo tributário* ou a fato jurídico *punitivo administrativo-fiscal* (fato gerador "concreto"; infração), como no art. 113, § 1º (parte referente à "penalidade pecuniária").

No caso do art. 105 do CTN, a expressão "fato gerador" parece estar usada no sentido de fato jurídico tributário, isto é, de fato concreto cujo conceito corresponde ao descrito no antecedente da norma tributaria. Esse artigo, quando dispõe que "a legislação tributária aplica-se imediatamente aos fatos geradores futuros e aos pendentes", sugere que está se referindo à *aplicação* no sentido de incidência de norma jurídica, intimamente relacionado à noção de *eficácia jurídica* da norma.

Como exposto, *aplicação jurídica* significa (a) a produção de uma nova norma jurídica, em função de o conceito de um fato apresentar uma correspondência com o conceito de uma linguagem jurídica – correspondência com o descrito no antecedente de uma norma de produção normativa; (b) o cumprimento de uma norma de conduta; ou (c) incidência de norma jurídica. *Incidência* é o fenômeno representativo da qualificação de um fato como sendo um *fato jurídico*, em função de o conceito desse fato corresponder ao descrito no antecedente normativo, produzindo, por conseguinte, os efeitos jurídicos prescritos no consequente normativo – o nascimento ou revogação de uma nova norma jurídica, se for norma de produção normativa, ou o surgimento ou extinção de uma relação jurídica, se for norma de conduta. E *eficácia jurídica* (ou, com essa acepção, *vigência*) é a qualidade de norma jurídica – norma que existe juridicamente, que é válida – que está apta a produzir efeitos jurídicos, quais sejam, se ocorrer o fato descrito em seu antecedente, então surgirá o efeito prescrito em seu consequente, que será a criação ou extinção de norma jurídica, se for efeito de norma de produção normativa, ou que será a criação ou extinção de relação jurídica, se for efeito de norma de conduta.

Convém lembrar que a incidência é um fenômeno relativo a uma *correspondência ideal*, que pode se instaurar em dado momento independentemente de ato humano, mas cuja inserção efetiva no discurso (p.ex., numa sentença, num auto de infração) para fins de determinação do efeito jurídico causado, depende, inevitavelmente, da conclusão, advinda da interpretação de texto jurídico e do fato, de que realmente houve tal correspondência.

Portanto, o que efetivamente dispõe o art. 105 do CTN é que a incidência da norma tributaria (válida) ocorrerá com relação aos fatos que venham a se consumar (ter seu conceito correspondendo a todos os requisitos descritos no antecedente da norma tributária) assim que a norma tributária já for vigente ou eficaz juridicamente.

Observa-se que a norma tributária somente pode ter eficácia jurídica quando já for válida. Para ser válida, a norma tributária tem que ter sido regularmente produzida, especialmente quanto ao atendimento dos requisitos correspondentes aos princípios da irretroatividade tributária, da anterioridade de exercício e da anterioridade nonagesimal, como antes demonstrado (itens 3.5.2 e 3.5.4). Evidentemente, a eficácia jurídica da norma tributária somente surgirá "imediatamente", entenda-se esse "imediatamente" como *assim que alcançada a validade jurídica*, acaso não tenha sido previsto pelo legislador tributário um prazo maior. Se isto ocorrer a norma tributária, apesar de válida, só alcançará a eficácia jurídica com o advento do termo estabelecido pelo legislador tributário (caso de *vacatio legis*).

Por seu turno, o art. 106 do CTN estabelece exceções ao princípio da irretroatividade, nos seguintes termos:

> Art. 106. A lei aplica-se a ato ou fato pretérito:
> I – em qualquer caso, quando seja expressamente interpretativa, excluída a aplicação de penalidade à infração dos dispositivos interpretados;
> II – tratando-se de ato não definitivamente julgado:
> a) quando deixe de defini-lo como infração;
> b) quando deixe de tratá-lo como contrário a qualquer exigência de ação ou

> omissão, desde que não tenha sido fraudulento e não tenha implicado em falta de pagamento de tributo;
> c) quando lhe comine penalidade menos severa que a prevista na lei vigente ao tempo da sua prática.

Nota-se que há duas categorias de situações referidas no art. 106. A primeira atinente à denominada *lei interpretativa*, que será objeto de exame apartado logo adiante (item 4.3.3.1).

A segunda, concernente ao disposto no inciso II do art. 106, não trata de aplicação (incidência) de norma tributária, mas sim dispõe sobre a retroatividade de *norma punitiva tributária* ou de *norma punitiva administrativo-fiscal*, em consonância com o princípio constitucional da retroatividade da norma punitiva mais benéfica ou benigna (art. 5º, inciso XL). É oportuno destacar que o CTN denomina *obrigação tributária principal* três obrigações distintas: (i) a obrigação tributária em sentido estrito, que decorre da incidência da norma tributária sobre o conceito do fato jurídico tributário (art. 113, § 1º, primeira parte – referente à "tributo"); (ii) a obrigação punitiva tributária, que decorre da incidência da norma punitiva tributária sobre o conceito do fato jurídico punitivo tributário (art. 113, § 1º, segunda parte – referente à "penalidade pecuniária"); e (iii) a obrigação punitiva administrativo-fiscal, que decorre da incidência da norma punitiva administrativo-fiscal sobre o conceito do fato jurídico punitivo administrativo-fiscal (art. 113, § 3º).[8]

4.3.3.1. A aplicação *da denominada "lei interpretativa"*

O art. 106, inciso I, do CTN estabelece que: "A lei aplica-se a ato ou fato pretérito: I – em qualquer caso, quando seja expressamente interpretativa, excluída a aplicação de penalidade à infração dos dispositivos interpretados".

A compreensão do que representa esta retroatividade requer um prévio esclarecimento acerca do sentido da expressão "lei interpretativa" ou "lei expressamente interpretativa". A denominada "lei interpreta-

---

8 Código Tributário Nacional:
"Art. 113. A obrigação tributária é principal ou acessória.
§ 1º A obrigação principal surge com a ocorrência do fato gerador, tem por objeto o pagamento de tributo ou penalidade pecuniária e extingue-se juntamente com o crédito dela decorrente.
§ 2º A obrigação acessória decorre da legislação tributária e tem por objeto as prestações, positivas ou negativas, nela previstas no interesse da arrecadação ou da fiscalização dos tributos.
§ 3º A obrigação acessória, pelo simples fato da sua inobservância, converte-se em obrigação principal relativamente à penalidade pecuniária."

tiva" supostamente tem por objetivo esclarecer o sentido de outro texto jurídico, de outra "lei". Eis as palavras de Aliomar Baleeiro, que associa a noção de "lei retroativa" à de "interpretação autêntica"[9] a respeito desse dispositivo do CTN:

> Nos países, como o nosso (CF de 1969, art. 153, §§ 3°, 16 e 36), em que a irretroatividade da lei em relação às situações jurídicas definitivamente constituídas assume caráter de direito e garantia individuais do Estatuto Político, a interpretação autêntica há de ser limitada à sua função específica: esclarecer e suprir o que foi legislado, sem a irrogar-se a *ius novum,* mais oneroso para o cidadão.
> Lei que interpreta outra há de ser retroativa por definição, no sentido de que lhe espanca as obscuridades e ambiguidades.
> Mas contaminar-se-á de inconstitucionalidade se, em matéria fiscal, criar tributos, penas, ônus ou vexames que não resultavam expressa ou implicitamente do texto interpretado.
> Tais inovações só alcançam o futuro.
> Se, como muitos escritores já pretenderam, a lei interpretativa é outra lei, por seus efeitos inovadores, estes só poderão ter eficácia a partir de sua publicação. Será retroativa se declara menos onerosa a posição do contribuinte ou daquele que lhe é equiparado.

Baleeiro adverte quanto a dois aspectos: um, a "lei interpretativa" deve apenas esclarecer, sem inovar; dois, acaso inove, perde sua natureza interpretativa, pelo que não pode retroagir, sob pena de inconstitucionalidade, se for mais onerosa para o cidadão.

A utilização da denominada "lei interpretativa", em rigor, suscita uma impropriedade hermenêutica e um paradoxo hermenêutico:

a) há *impropriedade hermenêutica*, pois incorre no grave problema do descabimento de o legislador pretender regular como deve ser realizada a interpretação de certo texto jurídico, como foi especificamente demonstrado anteriormente (item 4.3.1); e

b) há um *paradoxo hermenêutico*, em função de ou incorrer no problema da inutilidade, pois o "sentido esclarecido" é o mesmo que já era adotado anteriormente, ou incorrer no problema da perda do caráter interpretativo, pois se se é útil por representar uma inovação no Direito, perde o "caráter interpretativo", pelo que não pode haver retroatividade se o resultado for mais oneroso para o cidadão, sob pena de inconstitucionalidade.

9 Hans Kelsen denominou "intepretação autêntica" a realizada pelo órgão aplicador do Direito, quando ele cria Direito; o que pode ser decorrente de uma lei ou tratado, com caráter geral, ou de uma sentença, com caráter individual (1991, p. 369).

Um elucidativo exemplo desses problemas atinentes à "lei interpretativa", revelador da impropriedade hermenêutica e do paradoxo hermenêutico mencionados, ocorreu com o advento da Lei Complementar nº 118, de 9 de fevereiro de 2005, publicada no mesmo dia no *DOU* . Ela possui quatro artigos. O art. 1º altera a redação dos arts. 113, 155-A, 174, 185, 186, 187, e 191 do CTN. O art. 2º acrescenta ao CTN os arts. 185-A e 191-A. E, especificamente relacionados ao tema da "lei interpretativa", assim dispõem os arts. 3º e 4º:

> Art. 3º **Para efeito de interpretação do inciso I do art. 168 da Lei nº 5.172, de 25 de outubro de 1966 – Código Tributário Nacional**, a extinção do crédito tributário ocorre, no caso de tributo sujeito a lançamento por homologação, no momento do pagamento antecipado de que trata o § 1º do art. 150 da referida Lei.
> Art. 4º Esta Lei entra em vigor 120 (cento e vinte) dias após sua publicação, **observado, quanto ao art. 3º, o disposto no art. 106, inciso I, da Lei nº 5.172, de 25 de outubro de 1966 – Código Tributário Nacional.** (Grifos nossos.)

O art. 3º é explícito quanto ao seu *propósito de se caracterizar como "expressamente interpretativo"*. Esse propósito é reiterado pelo disposto no art. 4º, que, ao textualmente prescrever a necessidade de se observar, "quanto ao art. 3º, o disposto no art. 106, inciso I" do CTN, que dispõe sobre a retroatividade da "lei expressamente interpretativa".

O disposto nesses arts. 3º e 4º foi objeto de ampla discussão no Poder Judiciário, principalmente no âmbito do Superior Tribunal de Justiça (STJ) e do Supremo Tribunal Federal (STF), como ilustram as passagens adiante transcritas.

Em 9 de agosto de 2006, o STJ, por meio de sua Primeira Seção, ao julgar o EREsp 508.882[10], decidiu a controvérsia provocada pelo advento da suposta "lei interpretativa", cuja ementa do acórdão transcreve-se a seguir:

> EMBARGOS DE DIVERGÊNCIA. RECURSO ESPECIAL. RESTITUIÇÃO / COMPENSAÇÃO.TRIBUTO.DECLARADO INCONSTITUCIONAL PELO SUPREMO TRIBUNAL FEDERAL. LANÇAMENTO POR HOMOLOGAÇÃO. PRESCRIÇÃO. CINCO ANOS DO FATO GERADOR MAIS CINCO ANOS DA HOMOLOGAÇÃO TÁCITA. **NÃO APLICAÇÃO DO ART. 3º DA LC Nº 108/2005 ÀS AÇÕES AJUIZADAS ANTERIORMENTE AO INÍCIO DA VIGÊNCIA DA MENCIONADA LEI COMPLEMENTAR. ENTENDIMENTO DA COLENDA PRIMEIRA SEÇÃO.**
> A egrégia Primeira Seção deste colendo Superior Tribunal de Justiça na assentada de 24 de março de 2004, houve por bem afastar, por maioria, a tese

10 EREsp 508.882 / RS. Rel. Min. Humberto Martins. Primeira Seção, julgamento: 09/08/2006. *DJ* 28/08/2006.

> de ser o termo inicial, para fluência do interregno prescricional, a data da declaração de inconstitucionalidade do tributo, adotando o entendimento segundo o qual, para as hipóteses de devolução de tributos sujeitos à homologação declarados inconstitucionais pelo Supremo Tribunal Federal, **a prescrição do direito de pleitear a restituição se dá após expirado o prazo de cinco anos, contados do fato gerador, acrescido de mais cinco anos, a partir da homologação tácita** (EREsp 435.835/SC, Rel. p/acórdão Min. José Delgado – cf. *Informativo de Jurisprudência do STJ* 203, de 22 a 26 de março de 2004). Saliente-se, outrossim, que **é inaplicável à espécie a previsão do art. 3º da Lei Complementar nº 118, de 9 de fevereiro de 2005**, uma vez que a douta Seção de Direito Público deste Sodalício, na sessão de 27/04/2005, sedimentou o posicionamento segundo o qual **o mencionado dispositivo legal se aplica apenas às ações ajuizadas posteriormente ao prazo de cento e vinte dias (*vacatio legis*) da publicação da referida Lei Complementar** (EREsp 327.043/DF, Rel. Min. João Otávio de Noronha). Dessarte, na hipótese em exame, em que a ação foi ajuizada anteriormente ao início da vigência da LC nº 118/2005, aplica-se o prazo prescricional de cinco anos, contados do fato gerador, acrescido de mais cinco anos, a partir da homologação tácita. Embargos de divergência providos (grifos nossos).

O STJ, ao reconhecer que o disposto no art. 3º da LC nº 118/2005 não tem o "caráter interpretativo" referido no inciso I do art. 106 do CTN, negou a pretensa aplicação retroativa e, consequentemente, decidiu que o disposto no referido art. 3º representa regra nova, pelo que somente seria aplicável às ações ajuizadas posteriormente ao prazo de cento e vinte dias (*vacatio legis*) da publicação da LC nº 118/2005, conforme estabelecido na primeira parte do art. 4º desta lei.

Em 06 de junho de 2007, a Corte Especial do STJ, ao julgar arguição de inconstitucionalidade – AI nos EREsp 644736[11] –, decidiu a controvérsia provocada pelo advento da suposta "lei interpretativa", declarando a inconstitucionalidade do art. 4º, segunda parte, da LC nº 118/2005, que determina a aplicação retroativa do art. 3º desta lei. Eis o teor da ementa do acórdão:

> CONSTITUCIONAL. TRIBUTÁRIO. LEI INTERPRETATIVA. PRAZO DE PRESCRIÇÃO PARA A REPETIÇÃO DE INDÉBITO, NOS TRIBUTOS SUJEITOS A LANÇAMENTO POR HOMOLOGAÇÃO. **LC 118/2005: NATUREZA MODIFICATIVA (E NÃO SIMPLESMENTE INTERPRETATIVA) DO SEU ART. 3º. INCONSTITUCIONALIDADE DO SEU ART. 4º, NA PARTE QUE DETERMINA A APLICAÇÃO RETROATIVA.**
>
> 1. Sobre o tema relacionado com a prescrição da ação de repetição de indébito tributário, a jurisprudência do STJ (1ª Seção) é no sentido de que, em se

11 AI nos EREsp 644.736 / PE. Rel. Min. Teori Albino Zavascki. Corte Especial, julgamento: 06/06/2007. *DJ* 27/08/2007, p. 170.

tratando de tributo sujeito a lançamento por homologação, o prazo de cinco anos, previsto no art. 168 do CTN, tem início, não na data do recolhimento do tributo indevido, e sim na data da homologação – expressa ou tácita – do lançamento. Segundo entende o Tribunal, para que o crédito se considere extinto, não basta o pagamento: é indispensável a homologação do lançamento, hipótese de extinção albergada pelo art. 156, VII, do CTN. Assim, somente a partir dessa homologação é que teria início o prazo previsto no art. 168, I. E, não havendo homologação expressa, o prazo para a repetição do indébito acaba sendo, na verdade, de dez anos a contar do fato gerador.
2. **Esse entendimento, embora não tenha a adesão uniforme da doutrina e nem de todos os juízes, é o que legitimamente define o conteúdo e o sentido das normas que disciplinam a matéria, já que se trata do entendimento emanado do órgão do Poder Judiciário que tem a atribuição constitucional de interpretá-las.**
3. **O art. 3º da LC 118/2005, a pretexto de interpretar esses mesmos enunciados, conferiu-lhes, na verdade, um sentido e um alcance diferente daquele dado pelo Judiciário.** Ainda que defensável a 'interpretação' dada, não há como negar que **a Lei inovou no plano normativo, pois retirou das disposições interpretadas um dos seus sentidos possíveis, justamente aquele tido como correto pelo STJ, intérprete e guardião da legislação federal.**
4. Assim, **tratando-se de preceito normativo modificativo, e não simplesmente interpretativo, o art. 3º da LC 118/2005 só pode ter eficácia prospectiva**, incidindo apenas sobre situações que venham a ocorrer a partir da sua vigência.
5. O **art. 4º, segunda parte, da LC 118/2005, que determina a aplicação retroativa do seu art. 3º, para alcançar inclusive fatos passados, ofende o princípio constitucional da autonomia e independência dos poderes (CF, art. 2º) e o da garantia do direito adquirido, do ato jurídico perfeito e da coisa julgada (CF, art. 5º, XXXVI).**
6. Arguição de inconstitucionalidade acolhida. (grifo nosso)

A Corte Especial do STJ, órgão competente para decidir acerca da arguição de inconstitucionalidade, foi precisa e taxativa ao decidir:

a) que "o art. 3º da LC nº 118/2005, a pretexto de interpretar esses mesmos enunciados, conferiu-lhes, na verdade, um sentido e um alcance diferente daquele dado pelo Judiciário", isto é, daquele assentado pelo próprio STJ, à medida que afastou "das disposições interpretadas um dos seus sentidos possíveis, justamente aquele tido como correto pelo STJ, intérprete e guardião da legislação federal";
b) que, por se tratar "de preceito normativo modificativo, e não simplesmente interpretativo, o art. 3º da LC nº 118/2005 só pode ter eficácia prospectiva, incidindo apenas sobre situações que venham a ocorrer a partir da sua vigência";
c) que, por consequência, há inconstitucionalidade, pois o "art. 4º, segunda parte, da LC nº 118/2005, que determina a aplicação retroativa do seu art. 3º, para alcançar inclusive fatos passados, ofen-

de o princípio constitucional da autonomia e independência dos poderes (CF, art. 2º) e o da garantia do direito adquirido, do ato jurídico perfeito e da coisa julgada (CF, art. 5º, XXXVI)."

Em 25 de novembro de 2009, o STJ, por meio de sua Primeira Seção, ao julgar o REsp 1.002.932[12], já tendo como base a mencionada decisão da Corte Especial sobre a inconstitucionalidade do art. 4º, segunda parte, da LC nº 118/2005, apreciou novamente a controvérsia provocada pelo advento da pretensa "lei interpretativa" e, alterou parcialmente o entendimento que a Primeira Seção adotara, como demonstra a parte da ementa do acórdão adiante destacada:

> PROCESSUAL CIVIL. RECURSO ESPECIAL REPRESENTATIVO DE CONTROVÉRSIA. ART. 543-C, DO CPC. TRIBUTÁRIO. AUXÍLIO CONDUÇÃO. IMPOSTO DE RENDA. TRIBUTO SUJEITO A LANÇAMENTO POR HOMOLOGAÇÃO. PRESCRIÇÃO. TERMO INICIAL. PAGAMENTO INDEVIDO. ART. 4º, DA LC Nº 118/2005. DETERMINAÇÃO DE APLICAÇÃO RETROATIVA. DECLARAÇÃO DE INCONSTITUCIONALIDADE. CONTROLE DIFUSO. CORTE ESPECIAL. RESERVA DE PLENÁRIO.
>
> 1. **O princípio da irretroatividade impõe a aplicação da LC nº 118, de 9 de fevereiro de 2005, aos pagamentos indevidos realizados após a sua vigência e não às ações propostas posteriormente ao referido diploma legal, posto norma referente à extinção da obrigação e não ao aspecto processual da ação correspectiva.**
>
> 2. O advento da LC nº 118/2005 e suas consequências sobre a prescrição, do ponto de vista prático, implica dever a mesma ser contada da seguinte forma: relativamente aos pagamentos efetuados a partir da sua vigência (que ocorreu em 09/06/2005), o prazo para a repetição do indébito é de cinco a contar da data do pagamento; e relativamente aos pagamentos anteriores, a prescrição obedece ao regime previsto no sistema anterior, limitada, porém, ao prazo máximo de cinco anos a contar da vigência da lei nova.
>
> 3. Isto porque a **Corte Especial declarou a inconstitucionalidade da expressão "observado, quanto ao art. 3º, o disposto no art. 106, I, da Lei nº 5.172, de 25 de outubro de 1966 - Código Tributário Nacional", constante do art. 4º, segunda parte, da Lei Complementar nº 118/2005** (AI nos ERESP 644.736/PE, Rel. Min. Teori Albino Zavascki, julgamento 06/06/2007).
>
> 4. Deveras, a **norma inserta no art. 3º, da lei complementar em tela, indubitavelmente, cria direito novo, não configurando lei meramente interpretativa, cuja retroação é permitida**, consoante apregoa doutrina abalizada: [...]
>
> 9. Recurso especial provido, nos termos da fundamentação expendida. Acórdão submetido ao regime do art. 543-C do CPC e da Resolução STJ 08/2008 (grifos nossos).

12 REsp 1.002.932 / SP. Rel. Min. Luiz Fux. Primeira Seção, julgamento: 25/11/2009, *DJe* 18/12/2009.

Dois relevantes pontos precisam ser ressaltados:

a) esta decisão de 2009 (REsp 1.002.932), diversamente daquela de 2006 (EREsp 508.882), já foi tomada com base na decisão da Corte Especial sobre a inconstitucionalidade do art. 4º, segunda parte, da LC nº 118/2005 (AI nos EREsp 644736);

b) a única mudança de entendimento, foi com relação à incidência do art. 3º da LC nº 118/2005, que passou a ser atinente "aos pagamentos indevidos realizados após a sua vigência e não às ações propostas posteriormente ao referido diploma legal, posto norma referente à extinção da obrigação e não ao aspecto processual da ação correspectiva".

A discussão provocada pelo advento da pretensa "lei interpretativa" foi levada à apreciação do Supremo Tribunal Federal, cujo Plenário, no julgamento do RE 566.621[13], sob a sistemática da repercussão geral, assim decidiu:

> DIREITO TRIBUTÁRIO. LEI INTERPRETATIVA. APLICAÇÃO RETROATIVA DA LEI COMPLEMENTAR Nº 118/2005. DESCABIMENTO. VIOLAÇÃO À SEGURANÇA JURÍDICA. NECESSIDADE DE OBSERVÂNCIA DA *VACACIO LEGIS*. APLICAÇÃO DO PRAZO REDUZIDO PARA REPETIÇÃO OU COMPENSAÇÃO DE INDÉBITOS AOS PROCESSOS AJUIZADOS A PARTIR DE 9 DE JUNHO DE 2005. **Quando do advento da LC 118/05, estava consolidada a orientação da Primeira Seção do STJ no sentido de que**, para os tributos sujeitos a lançamento por homologação, o prazo para repetição ou compensação de indébito era de 10 anos contados do seu fato gerador, tendo em conta a aplicação combinada dos arts. 150, § 4º, 156, VII, e 168, I, do CTN. A LC nº 118/2005, embora tenha se autoproclamado interpretativa, implicou inovação normativa, tendo reduzido o prazo de 10 anos contados do fato gerador para 5 anos contados do pagamento indevido. **Lei supostamente interpretativa que, em verdade, inova no mundo jurídico deve ser considerada como lei nova**. Inocorrência de violação à autonomia e independência dos Poderes, porquanto a lei expressamente interpretativa também se submete, como qualquer outra, ao controle judicial quanto à sua natureza, validade e aplicação. A **aplicação retroativa de novo e reduzido prazo para a repetição ou compensação de indébito tributário estipulado por lei nova**, fulminando, de imediato, pretensões deduzidas tempestivamente à luz do prazo então aplicável, bem como a aplicação imediata às pretensões pendentes de ajuizamento quando da publicação da lei, sem resguardo de nenhuma regra de transição, implicam **ofensa ao princípio da segurança jurídica em seus conteúdos de proteção da confiança e de garantia do acesso à Justiça. Afastando-se as aplicações inconstitucionais** e resguardando-se, no mais, a eficácia da norma, **permite-se a aplicação do prazo reduzido**

13 RE 566.621 / RS. Rel. Min. Ellen Gracie. Tribunal Pleno, julgamento: 04/08/2011. *DJe* 195, divulg. 10-10-2011.

relativamente às ações ajuizadas após a *vacatio legis*, conforme entendimento consolidado por esta Corte no enunciado 445 da Súmula do Tribunal. O prazo de *vacatio legis* de 120 dias permitiu aos contribuintes não apenas que tomassem ciência do novo prazo, mas também que ajuizassem as ações necessárias à tutela dos seus direitos. Inaplicabilidade do art. 2.028 do Código Civil, pois, não havendo lacuna na LC nº 118/2005, que pretendeu a aplicação do novo prazo na maior extensão possível, descabida sua aplicação por analogia. Além disso, não se trata de lei geral, tampouco impede iniciativa legislativa em contrário. **Reconhecida a inconstitucionalidade art. 4º, segunda parte, da LC nº 118/2005, considerando-se válida a aplicação do novo prazo de 5 anos tão somente às ações ajuizadas após o decurso da *vacatio legis* de 120 dias, ou seja, a partir de 9 de junho de 2005. Aplicação do art. 543-B, § 3º, do CPC aos recursos sobrestados.** Recurso extraordinário desprovido (grifos nossos).

Com esse julgamento, o Supremo Tribunal Federal resolveu o Tema 4 e firmou a seguinte Tese de Repercussão Geral:

É inconstitucional o art. 4º, segunda parte, da Lei Complementar nº 118/2005, de modo que, para os tributos sujeitos a homologação, o novo prazo de 5 anos para a repetição ou compensação de indébito aplica-se tão somente às ações ajuizadas após o decurso da *vacatio legis* de 120 dias, ou seja, a partir de 9 de junho de 2005 (grifo nosso).

Cabe ainda aduzir que em função do entendimento firmado pela Suprema Corte, o Superior Tribunal de Justiça[14] ajustou o seu entendimento quanto à incidência da nova determinação contida no art. 3º da LC nº 118/2005:

CONSTITUCIONAL. TRIBUTÁRIO. RECURSO ESPECIAL REPRESENTATIVO DA CONTROVÉRSIA (ART. 543-C DO CPC). LEI INTERPRETATIVA. PRAZO DE PRESCRIÇÃO PARA A REPETIÇÃO DE INDÉBITO NOS TRIBUTOS SUJEITOS A LANÇAMENTO POR HOMOLOGAÇÃO. ART. 3º DA LC Nº 118/2005. POSICIONAMENTO DO STF. ALTERAÇÃO DA JURISPRUDÊNCIA DO STJ. SUPERADO ENTENDIMENTO FIRMADO ANTERIORMENTE TAMBÉM EM SEDE DE RECURSO REPRESENTATIVO DA CONTROVÉRSIA.

1. O acórdão proveniente da Corte Especial na **AI nos Eresp nº 644.736/PE**, Relator o Ministro Teori Albino Zavascki, DJ de 27.08.2007, e o recurso representativo da controvérsia **REsp. nº 1.002.932/SP**, Primeira Seção, Rel. Min. Luiz Fux, julgado em 25/11/2009, firmaram o entendimento no sentido de que o art. 3º da LC nº 118/2005 somente pode ter eficácia prospectiva, incidindo apenas sobre situações que venham a ocorrer a partir da sua vigência. Sendo assim, a jurisprudência deste STJ passou a considerar que, relativamente aos pagamentos efetuados a partir de 09/06/2005, o prazo para a repetição do indébito é de cinco anos a contar da data do pagamento;

14 REsp 1.269.570 / MG. Rel. Min. Mauro Campbell Marques. Primeira Seção, julgamento: 23/05/2012. *DJe* 04/06//2012.

> e relativamente aos pagamentos anteriores, a prescrição obedece ao regime previsto no sistema anterior.
> 2. **No entanto**, o mesmo tema recebeu julgamento pelo **STF no RE nº 566.621/RS, Plenário, Rel. Min. Ellen Gracie, julgamento 04/08/2011, onde foi fixado marco para a aplicação do regime novo de prazo prescricional levando-se em consideração a data do ajuizamento da ação (e não mais a data do pagamento) em confronto com a data da vigência da lei nova (09/06/2005).**
> 3. **Tendo a jurisprudência deste STJ sido construída em interpretação de princípios constitucionais, urge inclinar-se esta Casa ao decidido pela Corte Suprema competente para dar a palavra final em temas de tal jaez, notadamente em havendo julgamento de mérito em repercussão geral (arts. 543-A e 543-B, do CPC).** Desse modo, para as ações ajuizadas a partir de 09/06/2005, aplica-se o art. 3º da Lei Complementar nº 118/2005, contando-se o prazo prescricional dos tributos sujeitos a lançamento por homologação em cinco anos a partir do pagamento antecipado de que trata o art. 150, § 1º, do CTN.
> 4. **Superado o recurso representativo da controvérsia REsp 1.002.932/SP, Primeira Seção, Rel. Min. Luiz Fux, julgamento 25/11/2009.**
> 5. Recurso especial não provido. **Acórdão submetido ao regime do art. 543-C do CPC e da Resolução STJ 08/2008** (grifo nosso).

Portanto, após esse resumo das discussões provocadas pela pretensa "lei interpretativa" e em função do que restou devidamente assentado tanto pelo Superior Tribunal de Justiça quanto pelo Supremo Tribunal Federal, importa reiterar o que se disse acerca da malfadada figura da "lei interpretativa". A utilização da denominada "lei interpretativa", em rigor, suscita:

a) uma *impropriedade hermenêutica*, pois incorre no grave problema do descabimento de o legislador pretender regular como deve ser realizada a interpretação de certo texto jurídico, como foi especificamente demonstrado anteriormente (item 4.3.1); e

b) um *paradoxo hermenêutico*, em função de ou incorrer no problema da inutilidade do contido na lei, pois o "sentido esclarecido" é o mesmo que já era adotado anteriormente, ou incorrer no problema da perda do caráter interpretativo, pois se se é útil por representar uma inovação no Direito, perde o "caráter interpretativo", pelo que não pode haver retroatividade se o resultado for mais oneroso para o cidadão, sob pena de inconstitucionalidade.

4.3.4. *A* **interpretação** *e a* **integração** *da legislação tributária segundo o CTN*

O CTN dispõe nos arts. 107 a 112 sobre a "interpretação e integração da legislação tributária" (expressão que intitula o Capítulo IV da Seção III do Livro Segundo).

A doutrina tem ressaltado a dificuldade de diferençar as noções de *interpretação* e de *integração* jurídicas. Misabel Derzi, em *Nota* aos comentários sobre o art. 107 feitos por Aliomar Baleeiro (2008, p. 674) em seu *Direito Tributário Brasileiro*, chama a atenção para a dificuldade e fragilidade desta distinção:

> Interpretar seria tão somente "descobrir" o sentido da lei, a norma, com vistas à sua aplicação ao caso concreto. Mas, fazer aflorar da lei, a norma jurídica, apreendê-la, mesmo em face de dispositivos expressos, é sempre um trabalho criativo. Não é verdadeiro, como veremos, que *interpretatio cessat in claris*. Integrar, segundo o art. 108 do CTN, seria construir o Direito, na ausência de dispositivo expresso. Entretanto, como a instituição de tributo e a sua dispensa estão rigidamente presas ao princípio da legalidade, o mesmo art. 108 limita o uso da analogia e da equidade, de tal forma que **fica sem nenhuma consistência a diferenciação, já por si difícil, entre interpretação e integração**. A rigor, **a interpretação supõe uma contínua integração**, pois a norma é construída a partir dos sentidos possíveis da palavra. Dentro de um amplo universo, o texto e o contexto jurídico, o melhor sentido deve ser buscado, por meio dos princípios jurídicos, da natureza da coisa e de suas peculiaridades.

Esse mesmo entendimento é adotado por Ricardo Lobo Torres (2000, pp. 35-36, grifo nosso):

> Sucede que a interpretação e a integração apresentam uma zona fronteiriça de pouquíssima nitidez, de forma que a separação é fluídica e imprecisa. A distinção entre analogia e interpretação extensiva ou entre analogia e interpretação analógica, por exemplo, é fugidia.
>
> A própria afirmativa da existência de lacuna ou do espaço ajurídico e da possibilidade do emprego da analogia ou do argumento a contrário constitui um problema de interpretação. **O conceito de interpretação e de integração é variável sabendo-se que em países como a Suíça se considera como interpretação o processo analógico**. Certos juristas, como N. Bobbio, observam que é frágil a distinção baseada no caráter declarativo da interpretação e criativo da integração, pois nem mesmo na analogia o juiz cria o direito, pois a norma já preexiste no ordenamento. A diferença não é substancial, mas de grau ou de intensidade na atividade hermenêutica.

Paulo de Barros Carvalho (2011, p. 129) assevera que a integração está compreendida pela complexidade do processo interpretativo:

> Outra questão de suma importância é indagar se a integração está contida na complexidade do processo interpretativo, ou se é atividade distinta, que se consubstancia num empenho intelectual diverso da interpretação, só cabível quando houvesse lacunas no texto interpretado. Inclinamo-nos pela primeira orientação: o recurso integrativo é um estádio no trabalho de interpretação. Se assim não fosse, haveríamos de concluir que todas as leis que apresentam lacunas não seriam interpretáveis, o que é inusitado absurdo.

> Mas não é essa, infelizmente, a direção do Código Tributário Nacional, que empregou separadamente os dois conceitos.

E complementa seu entendimento ao discorrer sobre "O tema da interpretação na disciplina do Código Tributário Nacional", com destaque para o caráter construtivo da interpretação:

> Colocamo-nos entre aqueles, como Ezio Vanoni, que entendem a integração como pertinente ao processo interpretativo, discordando, todavia, quanto ao feitio desse processo, que se apresenta *construtivo* e não meramente *declaratório* (CARVALHO, 2011, p. 134-135).

Em função de se conceber a interpretação como construção de sentido e a *interpretação jurídica como a interpretação que apresenta a especificidade de ser relativa à construção de sentido de Direito, do conteúdo do Direito, de fatos jurídicos e de efeitos jurídicos, considerados os requisitos que caracterizam e fundamentam um sistema como sendo de natureza jurídica*, infere-se que, segundo esta acepção, a *interpretação jurídica* compreende a *integração*.

A criticada e dúbia distinção entre as noções de *interpretação* e de *integração* parece ter tomado por base a adoção por parte do legislador do CTN de um *conceito mais estrito de interpretação jurídica*. Este conceito mais estrito parece levar em conta a construção de sentido de enunciados jurídicos de uma forma mais particularizada, isolada, concernente aos limites semânticos de expressões contidas em textos específicos, por exemplo, os enunciados de um artigo, de um capítulo, de uma lei ou mesmo de um grupo de leis que tratem de uma matéria ou campo comum do Direito.

Esse *conceito mais estrito de interpretação* é incompatível com a perspectiva de que a interpretação demanda uma visão de todo o sistema jurídico, de modo que a construção de uma norma jurídica seja o resultado dessa visão global, a qual é informada, principalmente, pelos valores mais elevados e consagrados na Constituição brasileira. Esse modo global de conceber a interpretação envolve e é sempre enriquecido pelos fatos da vida. Como é cediço, não raramente o conceito de um fato da vida não corresponde ao conceito construído a partir da interpretação do texto de certo artigo, capítulo, de uma lei ou de um grupo de leis. Daí se afirmar que a interpretação jurídica, sempre constitucionalmente informada e conformada, compreende a utilização de diferentes recursos, inclusive os denominados *analogia, equidade, princípios setoriais do Direito, princípios gerais do Direito* ou *princípios fundamentais do Direito*.

Esse cenário suscitou a elaboração de cinco questões (item 4.3.2). Espera-se que o processo de construção de solução dessas questões contribua para a compreensão do sentido constitucionalmente adequado para as referidas disposições do CTN sobre *interpretação* e *integração*.

A primeira questão formulada ("a") é se a noção de interpretação jurídica apresentada se confunde com o que se entende como interpretação sistemática. De forma intencional, ao longo do presente trabalho não se tratou dos tradicionais métodos, técnicas ou cânones interpretativos: gramatical, histórico, lógico, teleológico e sistemático. A ausência de referência específica a eles deve-se à perspectiva assumida de que a atividade de interpretação jurídica deve ser concebida de forma global, pelo que demanda múltiplas técnicas e recursos interpretativos. Como observa Alexy (2005, pp. 34-35), esses cânones interpretativos, destacados desde Savigny, são controvertidos com relação ao que significam, quanto à sua quantidade, bem como sobre sua ordem hierárquica. Isso não impede de reconhecer a sua importância, pois, com toda controvérsia, eles são até hoje referidos.

A observação de Alexy acerca da incerteza quanto à ordem hierárquica entre esses cânones é um interessante sinal, pois aponta para a possibilidade de haver um conflito entre esses critérios. A visão global de interpretação que se propõe sustenta uma perspectiva de complementariedade, não de disputa de métodos ou técnicas. A interpretação enquanto construção de sentido, de objeto linguístico ou não linguístico, socioculturalmente informada, realiza-se com valoração e uso da razão, sendo realizada pelo intérprete e decorrente do *ser* do intérprete, conforme seus valores, pré-conceitos, conceitos e aspirações, que são afetados pela história efeitual e pela tradição, as quais estão em permanente formação e transformação.

Essa acepção proposta de interpretação, que é produto das contribuições da hermenêutica filosófica e das referidas teorias da argumentação, de certa forma, perpassa por todos os referidos cânones interpretativos, sem se limitar a qualquer deles ou à mera combinação deles, o que poderia sugerir um indevido aprisionamento hermenêutico.

A relação entre a interpretação e linguagem foi incessantemente destacada pelo que a citada técnica "gramatical", é mais bem representada pela consciência da linguisticidade do conhecimento (na linguagem de Gadamer) e pela necessidade de se considerar os aspectos sintático, semântico e pragmático da linguagem. Essa consideração é informada pela historicidade do conhecimento, pela história efeitual e pela tradição, o que não se confunde com a vinculação à suposta intenção do legislador histórico. O que somos e o modo que construímos o mundo é informado pela tradição que nos chega, a qual é submetida ao nossos valores e à nossa razão, como também às nossas aspirações, de modo que o que persiste e o que se transmite, é a tradição que sobrevive à crítica axiológica racional. A tradição chega e é transmitida num processo discursivo, argumentativo permanente, no qual há uma fusão de horizontes, o do passado e o do presente, que se movem à medida que a vida humana continua. Com esse modo de compreender, possivelmente, se percorre, quiçá se extrapola o âmbito dos cânones "histórico, lógico e teleológico".

Em termos de interpretação jurídica, a tudo isso que se disse é preciso acrescer o que é peculiar ao Direito. O Direito compõe-se de normas que descrevem fatos, que informam a construção de normas, a qual se perfaz mediante a interpretação de linguagem (em geral, textos) e de fatos. Essa interpretação de linguagem (em geral, textos) e de fatos é informada e conformada pelos valores mais elevados e consagrados por uma sociedade, os quais, contemporaneamente, costumam estar veiculados no que se costuma denominar Constituição. Eis a razão pela qual se concebe que toda e qualquer interpretação há que ser conforme a Constituição, ou seja, há que ser constitucionalmente coerente e consistente, como adverte MacCormick. Essa visão global, complexa e humana da interpretação e da interpretação jurídica parece superar o que se usa chamar de interpretação "sistemática".

Portanto, a concepção abrangente do fenômeno da interpretação não se aprisiona a técnicas ou rótulos, pelo que deve ser concebida como construção humana de sentido, socioculturalmente informada, uma construção que combina valor e razão, eis o motivo de se falar em *construção axiológica racional de sentido.*

Ante o que se expôs para responder à primeira questão, as respostas às quatro outras perguntas formuladas já estão encaminhadas. A segunda pergunta (questão "b") é relativa à compatibilidade da noção proposta de interpretação com a ideia de lacuna. Esta questão encontra-se relacionada às questões "c" e "d", que se referem, respectivamente, à compatibilidade da noção proposta de interpretação com o princípio constitucional da legalidade tributária materialmente qualificada (questão "c") e se essa noção de interpretação permite que um tributo seja exigido ou que uma isenção seja construída por meio do emprego da analogia, ou de princípios gerais de direito tributário ou de princípios gerais de direito público ou de equidade (questão "d"). As questões "b", "c" e "d" estão diretamente ligadas ao que prescreve o art. 108 do CTN, que se apresenta assim redigido:

> Art. 108. Na ausência de disposição expressa, a autoridade competente para aplicar a legislação tributária utilizará sucessivamente, na ordem indicada:
> I – a analogia;
> II – os princípios gerais de direito tributário;
> III – os princípios gerais de direito público;

> IV – a equidade.
> § 1º O emprego da analogia não poderá resultar na exigência de tributo não previsto em lei.
> § 2º O emprego da equidade não poderá resultar na dispensa do pagamento de tributo devido.

O art. 108 do CTN alude à situação de "ausência de disposição expressa" que determine como deve proceder a autoridade que é competente para aplicar a legislação tributária. A essa "ausência de disposição expressa" denomina-se lacuna. É com esse sentido que Miguel Reale (2002, pp. 61-62, grifo nosso) alude ao termo *lacuna*:

> Lembremo-nos de que, na Lei de Introdução ao Código Civil, encontramos um artigo mandando aplicar os *princípios gerais de Direito*, quando haja **lacuna na lei por falta de previsão específica do legislador**. Naqueles casos em que o magistrado não encontra lei correspondente à hipótese *sub judice*, não só pode recorrer à analogia, operando de caso particular para caso particular semelhante, ou ao direito revelado através dos usos e costumes, como deve procurar resposta nos *princípios gerais de Direito*.

Essa ideia de *lacuna* significa a falta de texto jurídico que, respeitados os limites semânticos das palavras nele contidas, veicule um conceito que corresponda especificamente ao conceito de certo fato. A noção de *lacuna* assume especial importância quando associada à exigência constitucional de que para que alguém seja obrigado ou proibido de fazer alguma coisa que haja texto jurídico que, respeitados os limites semânticos das palavras nele contidas, veicule conceito que corresponda especificamente ao conceito de certo fato.

Há esse tipo de exigência para a instituição ou para o aumento de tributo, conforme demonstrado anteriormente ao se discorrer sobre o *princípio da legalidade tributária materialmente qualificada*. Por força do que dispõe a Constituição brasileira nos arts. 145, § 2º, 146, inciso III, alínea "a", 149, § 2º, inciso III, alíneas "a" e "b", 150, inciso I e § 6º, 153, § 1º (*a contrario sensu*) e 154, inciso I, a produção da norma tributária, além de atender as condições formais atinentes ao sujeito competente e procedimento (princípio da legalidade), deve produzir uma declaração prescritiva que contenha alguns aspectos da norma tributária a ser produzida, em especial: o "fato gerador", a "base de cálculo", o "contribuinte" e a "alíquota". Em termos mais analíticos, o aspecto declaração prescritiva condicionada do antecedente da norma constitucional de produção normativa deve conter, (i) como *proposição implicante* (que corresponderá ao antecedente da norma tributária a ser produzida), a descrição completa do conceito de um fato ("fato gerador") e, (ii) como *proposição implicada* (que corresponderá ao consequente da norma tributária a ser produzida), a prescrição de uma relação, cujo núcleo é representado por uma conduta intersubjetiva, deonticamente modalizada (obrigatória) e determinada tanto qualitativa quanto quantitativamente. Assim, a declaração prescritiva produzida deve identificar todos os critérios (pessoal, material, temporal e espacial) do antecedente ("fato gerador") e do consequente da norma tributária (especialmente os relativos ao "contribuinte", à "base de cálculo" e à "alíquota").

Com esse fundamento, concebe-se que o *princípio da legalidade tributária materialmente qualificada* é uma combinação dos aspectos formais – *sujeito competente* e *procedimento* – com uma característica especial do aspecto material – *declaração prescritiva condicionada* – do antecedente da norma constitucional de produção normativa, ou seja, a declaração prescritiva deverá conter, como proposição implicante (que corresponderá ao antecedente da norma tributária a ser produzida), a descrição de todos os critérios de identificação – pessoal, material, temporal e espacial – do conceito de um fato ("fato gerador") e, como proposição implicada (que corresponderá ao consequente da norma tributária a ser produzida), a prescrição de uma relação intersubjetiva, cujo núcleo é representado por uma conduta entre sujeitos (ativo e passivo [contribuinte – com critérios expressos para a sua identificação]), deonticamente modalizada (conduta obrigatória) e determinada tanto qualitativa (via de regra, conduta de entregar) quanto quantitativamente – quantia em dinheiro a ser entregue em função da aplicação de uma "alíquota" sobre uma "base de cálculo", sendo ambas expressamente indicadas, salvo exceção constitucionalmente prevista para a "alíquota", conduta a ser realizada em certo tempo[15] e espaço.

Desse modo, em resposta à questão "b", ao que parece, o legislador do CTN ao se referir à expressão "na ausência de disposição expressa" aponta para a noção de uma lacuna da *lei*, de certo texto ou de certo grupo de textos jurídicos, daí fazer alusão, para lidar com a ideia de lacuna legal, à utilização de recursos interpretativos que são elaborados a partir do que dispõe o Direito, global, axiológica e racionalmente construído. As noções abrangentes de interpretação e aplicação jurídicas propostas compreendem a utilização de todos os mecanismos oferecidos pelo Direito brasileiro, em especial pela Constituição brasileira, o que se afi-

15 Reitera-se que o Supremo Tribunal Federal tem entendido que o critério temporal do consequente da norma tributária (prazo de vencimento) não está submetido ao princípio da legalidade, pelo que pode ser disposto por meio de instrumento infralegal (p.ex., RE 172.394 / SP. Rel. Min. Marco Aurélio. Redator do acórdão Min. Ilmar Galvão, julgamento: 21/06/1995. Órgão julgador: Tribunal Pleno. *DJ* 15/09/1995, pp. 29.549; ement. v. 01.800-12, p. 02317; *RTJ* v. 00176-02, p. 894.

gura suficiente para lidar com a questão da *lacuna legal*, a princípio, considerada pelo art. 108 do CTN.

Sobre a questão "c", pode-se assentar que a noção proposta de interpretação jurídica é totalmente compatível com o princípio constitucional da legalidade tributária materialmente qualificada, pois a possibilidade de ser construída, mediante interpretação, a norma tributária depende do efetivo atendimento de todas as condições constitucionalmente previstas, tanto as formais quanto as materiais, dentre estas a relativa ao *princípio constitucional da legalidade tributária materialmente qualificada*.

Quanto à parte da questão "d" atinente à exigência de tributo, restou demonstrado que, por força do princípio constitucional da legalidade tributária materialmente qualificada, não há possibilidade jurídica de um tributo ser exigido por meio do emprego da analogia, ou de princípios gerais de direito tributário ou de princípios gerais de direito público ou de equidade.

Quanto à parte da questão "d" atinente à isenção, convém observar que a doutrina[16] vem chamando a atenção para a imprecisão da teoria que preconiza ser a isenção uma mera dispensa do pagamento devido, ante a consideração de que, se há isenção, sequer nasce a obrigação de pagar o tributo. Entende-se que a isenção não se apresenta, em rigor, como norma de produção normativa nem como norma de conduta, mas sim como enunciado infraconstitucional cujo sentido informa negativamente o conteúdo da norma tributária. Concebe-se que a isenção é o fenômeno jurídico, que se surpreende ainda no *plano das significações dos suportes materiais da linguagem jurídica* (plano do sentido do texto legal, antes de se organizar com a estrutura de norma jurídica tributária), representativo da situação de o sujeito competente para a produção da norma tributária, no processo legislativo (plano dos fatos), determinar textualmente (no respectivo veículo normativo) que certos conteúdos semânticos (pessoas, coisas, etc.) não integrarão ou deixarão de integrar ("estão isentos" ou "não incidem"), total ou parcialmente, certos critérios da norma tributária.[17]

Assim, seja pelo conceito proposto de isenção, que a concebe como enunciado infraconstitucional cujo sentido informa negativamente o

16 A crítica a essa acepção de isenção pode ser encontrada em Becker (1972, pp. 276-277), Souto Maior Borges (1980, p. 182), Carraza (2001, 704-705), Barros Carvalho (2011, p. 562), Lobo Torres (2013, 308), Schoueri (2013, p. 234), etc.

17 Em outra oportunidade, discorreu-se sobre a caracterização da isenção e de outras figuras afins, tais como a imunidade, a não incidência, a definição reduzida de critério normativo e a criação normativa reduzida (2018, pp. 99-105).

conteúdo da norma tributária, o que implicaria a submissão ao princípio da legalidade tributária materialmente qualificada, seja pelo expressamente disposto no art. 150, § 6º, da Constituição brasileira, que requer "lei específica" para que a isenção seja concedida, não há possibilidade jurídica, salvo disposição constitucional em sentido diverso, de uma isenção ser construída por meio do emprego da analogia, ou de princípios gerais de direito tributário ou de princípios gerais de direito público ou de equidade.

Importa dizer que tanto a construção de sentido da "lei que institua o tributo" quanto a da "lei que conceda a isenção" são informadas, entre outros, pelos princípios constitucionais tributários e pelas imunidades tributárias, os quais integram as normas constitucionais de produção normativa. Esses princípios constitucionais funcionam como fundamentos para as noções de analogia e de equidade. Entretanto, não é constitucionalmente possível que, exclusivamente com base em *princípios constitucionais, analogia* ou *equidade*, se pretenda criar tributo ou conceder isenção.

Nesse contexto, a ordem prescrita no art. 108 do CTN não pode ser concebida como necessária, nem taxativa, pois, como demonstrado, não cabe ao legislador ordenar, regular como deve ser realizada a interpretação e, consequentemente, a construção das normas jurídicas. Esse entendimento é destacado por Lobo Torres (2000, pp. 113-114, grifo nosso):

> O dispositivo, com a sua ordem hierárquica, sofreu direta influência da legislação italiana.
> Sucede que **não existe fundamento jurídico, lógico ou filosófico para a hierarquização dos métodos. E isso porque são pouquíssimo nítidas as fronteiras entre cada qual e porque globalmente aqueles métodos não podem se ordenar segundo as regras da indução ou da dedução**.

Lobo Torres (2000, p. 117) complementa sua ideia ao aludir à inexistência de taxatividade: "A enumeração dos métodos de integração levada a efeito pelo art. 108 do CTN não pode ser entendida como taxativa, eis que é incompleta e lacunosa".

Paulo de Barros Carvalho (2011, p. 135) é igualmente crítico quanto ao disposto no art. 108 do CTN:

> O art. 108 arrola quatro itens que serão sucessivamente aplicados pela autoridade competente, na ausência de disposição expressa da lei interpretada. O preceito tem endereço certo: a autoridade competente para aplicar a legislação tributária, seja ela o funcionário da Fazenda, seja o órgão judicial que preside o feito. **Na verdade, qualquer deles sentir-se-á embaraçado ao ter de empregar a analogia sem levar em consideração os princípios**

> **gerais de direito tributário, os princípios gerais de direito público e a equidade. E, da mesma forma, ficarão perplexos ao lançar mão dos outros sem ligá-los aos demais itens. Tudo porque se esqueceu o legislador do Código que essa atividade é complexa, alimentando-se de todos os recursos disponíveis no sistema, que agem simultaneamente sobre o espírito do exegeta.**

Na linha desse entendimento, é oportuno atentar para a advertência de Kaufmann (2004, p. 114) acerca da dificuldade e da necessidade de valoração para que seja possível a utilização da analogia ou da argumentação *a contrario*:

> Tenha-se bem presente, que **onde há uma conclusão por analogia é sempre *logicamente* possível também uma conclusão *a contrario*, pois todos os seres são, naturalmente em grau diverso, não só semelhantes mas também diferentes entre si**. A diferença entre ambos, isto é, a escolha do *tertium comparationis,* resulta dum *juízo de valor*. Exemplo (BGHSt, 1,1. - ver infra p. 127 ss.): O ácido clorídrico é uma "arma"? Sob o ponto de vista das características técnicas não é, mas pela sua função (aptidão para lesar ou matar pessoas) poderá ser.

As críticas dirigidas ao art. 108 estendem-se aos arts. 109 e 110 do CTN. Lobo Torres (2000, p. 197) é feliz quando sintetiza:

> Em resumo, as contradições e as ambiguidades na disciplina da interpretação sistemática e a superação das teses em que se apoiava com referência às relações entre o Direito Tributário e o Privado, à elisão e às fontes tornam os arts. 109 e 110 uma extravagância.

Um sentido juridicamente possível para o disposto nos arts. 109 e 110 do CTN[18] somente pode ser construído tendo por base o que determina a Constituição brasileira. Esses dispositivos devem ser interpretados conjuntamente. Foram elaborados num contexto histórico em que se procurava garantir a independência do Direito Tributário frente ao Direito Privado, sem perder de vista os limites constitucionalmente estabelecidos. Como revelado nos *Trabalhos da Comissão Especial do*

---

18 Código Tributário Nacional:
"Art. 109. Os princípios gerais de direito privado utilizam-se para pesquisa da definição, do conteúdo e do alcance de seus institutos, conceitos e formas, mas não para definição dos respectivos efeitos tributários.
Art. 110. A lei tributária não pode alterar a definição, o conteúdo e o alcance de institutos, conceitos e formas de direito privado, utilizados, expressa ou implicitamente, pela Constituição Federal, pelas Constituições dos Estados, ou pelas Leis Orgânicas do Distrito Federal ou dos Municípios, para definir ou limitar competências tributárias".

Código Tributário Nacional (1954, p. 41), no Projeto de Código Tributário Nacional encaminhado ao Presidente da República em 1954, que teve por base o anteprojeto elaborado por Rubens Gomes de Souza, já se identificava redação assemelhada à contida nos arts. 109 e 110 do CTN. O art. 76 e parágrafo único do então Projeto de CTN consolidava o que hoje se encontra dividido nos aludidos dispositivos:

> Art. 76. Os princípios gerais de direito privado constituem método ou processo supletivo de interpretação da legislação tributária unicamente para pesquisa da definição, conteúdo e alcance próprios dos institutos, conceitos e formas de direito privado a que faça referência aquela legislação, mas não para definição de seus efeitos tributários.
> Parágrafo único. A lei tributária poderá modificar expressamente a definição, conteúdo e alcance próprios dos institutos, conceitos e formas a que se refere êste artigo, salvo quando expressa ou implicitamente utilizados, na Constituição Federal, nas Constituições dos Estados, ou nas Leis Orgânicas dos Municípios, para definir competência tributária.

A redação do art. 76 e parágrafo único do Projeto de CTN, ainda que semelhante à redação dos atuais arts. 109 e 110, parece tecnicamente mais adequada, à medida que é mais clara com relação a, pelo menos, dois aspectos importantes:

a) deixa expresso que a utilização dos princípios gerais de direito privado seriam apenas um "método ou processo supletivo de interpretação da legislação tributária", a qual ainda assim, poderia estabelecer efeitos próprios para fins tributários (o que se dá, p.ex., quanto ao tratamento da capacidade, da responsabilidade e da solidariedade em matéria tributária);

b) deixa igualmente expresso que esse tratamento diferenciado por parte da legislação tributária encontraria limites quando estivessem envolvidos conceitos constitucionalmente usados para fins de atribuição de competência tributária.

Esses dois aspectos ressaltados parecem revelar um sentido para o disposto nos arts. 109 e 110 do CTN que soa razoavelmente compatível com o que se constrói a partir do exame do sistema constitucional tributário brasileiro.

O art. 111 do CTN, ao determinar a adoção da interpretação literal da "legislação tributária que disponha sobre: I - suspensão ou exclusão do crédito tributário; II - outorga de isenção; III - dispensa do cumprimento de obrigações tributárias acessórias", igualmente incorre em problemas. Em primeiro lugar, incorre no problema da referida *impropriedade hermenêutica* de pretender regular como deve ser realizada a interpretação de certo texto jurídico. Em segundo lugar, incorre no problema da *ingenuidade hermenêutica*, que consiste na suposição de que existe a possibilidade hermenêutica de se encontrar a "sonhada" interpretação literal, representativa do sentido próprio e correto, nem mais extenso nem mais restrito que o sentido próprio e correto. Essa suposição de que existe um sentido próprio, correto, padrão, adequado, verdadeiro que é simplesmente descoberto pela interpretação contraria, frontalmente, todas as premissas e noções hermenêuticas adotadas e propostas anteriormente, que concebem a interpretação como sendo uma construção axiológica racional de sentido. Ricardo Guastini (1999, pp. 211-212, grifos nossos) é agudo e certeiro ao demonstrar a falácia da denominada *interpretação literal*:

> **Desgraciadamente, el concepto de interpretación literal es esquivo**: no es posible ofrecer una definición precisa del mismo. Y esto convierte también en esquivo al concepto dependiente de interpretación correctora.
> **Según el punto de vista habitual, la interpretación literal o declarativa es aquella que no atribuye a las disposiciones normativas nada más que su "propio" significado. Pero este punto de vista no puede ser aceptado, ya que se funda en la idea ingenua y falaz de que las palabras están dotadas, precisamente, de un significado "propio", intrínseco, independiente de los usos.**[19]

Nessa linha, em comentário sobre o art. 111 do CTN, Paulo de Barros Carvalho (2011, pp. 138-139, grifo nosso) alerta para esse problema relacionado à mencionada *ingenuidade hermenêutica*:

> Chama a atenção do observador o rumo prescrito no art. 111, onde a interpretação literal é apontada como meio de produção de sentido das mensagens da legislação tributária, quando se tratar de suspensão ou exclusão do crédito tributário (inc. I), outorga da isenção (inc. II) ou dispensa do cumprimento de obrigações acessórias (inc. III).
> Nesse ponto, **elegeu o Código o método literal de conhecimento do substrato do texto, como se fosse algo possível, factível e de prática execução.**

Luís Eduardo Schoueri (2013, p. 741) perfilha essa mesma visão crítica concernente ao disposto no art. 111 do CTN, quando assevera:

---

19 O trecho correspondente na tradução é: "Infelizmente, o conceito de interpretação literal é esquivo: não é possível dar uma definição precisa dele. E isso também torna esquivo o conceito dependente de interpretação corretiva.
De acordo com o ponto de vista usual, a interpretação literal ou declarativa é aquela que não atribui às disposições normativas nada mais do que seu 'próprio' significado. Mas este ponto de vista não pode ser aceito, pois se baseia na ideia ingênua e falaciosa de que as palavras são dotadas, precisamente, de um sentido 'próprio', intrínseco, independente dos usos".

> É de todo infeliz a determinação do legislador complementar, ao se referir à interpretação literal: parece impor uma restrição à atuação do intérprete, no sentido de buscar o sentido de cada expressão utilizada pelo legislador. Seria o prestígio ao método gramatical, condenado pela hermenêutica por sua pobreza.

Hugo de Brito Machado (2004, p. 271) é firme ao assentar que o sentido do art. 111 somente pode ser construído sob os influxos constitucionais:

> Quando preconizamos a interpretação do art. 111 do Código Tributário Nacional, de sorte a permitir a consideração de outros elementos da interpretação, além do estritamente literal, não estamos de nenhum modo desconsiderando a referida norma. Estamos, isto sim, interpretando-a segundo a Constituição, sem o que teríamos de considerá-la inconstitucional.
> A vigente Constituição Federal assegura que constitui objetivo fundamental de nossa República, entre outros, construir uma sociedade livre, justa e solidária, e ninguém pode desconhecer que a interpretação das normas que integram o ordenamento jurídico, e a aplicação destas nos casos concretos, consubstanciam instrumentos os mais valiosos de construção de uma sociedade, não sendo razoável, portanto, que o uso desses instrumentos não esteja sempre buscando a realização da justiça.

Sobre um sentido admissível, Ricardo Lobo Torres (2000, p. 242) assevera que o art. 111 do CTN, ao prescrever a adoção da "interpretação literal das isenções está apenas impedindo, em homenagem ao princípio da legalidade, o recurso à *analogia* e à *equidade,* como formas de integração, mas não está impondo qualquer método específico de interpretação".

Por último, o art. 112 do CTN, ao prescrever que, em caso de dúvida, "A lei tributária que define infrações, ou lhe comina penalidades, interpreta-se da maneira mais favorável ao acusado", revela ser consectário axiológico do princípio do *in dubio pro reo,* que se constrói a partir de diversos enunciados da Constituição brasileira, desde os que asseguram o direito à vida, à dignidade, à liberdade aos que asseguram a proteção contra atos que indevidamente afetem a incolumidade pessoal e patrimonial (p.ex., preâmbulo, arts. 1º, inciso III; 3º, inciso I e IV; 5º, II, X, XXII, XXXIX, XL, LIV, LV, LVI, LVII, LVIII, LXI, LXV, LXVI, LXVII, LXVIII, LXIX; 6º; art. 7º, inciso IV; 145, § 1º; 150, I, II e IV).

Humberto Ávila (2011, p. 309, grifo nosso) chega a considerar que dispositivos do CTN relativos à "interpretação e integração da legislação tributária" são corolários do que estabelece a Constituição brasileira:

> Pode-se, igualmente, asseverar que há dispositivos que preveem *normas implicadas,* isto é, normas cujo conteúdo já pode ser deduzido por meio da

> interpretação sistemática da própria Constituição: [...] o previsto nos **§§ 1º e 2º do art. 108**, no sentido de que a analogia não pode justificar a cobrança de tributo não previsto em lei e de que a equidade não pode levar à dispensa de tributo devido, é especificação já decorrente da regra da legalidade tributária prevista no inciso I do art. 150 da Constituição; o disposto no **art. 109**, no sentido de que os conceitos de Direito Privado não servem para alterar efeitos tributários, decorre da superioridade das regras constitucionais de competência e da especialidade das normas tributárias; a previsão do **art. 110**, de que os conceitos constitucionais não podem ser alterados pelo legislador tributário, decorre da natureza limitadora das regras de competência e da supremacia da Constituição; o previsto no **art. 111** do Código, no sentido de que os benefícios fiscais devem ser interpretados literalmente, pode ser construído por meio do exame do caráter excepcional da desoneração tributária, conforme previsão do art. 150, inciso I e § 6º, da Constituição; a disposição do **art. 112**, de que as penalidades devem ser interpretadas de maneira favorável ao acusado, pode ser inferida da retroatividade penal prevista no art. 5º da Constituição; [...]

A interpretação dos arts. 107 a 112, dos demais dispositivos do CTN e, por que não dizer, de todos os enunciados jurídicos que integram o sistema jurídico nacional, sejam ou não de índole tributária, sempre precisa ser feita à luz da Constituição brasileira, tendo em conta seus valores, princípios e normas. Pretender impor uma interpretação restritiva com relação a qualquer texto ou enunciado jurídico é desprezar que a complexa atividade interpretativa, que não é de simplesmente descobrir ou desvelar o sentido oculto, porém certo, próprio e inalterável, mas sim de construir, com valoração e razão, o sentido, que, tal qual o intérprete, encontra-se vivo e em constante formação e transformação. A atividade interpretativa é contínua e, principalmente, demanda esforço e plena consideração com a força axiológico-normativa da Constituição. Eis a razão pela qual se faz necessário ter a consciência de que toda interpretação jurídica há que ser realizada conforme a Constituição.

4.4. As divergências interpretativas em torno do parágrafo único do art. 116 e do art. 136 do CTN e a importância hermenêutica dos princípios da tolerância e da responsabilidade

Ao apreciar os enunciados do CTN atinentes à interpretação, procurou-se ressaltar dois pontos fundamentais. O primeiro, consistente na *impropriedade hermenêutica* relativa ao problema do descabimento de o legislador pretender regular como deve ser realizada a atividade de interpretação de certo texto jurídico. O segundo, concernente à combinação da natureza da atividade interpretativa com a especificidade e fundamentalidade da Constituição brasileira. A análise desses enunciados do CTN tomou sempre como referência o que determina a Constituição brasileira, cuja força axiológica e normativa em matéria tributária destaca-se no cenário mundial.

Há uma relevante consequência em conceber que a interpretação significa a construção de sentido, socioculturalmente informada, com valoração e uso da razão, que pode ser de um objeto linguístico ou não linguístico, a qual é realizada pelo intérprete e que decorre do *ser* do intérprete, conforme seus pré-conceitos, conceitos, valores e aspirações, que são afetados pela história efeitual e pela tradição, as quais estão em permanente formação e transformação. Isso suscita a necessidade de se ter plena consciência de que a atividade hermenêutica requer humildade epistemológica e respeito aos princípios da tolerância e da responsabilidade.

Sobre a humildade epistemológica, é sempre oportuno lembrar a advertência de Popper (1974, p. 42), em seu estudo voltado à lógica da pesquisa científica, de que a presença das características da falseabilidade, da refutabilidade e da provisoriedade não apenas são compatíveis com o discurso científico, mas são inerentes a ele. A certeza de hoje, provavelmente será o engano de amanhã, ainda mais nas denominadas ciências do espírito ou humanas, nas quais se enquadra o Direito. A tolerância e a responsabilidade se complementam no universo hermenêutico. À medida que se aceita que podem existir diferentes perspectivas razoáveis sobre um mesmo assunto, em especial nos denominados "casos difíceis", que, paradoxalmente, parecem ser tão mais numerosos quanto mais se aprofunda no conhecimento sobre certo tema, surge a exigência de desempenhar um grande e sincero esforço em tentar compreender o que o outro quer dizer. Como, em termos hermenêuticos, esse esforço em compreender o outro deve ser de todos, surge a responsabilidade de usar argumentos que verdadeiramente contribuam para o alcançamento de um diálogo produtivo em prol de um bom convívio social.

Com o fim de demonstrar que as premissas adotadas e as propostas apresentadas em matéria hermenêutica podem e devem ser utilizadas para a efetiva solução de questões tributárias controversas, serão analisadas, em seguida, duas situações, que têm suscitado grandes divergências entre o Estado Fiscal e os contribuintes.

Entretanto, cabe fazer uma relevante observação preliminar, a fim de contribuir para a compreensão das controvérsias adiante destacadas. O CTN dispõe sobre algumas formas pelas quais o crédito tributário pode ser formalizado. Por opção do legislador instituidor de tributos, tanto o federal quanto o estadual e o municipal, a maior parte dos tributos mais relevantes em termos de arrecadação (por exemplo, o imposto sobre a renda – IR, o imposto sobre produtos industrializados – IPI, a contribuição social sobre o lucro, a contribuição social sobre a receita, as contribuições para o FGTS, o imposto sobre mercadorias e serviços – ICMS, o imposto sobre serviços de qualquer natureza, que representaram mais de 65% do total de tributos arrecadados em 2018 no Brasil[20]), adotam a sistemática denominada lançamento por homologação.

Conforme disposto no art. 150 do CTN, a adoção dessa sistemática representa que o contribuinte ou o substituto tributário têm "o dever de antecipar o pagamento sem prévio exame da autoridade administrativa". Isto significa que o contribuinte ou o substituto tributário são obrigados a interpretar a legislação tributária, são obrigados a interpretar fatos ocorridos ou por ele praticados e são obrigados a concluir se surgiu a obrigação de pagar tributo e, em caso afirmativo, em que montante, e, consequentemente, realizar o pagamento do tributo considerado devido, sem que, em momento algum, tenha havido qualquer procedimento prévio do Estado Fiscal a esse respeito. O art. 150 do CTN determina, ainda, que o Estado Fiscal tem o prazo de 5 (cinco) anos para identificar se a obrigação tributária foi ou não corretamente cumprida, o que também demandará de sua parte a realização da interpretação da legislação tributária e de fatos. A adoção do modelo referente ao denominado *lançamento por homologação*, naturalmente, suscita divergências interpretativas acerca da legislação tributária e dos fatos ocorridos, o que, de certo modo, explica o porquê do elevado grau de litigiosidade em matéria tributária.

Consideradas as possibilidades existentes no atual estágio da tecnologia de informação, uma mudança da sistemática do *lançamento por homologação* para a do *lançamento por declaração* (art. 149 do CTN), em que fossem apresentadas ou liberado o acesso para o Estado Fiscal de informações necessárias para calcular o valor do tributo devido, combinado com a adoção de procedimentos que melhorassem o diálogo institucional entre o Estado Fiscal e a sociedade contribuinte, provavelmente, reduziria o grau de animosidade e de litigiosidade em matéria tributária. Contudo, o aprofundamento desta questão extrapola o âmbito deste trabalho.

O que se pretende é chamar a atenção para o fato de que a adoção do sistema de formalização do crédito tributário denominado *lançamen-*

20 Conforme *Estudos tributários carga tributária no Brasil – 2018 (análise por tributo e bases de incidência)*, publicados em 2020 pela Receita Federal, que incluem, no cômputo do total de tributos arrecadados no Brasil, as contribuições para o FGTS, cuja natureza tributária é controvertida. Disponível em: <http://receita.economia.gov.br/dados/receitadata/estudos-e-tributarios-e-aduaneiros/estudos-e-estatisticas/carga-tributaria-no-brasil/carga-tributaria-no-brasil-capa>. Acesso em: 2 ago. 2020.

to por homologação fomenta naturais e razoáveis divergências interpretativas. A referência à razoabilidade da interpretação está relacionada ao atendimento das condições hermenêuticas antes propostas, bem como pela suposição da boa-fé dos intérpretes – tanto o Estado Fiscal quanto o cidadão-contribuinte. A existência de naturais e razoáveis divergências interpretativas demanda o atendimento de certos cuidados hermenêuticos.

A circunstância de se estar num estágio social que se caracteriza por apresentar, em elevadíssima quantidade, diversidade e velocidade, a produção e circulação de informações, bem como por experimentar, em igual medida, mudanças de valores, sociais, econômicos, culturais, etc., inevitavelmente, propicia um ambiente de incertezas, de complexidade e de riscos, o que exige que a sociedade atente para dois importantes princípios informadores da maneira pela qual, interpretativa e praticamente, se constrói o mundo: o princípio da tolerância e o princípio da responsabilidade.

Importa lembrar que, segundo Kaufmann (2004, pp. 273-274), o princípio da tolerância requer que se aja de modo que as consequências das ações de cada um "sejam concordantes com a máxima prevenção ou diminuição da miséria humana"; enquanto o princípio da responsabilidade requer que se aja de modo que "as consequências da tua ação não destruam, ameacem ou diminuam a possibilidade de subsistência da vida humana e do seu ambiente". Kaufmann (2004, p. 468) adverte que "a tolerância possibilita o agir responsável. Possibilita todavia também o agir irresponsável. Assim, **o princípio da tolerância tem que ser complementado pelo *princípio da responsabilidade***". Esse sentido do princípio da responsabilidade adotado por Kaufmann segue o entendimento preconizado por Hans Jonas (2011, pp. 47-48):

> Um imperativo adequado ao novo tipo de agir humano e voltado para o novo tipo de sujeito atuante deveria ser mais ou menos assim: "Aja de modo a que os efeitos da tua ação sejam compatíveis com a permanência de uma autêntica vida humana sobre a Terra"; ou, expresso negativamente: "Aja de modo a que os efeitos da tua ação não sejam destrutivos para a possibilidade futura de uma tal vida"; ou, simplesmente: "Não ponha em perigo as condições necessárias para a conservação indefinida da humanidade sobre a Terra"; ou, em um uso novamente positivo: "Inclua na tua escolha presente a futura integridade do homem como um dos objetos do teu querer".

Os relevantes princípios da tolerância e da responsabilidade são consonantes com o destaque conferido por Gadamer, Alexy e MacCormick aos valores, à verdadeira abertura para os argumentos que cada pessoa apresenta, como também à responsabilidade de cada um com o bem-estar do outro, principalmente dos mais fragilizados. Desse modo, esses princípios se apresentam como determinantes para um bom agir e um bom interpretar.

4.4.1. Procedimentos voltados à economia tributária e a insuficiência das noções extremadas de elisão e evasão para lidar com os problemas de interpretação e aplicação em matéria tributária

A carga tributária no Brasil em 2018 alcançou o patamar de 33,26% do Produto Interno Bruto (PIB) brasileiro, o que representa um aumento de 0,93%, se comparada com a carga de 2017.[21] O relevante impacto da carga tributária brasileira sobre os custos dos agentes econômicos tem contribuído para que sejam desenvolvidos e adotados procedimentos diversos voltados à redução dos custos tributários. Esses procedimentos apresentam um elemento comum: todos eles implicam ou objetivam uma economia tributária, uma menor carga tributária.

Considera-se que esses procedimentos voltados à economia tributária representam uma boa situação para demonstrar a utilidade dos princípios da tolerância e da responsabilidade, que são hermenêutica e praticamente importantes. Esses princípios, de elevado valor ético, devem informar tanto a conduta do Estado Fiscal quanto a do contribuinte. Por parte do Estado Fiscal, há que agir com responsabilidade na instituição de tributos, de modo que as leis tributárias sejam de fácil compreensão, bem como na gestão tributária, de modo que sejam adotadas todas as medidas possíveis para contribuir com a adequada realização dessa compreensão das leis tributárias, a fim de possibilitar que o contribuinte de boa-fé tenha plenas condições de cumprir com a sua obrigação. Por parte do contribuinte, há que agir com responsabilidade, à medida que os tributos devem ser considerados como um meio adequado e necessário para o financiamento do Estado, que precisa das receitas tributárias para que possa realizar uma eficiente prestação de serviços públicos, principalmente em prol dos economicamente mais carentes. De outra sorte, Estado Fiscal e contribuintes devem agir com tolerância. Sabedores que divergências interpretativas podem naturalmente surgir, precisam desenvolver mecanismos eficazes de diálogo, nos quais preva-

21 Conforme *Estudos tributários carga tributária no Brasil – 2018 (análise por tributo e bases de incidência)*, publicados em 2020 pela Receita Federal, que incluem, no cômputo do total de tributos arrecadados no Brasil, as contribuições para o FGTS, cuja natureza tributária é controvertida. Disponível em: <http://receita.economia.gov.br/dados/receitadata/estudos-e-tributarios-e-aduaneiros/estudos-e-estatisticas/carga-tributaria-no-brasil/carga-tributaria-no-brasil-capa>. Acesso em: 2 ago. 2020.

leçam práticas transparentes e cooperativas, não ocultas e competitivas, práticas que sejam reveladoras de boa-fé, não de má-fé. Há que se ter consciência que o Estado deve corresponder à sociedade organizada, pelo que não faz sentido um embate entre o Estado Fiscal e o cidadão contribuinte. Aquele existe como forma adequada de promover uma vida social mais justa. O Estado são os cidadãos-contribuintes organizados. Posturas de conflito entre Estado Fiscal e cidadão-contribuinte são autodestrutivas.

Portanto, considerados os princípios da tolerância e da responsabilidade, que demandam um agir de boa-fé, pretende-se demonstrar a possibilidade e a conveniência da adoção de perspectivas não extremadas no tocante à adoção por parte dos contribuintes e à avaliação por parte do Estado Fiscal de procedimentos voltados à economia tributária.

Uma das formas que vêm sendo utilizadas para caracterizar esses procedimentos voltados à economia tributária é a de classificá-los de uma forma extremada e binária: ou são considerados lícitos, pelo que têm que ser aceitos pelo Estado Fiscal; ou são considerados ilícitos, pelo que são rejeitados e punidos pelo Estado Fiscal.

Em que pese a existência de divergências terminológicas, pode-se dizer que, tradicionalmente, dois termos têm sido utilizados para nomear esses procedimentos: elisão e evasão. A *elisão* como um procedimento lícito, cuja adoção proporciona uma menor carga tributária. Por sua vez, a *evasão* como um procedimento ilícito, cuja adoção também proporciona uma menor carga tributária. A utilização dessa maneira do critério da *licitude* produz efeitos diametralmente opostos. Essa polarização tende a estimular fortes divergências, à medida que, quando um procedimento é considerado como sendo uma evasão, isso produz não apenas o dever de pagar o tributo, mas também o de pagar acréscimos tributários moratórios e multas agravadas, além de sujeitar o suposto infrator a punições de natureza criminal.

Considera-se que, em função das noções propostas de interpretação e aplicação, há que se vislumbrar a possibilidade de caracterizar noções que permitam superar essa perspectiva binária do "tudo-ou-nada", de modo a realizar que podem existir divergências interpretativas razoáveis, provenientes de intérpretes de boa-fé. Nesse contexto, propõe-se que esses procedimentos voltados à obtenção de economia tributária possam ser caracterizados de quatro diferentes modos:

a) **uso de favor fiscal** – correspondente a procedimento "explicitamente" autorizado pelo ordenamento jurídico que proporciona uma menor carga tributária (procedimento de licitude explícita);
b) **elisão** – correspondente a procedimento "implicitamente" auto-

rizado pelo ordenamento jurídico, de boa-fé, que proporciona uma menor carga tributária (procedimento com licitude implícita);
c) **adoção de economia tributária controvertida** - correspondente a procedimento não doloso, sem má-fé, que proporciona uma menor carga tributária, com relação ao qual há razoável controvérsia interpretativa acerca de ser autorizado pelo ordenamento jurídico (procedimento não doloso de licitude controvertida); e
d) **evasão** - que corresponde a procedimento doloso, com má-fé, usado com o propósito de incorrer numa menor carga tributária, que se caracteriza como procedimento contrário ao que determina o ordenamento jurídico (procedimento ilícito).

Essa possibilidade de caracterizar os procedimentos (ato ou conjunto de atos praticados) que proporcionam menor carga tributária leva em conta alguns critérios: explicitude da autorização jurídica; licitude; e ausência de dolo ou má-fé. O fato de alguém nomear o procedimento utilizado de *planejamento tributário, engenharia tributária, reorganização societária*, etc. é irrelevante para a sua adequada caracterização.

Convém falar um pouco sobre cada um desses critérios. Em primeiro lugar, há que se discorrer sobre o sentido das expressões "explicitamente" e "implicitamente" usadas para diferençar as noções *uso de favor fiscal* e *elisão*.

O termo *explicitamente* foi utilizado na descrição de *favor fiscal* com o objetivo de esclarecer que o procedimento que implica, ou pode implicar, uma redução da carga tributária se encontra previsto, de forma expressa e inequívoca, no plano da significação dos textos legais. Nesse caso, a própria Administração Tributária além de admitir a existência desse procedimento, reconhece que ele foi previsto de forma explícita pelo legislador. Esse fenômeno também tem sido denominado *benefício fiscal* ou de *elisão imprópria*. Um exemplo pode contribuir para a compreensão dessa ideia. No programa da Receita Federal para a apresentação da declaração relativa ao imposto sobre a renda da pessoa física, aparecem duas sistemáticas de descontos que podem ser usadas: uma, simplificada, outra, completa. O próprio programa destaca o quanto é devido segundo cada uma dessas sistemáticas. A opção pela sistemática que informa o menor valor a pagar representa o que se denomina *uso de favor fiscal*.

O termo *implicitamente* foi utilizado na descrição da noção de *elisão* com o propósito de esclarecer que o procedimento que implica, ou pode implicar, uma redução da carga tributária, em que pese ser lícito, transparente e de boa-fé, não se encontra autorizado ou previsto, de forma expressa e inequívoca, nos textos jurídicos, somente sendo identificado a partir de uma interpretação mais elaborada do conjunto dos textos que integram o ordenamento jurídico e dos fatos envolvidos. Nesse caso, não raramente, a Administração Tributária, mesmo quando concorda com a interpretação desenvolvida pelo contribuinte, considera que a vantagem (menor carga tributária) que decorre da adoção de tal procedimento não foi intencional ou expressamente prevista pelo legislador e, se for o caso, poderá atuar no sentido de alterar o ordenamento jurídico, fazendo com que o legislador modifique a situação normativa tributária vigente, a qual possibilitou que o contribuinte, ao adotar certo procedimento, incorresse numa carga tributária menor que a esperada pela Administração Tributária.

Importa anotar que a distinção entre uso de *favor fiscal* e *elisão* nem sempre é simples, pois as noções de "explicitamente" ou "implicitamente" estão diretamente relacionadas às noções de texto jurídico e norma jurídica, pelo que o ser implícito para um pode ser o explícito para outro. O que lembra as noções de *caso fácil* e *caso difícil*. O elevado grau de conhecimento sobre determinada matéria pode parecer para uma pessoa que certo procedimento seja considerado como mero *uso de favor fiscal*, não de *elisão*. É interessante sob essa ótica a decisão do Supremo Tribunal Federal, no julgamento da ADI 3.144[22], sobre a adoção da sistemática do lucro presumido por determinada empresa. Neste caso, a Corte considerou que essa mera opção por uma sistemática de tributação seria um "planejamento tributário", expressão normalmente usada para designar casos de *elisão*. Eis a ementa do acórdão:

> AÇÃO DIRETA DE INCONSTITUCIONALIDADE. DIREITO TRIBUTÁRIO. CONTRIBUIÇÃO PARA O FINANCIAMENTO DA SEGURIDADE SOCIAL – COFINS. RECOLHIMENTO E CÁLCULO. ISONOMIA TRIBUTÁRIA. VEDAÇÃO AO CONFISCO TRIBUTÁRIO. ALÍQUOTAS DIFERENCIADAS. CONTRIBUIÇÃO SOCIAL. ATIVIDADE ECONÔMICA. PORTE DA EMPRESA. LUCRO PRESUMIDO. LUCRO REAL. LEI Nº 10.833/2003.
>
> 1. A jurisprudência do STF é firme no sentido de que não se conhece de ADI em que a petição inicial seja insuficientemente fundamentada, por conta da ausência de particularização pontual da motivação a justificar a declaração da invalidade do diploma legislativo. Precedentes: ADI 1.811, de relatoria do Ministro Néri da Silveira, Tribunal Pleno, *DJ* 25/02/2000; ADI-MC 1.222, de relatoria do Ministro Sydney Sanches, Tribunal Pleno, *DJ* 19/05/1995.
>
> 2. A caracterização do efeito confiscatório pressupõe a análise da situação jurídica do contribuinte em concreto. Logo, é juridicamente insustentável buscar guarida no art. 150, IV, da Constituição da República, ao fundamento de elevada carga tributária do país de maneira globalmente considerada e reflexos no comércio.

22 ADI 3.144 / DF. Rel. Min. Edson Fachin, julgamento: 1º/08/2018. Órgão Julgador: Tribunal Pleno. *DJe* 232, divulg. 30/10/2018, public. 31/10/2018.

> 3. Não há violação ao princípio da isonomia tributária, pois a diferenciação entre contribuintes pauta-se em princípio geral da atividade econômica, nos termos do art. 170, IX, do Texto Constitucional.
> 4. **As diferenças de tratamento tributário entre sociedades empresárias que recolhem Imposto de Renda sob os regimes de lucro real ou de lucro presumido**, inclusive o direito ao creditamento, não representam ofensa à igualdade, pois **a sujeição ao regime do lucro presumido é uma escolha realizada pelo contribuinte, sob as luzes de seu planejamento tributário**. Precedente: RE 559.937, de relatoria da Ministra Ellen Gracie e com acórdão redigido pelo Ministro Dias Toffoli, Tribunal Pleno, *DJe* 17/10/2013.
> 5. É inviável ao Judiciário infirmar a relativa liberdade de conformação da ordem tributária pelo Poder Legislativo, quando não há parâmetro constitucional flagrantemente violado. Precedente: RE-RG 598.572, de minha relatoria, Tribunal Pleno, *DJe* 09/08/2016.
> 6. Ação Direta de Inconstitucionalidade parcialmente conhecida a que se nega procedência. (grifo nosso)

A distinção entre as noções de *elisão* e de *evasão* toma como principais critérios a presença de dolo, de má-fé, e, por consequência, de ilicitude, à medida que a pessoa que adota o procedimento utiliza meios que sabe serem contrários ao ordenamento jurídico. Via de regra, esses procedimentos envolvem manobras ocultas, que objetivam simular ou dissimular o que efetivamente se pretende ou ocorre. Assim, tal como a elisão está associada à adoção de procedimentos transparentes, adotados sem dolo e com boa-fé, a evasão está associada à adoção de procedimentos ocultos, dissimulados, adotados com dolo e com má-fé (p.ex., fraude, simulação, abusos conscientes, etc.).

Um meio-termo entre as noções extremadas de *elisão* e *evasão* é representado pela noção proposta de *adoção de economia tributária controvertida*. O ponto fundamental para identificar um procedimento como *adoção de economia tributária controvertida* é a existência de argumentos razoáveis em sentidos diversos acerca da autorização pelo ordenamento jurídico da adoção desse procedimento que proporciona economia tributária,. Importa destacar que se trata de um procedimento transparente, de boa-fé, não doloso, mas que suscita razoável divergência interpretativa. A aceitação dessa noção intermediária entre a *elisão* e *evasão*, possibilita concluir que, acaso prevaleça o entendimento de que a economia pretendida não é juridicamente cabível, que a consequência seja o dever de ser pago o tributo devido, com os acréscimos moratórios, mas sem a aplicação de multas agravadas, próprias dos casos de *evasão*.

Exemplos de procedimentos que podem ser caracterizados como de *adoção de economia tributária controvertida* são os que envolvem divergências no âmbito dos órgãos da própria Administração Tributária, como adiante se demonstra.

Nos últimos anos, ocorreu, no âmbito do Conselho Administrativo de Recursos Fiscais (CARF), uma relevante divergência acerca da licitude, em termos tributários, do procedimento de devolução de bens a valor de mercado ao sócio pessoa física em redução de capital, para fins de alienação a terceiro. Identificam-se decisões recentes em sentido diametralmente oposto. Para ilustrar essa divergência interpretativa existente no CARF, convém aludir a duas emblemáticas decisões, curiosamente, ambas proferidas em fevereiro de 2018: uma no dia 19, no sentido da licitude; outra no dia 21, no sentido da ilicitude. Destacam-se parte das respectivas ementas e relatórios:

> Processo nº 16561.720144/201555
> Recurso nº: de Ofício e Voluntário
> Acórdão nº 1301002.761 – 3ª Câmara / 1ª Turma Ordinária
> Sessão de 19 de fevereiro de 2018
> Matéria: GANHO DE CAPITAL
>
> **Parte da Ementa:**
> REDUÇÃO DE CAPITAL. ENTREGA DE BENS E DIREITOS DO ATIVO AOS SÓCIOS E ACIONISTAS PELO VALOR CONTÁBIL. SITUAÇÃO AUTORIZADA PELO ARTIGO 22 DA LEI Nº 9.249 DE 1995. PROCEDIMENTO LÍCITO. AUSÊNCIA DE FRAUDE OU SIMULAÇÃO.
> A **redução do capital social deve ser de competência exclusiva da Assembleia Geral**, desde que não haja prejuízos a credores, e não seja hipótese de fraude ou simulação. Assim, apenas os acionistas, que assumem o risco do negócio, possuem legitimidade para definir o montante necessário para continuar as atividades de sua empresa.
>
> Aprovada a deliberação pela **redução do capital social**, a entrega de bens e direitos a acionistas, em devolução de capital, pode ocorrer em conformidade com o que dispõe o artigo 22 da Lei nº 9.249, de 1995.
>
> **A alegada "motivação exclusivamente tributária" não pode ser equiparada à falta de "propósito negocial"** (i.e ausência de causa), não servindo como fundamento jurídico para desconsideração dos negócios jurídicos efetivamente praticados entre as partes. Nessa linha, é importante destacar que o direito positivo brasileiro somente autoriza a desconsideração de atos ou negócios jurídicos praticados com a finalidade de economia tributária nas hipóteses de **fraude** ou **simulação** (CTN, art. 149).
>
> Parte do Relatório:
> A **infração fiscal** foi apurada a partir da constatação de que as ações da ZAR, antes pertencentes à FMA, foram transferidas aos membros da Família Marco Antonio (detentores da totalidade do capital da FMA) com a justificativa de **redução do capital social** e, **logo em seguida**, **alienaram** para a Rede D'Or (FMG). A Autoridade Autuante relatou que a transferência não teve outro intuito a não ser o de reduzir a carga fiscal sobre o ganho de capital decorrente dessa alienação. Considerou que "o **planejamento tributário abusivamente intentado** almejou transferir, **de maneira ilícita**, o ônus fiscal sobre o ganho de capital que deveria ser suportado pela FMA aos membros da Família Marco Antonio, porquanto a alíquota aplicável sobre o ganho de capital au-

ferido por pessoas físicas é sobremaneira menor que aquela aplicável sobre o ganho de capital das pessoas jurídicas" (grifo nosso).

Processo nº: 16561.720165/201490
Recurso nº: de Ofício e Voluntário
Acórdão nº: 1401002.196 – 4ª Câmara / 1ª Turma Ordinária
Sessão de 21 de fevereiro de 2018
Matéria IRPJ/CSLL OMISSÃO DE RECEITAS

Parte da Ementa:

"GANHO DE CAPITAL. TRIBUTAÇÃO. **AUSÊNCIA DE PROPÓSITO NEGOCIAL.** REDUÇÃO DE CAPITAL E TRANSFERÊNCIA DAS COTAS AOS ANTIGOS SÓCIOS. IMPOSSIBILIDADE. CASO ESPECÍFICO. **Inaceitável quanto aos efeitos fiscais** a operação de **redução de capital** e devolução da participação acionária aos sócios pessoas físicas, **para posterior alienação com pagamento do ganho em alíquota inferior**. Impossibilidade de realização da operação diante da existência de cláusula negocial em favor da empresa detentora das cotas no momento da oferta. **Caracterização de planejamento fiscal abusivo**." (grifo nosso)

Parte do Relatório:

"Trata o presente processo de autos de infração de IRPJ e CSLL lavrados contra o contribuinte em razão de, conforme alegação da fiscalização, o mesmo ter realizado atos de redução de capital, transferência de ações da Aracruz detidas pela empresa aos sócios e posterior alienação destas mesmas ações por estes sócios, **com o objeto exclusivo de reduzir a tributação do ganho de capital, transferindo este da Pessoa Jurídica (34%) para as pessoas físicas dos sócios (15%)**" (grifo nosso).

Independentemente do entendimento que prevaleça no âmbito do contencioso administrativo ou judicial, conforme as circunstâncias do fato real, pode ser que esse procedimento venha a se caracterizar como de *adoção de economia tributária controvertida*.

Sobre esse procedimento específico a seguinte linha de argumentação e de interpretação pode ser construída.

A possibilidade jurídica da "devolução de bens a valor de mercado ao sócio pessoa física em redução de capital" está condicionada ao atendimento dos seguintes requisitos: (a) que o procedimento adotado não seja ilícito, isto é, que não seja eivado de dolo, fraude, simulação (absoluta ou relativa) ou abuso; (b) especialmente, ao cumprimento do disposto nos art. 173 e 174 da Lei nº 6.404/76 – Lei das Sociedades por Ações (LSA), isto é, a redução de capital social é juridicamente admissível (b.1) ou se houver perda, até o montante dos prejuízos acumulados, ou se o capital for julgado excessivo pela assembleia geral (art. 173), e (b.2) se respeitado o direito dos credores (art. 174).

Por outo lado, a possibilidade jurídica da "devolução de bens a valor de mercado ao sócio pessoa física em redução de capital, para fins de alienação" encontra-se igualmente condicionada. Inicialmente, a possibilidade jurídica está submetida às mesmas condições gerais, antes apresentadas, relativas à "devolução de bens a valor de mercado ao sócio pessoa física em redução de capital".

Além disso, é preciso considerar os específicos e relevantes propósitos da devolução "para fins de alienação". Não se coloca em dúvida a possibilidade de, atendidas as condições antes citadas ("a" e "b"), realizar-se a devolução de bens ao titular, sócio ou acionista, mediante a entrega de bens, que poderão ser avaliados pelo valor contábil ou de mercado, pois isso está expressamente previsto na Lei nº 9.249/95, nos seguintes termos:

> Art. 22. Os bens e direitos do ativo da pessoa jurídica, que forem entregues ao titular ou a sócio ou acionista. a título de devolução de sua participação no capital social, poderão ser avaliados pelo valor contábil ou de mercado.
> § 1º No caso de a devolução realizar-se pelo valor de mercado, a diferença entre este e o valor contábil dos bens ou direitos entregues será considerada ganho de capital, que será computado nos resultados da pessoa jurídica tributada com base no lucro real ou na base de cálculo do imposto de renda e da contribuição social sobre o lucro líquido devidos pela pessoa jurídica tributada com base no lucro presumido ou arbitrado.
> § 2º Para o titular, sócio ou acionista, pessoa jurídica, os bens ou direitos recebidos em devolução de sua participação no capital serão registrados pelo valor contábil da participação ou pelo valor de mercado, conforme avaliado pela pessoa jurídica que esteja devolvendo capital.
> § 3º Para o titular, sócio ou acionista, pessoa física, os bens ou direitos recebidos em devolução de sua participação no capital serão informados, na declaração de bens correspondente à declaração de rendimentos do respectivo ano-base, pelo valor contábil ou de mercado, conforme avaliado pela pessoa jurídica.
> § 4º A diferença entre o valor de mercado e o valor constante da declaração de bens, no caso de pessoa física, ou o valor contábil, no caso de pessoa jurídica, não será computada, pelo titular, sócio ou acionista, na base de cálculo do imposto de renda ou da contribuição social sobre lucro líquido.

A questão mais duvidosa é a relativa à possibilidade, principalmente em termos tributários, de proceder à redução de capital ao titular, sócio ou acionista, para fins de que estes alienem a terceiro o bem recebido com essa redução.

Para tanto, a consideração acerca da regularidade tributária desse procedimento depende dos seguintes pontos:

a) desde que atendidos os requisitos previstos nos arts. 173 e 174 da LSA, se os bens ou direitos forem entregues em devolução da participação no capital pelo valor de mercado, a princípio, não há qualquer problema, inclusive em termos tributários;

b) se os bens ou direitos forem entregues em devolução da participação no capital pelo valor contábil, a constatação da possibilidade jurídica do procedimento vai depender da verificação do real cumprimento da legislação societária (em especial, arts. 115, 134, 158, 173 e 174 da LSA), civil (arts. 48, 50, 166, 167 e 187 do CC/2002) e tributária (em especial, arts. 116 e 149 do CTN).

Com relação a este último ponto, duas possibilidades deveriam ser avaliadas.

A primeira possibilidade: se o valor de mercado for razoavelmente superior ao contábil e se a alienação do bem por parte do titular, sócio ou acionista for feita a terceiro por esse valor de mercado razoavelmente superior ao contábil. Neste caso, isso poderia colocar em dúvida o verdadeiro cumprimento dos arts. 173 e 174 da LSA, pois ter-se-ia uma transferência de ganhos para o titular, sócio ou acionista, em detrimento da pessoa jurídica que sofreu a redução de capital, à medida que poderia ter ela própria obtido o ganho com a realização da alienação diretamente ao terceiro, o que, à primeira vista, poderia contrariar alguns dispositivos do ordenamento brasileiro, entre eles, da LSA, o disposto nos arts. 115 (abuso do direito de voto e conflito de interesses), 134 e 158 (responsabilidade dos administradores), do CC/2002, o disposto nos arts. 48 (dolo, simulação ou fraude na administração da pessoa jurídica), 50 (abuso da personalidade jurídica), 166, III (motivo determinante ilícito), VI (fraude à lei imperativa), 167 (dissimulação); se isso provocar efeitos tributários negativos (por exemplo, o ganho na alienação para terceiro se dá por parte de uma pessoa física que tem uma menor carga fiscal – menor alíquota – se comparada a que teria a pessoa que sofreu a redução de capital), poderia a Administração Fiscal considerar que houve uma dissimulação (arts. 116, parágrafo único, do CTN), agravada pela presença de dolo e fraude (art. 149, VII, do CTN).

A segunda possibilidade: se o valor de mercado for razoavelmente inferior ao contábil e se a alienação do bem por parte do titular, sócio ou acionista for feita a terceiro por esse valor de mercado razoavelmente inferior ao contábil. Nesta hipótese, isso poderia colocar em dúvida o verdadeiro cumprimento dos arts. 173 e 174 da LSA, pois ter-se-ia a transferência de uma perda para o titular, sócio ou acionista, em benefício da pessoa jurídica que sofreu a redução de capital, à medida que poderia ter ela própria sofrido a perda com a realização da alienação diretamente ao terceiro, o que poderia, de certo modo, contrariar os mesmos dispositivos do ordenamento brasileiro citados na hipótese anterior e, acaso isso provocasse efeitos tributários negativos (p.ex., a alienação para terceiro se dá por parte de uma pessoa jurídica que recebeu o bem em devolução de capital, a qual está numa situação lucrativa, enquanto a pessoa jurídica que sofreu a redução já estava numa situação de prejuízo fiscal, pelo que a perda é inútil para esta, porém útil para aquela, que teria sua base tributável reduzida) poderia a Administração Tributária considerar que houve uma dissimulação (art. 116, parágrafo único, do CTN), agravada pela presença de dolo e fraude (art. 149, VII, do CTN).

Em casos dessa espécie, o exame criterioso da verdadeira situação de fato, principalmente no tocante à presença ou não de dolo ou de má-fé, e a interpretação adequada da legislação aplicável são imprescindíveis para que se possa concluir, de forma fundamentada, acerca da possibilidade jurídica da devolução de bens a valor de mercado ao sócio pessoa física em redução de capital, para fins de alienação, bem como, caso prevaleça o entendimento no sentido da impossibilidade, quais seriam as consequências. Reitera-se, o fato de haver relevante divergência interpretativa no âmbito do próprio CARF, sugere que se possa tratar de caso de *adoção de economia tributária controvertida.*

Por fim, insta salientar que o Supremo Tribunal Federal iniciou o julgamento da ADI 2.446, na qual se discute a constitucionalidade do art. 1º da Lei Complementar nº 104/2001, na parte em que acrescenta o parágrafo único ao art. 116 do CTN. A Ministra Relatora Carmen Lúcia proferiu voto no sentido da improcedência do pedido, com votos dos Ministros Marco Aurélio, Edson Fachin, Alexandre de Moraes e Gilmar Mendes neste mesmo sentido[23].

Segundo notícias[24], apesar de a Ministra Carmen Lúcia ter votado no sentido da improcedência do pedido, ela teria consignado em seu voto que:

> [...] O art. 108 do Código Tributário Nacional não foi alterado pela Lei Complementar nº 104/2001, não estando autorizado o agente fiscal a valer-se de analogia para definir fato gerador e, tornando-se legislador, aplicar tributo sem previsão legal.
> Nada há na norma questionada a autorizar tal interpretação, inteiramente criada pelo intérprete e sem qualquer respaldo normativo ou fático.
> 8. A norma do parágrafo único do art. 116 não dispõe, ao contrário do pretendido pela autora, de espaço autorizado de interpretação econômica. Ali não se trata da interpretação da lei, o que se dá no Capítulo IV do Código Tributário Nacional intitulado "Interpretação e Integração da Legislação Tributária".
> Tem-se no art. 110:

23 Disponível em: <http://portal.stf.jus.br/processos/detalhe.asp?incidente=1930159>. Acesso em: 31 jul. 2020.

24 Disponível em: <https://www.conjur.com.br/dl/adi-2446-voto-carmen-lucia.pdf>. Acesso em: 31 jul. 2020.

> *"A lei tributária não pode alterar a definição, o conteúdo e o alcance de institutos, conceitos e formas de direito privado, utilizados, expressa ou implicitamente, pela Constituição Federal, pelas Constituições dos Estados, ou pelas Leis Orgânicas do Distrito Federal ou dos Municípios, para definir ou limitar competências tributárias."*
>
> Esse dispositivo não foi alterado pela Lei Complementar nº 104/2001.
>
> 9. De se anotar que **elisão fiscal** difere da **evasão fiscal**. Enquanto **na primeira** há **diminuição lícita dos valores tributários** devidos pois o contribuinte evita relação jurídica que faria nascer obrigação tributária, **na segunda**, o **contribuinte atua de forma a ocultar fato gerador materializado para omitir-se ao pagamento da obrigação tributária devida**.
>
> A despeito dos alegados motivos que resultaram na inclusão do parágrafo único ao art. 116 do CTN, a denominação "norma antielisão" é de ser tida como inapropriada, cuidando o dispositivo de questão de norma de combate à evasão fiscal.
>
> 10. Pelo exposto, voto pela improcedência do pedido apresentado na presente ação. (grifo nosso)

Em linhas gerais, adota a Ministra Carmen Lúcia os critérios distintivos entre *elisão* e *evasão* antes apresentados. Contudo, não se deve olvidar a possibilidade de, num caso concreto, restar caracterizada a hipótese intermediária de *adoção de economia tributária controvertida*, a qual demanda a presença de boa-fé, pelo que é consonante com as premissas hermenêuticas propostas, em especial com os princípios da tolerância e da responsabilidade.

4.4.2. Infrações tributárias – natureza da responsabilidade e a aplicação de multa agravada

Como salientado, uma das consequências naturais da adoção em larga e relevante escala da sistemática de lançamento por homologação é o surgimento de controvérsias interpretativas razoáveis. Nesse contexto, considerando o que se disse acerca dos princípios da tolerância e da responsabilidade, duas questões merecem especial atenção quando se tem em conta o tema da "responsabilidade por infrações da legislação tributária": (i) a determinação da natureza da "responsabilidade por infrações da legislação tributária"; e (ii) as condições para, em caso de "infrações da legislação tributária", ser cabível a aplicação de multas agravadas.

O CTN dispõe em seu art. 136 sobre a "responsabilidade por infrações da legislação tributária" com a seguinte redação:

> Art. 136. Salvo disposição de lei em contrário, a responsabilidade por infrações da legislação tributária independe da intenção do agente ou do responsável e da efetividade, natureza e extensão dos efeitos do ato.

O art. 136, ao prescrever que, salvo se a lei dispuser em contrário, "a responsabilidade por infrações da legislação tributária independe da intenção do agente ou do responsável e da efetividade, natureza e extensão dos efeitos do ato", suscitou a dúvida se havia sido adotada a responsabilidade objetiva nessa matéria.

Eduardo Marcial Ferreira Jardim (2009, p. 286) é taxativo ao assentar que o art. 136 do CTN consagrou o princípio da responsabilidade objetiva:

> Com referência à responsabilidade por infrações, o Código Tributário versa sobre o assunto por intermédio de três comandos. O primeiro, vale dizer, o art. 136, em sentido reverso ao primado de direito penal, consagra o princípio da responsabilidade objetiva, que, salvo disposição legal em contrário, representa a premissa maior do tema examinado.

Ricardo Lobo Torres (2013, p. 271, grifo nosso) considera que o CTN aderiu à teoria da responsabilidade objetiva, mas ela admite temperamentos:

> Aderiu o CTN, em princípio, à teoria da objetividade da infração fiscal. Não importa, para a punição do agente, o elemento subjetivo do ilícito, isto é, se houve dolo ou culpa na prática do ato. Desimportante também que se constate o prejuízo da Fazenda Pública.
>
> **Mas a tese objetiva admite temperamentos**, como hoje aceita a maior parte da doutrina, brasileira e estrangeira, e o próprio Supremo Tribunal Federal. Se o contribuinte age de boa-fé não pode ser penalmente responsável pelo ato. Demais disso, o CTN é conflitante, pois o próprio art. 112 diz que a lei que define infrações, ou lhes consigna penalidades, interpreta-se da maneira mais favorável ao acusado, em caso de dúvida quanto à capitulação legal do fato ou à natureza ou às circunstâncias materiais do fato ou à natureza ou extensão dos seus efeitos.

Paulo de Barros Carvalho (2011, p. 637, grifo nosso) chama a atenção para a opção realizada pelo legislador do CTN no sentido da caracterização da objetividade da infração:

> Salvo disposição de lei em contrário, a responsabilidade por infrações da legislação tributária independe da intenção do agente ou do responsável e da efetividade, natureza e extensão dos efeitos do ato (CTN, art. 136). **Nota-se aqui uma declaração de princípio em favor da responsabilidade objetiva.** Mas, como sua formulação não está em termos absolutos, a possibilidade de dispor em sentido contrário oferta espaço para que a autoridade legislativa construa as chamadas infrações subjetivas.

Contudo, ante o disposto no art. 112 do CTN, Barros Carvalho (2011, pp. 606-607) ressalta o viés interpretativo a ser adotado em matéria de infrações ou de penalidades tributárias:

> O Código determina ainda interpretação mais favorável ao acusado, em caso de dúvida quanto à capitulação legal do fato (I); à natureza ou às circunstâncias materiais do fato, ou à natureza ou extensão dos seus efeitos (II); à autoria, imputabilidade ou punibilidade (III); e à natureza da penalidade aplicável ou à sua graduação (IV); valendo tal regra para fins de determinação de infrações ou verificação de penalidades cominadas.

Sacha Calmon Navarro Coelho (2016, p. 645, grifo nosso) entende que o art. 136 do CTN consagra a tese da objetividade da infração fiscal, mas que ela "comporta temperamentos":

> A questão da **objetividade da infração fiscal** vem à baila no CTN, de maneira aparentemente singela.
> "Art. 136. Salvo disposição de lei em contrário, a responsabilidade por infrações da legislação tributária independe da intenção do agente ou do responsável e da efetividade, natureza e extensão dos efeitos do ato."
> **A infração fiscal é objetiva na enunciação, mas comporta temperamentos**. (a) Porque lei federal, estadual e municipal podem incluir no tipo infracional o elemento subjetivo. É o que reza o artigo. (b) Também porque o próprio CTN, quando do julgamento da infração, manda que sejam observados os preceitos dos arts. 108, § 2º (equidade), e 112 (*in dubio pro contribuinte*).

Misabel de Abreu Machado Derzi (2008, pp. 761-762), ao mesmo tempo que assevera que o art. 136 do CTN adota a objetividade da infração tributária, ressalta que há regras que quebram o princípio da objetividade:

> São especificidades das infrações tributárias as seguintes regras:
>
> • leis federais, estaduais e municipais podem eleger infrações e determinar a aplicação das sanções tributárias, quer objetivamente, quer graduando-as, segundo o grau de intensidade da culpa. São comuns as disposições legais dessa natureza;
>
> • **o Código Tributário Nacional, no art. 136, consagra a objetividade do injusto tributário**, regra contrária àquela que vigora para o Direito Penal;
>
> • **mas** apesar dessas acentuadas diferenças, **são regras que quebram o princípio da objetividade**, aproximando o ilícito tributário do ilícito penal.
>
> • não são raras as leis (federais, estaduais ou municipais) que determinam a aplicação da sanção, segundo o grau de intensidade da culpa, ou agravam a penalidade em caso de reincidência;
>
> • segundo o art. 112 do CTN, a interpretação das normas que definem infrações tributárias ou lhes cominam penalidades, em caso de dúvida, deve ser a mais favorável ao acusado. É o in dubio pro reo adaptado ao Direito Tributário.
>
> • segundo o art. 106 do CTN, aplica-se ao Direito Tributário o princípio da retroatividade benigna para a lei nova, que beneficia o infrator, de forma similar ao Direito Penal;
>
> • jurisprudência administrativa ou judicial tem atenuado as sanções pecuniárias tributárias, se demonstrada a boa-fé do infrator.

Ruy Barbosa Nogueira (1995, p. 106-107) defende que, no sistema tributário brasileiro, mesmo tendo em conta o disposto no art. 136 do CTN, não há responsabilidade objetiva em matéria de infração à legislação tributária:

> O que o disposto no art. 136 veio estatuir como regra geral é que nem sempre é preciso ocorrer o dolo ou intenção do agente ou responsável para ser caracterizada infração da legislação tributária.
> Na generalidade, para ocorrência da infração fiscal, basta o grau de culpa, seja por negligência, imprudência ou imperícia. O requisito do dolo ou intenção para tipificação de infrações fiscais é somente para certos casos mais graves, especificadamente configurados na lei como dolosos, como é exemplo o do crime de sonegação fiscal, pois este somente pode ocorrer se integrado pelo dolo. Não se configura como crime de sonegação a evasão apenas culposa, mas somente a dolosa.
> Portanto, o que o art. 136, em combinação com o item III do art. 112, deixa claro é que para a matéria da autoria, imputabilidade ou punibilidade, somente é exigida a intenção ou dolo para os casos das infrações fiscais mais graves e para as quais o texto da lei tenha exigido esse requisito.
> Para as demais, isto é, não dolosas, é necessário e suficiente um dos graus de culpa. De tudo isso decorre o princípio fundamental e universal, segundo o qual se não houver dolo nem culpa, não existe infração da legislação tributária. **Em outras palavras, não existe, em nosso sistema, a arqueológica "responsabilidade objetiva" ou a infração sem culpa.**
> Também o notável tributarista que foi catedrático em Colônia, Armin Spitaler, em comentário ao Código Tributário da Alemanha, ressalta, nesse passo, que aquele famoso Código incluiu entre as garantias do cidadão-contribuinte 'a já há muito alcançada remoção da barbaridade de uma pena sem culpa' (assim Ernst von Beling, *Unschuld and Schuldstujen*, Leipzig, 1910, p. 15).
> Isto é, punir alguém com base em 'infração objetiva' ou sem culpa é impossível no Estado de Direito, porque isso foi prática só adotada ao tempo da barbárie.
> Acentua Blumenstein, citando a doutrina, a legislação e acórdãos da Suprema Corte da Suíça, 'que o cometimento de uma infração de imposto que pressupõe a culpa do autor é incontroverso na moderna literatura do Direito Tributário. A qualificação da infração tributária como infração objetiva era antes (BGE 36.I S.340) já foi abandonada (vgl. BGE 39.I S.401ff). No mínimo é garantido ao acusado o direito de provar a exclusão de culpa (vgl ZG 75 Abs. 3, § 23 II 1)

Luciano Amaro (2012, pp. 471-472) também defende a tese de que o art. 136 do CTN não introduziu a responsabilidade objetiva por infração tributária:

> Enfim, subjaz à responsabilidade tributária a noção de culpa, pelo menos *stricto sensu*, pois, ainda que o indivíduo não atue com consciência e vontade do resultado, este pode decorrer da falta de diligência (portanto, de negligência) sua ou de seus prepostos, no trato de seus negócios (pondo-se, aí, portanto, a culpa *in eligendo* ou *in vigilando*). Sendo, na prática, de difícil

> comprovação o dolo do indivíduo (salvo em situações em que os vestígios materiais sejam evidentes), o que preceitua o Código Tributário Nacional é que a responsabilidade por infração tributária não requer a prova, pelo Fisco, de que o indivíduo agiu com conhecimento de que sua ação ou omissão era contrária à lei, e de que ele quis descumprir a lei.
> O art. 136 não afirma a responsabilidade tributária sem culpa (*stricto sensu*). Interpretado o preceito em harmonia com o art. 108, IV, a equidade já conduz o aplicador da lei no sentido de afastar a sanção em situações nas quais, dadas as circunstâncias materiais ou pessoais, ela não se justifique. Mesmo no que respeita à obrigação de *pagar tributo* (em que, obviamente, não cabe a discussão em tela, sobre 'elemento subjetivo'), o Código se mostra sensível a situações em que o *erro* ou *ignorância escusáveis* sobre matéria de fato possam ter o efeito de viabilizar *remissão* (art. 172, II e IV).
> **Em suma, parece-nos que não se pode afirmar ser *objetiva* a responsabilidade tributária (em matéria de infrações tributárias)** e, por isso, ser inadmissível todo tipo de defesa do acusado com base na ausência de culpa. O que, em regra, não cabe é a alegação de ausência de *dolo* para eximir-se de sanção por infração que não requer intencionalidade.

Hugo de Brito Machado (2004, p. 620), em comentários sobre o art. 136 do CTN, no tópico intitulado "desnecessidade do elemento subjetivo do agente e responsabilidade objetiva", esclarece que nosso sistema não consagrou a responsabilidade tributária objetiva:

> Pode parecer que ao dizer desnecessária a presença do elemento subjetivo do agente para que exista sua responsabilidade diz-se que a responsabilidade deste é objetiva, mas não é bem assim. Uma coisa é não ser necessária a presença do elemento subjetivo por ser ele presumido. Coisa diversa é a responsabilidade objetiva. [...]
> Em se tratando de infração tributária, e da submissão à sanção correspondente enquanto penalidade do infrator, tem-se de questionar o elemento subjetivo em muitos casos, como se verá adiante a propósito das normas do art. 137 do Código Tributário Nacional. Não se tem consagrada de nenhum modo em nosso Direito positivo a responsabilidade objetiva enquanto sujeição à sanção penalidade.

Luis Eduardo Schoueri (2013, pp. 778-779), ao abordar o tema da responsabilidade por infrações, apresenta um tópico intitulado "Responsabilidade por culpa" e preconiza:

> O capítulo da "Responsabilidade por Infrações" inicia-se, no Código Tributário Nacional, com a previsão da dispensa do elemento doloso para a sua configuração. Eis o que dispõe o artigo 136:
> Art. 136. Salvo disposição de lei em contrário, a responsabilidade por infrações da legislação tributária independe da intenção do agente ou do responsável e da efetividade, natureza e extensão dos efeitos do ato. [...]
> É comum a referência ao dispositivo acima citado para que se afirma que, em matéria de infração tributária, a responsabilidade seria objetiva.
> Não é este, entretanto, o teor do dispositivo. Ele exclui, por certo, a neces-

> sidade que se constate a presença de elemento doloso para a configuração de responsabilidade. Nada diz quanto à dispensa do elemento culposo. [...] Também evidenciam que o Código Tributário Nacional não dispensa o elemento subjetivo (se não dolo, pelo menos culpa) para que se caracterize a infração, a circunstância de admitir a remissão por "erro ou ignorância escusáveis" sobre matéria de fato (artigo 172, II e IV) e a própria possibilidade de equidade para afastar a imposição de penalidades (artigo 108, IV). Finalmente, se o sujeito passivo demonstra que agiu de boa-fé, caracterizada por ter seguido a "legislação tributária", não fica sujeito a penalidade (artigo 100, parágrafo único).

Essa relativa dissonância doutrinária também é identificada na jurisprudência. O Superior Tribunal de Justiça tem empregado diferentes expressões para aludir à natureza da responsabilidade por infração tributária, quais sejam: *responsabilidade objetiva*; *responsabilidade objetiva com temperamentos*; *responsabilidade como não sendo objetiva*; *responsabilidade subjetiva*; e, simplesmente, *responsabilidade* (sem qualquer qualificação).

Em 2004, ao julgar o REsp 494.080[25], foi adotado um posicionamento interessante. Apesar de ter sido feita referência à responsabilidade objetiva na ementa, a Corte Especial considerou o disposto no art. 136 em conjunto com os arts. 112 e 137, todos do CTN, e manteve a decisão *a quo*, que afastara a imposição de multa ante a comprovação de boa-fé:

> TRIBUTÁRIO. **RESPONSABILIDADE POR INFRAÇÃO. MULTA. ART. 136 DO CTN. RESPONSABILIDADE OBJETIVA, INTERPRETADA À LUZ DAS REGRAS DOS ARTS. 137 E 112 DO MESMO CÓDIGO**. IMPOSTO DE IMPORTAÇÃO. ISENÇÃO. BAGAGEM DE RESIDENTE NO EXTERIOR HÁ MAIS DE UM ANO. CONSULTA AO CONSULADO BRASILEIRO. **RECONHECIMENTO DE BOA-FÉ PELO TRIBUNAL DE ORIGEM. EXCLUSÃO DA MULTA.** RECURSO ESPECIAL A QUE SE NEGA PROVIMENTO. (grifo nosso)

Ressalta-se a importância do julgamento do REsp 1.148.444[26] realizado no ano de 2010, o qual foi submetido ao regime do art. 543-C do CPC, e da Resolução STJ nº 08/2008 (recursos repetitivos). Neste caso, a Primeira Seção do Superior Tribunal de Justiça salientou a existência de boa-fé por parte do suposto infrator e considerou inaplicável a ele o art. 136 do CTN. Cumpre transcrever a ementa em sua integralidade:

25 REsp 494.080/RJ. Rel. Min. Teori Albino Zavascki. Órgão Julgador: Primeira Turma, julgamento: 19/10/2004.

26 REsp 1.148.444/MG. Rel. Min. Luiz Fux. Órgão Julgador: Primeira Seção, julgamento: 14/04/2010.

PROCESSO CIVIL. RECURSO ESPECIAL REPRESENTATIVO DE CONTROVÉRSIA. ARTIGO 543-C, DO CPC. TRIBUTÁRIO. CRÉDITOS DE ICMS. APROVEITAMENTO (PRINCÍPIO DA NÃO CUMULATIVIDADE). NOTAS FISCAIS POSTERIORMENTE DECLARADAS INIDÔNEAS. ADQUIRENTE DE BOA-FÉ.
1. O comerciante de boa-fé que adquire mercadoria, cuja nota fiscal (emitida pela empresa vendedora) posteriormente seja declarada inidônea, pode engendrar o aproveitamento do crédito do ICMS pelo princípio da não-cumulatividade, uma vez demonstrada a veracidade da compra e venda efetuada, porquanto o ato declaratório da inidoneidade somente produz efeitos a partir de sua publicação
(Precedentes das Turmas de Direito Público: EDcl nos EDcl no REsp 623.335/PR, Rel. Min. Denise Arruda, Primeira Turma, julgado em 11/03/2008, *DJe* 10/04/2008; REsp 737.135/MG, Rel. Min. Eliana Calmon, Segunda Turma, julgado em 14/08/2007, *DJ* 23/08/2007; REsp 623.335/PR, Rel. Min. Denise Arruda, Primeira Turma, julgado em 07/08/2007, *DJ* 10/09/2007; REsp 246.134/MG, Rel. Min. João Otávio de Noronha, Segunda Turma, julgado em 06/12/2005, *DJ* 13/03/2006; REsp 556.850/MG, Rel. Min. Eliana Calmon, Segunda Turma, julgado em 19/04/2005, *DJ* 23/05/2005; REsp 176.270/MG, Rel. Min. Eliana Calmon, Segunda Turma, julgado em 27/03/2001, *DJ* 04/06/2001; REsp 112.313/SP, Rel. Min. Francisco Peçanha Martins, Segunda Turma, julgado em 16/11/1999, *DJ* 17/12/1999; REsp 196.581/MG, Rel. Min. Garcia Vieira, Primeira Turma, julgado em 04/03/1999, *DJ* 03/05/1999; e REsp 89.706/SP, Rel. Min. Ari Pargendler, Segunda Turma, julgado em 24/03/1998, *DJ* 06/04/1998).
2. **A responsabilidade do adquirente de boa-fé** reside na exigência, no momento da celebração do negócio jurídico, da documentação pertinente à assunção da regularidade do alienante, cuja verificação de idoneidade incumbe ao Fisco, **razão pela qual não incide, à espécie, o artigo 136, do CTN**, segundo o qual "salvo disposição de lei em contrário, a responsabilidade por infrações da legislação tributária independe da intenção do agente ou do responsável e da efetividade, natureza e extensão dos efeitos do ato" (norma aplicável, in casu, ao alienante).
3. *In casu*, o Tribunal de origem consignou que:
"[...] os demais atos de declaração de inidoneidade foram publicados após a realização das operações (f. 272/282), sendo que as notas fiscais declaradas inidôneas têm aparência de regularidade, havendo o destaque do ICMS devido, tendo sido escrituradas no livro de registro de entradas (f. 35/162). No que toca à prova do pagamento, há, nos autos, comprovantes de pagamento às empresas cujas notas fiscais foram declaradas inidôneas (f. 163, 182, 183, 191, 204), sendo a matéria incontroversa, como admite o fisco e entende o Conselho de Contribuintes."
4. **A boa-fé do adquirente** em relação às notas fiscais declaradas inidôneas após a celebração do negócio jurídico (o qual fora efetivamente realizado), uma vez caracterizada, legitima o aproveitamento dos créditos de ICMS.
5. O óbice da Súmula 7/STJ não incide à espécie, uma vez que a insurgência especial fazendária reside na tese de que o reconhecimento, na seara administrativa, da inidoneidade das notas fiscais opera efeitos *ex tunc*, **o que afastaria a boa-fé do terceiro adquirente, máxime tendo em vista o teor do artigo 136, do CTN.**

> 6. Recurso especial desprovido. Acórdão submetido ao regime do art. 543-C, do CPC, e da Resolução STJ 08/2008.

Nesse mesmo ano, ao julgar o AgRg no REsp 982224[27], a Corte Especial decidiu que o art. 136 do CTN prevê uma responsabilidade objetiva. Contudo, considerou que são admitidos temperamentos, em função do disposto nos arts. 108, IV, e 112, do mesmo Código. Nesse julgamento, a Corte entendeu serem relevantes a inexistência de dano ao erário e a ausência de intenção de lesar o Fisco, pelo que não deveria ser aplicada a pena de perdimento. O acórdão teve a seguinte ementa:

> TRIBUTÁRIO. PROCESSUAL CIVIL. AGRAVO REGIMENTAL. AUSÊNCIA DE VIOLAÇÃO AO ART. 535 DO CPC. EXPORTAÇÃO DE MERCADORIAS. DOCUMENTAÇÃO. ERRO MATERIAL SANADO. INEXISTÊNCIA DE DANO AO ERÁRIO E DE INTENÇÃO DE LESAR O FISCO. NÃO APLICAÇÃO DA PENA DE PERDIMENTO DE BENS. AUSÊNCIA DE VIOLAÇÃO AO ART. 136 DO CTN.
> 1. Não houve a alegada ofensa ao art. 535 do CPC. É que, muito embora a parte recorrente tenha oposto embargos de declaração, tem-se que, em não havendo no acórdão omissão, contradição ou obscuridade capaz de ensejar o acolhimento da medida integrativa, tal não é servil para forçar o ingresso na instância extraordinária. Com efeito, afigura-se despicienda, nos termos da jurisprudência deste Tribunal, a refutação da totalidade dos argumentos trazidos pela parte, com a citação explícita de todos os dispositivos infraconstitucionais que aquela entender pertinentes ao desate da lide.
> 2."Apesar de prever o art. 136 do CTN que a responsabilidade do contribuinte ao cometer um ilícito é objetiva, admitem-se temperamentos na sua interpretação, diante da possibilidade de aplicação da equidade e do princípio da lei tributária in dubio pro contribuinte – arts. 108, IV e 112. Precedentes: REsp 494.080-RJ, Rel. Min. Teori Albino Zavascki, *DJ* 16/11/2004; e REsp 699.700-RS, Rel. Min. Francisco Falcão, *DJ* 03/10/2005." (REsp 278.324/SC; Rel. Min. João Otávio de Noronha, *DJ* 13/03/2006).
> 3. O art. 136 do CTN não foi considerado inconstitucional por esta Corte, não havendo que se falar em violação da Súmula Vinculante nº 10 ou do art. 97 da CF/88.
> 4. Agravo regimental não provido.

No ano de 2011, a Corte Especial, ao julgar o REsp 1.337.166[28], não fez qualquer alusão, seja na ementa seja no corpo do acórdão, à natureza da responsabilidade pela infração, se objetiva ou não. Contudo, mencionou expressamente o art. 136 do CTN e decidiu que havia responsabilidade por parte do contribuinte pelo pagamento do imposto sobre a

27 AgRg no REsp 982.224/PR. Rel. Min. Mauro Campbell Marques. Órgão Julgador: Segunda Turma, julgamento: 06/05/2010.

28 REsp 1.337.166/AL. Rel. Min. Castro Meira. Órgão Julgador: Segunda Turma, julgamento: 07/02/2013.

renda e dos acréscimos legais decorrentes do inadimplemento (juros de mora e multa), em função de não ter ocorrido a tempestiva retenção pela fonte pagadora. Ainda decidiu ser irrelevante a boa-fé do contribuinte:

> RECURSO ESPECIAL. TRIBUTÁRIO. IMPOSTO DE RENDA. DIFERENÇA SALARIAL DECORRENTE DA CONVERSÃO DA URV (11,98%). JUROS E MULTA. INCIDÊNCIA.
> 1. As verbas percebidas por servidores públicos resultantes da diferença apurada na conversão de suas remunerações da URV para o Real (11,98%) têm natureza salarial e, portanto, estão sujeitas à incidência do Imposto de Renda. Precedentes.
> 2. Segundo o art. 136 do CTN, "Salvo disposição de lei em contrário, a responsabilidade por infrações da legislação tributária independe da intenção do agente ou do responsável e da efetividade, natureza e extensão dos efeitos do ato".
> 3. Se o imposto de renda deixou de ser retido na fonte no momento próprio, sobre o tributo incidem juros de mora e multa, independentemente da boa-fé do agente, ainda que a ausência de retenção tenha sido imputada à instituição pagadora.
> 4. A ausência de retenção na fonte não retira a responsabilidade do contribuinte que recebeu o rendimento de submeter a renda à incidência do imposto, arcando, obviamente, com os consectários legais decorrentes do inadimplemento. Precedentes da Segunda Turma.
> 5. Recurso especial provido.

No ano de 2017, a Corte Especial, ao julgar o REsp 1.574.489[29], assentou que a denominada "responsabilidade tributária objetiva" a que alguns se referem por força do disposto no art. 136 do CTN, é incompatível com os princípios do Direito Público moderno e com uma interpretação sistemática do CTN, principalmente, a construída em função do prescrito nos arts. 108, IV, e 112. Esse acórdão é relevante à medida que alude a precedentes do STJ, inclusive o decidido no REsp 1.148.444 (antes citado), julgado sob a sistemática do art. 543-C do CPC. Eis o teor da ementa:

> PROCESSUAL CIVIL E TRIBUTÁRIO. INOCORRÊNCIA DE OFENSA AO ART. 535 DO CPC/1973. NÃO HÁ RESPONSABILIDADE TRIBUTÁRIA DO VENDEDOR, NA HIPÓTESE DE TRESDESTINAÇÃO DE ÁLCOOL HIDRATADO, SE REGULARMENTE VENDIDO E ENTREGUE AO TRANSPORTADOR PRÉ-CREDENCIADO. ART. 121, I E II, DO CTN. RESPONSABILIDADE TRIBUTÁRIA EMERGENTE. EXIGÊNCIA DE ANTERIOR DEMONSTRAÇÃO DE SOLIDARIEDADE (ART. 124, I E II DO CTN) OU CONDUTA INFRACIONAL APTA A GERAR O VÍNCULO JURÍDICO (ART. 135, CAPUT DO CTN). RECURSO ESPECIAL DA COOPERATIVA CONHECIDO E PROVIDO.

29 REsp 1.574.489. Rel. Min. Napoleão Nunes Maia Filho. Órgão Julgador: Primeira Turma, julgamento: 21/09/2017.

> 1. Neste caso, tem-se como fora de dúvida que a Coopersucar não reveste a condição de contribuinte, quanto à diferença da alíquota de ICMS, porque o correspondente fato gerador, praticado ou ocorrido no mundo empírico (a alegada tresdestinação da mercadoria vendida, que não chegou ao seu destino, fora dos limites estaduais paulistas) não lhe pode ser imputado pessoal e diretamente (art. 121, I do CTN) e, na verdade, o Fisco sequer lhe faz realmente essa imputação.
> 2. Mas cabe examinar, porém, se a Coopersucar, neste caso, em face daquela alegada tresdestinação, revestiria, a condição de responsável tributário (art. 121, II do CTN), que igualmente lhe atribuiria - se ocorrente - o dever jurídico de pagar o tributo pretendido pela Fazenda Paulista.
> 3. Na definição do art. 121, II do CTN, o responsável tributário é aquele que, sem revestir a condição de contribuinte, seja *ex vi legis* obrigado a satisfazer o dever jurídico de pagar o tributo; a reflexão sobre o fundamento da emergência da responsabilidade tributária - de quem não reveste a condição de contribuinte - pelo pagamento de tributos.
> 4. **No caso de cometimento de infrações, alvitra-se a chamada (e abominável) responsabilidade tributária objetiva, que se ancoraria (no dizer dos que a sustentam) no art. 136 do CTN**, mas essa sugestão é absolutamente contrária aos princípios do Direito Público moderno e, em especial, ao sistema do CTN, porquanto esse Código proclama, nos seus arts. 108, IV e 112, que a interpretação da lei tributária se fará com a aplicação da equidade e do princípio in dubio pro contribuinte, conforme já assinalou o preclaro Ministro Teori Albino Zavascki (REsp. 494.080/RJ, *DJ* 16/11/2004).
> 5. Insigne Ministro Luiz Fux, ao analisar esse mesmo tema, sob a sistemática do art. 543-C do CPC (REsp. 1.148.444/MG, *DJe* 27/04/2010), consignou no seu voto, para asseverar a indispensabilidade do elemento subjetivo na conduta do obrigado tributário.
> 6. Não tendo efetivamente a Coopersucar praticado nenhuma infração tributária - tanto que o Fisco Paulista nada lhe imputou, nesse sentido, e também sequer a autuou sob tal fundamento - não há como atribuir-lhe, sem a demonstração da necessária conduta ilícita, a alegada responsabilidade pela dita infração (a mencionada tresdestinação da mercadoria); a orientação de que, em casos assim, não surge a responsabilidade tributária, já foi adotada pelo egrégio STJ, pela voz dos seus mais eminentes julgadores.
> 7. Recurso Especial conhecido e provido para afastar a exigência fiscal de que a Coopersucar pague ao Fisco Paulista o que corresponder à diferença entre as alíquotas do ICMS incidente nas operações internas (dentro do Estado de São Paulo) e as que destinam álcool hidratado a comprador localizado no Estado da Bahia. Inverte-se o ônus da sucumbência (grifo nosso).

Esse escorço do posicionamento tanto da doutrina quanto da jurisprudência revela o quão controvertida é a natureza jurídica da responsabilidade por infrações tributárias. Como proposto anteriormente, a interpretação da legislação e dos fatos atinentes a essa matéria deve levar em conta os princípios da tolerância e da responsabilidade, bem como ser realizada conforme os valores constitucionalmente consagrados. Desse modo, há que se trazer à colação alguns enunciados da

Constituição que asseguram tanto o direito à vida, à dignidade, à liberdade quanto a proteção contra atos que indevidamente afetem a incolumidade pessoal e patrimonial:

> PREÂMBULO
> Nós, representantes do povo brasileiro, reunidos em Assembleia Nacional Constituinte para instituir um Estado Democrático, destinado a assegurar o exercício dos direitos sociais e individuais, a liberdade, a segurança, o bem-estar, o desenvolvimento, a igualdade e a justiça como valores supremos de uma sociedade fraterna, pluralista e sem preconceitos, fundada na harmonia social e comprometida, na ordem interna e internacional, com a solução pacífica das controvérsias, promulgamos, sob a proteção de Deus, a seguinte CONSTITUIÇÃO DA REPÚBLICA FEDERATIVA DO BRASIL
> Art. 1º A República Federativa do Brasil, formada pela união indissolúvel dos Estados e Municípios e do Distrito Federal, constitui-se em Estado Democrático de Direito e tem como fundamentos:
> [...]
> III – a dignidade da pessoa humana;
> [...]
> Art. 3º Constituem objetivos fundamentais da República Federativa do Brasil:
> I – construir uma sociedade livre, justa e solidária;
> [...]
> III – erradicar a pobreza e a marginalização e reduzir as desigualdades sociais e regionais;
> IV – promover o bem de todos, sem preconceitos de origem, raça, sexo, cor, idade e quaisquer outras formas de discriminação.
> [...]
> Art. 5º Todos são iguais perante a lei, sem distinção de qualquer natureza, garantindo-se aos brasileiros e aos estrangeiros residentes no País a inviolabilidade do direito à vida, à liberdade, à igualdade, à segurança e à propriedade, nos termos seguintes:
> [...]
> II – ninguém será obrigado a fazer ou deixar de fazer alguma coisa senão em virtude de lei;
> [...]
> X – são invioláveis a intimidade, a vida privada, a honra e a imagem das pessoas, assegurado o direito a indenização pelo dano material ou moral decorrente de sua violação;
> [...]
> XXII – é garantido o direito de propriedade;
> XXIII – a propriedade atenderá a sua função social;
> [...]
> XXXIX – não há crime sem lei anterior que o defina, nem pena sem prévia cominação legal;
> XL – a lei penal não retroagirá, salvo para beneficiar o réu;
> [...]
> LIV – ninguém será privado da liberdade ou de seus bens sem o devido processo legal;
> LV – aos litigantes, em processo judicial ou administrativo, e aos acusados

em geral são assegurados o contraditório e ampla defesa, com os meios e recursos a ela inerentes;
LVI – são inadmissíveis, no processo, as provas obtidas por meios ilícitos;
LVII – ninguém será considerado culpado até o trânsito em julgado de sentença penal condenatória;
LVIII – o civilmente identificado não será submetido a identificação criminal, salvo nas hipóteses previstas em lei;
[...]
LXI – ninguém será preso senão em flagrante delito ou por ordem escrita e fundamentada de autoridade judiciária competente, salvo nos casos de transgressão militar ou crime propriamente militar, definidos em lei;
[...]
LXV – a prisão ilegal será imediatamente relaxada pela autoridade judiciária;
LXVI – ninguém será levado à prisão ou nela mantido, quando a lei admitir a liberdade provisória, com ou sem fiança;
LXVII – não haverá prisão civil por dívida, salvo a do responsável pelo inadimplemento voluntário e inescusável de obrigação alimentícia e a do depositário infiel;
LXVIII – conceder-se-á *habeas corpus* sempre que alguém sofrer ou se achar ameaçado de sofrer violência ou coação em sua liberdade de locomoção, por ilegalidade ou abuso de poder;
LXIX – conceder-se-á mandado de segurança para proteger direito líquido e certo, não amparado por *habeas corpus* ou *habeas data* , quando o responsável pela ilegalidade ou abuso de poder for autoridade pública ou agente de pessoa jurídica no exercício de atribuições do Poder Público;
[...]
Art. 145. A União, os Estados, o Distrito Federal e os Municípios poderão instituir os seguintes tributos:
[...]
§ 1º Sempre que possível, os impostos terão caráter pessoal e serão graduados segundo a capacidade econômica do contribuinte, facultado à administração tributária, especialmente para conferir efetividade a esses objetivos, identificar, respeitados os direitos individuais e nos termos da lei, o patrimônio, os rendimentos e as atividades econômicas do contribuinte.
[...]
Art. 150. Sem prejuízo de outras garantias asseguradas ao contribuinte, é vedado à União, aos Estados, ao Distrito Federal e aos Municípios:
I – exigir ou aumentar tributo sem lei que o estabeleça;
II – instituir tratamento desigual entre contribuintes que se encontrem em situação equivalente, proibida qualquer distinção em razão de ocupação profissional ou função por eles exercida, independentemente da denominação jurídica dos rendimentos, títulos ou direitos;
[...]
IV – utilizar tributo com efeito de confisco; [...]

Os dispositivos constitucionais referidos revelam vetores axiológicos que são consonantes com os princípios éticos da tolerância e da responsabilidade, à medida que sobrelevam o valor justiça, asseguram o direito à vida, à dignidade, à liberdade, à igualdade, bem como protegem contra atos que indevidamente afetem a incolumidade pessoal e patrimonial, a Constituição igualmente sobreleva o valor segurança, dispõe acerca dos objetivos fundamentais de construir uma sociedade "justa e solidária", de "erradicar a pobreza e a marginalização e reduzir as desigualdades", de "promover o bem de todos, sem preconceitos de origem, raça, sexo, cor, idade e quaisquer outras formas de discriminação", do dever de a propriedade atender a sua função social, do dever de se financiar o funcionamento do Estado por meio de tributos não confiscatórios, tudo isso, mediante deliberações democráticas, quando a lei deve cumprir o papel primordial de realizar os valores constitucionais. Essa reunião de diferentes valores há que ser compreendida de forma cooperativa, não competitiva.

Se há liberdade e há proteção a direitos patrimoniais, há igualmente o dever de contribuir para que se tenha o menor sofrimento possível, principalmente dos que se encontram em situação mais fragilizada. A combinação da tolerância com a responsabilidade, numa sociedade em que existem razoáveis divergências interpretativas, deve buscar o afastamento de soluções extremadas.

Assim, mediante uma interpretação conforme a Constituição e uma interpretação sistemática do CTN, parece correto conceber que, no sistema jurídico brasileiro, não há responsabilidade por infrações tributárias de natureza objetiva. Sob o prisma do CTN, além de considerar o que dispõe o art. 136, há que se considerar o que determinam os arts. 100, 108, 112, 137, 138 e 172:

> Art. 100. São normas complementares das leis, dos tratados e das convenções internacionais e dos decretos:
> I – os atos normativos expedidos pelas autoridades administrativas;
> II – as decisões dos órgãos singulares ou coletivos de jurisdição administrativa, a que a lei atribua eficácia normativa;
> III – as práticas reiteradamente observadas pelas autoridades administrativas;
> IV – os convênios que entre si celebrem a União, os Estados, o Distrito Federal e os Municípios.
> Parágrafo único. A observância das normas referidas neste artigo exclui a imposição de penalidades, a cobrança de juros de mora e a atualização do valor monetário da base de cálculo do tributo.
> Art. 108. Na ausência de disposição expressa, a autoridade competente para aplicar a legislação tributária utilizará sucessivamente, na ordem indicada:
> [...]
> IV – a equidade.
> [...]
> Art. 112. A lei tributária que define infrações, ou lhe comina penalidades, interpreta-se da maneira mais favorável ao acusado, em caso de dúvida quanto:
> I – à capitulação legal do fato;

> II – à natureza ou às circunstâncias materiais do fato, ou à natureza ou extensão dos seus efeitos;
> III – à autoria, imputabilidade, ou punibilidade;
> IV – à natureza da penalidade aplicável, ou à sua graduação.
> [...]
> Art. 137. A responsabilidade é pessoal ao agente:
> I – quanto às infrações conceituadas por lei como crimes ou contravenções, salvo quando praticadas no exercício regular de administração, mandato, função, cargo ou emprego, ou no cumprimento de ordem expressa emitida por quem de direito;
> II – quanto às infrações em cuja definição o dolo específico do agente seja elementar;
> III – quanto às infrações que decorram direta e exclusivamente de dolo específico:
> a) das pessoas referidas no artigo 134, contra aquelas por quem respondem;
> b) dos mandatários, prepostos ou empregados, contra seus mandantes, preponentes ou empregadores;
> c) dos diretores, gerentes ou representantes de pessoas jurídicas de direito privado, contra estas.
> Art. 138. A responsabilidade é excluída pela denúncia espontânea da infração, acompanhada, se for o caso, do pagamento do tributo devido e dos juros de mora, ou do depósito da importância arbitrada pela autoridade administrativa, quando o montante do tributo dependa de apuração.
> Parágrafo único. Não se considera espontânea a denúncia apresentada após o início de qualquer procedimento administrativo ou medida de fiscalização, relacionados com a infração.
> [...]
> Art. 172. A lei pode autorizar a autoridade administrativa a conceder, por despacho fundamentado, remissão total ou parcial do crédito tributário, atendendo:
> I – à situação econômica do sujeito passivo;
> II – ao erro ou ignorância escusáveis do sujeito passivo, quanto a matéria de fato;
> III – à diminuta importância do crédito tributário;
> IV – a considerações de equidade, em relação com as características pessoais ou materiais do caso;
> V – a condições peculiares a determinada região do território da entidade tributante.
> Parágrafo único. O despacho referido neste artigo não gera direito adquirido, aplicando-se, quando cabível, o disposto no artigo 155.

A possibilidade de uma pessoa discutir a existência de culpa e o grau de sua culpa em matéria de infração tributária, em vez de induzir o comportamento irresponsável de não pagar tributos, contribui para que se possa tratar de forma mais rigorosa e gravosa aqueles que agem com dolo ou má-fé e, por outro lado, tratar com mais condescendência aqueles que agem de boa-fé.

Ressalta-se que os próprios órgãos julgadores da Administração Tributária vêm decidindo no sentido de reservar a aplicação de multas mais gravosas para os atos em que se comprova a presença de fraudes, simulações, etc., onde o elemento comum é a presença do dolo ou da má-fé. Um bom exemplo se extrai de recentes decisões do Conselho Administrativo de Recursos Fiscais (CARF), nas situações em que cabe realizar o arbitramento (art. 148 do CTN[30]) por restar comprovada a omissão de receita. Corretamente, têm sido diferençadas as situações em que há dolo ou má-fé para que seja justificável a imposição de multas agravadas ou qualificadas. Eis interessante acórdão nesse sentido:

> ASSUNTO: IMPOSTO SOBRE A RENDA DE PESSOA FÍSICA (IRPF)
> Ano-calendário: 2006, 2007
> ATIVIDADE RURAL. RESULTADO.
> O resultado da exploração da atividade rural exercida pelas pessoas físicas é apurado mediante escrituração do livro Caixa, abrangendo as receitas, as despesas de custeio, os investimentos e demais valores que integram a atividade.
> ATIVIDADE RURAL. LIVRO CAIXA. AUSÊNCIA. ARBITRAMENTO.
> A ausência da escrituração prevista no art. 22 da Instrução Normativa SRF nº 83, de 2001, implica o arbitramento do resultado à razão de vinte por cento da receita bruta do ano-calendário.
> MULTA DE OFÍCIO.
> Deve ser aplicado o percentual de, no mínimo, 75%, sempre que houver lançamento de ofício.
> **MULTA QUALIFICADA.**
> **A simples constatação de omissão de receita ou de rendimentos, por si só, não autoriza a qualificação da multa de ofício, sendo necessária a comprovação do evidente intuito de fraude do sujeito passivo.** (grifo nosso)

Esse entendimento foi inclusive objeto de Súmula:

> **Súmula CARF nº 96**
> A falta de apresentação de livros e documentos da escrituração não justifica, por si só, o agravamento da multa de ofício, quando essa omissão motivou o arbitramento dos lucros.

Interpretar os enunciados tributários de modo que permita tratar desigualmente pessoas que agem com boa-fé e as que agem com má-fé, sem sombras de dúvida, é constitucional e infraconstitucionalmente possível e recomendável. O emprego dos qualificadores "objetiva" e "subjetiva" para designar a responsabilidade por infrações tem produzi-

30 Eis o teor do art. 148 do CTN: "Art. 148. Quando o cálculo do tributo tenha por base, ou tome em consideração, o valor ou o preço de bens, direitos, serviços ou atos jurídicos, a autoridade lançadora, mediante processo regular, arbitrará aquele valor ou preço, sempre que sejam omissos ou não mereçam fé as declarações ou os esclarecimentos prestados, ou os documentos expedidos pelo sujeito passivo ou pelo terceiro legalmente obrigado, ressalvada, em caso de contestação, avaliação contraditória, administrativa ou judicial".

do desnecessárias divergências, o que sugere que deles não se faça uso. Portanto, considerando os princípios da tolerância e da responsabilidade, propõe-se que o sistema jurídico concernente à responsabilidade por infração tributária seja assim construído:

a) por força do que dispõe o art. 136 do CTN, para fins da responsabilização (autuação) de alguém por infração à legislação tributária, a Administração Fiscal não precisa comprovar se o "agente" ou o "responsável" atuaram com dolo ou culpa, seja qual for a modalidade desta (negligência, imperícia ou imprudência), sendo, a princípio, suficiente comprovar o descumprimento da legislação e a autoria;

b) por sua vez, o autuado por infração à legislação tributária tem o pleno direito de se defender (proteção constitucional ao devido processo legal, ao contraditório e à ampla defesa, bem como a presunção da inocência - Constituição brasileira, art. 5º, LIV, LV, LVI e LVII) e, ao fazê-lo, pode apresentar diversos tipos de argumento, tanto os considerados admissíveis nos casos em que há consenso de que se trata de responsabilidade "objetiva" (p.ex., de responsabilidade civil do Estado), quanto aqueles que demandariam uma avaliação da existência de culpa e do grau de culpabilidade;

c) quanto aos argumentos considerados admissíveis mesmo nas situações em que há consenso de que se trata de responsabilidade tipicamente "objetiva", pode o autuado por infração à legislação tributária, ao se defender, demonstrar, por exemplo, que:

- não agiu com qualquer dolo ou culpa, por ter ocorrido culpa exclusiva da Administração Fiscal, ou caso fortuito ou força maior (art. 112, III, do CTN);
- não é o "agente", nem o "responsável" pela infração (art. 136 c/c art. 112, III, do CTN);
- não houve o descumprimento da legislação tributária (art. 136 c/c art. 112, I e II, do CTN);
- a penalidade aplicada não é a objetivamente cabível (art. 112, IV, do CTN).

d) quanto aos argumentos que demandam a avaliação da existência de culpa (dolo e culpa em sentido estrito) e do grau de culpabilidade, pode o acusado por infração à legislação tributária, ao se defender, demonstrar, por exemplo, que:

- seguiu os atos normativos expedidos pelas autoridades administrativas, pelo que deve ser excluída a imposição de penalidades (art. 100, I e parágrafo único, do CTN);
- seguiu as práticas reiteradamente observadas pelas autoridades administrativas, pelo que deve ser excluída a imposição de penalidades (art. 100, III e parágrafo único, do CTN);

- cometeu um erro escusável quanto à matéria de fato, o que justificaria uma redução na punição (art. 108, IV; art. 112, II e IV; art. 172, II e IV [todos por analogia], do CTN);
- cometeu um erro escusável quanto à interpretação da legislação tributária (erro de direito), em especial pela circunstância de, em muitos casos, ser-lhe atribuído o encargo de interpretar a legislação e antecipar o pagamento do tributo sem prévio exame da autoridade administrativa (art. 150 do CTN), o que justificaria uma redução na punição (art. 108, IV; art. 112, II e IV; art. 172, II e IV [todos por analogia], do CTN);
- apesar de ter descumprido a legislação tributária, os efeitos danosos de seu ato foram mínimos, o que justificaria uma redução na punição (art. 108, IV; art. 112, II e IV; art. 172, III e IV [todos por analogia], do CTN);
- houve a infração, mas ela foi praticada por certo "agente" e está conceituada por lei como crime ou contravenção, pelo que a responsabilidade por essa infração (não pelo tributo) somente pode ser imputada a tal "agente" (art. 112, III c/c art. 137, I, do CTN);
- houve a infração, mas ela foi praticada por certo "agente" e na definição dessa infração o dolo desse "agente" é elementar, pelo que a responsabilidade por essa infração (não pelo tributo) somente pode ser imputada a tal "agente" (art. 112, III c/c art. 137, II, do CTN);
- houve a infração, mas ela foi praticada por certo "agente" e decorreu de dolo específico desse "agente" contra o acusado, pelo que a responsabilidade por essa infração (não pelo tributo) somente pode ser imputada a tal "agente" (art. 112, III c/c art. 137, III, do CTN);
- apesar de ter descumprido a legislação tributária, a responsabilidade deve ser excluída, pois houve a denúncia espontânea da infração, acompanhada, do pagamento do tributo devido e dos juros de mora (art. 138 do CTN).

Construir o sistema de responsabilidade por infrações tributárias desse modo, sem a adoção de posições extremadas, significa interpretar conforme a Constituição brasileira, à medida que se trata com desigualdade as pessoas que estão em condições desiguais, sendo mais rigoroso com as que agem com dolo ou má-fé e mais benevolente com as que se comportam com boa-fé. Tratar desigualmente os desiguais, na medida e com fundamento em critérios constitucionalmente previstos, representa atender o princípio da igualdade e contribuir para a realização da justiça em matéria tributária.

CONCLUSÃO

O conceito de *interpretação* (e, consequentemente, o de *aplicação*) é nuclear para o *ser* da humanidade. Os filósofos, há muito tempo, vêm envidando seus esforços no sentido compreender adequadamente esse fenômeno. Lembra-se que Aristóteles deu o nome de *Interpretação* ao livro em que estudou a relação entre os signos linguísticos e os pensamentos, como também a relação entre os pensamentos e as coisas. Ao mesmo tempo, esse conceito de *interpretação* tão inerente ao *ser* do humano convive com perspectivas que vislumbram ser possível compreender algo independentemente de interpretação, como ilustra o conhecido brocardo *in claris cessat interpretatio*.

Considera-se que *conceito* é uma ideia geral, noção ou sentido de algo. *Signos* são elementos da linguagem, que designam outros elementos. O *signo* é um fenômeno que nossa mente relaciona com outro fenômeno. O gênero signo compreende as espécies ícone, índice e símbolo. O ícone é o signo que, de algum modo, retrata o objeto a que se refere. O índice é o signo que apresenta uma ligação física com o objeto que designa. E o símbolo é a espécie de signo construída de forma convencional, sem que haja necessariamente qualquer tipo de ligação com o objeto que representa, significa. A *palavra* é a expressão verbal do conceito. Diferentes palavras (automóvel, carro, veículo automotor, etc.) podem exprimir um mesmo conceito. E diferentes conceitos podem ser expressos por uma mesma palavra (p.ex., a palavra *bala*, pode designar *um tipo de doce* ou *projétil de arma de fogo*). Conceito não se confunde com definição. O termo *definição* tem sido usado tanto para designar a operação mental em que se determina o âmbito de um conceito, como para o produto da enunciação ou exteriorização por meio de linguagem dessa operação mental.

Uma questão fundamental do trabalho foi identificar o caminho para construir uma noção de interpretação que fosse compatível com as perspectivas epistemológicas mais atuais e abrangentes desse fenômeno. A resposta foi adotada a partir da escolha das contribuições oferecidas pela teoria hermenêutica filosófica de Hans Gadamer e pelas teorias da argumentação de Robert Alexy. Nesse momento inicial de escolha do que alguns poderiam denominar "marco teórico", já restou evidenciado que não caberia cogitar de neutralidade na atividade de interpretação, pois a simples escolha desse marco teórico em vez de outro, revela a interferência do intérprete sobre o objeto a ser compreendido-interpretado.

A escolha pelas contribuições de Gadamer para desenvolver o tema da interpretação e da aplicação em matéria tributária não foi aleatória.

Não se trata de um dos autores estrangeiros mais conhecidos no Brasil, principalmente no universo jurídico. Contudo, grandes referências nos estudos do Direito Tributário a ele expressamente se reportam, entre outros, Ricardo Lobo Torres, Paulo de Barros Carvalho, Misabel de Abreu Machado Derzi, Humberto Ávila. Com essas valiosas referências, foi inevitável chegar à obra de Gadamer.

Uma vez tendo chegado até a obra de Gadamer – *Verdade e Método: traços fundamentais de uma hermenêutica filosófica* –, ocorreu uma profunda concordância com as suas ideias mais fundamentais. Dentre elas, destaca-se, inicialmente, a que preconiza que é impossível, ante as condições de possibilidade de conhecimento que tem o ser humano, pretender conhecer e interpretar algo com plena objetividade, como se inexistisse interferência do *ser* do intérprete sobre o *ser* do objeto interpretado. Gadamer argumenta (2017, p. 382), com todas as forças, de forma contrária à ideia do objetivismo científico. Como ele próprio afirma no trabalho intitulado *Texto e interpretação*, publicado no livro *Verdade e Método II – Complementos e Índice*, que colaciona vários estudos publicados depois daquela obra, seu ponto de partida foi a crítica ao idealismo e ao metodologismo da era da teoria do conhecimento.

A posição defendida por Gadamer pode ter provocado frustações naqueles que, pelo título da sua obra – *Verdade e Método: traços fundamentais de uma hermenêutica filosófica* (no original, *Wahrheit und Methode: Grundzüge einer philosophischen Hermeneutik*) –, foram em busca de um método para alcançar a *verdade*, a *certeza*, o *real*, aquilo que assim *é* para toda e qualquer pessoa. Diversamente, o que faz Gadamer é demonstrar, de diferentes maneiras, quais são as condições e limitações que o ser humano tem para conhecer os objetos em geral, entre elas, a de que o *ser* do intérprete afeta o *ser* do objeto interpretado.

A possível frustação dos que buscavam encontrar na obra de Gadamer o caminho para alcançar a única e preciosa verdade *do* mundo pode ser contrastada com o preconceito daqueles que nunca tiveram a oportunidade de ter contato com a sua obra, em função de o título sugerir que se estaria perante mais um texto revelador de uma teoria objetivista do conhecimento. Vale lembrar que a pretensão inicial de Gadamer era a de que sua obra fosse intitulada *Geschehen und verstehen* (*Acontecer e compreender*), o que não foi aceito pelos editores (STEIN, 2014, p. 223). Este título pretendido por Gadamer parece mais fiel ao conteúdo de sua obra.

As contribuições da Teoria Hermenêutica Filosófica de Gadamer para o tema da interpretação são tão numerosas quanto relevantes. Gadamer constrói uma série de conceitos, que se revelam essenciais para o desenvolvimento de suas ideias, dentre os quais se destacam os de: *círculo hermenêutico, tradição, historicidade, história efeitual, situação hermenêutica, fusão de horizontes, preconceito, abertura, consciência hermenêutica, primazia hermenêutica da pergunta, experiência hermenêutica, linguagem* e *linguisticidade do conhecimento.*

A noção de *círculo hermenêutico* designa o modo pelo qual se constrói o conhecimento, que parte de uma pré-compreensão para a projeção de possibilidades de sentido, e que se dá mediante o percurso que se perfaz do ponto inicial à conclusão, com a submissão a uma constante revisão, sem que se esteja limitado a uma mera recuperação ou descoberta de noções passadas, mas que está voltado para um permanente aperfeiçoamento do compreender. Gadamer adverte que, nesse contínuo processo de conhecimento, o ser humano interpretante está imerso num contexto histórico e é, inevitavelmente, informado por tudo que lhe é trazido culturalmente (*tradição*), bem como pelo que pretende que ocorra no futuro.

O ser humano vive num contexto histórico, que afeta o seu modo de ser (*história efeitual* e *historicidade*). Esse seu modo de ser, por sua vez, afeta o modo pelo qual ele realiza a construção do mundo, seja o mundo do passado seja o atual. Trata-se de um processo contínuo de mútua informação. O ser humano encontra-se numa *situação hermenêutica*, afetado pela história e pela tradição. Encontra-se numa *fusão de horizontes*, o do passado e o do presente, que estão em incessante formação e transformação, à medida que sua vida acontece, pois o presente de hoje é o eterno passado do amanhã.

É muito importante salientar que ter consciência da historicidade do conhecimento e da tradição como condição de possibilidade desse conhecimento não representa qualquer defesa de uma perspectiva conservadora. O ser humano é um ser pensante. A tradição que chega ao ser humano já é produto de sua intepretação, na qual valor e razão se combinam, para que o sentido seja construído. E mais, a tradição que é transmitida é a que sobrevive ao processo de filtragem da crítica valorativa e racional, o que afasta qualquer ideia de mera reprodução. Se é inevitável conceber que as experiências passadas influenciam o presente, é igualmente inevitável conceber que o ser humano lida com essa influência a partir de seus valores, pré-conceitos, conceitos, sentimentos, razão, etc., que estão num permanente processo de formação e transformação.

Lembra-se aqui o paradoxo do navio de Teseu, proposto pelo filósofo Plutarco: Teseu parte de navio do ponto A para o ponto B. Mas, ao longo de uma viagem de 50 anos, vai substituindo cada peça do barco à medida que ela se desgasta, até que todas tenham sido trocadas. É possível afirmar que o navio que chegou em B é o mesmo que saiu de A? Ou é outro barco?

Com cada ser humano acontece fenômeno semelhante. O que se é hoje é diferente do que se será amanhã. Não apenas sob a ótica de um natural processo biológico de envelhecimento ou de substituição celular, mas, principalmente, por força de uma incessante, muitas vezes imperceptível, mudança dos valores, pré-conceitos, conceitos, sentimentos, razão, etc., que estão num permanente processo de formação e transformação. Isso explica o motivo de o *ser no* mundo e o *ser do* mundo mudarem com o transcurso do tempo.

Essa visão humanizada do mundo não representa aceitar uma visão subjetivista, individualizada ou egoística do mundo, pois a interpretação é socioculturalmente informada e tem na linguisticidade da compreensão um limite a ser necessariamente considerado. Como Gadamer (2013, p. 503) sustenta, a linguagem é o *medium* universal em que ocorre a compreensão, cuja forma de realização é a interpretação. Se muitos sentidos podem ser construídos com a interpretação, não é admissível que se possa construir qualquer sentido.

A compreensão do outro, seja um texto seja um interlocutor, demanda uma postura de sincera abertura para o que esse outro quer dizer, o que não representa qualquer autoanulação, até porque é impossível que alguém se dispa de seus valores, conceitos, sentimentos, etc. A abertura para compreender o outro revela tolerância, mas não demanda submissão ou necessária concordância com o que o outro diz. Entretanto, insta sublinhar que o desenvolver um verdadeiro diálogo, independentemente, de produzir um consenso, faz com que dele saia um ser diferente do que entrou. O verdadeiro diálogo é pressuposto para a mútua compreensão e efetivamente desenvolvê-lo é um ato de responsabilidade dos que vivem em sociedade, a fim de que seja possível alcançar um convívio socialmente sustentável. Eis a importância do franco, tolerante e responsável diálogo como condição de possibilidade para a realização de um profícuo processo de compreensão, interpretação e aplicação.

As contribuições dos teóricos da argumentação foram igualmente essenciais para o desenvolvimento do trabalho. As concepções de Robert Alexy e de Neil MacCormick são destacadas como as mais relevantes a respeito.

Robert Alexy teve como propósito demonstrar a possibilidade de se elaborar um discurso jurídico, em especial uma decisão judicial, com racionalidade, a fim de que possa ser submetido a um controle racional e de correção dos seus resultados. Para tanto, após longa pesquisa doutrinária, elaborou regras para a realização de um discurso prático geral.

Algumas dessas regras são de elevada importância para a interpretação e aplicação em matéria tributária.

Alexy elabora cinco grupos de regras. O primeiro é por ele denominado regras fundamentais, que, em síntese, se referem às regras da não contradição, da sinceridade discursiva, da coerência e da comunhão de uso da linguagem. O segundo grupo denomina regras de razão, que são relativas à fundamentação do discurso, ao amplo direito de participar do discurso, à ampla liberdade de discussão. O terceiro grupo é o das regras sobre a carga da argumentação, as quais aludem à necessidade de fundamentar um tratamento desigual, de fundamentar os contra-argumentos e de apresentar mais argumentos se demandado, bem como de justificar a introdução de novos argumentos. O quarto grupo é atinente às regras de fundamentação, que têm por base variantes do princípio da generalizabilidade, que, em suma, exige a submissão às próprias regras formuladas e às suas consequências, a necessidade de transparência e divulgação das regras, a sobrevivência das concepções morais suscitadas e o respeito aos limites da realizabilidade fática. O quinto grupo é o de regras referentes às denominadas regras de transição, segundo as quais pode-se, a qualquer momento, passar para um discurso teórico, de análise de linguagem ou de teoria do discurso.

A partir dessas regras do discurso prático racional geral, Alexy constrói sua Teoria da Argumentação, como um caso especial desse discurso prático. Para tanto, apresenta: regras de justificação interna e externa. Quanto às regras de justificação interna, confere destaque para o princípio da universalidade, que requer a elaboração e utilização de normas universais. As regras de justificação externa fundamentam as premissas utilizadas na justificação interna, são elas: a interpretação da lei; a argumentação da Ciência do Direito (dogmática); o uso dos precedentes; argumentação prática geral (razão); argumentação empírica (empiria); e formas especiais de argumentos jurídicos (semântico, genético [da lei], histórico [dos fatos], comparativos, sistemático e teleológico).

Por sua vez, as principais contribuições da teoria da argumentação de Neil MacCormick são relativas à análise dos critérios que devem ser adotados quando as pessoas precisam decidir como devem se comportar nas situações em que são exigidas escolhas. Confere destaque ao argumento dedutivo, contudo, reconhece que esse nem sempre é suficiente. Nesse ponto, MacCormick aponta para quatro problemas que podem surgir e que demandarão procedimentos mais complexos: de interpretação; de pertinência; de prova; e de qualificação. A partir dessa perspectiva, distingue os casos fáceis dos casos difíceis. Chama a atenção para a necessidade de sempre se buscar regras que sejam universais e que respeitem dois requisitos fundamentais para a correção do discurso: a coerência e a consistência.

Destacou-se uma relevante mudança de pensamento de MacCormick, por ele próprio ressaltada. MacCormick, que faleceu em 2009, em suas últimas obras continua a conceber que Direito e Moral são conceitualmente distintos. Entretanto, destaca que elementos mínimos de respeito à justiça são fundamentais para que se reconheça que uma ordem normativa possui caráter jurídico.

MacCormick, em seu último livro – *Practical Reason in Law and Morality* –, publicado em 2008, revela sua virada em direção dos valores. Assenta que uma pessoa alcança sua maturidade moral quando assume a responsabilidade por sua moralidade e pela tradição, adquiridas, num primeiro momento, de forma heterônoma, e preservadas e transmitidas após uma reflexão crítica da tradição moral herdada. Por fim, chama atenção para o fato de o mais importante para levar uma vida humana bem-sucedida é aplicar a razão e a inteligência ao curso que a vida leva, o que se aplica tanto para as normas morais e legais como também para a busca de fazer o melhor possível com as oportunidades que surgem no domínio da liberdade moral.

As contribuições advindas da Teoria Hermenêutica Filosófica de Gadamer e das Teorias da Argumentação de Robert Alexy e de Neil MacCormick representam uma base teórica fundamental para o desenvolvimento dos temas dos demais capítulos. Importa destacar que essas concepções teóricas apresentam alguns pontos comuns que merecem ser especialmente indicados: (i) conferem importância ao diálogo, na linguagem de Gadamer, ou ao discurso, na linguagem de Alexy e MacCormick, como sendo o modo mais apropriado para o processo racional de construção do sentido e de decisão de conflitos, o que requer uma verdadeira abertura e tolerância com o outro, bem como exige ação e argumentação responsáveis, pois os atos de uma pessoa afetam a vida das outras, o que, inevitavelmente, informa o modo pelo qual se realizam as atividades de interpretação e de aplicação; (ii) ressaltam a importância da linguagem no processo de construção e transmissão do conhecimento e, consequentemente, na produção de decisões pelos sujeitos competentes; (iii) salientam a circunstância de a atividade de construção de sentido (interpretação) ser historico-socioculturalmente informada, o que não representa qualquer defesa ao conservadorismo, à medida que essa informação é submetida ao processo de interpretação, no qual convivem valoração e uso da razão, o que, necessariamente, envolve um momento de crítica e de reflexão, premissas para eventuais transformações conscientes, ou mesmo inconscientes; e ainda (iv) defendem que, pelas razões anteriores, em especial, ante a linguisticidade do conhecimento, cuja formação é produto de uma gênese crítica, racional, valorativa e socio-culturalmente informada, não se incorre no problema de cair nas extremadas perspectivas objetivista ou subjetivista do conhecimento.

Uma vez destacados os aspectos relativos aos fundamentos jusfilosóficos do trabalho, apresentar-se-á uma síntese das principais ideias e reflexões desenvolvidas, bem como das propostas apresentadas ao longo do estudo.

A determinação do que é o Direito tem suscitado grande divergência entre filósofos e teóricos dessa área do conhecimento. Uma noção mais estruturalista de Direito o identifica como um sistema de normas, adotado por uma sociedade, que objetiva orientar a conduta que as pessoas devem seguir. Uma saturação semântica dessa noção passa pela consideração do fenômeno internacional da constitucionalização do Direito. Dessarte, adota-se como premissa fundamental que a Constituição, no caso do Brasil, a Constituição originária de 1988, é o instrumento, humanamente posto, que veicula o conjunto das normas jurídicas de mais elevada hierarquia no Direito. A Constituição representa o fundamento maior de validade de todas as outras normas do sistema jurídico, à medida que estabelece os critérios mais elevados para a identificação das normas que pertencem a esse sistema.

Validade é a qualidade de norma que pertence ao sistema jurídico, em função de ter sido regularmente produzida, isto é, em função de ter sido produzida em consonância com os requisitos formais e materiais estabelecidos pelas normas desse sistema, que tem, na Constituição, as de mais elevada hierarquia.

Norma jurídica não se confunde com texto jurídico. *Norma jurídica* é a mensagem prescritiva que se constrói a partir da interpretação de signos, em geral textos, dotada de uma estrutura lógica própria, cuja natureza jurídica decorre do fato de pertencer ao sistema jurídico por ter sido regularmente produzida, isto é, produzida de acordo com norma(s) jurídica(s) que estabelece(m) requisitos para sua produção, que tem na Constituição as de mais elevada hierarquia. *Texto jurídico* é o conjunto de símbolos produzidos que veicula uma ou mais mensagens prescritivas de natureza jurídica. Existir "lei", enquanto texto, dotado de materialidade física, seja tinta impressa num papel ou pixels em uma tela, é uma questão de fato, de existência física. Coisa diversa é saber se a produção desta lei cumpriu os requisitos formais e materiais estabelecidos pela norma que dispõe acerca de sua produção. A existência física de lei não significa que tenha sido veiculada norma com fundamento jurídico de validade, isto é, norma jurídica, cuja natureza é conceitual. Existência física de lei não se confunde com a existência de norma jurídica.

Toda e qualquer norma apresenta uma estrutura bimembre, composta por uma primeira parte – antecedente ou hipótese – e uma segunda parte – consequente ou mandamento. O antecedente da norma jurídica descreve uma situação de possível ocorrência. O consequente da norma prescreve um efeito jurídico. Toda norma assim se apresenta: deve ser que, se ocorrer o descrito no antecedente, instaura-se o efeito jurídico prescrito no consequente.

As normas jurídicas podem ser de produção normativa ou de conduta. A *norma de produção normativa* é aquela cujo antecedente descreve uma específica situação de fato, que se caracteriza por apresentar, total ou parcialmente, os requisitos formais (sujeito competente e procedimento) e materiais (declaração prescritiva condicionada) necessários para que uma norma passe a pertencer (a ter validade – criação) ou deixe de pertencer (revogação) ao sistema jurídico, e cujo consequente apresenta uma estrutura relacional, composta por variáveis, que simboliza a norma jurídica a ser criada ou revogada. A norma de conduta é aquela cujo antecedente descreve uma situação de fato e cujo consequente apresenta a regulação de uma conduta intersubjetiva, por meio de uma permissão (P), uma obrigação (O) ou uma proibição (V). A norma que institui a obrigação de pagar tributo é um exemplo de norma de conduta.

Fato jurídico é aquele acontecimento perceptível pelos sentidos humanos, que se realiza no tempo e no espaço e cujo conceito corresponde ao antecedente de norma jurídica. A partir da ocorrência de um fato jurídico, e um fato só pode ser chamado de jurídico por corresponder ao antecedente de norma jurídica, há dois efeitos jurídicos possíveis: (a) no caso de norma de produção normativa, o efeito jurídico é o surgimento ou a revogação de certa norma jurídica; e (b) no caso de norma de conduta, o efeito jurídico é o surgimento ou a extinção de uma relação jurídica.

Relação jurídica é a projeção enriquecida de determinação e de individualização do consequente de norma jurídica de conduta, a qual se estabelece entre sujeitos (ativo e passivo) distintos e plenamente individualizados e que tem por objeto uma conduta intersubjetiva determinada e modalizada deonticamente (P, O ou V), sendo efeito da realização de um fato jurídico.

O termo *vigência* é usado em mais de um sentido. É usado como sinônimo de *eficácia jurídica*. *Eficácia jurídica* é a qualidade de norma jurídica – norma que existe juridicamente, que é válida – que está apta a produzir efeitos jurídicos, quais sejam, se ocorrer o fato descrito em seu antecedente, então surgirá o efeito prescrito em seu consequente, que será a criação ou extinção de norma jurídica, se for efeito de norma de produção normativa, ou que será a criação ou extinção de relação jurídica, se for efeito de norma de conduta. Fala-se também em *vigência* como sendo o período de tempo em que uma norma vige ou vigora, em que possui eficácia jurídica. Eficácia social ou efetividade é a qualidade de uma norma que é cumprida pelo grupo social. Em rigor, a eficácia social pode ser de uma norma jurídica, como também pode ser de uma norma não jurídica, mas que por alguma razão é cumprida pelo grupo social.

A linguagem (enquanto sistema de signos) é de fundamental importância para o processo de construção consciente dos conceitos, das ideias e dos pensamentos. Alguns fenômenos afetam esse processo. Um deles é a *ambiguidade por polissemia*, que ocorre quando o sentido de um termo ou palavra é duvidoso, em função de esse termo ou palavra ser utilizado para designar objetos claramente diferentes. Outro a ser destacado é a indeterminação conceitual, que se trata de um fenômeno complexo e que se relaciona à dificuldade de realizar, em graus diversos, as seguintes atividades humanas: (a) de identificar e constituir um objeto específico (construção do *conceito de um objeto específico*) – pois o sujeito cognoscente tem a possibilidade de adotar, eleger, infinitas características identificatórias ou definitórias, que, ante as limitações humanas, são construídas e adotadas dentro das possibilidades e limites humanos; (b) de constituir uma classe de objetos (construção do *conceito de classe de objetos*), que apresentem características identificatórias ou definitórias comuns, no sentido de semelhantes, não idênticas – pois o sujeito cognoscente também tem a possibilidade de eleger infinitos caracteres identificatórios ou definitórios comuns, o que deve ser concebido como atividade que reúne, que aproxima, sem tornar idênticos, objetos semelhantes, para criar a classe de objetos; e (c) de decidir, com valoração e uso da razão, se o *conceito de certo objeto corresponde* ao *conceito de certa classe de objetos* – pelas razões já explicadas nos itens "a" e "b".

O *objeto* que chega ao homem não se confunde com o *dado bruto*. Assume-se que há um *dado bruto*, que é algo externo e independente do homem. O ser humano quando entra em contato com o *dado bruto*, projetando-se em possibilidades de sentido, constitui o *objeto* (interpretado), à medida que constrói algum *conceito* para ele. O objeto já se apresenta como produto da atividade humana de interpretação, à medida que esta cria para o objeto um correspondente sentido, um conceito. O que é compreendido pelo ser humano é o objeto interpretado.

Com o passar do tempo ocorrem mudanças de diversas ordens. Considera-se *mutação conceitual* o fenômeno (também, mas não exclusivamente jurídico) representativo das mudanças de compreensão-interpretação dos objetos em sentido amplo, reais ou imaginários, as quais decorrem das mais variadas razões (morais, econômicas, culturais, físicas, tecnológicas, etc.) que se dão ao longo do tempo, o que pode se dar com a preservação do nome anteriormente usado para designar o conceito ou com a adoção de um novo nome. As diferenças espaciais informam o processo de construção de sentido. Eis o fenômeno da *diversidade espacial conceitual*, que representa a influência que as diferentes características dos espaços físicos, do meio circundante têm sobre a compreensão-interpretação do mundo.

As noções de *indeterminação conceitual* e *discricionariedade* são figuras totalmente distintas e inconfundíveis. A presença daquela não implica esta. A *discricionariedade* refere-se à atribuição de uma margem de liberdade de escolha entre equivalentes ou indiferentes jurídicos, o que se apresenta de duas formas: (a) por meio de norma de produção normativa ou de competência superior, que confere atribuição a certo sujeito de dispor sobre parte do conteúdo de norma a ser produzida; ou (b) está relacionada à margem de liberdade para cumprir certa conduta, margem de liberdade que pode ser de natureza material, temporal ou espacial, conforme disposto na correspondente norma de conduta. No caso de existência de discricionariedade (atribuição de uma margem de liberdade de escolha), a causa para uma eventual revisão do ato (i) está ligada ao descumprimento dos limites conferidos pela correspondente norma de produção normativa, quando restará caracterizada a invalidade da norma produzida (p.ex., foram ultrapassados os limites financeiros para realizar um contrato); ou (ii) está relacionada ao cumprimento da conduta em dissonância com a margem de liberdade de escolha conferida.

Na Teoria Geral do Direito, dentre as diversas teses relativas à defesa da neutralidade valorativa do Direito (com relação às quais guarda-se divergência), três podem ser destacadas: (a) pela primeira, a *análise do conceito de Direito*, a *determinação de qual é a sua natureza*, deve levar em conta seus elementos característicos e prescinde de considerações de índole valorativa, pelo que é cabível uma análise conceitual de caráter exclusivamente objetivo e descritivo; (b) pela segunda, a determinação do conteúdo do Direito pode ser feita exclusivamente com base em fatos sociais, os quais podem ser descritos sem que se recorra a considerações valorativas, de forma objetiva; e (c) pela terceira, a interpretação do produto decorrente dos fatos sociais (em geral, textos) prescinde de considerações de natureza valorativa, pelo que é cabível uma análise conceitual de caráter exclusivamente objetivo e descritivo.

Concebe-se que *interpretação* significa construção de sentido, com valoração e uso da razão, socioculturalmente informada, que pode ter como objeto algo que já se apresenta em forma de linguagem (p.ex., um texto) ou um objeto não linguístico (p.ex., um evento da natureza). Tanto no caso de objeto linguístico quanto no de objeto não linguístico, o sentido somente é construído com a interpretação. O ser humano não possui acesso ao dado bruto, pois o que lhe chega já possui a estrutura da explicitação do compreendido, já é o objeto interpretado, ainda que o processo de construção de sentido continue sendo continuamente aprofundado e aperfeiçoado.

A consciência hermenêutica demanda conceber que a construção do conhecimento parte de uma pré-compreensão para a projeção de possibilidades de sentido, e que se dá mediante o percurso que se perfaz do ponto inicial à conclusão, submetida a uma constante revisão, sem que se esteja limitado a uma mera recuperação ou descoberta de noções passadas (*círculo hermenêutico*). O compreender-interpretar é sempre um atuar do ser humano. Esse ser humano é formado por valores, sentimentos, afetos, razão, pré-conceitos, conceitos, crenças, expectativas, aspirações, pretensões, etc. O que *é* esse ser humano está afetado por todo o horizonte das experiências passadas, pessoais e coletivas, que lhe chegam e pelas circunstâncias e condições em que vive, estando, assim, imerso num horizonte temporal e sociocultural, que se desloca à medida que ele vive. Esse quadro acaba por informar a sua visão passada, a atual e a pretendida do mundo, do qual ele próprio é sempre parte integrante. Assim, o ser humano encontra-se em permanente formação ou transformação. Essa mutabilidade humana, inevitavelmente, acaba por informar todo o objeto do mundo, isto é, acaba por informar todo o objeto compreendido-interpretado do mundo, o único objeto a que humanamente se tem acesso.

Interpretação em abstrato é a interpretação orientada ao texto, que se perfaz independentemente da concreta ocorrência da situação prescrita no texto jurídico. A interpretação em concreto também demanda a interpretação de texto jurídico. Contudo, a atividade hermenêutica, além de demandar a interpretação de texto, suscita a interpretação da situação da vida – do fato – que se dá no tempo e no espaço, cujo conceito guarda correspondência ao conceito descrito por um texto jurídico (ao antecedente da norma jurídica). Em toda interpretação em concreto busca-se decidir qual o efeito jurídico que, em decorrência da ocorrência de um fato jurídico (concreto), foi produzido. A interpretação realizada não é mais de natureza hipotética, mas concreta.

A interpretação de texto jurídico e a interpretação de fato juridicamente relevante são mutuamente implicantes. O compreender um texto jurídico envolve a consideração da situação hermenêutica do intérprete, que decorre das experiências pessoalmente vividas e das socialmente transmitidas. A tradição, a história efeitual, os preconceitos e a consciência da situação hermenêutica informam, conformam, são condições de possibilidade de construção do sentido do texto. Por sua vez, reconhecer o que há de jurídico em um fato da vida, de modo a permitir considerá-lo como sendo um fato jurídico, requer a compreensão de textos jurídicos.

Denomina-se *incidência* o fenômeno representativo da *correspondência* entre o conceito de um fato e o descrito no antecedente normativo, tornando esse fato um *fato jurídico*, o que causa (causalidade jurídica) a produção dos efeitos jurídicos prescritos no consequente normativo – o nascimento ou revogação de uma nova norma jurídica, se for norma de produção normativa, ou o surgimento ou extinção de uma relação jurídica, se for norma de conduta.

O sentido dos termos *interpretação*, *interpretação jurídica* e *aplicação jurídica* é construído da seguinte maneira: (a) *interpretação* significa a construção de sentido, com valoração e uso da razão, socioculturalmente informada, que pode ser de um objeto linguístico ou não linguístico, a qual é realizada pelo intérprete e que decorre do *ser* do intérprete, conforme seus valores, pré-conceitos, conceitos e aspirações, que são afetados pela história efeitual e pela tradição, as quais estão em permanente formação e transformação; trata-se da elaboração em formas das possibilidades projetadas na compreensão, eis que a interpretação é a forma explícita da compreensão, a explicitação do sentido compreendido, ainda que essa explicitação não seja externalizada e pertença exclusivamente ao ser do intérprete; e *interpretação jurídica* é a interpretação que apresenta a especificidade de ser relativa à construção de sentido de Direito, do conteúdo do Direito, de fatos jurídicos e de efeitos jurídicos, considerados os requisitos que caracterizam e fundamentam um sistema como sendo de natureza jurídica; e (b) *aplicação jurídica* significa (i) a produção de uma nova norma jurídica, em função de o conceito de um fato apresentar uma correspondência com o conceito de uma linguagem jurídica – correspondência com o descrito no antecedente de uma norma de produção normativa; (ii) o cumprimento de uma norma de conduta; ou (iii) a incidência de norma jurídica.

As expressões *interpretação em concreto* e *aplicação* não significam a mesma coisa. Para que se possa realizar a aplicação no sentido de produção de norma ou de cumprimento de norma de conduta é necessário que ocorra interpretação em concreto. Contudo, pode haver interpretação em concreto sem que haja aplicação em qualquer destes dois sentidos.

É delicada a questão da definição de um conceito geral, universal de Direito. Com objetivos menos pretensiosos, parece ser possível pensar no conceito de Direito que leve em consideração as características de cada sociedade soberana em sua continuidade temporal. Essas considerações conferem relevância para os dois fenômenos – mutação conceitual e diversidade espacial conceitual – que contribuem para a indeterminação conceitual e que prestam uma reverência para dois elementos – tempo e espaço –, que são informadores da possibilidade de conhecimento por parte do ser humano.

Após a Segunda Guerra Mundial, o Brasil e a maior parte dos países do mundo passaram a compartilhar um núcleo de valores, de ideais e de direitos, os quais, em seu conjunto, podem ser representados pelo que consta da Declaração Universal de Direitos Humanos. O disposto nessa Declaração, normalmente, está relacionado com o que se considera como fundamento do Direito desses países, via de regra, refletido numa Constituição nacional (fenômeno internacional da constitucionalização do Direito).

No Brasil atual o conceito de Direito é construído com base nos valores fundantes da sociedade brasileira, conforme constitucionalmente declarados, e pode ser concebido como um sistema de normas, com eficácia social, produzido por sujeitos constitucionalmente competentes, segundo procedimentos constitucionalmente informados e cujo conteúdo submete-se a condições de validade material fundamentais, pelo que esse sistema normativo se caracteriza como sendo um Estado Democrático de Direito, (i) que é informado pelos valores supremos da liberdade, segurança, bem-estar, desenvolvimento, igualdade e justiça; (ii) que tem como fundamentos a soberania, a cidadania, a dignidade da pessoa humana, os valores sociais do trabalho e da livre-iniciativa e o pluralismo político; (iii) que tem como objetivos fundamentais a construção de uma sociedade livre, justa e solidária; a garantia do desenvolvimento nacional; a erradicação da pobreza e da marginalização e a redução das desigualdades sociais e regionais; e a promoção do bem de todos, sem preconceitos de origem, raça, sexo, cor, idade e quaisquer outras formas de discriminação; e (iv) que apresenta um rol não exaustivo de direitos fundamentais, consonantes com o disposto na Declaração Universal de Direitos Humanos e outros atos internacionais afins.

A determinação de *qual é* e *como é* produzido o conteúdo do Direito brasileiro – o sistema de normas juridicamente válidas ou o sistema de normas jurídicas ou, simplesmente, o sistema jurídico – precisa atender tanto os requisitos formais quanto os requisitos materiais estabelecidos pelas normas constitucionais de produção normativa.

Os requisitos formais são relativos aos critérios formais – sujeito competente e procedimento –, informados pela Constituição, em especial, na parte que dispõe acerca do processo legislativo atinente aos denominados instrumentos introdutores de norma primários: as emendas constitucionais (art. 60); as leis complementares (arts. 61, 64, 65, 66, 67 e 69); as leis ordinárias (arts. 61, 64, 65, 66, 67); as medidas provisórias (art. 62); as leis delegadas (art. 68). Todos esses instrumentos estão aptos a veicular norma jurídica, considerados os requisitos formais constitucionalmente estabelecidos.

A caracterização de qualquer instrumento introdutor de normas (p.ex., uma *lei ordinária* ou uma *lei complementar*) repousa somente nos aspectos formais (sujeito de direito e procedimento) descritos no antecedente da norma constitucional de produção normativa, sendo irrelevante o aspecto material relativo à *declaração prescritiva condicionada* efetivamente produzida.

Uma norma veiculada por lei complementar terá hierarquia superior a uma norma veiculada por lei ordinária se aquela se apresentar como norma de produção normativa em relação a esta. Segundo o Direito brasileiro, uma norma veiculada por lei complementar "tributária", conforme o caso, pode ser caracterizada como norma de conduta ou como norma de produção normativa.

Quando a lei complementar *tributária* veicular norma de conduta (norma instituidora de tributo), não há que se cogitar de superioridade com relação a qualquer norma veiculada por lei ordinária. O simples fato de a lei complementar ter como característica procedimental a aprovação por um quórum superior ao exigido para a aprovação de lei ordinária (art. 69 da CRFB) é insuficiente para conferir à correspondente norma uma hierarquia superior à norma veiculada por lei ordinária.

O sistema constitucional brasileiro prevê a possibilidade de uma lei complementar (geral, não a *tributária*) dispor sobre "a elaboração, alteração e consolidação das leis" (parágrafo único do art. 59). Neste caso, esta norma complementar tem hierarquia superior à norma ordinária para cuja produção aquela estabeleceu requisitos.

A Constituição brasileira, no art. 146, inciso III, alínea "a", alude à lei complementar veiculadora de norma de produção normativa que dispõe sobre requisitos materiais para a produção de *norma tributária*. Essa norma veiculada pela lei complementar de produção normativa *tributária* pode dispor, impor limites sobre o conteúdo da norma ordinária tributária a ser produzida. Isso ocorre em função de a norma constitucional de produção normativa, que é elaborada a partir do enunciado da alínea "a" do inciso III do art. 146, estabelecer que cabe à lei complementar definir os *fatos geradores*, as *bases de cálculo* e os *contribuintes* dos impostos discriminados na Constituição. Trata-se de norma complementar de produção normativa que estabelece requisitos materiais para a produção da norma ordinária instituidora dos referidos impostos.

Considera-se que o sistema constitucional brasileiro prevê uma situação peculiar em que uma norma veiculada por lei ordinária possa ter hierarquia superior a outra norma também veiculada por lei ordinária, em função de uma norma de lei ordinária poder estabelecer requisitos materiais para a produção de norma veiculada por outra lei ordinária. Isso acontece com a Lei do Plano Plurianual (LPP), a Lei de Diretrizes Orçamentárias (LDO) e a Lei Orçamentária Anual (LOA). A *Lei do Plano Plurianual* veicula normas de produção normativa em relação às normas da Lei de Diretrizes Orçamentárias (§ 4º do art. 166 da Constituição) e da Lei Orçamentária Anual (art. 165, § 7º, e art. 166, § 3º, I, ambos da Constituição). E a *Lei de Diretrizes Orçamentárias* veicula normas de produção normativa em relação às normas da Lei Orçamentária Anual (art. 166, § 3º, I; art. 99, §§ 1º e 2º; art. 127, § 3º; art. 195, § 2º, todos da Constituição). Observa-se, ainda, que a *lei complementar financeira* veicula normas de produção normativa que estabelecem requisitos para a produção das normas veiculadas pelas Leis do plano Plurianual, de Diretrizes Orçamentárias e a Orçamentária Anual, como dispõe o art. 165, § 9º, I e II, da Constituição.

Em geral, os decretos apresentam o caráter de instrumento introdutor de norma secundário, pois são hierarquicamente inferiores aos mencionados instrumentos introdutores de norma primários. Contudo, a partir da Emenda Constitucional nº 32/2001, foi estabelecida a possibilidade de utilização do denominado "decreto autônomo" no ordenamento jurídico brasileiro, cujo suporte de validade advém diretamente da Constituição. Neste caso específico, foi conferido ao decreto *status* de instrumento introdutor de norma primário. Com a nova redação conferida a esse inciso VI do art. 84 pela EC nº 32/2001, o Presidente da República passou a ter competência privativa para dispor, por meio de decreto, sobre "organização e funcionamento da administração federal, quando não implicar aumento de despesa nem criação ou extinção de órgãos públicos" e "extinção de funções ou cargos públicos, quando vagos". O *status* de instrumento introdutor primário para o decreto na referida hipótese já foi declarado pelo Supremo Tribunal Federal no julgamento da ADI 2.564.

A Constituição brasileira de 1988 apresenta diversos enunciados relativos a valores, pelo que é imprescindível a realização de *considerações valorativas*. A partir dos diferentes enunciados constitucionais podem ser construídas tanto normas constitucionais de conduta quanto normas constitucionais de produção normativa. Quando a Constituição, de forma direta, dispõe acerca de direitos, no sentido de direitos subjetivos, ela o faz por intermédio de normas de conduta. A partir de enunciados do art. 5º da Constituição brasileira, podem ser construídas normas de conduta, que prescrevem direitos subjetivos, de elevada carga axiológica, merecedores de serem qualificados como *direitos subjetivos fundamentais*.

Nos incisos IV, IX, XVII e XX estão regulados comportamentos – conferidos direitos subjetivos – diretamente reveladores do valor *liberdade*, um dos mais fundamentais de qualquer sistema jurídico, em especial o brasileiro (Preâmbulo; art. 3º, inciso I; art. 5º, *caput*; etc.). O conteúdo, portanto, desses direitos está saturado de valor, pelo que é imprescindível a realização de *considerações valorativas*. O outro exemplo – o do inciso XLIX – está regulando comportamentos – conferindo direitos subjetivos, o direito à preservação da integridade física e o direito à preservação da integridade moral – reveladores dos valores vida humana e dignidade da pessoa humana (Preâmbulo; art. 1º, inciso III; art. 3º, incisos III e IV; art. 5º, *caput*; art. 6º; art. 7º, inciso IV; etc.). Também o conteúdo desses direitos está saturado de valor, pelo que é igualmente imprescindível a realização de *considerações valorativas*.

A Constituição brasileira veicula diversas normas de produção normativa, que, de igual maneira, encontram-se saturadas de valor. Toda e qualquer produção de norma jurídica, seja de que natureza for (civil, penal, tributária, etc.) terá a declaração prescritiva condicionada pelo atendimento, entre outras, das seguintes condições materiais constitucionais de elevado cunho axiológico (valores):

a) liberdade (Preâmbulo; art. 3º, inciso I; art. 5º, *caput*; etc.);
b) segurança (Preâmbulo; art. 5º, *caput* e inciso II; etc.);
c) bem-estar (Preâmbulo; art. 3º, incisos III e IV; art. 5º, *caput*; etc.);
d) desenvolvimento (Preâmbulo; art. 1º, inciso IV; art. 3º, incisos II e III; etc.)
e) igualdade (Preâmbulo; art. 3º, inciso IV; art. 5º, *caput* e inciso I; etc.);
f) justiça (Preâmbulo; art. 3º, incisos I, III e IV; art. 5º, *caput*; etc.);
g) vida e dignidade da pessoa humana (Preâmbulo; art. 1º, inciso III; art. 3º, incisos III e IV; art. 5º, *caput*; art. 6º; art. 7º, inciso IV; etc.);
h) solidariedade (Preâmbulo; art. 3º, incisos I, III e IV; etc.); e
i) bem comum (Preâmbulo; art. 3º, incisos I, III e IV; etc.).

Para construir o conceito dessas condições materiais constitucionais de elevado cunho axiológico é imprescindível a realização de *considerações valorativas*.

A interpretação do Direito, ao menos no Brasil, demanda considerações valorativas. A construção da denominada realidade ou mundo real, físico ou abstrato, e do mundo não real, imaginário (das ficções, por exemplo) é feita pelo ser humano segundo seus valores, sentimentos, afetos, pré-conceitos, conceitos, e informada pela tradição, pelas suas experiências pessoais e pelas suas aspirações e expectativas. O que é o *ser* do humano informa o que ele consegue, mediante interpretação, construir como *mundo*. Esse *mundo construído por interpretação* – a visão de mundo de uma pessoa – informa a sua identidade e a sua autoconsciência. O ser humano constrói o mundo de acordo com suas possibilidades e limitações e, ao mesmo tempo, já é afetado pela sua visão de mundo. Trata-se de um processo de constante e mútua informação e que se encontra em permanente transformação, que vai do todo à parte e da parte ao todo, que concebe a atual conclusão como uma possível etapa para a construção de novas conclusões, pelo que se apresenta não como um processo repetitivo, mas continuamente produtivo. Esse processo produtivo remonta às noções de *círculo da compreensão* de Heidegger e de *círculo hermenêutico, história efeitual* e *tradição* de Gadamer. Faz parte do ser um humano conviver num mundo cujas certezas são limitadíssimas. Não se trata de uma opção que se pode adotar: construir e viver num mundo de certezas ou construir e viver num mundo de incertezas.

Revela razoável grau de inocência epistemológica aquele que acredita que se pode construir um mundo de certezas. Os fenômenos da indeterminação conceitual, da mutação conceitual e da diversidade espacial conceitual são intrínsecos ao processo de conhecimento humano, pois esses fenômenos fazem parte das condições de possibilidade de conhecimento humano, pelo que inafastáveis. Ter plena consciência das condições e limitações de possibilidade de conhecimento não torna o ser humano mais frágil ou mais incapaz, pelo contrário, essa consciência de suas limitações torna o ser humano mais preparado para lidar com o mundo, com as demais pessoas e consigo mesmo.

O que o ser humano constrói não é uma visão exclusivamente subjetivada, individualizada, egocêntrica nem egoística do mundo, pois em função de as pessoas viverem em sociedade, a visão do mundo é social e culturalmente informada, na qual a valoração e o uso da razão não competem entre si, mas convivem e cooperam uma com a outra, no processo único da compreensão-interpretação-aplicação (aplicação no primeiro sentido gadameriano). A visão subjetivada e socioculturalmente informada – *visão intersubjetivada* –, com valoração e razão, é a visão humanizada do mundo, a qual se constitui como a única humanamente possível.

Essa humana compreensão-interpretação-aplicação (aplicação no primeiro sentido gadameriano) do mundo, bem como o reconhecimento como ser *no* e *do* mundo representa uma *construção axiológica racional*.

É preciso ter consciência que o ser humano constrói os valores, os quais, por sua vez, os informa, num processo circular produtivo, permanente e transformador, bem como que dos valores não se pode abrir mão, pois estão em cada pessoa e participam de sua identificação e da possibilidade que cada ser humano tem de conhecer o mundo. É igualmente preciso ter consciência de que a construção dos conceitos dos valores, apesar de ser produto da atividade de cada ser humano, o que, à primeira vista, poderia aparentar tratar-se de uma construção meramente subjetiva, em rigor, apresenta-se como uma construção socioculturalmente informada, pelo que é mais apropriado dizer que a construção dos valores é produto de intersubjetividade, tolerância e responsabilidade.

A Hermenêutica Filosófica de Gadamer e as Teorias da Argumentação de Alexy e MacCormick apontam para uma importante noção que acompanha o verdadeiro diálogo e o franco discurso: a *tolerância*. O diálogo de Gadamer e o discurso de Alexy e MacCormick demandam *tolerância*. Se a indeterminação conceitual é um fenômeno corriqueiro, se essa indeterminação propicia divergências, a melhor maneira de se evitar desavenças ou de resolvê-las é ter consciência que divergir é humanamente natural, mas convergir demanda o esforço de estar verdadeiramente aberto para o que o outro diz, com o propósito não de convencer o interlocutor, mas de compreendê-lo, tornando-se alguém diferente daquele que iniciou o diálogo, independentemente da conclusão que venha a ser alcançada. Para tanto, a tolerância é fundamental, além de ser humana, axiológica e racionalmente necessária para que se alcance um bom convívio social.

A tolerância há que se completar com a responsabilidade, pois ela possibilita o agir irresponsável. O princípio da tolerância requer que se aja de modo que as consequências da ação humana, na maior medida possível, previnam ou diminuam a miséria humana. O princípio da responsabilidade requer que se aja de modo que as consequências da ação humana não provoquem a destruição, nem ameacem ou diminuam a possibilidade de subsistência da vida humana e do seu ambiente ou, em termos positivos que as consequências da ação humana promovam, com a maior extensão possível, uma melhora na qualidade de vida das pessoas da atual e das futuras gerações, principalmente das mais fragilizadas economicamente.

Não é razoável supor que há neutralidade objetiva na determinação do *conceito de Direito* e na determinação do *conteúdo do Direito*, pois qualquer que seja o critério utilizado para determinar o que é Direito, é sempre necessário que ocorra a interpretação. E toda interpretação, enquanto atividade humana de construção de sentido, envolve, necessariamente, valor e razão, com tolerância e responsabilidade.

As atividades de interpretação e de aplicação jurídicas demandam o afastamento de perspectivas extremadas: (a) em vez de *neutralidade objetiva* ou de *valoração subjetiva*, que se adote a *valoração racional intersubjetiva*; (b) em vez de *estrita descrição* ou de *livre criação*, que se adote a *construção tolerante e responsável*.

No sistema jurídico brasileiro, toda norma constitucional de produção normativa descreve em seu antecedente requisitos materiais para a produção de outras normas jurídicas. Esses requisitos materiais são representados pela denominada *declaração prescritiva condicionada*. Toda e qualquer produção de norma jurídica, seja qual for a sua natureza (civil, penal, tributária, etc.) terá a declaração prescritiva condicionada pelo atendimento, entre outras, das seguintes condições materiais constitucionais de elevado cunho axiológico: liberdade (Preâmbulo; art. 3º, inciso I; art. 5º, *caput*; etc.); segurança (Preâmbulo; art. 5º, *caput* e inciso II, etc.); bem-estar (Preâmbulo; art. 3º, incisos III e IV; art. 5º, *caput*; etc.); desenvolvimento (Preâmbulo; art. 1º, inciso IV; art. 3º, incisos II e III; etc.); igualdade (Preâmbulo; art. 3º, inciso IV; art. 5º, *caput* e inciso I; etc.); justiça (Preâmbulo; art. 3º, I, III e IV; art. 5º, *caput*; etc.); vida e dignidade da pessoa humana (Preâmbulo; art. 1º, inciso III; art. 3º, incisos III e IV; art. 5º, *caput*; art. 6º; art. 7º, inciso IV; etc.); solidariedade (Preâmbulo; art. 3º, I, III e IV; etc.); e bem comum (Preâmbulo; art. 3º, I, III e IV; etc.).

Uma visão humanizada de interpretação e de aplicação jurídicas é dotada de consciência da situação hermenêutica e reconhece as limitadas condições de possibilidade de conhecimento por parte do ser humano. Assim, a interpretação se consubstancia numa construção de sentido, com valoração e uso da razão, com tolerância e responsabilidade, e informada socioculturalmente. Eis a razão pela qual se concebe a *interpretação* como sendo um fenômeno de tolerante e responsável *construção axiológica racional de sentido*, o que produz os correspondentes reflexos na atividade de *aplicação*.

O fenômeno da constitucionalização do Direito, muito presente no Brasil, caracteriza-se não apenas por estabelecer os critérios mais elevados de validade jurídica, mas principalmente pelo fato de as normas constitucionais informarem todo o sistema jurídico com sua força axiológica, o que condiciona a interpretação jurídica a ser desenvolvida pelos que integram esse sistema. A Constituição brasileira, além de seu caráter rígido, destaca-se por duas relevantes especificidades: a fundamentalidade da Constituição brasileira com relação ao sistema tributário nacional; a extensividade da matéria tributária no corpo da Constituição. São dois fenômenos distintos, porém interligados.

A extensividade das normas constitucionais que dispõem sobre a matéria tributária na Constituição brasileira, o que a torna singular em comparação com as demais Constituições mundiais, incrementa a sua fundamentalidade para o sistema tributário nacional, tanto por uma ótica qualitativa, por serem normas que se qualificam como as de mais elevada hierarquia do sistema jurídico, quanto por uma ótica quantitativa, pois a presença de normas constitucionais tributárias é indiscutivelmente abundante no ordenamento jurídico brasileiro. Sem exagero, isso permite que se fale em uma Constituição *Tributária* brasileira.

Essa extensividade-fundamentalidade fica evidenciada quando se considera o disposto em outras Constituições em número de artigos e de palavras expressamente relacionadas à matéria tributária: (i) a Constituição da Argentina (Constitución de la Nación Argentina)[1] – 8 artigos, envolvendo, a princípio, 616 palavras; (ii) a Constituição do Uruguai (Constitución de la República) – 13 artigos, envolvendo, a princípio, 1.387 palavras; (iii) a Constituição do Chile (Constitución Política de la Republica de Chile) trata, expressamente, da matéria tributária, basicamente, em 2 artigos e em uma disposição transitória envolvendo, a princípio, 534 palavras; (iv) a Constituição de Portugal (Constituição da República Portuguesa – VII Revisão Constitucional – 2005) – 8 artigos, envolvendo, a princípio, 561 palavras; (v) a Constituição da Espanha – 9 artigos, envolvendo, a princípio, 536 palavras; e (vi) a Constituição da Alemanha – 14 artigos, envolvendo, a princípio, 2.658 palavras.

A Constituição alemã é conhecida como uma das que mais discorre sobre o tema tributário. Mesmo que também fossem levados em conta os seus enunciados que, apesar de não conterem qualquer dos termos diretamente relativos à matéria tributária, a doutrina e jurisprudência alemãs apontam como fundamento para a construção dos princípios da capacidade contributiva e da vedação ao confisco, o total de palavras chegaria a pouco mais de 2.800

A extensividade da Constituição alemã, quando comparada com a Constituição brasileira, parece desaparecer. Utilizados os mesmos critérios de comparação (inclusão de disposições transitórias e exclusão do texto de emendas constitucionais não incorporados ao texto constitucional), a Constituição brasileira dispõe, expressamente, sobre a matéria em 82 artigos, envolvendo mais de 12.000 palavras. A extensividade da matéria tributária na Constituição brasileira é singular e incontestável. Essa característica da extensividade associada à da fundamentalidade confere uma flagrante e relevante especificidade, o que autoriza falar em uma Constituição *Tributária* brasileira.

1 Disponível em: <https://www.casarosada.gob.ar/nuestro-pais/constitucion-nacional≥. Acesso em: 25 jun. 2020.

A partir da interpretação dos diversos enunciados da Constituição brasileira expressamente relativos à matéria tributária é possível identificar condições formais e materiais de validade das normas de índole tributária, dentre as quais insta destacar as relativas às vedações constitucionais à tributação de pessoas ou relativas a situações (denominadas imunidades[2] subjetivas, objetivas e mistas) e aos denominados princípios constitucionais tributários.

Uma das causas (talvez, a principal) que deu origem à tese da distinção forte entre regras e princípios, como espécies do gênero norma, é a ideia de que um sistema jurídico que fosse formado exclusivamente por regras que operam no modo "tudo-ou-nada" é insuficiente para a solução de casos difíceis. Contudo, essa distinção não adota critérios satisfatórios, o que suscita a adoção de um modo alternativo de compreender essa questão.

Mesmo autores que fazem uso de expressões como "casos claros e casos duvidosos" ou "casos fáceis e casos difíceis" chamam a atenção para o fato de que a interpretação é sempre necessária e de que a própria distinção entre os "casos claros e casos duvidosos" ou "casos fáceis e casos difíceis" não é simples de ser feita, além de poder representar uma tentativa não declarada de refutar entendimentos em sentido diverso ou contra-argumentos.

Há ambiguidade por polissemia no uso do termo *princípio*. Com respeito aos requisitos da coerência e da consistência do presente discurso, propõe-se que o termo *princípio* seja usado com o sentido de aspecto ou aspectos do conteúdo, parcial ou total, do antecedente ou do consequente de norma ou normas jurídicas, portador(es) de elevada carga axiológica; e que princípio constitucional seja usado com o sentido de aspecto ou aspectos do conteúdo, parcial ou total, do antecedente ou do consequente de norma ou normas constitucionais, portador(es) de elevada carga axiológica.

Essa forma abrangente e conciliadora de conceber o conceito de *princípio* atende os objetivos que levaram à construção da tese da distinção forte entre "regras" e "princípios", sem incorrer nas dificuldades

2 Entende-se que *imunidade* é o complemento limitativo do elemento declaração prescritiva condicionada descrito pelo antecedente das normas constitucionais de produção normativa – a que informa a criação da norma complementar de produção normativa tributária e a que informa a produção da norma tributária –, que conforma a competência do legislador infraconstitucional (inclusive o que produz o veículo emenda constitucional) para criar normas jurídicas com o propósito mediato ou imediato de exigir tributos, à medida que impede que determinados critérios (pessoais ou materiais) venham a integrar o antecedente ou o consequente da norma tributária.

daí decorrentes, pois continua-se preservando a noção de norma jurídica. Além disso, destaca uma característica que está presente com o uso corrente desse termo, que é a sua elevada carga axiológica, a qual pode variar conforme a interpretação e a argumentação realizadas pelos diferentes intérpretes do Direito.

Conceber os princípios dessa maneira contribui para elucidar a fundamentalidade e a extensividade da Constituição *Tributária* brasileira. Reitera-se que, a partir da interpretação dos diversos enunciados da Constituição brasileira expressamente relativos à matéria tributária, é possível identificar condições formais e materiais de validade das normas de índole tributária, dentre as quais, sem olvidar as relativas às imunidades tributárias (imunidades subjetivas, objetivas e mistas – arts. 5º, XXXIV, "a" e "b", LXXIV, LXXVI, "a" e "b", LXXVII; 149, § 2º, I; 150, VI, "a", "b", "c", "d" e "e"; 153, § 3º, III, § 4º, II, § 5º; 155, § 2º, X, "a", "b", "c" e "d"; § 3º; 156, § 2º, I, § 3º, II; 184, § 5º; 195, II, § 7º), insta destacar as relativas a princípios constitucionais tributários, tais como os da capacidade econômica do contribuinte (art. 145, § 1º), da legalidade tributária materialmente qualificada (arts. 145, § 2º, 146, inciso III, alínea "a", 149, § 2º, inciso III, alíneas "a" e "b", 150, inciso I e § 6º, 153, § 1º (*a contrario sensu*) e 154, inciso I), da igualdade tributária (art. 150, II), da irretroatividade tributária (art. 150, III, "a"), da anterioridade de exercício (art. 150, III, "b"), da anterioridade nonagesimal ou noventena (art. 150, III, "c"), da vedação ao confisco (art. 150, IV), da não limitação ao tráfego de pessoas ou bens (art. 150, V); da progressividade (arts. 156, § 1º, 153, § 2º, I, 153, § 4º), da seletividade (art. 153, § 2º, I). Além disso, toda e qualquer produção de norma jurídica, seja qual for a sua natureza (tributária ou não) terá a declaração prescritiva materialmente condicionada pelo atendimento de condições materiais constitucionais de elevado valor, tais como: liberdade (Preâmbulo; art. 3º, inciso I; art. 5º, *caput*; etc.); segurança (Preâmbulo; art. 5º, *caput* e inciso II, etc.); bem-estar (Preâmbulo; art. 3º, incisos III e IV; art. 5º, *caput*; etc.); desenvolvimento (Preâmbulo; art. 1º, inciso IV; art. 3º, incisos II e III; etc.); igualdade (Preâmbulo; art. 3º, inciso IV; art. 5º, *caput* e inciso I; etc.); justiça (Preâmbulo; art. 3º, I, III e IV; art. 5º, *caput*; etc.); vida e dignidade da pessoa humana (Preâmbulo; art. 1º, inciso III; art. 3º, incisos III e IV; art. 5º, *caput*; art. 6º; art. 7º, inciso IV; etc.); solidariedade (Preâmbulo; art. 3º, I, III e IV; etc.); e bem comum (Preâmbulo; art. 3º, I, III e IV; etc.).

Competência tributária, num sentido amplo, significa a aptidão, em conformidade com o estabelecido por norma constitucional de produção normativa, de produzir norma infraconstitucional relativa à matéria tributária, seja norma de produção normativa seja norma de conduta; num sentido mais estrito, significa a aptidão, em conformidade com o estabelecido por norma constitucional de produção normativa, de produzir norma de conduta tributária, norma que institui tributo, doravante designada simplesmente como *norma tributária*.

O sistema constitucional brasileiro de atribuição de competência tributária apresenta duas características relevantes: uma é um sistema rígido, pois somente pode ser alterado por meio de emenda constitucional, a qual para ser produzida tem que respeitar as condições formais e materiais estabelecidas pela própria Constituição, especialmente as relativas aos limites materiais para a reforma constitucional, denominadas cláusulas pétreas (art. 60, § 4º); duas é um sistema bastante minucioso, à medida que a Constituição apresenta muitos enunciados relativos a essa matéria.

O extenso e pormenorizado tratamento da matéria atinente à competência tributária pela Constituição possui dois grandes propósitos: (i) evitar o conflito de competência entre os entes federativos (União, Estados e Municípios); e (ii) conferir uma garantia para os cidadãos de que as condições de afetação compulsória de seu patrimônio por meio da imposição de tributos são, de forma minuciosa, constitucionalmente determinadas e controladas, o que permite que se fale num *estatuto constitucional do contribuinte*.

A Constituição veicula uma série de conceitos para atribuir competência tributária. A presença desses conceitos não permite ignorar a presença dos fenômenos da indeterminação e da mutação conceituais, o que, inevitavelmente, produz incertezas quanto à construção desses conceitos. A inevitável presença desses fenômenos na construção dos conceitos constitucionais tributários por meio da interpretação do texto constitucional, de forma alguma autoriza supor que o legislador infraconstitucional, um julgador ou uma autoridade tributária estão autorizados a construir qualquer sentido, que não haja limites para a interpretação dos termos que compõem o texto da Constituição, sob pena de comprometer-se toda a utilidade da linguagem constitucionalmente utilizada. Se, com relação ao campo conceitual, há uma zona de incerteza, há também uma zona de certeza positiva e uma zona de certeza negativa.

Não supor que existam limites máximos para a construção desses conceitos tornaria inútil a técnica constitucional de atribuição de competência relativa aos impostos, qual seja, a de se referir a conceitos reveladores de riqueza pessoal, que funcionam como bases econômicas tributáveis. Desconsiderar esses limites permitiria, por exemplo, conceber as expressões "renda e proventos de qualquer natureza", "propriedade de veículos automotores" e "serviços de qualquer natureza", que correspondem, respectivamente, a materialidades referentes a impostos de competência da União, Estados (e Distrito Federal) e Municípios, como tendo o mesmo e qualquer sentido. Insiste-se: trata-se de limites máximos, não de limites mínimos.

Os denominados "limites mínimos" estão relacionados à chamada *zona de certeza positiva conceitual*, com relação à qual, por definição, não há incertezas. A noção de "limites máximos" está mais relacionada à ideia de término do *campo de incerteza conceitual* e o início do campo da *zona de certeza negativa conceitual*. Conceber que há limites máximos para a construção de um conceito representa reconhecer que há uma *zona de certeza negativa*, o que é imprescindível para que a linguagem, principalmente a jurídica, tenha a sua devida utilidade.

A ausência de limites máximos para a construção de sentidos pela interpretação (construção dos conceitos) representaria não apenas a completa destruição do sistema de atribuição de competência tributária firmado pela Constituição brasileira, mas a destruição de qualquer utilidade para o texto constitucional e para qualquer outro texto, jurídico ou não. Aceitar que a interpretação de um texto pode significar qualquer coisa é tão inútil quanto dizer que a interpretação de um texto significa coisa nenhuma.

A interpretação não convive com extremos. A interpretação como construção de sentido envolve valoração e uso da razão. Ignorar os fenômenos da indeterminação conceitual e da mutação conceitual e pretender que os conceitos sejam sempre precisos, determinados e rígidos é completamente despropositado; de igual modo, é completamente despropositado supor que a valoração, a indeterminação conceitual e a mutação conceitual autorizam construir por meio da interpretação qualquer sentido.

A Constituição *Tributária* brasileira apresenta como mais uma importante especificidade o *princípio da legalidade tributária materialmente qualificada*. O *princípio da legalidade tributária materialmente qualificada* é uma combinação dos aspectos formais – *sujeito competente* e *procedimento* – com uma característica especial do aspecto material – *declaração prescritiva condicionada* – do antecedente da norma constitucional de produção normativa, ou seja, a declaração prescritiva condicionada deverá conter, como proposição implicante (que corresponderá ao antecedente da norma tributária a ser produzida), a descrição de todos os critérios de identificação – pessoal, material, temporal e espacial – do conceito de um fato ("fato gerador") e, como proposição implicada (que corresponderá ao consequente da norma tributária a ser produzida), a prescrição de uma relação intersubjetiva, cujo núcleo é representado por uma conduta entre sujeitos ativo e passivo (contribuinte – com critérios expressos para a sua identificação), deonticamente modalizada (conduta obrigatória) e determinada tanto qualitativa (via de regra, conduta de entregar) quanto quantitativamente – quantia em dinheiro a ser entregue em função da aplicação de uma "alíquota" sobre uma "base de cálculo", sendo ambas expressamente indicadas, salvo exceção constitucionalmente prevista para a "alíquota", conduta a ser realizada em certo tempo e espaço.

É não apenas possível, mas necessário, compatibilizar o sentido do princípio da legalidade tributária materialmente qualificada com os fenômenos da indeterminação e mutação dos conceitos.

Concluir pela correspondência entre a situação descrita no antecedente da norma e o conceito do fato ocorrido representa uma decisão que envolve esforços que superam a exclusiva interpretação (construção de sentido) de texto e de fato, mas que demanda uma decisão acerca da relação de correspondência do conceito de certo objeto concreto (conceito do fato, que pode envolver pessoas e coisas) ao conceito de classe de objetos (conceito correspondente à situação de fato abstratamente descrita no antecedente da norma).

A relação de correspondência descrita depende sempre de interpretação. A relação de correspondência se instaura sempre entre objetos interpretados (texto interpretado e fato interpretado), ou seja, é uma correspondência conceitualmente construída, o que afasta a ideia de uma operação puramente racional, lógica, automática, mecânica, evidente e objetiva. É uma correspondência conceitual e humanamente construída mediante interpretação, com valoração e uso da razão, portanto, uma correspondência sujeita à argumentação, a imprecisões, falhas, mudanças, o que é incompatível com a pretensão de certeza absoluta, de irrefutabilidade e de imutabilidade. As noções de certeza absoluta, de irrefutabilidade e de imutabilidade não são adequadas mesmo para o discurso referente às denominadas ciências exatas ou da natureza.

A *construção da norma jurídica com base em interpretação de texto jurídico e independentemente da ocorrência, no tempo e no espaço, do fato descrito pela norma* é uma condição de possibilidade de o Direito funcionar como instrumento norteador de condutas intersubjetivas, pois é condição para que exista previsibilidade jurídica, uma das condições de alcançamento da segurança jurídica e, enfim, da justiça.

Ter consciência de que há o tempo do texto, da interpretação, da norma jurídica, do fato jurídico e da aplicação exige uma especial atenção para o que dispõem os princípios constitucionais tributários da irretroatividade, da anterioridade de exercício e da anterioridade nonagesimal.

O princípio da irretroatividade tributária é o complemento, necessário e condicionante, do aspecto material – declaração prescritiva condicionada – do antecedente da norma constitucional de produção normativa, que estabelece a necessidade de, nas hipóteses de criação ou aumento de tributo, a declaração prescritiva a ser elaborada pelo legislador infraconstitucional conter como proposição implicante (a qual corresponderá ao antecedente da norma tributária a ser produzida) a descrição do conceito de um fato de ocorrência possível e futura (a partir da vigência), nunca a descrição do conceito de fato já ocorrido no tempo e no espaço, fato passado.

O princípio da anterioridade de exercício é o complemento condicionante do aspecto material – declaração prescritiva condicionada – do antecedente da norma constitucional de produção normativa, que afeta o elemento declaração prescritiva, submetendo-o à ocorrência de um evento futuro e certo (termo) – o início do exercício financeiro seguinte àquele em que houver sido publicado o texto jurídico que dispuser sobre a criação ou modificação aumentativa (que implique aumento do valor a ser entregue ao Estado a título de tributo) de norma tributária –, pelo que a norma tributária somente passará a integrar o sistema jurídico (ser válida, ter fundamento constitucional de validade) a partir do primeiro dia do exercício financeiro seguinte àquele em que houver sido publicado o texto jurídico que dispôs sobre a criação ou aumento do tributo.

O princípio da anterioridade nonagesimal é o complemento condicionante do aspecto material – declaração prescritiva condicionada – do antecedente da norma constitucional de produção normativa, que afeta o elemento declaração prescritiva, submetendo-o à ocorrência de um evento futuro e certo (termo) – o transcurso do prazo de noventa dias da publicação do texto jurídico que dispuser sobre a criação ou modificação aumentativa (que implique aumento do valor a ser entregue ao Estado a título de tributo) de norma tributária, ou seja, a norma tributária somente passará a integrar o sistema jurídico (ser válida, ter fundamento constitucional de validade) a partir do transcurso do prazo de noventa dias da publicação do texto jurídico que dispuser sobre a criação ou aumento do tributo (a ocorrência do termo).

O atendimento dos princípios constitucionais tributários da irretroatividade, da anterioridade de exercício e da anterioridade nonagesimal é mais delicado e complexo nos casos de mutação normativa. *Mutação normativa* é o fenômeno correspondente à mudança da norma jurídica independentemente de mudança do texto jurídico. A *mutação constitucional* é uma espécie do gênero *mutação normativa. Mutação constitucional* é a mudança de norma constitucional independentemente de mudança no texto constitucional.

A *mutação normativa em geral e a mutação constitucional* possuem limites, que são representados: em primeiro lugar, pelo próprio texto jurídico, infraconstitucional ou constitucional, que apesar de ter uma linguagem aberta e polissêmica, a indeterminação conceitual e a ambiguidade por polissemia não se apresentam de forma a inutilizar os limites mínimo e máximo do texto; e em segundo lugar, pelos princípios fundamentais do sistema jurídico, que são intangíveis.

Os princípios da irretroatividade tributária, da anterioridade de exercício e da anterioridade nonagesimal estão diretamente relacionados aos princípios da legalidade material e da previsibilidade jurídica, sendo todos corolários do valor segurança jurídica. O valor segurança jurídica informa todo o sistema jurídico, como um valor fundamental do Direito, relevante, pois, para a adequada realização do valor justiça.

Para que se tenha segurança jurídica, não basta lei veiculando norma reguladora de conduta (legalidade material), a situação de fato descrita no antecedente da norma tem que conferir ao cidadão o conhecimento prévio dos efeitos prescritos no consequente da norma.

Se, independentemente de mudança de texto, o Supremo Tribunal Federal mudar a interpretação (mutação normativa) que havia adotado no julgamento de uma ADI, ADC, ADPF ou em súmula vinculante (casos de decisão com grau de consolidação máximo e de *interpretação com grau de consolidação máximo*), de modo a representar a exigência de um novo tributo ou o aumento de tributo, a nova interpretação por ele adotada, tal como acontece com a publicação de uma nova lei, somente deverá prevalecer sobre os fatos ocorridos: (a) por força do *princípio da irretroatividade tributária*, após a publicação da nova decisão contida no acórdão ou na súmula vinculante; (b) por força do *princípio da anterioridade de exercício*, a partir do primeiro dia do exercício subsequente ao da publicação da nova decisão contida no acórdão ou na súmula vinculante; e (c) por força do *princípio da anterioridade nonagesimal*, após decorrido o prazo de noventa dias da publicação da nova decisão contida no acórdão ou na súmula vinculante.

A adoção dessa proposta de modulação compulsória da nova interpretação que representa criação ou aumento de tributo, (i) de um lado, não impede a evolução interpretativa ou a *mutação normativa*, bem como evita o congelamento exegético, com o que se afasta a indesejável preservação de uma interpretação que se mostrou inadequada com o passar do tempo e, (ii) de outro lado, impede a afronta ao que substancialmente garantem os princípios da irretroatividade tributária, da anterioridade de exercício e da anterioridade nonagesimal. Esse entendimento está em consonância com o determinado pelo Código de Processo Civil de 2015 (CPC/2015), principalmente, em seus arts. 926, 927, *caput*, incisos I e II, §§ 3º e 4º, e 988, inciso III.

Nas situações reveladoras de *interpretação com grau de consolidação elevado* (as relativas aos acórdãos em incidente de resolução de demandas repetitivas e em julgamento de recurso extraordinário repetitivo, ao enunciado de súmula que não é vinculante[3] e à orientação do plenário), por respeito aos princípios da irretroatividade tributária, da anterioridade de exercício e da anterioridade nonagesimal, todos corolários do valor segurança jurídica, pode-se dizer que, salvo a existência, de uma razão constitucionalmente mais relevante, deve-se proceder à modulação dos efeitos da nova decisão e da nova interpretação adotada que represente a exigência de um novo tributo ou o aumento de tributo, nos termos correspondentes ao condicionado por estes princípios, conferindo-se uma interpretação conforme ao que é substancialmente disposto nas alíneas "a", "b" e "c" dos incisos I a III do art. 150 da Constituição brasileira, bem em respeito ao disposto pelo Código de Processo Civil de 2015 (CPC/2015), principalmente, em seus arts. 926, 927, *caput*, incisos III a V, §§ 3º e 4º.

Raciocínio assemelhado deve ser adotado com relação a decisões e enunciados proferidos pelo Superior Tribunal de Justiça reveladores de sua interpretação em matéria tributária. Por força do disposto no art. 105 da Constituição brasileira, desde que se trate de matéria tributária de natureza infraconstitucional, é o Superior Tribunal de Justiça o órgão do Poder Judiciário responsável para, em último grau jurídico-processual, dispor a respeito. Logo, *mutatis mutandi*, as interpretações realizadas pelo Superior Tribunal de Justiça veiculadas nos acórdãos em incidente de resolução de demandas repetitivas e em julgamento de recurso especial repetitivo, no enunciado de súmula e na orientação do plenário ou do órgão especial, por força do que dispõem, principalmente, os arts. 926, 927, incisos III a V, §§ 3º e 4º, do CPC/2015, caracterizam-se como *interpretação com grau de consolidação elevado*.

Por respeito aos princípios da irretroatividade tributária, da anterioridade de exercício, da anterioridade nonagesimal, todos corolários do valor segurança jurídica, pode-se dizer que, salvo a existência de uma razão constitucionalmente mais relevante, deve-se proceder à modulação dos efeitos da nova decisão e da nova interpretação adotada pelo Superior Tribunal de Justiça que represente a exigência de um novo tributo ou o aumento de tributo, nos termos correspondentes ao condicionado por estes princípios, conferindo-se uma interpretação conforme ao

---

3 O art. 8º da Emenda Constitucional nº 45/2004 dispõe que "as atuais súmulas do Supremo Tribunal Federal somente produzirão efeito vinculante após sua confirmação por dois terços de seus integrantes e publicação na imprensa oficial".

que é substancialmente disposto nas alíneas "a", "b" e "c" dos incisos I a III do art. 150 da Constituição brasileira.

O Código Tributário Nacional (CTN) – Lei nº 5.172/66 – foi produzido com fundamento na Constituição brasileira de 1946, especialmente tendo em conta a reforma introduzida pela Emenda Constitucional nº 18, de 1º de dezembro de 1965 (EC nº 18/65). Essa emenda constitucional teve como exclusivo objeto promover uma reforma do sistema constitucional tributário brasileiro, tal como sinteticamente enunciado pela sua ementa: "Reforma do Sistema Tributário".

Em função de (i) a Constituição de 1946 em sua redação originária não ter feito referência à "lei complementar" ou à "lei ordinária", mas apenas à "lei", sem qualquer adjetivação; (ii) a Constituição de 1946 em sua redação originária dispor na alínea "b" do inciso XV do art. 5º que compete à União legislar sobre normas gerais de direito financeiro; (iii) o art. 6º da EC nº 17/65 ter alterado a redação do art 67 da Constituição de 1946, com a inclusão do § 8º, que dispunha que: "Os projetos de leis complementares da Constituição e os de Código ou de reforma de Código receberão emendas perante as comissões, e sua tramitação obedecerá aos prazos que forem estabelecidos nos regimentos internos ou em resoluções especiais", sem qualquer previsão de quórum qualificado (p.ex., de maioria absoluta) para sua aprovação; (iv) a EC nº 18/65, apesar de ter disposto em seu art. 1º que: "O sistema tributário nacional compõe-se de impostos, taxas e contribuições de melhoria, e é regido pelo disposto nesta Emenda, em leis complementares, em resoluções do Senado Federal", além de ter disposto que é regido "nos limites das respectivas competências, em leis federal, estadual ou municipal", nada dispôs acerca da competência da União para legislar sobre normas gerais de direito financeiro ou direito tributário; (iv) o quórum qualificado de maioria absoluta para aprovação de lei complementar somente ter sido instituído pelo art. 53 da Constituição de 1967; (v) conclui-se que a Lei nº 5.172/66, posteriormente denominada Código Tributário Nacional pelo art. 7º do Ato Complementar nº 36/67, foi efetivamente produzida e publicada sob a simples forma de "lei". Essa conclusão resta refletida no enunciado do art. 1º da Lei nº 5.172/66, intitulado "DISPOSIÇÃO PRELIMINAR", que apenas alude ao termo "lei", sem a adjetivação "complementar", a qual já seria possível existir por força do que dispunha o referido § 8º do art. 67 da Constituição de 1946.

Somente com o advento da Constituição de 1967, que dispôs, no § 1º do art. 19 que "lei complementar estabelecerá normas gerais de direito tributário, disporá sobre os conflitos de competência tributária entre a União, os Estados, o Distrito Federal e os Municípios, e regulará as limitações constitucionais do poder tributário", que o CTN adquiriu *status de lei complementar*, isto é, apesar de ser formalmente uma "lei", somente poderia ser alterado por lei complementar, ao menos no que toca à matéria referida no art. 19 da Constituição de 1967. O quórum qualificado de maioria absoluta para aprovação de lei complementar somente foi estabelecido pelo art. 53 da Constituição de 1967. Essa exigência de lei complementar foi reiterada pelo § 1º do art. 18 da Emenda nº 1 de 1969 (chamada por alguns de "Constituição de 1969") e preservada pelo art. 146 da Constituição de 1988. Por essa razão é que se encontra a afirmação de que o CTN é *formalmente uma lei ordinária* e *materialmente uma lei complementar* ou, com outros termos, que o CTN é uma lei que veicula normas, que só podem ser alteradas pelo disposto por meio de lei complementar (ao menos no que concerne ao espectro amplo da matéria prevista no art. 146 da Constituição), normas de *status complementar*.

No sistema constitucional tributário brasileiro, a norma veiculada por lei complementar pode ter hierarquia superior à norma veiculada por lei ordinária, o que ocorre quando, por força da Constituição brasileira, a lei complementar veicular norma de produção normativa, que estabeleça certas condições formais ou materiais para a produção da norma a ser veiculada pela lei ordinária. Isso acontece, por exemplo: (i) quanto a certas condições, com relação ao disposto na LC nº 95/98, que tem fundamento no parágrafo único do art. 59 da Constituição brasileira; ou (ii) quanto às condições materiais, com relação ao CTN no tocante à definição do fato gerador, da base de cálculo e do contribuinte dos "impostos discriminados na Constituição", ou com relação à LC nº 87/96, quanto à definição do fato gerador, da base de cálculo e do contribuinte do ICMS, ambas com fundamento no que dispõe o art. 146, inciso III, alínea "a", da Constituição brasileira.

Perfilha-se o entendimento de que não cabe ao legislador produzir enunciados para regular como deve ser realizada a interpretação, seja de textos jurídicos seja de fatos. A produção de enunciados que estabelecem amarras à atividade interpretativa mediante a regulação de como ela deve ser realizada representa a vã pretensão de o legislador histórico impor seu modo de pensar, seus valores e sua visão de mundo, tornando-os imutáveis para as gerações futuras. Ao mesmo tempo, significa ignorar que o intérprete é sempre afetado pela tradição e pela história efeitual, que estão num permanente processo de formação e transformação. Pretender, por meio de enunciados jurídicos, regular como se deve interpretar, como se deve pensar, como se deve construir o sentido do mundo, vai além de uma elevada dose de ingenuidade, pois revela a pretensão de evitar o inevitável: o tempo passa, experiências nele são vividas, transformações acontecem e ter que conviver com esses fenômenos é uma condição do *ser* humano, é uma condição de possibilidade de conhecimento humano do mundo. É impossível fática e juridicamente regular a conduta de interpretar e de pensar. O interpretar e o pensar jamais podem ser regulados, controlados ou aprisionados, nem mesmo pelo mais arrogante e autoritário legislador.

Uma vez que (i) *interpretação* significa a construção de sentido, com valoração e uso da razão, socioculturalmente informada, que pode ser de um objeto linguístico ou não linguístico, a qual é realizada pelo intérprete e que decorre do *ser* do intérprete, conforme seus pré-conceitos, conceitos, valores e aspirações, que são afetados pela história efeitual e pela tradição, as quais estão em permanente formação e transformação; (ii) que *interpretação jurídica* é a interpretação que apresenta a especificidade de ser relativa à construção de sentido de Direito, do conteúdo do Direito, de fatos jurídicos e de efeitos jurídicos, considerados os requisitos que caracterizam e fundamentam um sistema como sendo de natureza jurídica; (iii) que a interpretação jurídica demanda a consideração de todo o sistema jurídico, indo da parte ao todo e do todo à parte, num processo permanente e produtivo, conforme as referidas noções de *círculo da compreensão* de Heidegger e de *círculo hermenêutico* de Gadamer; (iv) conclui-se que o conceito de *interpretação* envolve o conceito da denominada *integração*.

O pressuposto da distinção entre as noções de *interpretação* e de *integração* é a adoção de um *conceito mais estrito de interpretação jurídica*, que leva em conta a construção de sentido de enunciados jurídicos de uma forma mais particularizada, isolada, concernente aos limites semânticos de expressões contidas em textos específicos, por exemplo, os enunciados de um artigo, de um capítulo, de uma lei ou mesmo de um grupo de leis que tratem de uma matéria ou campo comum do Direito.

Os arts. 105 e 106 do CTN parecem usar a expressão "aplica-se" (aplicação) com o sentido de "incide", isto é, de ter incidência a norma tributária (válida), o que ocorrerá com relação aos fatos que venham a se consumar (ter seu conceito correspondendo a todos os requisitos descritos no antecedente da norma tributária) assim que a norma tributária já for vigente ou eficaz juridicamente. A eficácia jurídica da norma tributária somente surgirá "imediatamente", entenda-se esse "imediatamente" como *assim que alcançada a validade jurídica*, acaso não tenha sido previsto pelo legislador tributário um prazo maior. Se isto ocorrer a norma tributária, apesar de válida, só alcançará a eficácia jurídica com o advento do termo estabelecido pelo legislador tributário (caso de *vacatio legis*).

O art. 106 do CTN estabelece exceções ao princípio da irretroatividade.

O art. 106, inciso I, do CTN estabelece a retroatividade da lei "expressamente interpretativa, excluída a aplicação de penalidade à infração dos dispositivos interpretados". A utilização da denominada "lei interpretativa", em rigor, suscita uma impropriedade hermenêutica e um paradoxo hermenêutico: (a) há *impropriedade hermenêutica*, pois incorre no grave problema do descabimento de o legislador pretender regular como deve ser realizada a interpretação de certo texto jurídico; e (b) há um *paradoxo hermenêutico*, em função de ou incorrer no problema da inutilidade, pois o "sentido esclarecido" é o mesmo que já era adotado anteriormente, ou incorrer no problema da perda do caráter interpretativo, pois se é útil por representar uma inovação no Direito, perde o "caráter interpretativo", pelo que não pode haver retroatividade se o resultado for mais oneroso para o cidadão, sob pena de inconstitucionalidade.

O disposto no inciso II do art. 106 do CTN não trata de aplicação (incidência) de norma tributária, mas sim dispõe sobre a retroatividade de *norma punitiva tributária* ou de *norma punitiva administrativo-fiscal* (conforme at. 113, *caput*, § 1º, segunda parte, e § 3º), em consonância com o princípio constitucional da retroatividade da norma punitiva mais benéfica ou benigna (art. 5º, inciso XL).

O CTN dispõe nos arts. 107 a 112 sobre a "interpretação e integração da legislação tributária" (expressão que intitula o Capítulo IV da Seção III do Livro Segundo). Em função de se conceber a interpretação como construção de sentido e a *interpretação jurídica como a interpretação que apresenta a especificidade de ser relativa à construção de sentido de Direito, do conteúdo do Direito, de fatos jurídicos e de efeitos jurídicos, considerados os requisitos que caracterizam e fundamentam um sistema como sendo de natureza jurídica*, infere-se que, segundo esta acepção, a *interpretação jurídica* compreende a *integração*.

O art. 108 do CTN alude à situação de "ausência de disposição expressa" que determine como deve proceder a autoridade que é competente para aplicar a legislação tributária. O legislador do CTN ao se referir à expressão "na ausência de disposição expressa" aponta para a noção de uma lacuna da *lei*, de certo texto ou de certo grupo de textos jurídicos, daí fazer alusão, para lidar com a ideia de lacuna legal, à utilização de recursos interpretativos que são elaborados a partir do que dispõe o Direito, global, axiológica e racionalmente construído. As noções abrangentes de interpretação e aplicação jurídicas propostas compreendem a utilização de todos os mecanismos oferecidos pelo Direito brasileiro, em especial pela Constituição brasileira, o que se afigura suficiente para lidar com a questão da *lacuna legal*, a princípio, considerada pelo art. 108 do CTN.

Por força do princípio constitucional da legalidade tributária materialmente qualificada, não há possibilidade jurídica de um tributo ser exigido por meio do emprego da analogia, ou de princípios gerais de direito tributário ou de princípios gerais de direito público ou de equidade.

Não há possibilidade jurídica, salvo disposição constitucional em sentido diverso, de uma isenção ser construída por meio do emprego da analogia, ou de princípios gerais de direito tributário ou de princípios gerais de direito público ou de equidade, seja pelo conceito proposto de isenção, que a concebe como enunciado infraconstitucional cujo sentido informa negativamente o conteúdo da norma tributária, o que implicaria a submissão ao princípio da legalidade tributária materialmente qualificada, seja pelo expressamente disposto no art. 150, § 6º, da Constituição brasileira, que requer "lei específica" para que a isenção seja concedida.

Um sentido juridicamente possível para o disposto nos arts. 109 e 110 do CTN somente pode ser construído tendo por base o que determina a Constituição brasileira.

Os arts. 109 e 110 do CTN devem ser interpretados conjuntamente. Eles foram elaborados num contexto histórico em que se procurava garantir a independência do Direito Tributário frente ao Direito Privado, sem perder de vista os limites constitucionalmente estabelecidos.

Um sentido juridicamente possível para o disposto nesses artigos somente pode ser construído tendo por base o que determina a Constituição brasileira, o que pode ser feito da seguinte forma: (i) a utilização dos princípios gerais de direito privado são apenas um "método ou processo supletivo de interpretação da legislação tributária", a qual ainda assim, pode estabelecer efeitos próprios para fins tributários (o que se dá, p.ex., quanto ao tratamento da capacidade, da responsabilidade e da solidariedade em matéria tributária); (b) esse tratamento diferenciado por parte da legislação tributária encontra limites quando estão envolvidos conceitos constitucionalmente usados para fins de atribuição de competência tributária.

O art. 111 do CTN, ao determinar a adoção da interpretação literal da "legislação tributária que disponha sobre: I – suspensão ou exclusão do crédito tributário; II – outorga de isenção; III – dispensa do cumprimento de obrigações tributárias acessórias", igualmente incorre em problemas. Em primeiro lugar, incorre no problema da referida *impropriedade hermenêutica* de pretender regular como deve ser realizada a interpretação de certo texto jurídico. Em segundo lugar, incorre no problema da *ingenuidade hermenêutica*, que consiste na suposição de que existe a possibilidade hermenêutica de se encontrar a "sonhada" interpretação literal, representativa do sentido próprio e correto, nem mais extenso nem mais restrito que o sentido próprio e correto. Essa suposição de que existe um sentido próprio, correto, padrão, adequado, verdadeiro que é simplesmente descoberto pela interpretação contraria, frontalmente, todas as premissas e noções hermenêuticas adotadas e propostas anteriormente, que concebem a interpretação como sendo uma construção axiológica racional de sentido.

Um sentido possível para o art. 111 do CTN, ao prescrever a adoção da interpretação literal das isenções, em função do princípio da legalidade tributária materialmente qualificada ou do disposto no art. 150, § 6º, da Constituição brasileira, é o de vedar o recurso à *analogia* e à *equidade*, como formas de integração, mas sem impor qualquer método específico de interpretação.

O art. 112 do CTN, ao prescrever que, em caso de dúvida, "a lei tributária que define infrações, ou lhe comina penalidades, interpreta-se da maneira mais favorável ao acusado", revela ser consectário axiológico do princípio do *in dubio pro reo*, que se constrói a partir de diversos enunciados da Constituição brasileira, desde os que asseguram o direito à vida, à dignidade, à liberdade aos que asseguram a proteção contra atos que indevidamente afetem a incolumidade pessoal e patrimonial (p.ex., preâmbulo, arts. 1º, inciso III; 3º, inciso I e IV; 5º, II, X, XXII, XXXIX, XL, LIV, LV, LVI, LVII, LVIII, LXI, LXV, LXVI, LXVII, LXVIII, LXIX; 6º; 7º, inciso IV; 145, § 1º; 150, I, II e IV).

A interpretação dos arts. 107 a 112, dos demais dispositivos do CTN e, por que não dizer, de todos os enunciados jurídicos que integram o sistema jurídico nacional, sejam ou não de índole tributária, sempre precisa ser feita à luz da Constituição brasileira, tendo em conta seus valores, princípios e normas.

Pretender impor uma interpretação restritiva com relação a qualquer texto ou enunciado jurídico é desprezar que a complexa atividade interpretativa, que não é de simplesmente descobrir ou desvelar o sentido oculto, porém certo, próprio e inalterável, mas sim de construir, com valoração e razão, o sentido, que, tal qual o intérprete, encontra-se vivo e em constante formação e transformação. A atividade interpretativa é contínua e, principalmente, demanda esforço e plena consideração com a força axiológico-normativa da Constituição. Eis a razão pela qual se faz necessário ter a consciência de que toda interpretação jurídica há que ser realizada conforme a Constituição.

Conceber que a interpretação significa a construção de sentido, socioculturalmente informada, com valoração e uso da razão, que pode ser de um objeto linguístico ou não linguístico, a qual é realizada pelo intérprete e que decorre do *ser* do intérprete, conforme seus pré-conceitos,

conceitos, valores e aspirações, que são afetados pela história efeitual e pela tradição, as quais estão em permanente formação e transformação, suscita a necessidade de se ter plena consciência de que a atividade hermenêutica requer humildade epistemológica e respeito aos princípios da tolerância e da responsabilidade.

A presença das características da falseabilidade, da refutabilidade e da provisoriedade não apenas são compatíveis com o discurso científico, mas são inerentes a ele. A certeza de hoje, provavelmente será o engano de amanhã, ainda mais nas denominadas ciências do espírito ou humanas, nas quais se enquadra o Direito. A tolerância e a responsabilidade se complementam no universo hermenêutico. À medida que se aceita que podem existir diferentes perspectivas razoáveis sobre um mesmo assunto, em especial nos denominados "casos difíceis", que, paradoxalmente, parecem ser tão mais numerosos quanto mais se aprofunda no conhecimento sobre certo tema, surge a exigência de desempenhar um grande e sincero esforço em tentar compreender o que o outro quer dizer. Como, em termos hermenêuticos, esse esforço em compreender o outro deve ser de todos, surge a responsabilidade de usar argumentos que verdadeiramente contribuam para o alcançamento de um diálogo produtivo em prol de um bom convívio social.

Uma das consequências naturais da adoção em larga e relevante escala da sistemática de lançamento por homologação, segundo a qual o contribuinte ou o substituto tributário têm "o dever de antecipar o pagamento sem prévio exame da autoridade administrativa" (art. 150 do CTN) é o surgimento de controvérsias interpretativas razoáveis.

Em função das noções propostas de interpretação e aplicação, há que se vislumbrar a possibilidade de caracterizar noções que permitam superar as perspectivas binárias do "tudo-ou-nada", de modo a realizar que podem existir divergências interpretativas razoáveis, provenientes de intérpretes de boa-fé. Nesse contexto, propõe-se que esses procedimentos voltados à obtenção de economia tributária possam ser caracterizados de quatro diferentes modos: (a) **uso de favor fiscal** - correspondente a procedimento "explicitamente" autorizado pelo ordenamento jurídico que proporciona uma menor carga tributária (procedimento de licitude explícita); (b) **elisão** - correspondente a procedimento "implicitamente" autorizado pelo ordenamento jurídico, de boa-fé, que proporciona uma menor carga tributária (procedimento com licitude implícita); (c) **adoção de economia tributária controvertida** - correspondente a procedimento não doloso, sem má-fé, que proporciona uma menor carga tributária, com relação ao qual há razoável controvérsia interpretativa acerca de ser autorizado pelo ordenamento jurídico (procedimento não doloso de licitude controvertida); e (d) **eva-**

são – que corresponde a procedimento doloso, com má-fé, usado com o propósito de incorrer numa menor carga tributária, que se caracteriza como procedimento contrário ao que determina o ordenamento jurídico (procedimento ilícito).

Como salientado, uma das consequências naturais da adoção em larga e relevante escala da sistemática de lançamento por homologação é o surgimento de controvérsias interpretativas razoáveis. Nesse contexto, considerando o que se disse acerca dos princípios da tolerância e da responsabilidade, duas questões merecem especial atenção quando se tem em conta o tema da "responsabilidade por infrações da legislação tributária": (i) a determinação da natureza da "responsabilidade por infrações da legislação tributária"; e (ii) as condições para, em caso de "infrações da legislação tributária", ser cabível a aplicação de multas agravadas.

Mediante uma interpretação do art. 136 juntamente com os arts. 100, 108, 112, 137, 138 e 172, todos do CTN, parece correto conceber que, no sistema jurídico brasileiro, não há responsabilidade por infrações tributárias de natureza objetiva. Esse entendimento é reforçado em função do que prescreve a Constituição brasileira, especialmente em seu art. 5º, incisos LIV, LV, LVI e LVII, que garantem a proteção constitucional ao devido processo legal, ao contraditório e à ampla defesa, bem como a presunção da inocência. Ressalta-se que os próprios órgãos julgadores da Administração Tributária vêm decidindo no sentido de reservar a aplicação de multas mais gravosas para os atos em que se comprova a presença de fraudes, simulações, etc., onde o elemento comum é a presença do dolo ou da má-fé. Interpretar os enunciados tributários de modo que permitam tratar desigualmente pessoas que agem com boa-fé e as que agem com má-fé, sem sombras de dúvida, é constitucional e infraconstitucionalmente possível e recomendável.

Realizar as atividades de interpretação e de integração em matéria tributária e punitiva tributária sem a adoção de posições extremadas, significa *interpretar conforme a Constituição brasileira*, à medida que se trata com desigualdade as pessoas que estão em condições desiguais, sendo mais rigoroso com as que agem com dolo ou má-fé e mais benevolente com as que se comportam com boa-fé. Tratar desigualmente os desiguais, na medida e com fundamento em critérios constitucionalmente previstos, representa atender o princípio da igualdade e contribuir para a realização da justiça em matéria tributária.

Em suma, as atividades de interpretação e aplicação jurídicas são atividades humanas, socioculturalmente informadas, com valoração e uso da razão, sujeitas a indeterminações, falhas e mudanças. Ter essa consciência hermenêutica não conduz ao subjetivismo ou relativismo extremados, mas sim implicam uma atitude hermenêutica intersubjetiva, discursiva, dialógica, mais tolerante, responsável e humana.

O ser humano exclui a tolerância quando acredita ser o único e absoluto detentor da verdade. Estes atributos são divinos e interpretar e aplicar são ações humanas.

A saturação de valores na Constituição brasileira, requer que, hermenêutica e praticamente, se aja com uma tolerância responsável, que esteja dirigida à redução do sofrimento e à melhoria da qualidade de vida das pessoas e dos seres vivos, especialmente dos mais fragilizados.

Eis a razão pela qual se acredita ser fundamental adotar a concepção humanizada de interpretação e de aplicação jurídicas, e principalmente tributárias, como sendo uma tolerante e responsável construção axiológica racional.

REFERÊNCIAS

AARNIO, Auulis; GARZÓN VALDÉS, Ernesto; UUSITALO, Jyrki. *La normatividad del derecho*. Barcelona: Gedisa, 1997.

ABBAGNANO, Nicola. *Dicionário de filosofia*. Tradução de Alfredo Bosi. São Paulo: Mestre Jou, 1982.

ABRAHAM, Marcus. *Curso de direito tributário*. Rio de Janeiro: Forense, 2020.

_____. Um breve panorama dos 30 anos da Constituição de 1988 e o direito financeiro. In: QUEIROZ, Luís C. S. de; PAULA, Daniel Giotti de. (Org.). 30 anos da Constituição Brasileira. 1. ed. Rio de Janeiro, Ágora 21, 2019, v. 1, pp. 347-371.

ACKERMAN, Bruce. The new separation of powers. *Harvard Law Review*, v. 113, nº 3, jan., 2000, pp. 633-727.

AFTALIÓN, Enrique e Vilanova, José. *Introduccion al derecho*. Buenos Aires. Abeledo-Perrot, 1988.

ALCHURRÓN, C. (Octubre de 2000). Sobre derecho y lógica. *Isonomía* nº *13*, 11-33.

_____; BULYGIN, E. *Introducción a la metodología de las ciencias jurídicas y sociales.* Buenos Aires: Editorial Astrea, 1993.

_____; _____. (1991). Permisos y normas permisivas. En C. Alchurrón & E. Bulygin, *Análisis lógico y derecho* (pp. 215-238). Madrid: Centro de Estudios Constitucionales.

ALEMANHA. *Novo Código Tributário alemão:* com índices sistemático e analítico. Apresentação do Professor Ruy Barbosa Nogueira. Tradução de Alfred, J. Schmid et al. Rio de Janeiro: Forense; São Paulo: Instituto Brasileiro de Direito Tributário, 1978.

ALESSI, Renato. *Instituciones de derecho administrativo*. Barcelona: Editora Bosch, 1970. v. I.

ALEXY, Robert. *El concepto y la validez del derecho*. Trad Jorge M. Seña. 2. ed. Barcelona: Gedisa, 2008.

_____. ¿Entre positivismo y no positivismo? Tercera réplica a Eugenio Bulygin. In:

FERRER BELTRÁN, Jordi; MORESO, José Juan y PAPAYANNIS, Diego M. (eds.), *Neutralidad y teoría del derecho*. Madrid: Marcial Pons, 2012.

_____. Justicia como corrección, *Doxa*, v. 26, 2003. Disponível em: <https://doxa.ua.es/article/view/2003-n26-justicia-como-correccion>.

_____. La crítica de Bulygin al argumento de la corrección. In: ALEXY, Robert; BULYGIN, Eugenio. *La pretensión de corrección del derecho*: la polémica Alexy/Bulygin sobre la relación entre derecho y moral. Tradução de Paula Gaido. Bogotá: Universidad Externado de Colombia, 2001.

ALEXY, Robert. Sobre la tesis de una conexión necesaria entre derecho y moral: la crítica de Bulygin. In: ALEXY, Robert; BULYGIN, Eugenio. *La pretensión de corrección del derecho*: la polémica Alexy/Bulygin sobre la relación entre derecho y moral. Tradução dePaula Gaido. Bogotá: Universidad Externado de Colombia, 2001.

_____. Teoria da argumentação jurídica: a teoria do discurso racional como teoria da fundamentação jurídica. Tradução de Zilda Hutchinson Schild Sllva; revisão técnica da tradução e introdução à edição brasileira Claudia Toledo. 2. ed. São Paulo: Malheiros, 2011.

_____. *Teoría del discurso y derechos humanos*. Tradução de Luis Villar Borda. Bogotá: Universidad Externado de Colombia, 2004.

_____. *Teoria dos direitos fundamentais*. São Paulo: Malheiros, 1993.

_____.*Tres escritos sobre los derechos fundamentales y la teoría de los principios*. Bogotá: Universidad Externado de Colombia, 2003.

ALMEIDA, Fernando Dias Menezes de. Mecanismos de consenso no direito administrativo. In: ARAGÃO, Alexandre dos Santos; MARQUES NETO, Floriano de Azevedo (Coord.). *Direito administrativo e seus novos paradigmas*. Belo Horizonte: Fórum, 2008.

ALMEIDA, Napoleão Mendes de. *Gramática metódica da língua portuguesa*. São Paulo: Saraiva, 1995.

AMARO, Luciano. *Direito tributário brasileiro*. São Paulo: Saraiva, 2012.

_____. Imposto de renda: regimes jurídicos. In: *Curso de direito tributário*. Belém, CEJUP, 1993. v.1.

_____. Imposto sobre a renda, *Revista de Direito Tributário*, São Paulo, Malheiros, v. 60, pp. 210-220.

_____. Periodicidade do imposto de renda I. *Revista de Direito Tributário*. São Paulo: Malheiros, v. 63, pp. 15-39.

ANDRADE, André Martins de. Efeitos jurídicos da inconstitucionalidade do imposto de renda sobre o lucro líquido – ILL. In: *Imposto de renda – questões atuais e emergentes*. São Paulo: Dialética, 1995.

ANDRADE, Mairo Caldeira de. Imposto sobre a renda – A aquisição de disponibilidade jurídica ou econômica – Limite de sua incidência, *Revista de Direito Tributário*, São Paulo, Revista dos Tribunais, 43: 144-164.

APPY, Bernard et al. Reforma tributária do Brasil: consumo, renda, folha e patrimônio. In: Queiroz, Luís C. S. de; PAULA, Daniel Giotti de. (Org.). *30 anos da Constituição brasileira*. 1. ed. Rio de Janeiro: Ágora21, 2019, v. 1, p. 65-105.

ARAGÃO, Alexandre Santos de. *Atividades privadas regulamentadas. O poder normativo das agências reguladoras*. Alexandre Santos de Aragão (Coord.). Rio de Janeiro: Forense, 2006, pp. 221-269.

ARAGÃO, Alexandre Santos de. *Regulação da economia:* conceito e características contemporâneas. Curso de direito administrativo econômico. José Eduardo Martins Cardozo, João Eduardo Lopes Queiroz, Márcia Walquíria Batista dos Santos (Orgs.). São Paulo: Malheiros Editores, 2006, pp. 413-467. v. III.

ARAÚJO, Edmir Netto de. *Curso de direito administrativo*. São Paulo: Saraiva, 2005.

ARAÚJO, Jackson Borges de. *O controle judicial da (in)constitucionalidade da emenda à Constituição*. Recife: Inojosa Editores, 1995.

ARISTÓTELES. (2018). *Ética a Nicómaco*. Barcelona: Gredos.

ATALIBA, Geraldo. Emenda 3/93 (à Constituição de 1988) – Responsabilidade por fato futuro (§ 7º do art. 150), *Revista Trimestral de Direito Público*, v. 4.

_____. *Hipótese de incidência tributária*. São Paulo: Malheiros, 1992.

_____. Imposto sobre a renda, *Revista de Direito Tributário*, São Paulo, Malheiros, 60: 210-220.

_____. *Instituições de direito e república*. São Paulo: 1984.

_____; BARRETO, Aires. Substituição e responsabilidade tributária, *Revista de Direito Tributário*, São Paulo, Revista dos Tribunais, 1989, 49:73-96.

_____; GIARDINO, Cleber. Responsabilidade tributária - ICM - substituição tributária (Lei Complementar 44/83), *Revista de Direito Tributário,* São Paulo: Revista dos Tribunais, 1985, 34: 204-231.

ATIENZA RODRÍGUEZ, Manuel. *As razões do direito - teorias da argumentação jurídica.* São Paulo: Landy, 2003.

_____. *El sentido del derecho.* Barcelona: Ariel, 2004.

_____. Entrevista a Neil MacCormick. *Doxa* nº 29, 2006.

_____; GARCÍA AMADO, J. A. (2018). *Un debate sobre ponderación.* México: Centro de Estudios Carbonell.

_____; MANERO, Juan Ruiz. *Las piezas del derecho - teoría de los enunciados jurídicos.* Barcelona: Ariel, 2004.

ATRIA, F. Creación y aplicación del derecho: entre formalismo y escepticismo. In: F. Atria et al. *Lagunas en el derecho,* Madrid: Marcial Pons, 2005, pp. 45-71.

ATRIA, F. (2005). Sobre las lagunas. In: F. Atria et al. *Lagunas en el derecho,* Madrid: Marcial Pons, 2005, pp. 15-27.

AULETE, Caldas. *Dicionário contemporâneo da língua portuguesa.* Rio de Janeiro: Delta, 1968.

ÁVILA, Humberto. *"Neoconstitucionalismo": entre a "Ciência do Direito" e o "Direito da Ciência",* 2009. Disponível em: <http://www.direitodoestado.com.br/rede.asp>. Acesso em: 26 set. 2013.

_____. *Segurança jurídica:* entre permanência, mudança e realização no direito tributário. São Paulo: Malheiros, 2011.

_____. *Sistema constitucional tributário.* 5. ed. São Paulo: Saraiva, 2012.

_____. *Teoria dos princípios:* da definição à aplicação dos princípios. 19. ed, rev. e atual. São Paulo: Malheiros: 2019.

BACQUÉ, J. A. et al. *Derecho, fisosofía y lenguaje homenaje a Ambrosio L. Gioja.* Buenos Aires: Astrea, 1976.

BALEEIRO, Aliomar. *Direito tributário brasileiro.* Rio de Janeiro: Forense, 1999.

_____. *Limitações constitucionais ao poder de tributar.* Rio de Janeiro: Forense, 1974.

_____. *Uma introdução à ciência das finanças.* Rio de Janeiro: Forense, 2001.

BALERA, Wagner. Imposto sobre a renda e proventos de qualquer natureza. In: *Caderno de pesquisas tributárias* nº 11, São Paulo, Resenha Tributária, 1986, pp. 453-499.

BANDEIRA DE MELLO, Celso Antônio. Controle judicial dos limites da discricionariedade administrativa: exame dos motivos ou pressupostos do ato - a noção de "causa" como requisito de legalidade [parecer]. *Revista de Direito Público,* nº 31. São Paulo, set./out. 1974, pp. 33-39.

_____. *Curso de direito administrativo.* 27. ed. São Paulo: Malheiros Editores, 2010.

_____. Desvio de poder. *Revista de Direito Público,* v. 89, São Paulo, jan./mar. 1989, pp. 24-36.

_____. Discricionariedade administrativa e controle judicial. *Revista de Direito Público,* nº 32, São Paulo, nov./dez. 1974, pp. 18-42.

_____. *Discricionariedade e controle jurisdicional.* São Paulo: Malheiros Editores, 1992.

_____. Legalidade-discricionariedade-seus limites e controle. *Revista de Direito Público,* v. 86, nº 32, São Paulo, abr./jun. 1988, pp. 42-59.

_____. O conteúdo do regime jurídico administrativo e seu valor metodológico. *Revista de Direito Público*, nº 2, São Paulo, out./dez. 1967, pp. 44-61.

_____. *O conteúdo jurídico do princípio da igualdade*. São Paulo: Malheiros, 1993.

_____. "Relatividade" da competência discricionária. *Revista de Direito Administrativo*, v. 212, Rio de Janeiro, abr./jun. 1998, pp. 49-56.

BANDEIRA DE MELLO, Oswaldo Aranha. *Princípios gerais de direito administrativo*. Rio de Janeiro: Forense, 1979. t. I.

_____. _____. 2. ed. São Paulo: Forense, 1979. v. I.

BARBOSA, Rui. *Oração aos moços*. Rio de Janeiro: Casa de Rui Barbosa, 1949.

BARCELLOS, Ana Paula de. Neoconstitucionalismo, direitos fundamentais e controle das políticas públicas. *Revista de Direito Administrativo,* Rio de Janeiro, v. 240, pp. 83-105, abr. 2005. ISSN 2238-5177. Disponível em: <http://bibliotecadigital.fgv.br/ojs/index.php/rda/ article/view/43620>. Acesso em: 04 mar. 2020. Doi:http://dx.doi.org/10.12660/rda. v240.2005.43620.

_____. *Ponderação, racionalidade e atividade jurisdicional*. Rio de Janeiro: Renovar, 2005.

BARRETO, Aires Fernandino. *Justiça tributária. Aplicação do princípio da progressividade*. São Paulo: Max Limonad, 1998.

BARRETO, Paulo Ayres. *Imposto de renda e preços de transferência*. São Paulo: Dialética, 2001.

BARROSO, Luís Roberto. A constitucionalização do direito e suas repercussões no âmbito administrativo. In: ARAGÃO, Alexandre Santos de; MARQUES NETO, Floriano de Azevedo (Coord.). *Direito administrativo e seus novos paradigmas*. Belo Horizonte: Editora Fórum, 2012.

_____. *A nova interpretação constitucional*: ponderação, direitos fundamentais e relações privadas Ana Paula de Barcellos et al. (Orgs.). Rio de Janeiro: Renovar, 2003.

_____. Constituição e tratados internacionais: Alguns aspectos da relação entre Direito Internacional e Direito Interno. In: DIREITO, Carlos Alberto Menezes; TRINDADE, Antônio Augusto Cançado; PEREIRA, Antônio Celso Alves (Coord.). *Novas perspectivas do direito internacional contemporâneo*. Rio de Janeiro: Renovar, 2008, pp. 185-208.

_____. *Curso de direito constitucional contemporâneo: os conceitos fundamentais e a construção do novo modelo*. São Paulo: Saraiva, 2009.

_____. *Interpretação e aplicação da Constituição*. São Paulo: Saraiva, 1998.

_____. *Neoconstitucionalismo e constitucionalização do direito. (O triunfo tardio do direito constitucional no Brasil)*. 2007. Disponível em: <http://www.direitodoestado.com.br/rere.asp>. Acesso em: 25 set. 2013.

BARROSO, Luís Roberto. Sistema financeiro nacional. Alienação de instituição submetida a RAET. Discricionariedade técnica do Banco Central. Limites legítimos do controle jurisdicional [parecer]. *Revista Forense*, v. 375. Rio de Janeiro, set./out. 2004, pp. 257-280.

_____; OSORIO, Aline. (2019). As Constituições latino-americanas entre a vida e a morte: possibilidades e limites do poder de emenda. *Revista Brasileira de Políticas Públicas*. 9. 10.5102/rbpp.v9i2.6147.

BASSO, Domingo M. *Ética*. Buenos Aires: Abeledo-Perrot, 1998.

BASTERRA, M. I. (2000). El problema de las lagunas en el Derecho. *Derecho y Sociedad. Nº 15*, 280-291.

BASTOS, Celso Ribeiro. *Curso de direito constitucional.* São Paulo: Saraiva, 1989.

BAYÓN, J. C. (2009). *Problemas lógicos en la teoría y en la práctica del derecho.* Madrid: Fundación Coloquio Jurídico Europeo.

BAYÓN, Juan Carlos. ¿Cómo se determina el objeto de la Jurisprudencia. In: FERRER BELTRÁN, Jordi; MORESO, José Juan y PAPAYANNIS, Diego M. (eds.). *Neutralidad y teoría del derecho.* Madrid: Marcial Pons, 2012.

BECKER, Alfredo Augusto. *Teoria geral do direito tributário.* São Paulo: Saraiva, 1972.

BELSUNCE, Horácio A. García. *El concepto de rédito en la doctrina y en el derecho tributario.* Buenos Aires: Depalma, 1967.

BELTRÁN, Jordi. *Las normas de competencia – un aspecto de la dinámica jurídica.* Madrid: Boletín Oficial del Estado, 2000.

BELTRÁN, Jordi. *Prueba y verdad en el derecho.* Madrid: Marcial Pons, 2005.

BERNAL PULIDO, C. (2007). *El principio de proporcionalidad y los derechos fundamentales.* Madrid: Centro de Estudios Políticos y Constitucionales.

BEVILÁQUA, Clóvis. *Código civil dos Estados Unidos do Brasil, comentado.* Tomos I e II. Rio de Janeiro: Rio.

_____. *Direito das obrigações.* Bahia: José Luiz da Fonseca Magalhães Editor, 1910.

_____. *Theoria geral do direito civil.* Rio de Janeiro: Francisco Alves, 1929.

BITTAR, Djalma. *Relação jurídica tributária em nível lógico.* Dissertação de mestrado. São Paulo: PUC/SP, 1991.

BIX, Brian. Ideales, prácticas y conceptos en la teoría del derecho. In FERRER BELTRÁN, Jordi; MORESO, José Juan y PAPAYANNIS, Diego M. (eds.). *Neutralidad y teoría del derecho.* Madrid: Marcial Pons, 2012.

BOBBIO, Norberto. (1963). Lacune del diritto. En *Novissimo digesto italiano.* v. IX. Turín: Utet.

_____. *O positivismo jurídico.* São Paulo: Ícone, 1995.

_____. (1987). *Teoría general del derecho.* Bogotá: Editorial Temis.

_____. *Teoria della norma giuridica.* Torino: Gianpichelli, 1960.

_____. *Teoria dell' ordinamento giuridico.* Torino: Gianpichelli, 1960.

_____. *Teoria do ordenamento jurídico.* Tradução de Maria Celeste Cordeiro Leite dos Santos. Brasília/São Paulo:UnB/Polis, 1989.

_____. *Teoria general del derecho.* Santa Fé de Bogotá, Colombia: Editorial Temis, 1994.

_____et al. *Derecho, filosofía y lenguaje.* Buenos Aires: Astrea, 1976.

BONAVIDES, Paulo. *Curso de direito constitucional.* São Paulo: Malheiros, 2009.

BORGES, José Souto Maior. *Isenções tributárias.* Sugestões literárias. São Paulo: 1980.

_____. *Lançamento tributário. Tratado de direito tributário.* Rio de Janeiro: Forense, 1981. v. 4.

_____. *Lei complementar tributária.* São Paulo: Revistas dos Tribunais-EDUC, 1975.

_____. *Obrigação tributária:* uma introdução metodológica. São Paulo: Saraiva, 1984.

BOSELLO, Furio. A formulação da norma tributária e as categorias jurídicas civilistas. In: *Direito tributário:* estudos em homenagem ao Prof. Ruy Barbosa Nogueira. Brandão Machado (Coord.). São Paulo: Saraiva, 1984.

BOTTALLO, Eduardo Domingos. Imposto de renda – Não incidência sobre valores percebidos por pessoas jurídicas em razão de desapropriação de imóvel, *Revista de Direito Tributário.* São Paulo, Revista dos Tribunais, 36: 135-139.

BRITO, Edvaldo. O excesso de retirada tributável como acréscimo patrimonial. In: *Imposto de renda:* conceitos, princípios, comentários. São Paulo: Atlas, 1996.

BULYGIN, Eugenio. Alexy entre el positivismo y el no-positivismo. In: FERRER BELTRÁN, Jordi; MORESO, José Juan y PAPAYANNIS, Diego M. (eds.). *Neutralidad y teoría del derecho*. Madrid: Marcial Pons, 2012.

_____. (2005). Creación y aplicación del derecho. En F. Atria et al. *Lagunas en el derecho* (pp. 29-44). Madrid: Marcial Pons. *Constitución española.* (1978).

_____. (noviembre de 2002). El silencio del derecho. *Análisis Filosófico XXII*, 103-114. 59.

_____; MENDONCA, Daniel. *Normas y sistemas normativos*. Madrid: Marcial Pons, 2005.

BULLINGER, Martin. A discricionariedade da administração pública. *Revista de Ciência Política*, v. 30, nº 2. Tradução de António Francisco de Sousa. Rio de Janeiro, abr./jun. 1987, pp. 03-23.

BUZAID, Alfredo. *Da ação direta de inconstitucionalidade no direito brasileiro*. São Paulo: Saraiva, 1958.

CABRAL DE MONCADA, Luís Solano. *Lei e regulamento*. Coimbra: Coimbra Editora, 2002.

CAETANO, Marcello. *Princípios fundamentais do direito administrativo*. 2. reimp. da edição brasileira de 1977. Coimbra: Almedina, 2003.

CALIENDO, Paulo. *Direito tributário – três modos de pensar a tributação*. Porto Alegre: Livraria do Advogado, 2009.

CALIENDO, Paulo. *Direito tributário e a análise econômica do direito*. Rio de Janeiro: Elsevier, 2009.

CAMPOS, Carlos Alexandre de Azevedo. Interpretação e elusão legislativa da Constituição no direito tributário. In: CAMPOS, Carlos Alexandre de Azevedo; OLIVEIRA, Gustavo da Gama Vital de; MACEDO, Marco Antonio Ferreira. *Direitos fundamentais e estado fiscal*: estudos em homenagem ao Professor Ricardo Lobo Torres. Salvador: Editora JusPodivm, 2019.

CAMPOS, Carlos Alexandre de Azevedo; OLIVEIRA, Gustavo da Gama Vital de; MACEDO, *Marco Antonio Ferreira (Coord.). Direitos fundamentais e estado fiscal – estudos em homenagem ao professor Ricardo Lobo Torres*. Salvador: JusPodivm, 2019.

CANARIS, Claus-Wilthelm. *Pensamento sistemático e conceito de sistema na ciência do direito*. Tradução de Antônio Manuel de Rocha e Menezes Cordeiro. Lisboa: Fundação Calouste Gulbenkian, 1989.

CANOTILHO, José Joaquim Gomes. *Direito constitucional*. Coimbra: Almedina, 1991.

CANTO, Gilberto Ulhôa. A aquisição de disponibilidade e o acréscimo patrimonial no imposto sobre a renda. In: *Imposto de renda: conceitos, princípios, comentários*. São Paulo: Atlas, 1996.

_____; MUNIZ, Ian de Porto; SOUZA, Antônio Carlos Garcia de. Imposto sobre a renda e proventos de qualquer natureza. *Caderno de pesquisas tributárias* nº 11. São Paulo, Resenha Tributária, 1986, 1-44.

CARBONELL, Miguel et al. *Neoconstitucionalismo(s)*. Madrid: Trotta, 2003.

CARRAZZA, Roque Antônio. *Curso de direito constitucional tributário*. São Paulo: Malheiros, 2001.

_____. *ICMS*. São Paulo: Malheiros, 1994.

_____. Novas considerações sobre a intributabilidade, por via de imposto sobre a renda, das férias e licenças-prêmio recebidas em pecúnia, *Revista de Direito Tributário*, São Paulo, Revista dos Tribunais, 1991, 55: 156-161.

_____. *O sujeito ativo da obrigação tributária*. São Paulo, Resenha Tributária, 1977.

CARRIÓ, Genaro R. *Notas sobre derecho y lenguaje*. 4. ed. Buenos Aires: Abeledo-Perrot, 1990.

CARVALHO, Paulo de Barros. *Curso de direito tributário*. São Paulo: Saraiva, 2011.

_____. *Direito tributário – fundamentos jurídicos da incidência tributária*. São Paulo: Saraiva, 1998.

_____. *Direito tributário, linguagem e método*. São Paulo: Noeses, 2008.

_____. Discricionariedade técnica e controle judicial. *Revista de Direito da Administração Pública*, v. 1, nº 1, ano 2. Niterói, jan./jun. 2016, pp. 224-236.

_____. Formalização da linguagem – proposições e fórmulas. *Direito – Revista do Programa de Pós-Graduação em Direito* – PUC/SP. São Paulo: Max Limonad, 1995.

_____. Limitações ao poder de tributar. *Revista de Direito Tributário*, São Paulo, Revista dos Tribunais, 1988, 46: 146-160.

_____. O princípio da territorialidade no regime de tributação da renda mundial (universalidade). In: *Justiça Tributária*, São Paulo: Max Limonad, 1998.

_____. Sobre os princípios constitucionais tributários. *Revista de Direito Tributário*, São Paulo, Revista dos Tribunais, 1991, 55: 143-155.

_____. *Teoria da norma tributária*. São Paulo: Lael, 1974.

CARVALHOSA, Modesto. Imposto de renda – conceituação no sistema tributário da carta constitucional. *Revista de Direito Público*, São Paulo, Revista dos Tribunais, 1967.

CASALTA NABAIS, José. Considerações sobre a estabilidade financeira e o tratado orçamental. In: QUEIROZ, Luís C. S. de; PAULA, Daniel Giotti de. (Orgs.). *30 anos da Constituição brasileira*. 1. ed. Rio de Janeiro: Ágora21, 2019, v. 1, pp. 281-310.

_____. OLIVEIRA, Rodrigo Esteves de. *Legislação de direito fiscal*. Coimbra: Almedina, 2004.

CATARINO, João Ricardo; FILIPPO, Luciano Gomes. A transação sobre questões de fato e sobre a interpretação das normas fiscais: novas perspectivas para resolução de litígios. In: QUEIROZ, Luís C. S. de; PAULA, Daniel Giotti de. (Orgs.). *30 anos da Constituição brasileira*. 1. ed. Rio de Janeiro: Ágora21, 2019, v. 1, pp. 249-279.

CAVALLI, Cássio. O controle da discricionariedade administrativa e a discricionariedade técnica. *Revista de Direito Administrativo*, v. 251. Rio de Janeiro, mai./ago. 2009, pp. 61-76.

CELANO, Bruno. Positivismo jurídico normativo, neutralidad y Estado de derecho. In: FERRER BELTRÁN, Jordi; MORESO, José Juan y PAPAYANNIS, Diego M. (eds.). *Neutralidad y teoría del derecho*. Madrid: Marcial Pons, 2012.

CERQUEIRA, Marcelo Paulo Fortes de. *Repetição do indébito no sistema tributário brasileiro*. Dissertação de Mestrado. São Paulo: PUC, 1998.

CINTRA DO AMARAL, Antônio Carlos. *O conceito de discricionariedade técnica. Comentários*. São Paulo: 2009, comentário nº 159. Disponível em: <https://goo.gl/nHdKVP>.

CIRIANO VELA, César David. *Administración económica y discrecionalidad (un análisis normativo y jurisprudencial)*. Madri: Lex Nova, 2000.

COELHO, Sacha Calmon Navarro. *Comentários à Constituição de 1988*. Rio de Janeiro: Forense, 2006.

_____. *Curso de direito tributário*. Rio de Janeiro: Forense, 2016.

_____. *O controle da constitucionalidade das leis e do poder de tributar na Con*stituição de 1988. Belo Horizonte: Del Rey, 1992.

COLEMAN, Jules. La arquitectura de la filosofía del derecho. In: FERRER BELTRÁN, Jordi; MORESO, José Juan y PAPAYANNIS, Diego M. (eds.). *Neutralidad y teoría del derecho*, Madrid: Marcial Pons, 2012.

COMISSÃO DE REFORMA DO MINISTÉRIO DA FAZENDA. *Evolução do Imposto de Renda no Brasil*. Fundação Getulio Vargas nº 25, 1996.

CONTI, José Maurício. *Princípios tributários da capacidade e da progressividade*. São Paulo: Dialética, 1997.

COPI, Irwing. *Introdução à lógica*. Tradução de Álvaro Cabral. São Paulo: Mestre Jou, 1981.

CORDEIRO, André Felipe de Barros. *Teoria dos conceitos jurídicos "indeterminados" aplicada ao direito administrativo*. Dissertação de Mestrado aprovada pela Pontifícia Universidade Católica de São Paulo. Orientador: Marcelo da Costa Pinto Neves, 2011.

CORREA, Walter Barbosa. Subsídios para o estudo da história legislativa do imposto de renda no Brasil. In: *Imposto de renda:* conceitos, princípios, comentários. São Paulo: Atlas, 1996.

COSSIO, C. (2018). *Las lagunas del derecho*. Santiago de Chile: Ediciones Olejnik.

COSTA, Alcides Jorge. Capacidade Contributiva, *Revista de Direito Tributário*, São Paulo, Revista dos Tribunais, 1991, 55:297-302.

COSTA, Alcides Jorge. Conceito de renda tributável. In: *Imposto de renda:* conceitos, princípios, comentários. São Paulo: Atlas, 1996.

COSTA, Alcides Jorge. ICM – Substituição Tributária – Responsabilidade por retenção e recolhimento por operações ainda não realizadas. *Revista de Direito Tributário*, São Paulo, Revista dos Tribunais, 1988, 44:38-45.

_____. Imposto sobre a renda – A aquisição da disponibilidade jurídica ou econômica como seu fato gerador. Limite de sua incidência. *Revista de Direito Tributário*. São Paulo, Revista dos Tribunais, 1987, 40: 103-107.

_____. Rendimentos auferidos no exterior por pessoa jurídica. In: *Imposto de renda:* alterações fundamentais. São Paulo: Dialética, 1996.

COSTA, Regina Helena. *Curso de direito tributário*. São Paulo: Saraiva, 2014.

_____. Tributação e dignidade da pessoa humana. In: QUEIROZ, Luís C. S. de; PAULA, Daniel Giotti de. (Org.). *30 anos da Constituição brasileira*. 1. ed. Rio de Janeiro: Ágora21, 2019, v. 1, pp. 401-421.

CRETELLA JÚNIOR, José. *Discricionariedade técnica*. Enciclopédia Saraiva do Direito. Rubens Limongi França (Coord.). São Paulo: Saraiva, 1977, pp. 451-452.

DANTAS, San Tiago. *Programa de direito civil*. Rio de Janeiro, Rio, 1979. v. 1, 2 e 3.

DAROCA, Eva Desdentado. *Los problemas del control judicial de la discrecionalidad técnica:* un estudio crítico de la jurisprudencia. Madrid: Civitas, 1997.

DE PLÁCIDO E SILVA. *Vocabulário jurídico*. 25. ed. Atual. por Nagib Slaibi e Gláucia Carvalho. Rio de Janeiro: Forense, 2004.

DEL VECCHIO, G. (1969). *Filosofía del derecho*. Barcelona: Bosch, Casa Editorial.

DENARI, Zelmo. *Curso de direito tributário*. Rio de Janeiro: Forense, 1993.

DERZI, Misabel Abreu Machado. A imprevisibilidade das decisões judiciais e suas consequências. In: PIRES, Adilson Rodrigues; TORRES, Heleno Taveira (Org.) *Princípios de direito financeiro e tributário:* estudos em homenagem ao Professor Ricardo Lobo Torres. Rio de Janeiro: Renovar, 2006.

_____. *Direito tributário, direito penal e tipo*. São Paulo: Revista dos Tribunais, 1988.

_____. Legalidade material, modo de pensar "tipificante" e praticidade no direito tributário. In: *Justiça Tributária*. São Paulo: Max Limonad, 1998.

_____. *Os conceitos de renda e de patrimônio* (efeitos da correção monetária insuficiente no imposto de renda). Belo horizonte: Del Rey, 1992.

_____. Revisitando as contribuições da Constituição da República. *Revista de Direito Tributário*, 2007, v. 98: 11-21.

DERZI, Misabel Abreu Machado. Tipo ou conceito no direito tributário. *Revista da Faculdade de Direito da UFMG*, [S.l.], nº 30-31, pp. 213-260, fev. 2014. ISSN 1984-1841. Disponível em: <https://www.direito.ufmg.br/revista/index.php/revista/article/

view/1046/979>. Acesso em: 04 mar. 2020.

_____. *Tributação da renda versus tributação do patrimônio. Imposto de renda:* questões atuais e emergentes. São Paulo: Dialética, 1995, 99-11

DI PIETRO, Maria Sylvia Zanella. *Da constitucionalização do direito administrativo:* reflexos sobre o princípio da legalidade e a discricionariedade administrativa. Supremacia do interesse público e outros temas relevantes do direito administrativo. Maria Sylvia Zanella Di Pietro; Carlos Vinícius Alves Ribeiro (Coords.). São Paulo: Atlas, 2010, pp. 175-196.

_____. *Discricionariedade técnica e discricionariedade administrativa. Estudos de direito público em homenagem a Celso Antônio Bandeira de Mello.* Marcelo Figueiredo; Valmir Pontes Filho (Orgs.). São Paulo: Malheiros Editores, 2006, pp. 480-504.

_____. *Existe um novo direito administrativo? Supremacia do interesse público e outros temas relevantes do Direito Administrativo.* Maria Sylvia Zanella Di Pietro; Carlos Vinícius Alves Ribeiro (Coords.). São Paulo: Atlas, 2010, pp. 01-09.

_____. *Limites da função reguladora das agências diante do princípio da legalidade. Direito regulatório*: temas polêmicos. Maria Sylvia Zanella Di Pietro (Coord.). 2. ed. Belo Horizonte: Fórum, 2004, pp. 19-50.

_____. *Omissões na atividade regulatória do Estado e responsabilidade civil das agências reguladoras. Responsabilidade civil do Estado.* Juarez Freitas (Org.). São Paulo: Malheiros Editores, 2006, pp. 249-267.

DIMOULIS, Dimitri; MARTINS, Leonardo. *Teoria geral dos direitos fundamentais.* São Paulo: Revista dos Tribunais, 2007.

DINIZ, Maria Helena. *A ciência jurídica*. São Paulo: Resenha Universitária, 1982.

DÓRIA. Antônio Roberto Sampaio. A incidência da contribuição social e a compensação de prejuízos acumulados. *Revista de Direito Tributário*, São Paulo, Revista dos Tribunais, 1990, 53:87-89.

DWORKIN, Ronald. *Levando os direitos a sério*. São Paulo: Martins Fontes, 2002.

ECO, Umberto. *Interpretação e superinterpretação*. Tradução MF.; revisão da tradução e texto final Monica Stahel. 2. ed. São Paulo: Martins Fontes, 2005.

ECHAVE, Delia Tereza; URQUIJO, Maria Eugenia; GUIBOURG, Ricardo. *Lógica proposición y norma*. Buenos Aires: Astrea, 1991.

ELLIOTT, Heather. *Public regulation in the United States:* an overview. Direito comparado: perspectivas luso-americanas = Comparative law: portuguese-american perspectives. VICENTE, Dário Moura; BREGER, Marshall J. (Orgs.). Coimbra: Almedina, 2010, pp. 27-40.

ENGISCH, Karl. *Introdução ao pensamento jurídico.* Tradução de J. Baptista Machado. Lisboa: Calouste Gulbenkian, 1988.

ENTERRÍA, Eduardo García de; FERNÁNDEZ, Tomás-Ramón. *Curso de derecho administrativo.* Madri: Editora Civitas S.A., 1980. v. I.

FAGUNDES, Miguel Seabra. Conceito de mérito administrativo. *Revista de Direito Administrativo,* Rio de Janeiro, nº 23, pp. 1-16, jan./mar. 1951.

_____. *O controle dos atos administrativos pelo poder judiciário.* 3. ed. Rio de Janeiro: Forense, 1975.

FALCÃO, Amílcar de Araújo. *Fato gerador da obrigação tributária.* Rio de Janeiro: Forense, 1984.

_____. *Introdução ao direito tributário.* Rio de Janeiro: Forense, 1994.

_____. *Sistema tributário brasileiro.* Rio de Janeiro: Edições Financeiras, 1965.

FANUCCHI, Fábio. A decadência e a prescrição em direito tributário, São Paulo, *Resenha Tributária,* 1971.

FERRAJOLI, Luigi. *Direito e razão:* teoria do garantismo penal. São Paulo: Editora Revista dos Tribunais, 2002.

FERRAJOLI, Luigi. Pasado y futuro del estado de derecho. In: CARBONELL, Miguel (Org). *Neoconstitucionalismo(s).* Madrid: Trotta, 2009.

FERRARI, Regina Maria Macedo Nery. *Efeitos da declaração de inconstitucionalidade.* São Paulo: Revista dos Tribunais, 1990.

FERRAZ JÚNIOR, Tércio Sampaio. Como regular agências reguladoras? *Revista Brasileira de Direito Público,* nº 22, ano 6. Belo Horizonte, jul./set. 2008, pp. 07-23.

_____. Competência da Anvisa e a regulamentação da propaganda. *Revista de Direito Administrativo.* Rio de Janeiro, mai./ago. 2009, v. 251, pp. 215-232.

_____. *Direito, linguagem e interpretação. Direito e interpretação:* racionalidade e instituições. MACEDO JÚNIOR, Ronaldo Porto; BARBIERI, Catarina Helena Cortada (Orgs.). São Paulo: Saraiva, 2011, pp. 103-118.

_____. *Introdução ao estudo do direito.* São Paulo: Atlas, 1988.

_____. *Teoria da norma jurídica:* ensaio de pragmática da comunicação normativa. Rio de Janeiro: Forense, 1986.

FERREIRA NETO, Arthur Maria. Contribuição sindical: um tributo irrevogável? In: QUEIROZ, Luís C. S. de; PAULA, Daniel Giotti de. (Orgs.). *30 anos da Constituição brasileira.* 1. ed. Rio de Janeiro: Ágora21, 2019, v. 1, pp. 19-44.

FERREIRA NETO, Arthur Maria. *Metaética e a fundamentação do direito.* Porto Alegre: Elegantia Juris, 2015.

FERREIRA, Eduardo Paz. *A regulação pública de actividades económicas em Portugal. Direito comparado:* perspectivas luso-americanas = Comparative law: portuguese-american perspectives. VICENTE, Dário Moura; BREGER, Marshall J. (Orgs.). Coimbra: Almedina, 2010, pp. 13-25.

FERREIRA, Waldemar. *Tratado de sociedades mercantis.* Rio de Janeiro: Nacional de Direito, 1958. v. II.

FERRER BELTRÁN, Jordi; MORESO, José Juan y PAPAYANNIS, Diego M. (Eds.). *Neutralidad y teoría del derecho*. Madrid: Marcial Pons, 2012.

FIGUEIREDO, Marcelo. *As agências reguladoras:* o estado democrático de direito no Brasil e sua atividade normativa. São Paulo: Malheiros Editores, 2005.

FOSSATI, Gustavo. Constituição tributária comentada. São Paulo: Revista dos Tribunais, 2020.

FRANKENBERG, Günther. *A gramática da Constituição e do direito*. Belo Horizonte: Del Rey, 2007.

FREITAS, Juarez. Discricionariedade administrativa: o controle de prioridades constitucionais. *Revista NEJ – Eletrônica*, v. 18, nº 3, pp. 416-434, set./dez. 2013.

GADAMER, Hans-Georg. *Antología*. Tradução de Constantino Ruiz-Garrido e Manuel Olasagasti. Salamanca: Ediciones Sígueme, 2001.

_____. Emilio Betti e a herança idealista, *Cadernos de Filosofia Alemã 1*, Pp. 83-90, 1996.

_____. *Verdade e Método – traços fundamentais de uma hermenêutica filosófica*. Tradução de Flávio Paulo Meurer; revisão da tradução de Enio Paulo Giachini. 13. ed. Petrópolis: Vozes, v. I, 2013.

_____. *Verdade e Método II – complementos e índice*. Tradução de Flávio Paulo Meurer; revisão da tradução de Enio Paulo Giachini. 6. ed. Petrópolis: Vozes, v. II, 2017.

GARCÍA AMADO, J. A. (2013). *Razonamiento jurídico y argumentación. Nociones introductorias.* León: Eolas Ediciones.

_____. (2017). *Teoría de la decisión judicial. Subsunción, argumentación, poderación.* Bogotá: Universidad Libre.

GHIRALDELLI JR., Paulo. *Neopragmatismo e verdade:* Rorty em conversação com Habermas. Utopìa y Praxis Latinoamericana, Maracaibo, v. 10, nº 29, pp. 67-78, jun. 2005. Disponible en: <http://ve.scielo.org/scielo.php?script=sci_arttext&pid=S1315-52162005000200004&lng=es&nrm=iso>. Accedido em: 31 jul. 2020.

GIOTTI DE PAULA, Daniel. *A praticabilidade no direito tributário:* controle jurídico da complexidade. Rio de Janeiro: Ágora 21, 2018.

_____. A praticabilidade no direito tributário moderno: fundamento, conceito constitucionalmente adequado e finalidade redutora da complexidade. In: QUEIROZ, Luís C. S. de; PAULA, Daniel Giotti de. (Orgs.). *30 anos da Constituição brasileira.* 1. ed. Rio de Janeiro: Ágora21, 2019, v. 1, pp. 107-127.

GODOI, Marciano Seabra de. Dois conceitos de simulação e suas consequências para os limites da elisão fiscal. In: ROCHA, Valdir de Oliveira (Coord.). *Grandes questões atuais de direito tributário.* São Paulo: Dialética, 2007. 11º v.

_____. Planejamento tributário. In: MACHADO, Hugo de Brito (Coord.). *Planejamento tributário.* São Paulo: Malheiros, 2016.

GOMES, Marcus Lívio. *A interpretação da legislação tributária*. São Paulo: Quartier Latin, 2010.

_____; BRAGANÇA, Kerly Huback. In: QUEIROZ, Luís C. S. de; PAULA, Daniel Giotti de. (Orgs.). *30 anos da Constituição brasileira.* 1. ed. Rio de Janeiro: Ágora21, 2019, v. 1, pp. 373-399.

_____; VELLOSO, Andrei Pitten (Org.). *Sistema constitucional tributário: dos fundamentos teóricos aos hard cases tributários*: estudos em homenagem ao ministro Luiz Fux. 1. ed. Porto Alegre: Livraria do Advogado Editora, 2014.

GONÇALVES, José Artur Lima. *Imposto sobre a renda – pressupostos constitucionais*. São Paulo: Malheiros, 1997.

GORDILLO, Agustin. *Introducción al derecho administrativo*. Buenos Aires, Abeledo-Perrot, 1996.

_____. *Tratado de derecho administrativo*. 7. ed. Belo Horizonte: Del Rey e Fundación de Derecho Administrativo, 2003. t. 1 (parte general).

GRAU, Eros Roberto. *Conceito de tributo e fontes do direito tributário*. São Paulo: Resenha Tributária, 1975.

_____. *Direito, conceitos e normas jurídicas*. São Paulo: Revista dos Tribunais, 1988.

_____. Discricionariedade técnica e parecer técnico [parecer]. *Revista de Direito Público*, nº 93. São Paulo, jan./mar. 1990, pp. 114-116.

_____. *O direito posto e o direito pressuposto*. 6. ed. São Paulo: Malheiros Editores, 2005.

GRECO, Marco Aurélio. *Dinâmica da tributação e procedimento*. São Paulo: Revista dos Tribunais, 1979.

GRECO, Marco Aurélio. *Planejamento Tributário*. 3 ed. São Paulo: Dialética, 2011.

GROTTI, Dinorá Adelaide Musetti. A teoria dos conceitos jurídicos indeterminados e a discricionariedade técnica. *Revista de Direito da Universidade Federal do Mato Grosso do Sul*, v. 1, nº 1. Campo Grande, jan./jun. 2015, pp. 165-185. Disponível em: <https://goo.gl/xcPVP4>.

GROTTI, Dinorá Adelaide Musetti. As agências reguladoras. *Revista de Direito Constitucional e Internacional*, v. 46, São Paulo, jan./mar. 2004, pp. 74-106.

_____. Conceitos indeterminados e discricionariedade administrativa. *Cadernos de Direito Constitucional e Ciência Política*, nº 12, ano 3, São Paulo, jul./set. 1995, pp. 84-115.

GRUPENMACHER, Betina Treiger; ZICARELLI, Matheus. Interpretação realizada pelo sujeiro passivo no lançamento por homologação, à luz da teoria pura do direito de Hans Kelsen. In: QUEIROZ, Luís C. S. de; PAULA, Daniel Giotti de. (Orgs.). *30 anos da Constituição brasileira*. 1. ed. Rio de Janeiro: Ágora21, 2019, v. 1, pp. 45-64.

GUASTINI, R. (1999). Antinomias y lagunas. *Anuario del Departamento de Derecho de la Universidad Iberoamericana* nº 29, 437-450.

_____. (2014). *Interpretar y argumentar*. Madrid: Centro de Estudios Políticos y Constitucionales.

_____. (noviembre de 2006). Variaciones sobre temas de Carlos Alchurrón y

Eugenio Bulygin. Derrotabilidad, lagunas axiológicas e interpretación. *Análisis Filosófico XXVI* nº 2, pp. 277-293.

GUASTINI, Riccardo. *Distinguiendo – Estudios de teoria y metateoría del derecho*. Barcelona: Editorial Gedisa, 1999.

_____. Juristenrecht. Inventando derechos, obligaciones y poderes. In FERRER BELTRÁN, Jordi; MORESO, José Juan y PAPAYANNIS, Diego M. (Eds.). *Neutralidad y teoría del derecho*. Madrid, Marcial Pons, 2012.

_____. Una teoría cognoscitiva de la interpretación. *Isonomía*, México, nº 29, pp. 15-31, 2008 .Disponível em: <http://www.scielo.org.mx/scielo.php?script=sci_arttext&pid=S1405

-02182008000200002&lng=es&nrm=iso>. Accedido en: 04 mar. 2020.

GUERRA, Sérgio. *Discricionariedade técnica e agências reguladoras:* uma abordagem em sede doutrinária e pretoriana. Direito administrativo: estudos em homenagem a Diogo de Figueiredo Moreira Neto. OSÓRIO, Fábio Medina e SOUTO, Marcos Juruena Villela (Coords.). Rio de Janeiro: Lumen Juris, 2006, pp. 869-907.

_____. Poder normativo das agências reguladoras: as imagens nas embalagens de produtos derivados de tabaco exigidas pela Anvisa [parecer]. *Revista de Direito Administrativo*, v. 252. Rio de Janeiro, set./dez. 2009, pp. 143-187.

GUERREIRO, Rutnéa Navarro. Indedutibilidade de despesas operacionais. In: *Imposto de renda – questões atuais e emergentes*. ROCHA, Valdir de Oliveira (Coord.). São Paulo. Dialética, 1995.

GUIBOURG, Ricardo A. *Derecho, sistema y realidad*. Buenos Aires: Astrea, 1986.

_____ ; GHIGLIANI, Alejandro M.; GUARINONI, Ricardo V. *Introducción al conocimiento científico*. Buenos Aires: Editorial Universitária de Buenos Aires, 2004.

GUIMARÃES, Carlos da Rocha. O fato gerador do imposto de renda. *Caderno de Pesquisas Tributárias* nº 11. São Paulo, Resenha Tributária, 1986, pp. 75-156.

GÜNTHER, Klaus. *Teoria da argumentação no direito e na moral:* justificação e aplicação. Tradução de Claudio Molz. São Paulo: Landy, 2004.

GUSMÃO, Paulo Dourado de. *Introdução ao estudo do direito*. Rio de Janeiro: Forense, 1989.

HABERMAS, Jürgen. *A ética da discussão e a questão da verdade*. Tradução de Marcelo Brandão Cipolla. São Paulo: Martins Fontes, 2013.

_____. *Direito e democracia:* entre facticidade e validade. Tradução de Flávio Beno Siebeneichler. Rio de Janeiro: Tempo Brasileiro, 1997-a. v. I.

_____. *Direito e democracia: entre facticidade e validade*. Tradução de Flávio Beno Siebeneichler. Rio de Janeiro: Tempo Brasileiro, 1997-b. v. II.

HART, Herbert. Entre utilidad y derechos, Estudios de Filosofia nº 5. Bogotá: Universidad Externado de Colombia, 2003.

_____. *O conceito de direito*. Tradução de Armindo Ribeiro Mendes. Lisboa: Fundação Calouste Gulbenkian, 1996.

_____. Utilitarismo y derechos naturales. Estudios de Filosofía nº 6. Bogotá: Universidad Externado de Colombia, 2003.

HARTZ, Wilhelm. *Interpretação da lei tributária:* conteúdo e limites do critério econômico. Tradução, prefácio e notas de Brandão Machado. São Paulo: Resenha Tributária, 1993.

HAURIOU, André. O poder discricionário e sua justificação. *Revista de Direito Administrativo*, v. 19. Tradução de Guilherme Augusto dos Anjos. Rio de Janeiro, jan./mar. 1950, pp. 27-32.

HEIDEGGER, Martin. *Los conceptos fundamentales de la metafísica – mundo, finitud, soledad*. Traducción de Alberto Ciria. Madrid: Alianza Editorial, 2007.

_____. *Ser e Tempo*. 15. ed. Tradução de Márcia S. Cavalcanti. Petrópolis: Vozes, 2005.

HERNÁNDEZ, Héctor H. *Valor y derecho*. Buenos Aires: Abeledo-Perrot, 1998.

HIEN, Eckart. O controle judicial das decisões administrativas discricionárias. *Revista CEJ*, v. 8, nº 27, Brasília, Conselho da Justiça Federal, out./dez. 2004, pp. 18-23.

HOFMANN, Hasso. Filosofía del derecho y del estado. Bogotá: Universidad Externado de Colombia, 2002.

HOLMES, Stephen. SUNSTEIN, Cass R. *The cost of rights – why liberty depends on taxes*. New York: Norton & Company, 2000.

HORVATH, Estevão. *Lançamento tributário e "autolançamento"*. São Paulo: Dialética, 1997.

_____. Questões do temário. *Revista de Direito Tributário*. São Paulo: Malheiros.

_____; OLIVEIRA, Regis Fernandes de. *Manual de direito financeiro*. São Paulo: Revista dos Tribunais, 1999.

HOUAISS, Antônio; VILLAR, Mauro de Salles. *Dicionário Houaiss da língua portuguesa*. Rio de Janeiro: Objetiva, 2001.

IBRAHIM, Fabio Zambitte; GOMES, Julio Cesar Vieira. O papel institucional da Administração Tributária na determinação de parâmetros razoáveis que solucionem questões controversas: o caso paradigmático da tributação de aportes à previdência complementar. In: QUEIROZ, Luís C. S. de; PAULA, Daniel Giotti de. (Orgs.). *30 anos da Constituição brasileira*. 1. ed. Rio de Janeiro: Ágora21, 2019, v. 1, pp. 129-153.

INWOOD, Michael. *Dicionário Heidegger*. Tradução de Luísa Buarque de Holanda; revisão técnica de Márcia Sá Cavalcante Schuback. Rio de Janeiro: Jorge Zahar Ed., 2002

JAPIASSU, Hilton; MARCONDES, Danilo. *Dicionário básico de filosofia*. Rio de Janeiro, Jorge Zahar Editor, 1991.

JARDIM, Eduardo Marcial Ferreira. *Manual de direito financeiro e tributário*. São Paulo: Saraiva, 1999.

JONAS, Hans (2014-06-25T22:58:59). *El principio de responsabilidad*: ensayo de una ética para la civilización tecnológica (Spanish Edition). Herder Editorial. 2014. Edição Kindle.

_____. O principio de responsabilidade: ensaio de una ética para a civilização tecnológica. Rio de Janeiro: Contraponto-PUC-Rio. 2006.

JUSTEN FILHO, Marçal. Capacidade Contributiva. *Caderno de Pesquisas Tributárias*. São Paulo, Resenha Tributária, 1989.

_____. Princípios Constitucionais Tributários. *Caderno de Pesquisas Tributárias*. São Paulo, Resenha Tributária, 1993.

_____. *Sujeição passiva tributária*. Belém: Cejup, 1986.

KANT, Immanuel. *Crítica da razão pura*. Tradução de Manuela Pinto dos Santos e Alexandre Fradique Morujão. Lisboa: Calouste Gulbemkian, 1994.

KAUFMANN, Arthur. *Filosofía del derecho*. Bogotá: Universidad Externato de Colombia, 1999.

KAUFMANN, Arthur. *Filosofia do direito*. Lisboa, Calouste Gulbemkian, 2004.

KAUFMANN, A.; HASSEMER, W. (Org.). *Introdução à filosofia do direito e à teoria do direito contemporâneas*. Tradução de Marcos Keel. Lisboa: Fundação Calouste Gulbenkian, 2002.

KELSEN, Hans. *Teoria geral das normas*. Tradução de José Florentino Duarte. Porto Alegre: Fabris, 1986.

_____. *Teoria geral do direito e do estado*. Tradução de Luís Carlos Borges. São Paulo: Martins Fontes, 1990.

_____. *Teoria pura do direito*. Tradução de João Baptista Machado. São Paulo: Martins Fontes, 1991.

KRELL, Andreas Joachim. A recepção das teorias alemãs sobre "conceitos jurídicos indeterminados" e o controle da discricionariedade no Brasil. *Interesse público*, v. 5, nº 23. Belo Horizonte, jan./fev. 2004.

LARENZ, Karl. *Metodologia da ciência do direito*. Tradução de José Lamego, Lisboa: Calouste Gulbenkian, 1989.

LEAL, Victor Nunes. Poder discricionário e ação arbitrária da administração. *Revista de Direito Administrativo*, v. 14. Rio de Janeiro, out./dez. 1948, pp. 53-82.

LEITE JÚNIOR, Orlando. *A regra-matriz do IVVC:* sua textualidade. São Paulo: Gonçalves, 1993.

LEITER, Brian. El problema de la demarcación en la teoría del derecho: una razón más a favor del escepticismo. In: FERRER BELTRÁN, Jordi; MORESO, José Juan y PAPAYANNIS, Diego M. (Eds.). *Neutralidad y teoría del derecho*. Madrid: Marcial Pons, 2012.

LEMKE, Gisele. *Imposto de renda:* os conceitos de renda e de disponibilidade econômica e jurídica. São Paulo: Dialética, 1998.

LIMA, Cirne. *Princípios de direito administrativo*. 7. ed. São Paulo: Malheiros, 2007.

LOPES, Miguel Maria de Serpa. *Curso de direito civil*. Rio de Janeiro: Freitas Bastos, 1989. v. I.

_____. *Curso de direito civil*. Rio de Janeiro: Freitas Bastos, 1989. v. II.

MACARINI, Paulo. Inincidência do imposto de renda sobre a diferença entre o custo de aquisição e o preço pago à pessoa física por bem expropriado. *Revista de Direito Tributário*. São Paulo, Revista dos Tribunais, 1980, 13/14: 309-320.

MACCORMICK, Neil. *Argumentação jurídica e teoria do direito*. Tradução deWaldéa Barcellos. São Paulo: Martins Fontes, 2006.

_____. *Institutions of law, an essay in legal theory*. New York: Oxford University Press, 2007, reprinted 2009.

MACCORMICK, Neil. *Practical reason in law and morality*. New York: Oxford University Press, 2011.

_____. *Razonamiento jurídico y teoría del derecho* (Derecho y Argumentación nº 13) (Spanish Edition). Palestra Editores. 2019. Edição Kindle

_____. *Retórica y estado de derecho:* una teoría del razonamiento jurídico (Derecho & Argumentación nº 5) (Spanish Edition) (Locais do Kindle 5). Palestra Editores. 2016. Edição Kindle.

MACEDO JUNIOR, Ronaldo Porto; BARBIERI, C. H. C. (Orgs.). *Direito e interpretação:* racionalidades e instituições. 1. ed. São Paulo: Saraiva, 2011.

MACHADO SEGUNDO, Hugo de Brito. Algumas notas sobre as desigualdades econômicas e sua relação com o direito tributário. In: QUEIROZ, Luís C. S. de; PAULA, Daniel Giotti de. (Orgs.). *30 anos da Constituição brasileira*. 1. ed. Rio de Janeiro: Ágora21, 2019, v. 1, pp. 207-248.

MACHADO, Brandão. *Imposto de renda:* conceitos, princípios, comentários. Breve exame crítico do art. 43 do CTN. São Paulo: Atlas, 1996.

MACHADO, Brandão. Prefácio e notas. In: HARTZ, Wilhelm. *Interpretação da lei tributária:* conteúdo e limites do critério econômico. Tradução de Brandão Machado. São Paulo: Resenha Tributária, 1993.

MACHADO, Hugo de Brito. A supremacia constitucional e o imposto de renda. In: *Imposto de renda:* conceitos, princípios, comentários. São Paulo: Atlas, 1996.

_____. *A tributação do lucro e a compensação de prejuízos. Imposto de renda:* questões atuais e emergentes. São Paulo: Dialética, 1995, 51-57

_____. *Comentários ao Código Tributário Nacional.*São Paulo: Atlas, 2003. v. 1.

_____. *Comentários ao Código Tributário Nacional.*São Paulo: Atlas, 2004. v. 2.

_____. *Comentários ao Código Tributário Nacional.*São Paulo: Atlas, 2009. v. 3.

_____. *Curso de direito tributário.* São Paulo: Malheiros, 2001.

_____. Indenizações e impostos de renda. In: *Imposto de renda e ICMS – Problemas jurídicos*, São Paulo: Dialética, 1995.

_____. O âmbito constitucional do tributo e alguns dispositivos da Lei nº 9.249, de 26/12/95. In: *Imposto de renda:* alterações fundamentais. São Paulo: Dialética, 1996.

_____. Tributação autônoma de operações de renda fixa e operações em bolsas. *Repertório IOB de jurisprudência 8/93*, São Paulo, IOB, 1993.

MACHADO, Hugo de Brito. Impostos federais na vigente Constituição. In: QUEIROZ, Luís C. S. de; PAULA, Daniel Giotti de. (Orgs.). *30 anos da Constituição brasileira.* 1. ed. Rio de Janeiro: Ágora21, 2019, v. 1, pp. 183-206.

MAIA, Antonio Cavalcanti. As transformações dos sistemas jurídicos contemporâneos: apontamentos acerca do neoconstitucionalismo. *Revista Diálogo Jurídico*, nº 16, maio-jun.-jul.-ago. 2007.

MARRARA, Thiago. A boa-fé do administrado e do administrador como fator limitativo da discricionariedade administrativa. *Revista de Direito Administrativo*, Rio de Janeiro, v. 259, pp. 207 -247, jan./abr. 2012.

MARTINEZ, Gregorio Peces-Barba. *Lecciones de derechos fundamentales.* Madri: Editorial Dykinson, 2004.

MARTINS, Ives Gandra da Silva (Org.) et al. Elisão e evasão fiscal. *Caderno de Pesquisas Tributárias*, v. 13, São Paulo, Resenha Tributária, 1988

MARTINS, Ricardo Marcondes. *Regulação administrativa à luz da Constituição Federal.* São Paulo: Malheiros Editores, 2011.

MAURER, Hartmut. *Direito administrativo geral.* Tradução de Luís Afonso Heck. Barueri: Manole, 2006.

MAZZA, Alexandre. *Manual de direito administrativo.* 5. ed. São Paulo: Saraiva, 2015.

MEDAUAR, Odete. *Direito administrativo em evolução.* São Paulo: Revista dos Tribunais, 2003.

_____. *Direito administrativo moderno.* 6. ed. São Paulo: Revista dos Tribunais, 2005.

MEIRELLES, Hely Lopes. *Direito administrativo brasileiro.* 30. ed. São Paulo: Revista dos Tribunais, 2005.

MELO, José Eduardo Soares de. *Curso de direito tributário.* São Paul: Dialética, 1997.

_____. *ICMS – teoria e prática.* São Paulo: Dialética, 1995.

_____. Imposto sobre a renda e proventos de qualquer natureza. *Caderno de pesquisas tributárias* nº 11. São Paulo, Resenha Tributária, 1986, 293-342.

MELLO, Celso Antônio Bandeira de. *Curso de direito administrativo.* 31.ed. São Paulo: Malheiros, 2014.

_____. Discricionariedade e controle jurisdicional. 2. ed. São Paulo: Malheiros, 2008.

MELLO, Celso Antônio Bandeira de. *Grandes temas de direito administrativo.* São Paulo: Malheiros, 2009.

MELLO, Gustavo Miguez de. Imposto sobre a renda e proventos de qualquer natureza. *Caderno de pesquisas tributárias* nº 11. São Paulo, Resenha Tributária, 1986, 157-244.

MENDONCA, Daniel. *Los derechos em juego – conflito y blance de derechos*. Madrid: Tecnos, 2003.

MICHELI, Gian Antônio. *Curso de direito tributário*. Tradução de Marco Aurélio Greco e Pedro Luciano Marrey Jr. São Paulo: Revista dos Tribunais, 1978.

MIRANDA, Pontes. *Tratado de direito privado*. Rio de Janeiro: Borsoi, 1955. t. V.

MOLINA, Pedro M. H. *Capacidad económica y sistema fiscal:* análisis del ordenamiento español a luz del derecho alemán. Madri: Marcial Pons, 1998.

MORAES, Bernardo Ribeiro de. O objeto e o fato gerador do imposto de renda. In: *Imposto de renda:* conceitos, princípios, comentários. São Paulo: Atlas, 1996.

_____. *Tributação das atividades ilícitas. Interpretação no direito tributário*. São Paulo: Saraiva-EDUC, 1975.

MORAES, Vera Cecília Mattos Vieira. *Formas de lançamento no imposto de renda*. Dissertação de mestrado, São Paulo, USP, 1989.

MOREIRA NETO, Diogo de Figueiredo. *Curso de direito administrativo*. 16. ed. Rio de Janeiro: Forense, 2014.

MORESO, J. J. Diez tesis sobre el neoconstitucionalismo (y dos razones a favor del positivismo jurídico). i-Latina 1 (2019): 1-42 DOI: 10.14198/i-Latina.2019.1.07. El texto completo de esta licencia está disponible en: <http://creativecommons.org/licenses/by-nc-sa/2.5/es/legalcode.es>.

_____. El reino de los derechos y la objetividad de la moral. *Cartapacio de Derecho: Revista Virtual de la Facultad de Derecho*, ISSN-e 1850-0722, nº 4, 2003.

_____. (2015). Sobre la determinación normativa: lagunas de reconocimiento, lagunas normativas y antinomias. *Anuario de Filosofía del Derecho XXXI*, 55-72.

_____. Teoría del derecho y neutralidad valorativa. *Doxa* 31-2008.

_____: NAVARRO, P., & REDONDO, M. C. (Diciembre de 2001). Sobre la lógica de las lagunas en el derecho. *Crítica, Revista Hispanoamericana de Filosofía*. v. 33, nº 99, 47-73.

_____; REDONDO, Maria Cristina. (Eds.). *Un diálogo con la teoría del derecho de Eugenio Bulygin*. Madrid: Marcial Pons, 2007.

_____; VILAJOSANA, J. M. *Introducción a la teoría del derecho*. Madrid: Marcial Pons, 2004.

MOSQUERA, Roberto Quiroga. *Renda e proventos de qualquer natureza:* o imposto e o conceito constitucional. São Paulo: Dialética, 1996.

MÜLLER, Friedrich. *Métodos de trabalho de direito constitucional*. Rio de Janeiro: Renovar, 2005.

MÜLLER, Friedrich. Tesis acerca de la estructura de las normas jurídicas. CEPC: Madrid, 1989.

NARDI, Luciana Sant'ana. *Discricionariedade administrativa e "discricionariedade técnica"*. Dissertação de Mestrado aprovada pela Pontifícia Universidade Católica de São Paulo. Orientadora: Dinorá Adelaide Musetti Grotti, 2009. Disponível em: <https://goo.gl/Mc0ev0>.

NAVARRO, P. E. (mayo de 2013). Lagunas, Permisos y Discreción. *Análisis Filosófico XXXIII* nº1, 103-123.

_____. (abril de 2011). Normas permisivas y clausura de los sistemas normativos. *Isonomía* nº 34, 109-139.

NEVES, Marcelo. *A constitucionalização simbólica*. São Paulo: Acadêmica, 1994.

_____. *Teoria da inconstitucionalidade das leis*. São Paulo: Saraiva, 1988.

NINO, Carlos Santiago. *Introducción al análisis del derecho*. Buenos Aires: Editorial Astrea, 1995.

_____. *La validez del derecho*. Buenos Aires: Editorial Astrea, 1984.

NOBRE JÚNIOR, Edilson Pereira. Há uma discricionariedade técnica? *Revista do Programa de Pós-Graduação em Direito da Universidade Federal da Bahia*, nº 28, v. 25. Salvador, 2016, pp. 107-148. Disponível em: <https://goo.gl/H4ZzlU>.

NOGUEIRA, Rui Barbosa. *Curso de direito tributário*. São Paulo: Saraiva, 1995.

OLIVEIRA, Fernanda Paula. *A discricionariedade de planeamento urbanístico municipal na dogmática geral da discricionariedade administrativa*. Coimbra: Almedina, 2011.

OLIVEIRA, Gustavo da Gama Vital de. *Cláusulas pétreas financeiras e tributárias*. Rio de Janeiro: Gramma, 2019.

OLIVEIRA, José Marcos Domingues. *Capacidade contributiva – conteúdo e eficácia do princípio*. Rio de Janeiro: Renovar, 1998.

OLIVEIRA, Ricardo Mariz de. A extinção da correção monetária das demonstrações financeiras – a tributação das variações monetárias ativas – a vedação da dedutibilidade de despesas e custos necessários. In: *Imposto de renda*: alterações fundamentais. São Paulo: Dialética, 1996.

OLIVEIRA, Ricardo Mariz de. Imposto sobre a renda e proventos de qualquer natureza. *Caderno de Pesquisas Tributárias* nº 11. São Paulo, Resenha Tributária, 1986, pp. 411-452.

OLIVEIRA, Ricardo Mariz de. *Fundamentos do imposto de renda*. São Paulo: Quartier Latin, 2008.

_____. Os princípios fundamentais do imposto de renda e a tributação das aplicações financeiras. *Repertório IOB de jurisprudência 4/93*, São Paulo, IOB, 1993.

ORTEGA Y GASSET, J. (1983). *Obras Completas 1*. Madrid: Alianza Editorial.

OSÓRIO, Fábio Medina. *Os limites da discricionariedade técnica e as provas objetivas nos concursos públicos de ingresso nas carreiras jurídicas. Fundamentos do Estado de direito*: estudos em homenagem ao professor Almiro do Couto e Silva. Humberto Ávila (Org.). São Paulo: Malheiros Editores, 2005, pp. 238-261.

PAIVA, Ormezindo. Periodicidade do imposto de renda II. *Revista de Direito Tributário*, São Paulo, Malheiros, 63:40-68.

PAULSEN, Leandro. *Direito tributário:* Constituição e Código Tributário à luz da doutrina e da jurisprudência. Porto Alegre: Livraria do Advogado, 2013.

PAZOS CROCITTO, J. I. (Febrero de 2018). Lagunas jurídicas: una nueva reflexión sobre un problema jurídico recurrente. *Revista Jurídica AMFJN* nº 1, 1-43.

PEDREIRA, José Luiz Bulhões. *Finanças e demonstrações financeiras da companhia*. Rio de Janeiro: Forense, 1989.

_____. *Imposto de renda*. Rio de Janeiro: Justec, 1971.

_____. Imposto de renda – lucro da pessoa jurídica – compensação de prejuízos, *Revista de Direito Administrativo*. Rio de Janeiro, Renovar, 1997, 207:379-404.

_____. *Imposto sobre a renda – pessoas jurídicas*. Rio de Janeiro: Justec, 1979.

PEIRCE, Charles S. *Semiótica*. São Paulo: Perspectiva, 1995.

PEREIRA, Caio Mário da Silva. *Instituições de direito civil*. Rio de Janeiro: Forense, 1993. v. I.

PEREIRA, Caio Mário da Silva. *Instituições de direito civil.* Rio de Janeiro: Forense, 1991. v. II.

PEREIRA, Caio Mário da Silva. *Instituições de direito civil.* Rio de Janeiro: Forense, 1992. v. III.

PEREIRA, Cesar A. Guimarães. Discricionariedade e apreciações técnicas da administração. *Revista de Direito Administrativo,* v. 231. Rio de Janeiro, jan./mar. 2003,

PERELMAN, Chaïn. *Lógica jurídica.* São Paulo: Martins Fontes, 1998.

PERELMAN, Chaïn. OLBRECHTS-TYTECA, Lucie. Tratado da argumentação – a nova retórica. São Paulo: Martins Fontes, 1996.

PERTENCE, José Paulo Sepúlveda; BARROSO, Luís Roberto. Resolução da Anvisa que proíbe o uso nos cigarros de ingredientes que não oferecem risco à saúde. Invalidade formal e material da medida. Incompetência, desvio de finalidade e asfixia regulatória [parecer]. *Revista de Direito Administrativo,* v. 269. Rio de Janeiro, mai./ago. 2015, p. 281-320.

PIETRO, Maria Sylvia Zanella Di. Da constitucionalização do direito administrativo: reflexos sobre o princípio da legalidade e discricionariedade administrativa. *Atualidades Jurídicas – Revista do Conselho Federal da Ordem dos Advogados do Brasil,* Belo Horizonte, ano 2, v. 2, pp. 83-106, jan./jul. 2012.

_____. *Discricionariedade Administrativa na Constituição de 1988.* 2. ed. São Paulo: Atlas, 2003.

_____; RIBEIRO, Carlos Vinícius Alves Ribeiro (Coord.). *Supremacia do interesse público:* e outros temas relevantes do direito administrativo. Rio de Janeiro: Atlas, 2010.

PINO, G. (2017). La teoría del razonamiento judicial de Manuel Atienza. Notas al margen. En J. Aguiló Regla, & P. P. Grández Castro, *Sobre el razonamiento judicial. Una discusión con Manuel Atienza* (pp. 305-327). Lima: Palestra Editores.

PINTO, Feleipe Kertesz Renault; OLIVEIRA, Gustavo da Gama Vital de. Estabelecimento permanente e as novas tecnologias: um conceito em mutação? In: QUEIROZ, Luís C. S. de; PAULA, Daniel Giotti de. (Orgs.). *30 anos da Constituição brasileira.* 1. ed. Rio de Janeiro: Ágora21, 2019, v. 1, pp. 155-181.

PIRAS, Aldo. "Discrezionalità amministrativa" [verbete]. *Enciclopedia del diritto.* Milano: Giuffrè Editore, 1964, v. XIII, pp. 65-91.

PIRES, Luis Manuel Fonseca. *Controle judicial da discricionariedade administrativa: dos conceitos jurídicos indeterminados às políticas públicas.* Rio de Janeiro: Elsevier, 2008.

PONTES DE MIRANDA, Francisco Cavalcante. *Comentários à Constituição de 1967.* 3. ed. Rio de Janeiro: Forense, 1987. t. V.

POPPER, Karl R. *A lógica da pesquisa científica.* São Paulo: Cultrix, 1974.

_____; ECCLES, John C. *O cérebro e o pensamento.* Tradução de Silvio Meneses Garcia. Brasília: Universidade de Brasília, 1992.

POZZOLLO, Susanna. Um constitucionalismo ambíguo. In: CARBONELL, Miguel. *Neoconstitucionalismo (s).* Trotta: Madrid, 2003, pp. 217-267.

PRATES, Marcelo Madureira. *Sanção administrativa geral:* anatomia e autonomia. Coimbra: Almedina, 2005.

PRIEL, Dan. El modelo científico de la teoría del derecho. In: FERRER BELTRÁN, Jordi; MORESO, José Juan y PAPAYANNIS, Diego M. (eds.). *Neutralidad y teoría del derecho.* Madrid: Marcial Pons, 2012.

PRIETO SANCHÍS, L. (2007). *Apuntes de teoría del derecho.* Madrid: Trotta.

QUEIRÓ, Afonso Rodrigues. A teoria do "desvio de poder" em direito administrativo [1. parte]. *Revista de Direito Administrativo*, v. 6, Rio de Janeiro, out./dez. 1946, pp. 41-78.

_____. A teoria do "desvio de poder" em direito administrativo [2. parte]. *Revista de Direito Administrativo*, v. 7. Rio de Janeiro, jan./mar. 1947, pp. 52-80.

_____. Estudos de direito administrativo. Atlântida: Coimbra, 1968.

_____. Os limites do poder discricionário das autoridades administrativas. *Revista de Direito Administrativo*, v. 97. Rio de Janeiro, jul./set. 1969, pp. 01-08.

QUEIROZ, L. C. S. A responsabilidade tributária e os atos de reorganização societária. O direito tributário: entre a forma e o conteúdo. 1. ed. São Paulo: Noeses, 2014, v. 1, pp. 777-820.

_____. A competência para instituir impostos no Brasil e a discussão acerca dos conceitos constitucionais. In: QUEIROZ, Luís C. S. de; PAULA, Daniel Giotti de. (Org.). *30 anos da Constituição brasileira.* 1. ed. Rio de Janeiro: Ágora21, 2019, v. 1, pp. 311-345.

_____. A importância da Constituição para a identificação das espécies tributárias e produção das respectivas normas. In: FUX, Luiz; QUEIROZ, Luís Cesar Souza de Queiroz; ABRAHAM, Marcus (Org.). *Tributação e justiça fiscal.* Rio de Janeiro: LMJ Mundo Jurídico, 2014, pp. 69-106.

_____. A mutação constitucional tributária e o princípio da irretroatividade – justiça e segurança. In: BORJA, Célio; RIBEIRO, Ricardo Lodi (Org.). *Temas de direito público.* Estudos em homenagem ao Professor Flávio Bauer Novelli. v. 2. Tributação e Desenvolvimento. 1. ed. Rio de Janeiro: Multifoco, 2015, v. 1, pp. 350-373.

_____. Competência tributária e interpretação constitucional – o caso das bases de cálculo do ICMS, da COFINS e do PIS e a visão do STF. In: QUEIROZ, Luís Cesar Souza de; ABRAHAM, Marcus; CAMPOS, Carlos Alexandre de Azevedo (Org.). *Estado fiscal e tributação.* 1. ed. Rio de Janeiro: LMJ Mundo Jurídico, 2015, v. 1, pp. 1-37.

_____. Controle de constitucionalidade, mutação jurídica e coisa julgada tributária – reflexos sobre a prescrição e decadência em matéria tributária. In: QUEIROZ, Luís Cesar Souza de; OLIVEIRA, Gustavo da Gama Vital de (Org.). Tributação constitucional, justiça fiscal e segurança jurídica. 2. ed. Rio de Janeiro: LMJ Mundo Jurídico, 2018, v. 1, pp. 1-44.

_____. Critério finalístico e o controle de constitucionalidade das contribuições. In: CARVALHO, Paulo de Barros (Org.). *Sistema tributário brasileiro e a crise atual.* São Paulo: Noeses, 2009, pp. 631-666.

_____. Devolução de bens ao sócio pessoa física em redução de capital para fins de alienação – a fronteira entre a elisão e a evasão. In: GOMES, Marcus Lívio; OLIVEIRA, Francisco Marconi de (Org.). *Estudos tributários e aduaneiros do IV Seminário CARF.* 1. ed. Brasília: CARF, 2019, v. 1, pp. 165-2132.

_____. Fato gerador. In: ROCHA, Sérgio André (Org.). *Curso de direito tributário.* 1. ed. São Paulo: Quartier Latin, 2011, v. 1, pp. 281-348.

QUEIROZ, L. C. S. Imposto sobre a renda e segurança jurídica. In: AZEVEDO, Carlos Alexandre de; OLIVEIRA, Gustavo da Gama; MACEDO, Marco Antonio Ferreira (Org.). *Direitos fundamentais e estado fiscal*: estudos em homenagem a Ricardo Lobo Torres. 1. ed. Salvador: JusPodivm, 2019, v. 1, pp. 441-467.

_____. Imposto sobre a renda – irretroatividade e anterioridade – os riscos da não aplicação pelo STF. In: CARVALHO, Paulo de Barros (Org.). *Tributação e processo.* São Paulo: Noeses, 2007, pp. 359-393.

_____. Imposto sobre a renda – o conceito constitucional de renda e a recente visão do STF. In: QUEIROZ, Luís C. S. de; GOMES, Marcus Lívio (Org.). *Finanças públicas, tributação e desenvolvimento.* 1. ed. Rio de Janeiro: Freitas Bastos, 2015, v. 1, pp. 231-262.

_____. Imposto sobre a renda, os princípios da irretroatividade e da anterioridade e a Súmula 584 do STF. In: GOMES, Marcus Lívio; VELLOSO, Andrei Pitten (Org.). *Sistema constitucional tributário:* dos fundamentos teóricos aos hard cases tributários: estudos em homenagem ao ministro Luiz Fux. 1. ed. Porto Alegre: Livraria do Advogado Editora, 2014, v. 1, pp. 79-98.

_____. *Imposto sobre a renda: requisitos para uma tributação constitucional.* Rio de Janeiro: GZ, 2017.

_____. Justiça e segurança na tributação: a aplicabilidade do princípio da irretroatividade aos casos de mutação normativa promovida pelo poder judiciário. In: ARAÚJO, Fernando; OTERO, Paulo; GAMA, João Taborda da (Org.). *Estudos em memória do professor doutor J. L. Saldanha Sanches.* 1. ed.Coimbra: Coimbra Editora, 2011, v. III, pp. 377-408.

_____. Limites do planejamento tributário. In: SCHOUERI, Luís Eduardo (Org.). *Direito tributário? Homenagem a Paulo de Barros Carvalho.* São Paulo: Quartier Latin, 2008, pp. 735-758.

_____. Mandado de injunção e inconstitucionalidade por omissão. *Cadernos de Direito Constitucional e Ciência Política.* São Paulo, Revista dos Tribunais, 1998, 23: 197-237.

_____. Omissão de receita como causa de arbitramento – questões controversas. In: CARVALHO, Paulo de Barros; SOUZA, Priscila de (Org.). *XVI Congresso Nacional de Estudos Tributários.* 1. ed. São Paulo: Noeses, 2019, v. 1, pp. 737-764.

_____. Regra matriz de incidência tributária. In: SANTI, Eurico Marcos Diniz de (Org.). *Curso de especialização em direito tributário.* Rio de Janeiro: Forense, 2009, pp. 223-260.

_____. *Responsabilidade tributária objetiva no direito tributário (e aduaneiro). Sistema tributário brasileiro e as relações internacionais.* 1. ed. São Paulo: Noeses, 2013, v. 1, pp. 723-772.

_____. Solidariedade tributária e individualização da sanção pecuniária em matéria tributária: artigos 124 x 112, do CTN. In: CARVALHO, Paulo de Barros; SOUZA, Priscila de (Org.). *Racionalização do sistema tributário.* 1, ed.São Paulo: Noeses, 2017, v. 1, pp. 771-805.

QUEIROZ, L. C. S. *Sujeição passiva tributária.* 3. ed. Rio de Janeiro: GZ, 2016.

_____; SAUNDERS, A. P. O Projeto BEPS da OCDE e o Plano de Ação 3: Fortalecimento das Regras de CFC suas atualizações no cenário global. In: GOMES, Marcus Lívio; SCHOUERI, Luís Eduardo (Org.). *A tributação internacional na Era pós-BEPS*: soluções globais e peculiaridades de países em desenvolvimento. 2. ed. Rio de Janeiro: Lumen Juris, 2019, v. 1, pp. 97-116.

RÁO, Vicente. Ato jurídico. São Paulo: Max Limonad, 1964.

RÁO, Vicente. *O direito e a vida dos direitos.* São Paulo: Max Limonad, 1952.

RAWLS, John. *Justiça como equidade:* uma reformulação. Tradução de Claudia Berliner. São Paulo: Martins Fontes, 2003.

RAZ, Joseph. *Ethics in the public domain – Essays in the morality of law and politics.* Oxford: Clarendon Press. Oxford. 1994.

_____. *The authority of law. Essays in law and morality.* Oxford: Oxford University, 1979.

_____; ALEXY, Robert; BULYGIN, Eugenio. *Uma discussão sobre a teoria do direito.* Tradução de Sheila Stolz. São Paulo: Marcial Pons, 2013.

REALE, Miguel. *Filosofia do direito.* São Paulo, 2002.

_____. *Fontes e modelos do direito.* São Paulo, Saraiva, 1994.

REIS, Sebastião. Conceito constitucional de renda e proventos de qualquer natureza na jurisprudência, *Revista de Direito Tributário*, São Paulo, Revista dos Tribunais, 1987, 39: 148-158.

RENCK, Renato Romeu. *Imposto de renda da pessoa jurídica:* critérios constitucionais de apuração da base de cálculo: uma proposta de interpretação sistemática do direito. Porto Alegre: Livraria do Advogado, 2001.

RIBEIRO, Maria de Fátima. Considerações sobre o imposto de renda na Constituição de 1988. *Imposto de renda – estudos* nº 13. São Paulo, Resenha dos Tribunais, 1990.

RIBEIRO, Ricardo Lodi. *Limitações constitucionais ao poder de tributar.* Rio de Janeiro: Lumen Juris, 2010.

_____. *Segurança jurídica do contribuinte:* legalidade, não surpresa e proteção à confiança legítima. Rio de Janeiro: Lumen Juris, 2008.

ROBLES, Gregório. *O direito como texto – quatro estudos de teoria comunicacional do direito.* São Paulo: Manole, 2005.

ROCHA, Jaqueline Mainel. Discricionariedade técnica e poder normativo das agências reguladoras brasileiras. Limites jurídicos da regulação e defesa da concorrência. Antonio Fonseca (org.). Porto Alegre: Sergio Antonio Fabris Editor, 2003, pp. 135-215.

ROCHA, Sérgio André. *Da lei à Decisão: A Segurança Jurídica Tributária Possível na Pós-Modernidade.* Rio de Janeiro: Lumem Juris, 2017.

ROCHA, Sérgio André. Sobre o direito a um processo administrativo com duração razoável. In: FUX, Luiz; QUEIROZ, Luís Cesar Souza de Queiroz; ABRAHAM, Marcus (Org.). *Tributação e justiça fiscal.* Rio de Janeiro: LMJ Mundo Jurídico, 2014, pp. 117-130.

ROCHA, Valdir de Oliveira. "Imposto de renda e compensação de prejuízos". In: *Imposto de renda e ICMS: problemas jurídicos.* São Paulo, Dialética, 1995.

RODRÍGUEZ, J. L. (2003). Naturaleza y Lógica de las proposiciones normativas. Contribución en homenaje a G. H. Von Wright. *Doxa: Cuadernos de Filosofía del Derecho Nº 26*, 87-109.

RODRÍGUEZ, J. L. (2005). La imagen actual de las lagunas en el derecho. En F. Atria, E. BULYGIN, P. E. Navarro, J. Ruiz Manero, J. L. Rodríguez, & J. J. Moreso, *Lagunas en el derecho* (págs. 127-157). Madrid: Marcial Pons.

RODRÍGUEZ, J. L. (Enero de 2015). Sistemas normativos, lagunas jurídicas y clausura lógica. *Anuario de Filosofía del Derecho Núm. XXXI*, 11-34. 61

RODRÍGUEZ, Jorge L. Normas, verdad y enunciados acerca del derecho. In FERRER BELTRÁN, Jordi; MORESO, José Juan y PAPAYANNIS, Diego M. (eds.). Neutralidad y teoría del derecho, Madrid, Marcial Pons, 2012.

ROLIM, João Dácio. "A compensação de prejuízos fiscais – condições de juridicidade e necessidade – o direito comparado e o direito brasileiro". In: *Imposto de renda e ICMS: problemas jurídicos.* São Paulo, Dialética, 1995.

ROLIM, João Dácio. "A dedutibilidade das provisões referentes às obrigações tributárias - Artigos 7º e 8º da Lei nº 8.541/92 - Imposto de renda - Aspectos constitucionais". *Imposto de Renda - Estudos 39*. São Paulo, Resenha Tributária, 1994.

ROMAN, Flavio José. Controle judicial da Administração Pública reguladora. Revista de direito bancário do mercado de capitais e da arbitragem, v. 64. São Paulo, abr./jun. 2014, pp. 169-195.

ROMAN, Flavio José. *Discricionariedade técnica na regulação econômica*. São Paulo: Saraiva, 2013.

_____. *Intervenções da Administração Pública na economia*: o problema da discricionariedade técnica. Intervenção do estado no domínio econômico e no domínio social: homenagem ao professor Celso Antônio Bandeira de Mello. Priscilia Sparapani; Renata Porto Adri (Coord.). Belo Horizonte: Fórum, 2010, pp. 89-125.

_____. O controle da discricionariedade da Administração pelo princípio constitucional da proporcionalidade. *Revista de Direito Constitucional e Internacional*, ano 17, v. 67. São Paulo, abr./jun. 2009, pp. 52-106.

_____. *Os regulamentos e as exigências da legalidade*: estudo sobre a viabilidade dos regulamentos delegados no ordenamento jurídico brasileiro. Dissertação de Mestrado aprovada pela Pontifícia Universidade Católica de São Paulo. Orientador: Sílvio Luís Ferreira da Rocha, 2007. Disponível em: <https://goo.gl/6Q78as>.

RORTY, Richard. A trajetória do pragmatista. In: ECO, Umberto. *Interpretação e superinterpretação*. São Paulo: Martins Fontes, 2005, pp. 105-127.

ROSS, Alf. *Sobre el derecho y la justicia*. Buenos Aires: Editorial Universitaria de Buenos Aires, 1994.

RUGGIERO, Roberto de. *Instituições de direito civil*. São Paulo, Saraiva, 1971. v. 1, 2, 3.

RUIZ MANERO, J. (2005). Algunas concepciones del derecho y sus lagunas. En ATRIA, F. et al., *Lagunas en el derecho* (pp. 103-126). Madrid: Marcial Pons.

SADDY, André. Elementos essenciais da definição de discricionariedade administrativa. *Revista de Estudos Constitucionais, Hermenêutica e Teoria do Direito*, v. 7, nº 2, pp. 147-165, maio/ago. 2015.

SANCHÍS, Luis Pietro. *Justicia constitucional y derechos fundamentals*. Trotta: Madrid, 2003. 67

SANT'ANA, Diogo de. *Conjuntura da regulação no Brasil:* conflitos e convergências. Direito econômico regulatório. Mario Gomes Schapiro (coord.). São Paulo: Saraiva, 2010, pp. 363-392.

SANTI, Eurico Marcos Diniz de. *Decadência e prescrição no direito tributário*. São Paulo: Max Limonad, 2000.

_____. *Lançamento tributário*. São Paulo: Max Limonad, 1999.

SANTOS, J. M. Carvalho. *Código civil brasileiro interpretado*. Rio de Janeiro, Freitas Bastos, 1961. v. II.

SARLET, Ingo Wolfgand. *A eficácia dos direitos fundamentais*. 6. ed. Porto Alegre: Livraria do Advogado, 2006.

SARMENTO, Daniel. Interpretação constitucional, pré-compreensão e capacidades institucionais do intérprete. In: SOUZA NETO, Claudio Pereira de; SARMENTO, Daniel e BINEMBOJN, Gustavo (Orgs.). *Por um constitucionalismo inclusivo*. Rio de Janeiro: Lumen Juris, 2009.

SARMENTO, Daniel. Ubiquidade constitucional: os dois lados da moeda. In: SOUZA NETO, Cláudio Pereira de; SARMENTO, Daniel (Coords.). *A constitucionalização do direito:* fundamentos teóricos e aplicações específicas. Rio de Janeiro: Lumen Juris, 2007.

SCHAUER, Frederick. Necesidad, importancia y naturaleza del derecho. In: FERRER BELTRÁN, Jordi; MORESO, José Juan y PAPAYANNIS, Diego M. (Eds.). *Neutralidad y teoría del derecho.* Madrid: Marcial Pons, 2012.

SCHIER, Paulo Ricardo. *Direito constitucional:* anotações nucleares. Curitiba: Juruá, 2005.

SCHIRATO, Vitor Rhein. Discricionariedade e poder sancionador: uma breve análise da proposta de regulamento da Anatel. *Revista de Direito Público da Economia*, ano 6, nº 23. Belo Horizonte, out./dez. 2008, pp. 103-121.

SCHOUERI, Luís Eduardo. *Direito tributário.* 3. ed. São Paulo: Saraiva, 2013.

_____. (Org.). *Direito tributário – homenagem a Paulo de Barros Carvalho.* São Paulo: Quartier Latin, 2008.

SEABRA, Antonio Fernando. *Deslocamento do fato gerador – exigência de recolhimento antecipado do ICM e outros temas tributários.* São Paulo, José Bushatsky, 1982.

SEGURA ORTEGA, M. (1989). El problema de las lagunas en el derecho. *Anuario de Filosofía del Derecho VI*, 285-312.

_____. (1998). *Manual de teoría del derecho.* Madrid: Centro de Estudios Ramón Areces.

_____. (2019). El problema de las lagunas en el derecho. En M. SEGURA ORTEGA, S. Laborde, & E. Zitelmann, *Las lagunas del derecho* (pp. 9-46). Santiago de Chile: Ediciones Olejnik.

SHAPIRO, Scott. ¿Qué es el derecho (y por qué debería importarnos)? In: FERRER BELTRÁN, Jordi; MORESO, José Juan y PAPAYANNIS, Diego M. (Eds.). *Neutralidad y teoría del derecho.* Madrid: Marcial Pons, 2012.

SHECAIRA, Fábio P.; STRUCHINER, Noel. *Teoria da argumentação jurídica.* Rio de Janeiro: PUC-Rio. Contraponto, 2016.

SILVA, Almiro do Couto e. *Correção de prova de concurso público e controle jurisdicional.* Direito público: estudos em homenagem ao Professor Adilson Abreu Dallari. Luiz Guilherme da Costa Wagner Júnior (Coord.). Belo Horizonte: Del Rey, 2004, pp. 13-30.

SILVA, José Afonso da. *Aplicabilidade das normas constitucionais.* São Paulo: Malheiros, 1998.

_____. *Curso de direito constitucional positivo.* São Paulo: Malheiros, 2001.

SILVA, Virgílio Afonso da. *Direitos fundamentais:* conteúdo essencial, restrições e eficácia. São Paulo: Malheiros, 2009.

SOSA WAGNER, F. (2005). *Maestros alemanes del derecho público.* Madrid: Marcial Pons.

SOUSA, António Francisco de. Os "conceitos legais indeterminados" no direito administrativo alemão. *Revista de Direito Administrativo*, v. 166. Rio de Janeiro, out./dez. 1986, pp. 276-291.

SOUZA LIMA, J. B. de. *As mais antigas normas de direito.* Rio de Janeiro: Forense, 1983.

SOUZA NETO, Cláudio Pereira de; SARMENTO, Daniel. *Direito constitucional*: teoria, história e métodos de trabalho. 2. ed. Belo Horizonte: Fórum, 2014.

SOUZA, Antônio Francisco de. *Conceitos indeterminados no direito administrativo.* Coimbra: Almedina, 1994.

SOUZA, João Batista de. *Considerações sobre o fato gerador do imposto de renda.* Dissertação de mestrado. São Paulo, USP, 1981.

SOUZA, Rubens Gomes de. A evolução do conceito de rendimento tributável. *Revista de Direito Público*. São Paulo, Revista dos Tribunais, 1970, 339-346.

_____. A reforma tributária no Brasil. *Revista de Direito Administrativo*. Rio de Janeiro, Fundação Getulio Vargas, 1967, 87: 1-16.

_____. As modernas tendências do direito tributário. *Revista de Direito Administrativo*. Rio de Janeiro, Fundação Getulio Vargas, 1963, 74: 1-32.

_____. *Compêndio de legislação tributária*. São Paulo, Resenha Tributária, 1981.

_____. Imposto de renda - Amortização das ações das sociedades anônimas, *Revista de Direito Administrativo*, Rio de Janeiro, Fundação Getulio Vargas, 1957, 49: 475-493.

_____. O fato gerador do imposto de renda. *Revista de Direito Administrativo - Seleção Histórica*. Rio de Janeiro, Renovar, 1991, 167-187.

_____. O sistema tributário federal. *Revista de Direito Administrativo*. Rio de Janeiro, Fundação Getulio Vargas, 1963, 72: 1-22.

_____. Pareceres - 1 - Imposto de renda. São Paulo, *Resenha Tributária*, 1975.

_____. Pareceres - 2 - Imposto de renda. São Paulo, *Resenha Tributária*, 1975.

_____. Pareceres - 3 - Imposto de renda. São Paulo, *Resenha Tributária*, 1976.

_____; ATALIBA, Geraldo; CARVALHO, Paulo de Barros. *Comentários ao Código Tributário Nacional:* parte geral. São Paulo, Revista dos Tribunais, 1985.

_____ et al. *Interpretação no direito tributário*. São Paulo: Saraiva, EDUC, 1975.

STEIN, Ernildo. *Aproximações sobre hermenêutica*. Porto Alegre: EDIPUCRS, 1996,

STEIN, Ernildo. Gadamer e a consumação da hermenêutica. *Problemata: R. Intern. Fil. v. 5. nº 1* (2014), pp. 204-226 ISSN 2236-8612 223.

STOBER, Rolf. *Direito administrativo económico geral:* fundamentos e princípios, direito constitucional económico. Tradução de António Francisco de Sousa. Lisboa: Universidade Lusíada Editora, 2008.

STRECK, Lenio Luiz. *O problema da decisão jurídica em tempos pós-positivistas*. 2009. Disponívelem:<http://siaiweb06.univali.br/seer/index.php/nej/article/view/1766/1406>. Acesso em: 20 set. 2013.

STRUCHINER, Noel. *Indeterminação e objetividade. Quando o direito diz o que não queremos ouvir. Direito e interpretação:* racionalidades e instituições. MACEDO JÚNIOR, Ronaldo Porto; BARBIERI, Catarina Helena Cortada (Orgs.). São Paulo: Saraiva, 2011.

SÚCAR, G. (Abril de 2009). Regla de clausura y contingencia del derecho: sobre el positivismo jurídico y la existencia de lagunas normativas. *Isonomía nº 30*, 145-182. *Swiss Civil Code of 10 December 1907 (Status as of 1 January 2017)*. (1907).

SUNDFELD, Carlos Ari. *Princípio é preguiça? Direito e interpretação:* racionalidade e instituições. MACEDO JÚNIOR, Ronaldo Porto; BARBIERI, Catarina Helena Cortada (Orgs.). São Paulo: Saraiva, 2011, pp. 289-305.

_____; CÂMARA, Jacintho Arruda. *Controle judicial dos atos administrativos: as questões técnicas e os limites da tutela de urgência*. Disponível em: <http://www.sundfeld.adv.br/ artigos.htm>. Também publicado pela Revista Interesse Público, v. 16. Porto Alegre, out./dez. 2002, pp. 23-38.

SUNSTEIN, Cass R. Acordos constitucionais sem teorias constitucionais. *Revista de Direito Administrativo*, Rio de Janeiro, v. 246, pp. 79-94, set. 2007. ISSN 2238-5177. Disponível em: <http://bibliotecadigital.fgv.br/ojs/index.php/rda/article/view/41651>. Acesso em: 04 mar. 2020. Doi:http://dx.doi.org/10.12660/rda.v246.2007.41651.

_____. Nudging: um guia (muito) resumido. *Revista Estudos Institucionais,* [S.l.], v. 3, nº 2, pp. 1023-1034/1035-1044, fev. 2018. ISSN 2447-5467. Disponível em: <https://estudos institucionais.com/REI/article/view/223/165>. Acesso em: 31 jul. 2020. Doi:https://doi.org/10.21783/rei.v3i2.223.

TÁCITO, Caio. Anulação de leis inconstitucionais. *Revista de Direito Administrativo.* Rio de Janeiro, Fundação Getulio Vargas, 1960, 59: 339-353.

TILBERY, Henry. *A tributação dos ganhos de capital.* São Paulo, Resenha Tributária, 1977.

_____. *A tributação dos ganhos de capital das pessoas jurídicas.* São Paulo, Resenha Tributária, 1978.

_____. *A tributação dos ganhos de capital:* nas vendas de participações societárias pelas pessoas físicas. São Paulo, Resenha Tributária, 1978.

_____. Imposto sobre a renda e proventos de qualquer natureza. In: *Direito tributário 3 – comentários ao Código Tributário Nacional.* São Paulo: José Bushatsky, 1975, pp. 73-131.

TILBERY, Henry. *Isenção de ganhos de capital das pessoas jurídicas.* São Paulo, Resenha Tributária, 1982.

TIPKE, Klaus. Princípio de igualdade e ideia de sistema no direito tributário. In: *Direito tributário:* estudos em homenagem ao Prof. Ruy Barbosa Nogueira. São Paulo: Saraiva, 1994.

_____; LANG, Joachim. *Direito tributário.* Porto Alegre: Sergio Antonio Fabris, 2008. v. 1.

TIPKE, Klaus. *Moral tributaria del estado y de los contribuintes.* Madrid: Marcial Pons, 2002.

TORRES, Edgard Marcelo Rocha. O controle dos atos administrativos pelos tribunais diante da nova dimensão dos conceitos de discricionariedade técnica e discricionariedade administrativa. *Seleções Jurídicas ADV.* Rio de Janeiro, jul., 2010, pp. 05-07. Também publicado na *Revista do Tribunal de Contas do Estado de Minas Gerais,* v. 76, nº 3. Belo Horizonte: jul./set. 2010, pp. 69-76.

TORRES, Ricardo Lobo. *Curso de direito financeiro e tributário.* Rio de Janeiro: Renovar, 2013.

_____. *Normas de interpretação e integração do direito tributário.* 3. ed. rev. e atual. Rio de Janeiro: Renovar, 2000.

_____. *Tratado de direito constitucional financeiro e tributário – o orçamento na Constituição.* 2. ed. rev. e atual. Rio de Janeiro: Renovar, 2000. v. V.

_____. *Tratado de direito constitucional financeiro e tributário – os* direitos humanos e a tributação: imunidades e isonomia. Rio de Janeiro: Renovar, 1999. v. III.

_____. *Tratado de direito constitucional financeiro e tributário – valores e princípios constitucionais tributários.* 2. ed. rev. e atual. Rio de Janeiro: Renovar, 2014. v. II.

COMISSÃO ESPECIAL DO CÓDIGO TRIBUTÁRIO NACIONAL. *Exposição de motivos do Ministro da Fazenda, Dr. Oswaldo Aranha, encaminhando ao Sr. Presidente da República o Projeto de Código Tributário Nacional.* Disponível em: <http://www2.senado.leg.br/ bdsf/handle/id/511517>. Acesso em: 4 mar. 2020.

TRABUCCHI, Alberto. *Istituzioni di diritto civile.* Padova, Cedam: Casa Editrice Dott Antonio Milani, 1986.

ULLMANN, Sthephen. *Semântica:* uma introdução à ciência do significado. Tradução de J. A. Osório Mateus. Lisboa, Fundação Caloute Gulbenkian, 1987.

VELLOSO, Andrei Pitten. *Conceitos e competências tributárias.* São Paulo: Dialética, 2005.

VELLOSO, Carlos Mario da Silva. Lei complementar tributária. *Revista de Direito Administrativo.* Rio de Janeiro, nº 235, mar.-jun. 2004, pp. 117-138.

VERNENGO, Roberto José. *Curso de teoria general del derecho*. Buenos Aires: Ediciones Depalma, 1988.

VILANOVA, Lourival. Analítica do dever-ser. In *Escritos jurídicos e filosóficos*. São Paulo: Noeses, 2005. v. 2

VILANOVA, Lourival. *A teoria da revolução*. Separata do anuário do mestrado da Universidade de Recife, 1979.

_____. *As estruturas lógicas e o sistema do direito positivo*. São Paulo: Revista dos Tribunais, 1977.

_____. *Causalidade e relação no direito*. São Paulo: Saraiva, 1989.

_____. *Lógica jurídica*. São Paulo: José Bushatsky, 1976.

_____. *O problema do objeto na teoria geral do estado*. Tese para cátedra de Teoria Geral do Estado, Universidade de Recife, 1953.

_____. Teoria da norma fundamental. In: *Estudos em homenagem a Miguel Reale*. Organização Teófilo Cavalcanti Filho. São Paulo: Revista dos Tribunais, 1977.

WALTON, Kevin. Metodología de la teoría del derecho: ¿Es posible una interpretación pura? In: FERRER BELTRÁN, Jordi; MORESO, José Juan y PAPAYANNIS, Diego M. (Eds.). *Neutralidad y teoría del derecho*. Madrid: Marcial Pons, 2012.

WALUCHOW, Wilfrid. Sobre la neutralidad del razonamiento conforme a una carta de derechos. In: FERRER BELTRÁN, Jordi; MORESO, José Juan y PAPAYANNIS, Diego M. (Eds.). Neutralidad y teoría del derecho. Madrid: Marcial Pons, 2012.

WANG, Daniel Wei Liang; PALMA, Juliana Bonacorsi; COLOMBO, Daniel Gama e. *Revisão judicial dos atos das agências reguladoras:* uma análise da jurisprudência brasileira. Direito econômico regulatório. Mario Gomes Schapiro (Coord.). São Paulo: Saraiva, 2010.

WARAT, Luiz Alberto. *O direito e sua linguagem*. Porto Alegre, Fabris, 1984.

WINKLER, Noé. *Imposto de renda*. Rio de janeiro: Forense, 1997. v. I e II.

_____. Imposto sobre a renda - pessoa física - capacidade contributiva - distorções. *Imposto de renda - Estudos nº 1*. São Paulo: Resenha Tributária, 1987.

_____. Rendimentos. Conceituação. Enriquecimento injustificado. Renda consumida. Sinais exteriores de riqueza. Controle fiscal. *Imposto de renda - Estudos nº 5*. São Paulo: Resenha Tributária.

WITTGENSTEIN, Ludwig. *Investigações filosóficas*. Tradução de José Carlos Bruni. São Paulo: Nova Cultural, 1999.

_____. *Tractatus Logico-Philosophicus*. Tradução de José Arthur Giannotti. São Paulo: Editora Nacional, 1968.

WOLFF, Hans Julius; BACHOF, Otto; STOBER, Rolf. *Direito administrativo*. Tradução de António Francisco de Sousa. Lisboa: Fundação Calouste Gulbenkian, 2006.

XAVIER, Alberto. *Direito tributário internacional do Brasil: tributação das operações internacionais*. Rio de Janeiro: Forense, 1997.

XAVIER, Alberto. *Os princípios da legalidade e da tipicidade da tributação*. São Paulo: Revista dos Tribunais, 1978.

ZAGREBELSKY, Gustavo. *El derecho dúctil: ley, derechos, justicia*. Trotta: Madrid, 2007.